司法文件选解读

(2016年精选集)

最高人民法院研究室　编

人民法院出版社

图书在版编目（CIP）数据

司法文件选解读：2016年精选集/最高人民法院研究室编. —北京：人民法院出版社，2017.4
ISBN 978-7-5109-1679-3

Ⅰ.①司… Ⅱ.①最… Ⅲ.①法律-文件-法律解释-中国 Ⅳ.①D920.5

中国版本图书馆CIP数据核字（2017）第004771号

司法文件选解读（2016年精选集）
最高人民法院研究室　编

责任编辑	丁丽娜
出版发行	人民法院出版社
地　　址	北京市东城区东交民巷27号　邮编　100745
电　　话	（010）67550608（责任编辑）　67550558（发行部查询）65223677（读者服务部）
客服QQ	2092078039
网　　址	http://www.courtbook.com.cn
E-mail	courtpress@sohu.com
印　　刷	三河市国英印务有限公司
经　　销	新华书店
开　　本	787×1092毫米　1/32
字　　数	606千字
印　　张	26
版　　次	2017年4月第1版　2017年4月第1次印刷
书　　号	ISBN 978-7-5109-1679-3
定　　价	58.00元

版权所有　侵权必究

出版说明

《司法文件选》自1986年正式出版以来,以其编选内容的严肃、权威,以及实用性和及时性,得到了广大读者的高度认可,并成为全国各级法院法官以及其他法律工作者在执法办案、学习、运用法律过程中的必备参考书。为便于广大读者进一步理解《司法文件选》收录的法律文件的内容要旨,充分发挥其对审判实践的重要指导和参考作用,我社出版了《司法文件选》的配套读物——《司法文件选解读》,对每期《司法文件选》收录的法律、法规、司法解释等法律文件进行解读,包括立法和司法部门的权威解读、专家型法官和著名学者深入解析等相关重要资料。《司法文件选解读》所编选的内容具有高度的权威性、及时性和连续性,对于广大读者准确地理解和掌握新出台的法律法规和司法解释等法律文件具有重要参考意义。

《司法文件选解读》自出版以来,颇受读者推崇,为便于读者查找和参阅,今年我社继续推出《司法文件选解读(2016年精选集)》。本书将2016年已出版的12辑《司法文件选解读》按照法律法规解读、司法解释及司法文件解读、指导案例解读栏目进行重新编排,并将部分相关单位负责人答记者问文章替换为立法部门撰写的权威解读文章,以使本书内容更加精炼、准确、实用。《司法文件选解读》2016年总目录索引亦附书后,以便读者查阅。

目 录

法律法规解读

规范深海资源勘探开发　维护全人类共同利益
　　——国家海洋局有关负责人就《深海海底区域资源勘探
　　　开发法》答记者问 …………………………………………（1）
关于《中华人民共和国慈善法（草案）》的说明
　　——2016年3月9日在第十二届全国人民代表大会
　　　第四次会议上 ……………………………………………（5）
国务院法制办负责人就《居住证暂行条例》热点问题
　　答记者问 ……………………………………………………（15）
保值增值・控制风险・强化监管
　　——国务院法制办负责人就《全国社会保障基金条例》
　　　热点问题答记者问 ………………………………………（18）
国务院法制办、食品药品监管总局、卫生计生委负责人就
　　《国务院关于修改〈疫苗流通和预防接种管理条例〉
　　的决定》答记者问 …………………………………………（22）
推进农田水利建设　保障粮食安全
　　——国务院法制办负责人就《农田水利条例》答记者问……（27）

环保部有关负责人解读《生态环境损害赔偿制度
改革试点方案》……………………………………（31）
处置非法集资部际联席会议办公室负责人就《国务院
关于进一步做好防范和处置非法集资工作的
意见》答记者问 …………………………………（35）
擦亮文物的文化内涵与时代价值
——国家文物局局长刘玉珠就《国务院关于进一步
加强文物工作的指导意见》答记者问 …………（40）
建立从律师和法律专家中选拔立法司法人员常态化机制
推动法治专门队伍结构优化
——中央司法体制改革领导小组办公室负责人就
《关于从律师和法学专家中公开选拔立法
工作者、法官、检察官办法》答记者问 …………（45）
司法部有关负责人就《关于深化律师制度改革的意见》
答记者问 …………………………………………（51）
加强司法人员履职保障 努力维护司法公正
——中央司法体制改革领导小组办公室负责人就《保护
司法人员依法履行法定职责规定》答记者问 ………（59）
解读《关于加快推进失信被执行人信用监督、警示和
惩戒机制建设的意见》……………………………（64）
压实责任 细化考核 严肃追责
——国家信访局负责人解读《信访工作责任制
实施办法》 ………………………………………（74）

国务院法制办负责人就《国务院办公厅关于加强和改进
　行政应诉工作的意见》答记者问 ……………………………（77）

司法解释及司法文件解读

【刑事】

解读《最高人民法院关于〈中华人民共和国刑法修正案（九）〉
　时间效力问题的解释》……………………… 黄应生（82）
解读《最高人民法院、最高人民检察院关于执行
　〈中华人民共和国刑法〉确定罪名的
　补充规定（六）》 …………………………… 周加海（94）
解读《最高人民法院关于审理毒品犯罪案件适用
　法律若干问题的解释》……………………………（103）
关于发布《最高人民法院关于审理毒品犯罪案件适用法律
　若干问题的解释》的新闻发布稿 ………………………（125）
解读《最高人民法院、最高人民检察院关于办理贪污贿赂
　刑事案件适用法律若干问题的解释》
　 …………… 裴显鼎　苗有水　刘为波　王　珅（131）
关于发布《最高人民法院、最高人民检察院关于办理
　贪污贿赂刑事案件适用法律若干问题的解释》的
　新闻发布稿……………………………………………（163）
解读《最高人民法院关于审理抢劫刑事案件适用
　若干问题的指导意见》……… 陆建红　杨　华　潘　洁（180）
解读《人民检察院强制医疗执行检察办法（试行）》 ………（195）

最高人民法院、最高人民检察院、公安部、司法部有关负责人就
　《关于推进以审判为中心的刑事诉讼制度改革的
　意见》答记者问 ………………………………………（204）

【民事】

解读《最高人民法院关于认可和执行台湾地区法院
　民事判决的规定》 ………………… 邰中林　李赛敏（211）
解读《最高人民法院关于修改〈最高人民法院关于限制被执行人
　高消费的若干规定〉的决定》 ………… 刘贵祥　林　莹（226）
解读《最高人民法院关于适用〈中华人民共和国保险法〉
　若干问题的解释（三）》……… 杨临萍　刘竹梅　林海权（242）
解读《最高人民法院关于审理侵犯专利权纠纷案件应用法律
　若干问题的解释（二）》 ……… 宋晓明　王　闯　李　剑（267）
关于发布《最高人民法院关于审理侵犯专利权纠纷案件
　应用法律若干问题的解释（二）》的新闻发布稿 …………（291）
解读《最高人民法院关于适用〈中华人民共和国物权法〉
　若干问题的解释（一）》……… 程新文　辛正郁　司　伟（298）
关于发布《最高人民法院关于适用〈中华人民共和国物权法〉
　若干问题的解释（一）》的新闻发布稿 ………………（316）
进一步提升保障财产权利及市场交易安全与效率的法治化程度
　——最高人民法院民一庭负责人就《最高人民法院
　　关于适用〈中华人民共和国物权法〉若干问题的
　　解释（一）》答记者问 …………………………………（322）

解读《最高人民法院关于首先查封法院与优先债权执行法院
　　处分查封财产有关问题的批复》……………………………
　　　………………………… 刘贵祥　赵晋山　葛洪涛（340）
最高人民法院执行局负责人就《最高人民法院关于首先
　　查封法院与优先债权执行法院处分查封财产
　　有关问题的批复》答记者问 ………………………（356）
最高人民法院执行局负责人就《最高人民法院关于对
　　人民法院终结执行行为提出执行异议期限问题的
　　批复》答记者问 …………………………………（362）
解读《最高人民法院关于审理消费民事公益诉讼案件
　　适用法律若干问题的解释》
　　………………… 程新文　冯小光　关　丽　李　琪（368）
积极稳妥推进消费民事公益诉讼　构建和谐公平
　　诚信消费市场秩序
　　——最高人民法院民一庭负责人就《关于审理消费民事公益
　　诉讼案件适用法律若干问题的解释》答记者问 ……（388）
网络司法拍卖司法解释"九大亮点"解读 ………… 何东宁（400）
关于发布《最高人民法院关于人民法院网络司法拍卖
　　若干问题的规定》的新闻发布稿 ………………（408）
解读《最高人民法院关于印发〈人民法院民事裁判文书
　　制作规范〉〈民事诉讼文书样式〉的通知》 ………（417）
解读《最高人民法院关于防范和制裁虚假诉讼的指导意见》
　　………………… 程新文　冯小光　王友祥　王　丹（434）

最高人民法院民二庭负责人就设立清算与破产审判庭
　　答记者问 ································· （449）
最高人民法院民二庭负责人就《关于依法审理和执行民事
　　商事案件,保障民间投资健康发展的通知》答记者问 ··· （460）

【行政与国家赔偿】

最高人民法院赔偿办、最高人民检察院刑申厅有关负责人就
　　《关于办理刑事赔偿案件适用法律若干问题的解释》
　　答记者问 ································· （465）
解读《最高人民法院关于审理民事、行政诉讼中司法赔
　　偿案件适用法律若干问题的解释》
　　·········· 刘合华　陈现杰　苏　戈　杨　磊　梁　清（475）
最高人民法院赔偿办负责人就《最高人民法院关于
　　审理民事、行政诉讼中司法赔偿案件适用法律
　　若干问题的解释》答记者问 ················· （493）

【其他】

解读《最高人民法院关于海事诉讼管辖问题的规定》 ······ （505）
最高人民法院民事审判第四庭负责人就《关于最高人民法院
　　海事诉讼管辖问题的规定》答记者问 ············ （515）
解读《最高人民法院关于海事法院受理案件范围的规定》
　　································· （519）
最高人民法院民事审判第四庭负责人就《关于海事法院
　　受理案件范围的规定》答记者问 ··············· （532）

关于发布《最高人民法院关于人民法院进一步深化多元化
纠纷解决机制改革的意见》及《最高人民法院关于
人民法院特邀调解规定》的新闻发布稿 ……………………（537）
解读《中华人民共和国人民法院法庭规则》 ……………………（545）
关于发布《中华人民共和国人民法院法庭规则》的新闻发布稿
（2016年4月14日） ………………………………………………（562）
依法积极行使海上司法管辖权　统一涉海案件裁判尺度
——最高人民法院有关负责人就《关于审理发生在我国
管辖海域相关案件若干问题的规定》答记者问 ……（566）
关于发布《最高人民法院关于人民法院在互联网公布
裁判文书的规定》（修订）的新闻发布稿 ……………………（572）
裁判文书公开：奏响司法公开的乐章
——最高人民法院审管办负责人就裁判文书公开工作
答记者问 …………………………………………………（578）
司法部负责人就《关于推进行业性、专业性人民调解工作的
指导意见》答记者问 ………………………………………（582）
关于发布《最高人民法院关于依法切实保障律师诉讼
权利的规定》的新闻发布稿 …………………………………（589）
加快建立司法人员与律师的良性互动关系 ……………………（593）
关于发布《最高人民法院关于为京津冀协同发展提供
司法服务和保障的意见》的新闻发布稿 ……………………（598）
解读《人民法院审理人民检察院提起公益诉讼案件
试点工作实施办法》 ……………… 范明志　韩建英　黄　斌（604）

积极推进审理人民检察院提起的公益诉讼案件试点工作
　　——最高人民法院中国应用法学研究所负责人就
　　《人民法院审理人民检察院提起公益诉讼
　　案件试点工作实施办法》答记者问 ……………………(619)
关于发布《最高人民法院关于充分发挥审判职能作用为
　　推进生态文明建设与绿色发展提供司法服务和保障的
　　意见》的新闻发布稿 ………………………………………(624)
司法部司法鉴定管理局、最高人民法院司法行政装备管理局
　　负责人就《人体损伤致残程度分级》答记者问 …………(630)
大力推进繁简分流　全面深化司法改革 ……………………(634)
解读《最高人民法院关于进一步推进案件繁简分流优化
　　司法资源配置的若干意见》 ………………………………(654)
解读《最高人民法院关于人民法院办理执行信访案件
　　若干问题的意见》………… 吴少军　刘雅玲　张　元(674)
关于发布《关于在招标投标活动中对失信被执行人
　　实施联合惩戒的通知》的新闻发布稿 …………… 孟　祥(691)
解读《最高人民检察院关于充分发挥检察职能依法
　　保障和促进科技创新的意见》 ……………………………(698)

指导案例解读

指导案例 27 号《臧进泉等盗窃、诈骗案》的理解与参照
　　——利用信息网络进行盗窃与诈骗的区分 ……………(703)

指导案例28号《胡克金拒不支付劳动报酬案》的理解与参照
　　——"包工头"也属于拒不支付劳动报酬罪的主体
　　………… 最高人民法院案例指导工作办公室(713)
指导案例29号《天津中国青年旅行社诉天津国青国际旅行社
　　擅自使用他人企业名称纠纷案》的理解与参照
　　——有商号作用的企业名称简称应视为企业名称
　　………… 最高人民法院案例指导工作办公室(728)
指导案例30号《兰建军、杭州小拇指汽车维修科技股份
　　有限公司诉天津市小拇指汽车维修服务有限公司等
　　侵害商标权及不正当竞争纠纷案》的理解与参照
　　——反不正当竞争法中的竞争不限于直接的竞争关系
　　………… 最高人民法院案例指导工作办公室(738)
指导案例31号《江苏炜伦航运股份有限公司诉米拉达玫瑰公司
　　船舶碰撞损害赔偿纠纷案》的理解与参照
　　——合意违反航行规则发生船舶碰撞事故仍应以航行
　　　规则认定责任
　　……最高人民法院民事审判第四庭、案例指导工作办公室(746)
指导案例32号《张某某、金某危险驾驶案》的
　　理解与参照……………………………………(754)
指导案例33号《瑞士嘉吉国际公司诉福建金石制油有限公司等
　　确认合同无效纠纷案》的理解与参照 ……………(762)
指导案例34号《李晓玲、李鹏裕申请执行厦门海洋实业股份
　　有限公司、厦门海洋实业总公司执行复议案》的
　　理解与参照……………………………………(771)

指导案例 35 号《广东龙正投资发展有限公司与广东景茂
　　拍卖行有限公司委托拍卖执行复议案》的
　　理解与参照 ………………………………………（779）
指导案例 36 号《中投信用担保有限公司与海通证券股份
　　有限公司等证券权益纠纷执行复议案》的
　　理解与参照 ………………………………………（788）
指导案例 37 号《上海金纬机械制造有限公司与瑞士瑞泰克
　　公司仲裁裁决执行复议案》的理解与参照 ……（795）
最高人民检察院法律政策研究室负责人就
　　发布第七批指导性案例答记者问 ………………（801）

司法文件选解读 2016 年第 1～12 辑目录索引 ……………（806）

[法律法规解读]

规范深海资源勘探开发
维护全人类共同利益
——国家海洋局有关负责人就《深海海底区域资源勘探开发法》答记者问

第十二届全国人大常委会第十九次会议26日表决通过了《中华人民共和国深海海底区域资源勘探开发法》（以下简称《深海法》）。

问：我国为什么要制定《深海法》？

答： 1982年通过、1994年生效的《联合国海洋法公约》（简称《公约》）将国际海底区域及其资源确定为人类的共同继承财产。任何国家不应对国际海底区域及其资源主张或行使主权或主权权利，由国际海底管理局代表全人类行使。依据《公约》，缔约国有责任制定相关法律制度，确保本国公民、法人或者其他组织依照《公约》规定在国际海底区域内开展资源勘探、开发活动。深海立法既是履行《公约》缔约国责任的要求，也体现了负责任大国的担当。

多年来，我国积极参与国际海底区域活动，先后组织开展了40余个大洋调查航次，相继申请获得了多金属结核、多金属硫化物、富钴结壳等资源勘探合同区，发展了以"蛟龙"号载人潜水器、"海龙"号无人缆控潜水器、"潜龙"系列无人无缆潜水器为代表的深海勘查技术装备，为人类认识深海、和平利用深海资源发挥了重要作用。

作为参与深海活动的主要国家之一，深海立法有利于对我国深海海底区域资源勘探、开发活动的合理管控，促进其向科学、合理、安全和有序的方面发展；有利于规范我国深海海底区域资源勘探、开发的承包者全面履行勘探合同，加强深海海底区域环境保护，促进深海海底区域资源的可持续利用，维护全人类共同利益。

与此同时，我国的深海科学技术研究水平和深海资源勘探、开发能力建设与发达国家相比，仍存在较大差距，立法有利于整合资源，避免重复建设，以推进我国深海科学、技术发展，提升深海资源勘探、开发能力，促进我国深海事业的健康发展。

问：世界各国开展深海活动及立法的情况如何？

答：20世纪50年代，人类开始注意到深海海底区域多金属结核的经济潜力。从50年代末开始，西方一些跨国公司开始着眼于多金属结核商业利益的海上探矿活动；到70年代末，第一代具有商业开发远景的多金属结核矿区基本确定，并进行了试开采。此后，由于国际金属市场的原因，跨国公司迟缓了国际海底区域活动的步伐，以政府资助的实体为主的活动逐步取代了跨国公司的活动。同时西方发达国家利用技术与资金优势，纷纷投入巨资开展富钴结壳和其他深海底资源的勘查开发研究。进入21世纪，多金属硫化物和富钴结壳资源成为国际海底矿区申请的热点。近年来，天然气水合物、深海稀土资源成为国际社会关注的新焦点。

截至目前，国际海底管理局核准包括中国、法国、日本、俄罗斯、英国、德国、韩国、印度等国的勘探申请总计27份，其中多金属结核17份、多金属硫化物6份、富钴结壳4份。到目前为止，包括美国、英国、法国、德国、日本、捷克、库克群岛、斐济、汤加、新加坡、比利时等在内的14个国家已完成了专门针对深海资源勘探开发的国内立法。

问：《深海法》出台有何意义？

答：《深海法》是第一部规范我国公民、法人或者其他组织在国家管辖范围以外海域从事深海海底区域资源勘探、开发活动的法律。《深海法》的出台向国际社会表明了我国积极履行《公约》缔约国义务的态度，展现了我作为联合国常任理事国、世界最大发展中国家和深海海底区域活动参与者做出的负责任担当，体现了我国立足维护全人类共同利益、与世界各国共同促进深海海底区域生态环境保护和资源和平利用的信心和决心，对促进深海资源的可持续利用和维护全人类利益具有重要的意义。

同时，作为我国公民、法人或者其他组织从事深海海底区域资源勘探开发活动的基本行为准则，《深海法》的出台也将全面推进依法行政、建设法治海洋的进程，对完善我国海洋法律体系、提升海洋法治水平、提高公众海洋法律意识、促进我国海洋事业的整体健康发展具有重大意义。

问：符合什么样的条件可以从事深海海底区域资源勘探开发活动？

答：《深海法》规定，我国的公民、法人和其他组织从事深海海底区域资源勘探、开发活动，需要事先向国务院海洋主管部门提出申请，并按照法律规定，提交相关的申请材料。国务院海洋主管部门依法对申请者提交的材料进行审查。对于不损害国家利益并符合法律规定条件的申请者，国务院海洋主管部门依法授予许可，并出具相关文件。

按照《公约》规定，国际海底管理局是主管深海海底区域资源勘探、开发的国际组织，我国的公民、法人和其他组织在获得国务院海洋主管部门颁发的许可后，还需要按照《公约》和国际海底管理局规章的规定和要求，向国际海底管理局提交勘探、开发申请，获得核准，签订勘探、开发合同成为承包者后，方可从事勘探、开发活动。

问：成为深海资源勘探开发活动承包者有什么样的权利义务？

答：承包者在合同期内，依法取得对深海海底区域合同区内特定资源的专属勘探、开发权。国家保护承包者的正当权益。承包者这种专属权利不仅受到中国法律的保护，还受到国际法的承认和保护。

承包者应承担认真执行勘探、开发合同，诚意遵守和履行合同规定的各项义务；遵守国家有关安全生产、劳动保护方面的法律法规；承担采取措施切实保护海洋环境的义务；承担保护作业区域内的文物、铺设物等义务。承包者还应定期向国务院海洋主管部门报告履行勘探、开发合同相关事项，接受国务院海洋主管部门的监督检查。

关于《中华人民共和国慈善法（草案）》的说明

——2016年3月9日在第十二届全国人民代表大会第四次会议上

全国人民代表大会常务委员会副委员长　李建国

各位代表：

我受全国人大常委会委托，现对《中华人民共和国慈善法（草案）》作说明。

一、制定慈善法的必要性

慈善法是社会领域的重要法律，是慈善制度建设的基础性、综合性法律。制定慈善法具有重要的现实意义。

第一，制定慈善法，是发展慈善事业、规范慈善活动的客观需要。改革开放以来特别是近20年来，我国慈善事业发展较快，社会捐赠额从2006年的不足100亿元发展到目前的1000亿元左右。随着慈善事业快速发展，慈善领域也出现了一些新情况、新问题：慈善组织内部治理尚不健全、运作不尽规范，行业自律机制尚未形成，全社会慈善氛围还不够浓厚，有关方面还需要加大支持、促进的力度，等等。这些问题都需要通过制定慈善法加以引导和规范，从而促进慈善事业健康发展。

第二，制定慈善法，是加强社会领域立法、全面推进依法治国的重要举措。党的十八届四中、五中全会明确提出，要全面推进依法治国，加快重点领域立法，形成完备的法律规范体系。经过各方面多年不懈努力，我国相继制定了公益事业捐赠法、红十字会法等一些涉及慈善活动的法律，国务院制定了相应的行政法规，一些地方出台了有关的地方性法规。但总的来讲，现行慈善法律制度建设还相对滞后，缺乏整体性和系统性，与慈善事业蓬勃发展的新形势不相适应。2008年以来，共有全国人大代表800多人次提出制定慈善法的议案27件、建议29件，反映了社会各方面的热切期盼。制定慈善法，加快补齐社会领域立法这块短板，是完善中国特色社会主义法律体系的重要内容，是全面依法治国、促进国家治理体系和治理能力现代化的必然要求。

第三，制定慈善法，是打赢脱贫攻坚战、全面建成小康社会的实际措施。党的十八届五中全会和中央扶贫开发工作会议把农村贫困人口脱贫作为全面建成小康社会的基本标志，强调要广泛动员全社会力量，努力形成大扶贫格局。慈善事业是脱贫攻坚不可或缺的重要力量。制定慈善法，鼓励支持自然人、法人和其他组织开展以扶贫济困为重点的慈善活动，有利于广泛汇聚社会帮扶资源，与精准扶贫、精准脱贫有效对接，为打赢脱贫攻坚战、实现全面建成小康社会的宏伟目标作出贡献。

第四，制定慈善法，是弘扬中华民族传统美德、培育和践行社会主义核心价值观的内在要求。在中国特色社会主义建设中，发展慈善事业，全社会支持慈善、参与慈善，是对中华民族优秀美德的传承，是对社会主义核心价值观的弘扬。制定慈善法，在全社会提倡、支持和鼓励助人为乐、团结友爱、无私奉献的友善精神，有助于社会成员在义行善举中不断累积道德力量，将社会主义核心价值观内化于心、外化于行,为实现中华民族伟大复兴的中国梦提供持久精神力量。

全国人民代表大会及其常务委员会行使国家立法权。全国人大代表是最高国家权力机关的组成人员,来自人民,最直接地了解人民群众的呼声和意愿。由全国人民代表大会审议慈善法草案,有利于推进科学立法、民主立法,广泛集中民智、凝聚共识,将中国共产党关于发展慈善事业的重要主张和人民的意愿上升为国家意志,在全社会形成有利于慈善事业发展的良好氛围,为慈善法的贯彻实施奠定更加坚实的基础。

二、制定慈善法的指导思想和工作过程

制定慈善法的指导思想是,高举中国特色社会主义伟大旗帜,全面贯彻党的十八大和十八届三中、四中、五中全会精神,以马克思列宁主义、毛泽东思想、邓小平理论、"三个代表"重要思想、科学发展观为指导,深入贯彻习近平总书记系列重要讲话精神,坚持发展成果共享,立足中国国情和实际,创新慈善事业制度,发挥慈善立法的引领和推动作用,广泛动员社会力量开展社会救济和社会互助、志愿服务活动,激发全社会崇德向善力量,为推动中国特色慈善事业健康发展提供有力法治保障。

在制定慈善法中,注意把握以下几点:

一是认真落实党中央部署要求,突出慈善扶贫济困作用。党的十八大以来,党中央对鼓励和支持慈善事业发展,发挥慈善事业在扶贫济困中的积极作用提出了明确要求。按照党中央的要求,慈善法草案突出鼓励和支持扶贫济困的慈善活动,目的是要通过立法将更多的慈善资源引导、汇聚到扶贫济困这一重点领域,与社会救助工作紧密衔接,合力助推脱贫攻坚,同时也向社会昭示党和国家缩小收入差距的不懈努力。

二是着力加强制度顶层设计，创新慈善事业体制机制。制定慈善法，要认真贯彻习近平总书记在中央扶贫开发工作会议上提出的创新我国慈善事业制度的重要精神，在现有慈善事业有关规定的基础上，着力构建慈善领域基本制度，健全慈善事业体制机制，为慈善事业的发展创造良好的法治环境。

三是立足我国国情和实际，坚持在发展中规范、在规范中发展。制定慈善法，必须立足我国基本国情，从实际出发，同时注意借鉴国外慈善立法有益经验，坚持发展中国特色慈善事业。坚持在发展中规范，规范的目的是为了净化慈善环境，更好地发展慈善事业。

经党中央批准，制定慈善法先后列入十一届、十二届全国人大常委会立法规划，并列入全国人大常委会2015年立法工作计划。2015年10月，全国人大内务司法委员会将慈善法草案提请十二届全国人大常委会第十七次会议审议。经全国人大法律委员会审议修改后，2015年12月全国人大常委会第十八次会议对慈善法草案进行了再次审议，并决定将草案提请第十二届全国人民代表大会第四次会议审议。依照立法法和全国人民代表大会议事规则的规定，全国人大常委会办公厅于2016年1月11日将修改后的慈善法草案印送各位全国人大代表征求意见，同时通过中国人大网再次向社会公开征求意见。在此期间，全国人大法律委员会、常委会法制工作委员会根据人大代表反馈的意见和政协委员、社会各界的意见，继续对草案进行修改完善。

党中央高度重视慈善法的制定。2016年2月18日，习近平总书记主持召开中央政治局常委会会议，听取了全国人大常委会党组的汇报，原则同意《关于〈中华人民共和国慈善法（草案）〉几个主要问题的请示》，并就进一步修改完善作出重要指示。根据党中央指示精神，对草案作了进一步修改完善。在上述工作基础上，形成了提请大会审议的《中华人民共和国慈善法（草案）》。

三、慈善法草案的主要内容

慈善法草案分总则、慈善组织、慈善募捐、慈善捐赠、慈善信托、慈善财产、慈善服务、信息公开、促进措施、监督管理、法律责任和附则12章、112条。

（一）关于慈善法的调整范围

慈善活动，主要是指扶贫、济困、救灾方面的义行善举，这是我国慈善事业的重点，同时也包括其他有利于社会公共利益的活动。草案立足我国国情，结合慈善活动发展的趋势，规定慈善活动是指自然人、法人和其他组织以捐赠财产或者提供服务等方式，在扶贫、济困、扶老、救孤、恤病、助残、优抚，救助自然灾害等突发事件造成的损害，以及促进教科文卫体事业发展、保护环境等领域自愿开展的公益活动。这一界定为慈善事业的进一步发展提供了广阔的空间（草案第三条）。

（二）关于慈善组织的规范

按照党的十八届三中全会决定提出的"重点培育和优先发展行业协会商会类、科技类、公益慈善类、城乡社区服务类社会组织，成立时直接依法申请登记"的要求，草案对慈善组织作了以下规定：

1. 明确慈善组织的定义及其设立程序。一是明确慈善组织的定义，即慈善组织是指依法成立，符合本法规定，以开展慈善活动为宗旨的非营利组织；慈善组织可以采取基金会、社会团体、社会服务机构等组织形式（草案第八条）。二是明确慈善组织的设立条件，其中包括以开展慈善活动为宗旨、不以营利为目的、有必要的财产等（草案第九条）。三是规定设立慈善组织，应当向县级以上人民政府民政部门申请登记；已经设立的基金会、社会团体、社会服务机构等非营利组织，可以向原登记的民政部门申请认定为慈善组织（草案第十条）。

2. 规范慈善组织的行为准则和内部治理。一是规定慈善组织应当根据法律法规以及章程的规定，建立健全内部治理结构，明确决策、执行、监督等方面的职责权限，开展慈善活动；慈善组织应当执行国家统一的会计制度，依法进行会计核算，建立健全会计监督制度，并接受政府有关部门的监督管理（草案第十二条）。二是规定慈善组织的发起人、主要捐赠人以及管理人员，不得利用其关联关系损害慈善组织、受益人的利益和社会公共利益（草案第十四条）。三是规定慈善组织不得从事、资助危害国家安全和社会公共利益的活动，不得接受附加违反法律法规和社会公德条件的捐赠（草案第十五条）。四是规定慈善组织清算后的剩余财产，按照慈善组织章程的规定转给宗旨相同或者相近的慈善组织；章程未规定的，由民政部门主持转给宗旨相同或者相近的慈善组织，并向社会公告（草案第十八条）。

3. 强化慈善组织的信息公开义务。一是规定慈善组织应当向社会公开组织章程和决策、执行、监督机构成员信息以及国务院民政部门要求公开的其他信息；慈善组织应当每年向社会公开其年度工作报告，包括财务会计报告、年度开展募捐和接受捐赠情况、慈善财产的管理使用情况、开展慈善项目情况以及慈善组织工作人员的工资福利情况；慈善信息公开应当真实、完整、及时（草案第七十一条、第七十二条）。二是针对慈善组织开展公开募捐和定向募捐的不同情况，明确规定了信息公开的对象、内容及程序（草案第七十三条、第七十四条）。三是规定涉及国家秘密、商业秘密、个人隐私的信息以及捐赠人、慈善信托的委托人不同意公开的姓名、名称、住所等信息,不得公开(草案第七十六条)。

(三)关于慈善募捐和慈善捐赠

慈善募捐,涉及慈善财产的筹集和运用,需要加以规范。草案明确,慈善募捐包括面向社会公众的公开募捐和面向特定对象的定向募捐,并重点对公开募捐作了规范。一是在现行有关规定基础上适当扩大公开募捐的主体范围,并明确慈善组织开展公开募捐应当取得公开募捐资格;依法登记或者认定满二年的慈善组织可以申请公开募捐资格,其内部治理结构健全、运作规范的,民政部门应当发给公开募捐资格证书;法律、行政法规规定自登记之日起可以公开募捐的基金会和社会团体,由民政部门直接发给公开募捐资格证书(草案第二十三条)。二是明确公开募捐的方式及要求。慈善组织采取在公共场所设置募捐箱,以及举办义演、义赛、慈善晚会等方式开展公开募捐的,应当在其登记的民政部门管辖区域内进行,但捐赠人的捐赠行为不受地域限制;慈善组织通过互联网开展公开募捐的,应当在民政部门统一或者指定的慈善信息平台发布募捐信息,也可以同时在其网站发布募捐信息(草案第二十四条)。三是明确定向募捐应当在发起人、理事会成员和会员等特定对象的范围内进行,不得采取或者变相采取公开募捐方式(草案第二十二条、第二十五条)。此外,草案规定,捐赠人应当按照捐赠协议履行捐赠义务。捐赠人公开承诺捐赠,或者捐赠财产用于扶贫、济困、救灾等慈善活动并签订书面捐赠协议,逾期未交付财产的,慈善组织和其他接受捐赠的人可以要求交付(草案第四十一条)。

(四)关于慈善信托

慈善信托属于公益信托,是指委托人基于慈善目的,依法将其财产委托给受托人,由受托人按照委托人意愿以受托人名义进行管理和处分所开展慈善活动的行为。草案慈善信托一章主要作了以下规定:一是明确慈善信托的备案制度。设立慈善信托、确定受托人和监察人,应当采取书面形式;受托人应当在慈善信托文件签订之日起七日内将相关文件向受托人所在地县级以上人民政府民政部门备案(草案第四十五条)。二是确定受托人的范围。慈善信托的受托人,可以由委托人确定其信赖的慈善组织或者信托公司担任;慈善信托的受托人违反信托义务或者难以履行职责的,委托人可以变更受托人(草案第四十六条、第四十七条)。三是明确受托人、监察人的义务。慈善信托的受托人管理和处分信托财产,应当按照信托目的,恪尽职守,履行诚信、谨慎管理的义务;慈善信托的委托人根据需要,可以确定信托监察人;信托监察人对受托人的行为进行监督,依法维护委托人和受益人的权益(草案第四十八条、第四十九条)。

(五)关于慈善财产

慈善财产的使用直接关系到慈善活动能否实现其慈善目的。草案对此作了以下规定:一是慈善组织的财产应当根据章程和捐赠协议的规定全部用于慈善目的,不得在发起人、捐赠人以及慈善组织成员中分配;任何组织和个人不得私分、挪用、截留或者侵占慈善财产(草案第五十二条)。二是慈善组织为实现财产保值、增值进行投资的,应当遵循合法、安全、有效的原则,投资取得的收益应当全部用于慈善目的;重大投资方案应当经决策机构组成人员三分之二以上同意。慈善组织的负责人和工作人员不得在其投资的企业兼职或者领取报酬(草案第五十四条)。三是慈善组织应当积极开展慈善活动，充分、高效运用慈善财产，并遵循管理成本最必要原则，厉行节约，减少不必要的开支。慈善组织中具有公开募捐资格的基金会开展慈善活动的年度支出，不得低于前三年收入平均数额的百分之七十，年度管理成本不得超过当年总支出的百分之十五；其他慈善组织开展慈善活动的年度支出以及管理成本的标准，由国务院民政部门会同国务院财政、税务等部门依照上述原则制定。捐赠协议对单项捐赠财产的慈善活动支出和管理成本有约定的，按照其约定（草案第六十条）。

（六）关于慈善服务

慈善服务是慈善事业的重要组成部分。草案对慈善服务作了以下规定：一是慈善组织招募志愿者参与慈善服务，应当公示与慈善服务有关的全部信息，告知服务过程中可能发生的风险（草案第六十四条）。二是慈善组织应当对志愿者实名登记，记录志愿者的服务时间、内容、评价等信息；根据志愿者的要求，慈善组织应当无偿、如实出具志愿服务记录证明（草案第六十五条）。三是慈善组织安排志愿者参与慈善服务，应当与志愿者的年龄、文化程度、技能和身体状况相适应；慈善组织应当为志愿者参与慈善服务提供必要条件，保障志愿者的合法权益；慈善组织安排志愿者参与可能发生人身危险的慈善服务前，应当为志愿者购买相应的人身意外伤害保险（草案第六十六条、第六十八条）。

（七）关于慈善事业发展的促进措施

草案专章规定了支持慈善事业发展的促进措施，尤其对慈善活动享有的税收优惠作了规定：一是明确慈善组织、捐赠人、受益人依法享受税收优惠（草案第七十九条至第八十二条）。二是为落实中央扶贫开发工作会议精神，草案规定国家对开展扶贫济困的慈善活动，实行特殊的优惠政策（草案第八十四条）。三是针对大额捐赠税前扣除比例问题，草案专门规定，企业慈善捐赠支出超过法律规定的准予在计算企业所得税应纳税所得额时当年扣除的部分，允许结转以后三年内在计算应纳税所得额时扣除（草案第八十条）。

此外，草案还对慈善活动的监督管理、服务引导以及慈善领域违法行为的法律责任等作了相应规定。

《中华人民共和国慈善法（草案）》和以上说明，请审议。

法律法规解读

国务院法制办负责人就《居住证暂行条例》热点问题答记者问

2015年11月26日,李克强总理签署国务院令,公布《居住证暂行条例》(以下简称《条例》),该《条例》将于2016年1月1日起施行。《条例》的出台背景是什么?又能为老百姓带来哪些实惠?国务院法制办公室负责人就有关热点问题回答了记者提问。

问:为什么要制定该《条例》?

答: 随着我国城镇化的快速推进,大量农村劳动力向城市转移就业,同时,城市间的人口流动也不断加速。据第六次人口普查数据显示,全国跨县(市、区)居住半年以上的人口达到1.7056亿。这部分常住人口为当地经济社会发展作出了重大贡献,但在教育、医疗、养老、住房保障等方面难以与当地户籍人口享受同等的基本公共服务,工作和生活面临诸多问题。这些问题如果长期得不到有效解决,将会引发一系列的社会风险和矛盾。

党中央、国务院高度重视上述问题,近年来作出一系列推进城镇化建设和户籍制度改革的重大决策部署,特别是2014年3月中共中央、国务院印发的《国家新型城镇化规划(2014－2020

年)》和同年 7 月国务院印发的《关于进一步推进户籍制度改革的意见》,都将建立居住证制度作为创新人口管理的一项重要举措提出了明确要求。

因此,有必要制定条例落实党中央、国务院的决策部署,为流动人口享受居住地基本公共服务和便利提供制度框架、有序推进城镇化进程。

问:《条例》对居住证是如何定位的?

答:《条例》从为流动人口享受居住地基本公共服务和便利提供制度框架出发,规定:居住证是持证人在居住地居住、作为常住人口享受基本公共服务和便利、申请登记常住户口的证明;公民离开常住户口所在地,到其他城市居住半年以上,符合有合法稳定就业、合法稳定住所、连续就读条件之一的,可以依照本条例的规定申领居住证。

问:《条例》规定了居住证持有人享受哪些公共服务和便利?

答:《条例》在不影响其他流动人口按照国家有关法律政策享受基本公共服务和便利的基础上,进一步规定了居住证持有人享受的各项基本公共服务和便利。具体包括:

一是规定了居住证持有人享受的劳动就业,参加社会保险,缴存、提取和使用住房公积金,义务教育,基本公共就业服务,基本公共卫生服务和计划生育服务,公共文化体育服务,法律援助和其他法律服务等基本公共服务,以及按照国家有关规定办理出入境证件,换领、补领居民身份证,机动车登记,申领机动车驾驶证,报名参加职业资格考试、申请授予职业资格,办理生育服务登记和其他计划生育证明材料等便利。

二是建立了梯度赋权的机制。《条例》要求国务院有关部门、地方各级人民政府及其有关部门逐步扩大向居住证持有人提供公共服务和便利的范围、提高服务标准，并定期向社会公布。

三是建立了居住证持有人通过积分落户制度等方式申请登记常住户口的衔接通道，并明确了各类城市确定落户条件的标准。

问：《条例》规定了政府及相关部门哪些工作职责？

答：《条例》突出了政府及其相关部门的服务职能。

一是明确县级以上人民政府应当建立健全为居住证持有人提供基本公共服务的机制，有关部门应当根据各自职责，做好居住证持有人的权益保障、服务和管理工作。

二是规定县级以上人民政府应当将为居住证持有人提供基本公共服务和便利的工作纳入国民经济和社会发展规划，完善财政转移支付制度，将提供基本公共服务和便利所需费用纳入财政预算。

三是规定县级以上人民政府有关部门应当建立和完善人口信息库，分类完善各类信息系统及居住证持有人信息采集、登记工作，加强信息共享，为实现基本公共服务常住人口全覆盖提供信息支持。

四是规范了国家机关及其工作人员的服务和管理行为，如限期制发居住证、对持证人个人信息予以保密、免费办理首次证件及签注手续等，并对无故拒绝受理、发放，违反规定收取费用，利用便利收受他人财物等违法行为，规定了相应的法律责任。

保值增值·控制风险·强化监管

——国务院法制办负责人就《全国社会保障基金条例》热点问题答记者问

3月28日,国务院向社会发布《全国社会保障基金条例》(以下简称《条例》),《条例》自2016年5月1日起施行。围绕该条例的相关热点,国务院法制办负责人接受了记者的采访。

问:《条例》的出台背景是什么?

答: 2000年8月,经党中央批准,国务院设立全国社会保障基金,作为国家社会保障储备基金,用于我国人口老龄化高峰时期的养老保险等社会保障支出的补充、调剂,由全国社会保障基金理事会负责管理运营。16年来,通过财政拨款、国有资本划转等方式不断充实基金,加上投资收益,截至2015年12月底,基金规模已达15085.92亿元。目前,我国已处于人口老龄化阶段,2014年我国60周岁及以上人口2.12亿,占总人口比为15.5%;65周岁及以上人口1.38亿,占总人口比为10.1%。随着人口老龄化进程不断加剧,基金规模不断扩大,保障基金安全的任务越来越重,迫切需要强化对基金投资运营的管理和监督。为了在保证基金安全的前提下实现保值增值,在总结实践经验的基础上,根据社会保险法的规定,制定《条例》,对基金的筹集、使用、管理运营、监督等环节作出进一步规范,是十分必要的。

法律法规解读

问：全国社会保障基金与社会保险基金是不是一回事？

答：《条例》规定的全国社会保障基金与社会保险基金不是一个基金。全国社会保障基金是国家社会保障储备基金，由中央财政预算拨款、国有资本划转、基金投资收益和以国务院批准的其他方式筹集的资金构成，用于人口老龄化高峰时期的养老保险等社会保障支出的补充、调剂。在投资运营上，坚持安全性、收益性和长期性原则；由于短期内暂不发生支出，更适宜开展中长期投资。

社会保险基金是为了保障公民在年老、疾病、工伤、失业、生育等情况下获得物质帮助而建立的，主要由用人单位和个人缴费构成，包括基本养老保险基金、基本医疗保险基金、工伤保险基金、失业保险基金和生育保险基金，用于公民养老、医疗、工伤、失业、生育等各项社会保险待遇的当期发放。因此，社会保险基金对投资风险的控制要求更高，投资范围较窄，投资运营活动限定条件更多。国务院 2015 年 8 月印发的《基本养老保险基金投资管理办法》对基本养老保险基金的投资运营作了规范。

问：全国社会保障基金的运营情况怎样？

答：全国社会保障基金自 2000 年设立以来，发展很快，运营稳健，管理严格，在保证安全的前提下较好地实现了保值增值，在不断发展中壮大了保民生的实力，为进一步充实我国社会保障资金，完善我国社会保障体系发挥了重要作用。

截至 2015 年 12 月底，全国社会保障基金规模已由设立时的 200 亿元发展到 15085.92 亿元，累计投资收益额为 7133.34 亿元，年均投资收益率为 8.82%，超过同期年均通货膨胀率 6.47 个百分点。可以预见，随着全国社会保障基金规模的不断扩大，对我国人口老龄化高峰时期的养老保险等社会保障支出的补充、调剂作用也会不断增强,必将成为我国社会保障制度的一块"压舱石"。

问：针对如何保障基金安全、控制风险的问题,《条例》作了哪些规定？

答:《条例》在立法目的中明确提出全国社会保障基金要"在保证安全的前提下实现保值增值"。

《条例》规定了多项措施：一是明确基金的投资范围、种类和比例,规定全国社会保障基金理事会应当按照国务院批准的比例在境内外市场投资运营基金,合理配置经国务院批准的固定收益类、股票类和未上市股权类等资产。二是完善基金的风险管理和内部控制制度,规定全国社会保障基金理事会制定基金的资产配置计划、确定重大投资项目,应当进行风险评估,并集体讨论决定;制定风险管理和内部控制办法;定期向国务院财政部门、国务院社会保险行政部门报告基金管理运营情况,提交财务会计报告;从符合法定条件的专业投资管理机构、专业托管机构中选聘基金的投资管理人、托管人;风险管理和内部控制办法、有关合同报国务院财政部门等备案。三是强化对投资管理人、托管人的管理,规定全国社会保障基金理事会应当按照公开、公平、公正的原则选聘投资管理人、托管人,并对其进行考评,同时明确了投资管理人审慎投资、托管人安全保管基金的法定职责和禁止行为。

问：《条例》在加强基金监管方面作了哪些规定？

答:《条例》设专章对基金的监管做了规定：一是明确各监管部门的职责权限,规定国务院财政部门、国务院社会保险行政部门按照各自职责对基金的收支、管理和投资运营情况实施监督,发现存在问题的,依法处理;不属于本部门职责范围的,依

法律法规解读

法移送国务院外汇管理部门、国务院证券监督管理机构、国务院银行业监督管理机构等有关部门处理。二是加强对投资管理人、托管人的监督,规定对投资管理人、托管人,由国务院外汇管理部门、国务院证券监督管理机构、国务院银行业监督管理机构按照各自职责实施监督。三是强化对基金的审计,规定审计署每年对基金进行审计,审计结果向社会公布。四是完善基金公开制度,规定全国社会保障基金理事会应当通过其官方网站、全国范围内发行的报纸每年向社会公布基金的收支、管理和投资运营情况,接受社会监督。

国务院法制办、食品药品监管总局、卫生计生委负责人就《国务院关于修改〈疫苗流通和预防接种管理条例〉的决定》答记者问

2016年4月23日，国务院总理李克强签署国务院令，公布了《国务院关于修改〈疫苗流通和预防接种管理条例〉的决定》（以下简称《决定》）。《决定》自公布之日起施行。日前，国务院法制办、食品药品监管总局、卫生计生委的负责人就《决定》的有关问题回答了记者提问。

问：请简单介绍一下《决定》的修订背景和起草过程。

答：山东济南非法经营疫苗系列案件发生后，李克强总理高度重视，作出重要批示，要求彻查"问题疫苗"的流向和使用情况，及时回应社会关切，依法严厉打击违法犯罪行为，对相关失职渎职行为严肃问责，绝不姑息；同时抓紧完善监管制度，落实疫苗生产、流通、接种等各环节监管责任，堵塞漏洞，保障人民群众生命健康。汪洋副总理、杨晶国务委员也明确要求研究完善长效机制，抓紧修改《疫苗流通和预防接种管理条例》（以下简称《条例》）。为落实国务院领导同志的重要批示和要求，法制办会同食品药品监管总局、卫生计生委，认真研究调查组关于山东济南非法经营疫苗系列案件调查报告中提出的问题和完善疫苗

经营、预防接种管理制度的建议，起草了《条例》的修改方案，经征求发展改革委、公安部、监察部、财政部、人力资源社会保障部、商务部、质检总局等有关部门的意见并进行协调，修改形成了《国务院关于修改〈疫苗流通和预防接种管理条例〉的决定（草案）》。2016年4月13日，国务院常务会议审议通过了《决定（草案）》；2016年4月23日，国务院正式公布《决定》。

问：起草《决定》的总体思路是什么？

答： 此次修改《条例》，问题集中、时间紧迫、社会关注。为了尽快落实国务院的部署，《决定》的起草在总体思路上主要把握了以下几点：一是坚持以人民为中心的思想。严格疫苗监管，规范接种行为，坚决保障疫苗接种安全，事关亿万人民群众生命健康，事关经济社会发展稳定大局，必须把切实维护人民利益作为修改《条例》的根本目的，迅速回应人民群众关切，及时完善长效制度机制，有效提高政府公信力和执行力。二是坚持问题导向。聚焦山东济南非法经营疫苗系列案件暴露出来的突出问题，采取切实管用措施，有针对性地对《条例》进行修改。三是坚持突出重点。着力完善第二类疫苗的销售渠道、冷链储存、运输等流通环节法律制度，建立疫苗全程追溯法律制度，加大处罚及问责力度。

问：《决定》对第二类疫苗的流通方式作了哪些改革？

答： 针对山东济南非法经营疫苗系列案件暴露出来的第二类疫苗流通链条长、牟利空间大等问题，《决定》删除了《条例》原有的关于药品批发企业经批准可以经营疫苗的条款，不再允许药品批发企业经营疫苗。同时明确规定，疫苗的采购全部纳入省级公共资源交易平台；第二类疫苗由省级疾病预防控制机构组织在平台上集中采购，由县级疾病预防控制机构向生产企业采购后供应给本行政区域的接种单位。此外，针对"挂靠走票"等隐蔽违法经营行为，《决定》规定，疾病预防控制机构、接种单位应当按照规定建立真实、完整的购进、储存、分发、供应、接收记录，做到票、账、货、款一致。

问：《决定》在冷链储存、运输疫苗方面作了哪些规定？

答：针对山东济南非法经营疫苗系列案件暴露出来的疫苗在储存、运输过程中因脱离冷链影响疫苗有效性的问题，《决定》进一步强化了疫苗全程冷链储存、运输等相关管理制度。一是明确配送责任。第二类疫苗应由生产企业直接配送给县级疾病预防控制机构或者由其委托具备冷链储存、运输条件的企业配送。二是强化储存、运输的冷链要求。疫苗储存、运输的全过程应当始终处于规定的温度环境，不得脱离冷链，并定时监测、记录温度，按要求加贴温度控制标签。三是增设接收环节索要温度监测记录的义务。疾病预防控制机构、接种单位接收或者购进疫苗时，应当索要储存、运输全过程的温度监测记录，发现无全过程温度监测记录或者温度控制不符合要求的疫苗，不得接收或者购进，并应向药品监督管理、卫生主管部门报告。

问：疫苗的可追溯对保证疫苗质量安全可控有重要作用，《决定》在完善追溯制度方面规定了哪些内容？

答：针对山东济南非法经营疫苗系列案件暴露出来的疫苗全程追溯制度不完善、接种记录制度落实不到位等问题，《决定》在现有疫苗购销、接种记录制度的基础上进一步规定，国家建立疫苗全程追溯制度，生产企业、疾病预防控制机构、接种单位应当依照药品管理法、本《条例》和国务院有关部门的规定记录疫苗流通、使用信息，实现疫苗最小包装单位的生产、储存、运输、使用全程可追溯；食品药品监管总局会同卫生计生委要建立疫苗全程追溯协作机制；对包装无法识别、超过有效期、脱离冷链、经检验不符合标准、来源不明的疫苗，应当如实登记并向药品监督管理部门报告，由药品监督管理部门会同卫生主管部门按规定监督销毁。此外，完整的接种记录能使疫苗追溯到最终受种者，是最终实现疫苗追踪到人的重要一环。为此，《决定》进一步细化了《条例》有关接种记录的规定：实施接种，应当记录疫苗的品种、生产企业、最小包装单位的识别信息、有效期、接种时间、实施接种的医疗卫生人员、受种者等内容，接种记录保存时间不得少于5年。

问：《决定》对预防接种异常反应的补偿作了什么补充规定？

答：预防接种异常反应是指合格的疫苗在实施规范接种过程中或者实施规范接种后造成受种者机体组织器官、功能损害，相关各方均无过错的药品不良反应。预防接种异常反应的补偿，关系到受种者的切身利益和预防接种工作的顺利开展。针对实践中预防接种异常反应补偿工作不够及时、专业等问题，《决定》在《条例》确立的第一类和第二类疫苗预防接种异常反应补偿机制的基础上，增加规定"国家鼓励建立通过商业保险等形式对预防接种异常反应受种者予以补偿的机制"，以期通过商业保险等形式，借助保险机构的专业力量，科学、高效、中立地处理异常反应补偿问题，提升预防接种补偿工作的效率，并逐步提高补偿水平，解除预防接种的"后顾之忧"，增强人民群众对预防接种的信心。

问：针对疫苗流通、预防接种中的违法行为以及监管中的失职渎职行为，《决定》在哪些方面加大了处罚、追责和问责力度？

答：为进一步惩治疫苗流通、预防接种中的违法犯罪行为和监管不力现象，《决定》加大了处罚及问责力度。一是针对向县级疾病预防控制机构以外的单位或者个人销售第二类疫苗,未在规定的冷藏条件下储存、运输疫苗等严重违法行为,提高罚款金额,增设给予责任人员5年至10年的禁业处罚。二是增加规定未通过省级公共资源交易平台采购疫苗、未索要温度监测记录等行为的法律责任。三是为严格落实地方政府的属地监管责任,增加了地方政府以及监管部门主要负责人应当引咎辞职的规定。四是针对疾病预防控制机构、接种单位违法购进第二类疫苗以及生产企业违法销售第二类疫苗的行为,作了刑事责任的衔接规定。

法律法规解读

推进农田水利建设　保障粮食安全

——国务院法制办负责人就《农田水利条例》答记者问

2016年5月,国务院公布《农田水利条例》(以下简称《条例》),自2016年7月1日起施行。就《条例》有关问题,国务院法制办负责人回答了记者提问。

问:为何制定《条例》?

答: 水资源短缺、时空分布不均是我国的基本国情。近些年来,随着人增地减水缺的矛盾日益突出,保障粮食等农产品供求平衡的任务更加艰巨,而农业比较效益持续下降又制约了农田水利投入的积极性,农田水利建设组织难、管理难等问题突出。一方面缺乏科学规划,资金投入分散、使用效率低,一方面工程建设、运行维护机制不完善,同时农田灌溉用水方式粗放,投入和保障扶持也不到位。

为此,有必要制定《条例》加快农田水利发展,提高农业综合生产能力,保障国家粮食安全。

问:《条例》的总体原则和思路是什么?

答: 一是科学规划、协同推进。以农田水利规划为宏观依据整合各类农田水利建设项目,促使各方投入形成合力、工程建设形成体系。

二是建管并重、明确责任。通过标准规范、程序控制,保证农田水利工程建得好;通过明确主体、强化责任,保证农田水利工程用得上、用得久。

三是科学灌溉、节约用水。通过鼓励采用先进的灌溉技术和高效的灌溉设施,推动农田灌溉节约、环保、可持续用水。

四是各方参与、加大扶持。政府多渠道筹措资金、保障投入,统筹做好农田水利工程建设,尤其是建好农田水利"大动脉";鼓励农村集体经济组织、农民用水合作组织、农民和其他社会力量进行农田水利工程建设和运行维护,畅通"毛细血管",解决好农田灌溉"最后一公里"问题;完善扶持激励政策,调动各方面力量参与农田水利建设的积极性。

《条例》对农田水利的规划、建设、运行维护等环节进行规范,并在农田灌溉排水、加大扶持鼓励社会力量参与等方面作了规定。

问:《条例》怎样对农田水利进行规划?

答: 一是明确了规划编制程序。全国农田水利规划由水利部负责编制,报国务院或者国务院授权的部门批准公布;县级以上地方人民政府的水行政主管部门负责编制本级农田水利规划,报本级人民政府批准公布。

二是明确了规划内容。农田水利规划应包括发展思路、总体任务、区域布局、保障措施等内容;县级农田水利规划还应包括水源保障、工程布局、工程规模、生态环境影响、工程建设和运行维护、技术推广、资金筹措等内容。

三是加强了规划的公众参与程度。要求县级农田水利规划编制时要征求农村集体经济组织、农民用水合作组织、农民等方面的意见。

四是加强了相关规划的衔接。规定编制土地整治、农业综合开发等规划涉及农田水利的，应与农田水利规划相衔接。

问：《条例》如何加强农田水利工程建设？

答：首先，规定农田水利工程建设应符合国家有关农田水利标准。

其次，规定农田水利工程建设单位应建立健全工程质量安全管理制度，对工程质量安全负责，并公示工程建设情况。

再次，规定政府投资建设的农田水利工程由县级以上人民政府有关部门组织竣工验收，并邀请有关专家和农村集体经济组织、农民用水合作组织、农民代表参加；社会力量投资建设的农田水利工程由投资者或者受益者组织竣工验收。政府与社会力量共同投资的农田水利工程，由县级以上人民政府有关部门、社会投资者或者受益者共同组织竣工验收。

最后，规定农田水利工程验收合格后，由县级以上地方人民政府水行政主管部门组织造册存档。

问：《条例》如何加强农田水利工程运行维护？

答：一是按照不同工程类型分别确定运行维护主体。如，明确政府投资建设的大中型农田水利工程由县级以上人民政府按照工程管理权限确定运行维护单位，农村集体经济组织筹资筹劳建设的农田水利工程由农村集体经济组织或者其委托的单位、个人负责运行维护，政府与社会力量共同投资建设的农田水利工程由投资者按照约定确定运行维护主体等。

二是明确了运行维护职责。要求运行维护单位和个人建立健全运行维护制度，加强对农田水利工程的日常巡查、维修和养护，按照有关规定进行调度，保障农田水利工程正常运行。

三是完善了运行维护经费保障机制。规定县级以上人民政府应当建立农田水利工程运行维护经费合理负担机制，农田水利工程所有权人应当落实农田水利工程运行维护经费。

四是完善了工程设施保护要求。明确禁止侵占、损毁农田水利工程设施,以及爆破、打井、采石、取土活动等危害农田水利工程设施的行为,并规定了严格的法律责任。

问:《条例》怎样加强农田灌溉排水管理?

答:首先,规定农田灌溉用水实行总量控制和定额管理相结合的制度;其次,规定农田灌溉用水应合理确定水价,实行有偿使用、计量收费;再次,鼓励采取先进适用的农田排水技术和措施,促进盐碱地和中低产田改造,控制和合理利用农田排水,减少肥料流失,防止农业面源污染;最后,鼓励单位和个人投资建设节水灌溉设施,采取财政补助等方式鼓励购买节水灌溉设备。

问:《条例》有何措施吸引社会力量参与农田水利工程建设?

答:一是加强扶持引导。要求县级人民政府及时公布农田水利工程建设年度实施计划、建设条件、补助标准等信息,引导社会力量参与建设农田水利工程,要求县级以上地方水行政主管部门为社会力量参与建设、经营农田水利工程提供指导和技术支持。

二是鼓励开展农田水利工程经营。规定县级以上地方人民政府应当支持社会力量通过提供农田灌溉服务、收取供水水费等方式,开展农田水利工程经营活动,保障其合法经营收益。

三是加强金融支持。规定国家引导金融机构推出符合农田水利工程项目特点的金融产品和服务方式,加大对农田水利工程建设的信贷支持力度。

四是明确用电优惠政策。规定农田灌溉和排水的用电执行农业生产用电价格。

环保部有关负责人解读《生态环境损害赔偿制度改革试点方案》

中共中央办公厅、国务院办公厅 2015 年 12 月 3 日印发《生态环境损害赔偿制度改革试点方案》(以下简称《方案》),对今后一个时期我国生态环境损害赔偿制度改革做出全面规划和部署。为什么要建立这项制度?巨额赔偿会否考虑企业承受能力?我国环境损害鉴定评估能力如何?针对这些问题,记者采访了环保部有关负责人。

让损害者担责

问:为什么要建立生态环境损害赔偿制度?

答:建立生态环境损害赔偿制度一是实现损害担责的需要。环境保护法确立了损害担责原则。建立健全生态环境损害赔偿制度,由造成生态环境损害的责任者承担赔偿责任,修复受损生态环境,有助于破解"企业污染、群众受害、政府买单"的困局;二是弥补制度缺失的需要。宪法、物权法等相关法律规定,国家所有的财产即国有财产,由国务院代表国家行使所有权,但是在矿藏、水流、城市土地、国家所有的森林、山岭、草原、荒地、滩涂等自然资源受到损害后,现有制度中缺乏具体索赔主体的规定；三是履行法定职责的需要。通过实施生态环境损害赔偿制度，修复受损的生态环境，保护和改善人民群众生产生活环境，是政府履行环境保护职责的需要。

《方案》规定了生态环境损害赔偿的索赔权人、解决途径、相关技术、资金管理等主要内容，并要求试点省级人民政府制定实施意见。其中，确定经国务院授权的省级人民政府为赔偿权利人；创设磋商赔偿机制，促使责任人及时开展修复和赔偿；试行多样化责任承担方式，兼顾生态环境保护和企业经营发展。

建立生态环境损害赔偿制度，需要从立法上明确规定生态环境损害赔偿范围、责任主体、索赔主体、索赔途径、损害鉴定评估机构和管理规范、损害赔偿资金等基本问题，但目前立法条件尚不成熟，需要在部分地区开展试点，为下一步立法积累经验。

问：根据现行民事诉讼法和环保法规定，符合条件的社会组织可以提起环境公益诉讼，为什么还要由政府提起生态环境损害赔偿，两者是什么关系？

答：社会组织提起的环境公益诉讼和政府提起的生态环境损害赔偿均为生态环境损害赔偿制度的重要内容，并不冲突，政府侧重于对国有自然资源的损害提起索赔。两者的关系和衔接还需要在试点过程中逐步探索和完善。

设磋商机制避免诉讼"费时耗力"

问：《方案》为什么设立磋商机制，要达到什么效果？

答：《方案》创设了磋商赔偿机制，可以及时启动与责任人的协商，防止损害发生后单一采用诉讼途径而产生的"费时耗力"问题。赔偿权利人在调查发现生态环境损害需要修复或者赔偿后，根据生态环境损害鉴定评估报告，就损害事实与程度、修复启动时间与期限、赔偿的责任承担方式与期限等具体问题与赔偿义务人进行磋商，统筹考虑修复方案的技术可行性、成本效益最优化、赔偿义务人赔偿能力、第三方治理可行性等情况，达成赔偿协议，及时督促赔偿义务人修复受损的生态环境。

当磋商未达成一致时，赔偿权利人就应及时提起生态环境损害赔偿民事诉讼。当然，磋商也不是必经程序，赔偿权利人可以根据实际情况，直接提起生态环境损害赔偿诉讼。

试行"分期赔付"确保企业可承受

问：生态环境损害赔偿数额往往比较巨大，方案是否考虑到企业的承受能力？

答：我们在《方案》的制定过程中充分考虑了生态环境损害赔偿与经济发展相协调，特别是企业的承受能力问题。方案设计多样化责任承担方式，要求试点地方根据责任人主观过错、经营状况等因素试行分期赔付等多样化责任承担方式。既使受损的生态环境得到修复和赔偿，又督促企业转型升级，强化生态环境保护措施。

提高环境损害鉴定评估能力

问：环境损害鉴定评估是损害赔偿制度的技术保障，目前，我国环境损害鉴定评估能力如何？能否为损害赔偿提供足够的支撑？

答：我国环境鉴定评估能力初步形成。一是有了相应的技术方法。环保部相继发布了《环境污染损害数额计算推荐方法（第Ⅰ版）》《环境损害鉴定评估推荐方法（第Ⅱ版）》《突发环境事件应急处置阶段环境损害评估推荐方法》等技术方法。二是有了一定的实践基础。环保部从2011年起，相继在山东、江苏、重庆等10个地方开展了环境损害鉴定评估工作试点。三是有了可为行政和司法提供鉴定评估报告的机构。2014年，环保部向社会公开推荐了第一批12家具备为环境管理和司法提供技术支持的环境损害鉴定评估机构。

下一步，环保部将联合最高人民法院、科技部、司法部等有关部门，通过加强能力建设、完善技术体系、规范鉴定评估程序、推进纳入统一司法鉴定管理等工作，提高环境损害鉴定评估能力水平，为行政、司法提供更好的技术支撑。

处置非法集资部际联席会议办公室负责人就《国务院关于进一步做好防范和处置非法集资工作的意见》答记者问

国务院2015年10月19日公布了《关于进一步做好防范和处置非法集资工作的意见》(国发〔2015〕59号,以下简称《意见》),对下一步做好防范和处置非法集资工作进行全面部署。处置非法集资部际联席会议(以下简称部际联席会议)办公室负责人杨玉柱同志就《意见》背景和主要内容接受了记者采访。

1. **请介绍一下《意见》出台的背景?**

答:非法集资是我国经济金融领域长期存在的痼疾,有着复杂的经济金融成因。特别是2014年以来,受经济下行压力加大、企业生产经营困难增多、不法分子借机活动等各种因素影响,非法集资问题日益凸显,案件频发高发,花样翻新,风险蔓延。

非法集资本质上是一种金融违法犯罪活动,严重损害人民群众合法权益,破坏经济金融秩序,影响社会稳定。对此,党中央、国务院高度重视,多次召开会议研究部署,要求依法严厉打击非法集资行为,建立防打结合、打早打小、综合施策、标本兼治的防控机制。

《意见》由国务院于2015年10月19日印发,是对新形势下防范和处置非法集资工作的全面部署,是指导当前和今后一段时期工作的重要纲领性文件。

2. 如何理解《意见》提出的基本原则？

答：一是防打结合，打早打小。《意见》强调既要解决好浮出水面的问题，更要做好防范预警，尽可能使非法集资不发生、少发生，一旦发生要打早打小，在苗头时期、涉众范围较小时解决问题，减少损失、减少震动。二是突出重点，依法打击。《意见》强调要抓住重点领域、重点区域、重大案件依法严厉打击，同时要防范处置过程中的次生风险，有效维护社会稳定。三是疏堵结合，标本兼治。《意见》提出要进一步深化金融改革，提升金融服务水平，合理引导和规范民间金融发展，不断消除非法集资生存土壤，挤压非法集资生存空间。四是齐抓共管，形成合力。《意见》强调地方各级人民政府牵头，统筹指挥；部际联席会议顶层推动、协调督导；各部门协同配合，加强监督管理。强化宣传教育，积极引导和发动广大群众参与到防范和处置非法集资工作中来。

3.《意见》提出完善组织协调机制，请问主要包括哪些内容？

答：一是中央层面完善处置非法集资部际联席会议工作机制。充分发挥部际联席会议作用，加强顶层推动，加大督促指导力度，增强工作合力。加强对全局性、区域性问题的综合分析，深入研究非法集资的新问题、新情况，把握非法集资规律和动态，加强风险预警，提出改进工作的政策建议。二是地方各级人民政府建立健全防范和处置非法集资工作领导小组工作机制。主要包括由政府分管领导任组长，明确专门机构和专职人员，落实职责分工，优化工作程序，强化制度约束，提升工作质效。

4. 《意见》明确地方人民政府在防范和处置非法集资工作中的职责有哪些?

答:《意见》要求,省级人民政府对本行政区域防范和处置非法集资工作负总责,各地方人民政府要有效落实属地管理职责。具体而言,各级地方人民政府应有效落实以下职责:一是做好本行政区域内非法集资风险排查、监测预警、案件查处、善后处置、宣传教育、维护稳定等各项工作;二是确保本行政区域防范和处置非法集资工作组织到位、体系完善、机制健全、保障有力;三是建立目标责任制,将防范和处置非法集资工作纳入领导班子和领导干部综合考核评价内容,明确责任,表彰奖励先进,对工作失职、渎职行为严肃追究责任;四是要进一步规范约束地方各级领导干部参与民间经济金融活动。

5. 《意见》是如何明确有关部门对非法集资的监督管理职责和要求的?

答:《意见》要求,防控本行业领域非法集资是各行业主管、监管部门履行监督管理职责的重要内容,要按照监管与市场准入、行业管理挂钩的原则,确保所有行业领域非法集资监管防范不留真空。一是对需要市场准入许可的行业领域,由准入监管部门负责本行业领域非法集资的防范、监测和预警工作。二是对无需市场准入许可,但有明确主管部门指导、规范和促进的行业领域,由主管部门牵头负责本行业领域非法集资的防范、监测和预警工作。三是对没有明确主管、监管部门的行业领域,如投资咨询、非融资性担保等,由地方各级人民政府组织协调相关部门,利用现有的市场监管手段,强化综合监管,防范非法集资风险。

6.《意见》提出"以防为主、及时化解",具体包括哪些内容?

答:一是全面加强监测预警。建立立体化、社会化、信息化的监测预警体系,充分发挥网格化管理和基层群众自治的经验和优势,群防群治。利用互联网、大数据、云计算等技术手段加强非法集资监测预警。进一步发挥好全国统一的信用信息交换平台作用,推动有关信息依法共享。二是强化事中事后监管。行业主管、监管部门要加大风险排查和行政执法力度,做到非法集资早发现、早预防、早处置。综合运用各类手段,加强部门间信息共享和对失信主体的联合惩戒,探索建立多部门联动综合执法机制。对非法集资主体建立经营异常名录和信用记录,纳入全国信用信息共享交换平台。加强行业自律管理。三是充分发挥金融机构监测防控作用。加强金融机构内部管理,确保分支机构和员工不参与非法集资。加强金融机构对社会公众的宣传教育。加强对涉嫌非法集资可疑资金监测分析,及早发现并报告非法集资资金动向。四是发动群众防范预警。建立非法集资举报奖励制度,强化正面激励,加大奖励力度,鼓励广大群众自动自发、广泛参与。

7.《意见》对处置跨省案件提出了怎样的要求?

答:《意见》对跨省案件处置原则作出统一要求,可以概括为"三统两分",即:统一指挥协调、统一办案要求、统一资产处置、分别侦查诉讼、分别落实维稳。同时,对牵头省份、协办省份提出了具体要求。牵头省份要积极主动落实牵头责任,依法合规、公平公正地制定统一处置方案,加强沟通协调,定期通报工作进展。协办省份要大力支持配合,切实履行协作义务。要强化全局观念,加强沟通、协商及跨区域、跨部门协作,共同解决办案难题,提高案件查处效率。

8. 《意见》对进一步做好宣传教育工作提出了哪些具体要求?

答:《意见》明确要求,一是建立部际联席会议统一规划,宣传主管部门协调推动,行业主管、监管部门指导落实,相关部门积极参与,各省(区、市)全面落实,中央和地方上下联动的宣传教育工作机制。二是加大顶层引领和推动力度。制定防范和处置非法集资宣传总体规划,推动全国范围内宣传教育工作。部际联席会议要组织协调中央媒体大力开展宣传教育,加强舆论引导。行业主管、监管部门要有针对性地开展本行业领域宣传。三是深入推进地方强化宣传教育工作。地方各级人民政府要建立健全常态化的宣传教育工作机制,贴近基层、贴近群众、贴近生活,实现宣传教育广覆盖,引导广大群众对非法集资不参与、能识别、敢揭发。充分运用各类媒介或载体,以法律政策解读、典型案例剖析、投资风险教育等方式,提高宣传教育的广泛性、针对性、有效性。加强广告监测和检查,强化媒体自律责任,净化社会舆论环境。

9. 请问如何通过深化改革来压缩非法集资的生存空间,实现"防治结合、疏堵并举"?

答: 一是加大金融服务实体经济的力度。不断提升金融服务实体经济的质量和水平。不断完善金融市场体系,鼓励、规范和引导民间资本进入金融服务领域,大力发展普惠金融,加大对经济社会发展薄弱环节的金融服务。二是规范民间投融资发展。大幅放宽民间投资市场准入,拓宽民间投融资渠道。完善民间借贷日常信息监测机制,引导民间借贷利率合理化。推进完善社会信用体系,逐步建立完善全国统一、公开、透明的信用信息共享交换平台,营造诚实守信的金融生态环境。

擦亮文物的文化内涵与时代价值
——国家文物局局长刘玉珠就《国务院关于进一步加强文物工作的指导意见》答记者问

2016年3月4日,国务院印发《关于进一步加强文物工作的指导意见》(以下简称《意见》)。《意见》贯彻改革创新精神,围绕当前文物工作存在的突出问题提出了硬性措施,是指导新时期文物工作的纲领性文件。针对落实文物保护责任、制定文物保护补偿办法、如何在确保文物安全的前提下拓展文物合理利用等话题,国家文物局局长刘玉珠8日回答了记者的提问。

问:《意见》的出台背景是什么?对新时期推动文物事业发展具有哪些意义?

答: "十二五"以来特别是党的十八大以来,我国文物事业取得了显著成绩,但也面临着文物保护责任尚未完全落实、不可移动文物消失加快、文物资源作用发挥不够等问题,亟须采取有力措施加以解决。在这一背景下,以国务院名义出台一个关于进一步加强文物工作的政策性文件,既是必要的,也是适时的。

《意见》在科学总结近年来文物工作实践的基础上,围绕当前文物工作存在的突出问题,着眼破除影响文物事业发展的体制机制障碍,提出了一些硬性措施。全篇贯穿坚持公益属性、坚持服务大局、坚持改革创新、坚持依法管理的基本原则,是指导新时期文物工作的纲领性文件。

问:《意见》的总体思路和主要内容有哪些?

答:《意见》坚持"保护为主、抢救第一、合理利用、加强管理"的工作方针,深入挖掘和系统阐发文物所蕴含的文化内涵和时代价值,切实做到在保护中发展,在发展中保护。

《意见》共分为七部分,即重要意义、总体要求、明确责任、重在保护、拓展利用、严格执法、完善保障。其中,前两部分围绕加强文物工作的重要性、紧迫性和新时期文物工作的指导思想、基本原则和主要目标展开;后五部分围绕加强文物工作的切实举措展开,涵盖24个方面的政策措施。

问:《意见》设立"明确责任"专章,意义为何?

答:《意见》明确提出,要把文物工作作为地方领导班子和领导干部综合考核评价的重要参考。这一条需要我们进一步量化文物工作的考核指标体系。作为配套措施,《意见》提出建立健全文物保护责任评估机制,每年对本行政区域的文物保存状况进行一次检查评估,发现问题及时整改。根据文物保护法的有关内容,《意见》还强调了严格责任追究,其中一大亮点就是新增建立文物保护责任终身追究制。这一条体现了与时俱进的思想,借鉴了环境保护等领域,适应全面依法治国的新要求。

问:强调"重在保护"提出哪些硬举措?

答:一是对不可移动文物保护,除了继续强调开展抢救性保护,还要加强文物日常养护巡查和监测保护,重视岁修,减少大修。二是按照中央城镇化工作会议精神,提出加强城乡建设中的文物保护,既突出严格执行文物保护法,也做好基本建设中的考古调查、勘探、发掘和文物保护工作，搞好配合，提高时效。三是提出利用公益性基金等平台，采取社会募集等方式筹措资金，这是解决私人产权不可移动文物保护维修资金补助问题的创新之举，今年我们将委托中国文物保护基金会开展相关工作。四是在加强文物保护规划编制实施方面，《意见》对文物保护法规定的纳入城乡规划进行了细化，提出将文物行政部门作为城乡规划协调决策机制成员单位，按照"多规合一"的要求，将文物保护规划相关内容纳入城乡规划。五是相对于以往的政策性文件，《意见》将加强可移动文物保护作为重要一环，这是因应新形势、回应社会关切的重要举措，同样坚持抢救保护和预防保护相结合。六是鼓励社会参与文物保护，提出对社会力量自愿投入资金保护修缮市县级文物保护单位和尚未核定公布为文物保护单位的不可移动文物的，可依法依规在不改变所有权的前提下，给予一定期限的使用权。

问：关于健全国家文物登录制度，怎样做好动态管理？

答：国家文物登录制度是国家针对文物资源管理建立的调查、认定、登记和监测机制。2012年国务院《关于开展第一次全国可移动文物普查的通知》对建立健全文物登录备案机制和文保护体系提出了要求；文物保护法修订草案中也明确规定，要建立国家文物登录制度。我们认为，在多年来文物普查的基础上，建立健全国家文物登录制度，已经具备了较好的基础条件。下一步，国家文物局将依托第一次全国可移动文物普查，制定登录制度建设的整体框架，编制相关制度体系，制定登录管理办法，逐步建立健全文物登录行业机构和人才队伍。普查结束后将按照登录制度要求，建立国家文物资源总目录和数据资源库。

问：制定文物保护补偿办法，针对哪些群体？如何操作？

答：现阶段，我国文物资源分布极不平衡，文物资源密集地区的保护压力极大，依靠一己之力难以承担保护任务，也影响到当地经济社会的发展。特别是陕西、河南等地下埋藏文物丰富的省份，西安、安阳、洛阳、开封、扬州等大遗址密集分布的城市都存在着类似问题。对此，有关地方发出呼吁，希望国家出台相关政策，对公民、法人、社会组织因履行文物保护义务而造成合法权益受损或受限的给予一定经济补偿。《意见》提出研究制定文物保护补偿办法，探索对文物资源密集区的财政支持方式，在土地置换、容积率补偿等方面给予政策倾斜，以期解决文物密集地区文物保护资金短缺、土地置换问题和容积率限制等问题，缓解文物保护与经济发展的巨大压力，让当地民众也能享受到文物保护带来的成果。由于这项政策涉及多方利益，我们会充分征求专家学者、社会团体和社会公众特别是文物密集区内居民的意见，积极稳妥地实施。

问：如何在确保文物安全的前提下，拓展文物的合理适度利用，使文物更好地服务经济社会发展需要？

答：合理利用是文物工作的重要方面。《意见》对拓展利用提出了具体举措，特别是适应当前经济发展新常态，浓墨重笔地提出要大力发展文博创意产业，扩大引导文化消费，培育新型文化业态，适应了当前形势发展和经济社会发展的需要，充分体现了文物工作服务大局、改革创新的基本原则。

当然，拓展文物利用并不是无原则的放任不管。《意见》充分吸取以往文物利用中出现的不当、过当等问题的教训，强调要合理适度利用，提出了任何文物利用都要以有利于文物保护为前提，以服务公众为目的，以彰显文物历史文化价值为导向，以不违背法律和社会公德为底线。

在推动文物合理利用工作中，国家文物局发挥的是规则制定者的宏观管理角色，这两年已经针对名人故居、工业遗产、乡土建筑等文物类型，出台了保护利用导则，在实践中积极引导。下一步，我们将研究制定相关配套措施，对文物利用作出程序、制度上的严格规定，坚决防止在利用过程中对文物造成破坏，进一步发挥文物的公益属性。

（原载新华网 2016 年 3 月 8 日）

建立从律师和法律专家中选拔立法司法人员常态化机制推动法治专门队伍结构优化

——中央司法体制改革领导小组办公室负责人就《关于从律师和法学专家中公开选拔立法工作者、法官、检察官办法》答记者问

2016年3月22日,中央全面深化改革领导小组审议了《关于从律师和法学专家中公开选拔立法工作者、法官、检察官办法》(以下简称《办法》)。6月,中共中央办公厅印发了办法。就办法的有关问题,中央司改办负责人回答了记者提问。

进一步畅通法律职业互换的渠道

问:请介绍一下出台办法的背景和意义。

答:从律师和法学专家中招录立法工作者、法官、检察官,有利于立法、司法队伍结构优化,也有利于畅通法律职业间的互换,这是世界各国的通行做法。近年来人民法院、人民检察院相继开展了从律师和法学专家选拔担任法官、检察官的尝试,积累了经验,取得了良好效果。但这些选拔是零星开展的,标准和程序不尽统一。针对这些问题,根据中国共产党十八届四中全会决

定部署，《办法》着眼于建立从优秀律师和法律专家中选拔立法、司法人员的常态化机制，明确了标准、完善了程序、细化了措施。《办法》的出台，将有利于推动法治专门队伍系统性结构优化调整，进一步畅通法律职业互换的渠道，促进法律职业群体的共同建设和发展，同时还将为律师行业和法学教研领域培养什么样的人才树立标杆，引导律师行业和法学教研工作健康发展。

注重制度衔接　遵循党管干部原则

问：制定《办法》的总体考虑是什么？

答：制定《办法》主要有两点考虑：一是坚持问题导向。针对选拔律师和法学专家担任法官、检察官标准和程序不统一，确定被选任人员职级待遇存在不同认识等问题，《办法》按照建设高素质社会主义法治专门工作队伍的要求确立了参加选拔的标准，规定了以考核审查为基本方式的选拔方法，明确了确定职级及待遇的原则。二是注重制度衔接。《办法》遵循党管干部的原则，在选拔程序上沿用了公开选拔党政领导干部的成熟做法，同时根据法治队伍建设专业化、职业化的特殊要求增加了专业能力评审把关的环节。在系统梳理公务员法、法官法、检察官法相关要求的基础上，明确了被选拔人员担任新职务必须履行的特定义务。通过与相关制度衔接，与法律规定相匹配，保证《办法》可执行、能操作。

选拔常态化、制度化

问：《办法》对建立从律师和法学专家中公开选拔立法工作者、法官、检察官的常态化机制有什么要求？

答：《办法》明确要求将从律师、法学专家中选拔业务骨干纳入立法、司法队伍建设的规划。具有立法权的人大常委会的法制工作机构、政府法制部门应当招录一定数量的律师、法学专家从事法律法规起草工作。人民法院、人民检察院应当把从律师、法学专家中选拔法官、检察官工作常态化、制度化。这项常态化机制的建立，将对从司法助理中选拔法官检察官的主渠道形成有益的补充，进一步完善法官检察官的培养选任制度。

设立适当"高门槛"选拔优秀人才

问：《办法》对律师和法学专家参加公开选拔的条件作了哪些要求？有没有限制？

答：为达到优化队伍结构，提高科学立法、公正司法能力水平的目的，必须为公开选拔设立适当的"高门槛"，以确保能够将优秀的律师和法学专家选拔出来。因此，参加公开选拔的律师、法学专家除具备公务员法、法官法、检察官法规定的任职基本条件外，还要满足政治素养、职业操守、业务能力与从业资历四个方面的要求。一是拥护党的领导，忠于宪法法律。这是合格社会主义法治工作者必须具备的政治品格。二是社会主义法治信仰坚定，道德品行和职业操守优良。三是办案能力或研究能力强。律师应当具有独立办案能力，通晓境外法律制度并具有成功处理国际法律事务的经验，或者精通某些特殊专业领域的法律实务；法学专家能够贯彻中国特色社会主义法治理论，善于理论联系实际，有优秀的研究成果。四是有相当的从业资历。律师实际执业不少于五年，从业声誉良好；法学专家具有讲师及以上职称，从事教学或科研五年以上，有法律实务工作经验的优先。上述从业资历年限，考虑了与实行法官检察官员额制和逐级遴选制度相匹配的要求。

《办法》明确了律师和法学专家不得参加公开选拔的七种情形。其中，除五种违法违纪情形和兜底条款外，还明确配偶已移居国（境）外，或者没有配偶，子女均已移居国（境）外的也不得参加公开选拔。

公开选拔全过程接受社会监督

问：从律师和法学专家中公开选拔立法工作者、法官、检察官如何进行？

答： 公开选拔遵循公开、公正、竞争、择优原则，在程序上主要沿用了公开选拔党政领导干部的成熟做法。一是规定公开选拔主要采取考察考核而非考试的方式进行；二是按照法治队伍专业化、职业化要求，在选拔程序中专门设置了律师协会或法学会出具评估意见，法官、检察官遴选委员会等进行专业把关的环节。组织人事部门将会同立法机关、最高人民法院、最高人民检察院对公开选拔工作作出细化规定。

具体实施时，公务员主管部门将会同具有立法权的人大常委会的法制工作机构、政府法制部门、人民法院、人民检察院，在人员编制限额内结合实际制定公开选拔计划和实施方案，明确公开选拔的岗位、条件和程序。公开选拔全过程接受社会监督。

行业管理服务组织前置评估

问：考核考察如何保证选拔结果的准确性？

答： 考核考察始终强调注重能力素质、职业伦理、工作实绩和一贯表现。《办法》注重制度衔接。《办法》遵循党管干部的原则设立了两个机制予以保障。一是发挥行业管理服务组织的优势进行前置评估。参加公开选拔人员工作单位所在地的律师协会或法学会，经充分听取参选人员的工作单位、从业相关人员意见，就参加参选人员的政治态度、专业能力、品行操守出具评估意见。二是中立的专业人士对入围人选的专业能力进行评审把关。由资深法官、检察官和社会法律专业人士组成的法官、检察官遴选委员会负责对拟任法官、检察官入围人选的评审。人大常委会的法制工作机构或者政府法制部门可以组织有关业务部门负责人、专家学者、律师对入围人选进行专业能力评审。评审通过查阅人事档案、承办案件卷宗或论著、面谈等多种方式进行，确保结果客观公正。

履行持股、兼职、回避特定义务

问：被选拔人员担任立法工作者、法官、检察官需要承担哪些特定的义务？为什么要承担这些义务？

答：立法工作者、法官、检察官是公务员。担任这些职务，必须履行法律法规在持股、兼职上对公务员设立的特定义务：一是不得持有非上市公司的股份；二是不得在企业、律师事务所及营利性机构兼职。担任法官、检察官的，还要履行法官法、检察官法和审判、检察纪律规定的任职回避义务。父母、配偶、子女在拟任职人民法院、人民检察院辖区内开办律师事务所、担任律师或者从事司法鉴定、司法拍卖等与司法活动利益相关职业的，应当不再担任事务所设立人、合伙人或退出股份、调整工作。在一年试用期内未能实现权属变更或退出股份、调整工作的，将视为试用不合格，不予录用。

履行上述特定义务，有利于防止被选拔人员的原有身份和社会关系影响履行新职务。《办法》对这些法律法规和审判、检察纪律规定予以强调，可以提醒有志于从事立法、司法事业的律师和法学专家事先充分权衡利弊，郑重决定取舍。

抓紧制定配套文件

问：落实《办法》需要做好那些配套衔接工作？

答：《办法》落实涉及多个部门。各部门将按照各自职责，进一步完善相关工作程序，建立和完善协作配合机制。当前，重点要做好两方面工作。一是抓紧制定配套文件。主要有：公开选拔工作的实施细则，律师协会、法学会出具评估意见的办法，为律师、法学专家参加公开选拔提供服务和工作衔接的机制，鼓励法学专家到人大常委会法制工作机构、政府法制部门、人民法院、人民检察院挂职锻炼的制度等。二是加强对落实情况的督促指导和检查。

与其他相关司法改革事项衔接起来

问：当前法官、检察官队伍面临对内压减员额压力大、对外吸引力不足等问题，如何确保办法落实？

答：从律师和法学专家中选拔立法工作者、法官、检察官，促进法治专门队伍结构优化，是个长期的过程，不能一蹴而就。改革是解决上述问题的唯一出路，必须将《办法》落实与其他相关司法改革事项衔接起来，协调推进，相互促进。一是实行法官检察官员额制、遴选制度时，根据工作实际预留适当数量用于从律师、法学专家中公开选拔法官、检察官。二是切实落实司法责任制，真正让"审理者裁判，裁判者负责"。三是大力推动司法职业保障改革，提升法官、检察官应有的职业待遇。相信随着司法公信力和职业尊荣感的不断提高，必将吸引越来越多的优秀法律人才投身司法职业。

法律法规解读

司法部有关负责人就《关于深化律师制度改革的意见》答记者问

2016年6月,中共中央办公厅、国务院办公厅印发了《关于深化律师制度改革的意见》(以下简称《意见》),对深化律师制度改革作出全面部署。司法部负责同志就《意见》制定和实施有关问题,回答记者提问。

问:请您介绍一下《意见》出台背景和意义?

答:党中央、国务院高度重视律师工作,高度重视律师队伍在中国特色社会主义事业中的积极作用。党的十八大以来,习近平总书记多次对律师工作和律师队伍建设作出重要指示,提出明确要求。党的十八届三中全会把改革完善律师制度作为全面深化改革的重要内容。党的十八届四中全会《决定》将律师工作纳入全面依法治国总体布局,对加强律师工作和律师队伍建设作出部署。《意见》的出台是贯彻落实党的十八大和十八届三中、四中、五中全会精神和习近平总书记重要指示精神的重要举措,是贯彻落实"四个全面"战略布局的重要内容,对于进一步加强律师工作和律师队伍建设,健全完善中国特色社会主义律师制度,充分发挥律师在全面依法治国中的重要作用具有重要意义。《意见》坚持党的领导和中国特色社会主义法治道路,紧紧围绕全面推进依法治国总目标,提出了深化律师制度改革的指导思想、基本原则、发展目标和任务措施，对新形势下深化律师制度改革作出了全面部署，是指导我国律师事业发展的纲领性文件，必将推动我国律师工作进入一个新的发展阶段。各级司法行政机关要从政治和全局的高度，认真学习领会《意见》出台的重要意义，将思想和行动统一到中央部署和习近平总书记对律师工作的重要指示精神上来，切实增强使命感、责任感和紧迫感；要认真抓好《意见》的学习贯彻工作，坚定正确的政治方向，深化律师制度改革，加强律师队伍建设，全面推进中国特色社会主义律师事业实现新发展，充分发挥律师在"四个全面"战略布局中的重要作用，为实现"两个一百年"奋斗目标和中华民族伟大复兴的中国梦提供优质高效的法律服务。

问：深化律师制度改革的指导思想和基本原则是什么？

答：《意见》强调，深化律师制度改革必须高举中国特色社会主义伟大旗帜，全面贯彻党的十八大和十八届三中、四中、五中全会精神，以邓小平理论、"三个代表"重要思想、科学发展观为指导，深入贯彻习近平总书记系列重要讲话精神，坚持党的领导和中国特色社会主义法治道路，坚持解放思想、改革创新、务实进取，紧紧围绕全面推进依法治国的总目标，完善律师执业保障机制，健全律师违法违规执业惩戒制度，加强律师队伍建设，建设一支拥护党的领导、拥护社会主义法治的高素质律师队伍，充分发挥律师在全面依法治国中的重要作用，为实现"两个一百年"奋斗目标和中华民族伟大复兴的中国梦提供优质高效的法律服务。

《意见》明确了深化律师制度改革必须要坚持的五项原则。一是坚持党的领导。坚决贯彻党的理论和路线方针政策，加强律师行业党的建设，切实发挥律师事务所党组织的政治核心作用和律师党员的先锋模范作用。二是坚持正确的政治方向。坚定不移走中国特色社会主义法治道路。三是坚持执业为民。教育和引导广大律师将执业活动与服务人民紧密结合，发挥律师在保障人民群众合法权益和维护社会公平正义中的重要作用。四是坚持依法执业。教育和引导广大律师自觉维护宪法法律权威，捍卫宪法法律尊严，严格依法行使执业权利、履行职责义务、规范执业行为，坚守依法执业底线，成为社会主义法治的忠实崇尚者、自觉遵守者、坚定捍卫者。五是坚持从中国实际出发。适应我国经济社会发展需要和民主法治建设进程，遵循律师工作发展规律，积极稳妥推进律师制度改革。

问：请您谈谈深化律师制度改革的发展目标。

答：深化律师制度改革的发展目标是，建设健全的中国特色社会主义律师制度，律师执业保障有力，执业环境切实改善；律师执业违法违规惩戒制度健全完善，律师依法执业能力显著增强；律师队伍建设全面加强，队伍整体素质明显提升；律师服务领域进一步拓展，在全面建成小康社会、全面深化改革、全面依法治国、全面从严治党中的职能作用得到充分发挥。

问：《意见》在完善律师执业保障机制方面有什么改革举措？

答：为完善律师执业保障机制，《意见》提出了六个方面的措施。一是保障律师诉讼权利。制定保障律师执业权利的措施，强化诉讼过程中律师的知情权、申请权、申诉权等各项权利的制度保障，严格依法落实相关法律赋予律师在诉讼中会见、阅卷、收集证据和发问、质证、辩论等方面的执业权利。完善律师收集证据制度，律师办理诉讼和非诉讼法律业务，可以依法向工商、公安、海关、金融和不动产登记等部门调查核实有关情况。二是完善便利律师参与诉讼机制。律师进入人民法院参与诉讼确需安全检查的，应当与出庭履行职务的检察人员同等对待。完善律师会见室、阅卷室、诉讼服务中心、专门通道等接待服务设施，规范工作流程，方便律师办理立案、会见、阅卷、参与庭审、申请执行等事务。三是完善律师执业权利救济机制。对阻碍律师依法行使诉讼权利的，有关司法机关要加强监督，依法启动相应程序予以纠正，追究相关人员责任。律师因依法执业受到侮辱、诽谤、威胁、报复、人身伤害的，有关机关应当及时制止并依法处理。四是建立健全政府购买法律服务机制。将律师担任党政机关和人民团体法律顾问、参与信访接待和处理、参与调解等事项统筹列入政府购买服务目录。五是研究完善律师行业财税和社会保障政策。推行律师事务所和律师强制职业责任保险。六是优化律师执业环境。严肃查处假冒律师执业的行为，明确对假冒律师执业的，依法追究刑事责任。

问：《意见》对健全律师执业管理制度提出了哪些要求？

答：《意见》对健全律师执业管理制度提出了五个方面的要求。一是健全律师执业行为规范。完善进一步规范律师执业行为的规章和行业规范，制定律师会见在押人员和参与庭审应当遵守的规定及惩戒办法，完善律师和律师事务所违法行为处罚办法、律师协会会员违规行为处分规则，依法规范律师与司法人员、司法行政人员的接触交往行为。二是严格执行执业惩戒制度。建立健全投诉受理、调查、听证处理等工作程序，加强行政处罚和行业惩戒的工作衔接。完善处罚种类。对因违法违纪被吊销执业证书的律师，终身禁止从事法律职业。实行律师不良执业信息记录披露和查询制度，及时发布律师失信惩戒信息。定期发布被注销、吊销律师执业证书人员的公告。三是完善职业评价体系。健全律师事务所年度检查考核和律师年度考核制度，完善律师职业水平评价制度，形成优胜劣汰的激励约束机制。四是健全执业管理体制。坚持和完善司法行政机关行政管理和律师协会行业自律管理相结合的律师工作管理体制。司法行政机关要切实履行对律师、律师事务所和律师协会的监督、指导职责，强化市、县两级司法行政机关日常监督职能。健全司法行政机关查处工作管辖机制，完善律师到注册地以外的地方执业管理机制，规范对异地执业的管理。加强司法行政机关律师管理力量，强化管理职责。加强律师协会建设，发挥好党和政府联系广大律师的桥梁纽带作用，依法依章程履行行业管理职责，提高行业自律管理能力，维护律师合法权益，健全自律规范体系，规范律师执业行为。加强律师事务所管理，建立科学的律师事务所管理结构，探索律师事务所设立专职管理合伙人。完善律师事务所及其负责人责任追究制度。五是健全跨部门监管协调机制。司法行政机关会同有关部门完善信息共享和工作协调机制，及时发现问题，研究提出解决意见。建立司法行政机关、律师协会就律师遵守职业道德、执业纪律情况征求意见的工作机制。建立有关机关根据律师在办案中的执业表现向司法行政机关、律师协会提出处理建议的工作制度。

问：在加强律师队伍建设方面，《意见》提出了哪些改革措施？

答：围绕加强律师队伍建设，《意见》提出：一是加强思想政治建设。坚持把思想政治建设摆在首位，始终坚持把拥护中国共产党领导、拥护社会主义法治作为律师从业的基本要求，增强广大律师走中国特色社会主义法治道路的自觉性和坚定性。加强法治文化建设，培育中国特色社会主义律师执业精神。二是加强职业道德建设。每名律师每年接受不少于12课时的职业道德培训,量化考核标准,实现律师职业道德教育经常化、制度化。推进律师执业信息公开,建立全国律师信息查询系统,建立中国律师诚信网,完善律师行为信用记录制度,纳入全国统一的信用信息共享交换平台。三是加强业务素质建设。大力加强律师教育培训工作,促进专业分工。建立律师事务所导师制度,严格实习考核。加强国家律师学院和律师教育培训基地建设。四是加强律师行业党的建设。健全完善行业党建工作管理体制,不断巩固和扩大党的组织和工作覆盖面。建立完善律师事务所党组织在事务所决策、规范管理、违法违规惩戒中发挥作用的工作机制。进一步做好发展党员工作,努力提高律师队伍中党员的比例。五是完善律师队伍结构。完善律师业务结构,建设通晓国际法律规则、善于处理涉外法律事务的涉外律师人才队伍。统筹城乡、区域律师资源,建立激励律师人才跨区域流动机制,解决基层和欠发达地区律师资源不足问题。积极发展公职律师、公司律师队伍,构建社会律师、公职律师、公司律师等优势互补、结构合理的律师队伍。各级党政机关和人民团体普遍设立公职律师,企业可设立公司律师。针对公职律师、公司律师的职业特点,明确其法律地位及权利义务。六是建立健全律师人才培养选用机制。将律师作为专门人才纳入国家中长期人才发展规划。加大各级立法机关、人民法院、人民检察院从符合条件的律师中招录立法工作者、法官、检察官的力度,积极推荐优秀律师参政议政,担任各级人大代表、政协委员,鼓励优秀律师通过公开选拔、公务员录用考试等途径进入党政机关。

问:如何充分发挥律师在全面依法治国中的重要作用?

答: 为充分发挥律师在全面依法治国中的重要作用,《意见》明确:一要充分发挥律师在立法、执法、司法、守法中的重要作用。建立健全律师参与法律法规的起草、修改等工作的制度性渠道，促进科学立法。按照普遍建立法律顾问制度的要求，吸纳律师担任各级党政机关、人民团体、企事业单位法律顾问。引导律师认真做好案件辩护代理工作，促进司法公正。建立律师以案释法制度，在执业过程中传播社会主义法治理念和权利义务观念。二要充分发挥律师在维护社会和谐稳定中的重要作用。重视运用律师诉讼和非诉讼法律服务手段，参与信访接待和处理。逐步实行对不服司法机关生效裁判、决定的申诉由律师代理制度。完善律师参与诉前、诉中调解制度，加强律师参与物业纠纷、医患纠纷、损害赔偿纠纷等领域的专业调解。三要充分发挥律师在依法管理经济社会事务中的重要作用。加强市场经济专业领域法律服务工作，鼓励和支持律师为银行、证券、保险、环境保护等领域提供专业法律服务，把律师专业意见作为特定市场经济活动的必备法律文书。四要充分发挥律师在服务和保障民生中的重要作用。推进覆盖城乡居民的公共法律服务体系建设，加强民生领域法律服务。发展公益法律服务机构和公益律师队伍，推动法律服务志愿者队伍建设。加强律师参与法律援助工作，明确规定律师每年承办法律援助的工作量。建立法律援助值班律师制度。五要加强涉外法律服务工作。支持律师事务所设立境外分支机构，支持律师事务所承接跨国跨境业务。鼓励、支持我国律师参与国际民商事法律组织、仲裁机构活动并担任职务。到2020年，建设一批规模大、实力强，具有国际竞争力和影响力的律师事务所。

问：司法行政机关将如何抓好《意见》的贯彻落实？

答： 学习好、贯彻好、落实好《意见》，是当前和今后一个时期司法行政机关的一项重要任务。一是要认真学习《意见》。各级司法行政机关要把贯彻落实《意见》的工作列入重要议事日程，认真研究，专门部署。持续用力，狠抓落实。要组织各级司法行政干部、律师管理人员和广大律师认真学习《意见》精神，深刻领会《意见》出台的重要意义，深刻领会《意见》的精神实质，深刻领会深化律师制度改革的指导思想、基本原则、发展目标和任务措施，切实把思想和行动统一到文件精神上来。二是要明确工作责任。司法部将制定工作方案，细化工作措施，明确责任分工。各地要制定本地区具体实施意见，精心指导，真抓实干，确保贯彻落实《意见》的各项工作任务措施顺利推进，如期完成，取得成效。三是要加强工作督导。各地要加强对《意见》贯彻执行情况的工作督导，深入基层开展调查研究，及时解决《意见》贯彻过程中出现的新情况新问题。要进一步加强律师协会建设，充分发挥律师协会在贯彻落实《意见》中的作用。四是要加强沟通协调。积极向党委、政府汇报律师工作和深化律师制度改革的进展情况，加强与贯彻落实《意见》相关的部门沟通协调，完善相关法律法规和配套政策，形成贯彻落实《意见》的合力，共同推进律师工作改革发展。

加强司法人员履职保障 努力维护司法公正

——中央司法体制改革领导小组办公室负责人就《保护司法人员依法履行法定职责规定》答记者问

中央全面深化改革领导小组4月18日审议通过了《保护司法人员依法履行法定职责规定》（以下简称《规定》）。7月21日，中共中央办公厅、国务院办公厅印发了《规定》。中央司改办负责人就《规定》的有关问题，回答了记者提问。

十八届三中、四中全会部署重点改革任务

问：请介绍一下出台《规定》的背景和意义？

答：保护司法人员依法履行法定职责，是党的十八届三中、四中全会部署的重点改革任务。司法人员依法履行法定职责，只有得到充分有效的保护，才能敢于担当、不徇私情，做到始终忠于法律、公正司法，维护好社会公平正义的最后一道防线。《规定》的出台，进一步健全完善了保护司法人员依法履行法定职责的制度，有利于确保人民法院、人民检察院依法独立公正行使审判权、检察权，对于全面推进依法治国，建设社会主义法治国家具有重要意义。

坚持问题导向　注重与相关改革相协调

问：制定《规定》的总体考虑是什么？

答：制定《规定》时，主要有以下三点考虑：

首先，坚持问题导向。实践中，司法人员依法履行法定职责主要有三个方面的困扰。一是来自社会各方面包括内部，类似"批条子""打招呼"等形形色色的干扰。二是司法机关内部不同程度存在的考核考评不符合司法规律、司法责任界定不清、惩戒程序缺乏外部监督，使执法办案走了样、变了形。三是时有发生的法官遇害遇袭等事件凸显司法人员履职人身安全保护机制不完善，司法人员执法办案特别是办理危险性高的案件存在后顾之忧。针对上述问题，《规定》完善了相关制度机制。

其次，注意与现行法律、规定相衔接。坚持依法改革，在《公务员法》《法官法》《检察官法》《行政监察法》、新颁布的党的纪律处分条例以及各系统工作人员处分条例等法律、规定的基础上，细化规定履职保护措施，特别是把司法人员履行司法职责的错案责任追究与党纪责任、一般性违反司法纪律责任追究作了区分，增设了惩戒委员会审议提供专业参考意见的环节，没有改变现行纪检监察工作体制，不影响依纪依法处理法官、检察官违反党纪政纪、触犯刑律行为。

第三，注重与相关改革相协调。《关于完善人民法院司法责任制的若干意见》《关于完善人民检察院司法责任制的若干意见》已对办案责任制、法官检察官惩戒等作出规定，《规定》注意与上述文件在制度措施上互相衔接、补充、配套，构筑完善的保护依法履行法定职责制度保障。

建立多项防止干预干扰司法活动制度机制

问:《规定》建立了哪些防止干预干扰司法活动的制度机制?

答: 一是将党政领导干部干预司法活动的记录、责任追究制度扩大适用于任何单位或个人。只要干预司法活动、妨碍司法公正,都要予以记录并依法依规对相关责任人予以通报直至追究责任。这样,有关"法官、检察官依法办理案件不受行政机关、社会团体和个人的干涉"的法律规定,就有了刚性的制度保障。二是分别对将法官、检察官调离、免职、辞退或者作出降级、撤职等处分的情形、程序予以明确规定,使"非因法定事由、非经法定程序,不得将法官、检察官调离、免职、辞退或者作出降级、撤职等处分"的规定可执行、能操作,以保障那些秉公执法、不听"招呼"的法官、检察官不被随意调离、处分。三是首次在中央文件中明确"任何单位或者个人不得要求法官、检察官从事超出法定职责范围的事务。人民法院、人民检察院有权拒绝任何单位或者个人安排法官、检察官从事超出法定职责范围事务的要求",防止一些地方摊派招商引资、征地拆迁、环境卫生、挂职下乡、行风评议等任务,影响法官检察官依法履职。

规范考评考核和责任追究

问: 规范考评考核和责任追究有利于法官、检察官依法独立行使职权,《规定》对此都有哪些安排?

答: 在规范考评考核方面,《规定》明确考核法官、检察官办案质量,评价工作业绩,应当客观公正、符合司法规律的原则。主要规定了两个方面的措施。一是规范考评考核办法的制定,即采取中央政法单位统一制定和地方适当调整相结合的方式，防止一些地方自行其是、乱设名目、出现偏差。二是规范考评考核结果的运用，明令要求不得采取末位淘汰、通报排名、接待上访不力等违背司法规律的做法和理由调整法官、检察官的工作岗位。

在规范责任追究方面，《规定》强调准确追责与必要保护相统一，从三个方面作了规定。一是确立了错案责任追究的标准。明确追究错案责任以故意违反法律、法规或者有重大过失导致错案并造成严重后果的为限，并对执法各环节中法官、检察官履行法定职责应当承担责任的情形进行了区分界定，防止不当担责，以解除法官检察官的后顾之忧。二是规范责任追究的程序。首次确立了非经法官、检察官惩戒委员会审议不受错案责任追究的原则，明确了惩戒委员会工作程序和当事法官、检察官的陈述、辩解、举证、接受听证、申请复议、复核、申诉、再申诉等权利。三是建立了不实举报的澄清、善后机制。明确人民法院、人民检察院、公安机关会同有关部门对有损害法官检察官声誉、名誉的言论、举报等及时澄清事实，消除不良影响，并追究相关人员责任。这些措施，有利于司法人员消除顾虑，大胆依法履行职责。

加强履职安全保护

问： 近来司法人员受报复伤害事件增多，凸显了对司法人员履职安全保护的不足。《规定》对此作了哪些制度机制安排？

答： 加强司法人员特别是法官、检察官的履职安全保护，是维护法律权威，厉行法治的必然要求，也是国际通行做法。《规定》在司法机关自身强化保护的基础上综合施策：一是强调对干扰阻碍司法活动，威胁、报复陷害、侮辱诽谤、暴力伤害司法人员及其近亲属的行为，要依法迅速从严惩处。二是明确公安机关保护司法人员依法履职的责任，接警后应当快速出警、果断处置、坚决打击。三是建立了办理危险性高案件的配套保护措施。四是加强对办案人员及其近亲属个人信息的保护。

增强制度刚性确保规定有效落实

问：《规定》提出的措施和要求都很好，如何保障《规定》得到有力执行？

答：《规定》强调对干扰、妨碍司法人员依法履行法定职责的行为依法依规追究责任，并保障司法人员获得救济的权利，增强制度的刚性。国家机关及其工作人员，无论权力多大，地位多高，只要有干预司法活动妨碍公正司法、侵害法官检察官权益、打击报复司法人员以及玩忽职守、敷衍推诿、故意拖延或者滥用职权，导致依法履职的司法人员或其近亲属合法权益受到重大伤害等六种情形，对直接责任者和领导责任者，都要依纪依法追究纪律乃至法律责任。

解读《关于加快推进失信被执行人信用监督、警示和惩戒机制建设的意见》

最高人民法院有关负责人

2016年9月,中共中央办公厅、国务院办公厅印发了《关于加快推进失信被执行人信用监督、警示和惩戒机制建设的意见》(以下简称《意见》)。现就《意见》出台的背景、意义以及主要内容和亮点说明如下。

一、《意见》出台的背景和意义

(一)《意见》出台的背景

《意见》出台的背景,有以下几个方面的原因。

第一,《意见》的出台是解决执行难的需要。司法是维护社会公平正义的最后一道防线,人民法院的执行工作又是司法的最后一个环节,是胜诉当事人实现权益的最终保障,对于维护法律权威、实现公平正义、推进全面依法治国具有至关重要的作用。但一直以来,规避执行、抗拒执行的行为,严重妨碍了执行工作,是长期制约执行工作发展的"老大难"问题。有的通过虚假诉讼、虚假仲裁,制造资不抵债的表象;有的通过假离婚、假合同转移财产;还有的通过各种手段、方式干扰、阻碍执行等等,不一而足。近年来,人民法院不断加大对这种不守信用、不讲诚信行为的打击力度,但全国法院执行案件逐年增多,2015年达到了460多万件,"案多人少"矛盾比较突出,其中有大量案件存在规避执行现象,且手段不断翻新,打击难度越来越大。仅仅依靠人民法院一家单打独斗,继续沿用拘留、罚款等传统打击手段,已经很难满足实际需求,各部门必须联合起来,加大信用惩戒力度,建立联合信用惩戒机制,推进社会信用体系建设,唯如此,才是治本之策。

第二,《意见》的出台是推进社会信用体系建设的需要。长期以来,不守信用、不讲诚信的现象社会反映强烈,人民群众深恶痛绝。党的十八大以来,党中央高度重视社会诚信建设,党的十八大、十八届三中、四中、五中全会都对社会诚信建设提出了具体要求,指出要完善违法失信行为惩戒机制,褒扬诚信,惩戒失信。《意见》是惩戒失信工作的纲领性文件,必将有力推进社会信用体系建设。

第三,《意见》的出台是进一步完善现有联合惩戒机制的需要。2013年7月,最高人民法院出台了《关于公布失信被执行人名单信息的若干规定》,建立了对失信被执行人(俗称"老赖")的联合惩戒机制。通过限制乘坐飞机、高铁,限制贷款、注册办企业、参加招投标、政府采购等,形成了多部门、多行业、多领域、多手段的联合惩戒网络。有效改变了失信者受不到应有惩罚,守信成本收益失衡,甚至失信收益高于守信收益的不正常现象;有效改变了债务人一边欠债不还,一边向银行贷款、注册新企业、购地买房住豪宅,出境旅游,奢侈消费的现象。最大限度挤压"老赖"的活动空间,让其"一处失信、处处受限"。联合惩戒机制的建立,取得了良好的法律效果和社会效果,截至今年8月31日,共限制失信被执行人乘坐列车155万余次;乘坐飞机470万余次。截至2016年8月底,全国各级工商、市场监管部门依法限制失信被执行人担任法定代表人、董事、监事等共计66954人次。大量被执行人慑于其威力而主动履行了义务,一大批案件得到执结，执行难得到有效缓解，当事人的合法权益得到有效保障，法律尊严和司法权威得到彰显。

在取得上述成绩的同时，联合惩戒机制的一些欠缺也显现出来。一是机制的系统性、协同性、规范性还有待进一步提升；二是联合惩戒工作的常态化运行还没有健全；三是惩戒领域范围需要进一步拓展；四是惩戒措施的具体实现方式也要进一步完善。由于联合惩戒工作是一项系统工程，需要整体推进，任何一个方面有短板就会出现"木桶效应"，影响联合惩戒机制整体效果的发挥。在这一背景下，党的十八届四中全会将"加快建立失信被执行人信用监督、威慑和惩戒法律制度"列为重要改革举措，由最高人民法院牵头落实。

(二)《意见》出台的意义

《意见》出台的意义主要体现在以下几个方面：

一是有利于推进全面依法治国，加快社会主义法治国家建设。推进全面依法治国的基本内涵包括科学立法、严格执法、公正司法、全民守法。《意见》的出台奠定了联合信用惩戒的法律基础，为联合信用惩戒方面的科学立法、严格执法指明了方向。《意见》要求各地区各部门要认真落实中央关于解决人民法院执行难问题的要求，强化执行机构的职能作用，配齐配强执行队伍，大力推进执行队伍正规化、专业化、职业化建设等，对增强执行工作能力，促进公正司法有非常积极的意义。对失信被执行人实施联合惩戒能有效促使被执行人履行生效法律文书确定的义务，也是全民守法的基本要求。

二是有利于弘扬社会主义核心价值观。诚信是社会主义核心价值观的重要内容，履行生效法律文书确定的义务是诚信的必然要求，规避执行、抗拒执行是严重不讲诚信的行为，加强对失信被执行人的联合信用惩戒，让失信者寸步难行，无处逃遁，有利于在全社会形成正确的价值观导向，有利于培育和弘扬"守信光荣、失信可耻"的社会主义价值观。

三是有利于推进社会信用体系建设。社会信用体系建设主要包括守信激励体系建设和失信惩戒体系建设。对失信被执行人实施联合惩戒是建立失信联合惩戒制度的有益探索，能起到先行先试、积累经验、以点带面的积极效果。截至目前，《意见》是文件规格最高、涉及部门最多、涵盖领域最广、惩戒措施最全的失信联合惩戒方面的文件，必将有力推进社会信用体系建设。

四是有利于破解执行难，维护司法权威，提升司法公信力。对失信被执行人实施联合惩戒，能有效打击被执行人不讲诚信、逃避执行、抗拒执行的行为，有效缓解执行难，维护司法权威，提升司法公信力。《意见》中还规定了进一步提高人民法院执行工作能力和党政机关支持人民法院执行工作等内容，对于破解执行难、维护司法权威、提升司法公信力也具有至关重要的作用。

二、《意见》的主要内容

对失信被执行人信用监督、警示和惩戒需要发挥党政机关、人民团体、社会组织、企事业单位等各方面力量，需要全社会共同参与、综合治理，必须建立健全跨部门协同监管和联合惩戒机制。为此，《意见》紧紧围绕建立健全联合惩戒机制这一核心，规定了11类37项联合惩戒措施。为了增强联合惩戒措施的实操性，还特别规定通过系统化、信息化、技术化手段落实具体惩戒措施。同时，为进一步保障《意见》的有效实施，还规定了需要完善的相关配套制度机制和加强组织领导的内容。《意见》分总体要求、加强联合惩戒、加强信息公开与共享、完善相关制度机制和加强组织领导共五部分60条。

总体要求部分规定了《意见》的指导思想、基本原则和目标。《意见》规定了四大基本原则，分别是：合法性原则、信息共享原则、联合惩戒原则和政府主导、社会联动原则。建设目标是，到2018年，人民法院执行工作能力显著增强，执行联动体制便捷、顺畅、高效运行。失信被执行人信息与各类信用信息互联共享，以联合惩戒为核心的失信被执行人信用监督、警示和惩戒机制高效运行。有效促进被执行人自觉履行生效裁判确定的义务，执行难问题基本解决，司法公信力大幅提升，诚实守信成为全社会共同的价值追求和行为准则。

加强联合惩戒部分为《意见》的核心内容，共规定了11类37项惩戒措施，具体包括：（1）对失信被执行人入党及担任公职方面的限制。《意见》规定了担任国企高管限制、担任事业单位法定代表人限制、担任金融机构高管限制、担任社会组织负责人限制、录（聘）为公务人员限制、入党或党员的特别限制，以及担任党代表、人大代表和政协委员的限制。（2）特定行业准入资格限制。《意见》规定了海关认证限制，从事药品、食品等行业限制，从事房地产、建筑企业资质限制。（3）荣誉和授信限制。《意见》规定了授予文明城市、文明村镇、文明单位、道德模范、慈善类奖项限制，律师和律所荣誉限制，授信限制。（4）特殊市场交易限制。《意见》规定了发行公司债券限制，从事不动产、国有资产交易限制，使用国有林地限制，利用草原和其他国有自然资源限制。（5）政府支持或补贴方面限制。《意见》规定了获取政府补贴限制和获得政策支持限制。（6）从事特定行业或项目的限制。《意见》规定了设立金融类公司限制、银行间市场发行债券限制、合格投资者额度限制、股权激励限制、设立社会组织限制，以及参与政府投资项目或主要使用财政性资金项目限制。（7）高消费限制。《意见》规定了乘坐火车、飞机限制，住宿星级酒店限制，高消费旅游限制，子女就读高收费学校限制，购买具有现金价值保险限制，新建、扩建、高档装修房屋等限制。(8) 出境限制。《意见》规定了协助人民法院查询反馈被执行人身份、护照信息及车辆信息,协助查找、控制下落不明的被执行人,限制被执行人出境。(9) 加强日常监管检查。《意见》规定了将失信被执行人和以失信被执行人为法定代表人、主要负责人、实际控制人、董事、监事、高级管理人员的单位,作为重点监管对象,加大日常监管力度,提高随机抽查的比例和频次,并可依据相关法律法规对其采取行政监管措施。(10) 加大刑事惩戒力度。《意见》要求公安、检察机关和人民法院对拒不执行生效判决、裁定以及其他妨碍执行构成犯罪的行为,要及时依法侦查、提起公诉和审判。(11) 鼓励其他方面的限制。《意见》规定了鼓励各级党政机关、人民团体、社会组织、企事业单位使用失信被执行人名单信息,结合各自主管领域、业务范围、经营活动,实施对失信被执行人的信用监督、警示和惩戒。

关于信息公开与共享部分。因信息公开与共享既是实现联合惩戒的手段方法,其本身也是联合惩戒的措施之一,对整个社会信用体系建设至关重要。因此,《意见》将信息公开与共享作为单独一章。规定了人民法院要及时准确更新失信被执行人名单库并向社会公开,将失信被执行人信用监督、警示和惩戒信息列入政务公开事项。要打破信息壁垒,加快推进失信被执行人信息与公安、民政、国土、财政、住建、金融、税务、工商、安全监管、证券、科技等部门建立的信用信息资源共享,推进失信被执行人信息与有关人民团体、社会组织、企事业单位信用信息资源共享;加快推进失信被执行人信用信息共享的体制机制建设,建立社会信用档案制度。

关于需要完善的制度机制部分。《意见》规定了进一步提高执行查控工作能力,完善失信被执行人名单制度,完善党政机关支持人民法院执行工作制度三项制度机制的完善。之所以选择这三方面加以规定，是基于下列考虑：

第一，失信被执行人首先是被执行人，是人民法院穷尽执行查控手段仍没有执行到位后依法认定的。人民法院的执行查控能力是失信被执行人名单认定的前提和基础，对失信被执行人实施联合惩戒，必须进一步提高执行查控工作能力。《意见》规定了加快推进网络执行查控系统建设、拓展执行查控措施和完善远程执行指挥系统三项具体内容。要求加大信息化手段在执行工作中的应用，整合完善现有法院信息化系统，实现网络化查找被执行人、查找控制财产的执行工作机制。通过政务网、专网等实现人民法院执行查控网络与公安、民政、人力资源社会保障、国土资源、住建、工商、交通、农业、人民银行、银行监管、证券监管、保险监管、外汇管理等政府部门，及各金融机构、银联、互联网企业等企事业单位之间的网络连接，建成覆盖全国地域及土地、房产、存款、各类金融理财产品、证券、股权、车辆等主要财产形式的网络化、自动化执行查控体系，实现全国四级法院互联互通、全面应用。进一步拓展对被告和被执行人财产的查控手段和措施。研究制定被执行人财产报告制度、律师调查被执行人财产制度、公告悬赏制度、审计调查制度等财产查控制度。建立上下一体、内外联动、规范高效、反应快捷的执行指挥工作体制机制。建立四级法院统一的网络化执行办案平台、公开平台和案件流程节点管理平台。

第二，失信被执行人一经认定，对当事人影响巨大，必须依法、慎重认定，确保名单信息的准确规范，并赋予当事人救济权。因此，《意见》专门规定了完善公布失信被执行人制度，依法保障被执行人的合法权利。

第三，党政机关支持人民法院执行工作是人民法院提高执行工作能力的重要保障，完善党政机关支持人民法院执行工作制度，对失信被执行人信用监督、警示和惩戒机制建设意义重大。《意见》规定了加强协助执行工作、严格落实执行工作综治考核责任和党政机关、领导干部干预执行的责任追究三项具体内容。要求各级执行联动工作领导小组要制定具体的工作机制、程序，明确各协助执行单位的具体职责。强化协助执行工作考核与问责，组织人事、政法等部门要建立协助执行定期联合通报机制，对协助执行不力的单位予以通报和追责。党政机关要自觉履行人民法院生效裁判，并将落实情况纳入党风廉政建设主体责任和监督责任范围。坚决落实《领导干部干预司法活动、插手具体案件处理的记录、通报和责任追究规定》和《司法机关内部人员过问案件的记录和责任追究规定》。对有关部门及领导干部干预执行、阻扰执行、不配合执行工作的行为，依纪依法严肃处理。

加强组织领导部分规定了加强组织实施、强化工作保障、完善相关法律法规和加大宣传力度等内容。

三、《意见》的亮点

（一）《意见》是目前惩戒措施最全、涉及领域最广的联合惩戒失信方面的文件

《意见》共规定了 11 类 37 项联合惩戒措施，每一项惩戒措施中又包含一个或多个具体的惩戒措施，实际联合惩戒措施多达 100 余项。涉及的领域非常广泛，涵盖了国家管理和市场经济活动的方方面面，每项惩戒措施都极具威慑性。其中，对失信被执行人录（聘）为公务人员、入党、担任党代表、人大代表和政协委员，以及担任公职方面的限制，与十八大以来强调的从严治党精神高度吻合，也是中央文件首次明确规定对失信者实施此方面的限制，是群众满意、社会认同的规定。此外，《意见》还鼓励各级党政机关、人民团体、社会组织、企事业单位结合各自主管领域、业务范围、经营活动，实施对失信被执行人的信用监督、

警示和惩戒，联合惩戒工作涉及到的中央主管部门或行业监管单位就有40余家。

（二）《意见》规定的各项惩戒措施的落实途径明确具体，极具实操性

为了增强《意见》的实操性，便于落实，《意见》专门规定了惩戒措施的落实途径。一是要求各联合惩戒单位与全国信用信息共享平台联合惩戒系统的对接，通过网络自动抓取失信被执行人名单信息，及时反馈惩戒情况。同时要加快惩戒软件开发进度，将失信被执行人名单信息嵌入本单位的管理、审批、工作系统中，实现在本单位的管理、审批、工作程序中，对失信被执行人名单信息进行自动比对、自动拦截、自动监督、自动惩戒。二是要进一步加强和完善国务院社会信用体系建设部际联席会制度，形成常态化的工作机制，各成员单位要确定专门机构、专业人员负责统筹协调、督促检查各项任务落实情况并向社会信用建设部际联席会报告。三是要求各负有信息共享、联合惩戒职责的部门要抓紧制定实施细则，确定责任部门，明确时间表、路线图，确保各项措施2016年年底前落实到位。

（三）《意见》将加强联合惩戒与被执行人合法权益保障有效融合

合法权利的保障是加大联合惩戒措施的前提和基础，不能仅加大惩戒而忽视了合法权利的保障。《意见》将坚持合法性原则作为首要原则，要求对失信被执行人信用监督、警示和惩戒要严格遵照法律法规的规定实施。《意见》在完善相关制度机制中，专节规定了进一步完善失信被执行人名单制度。要求严格按照法定条件和程序决定是否将被执行人纳入失信名单；人民法院要建立严格的操作规程和审核纠错机制，确保名单信息的准确规范；依法保障被执行人的救济权；失信名单被依法屏蔽、撤销的要及

时解除联合惩戒措施。

四、《意见》的落实

下一步,最高人民法院将积极协调各单位,从以下几个方面狠抓工作落实。一是落实《意见》中提出的进一步提高执行查控工作能力的要求,加快推进网络执行查控系统建设,尽快建成覆盖全国地域及土地、房产、存款、各类金融理财产品、证券、股权、车辆等主要财产形式的网络化、自动化执行查控体系,实现全国四级法院互联互通、全面应用。同时,加快推进被执行人财产报告制度、律师调查被执行人财产制度、公告悬赏制度、审计调查制度等方面的司法解释或规范性文件的起草工作。二是按照《意见》中有关完善远程执行指挥系统的要求,加快人民法院执行指挥中心建设。三是按照《意见》中有关进一步完善失信被执行人名单制度的要求,修改完善公布失信被执行人名单的司法解释。四是按照《意见》中有关进一步完善党政机关支持人民法院执行工作制度的要求,积极推动有关工作。五是按照《意见》中有关强化工作保障的要求,大力推进执行队伍正规化、专业化、职业化建设。六是协调有关部门抓紧制定实施细则,确定责任部门,明确时间表、路线图,确保各项措施2016年年底前落实到位。

压实责任 细化考核 严肃追责
——国家信访局负责人解读《信访工作责任制实施办法》

2016年10月24日，中共中央办公厅、国务院办公厅发布了《信访工作责任制实施办法》（以下简称《办法》），要求进一步落实各级党政机关及其领导干部、工作人员的信访工作责任，从源头预防和减少信访问题发生。国家信访局副局长、新闻发言人在接受记者采访时表示，办法着力构建"有权必有责、权责相一致，有责要担当、失责必追究"的信访工作责任体系，以责任落实推动信访工作落实。

党委政府对信访问题负主体责任

"信访是个筐，什么都能装。"这句流传在群众中的"顺口溜"，形象说明了信访工作中存在的权责不清、主体不明的状况。张恩玺说，许多信访问题之所以产生或久拖不决，根本原因是信访工作责任不落实或落实不到位。《办法》首次对信访工作各责任主体的责任内容作出了明确规定，解决了工作实践中理解不一、难以界定和把握不准的问题。

《办法》明确，党政机关领导班子主要负责人对本地区、本部门、本系统的信访工作负总责，其他成员根据工作分工，对职权范围内的信访工作负主要领导责任。

根据《办法》，地方各级党委和政府在预防和处理本地区信访问题中负有主体责任，具体包括加强矛盾纠纷排查化解和信访风险防控预警，明确问题责任归属，协调督促有关责任部门依法及时就地解决问题等；信访部门则在党委和政府的统一领导下协调、指导和监督本地区信访工作，具体包括受理、交办、转送和督办信访事项，协调处理重要信访问题，分析研究信访情况，提出改进工作、完善政策等。

干部考察需听取信访部门意见

信访工作责任能否有效落实，需要各级党政机关以依法、及时、就地解决信访问题为导向，建立健全信访工作考核评价机制，制定科学合理的考核评价标准和指标体系。《办法》完善了信访工作考核评价制度，要求各级党政机关定期对本地区、本部门、本系统信访工作情况进行考核。考核结果将作为对领导班子和领导干部综合考评的重要参考。

国家信访局负责对各省、自治区、直辖市信访工作情况进行年度考核，各级党政机关则每年至少要针对本地区、本部门、本系统信访工作组织开展一次专项督查并通报督查情况。

《办法》对于党政机关如何开展信访工作也作出了详细规定。《办法》要求，各级党政机关应当将信访工作列入议事日程，定期听取工作汇报、分析信访形势、研究解决工作中的重要问题；各级领导干部应当阅批群众来信和网上信访，定期接待群众来访，协调处理疑难复杂信访问题。

《办法》特别强调，各级组织人事部门在干部考察工作中，应当听取信访部门意见，了解掌握领导干部履行信访工作职责情况。

6 种失职行为要追责

在实际工作中,一些地方和部门的责任追究失之于宽、失之于软、失之于松,需要进一步强化信访问责力度,维护群众合法权益,促进社会和谐稳定。

根据《办法》,6 种失职行为将被追究责任:因决策失误、工作失职,损害群众利益,导致信访问题产生,造成严重后果的;未按规定受理、交办、转送和督办信访事项,或不执行信访事项处理意见,严重损害群众合法权益的;违反群众纪律,对应解决的群众合理合法诉求消极应付、推诿扯皮,或对待信访群众态度恶劣、简单粗暴,损害党群干群关系,造成严重后果的;对发生的集体访或者信访负面舆情处置不力,导致事态扩大,造成不良影响的;对信访部门提出的改进工作、完善政策和给予处分等建议重视不够、落实不力,导致问题长期得不到解决的;其他应当追究责任的失职失责情形。

对问责中涉及的集体责任,《办法》区分了领导班子主要负责人、直接主管负责人和班子其他成员的责任;对涉及的个人责任,则区分了直接责任人和相关领导责任。

问责的方式、程序也根据情况加以区别。在问责方式上,采取通报、诫勉、组织调整或者组织处理、纪律处分的方式进行,如涉嫌违法犯罪,按照国家有关法律规定处理;在问责程序上,规定按照问题的性质、程度确定追责方式,对不能按期完成整改的,采取逐级递进的方式加大问责力度。《办法》明确,对受到诫勉方式追责的相关责任人,取消所在地区、部门和单位本年度评选综合性荣誉称号资格。

国务院法制办负责人就《国务院办公厅关于加强和改进行政应诉工作的意见》答记者问

国务院办公厅7月7日向社会发布《关于加强和改进行政应诉工作的意见》（以下简称《意见》）。围绕行政应诉的相关热点问题，国务院法制办负责人回答了记者的提问。

强化行政应诉有助于提升依法行政水平

问：请简要介绍一下《意见》出台的背景和主要意义。

答：行政诉讼是解决行政争议，保护公民、法人和其他组织合法权益，监督行政机关依法行使职权的重要法律制度，做好行政应诉工作是行政机关的法定职责。行政诉讼法施行以来，各地区、各部门依法履行行政应诉职责，取得了积极成效，但消极对待行政应诉、干预人民法院受理和审理行政案件、执行人民法院生效裁判不到位、行政应诉能力不强等问题依然存在，有的还较为突出。

新修订的行政诉讼法已于2015年5月1日起施行，对被诉行政机关的行政应诉工作提出了新的更高的要求。党的十八届四中全会通过的《中共中央关于全面推进依法治国若干重大问题的决定》提出要"健全行政机关依法出庭应诉、支持法院受理行政案件、尊重并执行法院生效裁判的制度"。《法治政府建设实施纲要（2015－2020年）》要求"支持人民法院依法受理行政案件，健全行政机关依法出庭应诉制度，尊重并执行人民法院生效裁判"。

按照中央部署，国务院法制办会同最高人民法院对行政应诉工作相关问题作了深入研究调研，广泛征求有关方面意见，在此基础上起草的意见送审稿经中央全面深化改革领导小组第十七次会议审议通过。《意见》对指导和督促各地区、各部门加强和改进行政应诉工作、依法及时有效化解行政纠纷、自觉接受司法监督、不断提高依法行政能力和水平，具有重要意义。

问：起草《意见》的主要思路是什么？

答：一是坚持从实际出发，体现问题导向，针对实践中的突出问题，有的放矢。

二是注重衔接，突出重点。针对行政审判"立案难""审理难""执行难"问题，《意见》在与《领导干部干预司法活动、插手具体案件处理的记录、通报和责任追究规定》、新修订的行政诉讼法和最高人民法院新出台的司法解释等有关规定做好衔接的基础上，重点对防止行政机关消极应对行政审判，督促行政机关积极履行行政应诉义务和规范行政应诉工作提出要求。

三是强调加强法治政府建设，提高依法化解行政争议的能力和水平，对从源头上预防和化解行政争议、加强行政复议工作，也提出明确要求。

完善行政应诉工作机制

问：《意见》对行政机关支持、配合人民法院依法开展行政审判工作提出了哪些要求？

答：《意见》提出了五个方面的要求。

一是支持人民法院依法受理和审理行政案件。行政机关要尊重人民法院依法登记立案，积极支持人民法院保障公民、法人和其他组织的起诉权利，接受人民法院依照行政诉讼法的规定对行政机关依法行使职权的监督，不得借促进经济发展、维护社会稳定等名义，以开协调会、发文件或者口头要求等任何形式，明示或者暗示人民法院不受理依法应当受理的行政案件，或者对依法应当判决行政机关败诉的行政案件不判决行政机关败诉。

二是认真做好答辩举证工作。被诉行政机关要严格按照行政诉讼法的规定，向人民法院提交答辩状，提供作出行政行为的证据和依据。要提高答辩举证工作质量，做到答辩形式规范、说理充分，提供证据全面、准确、及时，不得拒绝或者无正当理由迟延答辩举证。

三是依法履行出庭应诉职责。被诉行政机关负责人要带头履行行政应诉职责，积极出庭应诉。不能出庭的，应当委托相应的工作人员出庭，不得仅委托律师出庭。对涉及重大公共利益、社会高度关注或者可能引发群体性事件等案件以及人民法院书面建议行政机关负责人出庭的案件，被诉行政机关负责人应当出庭。经人民法院依法传唤的，行政机关负责人或者其委托的工作人员不得无正当理由拒不到庭，或者未经法庭许可中途退庭。

四是配合人民法院做好开庭审理工作。被诉行政机关出庭应诉人员要熟悉法律规定、了解案件事实和证据，配合人民法院查明案情。要积极协助人民法院依法开展调解工作，促进案结事了，不得以欺骗、胁迫等非法手段使原告撤诉。要严格遵守法庭纪律，自觉维护司法权威。

五是积极履行人民法院生效裁判。被诉行政机关要依法自觉履行人民法院生效判决、裁定和调解书。对人民法院作出的责令重新作出行政行为的判决,除原行政行为因程序违法或者法律适用问题被人民法院判决撤销的情形外,不得以同一事实和理由作出与原行政行为基本相同的行政行为。对人民法院作出的行政机关继续履行、采取补救措施或者赔偿、补偿损失的判决,要积极履行义务。

问:《意见》对行政机关完善应诉工作机制、提高应诉能力提出了哪些要求?

答:《意见》提出两项要求。

一是明确行政应诉工作职责分工。要强化被诉行政行为承办机关或者机构的行政应诉责任,同时发挥法制工作机构或者负责法制工作的机构在行政应诉工作中的组织、协调、指导作用。行政复议机关和作出原行政行为的行政机关为共同被告的,应当共同做好原行政行为的应诉举证工作,可以根据具体情况确定由一个机关实施。

二是加强行政应诉能力建设。各地区、各部门要加强行政应诉工作力量,合理安排工作人员,积极发挥政府法律顾问和公职律师作用,确保行政应诉工作力量与工作任务相适应。要切实保障行政应诉工作经费、装备和其他必要的工作条件。要建立行政应诉培训制度,每年开展一到两次集中培训、旁听庭审和案例研讨等活动,提高行政机关负责人、行政执法人员等相关人员的行政应诉能力。

为有效预防和化解行政争议,《意见》还强调,行政机关要不断规范行政行为,认真研究落实人民法院提出的司法建议,提高依法行政水平,从源头上预防和化解行政争议。要进一步加强行政复议工作,提高行政复议办案质量,努力把行政争议化解在基层,化解在初发阶段,化解在行政程序中。

法律法规解读

严格落实行政应诉责任追究制度

问：《意见》对加强行政应诉工作的监督管理提出了哪些要求？

答：《意见》明确提出，要加强行政应诉工作考核，将行政机关出庭应诉、支持人民法院受理和审理行政案件、执行人民法院生效裁判以及行政应诉能力建设情况纳入依法行政考核体系。要严格落实行政应诉责任追究制度，对于行政机关干预、阻碍人民法院依法受理和审理行政案件，无正当理由拒不到庭或者未经法庭许可中途退庭，被诉行政机关负责人不出庭应诉也不委托相应的工作人员出庭，拒不履行人民法院对行政案件的判决、裁定或者调解书的，由任免机关或者监察机关依照行政诉讼法、《行政机关公务员处分条例》《领导干部干预司法活动、插手具体案件处理的记录、通报和责任追究规定》等规定，对相关责任人员严肃处理。各级政府应当加强对意见执行情况的监督检查。

为保障意见规定落实，《意见》还要求各省、自治区、直辖市人民政府和国务院各部门要结合本地区、本部门实际，制定加强和改进行政应诉工作的具体实施办法。

[司法解释及司法文件解读]

【刑事】

解读《最高人民法院关于〈中华人民共和国刑法修正案（九）〉时间效力问题的解释》

黄应生*

2015年10月30日，最高人民法院发布《关于〈中华人民共和国刑法修正案（九）〉时间效力问题的解释》（以下简称《解释》），自2015年11月1日起，与《刑法修正案（九）》同步施行。现就该解释的起草背景、过程及相关条文的理解与适用问题作一简单介绍。

一、解释起草的背景和过程

《刑法修正案（九）》于2015年8月29日由第十二届全国人民代表大会常务委员会第十五次会议通过，自2015年11月1日起施行。此次刑法修正不仅涉及分则，涉及具体犯罪增设、修改，而且涉及总则，涉及刑罚制度等的重大调整。刑法修正中多

---

* 作者单位：最高人民法院研究室。

个条款规定的时间效力问题需予明确。例如,刑法第三十七条之一规定的职业禁止条款,是否适用于2015年10月31日以前的犯罪;刑法第三百八十三条第四款规定的终身监禁条款,是否适用于2015年10月31日以前的贪污、受贿犯罪;等等。为统一法律适用,最高人民法院研究室在《刑法修正案(九)》审议通过之前,即开展调研,为起草解释作了充分准备。《刑法修正案(九)》通过后,即拟出征求意见稿,先后征求了中央政法部门、专家学者和立法机关的意见。经反复修改完善后,形成送审稿,2015年10月19日最高人民法院审判委员会第1664次会议讨论通过了该解释。

二、解释条文的理解与适用

《解释》共九条,主要规定了以下几方面的内容:(1)刑法总则规定的职业禁止、死刑缓期执行期间故意犯罪和数罪并罚条款的时间效力。规定职业禁止条款没有溯及力,而死刑缓期执行期间故意犯罪和数罪并罚条款,由于处罚更轻,新法有溯及力(第一条至第三条)。(2)刑法分则规定的程序条款的时间效力。规定通过信息网络实施的侮辱、诽谤行为,被害人提供证据确有困难的,适用新法规定,可以由公安机关提供协助(第四条);被虐待的被害人没有能力告诉或者因受到强制、威吓无法告诉的,适用新法规定,可以转为公诉案件(第五条)。(3)刑法分则部分新增罪名条款的时间效力。规定刑法新增的组织作弊罪、虚假诉讼罪没有溯及力,但是如果适用新法处刑较轻的,可以适用新法,以新罪定罪处罚(第六条、第七条)。(4)贪污受贿罪中的终身监禁条款,原则上没有溯及力,但如果根据旧法判处死缓不能体现罪刑相适应原则,即应当判处死刑立即执行,而根据新法判处死缓同时决定终身监禁可以罚当其罪的,适用新法(第八条)。

1. 职业禁止条款的时间效力

修正后刑法新增的第三十七条之一第一款规定:"因利用职业便利实施犯罪,或者实施违背职业要求的特定义务的犯罪被判处刑罚的,人民法院可以根据犯罪情况和预防再犯罪的需要,禁止其自刑罚执行完毕之日或者假释之日起从事相关职业,期限为三年至五年。"

本条规定涉及如何认识《刑法修正案(九)》增设的职业禁止令的性质。我们认为,职业禁止令与《刑法修正案(八)》对管制犯、缓刑犯增设的禁止令有所不同,不是执行监管方式的修改完善,而是刑罚执行完毕或者假释之后,对刑满释放人员或假释人员从事相关职业的禁止性规定,主要是防止犯罪分子利用职业和职务之便再次进行犯罪的预防性措施,相当于国外的保安处分。对犯罪分子在判处刑罚之外,新增保安处分措施,明显限制了其权利,加重了其义务,根据从旧兼从轻原则,职业禁止条款依法不具有溯及力。故《解释》第一条规定:"对于2015年10月31日以前因利用职业便利实施犯罪,或者实施违背职业要求的特定义务的犯罪的,不适用修正后刑法第三十七条之一第一款的规定。其他法律、行政法规另有规定的,从其规定。"

2. 死缓期间故意犯罪条款的时间效力

对于在死刑缓期执行期间故意犯罪的,修正前刑法第五十条第一款规定:"如果故意犯罪,查证属实的,由最高人民法院核准,执行死刑"。而修正后刑法第五十条第一款将其修改为:"如果故意犯罪,情节恶劣的,报请最高人民法院核准后执行死刑"。显然,修正后刑法更轻,根据从旧兼从轻原则,新法具有溯及力。因此,《解释》第二条规定:"对于被判处死刑缓期执行的犯罪分子,在死刑缓期执行期间,且在2015年10月31日以前故意犯罪的,适用修正后刑法第五十条第一款的规定。"

3. 数罪并罚条款的时间效力

修正前刑法对于数罪中有判处有期徒刑和拘役,有期徒刑和管制,或者拘役和管制的如何并罚,没有规定。《最高人民法院关于管制犯在管制期间又犯新罪被判处拘役或有期徒刑应如何执行的问题的批复》(法研字〔1981〕第18号)规定:"由于管制和拘役、有期徒刑不属于同一刑种,执行的方法也不同,如何按照数罪并罚的原则决定执行的刑罚,在刑法中尚无具体规定,因此,仍可按照本院1957年2月16日法研字第3540号复函的意见办理,即'对新罪所判处的有期徒刑或者拘役执行完毕后,再执行前罪所没有执行完的管制。'对于管制犯在管制期间因发现判决时没有发现的罪行而被判处拘役或有期徒刑应如何执行的问题,也可按照上述意见办理。"据此,在审判实践中,对于有期徒刑和管制,或者拘役和管制的并罚,采取并科原则。而对于有期徒刑和拘役如何并罚,因没有明确规定,审判实践中尽可能回避此问题,如对被告人所犯数罪都判处有期徒刑或者都判处拘役,确实需要对有期徒刑和拘役进行并罚的,实践中做法不一,有的吸收,有的并科。修正后刑法第六十九条第二款明确规定:"数罪中有判处有期徒刑和拘役的,执行有期徒刑。数罪中有判处有期徒刑和管制,或者拘役和管制的,有期徒刑、拘役执行完毕后,管制仍须执行。"显然,适用新法有利于被告人。因此,《解释》第三条规定:"2015年10月31日以前一人犯数罪,数罪中有判处有期徒刑和拘役,有期徒刑和管制,或者拘役和管制,予以数罪并罚的,适用修正后刑法第六十九条第二款的规定。"

4. 网络侮辱、诽谤条款的时间效力

根据刑法第二百四十六条的规定,侮辱罪、诽谤罪属于告诉才处理的犯罪,只有严重危害社会秩序和国家利益的才可以转为公诉案件。但是，进入互网络时代后，对于通过信息网络实施的侮辱、诽谤行为，被害人取证十分困难，甚至无法确知诽谤者、侮辱者的身份。而根据刑事诉讼法及相关司法解释的规定，人民法院受理自诉案件必须有明确的被告人、具体的诉讼请求和证明被告人犯罪事实的证据。如果司法机关不提供相应帮助，此类案件的自诉将极为困难，甚至根本无法立案。因此，修正后刑法在第二百四十六条后增加一款规定："通过信息网络实施第一款规定的行为，被害人向人民法院告诉，但提供证据确有困难的，人民法院可以要求公安机关提供协助。"根据程序从新的通常做法，为了维护被害人的合法权益，《解释》第四条规定："对于2015年10月31日以前通过信息网络实施刑法第二百四十六条第一款规定的侮辱、诽谤行为，被害人向人民法院告诉，但提供证据确有困难的，适用修正后刑法第二百四十六条第三款的规定。"

在征求意见过程中，有意见提出，"从旧兼从轻"原则不仅适用于实体法，还应当适用于程序法。鉴于适用新法就可能补充到足够证据，导致法院立案受理，直至被定罪处罚，不利于被告人，故建议删除本条及第五条。经研究认为，我国刑法中的"从旧兼从轻"原则是否可以适用于程序法，或者在多大程度上适用，目前缺乏共识，且刑诉法中也无类似规定。适用新法，对于被告人的诉讼权利并无影响，控辩平衡的诉讼结构并未被打破，故适用新法符合诉讼原理，也未违反刑法的"从旧兼从轻"原则，故未采纳该意见。

5. 虐待条款的时间效力

根据修正前刑法第二百六十条的规定，虐待家庭成员，未致使被害人重伤、死亡的，告诉才处理。该规定的初衷是为了尊重受害人的告诉权，更好地维系家庭关系。然而，近年来出现一些虐待家庭成员情节恶劣、影响极坏的案件，但被害人因年幼、患病或者无行为能力而没有能力告诉,人民检察院又无法代为告诉,以致犯罪分子逍遥法外,群众反映强烈。因此,《刑法修正案(九)》将第三款修改为"第一款罪,告诉的才处理,但被害人没有能力告诉,或者因受到强制、威吓无法告诉的除外。"即被虐待的被害人没有能力告诉,或者因受到强制、威吓无法告诉,以及致使被害人重伤、死亡的,以后都可以作为公诉案件由检察院提起公诉。根据程序从新的通常做法,为了维护被害人的合法权益,《解释》第五条规定:"对于2015年10月31日以前实施刑法第二百六十条第一款规定的虐待行为,被害人没有能力告诉,或者因受到强制、威吓无法告诉的,适用修正后刑法第二百六十条第三款的规定。"

6. 组织考试作弊条款的时间效力

修正后刑法第二百八十四条之一增设了组织考试作弊罪、非法出售、提供试题、答案罪和代替考试罪,这些新增罪名,原则上没有溯及力。但是,组织考试作弊行为确有社会危害性,以往对于组织考试作弊过程中实施的非法获取国家秘密、非法生产、销售间谍专用器材、非法使用窃听、窃照专用器材、故意泄露国家秘密等行为,仍然可以根据修正前刑法的相关规定定罪处罚。因此,《解释》第六条规定:"对于2015年10月31日以前组织考试作弊,为他人组织考试作弊提供作弊器材或者其他帮助,以及非法向他人出售或者提供考试试题、答案,根据修正前刑法应当以非法获取国家秘密罪、非法生产、销售间谍专用器材罪或者故意泄露国家秘密罪等追究刑事责任的,适用修正前刑法的有关规定。"当然,根据从旧兼从轻原则,如果根据修正后刑法第二百八十四条之一的规定处刑较轻的(如情节严重的非法获取国家秘密罪的处刑比情节严重的组织考试作弊罪重),可以组织考试作弊罪和非法出售、提供试题、答案罪定罪处罚,《解释》对此也作了明确规定。

在征求意见过程中，有的单位提出，组织考试作弊行为同时构成其他犯罪，出现法条竞合或牵连犯等情况时，是否还要考虑重法优于轻法的规则，建议再斟酌。我们认为，在法条竞合或者存在牵连关系时实行重法优于轻法的规则，其前提应是实施犯罪行为时触犯的两个或者数个刑法条文均已经具有法律效力，否则不宜适用，故未采纳该意见。

7. 虚假诉讼条款的时间效力

修正后刑法第三百零七条之一增设了虚假诉讼罪，规定以捏造的事实提起民事诉讼，妨害司法秩序或者严重侵害他人合法权益的，应当定罪处罚；并规定有虚假诉讼行为，非法占有他人财产或者逃避合法债务，又构成其他犯罪的，依照处罚较重的规定定罪从重处罚。

由于虚假诉讼罪是新增罪名，对于2015年10月31日以前以捏造的事实提起民事诉讼，妨害司法秩序、非法占有他人财产、逃避合法债务或者严重侵害他人合法权益的，原则上均不以虚假诉讼罪定罪处罚。但有两点需要注意，一是对于在虚假诉讼过程中实施的妨害作证、伪造印章等行为，触犯修正前刑法有关规定的，仍应以妨害作证罪或者伪造公司印章罪等罪名予以定罪处罚，这并不违反罪刑法定原则。当然，根据从旧兼从轻原则，如果根据修正后刑法第三百零七条之一的规定处刑较轻的（如情节严重的伪造、变造国家机关公文、证件、印章罪的处刑比情节严重的虚假诉讼罪重），则作为例外，可以虚假诉讼罪定罪处罚。二是对于以非法占有为目的，以虚假诉讼为手段，骗取、侵吞国家、集体或者他人财产，或者逃避合法债务的，应当以诈骗罪、职务侵占罪或者贪污罪等追究刑事责任。此时，虽然虚假诉讼罪的处刑较轻，但因虚假诉讼罪只能评价诈骗、职务侵占或者贪污的手段行为，不能反映罪行全貌及危害后果，不能根据从旧兼从轻原则以虚假诉讼罪处罚，只能依照处罚较重的规定定罪从重处罚。因此，《解释》第七条规定："对于2015年10月31日以前以捏造的事实提起民事诉讼，妨害司法秩序或者严重侵害他人合法权益，根据修正前刑法应当以伪造公司、企业、事业单位、人民团体印章罪或者妨害作证罪等追究刑事责任的，适用修正前刑法的有关规定。但是，根据修正后刑法第三百零七条之一的规定处刑较轻的，适用修正后刑法的有关规定。""实施第一款行为，非法占有他人财产或者逃避合法债务，根据修正前刑法应当以诈骗罪、职务侵占罪或者贪污罪等追究刑事责任的，适用修正前刑法的有关规定。"

在征求意见过程中，有意见提出，根据最高人民检察院法律政策研究室2002年10月24日《关于通过伪造证据骗取法院民事裁判占有他人财物的行为如何适用法律问题的答复》，对于2015年10月31日以前的虚假诉讼行为，即使非法占有他人财产或者逃避合法债务，也不宜以诈骗罪等追究行为人的刑事责任。因为人民法院及其裁判不应成为犯罪分子利用的工具。但如果行为人有妨害作证、伪造印章的行为，构成犯罪的，以妨害作证罪或者伪造公司、企业、事业单位、人民团体印章罪追究刑事责任。故建议删除《解释》第七条第二款规定。我们认为，鉴于诈骗罪、职务侵占罪、贪污罪的手段多样，通过虚假诉讼已经非法占有他人财产或者已经逃避合法债务的案例时有发生，给被害人造成重大损失，且社会影响恶劣，如果不依法惩治，并追缴违法所得，势将放纵犯罪。而且，在高检研究室的答复出台后，各地已有不少生效判例已经按诈骗罪定罪处罚，且裁判结果符合罪刑法定、罪刑相当原则，社会反应良好，理论界也普遍认同。故未采纳该意见。

8. 终身监禁条款的时间效力

修正后刑法第三百八十三条第四款规定："犯第一款罪，有第三项规定情形被判处死刑缓期执行的，人民法院根据犯罪情节等情况可以同时决定在其死刑缓期执行二年期满依法减为无期徒刑后，终身监禁，不得减刑、假释。"对重大贪污、受贿犯罪分子实行终身监禁制度，是立法机关进一步贯彻宽严相济刑事政策，根据党的十八届三中全会有关完善惩治腐败法律规定的要求，加大惩处腐败犯罪力度的精神作出的，对于审判实践中更好贯彻"保留死刑，严格控制和慎重适用死刑"政策，具有重大意义，必须用好用足这一制度。

对于2015年10月31日以前犯贪污罪、受贿罪，《刑法修正案（九）》生效后依法应当判处死刑缓期执行的，包括三种情形：一是依照修正前刑法本应判处死刑立即执行，但依照修正后刑法判处死缓同时决定终身监禁，可以罚当其罪的；二是依照修正前刑法判处死刑缓期执行足以罚当其罪的；三是除前两种情形以外的其他死缓犯，包含依据生效判决、裁定已经收押的死缓犯。考虑到终身监禁对被告人不利，对上述第二、三种情形，应适用修正前刑法的规定，不能判处终身监禁；而对上述第一种情形，适用修正后刑法可不判处死刑立即执行，有利于被告人，故可适用新法。据此，《解释》第八条规定："对于2015年10月31日以前实施贪污、受贿行为，罪行极其严重，根据修正前刑法判处死刑缓期执行不能体现罪刑相适应原则，而根据修正后刑法判处死刑缓期执行同时决定在其死刑缓期执行二年期满依法减为无期徒刑后，终身监禁，不得减刑、假释可以罚当其罪的，适用修正后刑法第三百八十三条第四款的规定。根据修正前刑法判处死刑缓期执行足以罚当其罪的，不适用修正后刑法第三百八十三条第四款的规定。"

对于本条规定，送审稿的原表述是"对于2015年10月31日以前实施贪污、受贿行为，根据修正前刑法应当判处死刑立即执行，而根据修正后刑法……"，在征求意见和审议过程中，有意见提出，"根据修正前刑法应当判处死刑立即执行"缺乏具体标准，容易导致滥用终身监禁；也有意见提出，本条规定易被误解为对本应判处死刑的可不判死刑了，不利于从严惩治贪污贿赂犯罪，故建议删除本条。经研究认为，在本解释中宜保留本条规定，但相关表述可以修改完善。主要考虑：一是若不规定本条，将来在处理2015年10月31日以前实施的贪污、受贿犯罪案件时，如判处终身监禁，就存在法律依据不足的问题；在处理具体案件时，就难免引发重大争议。二是该条规定符合从旧兼从轻原则，且符合及早用好这一制度的立法精神，相关各方均无异议。三是本解释是时间效力问题的专门解释，不管总则还是分则个罪的时效问题，以往都是在时效解释中统一规定，而以往在个罪或类罪解释中均不会涉及时间效力问题。四是参考《关于〈中华人民共和国刑法修正案（八）〉时间效力问题的解释》第二条有关死缓限制减轻制度时间效力的规定，将"根据修正前刑法应当判处死刑立即执行"修改为"罪行极其严重，根据修正前刑法判处死刑缓期执行不能体现罪刑相适应原则"，应能避免今后对贪污、受贿犯罪不再适用死刑立即执行的误解。

三、其他需要说明的问题

此次刑法修正，涉及条文众多，不管总则规定还是具体罪名，都涉及时效问题，本解释仅对其中比较重要且争议较大的几个条文明确了时间效力。在研究讨论及征求意见过程中，相关单位建议增加规定的条文还有：

1. 建议增加规定："对于2015年10月31日以前被判处罚金的被告人，由于不能抗拒的灾祸等原因缴纳确实有困难的，是否需要延期缴纳、酌情减少或者免除，适用修正后刑法第五十三条第二款的规定。"以明确已经生效正在执行刑罚甚至刑罚已经执行完毕的罪犯，由于遭遇不能抗拒的灾祸等原因缴纳罚金确实有困难的，经人民法院裁定，都可以延期缴纳、酌情减少或者免除。

2. 建议增加规定："对于2015年10月31日以前收买被拐卖的妇女、儿童，在2015年11月1日以后能够按照被买妇女的意愿，不阻碍其返回原居住地的，或者对被买儿童没有虐待行为，不阻碍对其进行解救的，适用修正前刑法第二百四十一条第六款的规定。"以明确在2015年11月1日以后，只要能够按照被买妇女的意愿，不阻碍其返回原居住地的，或者对被买儿童没有虐待行为，不阻碍对其进行解救的，即使不投案自首，仍可以适用旧法，不追究刑事责任。

3. 建议增加规定："对于2015年10月31日以前实施贪污、受贿行为，在2015年11月1日以后，且在提起公诉前如实供述自己罪行、真诚悔罪、积极退赃，避免、减少损害结果的发生的，适用修正后刑法第三百八十三条第三款的规定。"以明确即使在2015年10月31日以前实施贪污、受贿行为，但只要在提起公诉前如实供述自己罪行、真诚悔罪、积极退赃，避免、减少损害结果的发生，都可以根据新法从宽处罚。

4. 建议增加规定："对于2015年10月31日以前实施行贿行为，在2015年11月1日以后，且在被追诉前主动交代行贿行为的，适用修正前刑法第三百九十条第二款的规定。"以明确对于2015年10月31日以前实施行贿行为，只要在被追诉前主动交代行贿行为的，都可以适用旧法予以减轻处罚或者免除处罚。

5. 建议增加规定："修正后刑法既修改了主刑又修改了附加刑，或者增加了附加刑的，主刑较轻的为轻法；主刑相同时，无附加刑或者附加刑较轻的为轻法。罚金刑由限额或者倍比罚金修改为无限额、无倍比罚金的，无限额、无倍比罚金为轻法。"以明确限额、倍比罚金与无限额、无倍比罚金孰轻孰重问题。

6. 建议增加规定："全国人民代表大会常务委员会对刑法作出的立法解释，同刑法具有同等效力，效力适用于刑法规定的施行期间。对于立法解释实施前发生的行为，行为时没有相关立法解释，立法解释施行后尚未处理或者正在处理的案件，依照立法解释的规定办理。"以主要明确公司、企业、事业单位、机关、团体等单位，在刑法施行后至2014年4月24日立法解释公布前的期间，实施刑法规定的危害社会的行为，刑法分则和其他法律未规定追究单位的刑事责任的，对组织、策划、实施该危害社会行为的人，也可以依法追究其刑事责任。

经研究认为，这些内容都是正确、合理的，但不必或者不宜在本解释中明确，可以在解释的理解与适用中专门说明。主要考虑：一是第一条至第四条规定都符合从旧兼从轻原则，审判实践中应无争议，即使不作规定，也都能正确把握。相反，如果予以规定，反而可能引发不必要的争议甚至责备。二是第五条关于限额、倍比罚金与无限额、无倍比罚金孰轻孰重问题不属于时间效力范畴，第六条关于立法解释的效力问题，相关法律已有明确规定，均不宜在本解释中规定。

解读《最高人民法院、最高人民检察院关于执行〈中华人民共和国刑法〉确定罪名的补充规定(六)》

周加海[*]

2015年8月29日,第十二届全国人民代表大会常务委员会第十六次会议审议通过了《中华人民共和国刑法修正案(九)》(以下简称《刑法修正案(九)》),对刑法作了幅度不小的修改完善。《刑法修正案(九)》通过后,对一些新增的刑法分则条文,需要明确罪名;对一些犯罪构成要件有重大修改的分则条文,则有必要对原罪名作出相应调整。此外,《全国人民代表大会常务委员会关于修改部分法律的决定》第二条决定将刑法第三百八十一条、第四百一十条中的"征用"修改为"征收、征用",有必要一并对该两条的罪名确定也作出调整。为确保刑法统一、正确适用,最高人民法院会同最高人民检察院,经认真研究、广泛听取各方面意见,起草了《最高人民法院、最高人民检察院关于执行〈中华人民共和国刑法〉确定罪名的补充规定(六)》(以下简称《罪名规定六》)。《罪名规定六》经2015年10月19日最高人民法院审判委员会第1664次会议、2015年10

---

[*] 作者单位:最高人民法院研究室。

月21日最高人民检察院第十二届检察委员会第42次会议通过，于2015年10月30日发布，自2011年11月1日起施行。

《罪名规定六》新增了20个罪名，另对原14个罪名作了调整或取消。① 为便于理解和执行，本文就确定罪名的主要考虑，以及在起草《罪名规定六》过程中存在一定争议的罪名确定的具体考虑作一介绍。

一、确定罪名的主要考虑

《罪名规定六》的制定，继续坚持了以往的确定罪名的一些原则，如准确，即必须在刑法规定的框架内确定罪名，罪名要能够反映有关犯罪的基本性质和核心要件；精练，即在不影响理解的情况下适度概括，避免繁琐、冗长，等等。除此之外，在本次罪名确定过程中，还特别考虑了以下两点：

其一，避免无谓的或者意义不大的争议。例如，《罪名规定六》之所以将新增的刑法第二百九十条之一第二款的罪名确定为"编造、故意传播虚假信息罪"而不是"编造、故意传播虚假险情、疫情、灾情、警情罪"，主要是考虑，一个虚假信息究竟是虚假的"险情""疫情"还是"灾情""警情"，优势并不容易区分。如确定为"编造、故意传播虚假险情、疫情、灾情、警情罪"，在具体选择适用时难免出现争议，而这样的争议实际对案件处理特别量刑并无实质影响。

其二，有利于体现罪责性相适应原则。有的刑法条文分设几款，对不同行为作了规定；有的在同一款中规定了几个行为，对相关条文究竟是确定为一罪还是数罪，往往各有道理。在确定此类条文的罪名时，有利于体现罪责刑相适应原则是重要考虑因

---

① 《刑法修正案（九）》生效后，刑法分则总计规定了468个罪名。

素。例如，《罪名规定六》之所以将刑法第二百三十七条第一款、第二款的罪名调整为"强制猥亵、侮辱罪"而不是"强制猥亵罪""强制侮辱妇女罪"两罪，一方面是因为强制猥亵、强制侮辱的危害性质类似，有时甚至不容易分清，而刑法对二者规定的法定刑又完全相同；另一方面，实践中强制猥亵、强制侮辱常会针对同一对象接连实施，如确定为两个罪名，对相关案件则需实行数罪并罚，容易导致量刑过重。

二、关于刑法第一百二十条之一（帮助恐怖活动罪）的罪名确定

刑法第一百二十条之一原规定了"资助恐怖活动罪"，《刑法修正案（九）》第六条对本条作了修改：一是在第一款规定中增加了"资助恐怖活动培训"的内容；二是增加了一款，作为第二款，规定"为恐怖活动组织、实施恐怖活动或者恐怖活动培训招募、运送人员的，依照前款的规定处罚。"研究过程中，有意见提出，对本条第一款仍沿用"资助恐怖活动罪"罪名，同时应将本条第二款的罪名单独确定为"招募、运送恐怖活动人员罪"或者"为恐怖活动招募、运送人员罪"。经研究认为，将修改后刑法第一百二十条之一的罪名确定为"帮助恐怖活动罪"一罪更为妥当。主要考虑：（1）第二款并未独立设置法定刑，而是规定"依照前款的规定处罚"，单独确定罪名并无必要。（2）第二款规定的行为与第一款规定的行为可能常常会同时实施，即既提供资金支持，又帮助招募、运送人员。分别确定罪名，会引发对相关行为究竟是定一罪还是定数罪的不必要的争议。（3）以往对类似条文并未分别确定罪名，如刑法第二百四十四条第一款、第二款规定："以暴力、威胁或者限制人身自由的方法强迫他人劳动的，处三年以下有期徒刑或者拘役，并处罚金；情节严重的，处三年以上十年以下有期徒刑，并处罚金。""明知他人实施前款行为，为其招募、运送人员或者有其他协助强迫他人劳动行为的，依照前款的规定处罚。"根据以往罪名确定的解释，该两款的罪名均为强迫劳动罪。

三、关于刑法第一百二十条之三（宣扬恐怖主义、极端主义、煽动实施恐怖活动罪）的罪名确定

刑法第一百二十条之三系《刑法修正案（九）》第七条新增条文。对本条规定的罪名确定，有意见提出，"宣扬恐怖主义、极端主义"与"煽动实施恐怖活动"的客观方面存在明显区别，建议将罪名确定为"宣扬恐怖主义、极端主义罪"和"煽动实施恐怖活动罪"两罪。经研究，未采纳这一意见，《罪名规定（六）》将本条罪名确定为"宣扬恐怖主义、极端主义、煽动实施恐怖活动罪"一罪。主要考虑：（1）宣扬恐怖主义、极端主义与煽动实施恐怖活动尽管存在区别，但性质仍存在相似之处，正是因此，刑法第一百二十条之三将二者规定在一条中，设置了完全相同的法定刑。将本条罪名确定为一罪并无问题，更符合以往的罪名确定原则。（2）从实践看，宣扬恐怖主义、极端主义与煽动实施恐怖活动常相伴实施。如制作、散发涉恐音视频案件，在一段音视频中，可能前半段是宣扬恐怖主义、极端主义，后半段则是煽动实施恐怖活动。如将本条罪名确定为两个罪名，势必引发对上述案件究竟是应定一罪还是应定两罪的争议。

四、关于刑法第二百三十七条第一款、第二款（强制猥亵、侮辱罪）的罪名确定

刑法第二百三十七条第一款、第二款原规定了"强制猥亵、侮辱妇女罪"，《刑法修正案（九）》第十三条对本条作了修改，一是将强制猥亵妇女修改为强制猥亵"他人"；二是在第二款增加规定了"有其他恶劣情节"的加重法定刑情节。修改后，原罪名需作相应调整。但具体如何调整，存在不同认识。起初曾考虑，刑法修改后，强制猥亵的犯罪对象是他人，强制侮辱是妇女，将罪名相应调整为"强制猥亵罪""强制侮辱妇女罪"两罪比较合适。后经征求意见、再次研究认为，强制猥亵、强制侮辱的危害性质类似，且实践中强制猥亵、强制侮辱常会针对同一对象接连实施，如确定为两个罪名，对相关案件则需实行数罪并罚，可能会量刑过重，故最终决定将该两款罪名确定为"强制猥亵、侮辱罪"一罪。

需要说明的是：（1）之所以不确定为"强制猥亵他人、强制侮辱妇女罪"，是考虑如行为人只实施有猥亵行为，需定"强制猥亵他人罪"时，罪名中的"他人"就明显系多余。（2）本罪名是选择性罪名。在根据具体案情确定具体适用的罪名时，应当注意，根据通行的刑法理论和司法实务，刑法第二百三十七条规定中的"以暴力、胁迫或者其他方法强制"不仅修饰、限定猥亵他人，也修饰、限定侮辱妇女。申言之，当行为人只实施有侮辱妇女的行为时，只有其是以强制方式侮辱的才符合本条规定，对其罪名应确定为"强制侮辱罪"，而不能是"侮辱罪"。

五、关于刑法第二百五十三条之一（侵犯公民个人信息罪）的罪名确定

刑法第二百五十三条之一原规定了"出售、非法提供公民个人信息罪"和"非法获取公民个人信息罪"，《刑法修正案（九）》第十七条对本条作了修改，主要修改内容包括：一是将第一款规定中的"违反国家规定"修改为"违反国家有关规定";① 二是将出售、非法提供公民个人信息罪的主体由特殊主体改为一般主体，同时规定将在履行职责或者提供服务过程中获得的公民个人信息，出售或者提供给他人的，从重处罚；三是将原第二款规定中的"上述信息"修改为"公民个人信息";② 四是增加了"情节特别严重的"量刑档次。本条修改后，有意见提出，可继续沿用原"出售、非法提供公民个人信息罪"和"非法获取公民个人信息罪"罪名。主要理由是，对以往确定的罪名，如无原则问题的，应尽量不作变动。经研究认为，适应法律修改情况，将本条罪名确定为"侵犯公民个人信息罪"一罪更为可取。主要考虑：（1）修改后本条第一款、第三款的犯罪主体、犯罪对象已完全一致，法定刑也相同，单独确定罪名已无必要。（2）确定为"侵犯公民个人信息罪"一罪，更符合罪名精简原则，同时也更通俗易懂。（3）确定为一罪，有利于减少不必要的争议，也有利于更好贯彻罪责刑相适应原则。例如，行为人先非法获取公民个人信息，之后又出售或者提供给他人的。如将本条罪名确定为两罪，实践中难免引发上述行为是属于牵连犯还是实质数罪，是应当从一重处断还是数罪并罚的争议；如认定为数

---

① 与"国家规定"相比，"国家有关规定"的范围更宽，包括法律、行政法规、规章等国家层面的涉及公民个人信息保护的规定。全国人大常委会法制工作委员会刑法室编著：《〈中华人民共和国刑法修正案（九）〉释解与适用》，人民法院出版社2015年版，第127页。

② 对刑法原第二百五十三条之一第二款规定中的"上述信息"如何理解，曾有不同认识。一种意见认为，"上述信息"必须是来源于该条第一款规定的国家机关或者金融、电信、交通、教育、医疗等单位在履行职责或者提供服务过程中获得的公民个人信息；另一种意见则认为，"上述信息"是指公民个人信息，信息来源并无限制。

罪，实行并罚，可能会导致量刑过重。

之所以将刑法第三百五十条（《刑法修正案（九）》第四十一条）的罪名由"走私制毒物品罪""非法买卖制毒物品罪"调整为"非法生产、买卖、运输制毒物品、走私制毒物品罪"一罪，也是出于类似考虑。①

六、关于刑法第二百八十七条之一（非法利用信息网络罪）的罪名确定

刑法第二百八十七条之一系《刑法修正案（九）》第二十九条新增条文。对本条，最初考虑将罪名确定为"准备网络违法犯罪活动罪"。后经研究认为，该罪名欠妥：一是过于笼统，未能准确反映刑法条文所规定的行为性质；二是设立用于违法犯罪活动的网站、通讯群组等的行为已属相关违法犯罪实行行为，而不是预备或准备行为；三是即便对犯罪，实践中实际也较少处罚预备犯，如确定为"准备网络违法犯罪活动罪"，似乎意味着对违法活动的预备行为也要作为犯罪追究，此不符合立法精神。鉴此，又考虑将罪名确定为"设立非法网站、通讯群组、发布非法网络信息罪"。最高人民法院审委会审议时提出，"设立非法网站、通讯群组、发布非法网络信息罪"罪名过于繁琐；从刑法第二百八十七条之一第一款的规定看，所列三项规定实际均属于非法利用信息网络的行为。最终决定将本条罪名确定为"非法利用信息网络罪"。

---

① 未确定为"非法生产、买卖、运输、走私制毒物品罪"，主要是因为在语法上存在一定问题，即恐会让人误解"非法"亦修饰走私，而走私无合法可言。

七、关于刑法第二百九十一条之一第二款（编造、故意传播虚假信息罪）的罪名确定

刑法第二百九十条一之一第二款系《刑法修正案（九）》第三十二条新增条文。将本款罪名确定为"编造、故意传播虚假信息罪"而不是"编造、故意传播虚假险情、疫情、灾情、警情罪"，主要是考虑：一方面，罪名应当尽可能概括、精炼；另一方面，更重要的是，从实践看，有时"险情""疫情""灾情""警情"并不容易区分。如天津港爆炸事件，既是灾情，也是险情、警情。如确定为"编造、故意传播虚假险情、疫情、灾情、警情罪"，将来在处理具体案件时，可能会引发无谓争议。

研究过程中，曾有意见提出"编造、故意传播虚假信息罪"罪名失之笼统，未能客观反映刑法条文对有关虚假信息种类和范围的限制。经研究认为，罪名应当尽量反映相关犯罪的基本性质和要素的要求并不是绝对的，在不会造成相关罪名交叉、混淆的情况下，在确定罪名时舍弃某些构成要件并无不可。例如，根据刑法规定，在刑事诉讼中作伪证的，才构成有关犯罪，但此前并未将罪名确定为"刑事伪证罪"或者"刑事诉讼伪证罪"，而是确定为"伪证罪"。又如，刑法第二百零五条之一规定，"虚开本法第二百零五条规定以外的其他发票，情节严重的"构成该条规定之罪，但此前并未将该条罪名确定为"虚开增值税专用发票、用于骗取出口退税、抵押税款发票以外的其他发票罪"或者"虚开普通发票罪"，而是确定为"虚开发票罪"。有关罪名在具体适用中并未引发问题。

八、关于要否恢复奸淫幼女罪罪名

有意见提出，《刑法修正案（九）》取消嫖宿幼女罪后，可考虑恢复奸淫幼女罪罪名。理由是：其一，当初取消奸淫幼女罪罪名，主要是为了解决与刑法第十七条第二款有关"已满十四周岁不满十六周岁的人，犯故意杀人、故意伤害致人重伤或者死亡、强奸、抢劫、贩卖毒品、放火、爆炸、投毒罪的，应当负刑事责任"规定的衔接问题，现已明确刑法第十七条第二款中规定的"故意杀人""强奸"等均是指行为而非罪名，故恢复奸淫幼女罪的障碍已不存在。其二，对奸淫幼女单独确定罪名，可体现对幼女的特殊保护，同时能更准确、直观地反映行为人的行为性质和危害。经研究认为，刑法第二百三十六条第二款明确规定"奸淫不满十四周岁的幼女的，以强奸论，从重处罚"，当初对该款单独确定奸淫幼女罪罪名，在法律依据上实际即存在一定问题；同款条文罪名确定反复变化，效果不好；不专门确定奸淫幼女罪，实际并不影响对幼女的特殊保护。故未采纳上述意见。

解读《最高人民法院关于审理毒品犯罪案件适用法律若干问题的解释》

叶晓颖 马岩 方文军 李静然*

为进一步规范毒品犯罪案件的法律适用,确保依法从严惩处毒品犯罪,最高人民法院制定了《关于审理毒品犯罪案件适用法律若干问题的解释》(法释〔2016〕8号,以下简称《解释》)。经最高人民法院审判委员会第1676次会议审议通过,于2016年4月6日公布,自2016年4月11日起施行。为便于实践中准确理解和适用,现对《解释》的制定背景、指导思想和主要内容予以说明。

一、《解释》的制定背景和经过

2000年,最高人民法院发布了《关于审理毒品案件定罪量刑标准有关问题的解释》(以下简称《2000年解释》),解决了部分毒品犯罪的定罪量刑标准问题。但受当时条件所限,《2000年解释》只有5个条文,仅规定了走私、贩卖、运输、制造毒品,走私制毒物品、非法买卖制毒物品和非法种植毒品原植物这3类犯罪的定罪量刑标准,对其他毒品犯罪的定罪量刑标准则没有涉及。此后,随着我国毒品犯罪形势的发展变化和立法修订,实践

---

* 作者单位:最高人民法院刑事审判第五庭。

中出现了较多新的毒品犯罪法律适用问题。对此，最高人民法院高度重视，近年来又单独或者会同有关单位制定了一系列规范性文件加以解决，同时，也逐步将制定新的毒品犯罪司法解释工作提上日程。

禁毒工作关系国家安危、民族兴衰和人民福祉，党中央、国务院高度重视禁毒工作。2014年6月，中央政治局常委会议、国务院常务会议分别听取禁毒工作专题汇报，习近平总书记、李克强总理分别对禁毒工作作出重要指示批示。中共中央、国务院首次印发了《关于加强禁毒工作的意见》，并下发了贯彻落实分工方案，其中均明确要求，由最高人民法院及时制定司法解释，统一和规范毒品犯罪案件的法律适用。最高人民法院研究认为，经过多年的司法经验积累和调查研究，制定新的司法解释，对毒品犯罪的有关法律适用问题进行规范的时机已经成熟。

为贯彻落实中央决策部署，进一步规范毒品犯罪案件的法律适用，根据工作安排，最高人民法院刑五庭经深入调查研究，组织专家论证，广泛听取立法机关、相关职能单位及有关专家学者的意见后，制定了《解释》。2016年1月25日，最高人民法院审判委员会第1676次会议审议通过了《解释》。

二、《解释》的指导思想和制定意义

当前，受国际毒潮持续泛滥和国内多种因素影响，我国的禁毒斗争形势严峻复杂，毒品犯罪高发、多发，禁毒工作任务十分艰巨。《解释》以依法从严惩处毒品犯罪为指导思想，体现了对走私、贩卖、运输、制造毒品等各类严重毒品犯罪，以及具有武装掩护犯罪，暴力抗拒检查、拘留、逮捕，多次、向多人实施犯罪，组织、利用未成年人、病残人员犯罪，国家工作人员犯罪等严重情节的毒品犯罪分子的依法严惩。同时，为全面贯彻宽严相济刑事政策,更好地分化瓦解毒品犯罪分子,对其中罪行较轻或者具有从宽处罚情节的,根据罪刑相适应的刑法基本原则,也体现了从宽处理。

制定《解释》的主要意义在于:第一,为依法从严惩处新类型毒品犯罪提供了明确依据。《解释》新规定了甲卡西酮、曲马多、安钠咖等12种新类型毒品的定罪量刑数量标准,并下调了在我国危害较为严重的毒品氯胺酮的定罪量刑数量标准,为实践中相关犯罪的打击处理提供了明确依据。第二,配合刑法修订加大了对制毒物品犯罪的处罚力度。近年来,制毒物品流入非法渠道被用于制造毒品的情况在我国较为突出,根据《刑法修正案(九)》修订制毒物品犯罪的精神,《解释》整体下调了全部33种制毒物品的定罪量刑数量标准,以进一步加大对制毒物品犯罪的从严惩处力度,强化对毒品犯罪的源头治理。第三,首次全面、系统规定了各类毒品犯罪的定罪量刑标准。《解释》结合近年来的司法实践,首次以司法解释的形式,对容留他人吸毒罪,非法种植毒品原植物罪,非法买卖、运输、携带、持有毒品原植物种子、幼苗罪,非法提供麻醉药品、精神药品罪等4类犯罪的定罪标准,对走私、贩卖、运输、制造毒品罪,非法持有毒品罪,包庇毒品犯罪分子罪,窝藏、转移、隐瞒毒品、毒赃罪,引诱、教唆、欺骗他人吸毒罪,非法提供麻醉药品、精神药品罪等6类犯罪的"情节严重"标准作出明确规定,并结合立法修订对非法生产、买卖、运输制毒物品、走私制毒物品罪的定罪量刑标准作出新的规定,为各类毒品犯罪的定罪和刑罚适用提供了明确依据。此外,《解释》还对武装掩护走私、贩卖、运输、制造毒品的认定,以暴力抗拒检查、拘留、逮捕"情节严重"的认定,网络涉毒犯罪的司法认定等其他较为突出的毒品犯罪法律适用问题作了规定。总的看,《解释》具有很强的实践指导意义,有利于进一步规范毒品犯罪案件办理工作,加大依法惩治毒品犯罪的力度。

三、《解释》的主要内容

《解释》以刑法第六章第七节有关毒品犯罪的法律规定为依据,共涉及10类毒品犯罪的定罪量刑标准和其他较为突出的毒品犯罪法律适用问题。在充分调查研究和认真总结各地经验的基础上,《解释》对原有司法解释和规范性文件没有规定,但实践中迫切需要解决的毒品犯罪法律适用问题作出新规定,对原有规定中不适应当前毒品犯罪形势发展的内容作了修改,同时也吸收了原有司法解释和规范性文件中的部分内容。现就《解释》的主要内容作如下说明。

(一)关于毒品的定罪量刑数量标准问题

毒品数量是毒品犯罪案件定罪量刑的重要基础性情节。《2000年解释》和2007年《最高人民法院、最高人民检察院、公安部办理毒品犯罪案件适用法律若干问题的意见》(以下简称《2007年意见》)共规定了16类毒品的定罪量刑数量标准。近年来,我国又有甲卡西酮、曲马多、安钠咖、恰特草等10余种国家规定管制的麻醉药品或者精神药品出现滥用,但原有司法解释和规范性文件没有对其定罪量刑数量标准作出规定,给司法实践中相关犯罪的打击处理带来困难。同时,原有司法解释和规范性文件对个别毒品定罪量刑数量标准的规定,也已与其社会危害明显不相适应,需要作出调整。为此,《解释》在第一条第一款和第二条中,系统规定了28类毒品的"数量大"和"数量较大"标准。其中,保留了原有司法解释和规范性文件中规定的15类,下调了1类,新增了12类。

1. 关于保留的 15 类毒品的定罪量刑数量标准

可卡因、苯丙胺类（甲基苯丙胺除外）、吗啡、二氢埃托啡、哌替啶（度冷丁）、大麻类、咖啡因、罂粟壳等 8 类毒品的定罪量刑数量标准，来自《2000 年解释》的规定；美沙酮、三唑仑、安眠酮、氯氮卓、艾司唑仑、地西泮、溴西泮等 7 类毒品的定罪量刑数量标准，来自《2007 年意见》的规定。调研过程中，未发现原有标准存在明显问题，故在《解释》中予以保留，未作调整。

2. 关于下调的 1 类和新增的 12 类毒品的定罪量刑数量标准

《解释》对氯胺酮的定罪量刑数量标准作了调整，新规定了芬太尼、甲卡西酮、曲马多、γ-羟丁酸、可待因、丁丙诺啡、阿普唑仑、恰特草、巴比妥、苯巴比妥、安钠咖、尼美西泮等 12 类毒品的定罪量刑数量标准。

3. 关于其他麻精药品的定罪量刑数量标准

根据 2013 年版《麻醉药品品种目录》和《精神药品品种目录》的规定，我国共有 270 种列管麻精药品。据了解，实践中还有咪达唑仑、布桂嗪等列管麻精药品出现个别、散在滥用，但尚未形成规模，且随着药品管制的加强呈现下降趋势。鉴于现阶段司法解释还不可能对所有已列管麻精药品的定罪量刑数量标准作出规定，故《解释》主要立足于解决当前已经出现一定规模滥用或者存在较大滥用潜力的毒品的定罪量刑数量标准，对于其他滥用问题尚不突出或者滥用潜力不大的毒品，暂不作规定。

《解释》在确定各类毒品定罪量刑数量标准时考虑了多方面的因素：一是毒品的药物依赖性（致瘾癖性）和对人体的危害。这是《解释》确定各类毒品定罪量刑数量标准的基础。药物依赖性方面主要依据 2004 年国家食品药品监督管理局制定的《非法药物折算表》,以及相关科研机构提供的10余种新类型毒品的依赖性潜力评估意见。二是毒品的滥用情况。包括毒品的滥用主体与人数、滥用地域范围、滥用场所等。三是毒品的犯罪形势。包括犯罪数量、犯罪发展趋势、犯罪地域分布及犯罪类型等。四是毒品的药用价值。对于医疗上广泛使用的品种,适当提高了定罪量刑数量标准,对于几乎没有药用价值、不存在合法用途的品种,适当降低了定罪量刑数量标准。五是毒品的交易价格。总体而言,毒品的药物依赖性及对人体的危害越大,滥用范围和潜力越大,相关毒品犯罪的数量越多、分布越广、蔓延趋势越突出,且毒品的药用价值越低、价格越高,定罪量刑的数量标准就越低,处刑就越重。因篇幅有限,这里仅对氯胺酮和甲卡西酮定罪量刑数量标准的确定作重点说明:

1. 关于氯胺酮的定罪量刑数量标准

《2007年意见》规定,氯胺酮的定罪量刑数量标准与海洛因是20∶1的关系。《解释》将其调整为10∶1,即500克以上为"数量大"。主要基于以下几点考虑:第一,氯胺酮在我国滥用较为严重,近年来滥用人数不断增长,目前已上升至第三位,仅次于甲基苯丙胺和海洛因。第二,滥用氯胺酮造成的现实危害不断加大,因其兼具麻醉和致幻效果,实践中大量的自伤自残、暴力犯罪及"毒驾"案件多由吸食氯胺酮引发。第三,我国的制造、贩卖氯胺酮犯罪近年来呈迅速增长之势,因而有必要加大对涉氯胺酮犯罪的惩治力度。

2. 关于甲卡西酮的定罪量刑数量标准

甲卡西酮属于一类精神药品,具有兴奋和致幻作用,在我国不存在合法生产、经营,也没有合法用途。甲卡西酮在我国部分省份已经出现滥用,其他地方也破获了一些制贩甲卡西酮的案件，但缺乏明确的定罪量刑数量标准。《非法药物折算表》将甲卡西酮归为苯丙胺类毒品，故有意见认为，对甲卡西酮可以参照《2000年解释》中苯丙胺类毒品的定罪量刑数量标准执行，即100克以上为"数量大"。经研究认为，甲卡西酮虽与苯丙胺类毒品的结构类似，但严格来说属于卡西酮类毒品，就其定罪量刑标准单独作出规定更为科学。关于甲卡西酮的药物依赖性，《非法药物折算表》规定1克甲卡西酮=1克海洛因。公安部禁毒局国家毒品实验室的实验数据显示，甲卡西酮与甲基苯丙胺产生的精神兴奋性为2∶1。考虑到甲卡西酮在我国虽已出现滥用和犯罪，但滥用人数、滥用地域范围、犯罪形势和交易价格等与甲基苯丙胺还存在一定差距，故综合上述因素将甲卡西酮的定罪量刑数量标准设定为甲基苯丙胺的4倍，即200克以上为"数量大"。

此外，需要说明的是，《解释》中现有的毒品种类原则上按照数量标准由低到高排列（二氢埃托啡除外），并对数量标准相同的进行了分组归类。毒品名称主要根据2013年版《麻醉药品品种目录》和《精神药品品种目录》确定，个别在听取行业专家意见后进行了规范和调整。例如，将《2000年解释》中的"度冷丁"调整为"哌替啶"，将"盐酸二氢埃托啡"调整为"二氢埃托啡"，将《2007年意见》中的"二亚甲基双氧安非他明"调整为"3,4-亚甲二氧基甲基苯丙胺"，并用括号注明其通用简称MDMA。

《解释》的第一条第二款规定了具有药用价值的麻醉药品或者精神药品被用于毒品犯罪的，如何认定毒品数量的问题。该问题近年来在实践中较为突出。《2000年解释》通过括号标注的方式规定，对医用度冷丁和盐酸二氢埃托啡针剂及片剂，要按照药品中该类毒品成分的含量认定涉案毒品数量。考虑到其他由定点企业生产但流入非法渠道的麻精药品，也应当采用这种毒品数量认定方法，故《解释》专门在第一条第二款对该问题作出明确、统一的规定。这样规定主要基于以下几点考虑：第一，药品中水分、淀粉、糖分、色素等成分占有相当大的比重，有效药物成分（即毒品成分）的含量较低，如果根据药品的总重量认定涉案毒品数量，势必同毒品成分的实际数量有明显差距，难以体现罚当其罪。第二，对于不同厂家生产或者同一厂家生产的不同规格的同类药品，在总重量相同的情况下，其有效药物成分的含量可能存在较大差异，如果根据药品的总重量认定涉案毒品数量，会影响量刑平衡。第三，从药品生产、使用单位流入非法渠道的麻精药品，其有效药物成分的含量有严格标准，不涉及毒品的含量鉴定问题，不会给司法实践带来操作上的困难，有关实务部门也均同意这种毒品数量认定方法。第四，本款规定仅适用于国家定点企业生产、流入非法渠道的麻醉药品和精神药品，并非国家定点企业生产的麻精药品以及海洛因、甲基苯丙胺等没有临床用途的麻精药品不在此列。另外，对于以制造毒品为目的生产出的纯度不高的毒品以及为了增加毒品数量而掺杂、掺假的情形，均应按照毒品的全部数量认定。第五，本款并非《解释》的创设性规定，《2000年解释》对度冷丁和盐酸二氢埃托啡均作了类似规定，多年来在执行过程中并未发现问题。起草过程中，有意见提出，该规定似与刑法第三百五十七条第二款有关毒品数量不以纯度折算的规定不甚一致，建议再作研究。经再次研究，《解释》最终保留了该款规定。据此，国家定点生产企业按照标准规格生产的麻醉药品或者精神药品，流入非法渠道被用于毒品犯罪的，要根据药品中毒品成分的含量认定涉案毒品数量。

（二）关于走私、贩卖、运输、制造毒品罪的量刑情节问题

"武装掩护走私、贩卖、运输、制造毒品"和"以暴力抗拒检查、拘留、逮捕，情节严重"，是刑法第三百四十七条第二款第三项、第四项规定的两个应当判处十五年有期徒刑以上刑罚的量刑情节。但对于这两个情节应当如何认定，原有司法解释和规范性文件一直没有作出明确规定，实践中也存在模糊认识，故《解释》第三条对此作了规定。

1. 关于"武装掩护走私、贩卖、运输、制造毒品"的认定

该问题的核心在于"武装掩护"的界定。《解释》将其明确界定为携带枪支、弹药或者爆炸物用于掩护毒品犯罪的情形。其中，"武装"限定于枪支、弹药、爆炸物，不包括尖刀、棍棒等普通器械；"携带"既包括随身携带、随包携带、随车携带，也包括在制毒场所存放等。考虑到该行为具有高度的危险性，故既不要求显示、出示、使用，对枪支、弹药或者爆炸物的数量亦无要求。之所以强调"用于掩护"，旨在从用途和目的上加以限制，对于只携带子弹而没有携带枪支，不可能实现掩护目的的，不能认定为"武装掩护"。此外，对于枪支、弹药、爆炸物种类的认定，参照《最高人民法院关于审理非法制造、买卖、运输枪支、弹药、爆炸物等刑事案件具体应用法律若干问题的解释》执行。例如，枪支主要包括军用枪支、以火药为动力发射枪弹的非军用枪支、以压缩气体等为动力的其他非军用枪支等。

2. 关于"以暴力抗拒检查、拘留、逮捕，情节严重"的认定

该问题的核心在于"情节严重"的认定。考虑到该情节对应的法定刑为十五年有期徒刑、无期徒刑直至死刑，为体现罚当其罪，《解释》将"情节严重"规定为造成执法人员死亡、重伤、

多人轻伤或者具有其他严重情节的情形。"其他严重情节"主要是指严重程度与所列举情形相当的其他情节，如造成执法人员二人轻伤、多人轻微伤或者造成公私财产重大损失等情形。

对于刑法第三百四十七条第四款中走私、贩卖、运输、制造少量毒品"情节严重"的认定，《2000年解释》第三条作了规定，但在这些年的执行过程中逐步暴露出一些问题，《解释》第四条对此作了修改、完善和补充。

1.《解释》第四条第一项源自《2000年解释》第三条第四项规定的"向多人贩毒或者多次贩毒"

此次修改为"向多人贩卖毒品或者多次走私、贩卖、运输、制造毒品"，主要是为了应对实践中存在的其他情形。起草过程中，有意见提出，实践中很多零包贩毒案件，被告人虽然具有向多人贩毒或者多次贩毒的情节，但累计贩卖毒品的数量却不足1克，如果将这种情况认定为"情节严重"，处三年以上七年以下有期徒刑，会出现罪刑不相适应，故应当设定最低毒品数量限制。经研究认为，向多人贩卖毒品或者多次走私、贩卖、运输、制造毒品的，具有较大的社会危害性，也体现了犯罪分子较深的主观恶性，应重点打击、从严惩处，故不再设定最低数量限制。

2.《解释》第四条第二项将《2000年解释》第三条第三项中的"戒毒监管场所"修改为"戒毒场所、监管场所"，扩大了条文覆盖面

"戒毒场所"包括强制隔离戒毒所、自愿戒毒所、社区戒毒治疗门诊、戒毒医院等，"监管场所"包括拘留所、看守所、监狱等。

3.《解释》第四条第三项是结合实践新增的内容

近年来，毒品逐步向校园蔓延，严重侵害了在校学生的身心健

康，破坏了学校的教学管理秩序。为体现对在校学生的特殊保护，严厉打击向在校学生贩卖毒品的犯罪活动，《解释》新增了此项规定。这里的"在校学生"包括中小学、中等职业学校学生和普通高等学校中的本、专科学生（不包括研究生）。其中，中等职业学校包括中专、职高、技校，普通高等学校包括全日制大学、学院、职业技术学院、高等专科学校。《解释》的本项规定与刑法第三百四十七条第六款"向未成年人出售毒品的，从重处罚"的规定之间不存在矛盾，如果贩卖对象既是未成年人又是在校学生的，适用本项的规定处罚。

4. 《解释》第四条第四项也是新增内容

实践中，部分犯罪分子组织、利用残疾人、艾滋病人、乙肝病人、尿毒症患者、癌症病人以及怀孕或者正在哺乳自己婴儿的妇女等特殊群体走私、贩卖、运输、制造毒品，加大了查缉工作的难度。而且，由于上述人员普遍存在"收押难"问题，经常是"抓了放、放了抓"，流散社会再次甚至多次实施毒品犯罪，严重影响了打击毒品犯罪的力度和效果，故将利用上述特殊群体实施毒品犯罪的行为增列为"情节严重"情形。

5. 《解释》第四条第五项是《2000年解释》的原有内容

起草过程中，有意见认为，国家工作人员没有利用职务或工作上的便利实施毒品犯罪的，不应当认定为"情节严重"。经研究认为，毒品犯罪属于严重妨害社会管理秩序、危害人民群众身心健康的犯罪，国家工作人员本应自觉抵制毒品、积极与毒品犯罪作斗争，而具有该特定身份的人员转而实施毒品犯罪，无疑具有更为恶劣的社会影响和更大的社会危害，应当从严惩处，故无需额外设定国家工作人员"利用职务或者工作便利"的条件。

需要特别说明的是，《解释》删去了《2000年解释》第三条第一项根据毒品数量认定"情节严重"的规定。关于刑法第三百四十七条第四款中的"情节严重"是包括毒品数量还是指毒品数量之外的其他情节，起草过程中主要有两种意见：一种意见认为，刑法已经规定走私、贩卖、运输、制造少量毒品的，处三年以下有期徒刑、拘役或者管制，但《2000年解释》第三条第一项却将毒品数量仍在这一幅度范围内的情形，即"走私、贩卖、运输、制造鸦片一百四十克以上不满二百克、海洛因或者甲基苯丙胺七克以上不满十克或者其他数量相当毒品的"规定为"情节严重"，判处三年以上七年以下有期徒刑，与刑法规定之间存在明显逻辑矛盾。故刑法第三百四十七条第四款中的"情节严重"应当是指除毒品数量之外的其他情节，不应再单纯用数量去解释数量，建议起草新的司法解释时删去该项规定。另一种意见认为，毒品数量是认定毒品犯罪"情节严重"的重要标准之一，刑法第三百四十七条第三款与第四款的规定之间缺乏一档数量标准的衔接，如第三款规定，走私海洛因十克以上不满五十克的，处七年以上有期徒刑；第四款规定，走私海洛因不满十克的，处三年以下有期徒刑、拘役或者管制；而三年以上七年以下有期徒刑的量刑档次只有"情节严重"作为条件，并无数量标准的规定，故有必要将毒品数量规定为刑法第三百四十七条第四款"情节严重"中的一个情节。此外，直接将毒品数量作为认定"情节严重"的标准，非常便于执行，也已经为实践普遍接受，故建议保留该项规定。经研究认为，第一种意见更符合现行刑法的规定，且征求意见过程中立法机关也赞同第一种意见，故《解释》最终删去了《2000年解释》第三条第一项将毒品数量认定为"情节严重"的规定。

(三)关于包庇毒品犯罪分子罪和窝藏、转移、隐瞒毒品、毒赃罪"情节严重"的认定问题

关于包庇毒品犯罪分子罪"情节严重"的认定,以往司法解释和规范性文件均未作规定,《解释》第六条第一款从不同角度对此作出规定。第一项从包庇对象的角度加以规定。走私、贩卖、运输、制造毒品罪是性质最为严重的毒品犯罪,十五年有期徒刑以上刑罚是该罪的最高法定刑幅度,包庇因犯该罪依法应当判处十五年有期徒刑以上刑罚的毒品犯罪分子,体现了包庇行为的严重性,故属于"情节严重"。第二项从包庇情节的角度加以规定。包括多次实施包庇行为和虽未达多次但包庇人数达到多人的情形。第三项从包庇行为的后果角度加以规定。"严重妨害"是指包庇者毁灭重要证据导致司法机关难以认定犯罪,作伪证严重影响司法机关准确认定犯罪事实,以及帮助犯罪分子藏匿、潜逃严重妨害其及时到案等情形。

《解释》第六条第二款从不同角度规定了窝藏、转移、隐瞒毒品、毒赃罪"情节严重"的认定问题。该罪与包庇毒品犯罪分子罪对应的法定刑相同,但犯罪对象不同,故对该罪"情节严重"的规定,既要体现两罪量刑情节的相当,也要考虑到两罪犯罪对象的差异。第一项是从窝藏、转移、隐瞒毒品数量的角度加以规定。考虑到本项中的犯罪对象是毒品,危害性大于一般的窝藏赃物行为,故设定的毒品数量标准不宜过高。同时,从不同罪名法定刑衔接的角度考虑,将窝藏、转移、隐瞒毒品"数量大"规定为"情节严重",判处三年以上十年以下有期徒刑,较好体现了该罪与走私、贩卖、运输、制造毒品罪、非法持有毒品罪在犯罪性质上的差异。并且,这也与前款第一项包庇依法应当判处十五年有期徒刑以上刑罚的毒品犯罪分子属于"情节严重"的规

定相对应。第二项是从窝藏、转移、隐瞒毒赃数额的角度加以规定。窝藏、转移、隐瞒毒赃行为的危害性要小于窝藏、转移、隐瞒毒品行为,但大于一般的掩饰、隐瞒犯罪所得行为。最高人民法院 2015 年制定的《关于审理掩饰、隐瞒犯罪所得、犯罪所得收益刑事案件适用法律若干问题的解释》第三条规定,一般情况下,掩饰、隐瞒犯罪所得及其产生的收益价值总额达到十万元以上的属于"情节严重",但掩饰、隐瞒救灾、扶贫等特定款物价值达五万元的即为"情节严重"。"两高" 2011 年制定的《关于办理危害计算机信息系统安全刑事案件应用法律若干问题的解释》第七条也规定,涉及此类犯罪而掩饰、隐瞒违法所得五万元以上的属于"情节严重"。考虑到毒品犯罪的特殊性,为体现依法严惩,将窝藏、转移、隐瞒毒赃"情节严重"的标准规定为五万元以上。第三项是从犯罪情节的角度加以规定,第四项是从行为后果角度作出规定,具体理由不再赘述。

需要特别说明的是,为全面贯彻宽严相济刑事政策,《解释》在第六条第三款规定了实施刑法第三百四十九条规定的犯罪,可以免予刑事处罚的特定情形。近几年公布的有关掩饰、隐瞒犯罪所得犯罪、盗窃犯罪和诈骗犯罪等司法解释,对于近亲属间实施犯罪的,均规定了不作为犯罪处理或者可以免予刑事处罚的特别条款。《解释》从"亲亲相隐"的诉讼理念出发,参考上述司法解释的规定,对于针对近亲属实施刑法第三百四十九条规定的犯罪行为的,也设置了可以免予刑事处罚的条款。但考虑到严惩毒品犯罪的政策要求,对适用条件作了严格限制,即需要同时具备以下几个条件:一是不具有本条前两款规定的"情节严重"情形。即被告人犯罪情节较轻,论罪应当判处三年以下有期徒刑、拘役或者管制。二是归案后认罪、悔罪并积极退赃。设置该条件是为了鼓励被告人如实交代犯罪事实,积极退缴毒品、毒赃,以便依法追究走私、贩卖、运输、制造毒品犯罪分子的刑事责任,突出毒品犯罪的打击重点。三是属初犯、偶犯。即可以免予刑事处罚者仅限于初犯、偶犯情形,对于再次犯罪者则应依法惩处。四是综合评价其行为属于刑法第三十七条规定的"犯罪情节轻微不需要判处刑罚的"情形。

(四)关于非法生产、买卖、运输制毒物品、走私制毒物品罪的定罪量刑标准问题

《刑法修正案(九)》对刑法第三百五十条第一款、第二款作了修订,增加了非法生产、运输制毒物品罪,将该罪的法定刑从两档调整为"情节较重""情节严重"和"情节特别严重"三档,并将该罪的法定最高刑从十年有期徒刑提高为十五年有期徒刑,财产刑方面增加了没收财产。结合刑法修订情况,《解释》第七条、第八条分别对非法生产、买卖、运输制毒物品、走私制毒物品罪的定罪量刑标准作出新的明确规定。

与以往不同的是,《解释》在《2000年解释》和2009年《最高人民法院、最高人民检察院、公安部关于办理制毒物品犯罪案件适用法律若干问题的意见》(以下简称《2009年制毒物品意见》)等规定的基础上,整体下调了全部33种列管制毒物品的定罪量刑数量标准,以进一步加大对制毒物品犯罪的惩治力度,从源头上遏制毒品犯罪,这也符合《刑法修正案(九)》修订本罪的精神。

1. 关于非法生产、买卖、运输制毒物品、走私制毒物品罪"情节较重"(即定罪标准)的认定

《解释》第七条第一款规定了全部33种已列管制毒物品的定罪数量标准。《解释》在确定制毒物品定罪数量标准时的考虑因

素包括：一是在制造毒品过程中发挥的作用。包括该类制毒物品属于主要原料还是配剂，是否具有不可替代性，制造毒品的用量、比例等。二是当前的犯罪形势。包括该类制毒物品流入制毒渠道的数量、走向，在制造毒品犯罪中出现的频率等。三是制成毒品的种类、危害。例如，因甲基苯丙胺与氯胺酮的定罪量刑数量标准差距较大，制造甲基苯丙胺的主要原料麻黄碱与制造氯胺酮的主要原料羟亚胺的定罪量刑标准也要体现一定差别。四是合法用途和管制级别。包括该类制毒物品是否存在合法用途，在工农业生产和日常生活中是否广泛使用，行政管制级别的高低等。为加大对制毒物品犯罪的惩治力度，《解释》下调了麻黄碱、羟亚胺等25种制毒物品的定罪数量起点。同时，为防止刑法设定的较高幅度法定刑出现虚置，《解释》将适用三年有期徒刑以下刑罚（"情节较重"）的制毒物品数量标准上限，从以往定罪数量起点的10倍一律下调至5倍。

除单纯的数量标准外，《解释》第七条第二款还从"数量＋其他情节"的角度规定了该罪的定罪标准。即制毒物品数量达到该条第一款规定的定罪数量起点的百分之五十，且具有第二款所列几种情形之一的，应当以非法生产、买卖、运输制毒物品、走私制毒物品罪定罪处罚。这几种情形分别从违法犯罪经历、犯罪情节、犯罪主体、危害后果等方面作出规定。其中，第三项将一次组织五人以上实施犯罪和在多个地点非法生产规定为"情节较重"，是考虑到该罪涉案人员、加工窝点众多的具体情况。第六项主要是指生产制毒物品过程中污染水源或者土壤，导致养殖的鱼类、牲畜或者种植的农作物大量死亡等严重影响群众生产、生活秩序的情形。

此外，《解释》第七条第三款规定了非法生产、买卖、运输制毒物品，不以制毒物品犯罪论处的例外情形。该款吸收了《2009年制毒物品意见》的相关规定，并对原有规定作了文字调整。绝大部分制毒物品（行政管理领域称之为易制毒化学品）具有双重性，既可能被用于制造毒品，又在工农业生产和人们的日常生活中发挥重要作用。因此，对制毒物品违法犯罪活动的打击，不能影响到正常的生产、生活需要。根据《中华人民共和国禁毒法》和《易制毒化学品管理条例》，我国对易制毒化学品的生产、经营、购买、运输和进出口实行严格的分类管理和许可、备案制度。但实践中确实存在未办理许可证明或者备案证明而生产、销售、购买、运输易制毒化学品，且实际用于合法生产、生活需要的情形。但对于此类行为，不应以制毒物品犯罪论处。鉴于实践中对此类行为的定性还存在认识偏差，《解释》专门作出明确规定。

2. 关于非法生产、买卖、运输制毒物品、走私制毒物品罪"情节严重"的认定

《解释》第八条第一款第一项规定了认定该罪"情节严重"的数量标准，该数量标准的起点为定罪数量标准的上限（即定罪数量起点的5倍），该数量标准的上限为起点的5倍（即定罪数量起点的25倍）。第二项规定了认定"情节严重"的"数量+其他情节"标准，即达到"情节较重"数量标准，同时具有第七条第二款第三至第六项情形之一的，应当认定为"情节严重"。

3. 关于非法生产、买卖、运输制毒物品、走私制毒物品罪"情节特别严重"的认定

《解释》第八条第二款第一项规定了认定该罪"情节特别严重"的数量标准，即达到"情节严重"一档的最高数量标准（定罪数量起点的25倍）以上的，就属于"情节特别严重"。第

二项规定了认定"情节特别严重"的"数量+其他情节"标准,即达到"情节严重"的数量标准,同时具有第七条第二款第三至第六项情形之一的,应当认定为"情节特别严重"。

(五)关于容留他人吸毒罪的定罪标准问题

刑法第三百五十四条并没有为容留他人吸毒罪设定入罪条件。但禁毒法第六十一条规定,容留他人吸食、注射毒品,尚不构成犯罪的,可以由公安机关给予拘留、罚款等行政处罚。为给行政执法保留一定空间,2012年《最高人民检察院、公安部关于公安机关管辖的刑事案件立案追诉标准的规定(三)》(以下简称《立案追诉标准三》)第十一条为容留他人吸毒罪设定了立案追诉标准,对该罪的定罪处罚起到一定规范作用。但近年来的实践情况表明,《立案追诉标准三》为容留他人吸毒罪设定的部分入罪条件偏低,加之一些地方机械执行这一标准,导致一些不完全符合该罪犯罪构成要件的行为,以及一些原本可以通过行政处罚手段处理的容留他人吸毒行为,也被按照刑事犯罪处理。《解释》第十二条吸收了《立案追诉标准三》的部分合理内容,也结合司法实践情况,完善了容留他人吸毒罪的定罪标准。

《解释》第十二条第一款第一项保留了《立案追诉标准三》中"一次容留三人以上吸食、注射毒品"的规定,在表述上将"三人以上"调整为"多人"。第二项对《立案追诉标准三》中"容留他人吸食、注射毒品两次以上"的规定作了修改,增加了"二年内"的时间限制,并要求是多次容留他人吸食、注射毒品的才入罪,即二年内第三次容留他人吸食、注射毒品的才作为犯罪处理。第三项在《立案追诉标准三》原有规定的基础上增加了"二年内"的时间限制。第四项、第五项、第六项保留了《立案追诉标准三》的原有规定,因这三项均属于社会危害大、应予追究刑事责任的情形,故未在时间、人数、次数上设定条件。需要说明的是,第五项中的"以牟利为目的"主要是指为赚取场所使用费或者为了招揽生意而容留他人吸食、注射毒品的情形,如专门开设地下烟馆容留他人吸食、注射毒品并收取场地使用费,或者娱乐场所经营者、管理者为招揽生意而容许顾客在场所内吸食、注射毒品的。需要特别说明的是,在司法工作中,可以将行为人"曾因容留他人吸食、注射毒品受过刑事处罚的"认定为第一款第七项中"其他应当追究刑事责任的情形"。如果行为人不构成累犯的,依法定罪处罚;行为人构成累犯的,可以认定累犯但不予从重处罚,以免违反"禁止重复评价"原则。

实践中,对于向他人贩卖毒品后容留其吸食、注射毒品,或者容留他人吸食、注射毒品并向其贩卖毒品的,有的地方以容留他人吸毒罪与贩卖毒品罪数罪并罚,也有的地方以贩卖毒品罪一罪定罪处罚。经研究认为,通常情况下贩卖毒品行为与容留他人吸毒行为并不具有刑法上的牵连关系,故原则上应单独评价,在容留他人吸毒行为达到定罪标准的情况下,与贩卖毒品罪数罪并罚。对于实践中常见的多次让他人在相关场所"试吸"毒品后又向其贩卖毒品的,因让他人"试吸"毒品的行为属于贩卖毒品的手段行为,故不宜认定为容留他人吸毒罪并数罪并罚。

《解释》第十二条第三款规定了容留近亲属吸食、注射毒品行为的处理原则。对于容留近亲属吸食、注射毒品的,实践中普遍认为具有可宽宥性。主要考虑,吸毒是违法行为而不是犯罪行为,容留近亲属吸食、注射毒品的多系不得已而为之,吸毒者的近亲属在某种程度上也是受害人,对此类情形从宽处罚,既能够彰显司法的人性化,也符合宽严相济刑事政策。因此,对于情节显著轻微危害不大的,不作为犯罪处理。如父母二年内多次在自己家中容留已单独居住的成年子女吸食毒品的,或者同胞姐姐在自己家中容留未成年弟弟吸食毒品的,一般可认定为"情节显著轻微危害不大",不作为犯罪处理。容留近亲属吸食、注射毒品,确实需要追究刑事责任的,除极少数情节恶劣的情形外,一般也应酌情从宽处罚。

需要注意的是,构成容留他人吸毒罪仅限于容留者拥有对场所的支配、控制权,而被容留者未经容留者允许,不享有场所使用权的情形。此外,对场所有共同居住、使用权的一方放任另一方在共同的住所内容留他人吸食、注射毒品的,因放任者不符合认定为犯罪的条件,对其亦不应以容留他人吸毒罪定罪处罚。

(六)关于非法提供麻醉药品、精神药品罪的定罪量刑标准问题

关于非法提供麻醉药品、精神药品罪的定罪标准,《立案追诉标准三》作了相关规定。《解释》第十三条第一款结合实践情况,对《立案追诉标准三》的规定加以完善。第一项规定了非法提供麻醉药品、精神药品罪的定罪数量标准。因该罪系向吸食、注射毒品的人无偿提供麻精药品,被告人的主观恶性相对小于贩卖毒品罪,故在设定其定罪量刑数量标准时,需要注意与贩卖毒品罪的协调、衔接问题。《立案追诉标准三》将非法提供麻醉药品、精神药品的立案追诉标准设定为刑法第三百四十七条中"数量较大"标准最低值的10%。但这样一来,在毒品(或者说是麻精药品)数量相同的情况下,非法提供麻醉药品、精神药品罪的量刑就与走私、贩卖、运输、制造毒品罪基本相当,这便与两类犯罪的罪行严重程度不相适应。基于上述考虑,《解释》将该罪的定罪数量起点上调至"数量较大"标准最低值的50%。第二项至第五项规定的是非法提供麻醉药品、精神药品罪的定罪情

节标准,即虽未达到定罪数量标准,但具这几项所列情形之一的,也应当定罪处罚。

《解释》第十三条第二款规定了非法提供麻醉药品、精神药品罪"情节严重"的认定标准。第一项规定了认定"情节严重"的数量标准。同样是考虑到该罪与贩卖毒品罪的量刑标准衔接问题,《解释》将该罪的"情节严重"数量标准设定为"数量较大"标准。这样规定,非法提供麻醉药品、精神药品达到"数量较大"标准的,处三年以上七年以下有期徒刑;走私、贩卖、运输、制造毒品达到"数量较大"标准的,处七年以上有期徒刑,两个罪名的法定刑之间实现了较好的衔接。第二项规定了认定非法提供麻醉药品、精神药品罪"情节严重"的"数量+其他情节"标准。达到第一款规定的定罪数量标准,但同时具有前款第三项至第五项规定的情形之一的,即可认定为"情节严重"。

(七)关于网络涉毒犯罪的法律适用问题

《刑法修正案(九)》在刑法第二百八十七条之后增加了两条,作为之一、之二,对利用信息网络实施相关犯罪的定性问题作出规定,其中涉及网络涉毒犯罪的一些问题。

《解释》第十四条根据《刑法修正案(九)》的上述新增条款,结合网络涉毒犯罪的各种具体表现形式,对其定性问题作出提示性规定。

《解释》第十四条第一款明确了部分网络涉毒犯罪的定性问题。具体包括两类行为:一是利用信息网络设立用于实施涉毒违法犯罪活动的网站、通讯群组的行为。具体包括设立用于传授制造毒品、非法生产制毒物品等犯罪的方法的网站、通讯群组;设立用于贩卖毒品、非法买卖制毒物品的网站、通讯群组;以及设立用于实施组织他人吸食、注射毒品等违法犯罪活动的网站、通讯群组。二是利用信息网络发布实施前述涉毒违法犯罪活动信息的行为。其中，对于利用信息网络组织他人吸食、注射毒品行为的定性，以往存在一些分歧认识，有的意见主张以容留他人吸毒罪定罪处罚，有的意见认为不构成犯罪。

《解释》根据《刑法修正案（九）》第二百八十七条之一的规定，对此类行为的定性予以明确，即利用信息网络，设立用于组织他人吸食、注射毒品的网站、通讯群组，发布组织他人吸食、注射毒品的违法活动信息，情节严重的，应当以非法利用信息网络罪定罪处罚。

《解释》第十四条第二款明确了罪名竞合情况下的处理原则。就利用信息网络实施毒品犯罪而言，刑法第二百八十七条之一、之二规定的实际上是传授犯罪方法、贩卖毒品、非法买卖制毒物品等犯罪的预备行为或者帮助行为。因此，当刑法第二百八十七条之一规定的非法利用信息网络罪和第二百八十七条之二规定的帮助信息网络犯罪活动罪，与传授犯罪方法罪、贩卖毒品罪、非法买卖制毒物品罪等发生竞合时，应当依照处罚较重的规定定罪处罚。

关于发布《最高人民法院关于审理毒品犯罪案件适用法律若干问题的解释》的新闻发布稿

最高人民法院刑五庭副庭长　马　岩

各位记者，大家上午好！

今天，最高人民法院召开新闻发布会，向媒体通报2015年人民法院禁毒工作的总体情况。同时，向社会公布即将于2016年4月11日起施行的《最高人民法院关于审理毒品犯罪案件适用法律若干问题的解释》（以下简称《解释》）。

一、2015年人民法院禁毒工作的总体情况

2015年是人民法院各项禁毒工作稳步推进、成效显著的一年。全国法院以党的十八大和十八届三中、四中、五中全会精神为指导，深入学习习近平总书记关于禁毒工作的系列重要讲话精神，继续贯彻落实《中共中央国务院关于加强禁毒工作的意见》，依法运用刑罚手段从严惩处毒品犯罪，不断加强毒品犯罪审判规范化建设，积极参与禁毒综合治理，人民法院禁毒工作取得新的进展。

依法运用刑罚惩治毒品犯罪，是人民法院参与禁毒斗争的主要方式和工作重心。2015年，各级人民法院继续坚持对毒品犯罪依法从严惩处的指导思想，充分发挥刑事审判职能作用，认真做好毒品犯罪审判工作。据统计，2015年，全国法院新收毒品犯罪案件142000件，同比增长30.79%；审结139024件，同比增长30.17%，审结率93.63%；判决发生法律效力的犯罪分子137198人，同比增长25.08%，其中，被判处五年以上有期徒刑、无期徒刑至死刑的27384人，同比增长10.17%；重刑率为19.96%，高出同期全部刑事案件重刑率10.59个百分点。在审判工作中，各级人民法院始终坚持依法从严惩处毒品犯罪，并突出打击重点。对走私、制造毒品、大宗贩卖毒品等严重毒品犯罪，具有武装掩护、暴力抗拒查缉、参与有组织的国际贩毒活动等严重情节的毒品犯罪分子，以及毒枭、职业毒犯、累犯、毒品再犯等主观恶性深、人身危险性大的毒品犯罪分子，坚决依法严惩，该判处重刑和死刑的，坚决依法判处。最高人民法院对报请核准死刑的毒品犯罪案件，凡属被告人罪行极其严重、社会危害极大、罪证确实、充分、依法应当适用死刑的，坚决依法核准。通过充分发挥刑罚的惩罚和威慑作用，遏制了毒品犯罪快速蔓延的势头，为保障人民群众身心健康、维护社会和谐稳定作出了积极贡献。

2015年，人民法院在做好毒品犯罪审判工作的同时，通过召开专门会议、开展专项调研、制定规范性文件、发布典型案例等多种方式，进一步加强毒品犯罪的审判规范化建设，确保依法、准确惩处毒品犯罪。5月18日，最高人民法院印发了《全国法院毒品犯罪审判工作座谈会纪要》，这是继2008年印发《全国部分法院审理毒品犯罪案件工作座谈会纪要》之后，指导毒品犯罪审判工作的又一部重要司法规范性文件。该纪要强调要毫不动摇地坚持依法从严惩处毒品犯罪的审判指导思想，明确了进一步加强人民法院禁毒工作的总体要求，并对毒品犯罪案件的罪名认定、共同犯罪认定、数量认定、死刑适用等突出法律适用问题作出规范。从近一年来的情况看,各地法院认真贯彻执行纪要,较好地促进了毒品犯罪案件审判质量的提高。此外,按照中央对禁毒工作的要求,最高人民法院制定了规范毒品犯罪法律适用的司法解释,并会同最高人民检察院、公安部启动了毒品犯罪案件证据规则的制定工作,力争今年出台文件。

禁毒工作是一项系统工程,解决毒品问题的根本之策在于综合治理。2015年,各级人民法院在做好毒品犯罪审判工作的同时,充分利用审判资源优势,积极参与禁毒综合治理,开展了内容丰富、形式多样的禁毒宣教活动,推动了人民法院禁毒工作的全面、有效开展。一是充分利用"6·26"国际禁毒日等有利时机集中开展宣传教育,同时也更加注重日常禁毒法制宣传,通过庭审直播、公开宣判、举办禁毒法制讲座、建立禁毒对象帮教制度、与社区、学校、团体建立禁毒协作机制等多种形式,广泛、深入地开展禁毒宣教活动。二是进一步突出宣传教育重点,紧紧围绕青少年群体和合成毒品滥用问题,有针对性地组织开展宣传教育活动,增强社会公众特别是涉毒高危群体自觉抵制毒品的意识和能力。三是积极延伸审判职能,针对毒品犯罪审判中发现的治安隐患和社会管理漏洞,及时向有关职能部门提出加强源头治理、强化日常管控的意见和建议,推动全社会构建更为严密的禁毒防控体系。

二、毒品犯罪司法解释的有关情况

(一) 制定《解释》的背景

2000年,最高人民法院发布了《关于审理毒品案件定罪量刑标准有关问题的解释》,较好地解决了部分毒品犯罪的定罪量刑标准问题,对规范毒品犯罪案件办理工作起到积极作用。此后,随着我国毒品犯罪形势的发展变化,实践中出现了较多新的毒品犯罪法律适用问题。对此，最高人民法院高度重视，近年来单独或者会同有关单位制定了多部规范性文件加以解决。除2008年和2015年分别印发了两份规范毒品犯罪审判工作的会议纪要外，还先后会同最高人民检察院、公安部制定了有关惩治制毒物品犯罪和涉麻黄碱类复方制剂等犯罪的多部指导文件，有力促进了毒品犯罪的审判规范化建设。同时，也逐步将制定新的毒品犯罪司法解释工作提上日程。

近年来，特别是党的十八大以来，党中央、国务院高度重视禁毒工作。2014年6月，中央政治局常委会议、国务院常务会议分别听取禁毒工作专题汇报，习近平总书记、李克强总理分别对禁毒工作作出重要指示批示。中共中央、国务院首次印发了《关于加强禁毒工作的意见》，并下发了贯彻落实分工方案。这两份文件均明确要求，由最高人民法院及时制定司法解释，统一和规范毒品犯罪案件的法律适用。最高人民法院经研究认为，经过多年来的司法经验积累和调查研究，出台新的司法解释，对毒品犯罪的有关法律适用问题进行规范的时机已经成熟。

为贯彻落实中央决策部署，进一步规范毒品犯罪案件的法律适用，确保依法从严惩治毒品犯罪，最高人民法院经深入调研论证，广泛听取立法机关、相关职能单位及有关专家学者的意见后，制定了《解释》。

（二）《解释》的指导思想和主要内容

当前，受国际毒潮持续泛滥和国内多种因素影响，我国禁毒斗争形势严峻复杂，毒品犯罪高发、多发，禁毒工作任务十分艰巨。《解释》以依法从严惩处毒品犯罪为指导思想，体现了对走私、贩卖、运输、制造毒品等各类严重毒品犯罪，以及具有武装掩护犯罪，暴力抗拒检查、拘留、逮捕，多次、向多人实施犯罪，组织、利用未成年人、病残人员犯罪，国家工作人员犯罪等严重情节的毒品犯罪分子的依法严惩。同时，为全面贯彻宽严相济这一基本刑事政策，更好地分化瓦解毒品犯罪分子，对其中罪行较轻或者具有从宽处罚情节的，根据罪刑相适应的刑法基本原则，也体现了从宽处理。

《解释》共15条，共涉及十类毒品犯罪的定罪量刑标准和其他实践中较为突出的毒品犯罪法律适用问题。在充分调查研究和认真总结各地经验的基础上，《解释》对原有司法解释和规范性文件没有规定，但实践中迫切需要解决的毒品犯罪法律适用问题作出新规定，对原有规定中不适应当前毒品犯罪形势发展的内容作了修改，同时也吸收了原有司法解释和规范性文件的部分内容。《解释》的主要内容和重要意义在于：

一是明确或者下调了部分新类型毒品的定罪量刑数量标准。《解释》系统规定了28种毒品的定罪量刑数量标准。其中，新增了甲卡西酮、曲马多、安钠咖等12种新类型毒品的定罪量刑数量标准，并下调了在我国危害较为严重的毒品氯胺酮的定罪量刑数量标准，为实践中相关犯罪的打击处理提供了明确依据，有利于依法从严惩治新类型毒品犯罪。

二是配合刑法修订加大了对制毒物品犯罪的惩处力度。近年来，制毒物品流入非法渠道被用于制造毒品的情况在我国较为突出，根据《刑法修正案（九）》修订制毒物品犯罪的精神，《解释》整体下调了全部33种制毒物品的定罪量刑数量标准，以体现对制毒物品犯罪的严厉打击，强化对毒品犯罪的源头惩治。

三是首次以司法解释的形式全面规定了各类毒品犯罪的定罪量刑标准。《解释》规定了容留他人吸毒罪，非法种植毒品原植物罪，非法买卖、运输、携带、持有毒品原植物种子、幼苗罪，非法提供麻醉药品、精神药品罪等四类犯罪的定罪标准；规定了走私、贩卖、运输、制造毒品罪，非法持有毒品罪，包庇毒品犯罪分子罪，窝藏、转移、隐瞒毒品、毒赃罪，引诱、教唆、欺骗他人吸毒罪，非法提供麻醉药品、精神药品罪等六类犯罪的"情节严重"标准；结合《刑法修正案（九）》对非法生产、买卖、运输制毒物品、走私制毒物品罪的定罪量刑标准作出新的规定，为各类毒品犯罪的定罪和刑罚适用提供了明确依据。

此外，《解释》还对武装掩护走私、贩卖、运输、制造毒品的认定，以暴力抗拒检查、拘留、逮捕"情节严重"的认定，网络涉毒犯罪的法律适用等其他毒品犯罪法律适用问题作了规定。

总的看，《解释》较为有效地解决了毒品犯罪审判中的一些亟待规范的法律适用问题，具有很强的实践指导意义，有利于进一步规范毒品犯罪案件的办理工作，提高案件办理质量，加大依法惩治毒品犯罪的力度。

禁毒工作意义重大，任重道远。下一步，全国各级人民法院将继续深入贯彻落实中央有关禁毒工作的决策部署，扎实履行刑事审判职责，坚持依法从严惩处毒品犯罪，深入推进毒品犯罪审判规范化建设，大力参与禁毒综合治理，为推动禁毒工作深入发展提供强有力的司法保障。

谢谢大家！

解读《最高人民法院、最高人民检察院关于办理贪污贿赂刑事案件适用法律若干问题的解释》

裴显鼎 苗有水 刘为波 王 珅*

《最高人民法院、最高人民检察院关于办理贪污贿赂刑事案件适用法律若干问题的解释》(法释〔2016〕9号,以下称《解释》)已于2016年4月18日公布实施。为便于实践理解和适用,现对《解释》的制定背景、起草原则和主要内容说明如下:

一、制定背景

党的十八大以来,按照全面依法治国、全面从严治党的战略部署,中央就反腐败工作提出了一系列新精神、新要求。在坚决依法从严惩治腐败犯罪,持续保持高压态势,有效遏制腐败蔓延势头的同时,把制度反腐、法治反腐提到了更加突出重要的位置,要求坚持运用法治思维和法治方式惩治腐败,适应社会发展变化需要不断提高惩治腐败的法治水平,做到宽严得当、于法有据。正是在这一背景之下,立法机关通过制定《刑法修正案(九)》,对贪污贿赂犯罪的刑法规定作出调整;最高人民法院、最高人民检察院开展《解释》的研究起草工作,梳理出贪污贿赂

---

* 作者单位:最高人民法院刑事审判第二庭。

刑事案件办理当中需要解决的具体法律适用问题。这些问题主要表现为以下三个方面：

一是贪污贿赂犯罪的定罪量刑标准。《刑法修正案（九）》对贪污贿赂犯罪的定罪及量刑作了五方面的重大调整。一是取消贪污罪、受贿罪定罪及量刑的具体数额标准，突出数额之外其他情节在定罪量刑中的作用；二是对贪污罪、受贿罪增设死刑缓期二年执行减为无期徒刑后终身监禁；三是对贪污罪和贿赂犯罪增设罚金刑；四是对行贿罪的从宽处罚设定更为严格的条件；五是增设对有影响力的人行贿罪。《刑法修正案（九）》实施之后，这些新规定应该如何具体理解、把握和适用，需要通过制定司法解释作出细化规定。

二是贪污贿赂犯罪中的新情况、新问题。随着经济社会的发展变化，贪污贿赂犯罪呈现出一些新情况、新特点，给司法实践带来了新的法律适用问题。比如，贿赂犯罪的对象过去主要是财物，现在出现了各种各样的财产性和非财产性利益，给予或者收受这些利益的行为能否以行受贿犯罪处理？又如，在受贿犯罪当中，过去主要表现为国家工作人员直接收受贿赂，现在一些案件当中国家工作人员本人没有收受贿赂，收受贿赂的是国家工作人员的近亲属或者与其有着特定关系的人，这种情况下能否以受贿罪追究国家工作人员的刑事责任？这些新情况、新问题给刑事法网的严密性和刑事打击的针对性提出了更高的要求，需要通过司法解释明确处理意见。

三是实践当中长期存在的争议问题。贪污贿赂犯罪具有其特殊复杂性，理论上和实践中对于一些法律适用问题长期存在意见分歧。比如，作为受贿犯罪的法定要件，"为他人谋取利益"究竟应如何理解，正常履职后收受"感谢费"、上下级之间的"感情投资"等能否认定为"为他人谋取利益"?又如,司法实践当中经常遇见被告人辩称贪污贿赂款物用于公务支出等情形,这些情形对于定罪量刑究竟有没有影响?这些问题既关系到法律的统一适用,也关系到依法惩治腐败的实际效果,需要通过司法解释统一处理意见。

需要指出的是,《解释》起草与立法修订是同步进行的。两者一脉相承,精神上高度契合,内容上相互补充,都是当前形势下中央反腐败政策在法律上的具体化。

二、起草原则

《解释》起草过程中,始终坚持了以下几项原则:

一是依法从严。依法从严是惩治贪污贿赂犯罪的一贯原则,《解释》通篇"严"字当头。集中体现在:一是秉持入罪门槛低标准,明确贪污、受贿数额满一万元、具有较重情节的就应当追究刑事责任。二是赋予终身监禁的执行刚性,明确终身监禁的决定必须在裁判的同时就作出,终身监禁一经作出将无条件执行,不受服刑表现的影响,不得减刑、假释。三是加大经济处罚力度,规定远重于其他犯罪的罚金刑判罚标准。四是严密法网,结合当前贿赂犯罪的新情况、新特点,对"财物"和"为他人谋取的利益"等贿赂犯罪构成要件适度作出扩张解释。五是受贿与行贿打击并重,对行贿犯罪从宽处罚的适用条件作出细化规定。六是从重打击滥用职权损害国家、人民利益的受贿犯罪,明确国家工作人员收受贿赂、违反规定为他人谋取利益,同时构成受贿罪和渎职犯罪的实行数罪并罚。

二是统筹协调。综合考量各种因素确定不同职务犯罪的定罪量刑标准,统筹解决罪与非罪、罪轻与罪重、轻罪与重罪的标准掌握,确保不同犯罪的罪刑关系协调一致。主要体现在:一是刑事犯罪与违纪行为的协调。为落实党纪严于国法,"把纪律挺在前面"的反腐败精神,突出刑事打击重点,做到刑事处罚与党纪政纪处分衔接有序,《解释》在实证研究的基础上重新确定了各种贪污贿赂犯罪的入罪标准。二是罪轻与罪重的协调。为解决实践当中长期存在的罪刑失衡问题,根据"数额+情节"的立法思路,《解释》结合犯罪情节进一步拉开了贪污贿赂犯罪不同量刑档的数额级差,以此满足不同情节犯罪的量刑需要,尽可能实现罪刑均衡。三是轻罪与重罪的协调。刑法区分国家工作人员身份与非国家工作人员身份,规定了两类职务犯罪并配置了不同的刑罚。为确保两类职务犯罪处罚上的平衡协调,《解释》对非国家工作人员职务犯罪的定罪量刑标准一并作出了规定。

三是积极稳妥。坚持问题导向,对于司法实践中出现的新情况、新问题在刑法规定框架内积极予以回应,长期存在争议的问题认真研究形成共识。主要体现在:一是规定作为贿赂犯罪对象的"财物"包括财产性利益,并进一步明确,除物质利益之外,需要支付货币的其他利益也应当认定为财产性利益。二是对受贿犯罪中的"为他人谋取利益"要件作出界定,明确事后受贿符合为他人谋取利益要件的要求,收受下属或者行政被管理人超出人情往来范围财物的视为承诺为他人谋取利益。三是对特定关系人受贿作出规定,明确与国家工作人员有着特殊关系的人收受财物,国家工作人员知道后未退回或者上交的,应当对国家工作人员以受贿罪追究刑事责任。四是针对实践中常见的被告人辩解贪污贿赂款物用于公务支出的问题,明确根据在案证据可以认定存在贪污、受贿主观故意的,将不影响定罪。

四是便于操作。《解释》规定务求明确具体,可操作、可执行。主要体现在:一是对各种贪污贿赂犯罪的定罪量刑标准一一作出规定，常见贪污贿赂犯罪的定罪量刑均能做到有据可依。二是采取"数额+情节"的模式规定贪污罪、受贿罪的定罪量刑标准，在情节的设置上辅以不同的犯罪数额限制，以此增进司法的确定性，避免因情节难以量化而出现操作性问题。三是对决定定罪量刑的犯罪数额和量刑情节的具体认定作出规定，明确国家工作人员为他人谋取利益前后连续收受的财物均应计入受贿数额。四是采取绝对数和倍比数相结合的办法规定罚金刑的判罚标准，在兼顾被判刑人受罚能力的同时，确保判罚充分有效。

三、主要内容

《解释》共计20条，涵盖了当前贪污贿赂刑事案件法律适用中方方面面的问题，既有定罪量刑的具体标准，又有政策法律的区分界限，是惩治贪污贿赂犯罪刑事法律体系的一次极大丰富和完善。概其要者，主要有以下11个方面的内容。

（一）关于贪污罪、受贿罪定罪量刑的数额标准

《刑法修正案（九）》取消了贪污罪、受贿罪定罪量刑的具体数额标准，代之以"数额较大""数额巨大""数额特别巨大"的原则性规定，具体数额标准由"两高"制定司法解释来确定。为此，《解释》第一条至第三条分别对贪污罪、受贿罪中的"数额较大""数额巨大""数额特别巨大"的具体标准掌握作出了规定。相关问题说明如下：

1. 贪污罪与受贿罪是否适用同一数额标准

有意见认为，贪污和受贿在侵害客体上各有侧重，前者主要侵犯的是公共财产关系，贪污数额直接关系危害性严重程度的判断；后者主要侵犯的是职务廉洁性或者不可收买性，危害性主要体现在国家、人民利益遭受重大损失或者恶劣社会影响方面，受贿数额对于危害性严重程度的判断并不直接相关，据此建议区分

贪污罪、受贿罪规定不同的数额标准。《解释》未采纳这一意见,主要考虑是:两罪均属贪利型犯罪,不管是作为侵害对象还是交易条件,均系受经济利益驱动所致,将犯罪数额作为基础量刑情节具有科学合理性,而两罪危害性方面的差异,将通过《解释》对于两罪数额之外其他情节的区别规定来加以体现。

2. 数额标准是采用单一数额还是数额幅度的形式进行规定

有意见提出,宜参照盗窃、诈骗案件司法解释的做法规定一个数额幅度,具体数额标准交由各地结合当地经济社会发展水平自行确定。《解释》未采纳这一意见,主要有两点考虑:一是盗窃、诈骗等普通财产犯罪的危害性与一地经济社会发展状况和群众感知程度直接相关,而贪污、受贿犯罪属于妨害国家公权力的犯罪,国家公权力统一行使,不因地区发达程度而有高低贵贱之分;二是国家工作人员尤其是较高级别的国家工作人员跨地区交流任职较为普遍,各地量刑标准不一将导致个案量刑标准适用上的无所适从,影响到量刑上的公平公正。

3. 贪污、受贿罪起刑点数额即"数额较大"标准

对于1997年刑法确定的五千元起刑点数额维持不变还是有所上提,存在意见分歧。一种意见认为,当前反腐败形势依然严峻复杂,从增强人民群众对党和政府推进反腐败工作信心的角度,五千元起刑点数额宜维持不变。经认真研究近年来司法实证数据并广泛听取意见,本着实事求是的原则,《解释》将原先的五千元上调至三万元。具体考虑如下:一是随着经济社会的发展变化,适度提高贪污、受贿犯罪起刑点数额标准有先例可循。1988年《全国人大常委会关于惩治贪污罪贿赂罪的补充规定》对贪污罪设置的起刑点是二千元,10年后1997年刑法修订时,将该标准调整为五千元。五千元的数额标准已经适用18年,人

均 GDP 自 1997 年至 2015 年增长了 6.69 倍（1997 年为 6420 元，2015 年为 49351 元），适度提高数额标准有其客观社会基础。二是近年来司法实践中贪污、受贿数额二万元左右受到刑事追诉的案件已经较为少见。一些地方在入罪数额标准的实际掌握上已经存在程度不同的上浮，数额自二万元至五万元不等。从实际受到刑事追究的贪污、受贿案件看，数额低于三万元的主要是因为其他犯罪牵连出来的，且多被判处免予刑事处罚。三是将贪污罪、受贿罪起点数额提高到三万元，不意味着低于三万元的贪污、受贿行为就一概不作为犯罪处理。《刑法修正案（九）》对贪污、受贿罪的处罚标准增加了其他情节的规定，贪污、受贿虽不满三万元，但具有其他较重情节的，根据《解释》规定仍可以追究刑事责任。四是零容忍不意味着零刑事门槛。惩治腐败在刑罚之外还有党纪、行政处分。对数额不满三万元且无其他较重情节的贪污、受贿行为予以党纪、行政处分，可以为党纪处分、行政处罚预留出必要的空间，有利于体现党纪严于国法、"把党纪挺在前面"的反腐精神和宽严相济刑事政策，突出刑事打击重点，增进刑事处罚的确定性、公平性与严肃性。

4. 数额巨大、数额特别巨大的标准

《解释》结合调研情况和审判实际，将数额巨大、数额特别巨大的标准分别确定为二十万元、三百万元。其主要考虑有：一是适当拉开不同量刑档的级差，体现《刑法修正案（九）》的立法精神。贪污、受贿案件量刑实践当中长期存在罪刑失衡、重刑集聚问题。根据原刑法关于十万元判处十年有期徒刑以上刑罚的规定，贪污、受贿十万元与贪污、受贿不满十万元的案件在量刑上存在明显差别，而贪污、受贿十万元与贪污、受贿一百万元甚至数百万元的量刑却无实质分别。二是促进自首等量刑情节司法认定的严肃性。自首等从宽情节认定不严肃,是职务犯罪案件较为突出的一个问题,究其原因,其中不乏系为了个案量刑需要而采取的权宜做法。《解释》将十年有期徒刑以上刑罚的数额标准由十万元上调至三百万元,为十年有期徒刑以下刑罚留出尽可能大的数额空间,有利于从根本上解决罪刑失衡问题。同时,随着重刑标准的上提,量刑空间的增大,量刑情节认定中的问题也有望好转。此外,将"数额巨大"的起点数额标准确定为二十万元,还有着新旧刑法有序衔接、平稳过渡的考虑。据此标准,有从重处罚情节,数额在十万元以上的仍需在三年以上十年以下有期徒刑量刑,可以避免量刑上的大起大落。

(二)关于贪污罪、受贿罪定罪量刑的情节标准

《刑法修正案(九)》改变过去单纯计赃论罚的做法,代之以"数额+情节"的模式。这一立法模式突出了其他量刑情节在贪污罪、受贿罪定罪处罚中的地位和作用,将更加有利于实现罪刑相当、罚当其罪。为便于实践掌握,《解释》明确了修正后刑法规定的"其他较重情节""其他严重情节""其他特别严重情节"的具体认定标准。具体说明如下:

1. 情节的确定原则

一是情节与数额挂钩。单从刑法关于"数额较大或者有其他较重情节""数额巨大或者有其他严重情节""数额特别巨大或者有其他特别严重情节"的字面表述看,情节的认定似可完全独立于数额,情节轻重的判断可以不依赖于数额大小。但是,考虑到犯罪数额在贪污、受贿犯罪定罪处罚中所具有的基础性作用,以及其他情节严重程度难以量化,仅根据情节决定刑罚可能出现数额较小却判处过重刑罚的罪刑不相称问题,同时也为了增进量刑的确定性,《解释》借鉴以往有关侵财犯罪司法解释的做法,

采用情节与数额挂钩的办法,规定贪污、受贿一万元以上不满三万元,具有其他较重情节的即应追究刑事责任;数额不满"数额巨大""数额特别巨大",但达到其起点数额的一半,同时具有规定情节的,应当认定为具有"其他严重情节""其他特别严重情节"。二是慎重、从严甄别情节。影响案件量刑的情节很多,尽管《解释》对于情节轻重的判断要求兼顾数额,但在具体情节的甄别和确定上仍有必要秉持极其严格的态度,在本解释规定的必须是那些能够体现犯罪特点、对于定罪量刑具有重要性的情节。因为,《刑法修正案(九)》对于数额与其他情节是并列规定的,数额与情节是二选一的关系,具备了某一情节即可定罪或者加重处罚,而且,本解释规定具备一定情节的情况下数额只要达到一半(起刑点还不足一半)即可定罪或者升档量刑,情节在定罪量刑中的分量极重。同样的原因,对于《解释》规定的定罪量刑情节,具体理解和适用时也要注意从严掌握。三是贪污罪与受贿罪的情节要有所区别。情节不能泛泛而谈,两罪在侵害客体和危害性表现上存在不同,在确定具体情节时要重点予以体现,有必要对两罪的情节分别规定。

2. 贪污罪的定罪量刑情节

对于贪污罪的定罪量刑情节,《解释》明确了五种具体情形,简要说明如下:

第一项是贪污救灾、抢险、防汛、优抚、扶贫、移民、救济、防疫、社会捐助等特定款物的。这是基于犯罪行为特定危害性而提出的,贪污特定款物较一般款物具有更为严重的危害性,一直也是刑事打击的重点。对于本项规定中的"等"字,实践中要注意从两个方面来把握:一是这里的"等"为"等外等",这也是法律文件中"等"字的通常性理解,所以,特定款物不限于列明的九种款物;二是其他特定款物的认定要从严掌握,只有与所列举的款物具有实质相当性的款物才可以认定为特定款物,具体可以从事项重要性、用途特定性以及时间紧迫性等方面进行判断。

第二、三项是曾因贪污、受贿、挪用公款受过党纪、行政处分或者因故意犯罪受过刑事追究的。这是基于行为人特定的人身危险性作出的规定,具有作案前科受过处理仍不改正,说明行为人主观恶性大,需要科以更为严重的惩罚以收特殊预防之效。适用本规定时需要注意以下两点:一是严格限定党纪、行政处分的事由。第二项原表述为"贪污、受贿等职务违纪违法行为"。征求意见时有意见提出,党纪、行政处分的事由各不相同,且党纪、行政处分轻重不一,为防止情节认定过于宽泛可能导致的刑责不相适应,同时确保处分事由的相对一致性,建议对处分事由作出限定。为此,《解释》将处分事由明确为"贪污、受贿、挪用公款"三种具体职务违纪违法行为。二是"刑事追究"的理解。鉴于实践中受过刑事追究的仍有担任公职特别是在国家出资企业任职的情况,且由于工作衔接等原因受过刑事追究的未必都进行过党纪、行政处分,故《解释》第三项对因故意犯罪受过刑事追究的情形一并作出规定。文字表述上之所以用"刑事追究"而非"刑事处罚",主要是考虑到较轻的刑事犯罪还有不起诉或者免予刑事处罚等处理措施,"刑事追究"一词更具包容性。三是"故意犯罪"的理解。故意犯罪侧重于主观恶性,不能因为一些过失犯罪的刑罚重于故意犯罪而对这里的"故意犯罪"人为设限。但是,综合全案情节,贪污、受贿行为确实属于情节显著轻微危害不大,符合刑法第十三条但书条款规定的,可以不作为犯罪处理。

第四项是赃款赃物用于非法活动的。这是基于两次违法行为的特殊危害性而作出的否定评价,贪污后进而将赃款赃物用于非法活动,具有更为严重的危害性。适用本项规定时要注意避免绝对化理解:一方面,不要求赃款赃物全部或者大部分用于非法活动;另一方面,用于非法活动的赃款赃物数额需要达到一定程度,对于用于非法活动的赃款赃物占比较小的,不宜适用本项规定。"度"的具体把握,实践中可以根据个案情况结合非法活动的比例数和绝对数综合判断。对于《解释》规定的其他相关定罪量刑情节,也应当秉承这一思路进行认定。

第五项是拒不交代赃款赃物去向致使赃款赃物无法追缴或者拒不配合追缴工作,致使无法追缴的。这是综合行为人认罪悔罪态度和损害结果而提出的,不同于因客观原因不能追缴,行为人拒不交代或者拒绝配合致使赃款赃物无法追缴的,不仅损失结果不能依法挽回,而且反映出行为人毫无认罪悔罪之态度,故作为加重情节予以规定是合理的。

此外,为避免挂一漏万,《解释》还在第六项规定了"造成恶劣影响或者其他严重后果的"情节。作为兜底条款,本项规定对危害结果予以了特别强调,本质上是结果加重情节,所以,在开放性程度上与其他司法解释文件的相关规定是有所不同的。具体适用本项规定时,一方面要注意发挥其兜底性作用,这里的影响或者后果不局限于物质层面的损失;另一方面要注意结合《解释》的本意从严掌握,影响或者后果必须实际发生且为相关证据证明。

3. 受贿罪的定罪量刑情节

对于受贿罪的定罪量刑情节,除《解释》在贪污罪中规定的第二至六种情形外,《解释》针对受贿罪的特点另外规定了三种

情形,分别说明如下:

第一项是多次索贿。设定为"多次索贿",主要有两方面的考虑:一方面,强拿硬要、主动索要较之于被动收受,其主观恶性和社会影响恶劣程度均要重于后者,将索贿作为量刑情节,具有合理性和针对性。另一方面,索贿是刑法明确规定的从重情节,这是解决的是加重情节,加以"多次"限定,可以较好地体现两者程度之差异。对于这里的"多次",实践中要注意结合行为人的主观目的、索贿事由、对象等进行具体认定,避免单纯形式化的理解。比如,基于一笔款项十万元的索贿目的经多次索要才陆续得逞的,不宜认定为多次索贿;同时向多个不同的对象索贿的,也应当认定为多次索贿。此外,这里的"多次"没有时间限定。不论时间长短,凡是基于具体职务行为索要贿赂的,均应一并纳入犯罪处理。

第二项是为他人谋取不正当利益,致使公共财产、国家和人民利益遭受损失。受贿罪以"为他人谋取利益"为法定要件,但是否实际为他人谋取利益、所谋取的利益正当与否均不影响受贿罪的认定。从损害结果的角度,受贿罪存在三种情形,分别是:收受财物后未实施相关职务行为;收受财物后正常履职;收受财物后违法行使职权为他人谋取不正当利益。第三种情形直接以妨害公权力正当行使、损害国家或者他人利益为交换条件,具有明显更为严重的危害性,理应从严惩处。

第三项是为他人谋取职务提拔、调整。通过贿赂买官卖官的行为严重违反党的组织纪律,严重败坏政治生态,当前查处的区域性腐败、系统性腐败案件往往与此有关,危害性十分严重,故有必要对这类腐败案件加大惩处力度。适用本项规定时需要注意以下几点:一是"为他人谋取职务提拔、调整"不要求实际谋取、承诺、实施、实现三个阶段中任何一个阶段的行为均应认定为本项规定的情形。《解释》第七条关于行贿罪定罪量刑情节规定中的"谋取职务提拔、调整"也作此理解。二是职务"调整"包括职务的平级调整，但是，离职、退休等不再具有国家工作人员公职身份的调整一般不宜认定为这里的职务调整。

此外，对于贪污受贿犯罪定罪量刑情节的理解和适用，还需要注意以下几点：第一，《解释》对于受贿罪规定的八种情节，既适用于定罪，也适用于加重量刑。不能因为《解释》第二条第三款"其他严重情节"、第三条第三款"其他特别严重情节"与第一条第三款"其他较重情节"表述上的差异，而错误地认为加重量刑情节仅为第一条第三款中具体列举的三种情节。第二，《解释》第二条第二款规定"贪污数额在十万元以上不满二十万元"，具有《解释》规定的从重情形的，应当认定为刑法规定的"其他严重情节，依法判处三年以上十年以下有期徒刑"等类似表述，主要解决的是入罪和升档量刑的门槛问题。对于数额在二十万元以上不满一百五十万元、具有从重情形的，同样适用该档法定刑规定，实践中要注意避免此种情形下数额接近二十万元的就应当在该档法定刑的上限量刑的简单化理解。第三，关于重复评价的问题。一是加重量刑情节与定罪事实能否同时评价，如《解释》将"为他人谋取不正当利益，致使公共财产、国家和人民利益遭受损失的"规定为受贿罪的加重情节的同时，在第十七条明确受贿又渎职的实行数罪并罚，能否据此规定既加重量刑又数罪并罚？经研究，源于"为他人谋取利益"在受贿罪构成体系中的定位的分歧，同时评价和择一重处理两种意见均有一定道理，实践中可以根据个案情况具体掌握。二是加重量刑情节能否作为一般量刑情节再次评价，如前科情节构成累犯时在提档量刑后是否还要从重处罚，以及入罪情节与2012年"两高"《关于办理职务犯罪案件严格适用缓刑、免予刑事处罚若干问题的意见》规定的不得适用缓刑情节重合时能否适用缓刑等？对此，我们的意见是明确的，即可以再次评价。当然，不管是第一种情形还是第二种情形，同时评价之后都要考虑到这一特殊性，并在量刑时予以充分体现。

（三）关于贪污罪、受贿罪的死刑适用原则

《刑法修正案（九）》对贪污、受贿犯罪的死刑规定作了两个方面的调整：一是死刑适用的条件，将"情节特别严重的，处死刑"细化为"数额特别巨大，并使国家和人民利益遭受特别重大损失的，处无期徒刑或者死刑"；二是增加死缓终身监禁的规定，即"有第三项规定情形被判处死刑缓期执行的，人民法院根据犯罪情节等情况可以同时决定在其死刑缓期执行二年期满依法减为无期徒刑后，终身监禁，不得减刑、假释。"其中，首次针对具体罪名设立死缓减为无期徒刑后终身监禁，对于贯彻宽严相济刑事政策和严格控制、慎重适用死刑政策，以及依法从严惩处严重腐败犯罪，维护死缓执行的严肃性等，都将发挥重要作用。

根据《刑法修正案（九）》的立法精神，经研究对死刑适用的三个基础性问题取得了共识：一是终身监禁为严格控制死刑立即执行的适用提供了重要的制度支持。在对贪污、受贿犯罪保留死刑立即执行的前提下，有必要更加严格地控制其适用。二是终身监禁是对部分死缓执行二年期满依法减为无期徒刑后不再继续减刑、假释的一种刑罚执行措施，其严厉性介于一般死缓与死刑立即执行之间。终身监禁的适用同样需要严格控制，主要适用于过去可能需要判处死刑立即执行，现在适用终身监禁同样可以做到罚当其罪的情形。三是终身监禁不是一个刑种，但具有相对独立性。终身监禁不适用刑法总则关于死缓执行期间有重大立功表现减为二十五年有期徒刑的规定。亦即：不论在死缓执行期间还是执行期间届满减为无期徒刑后，均不得因为重大立功表现而减为有期徒刑。基于此，《解释》第四条分三款对贪污罪、受贿罪的死刑适用作出了原则性规定。

第一款属于对死刑适用作出的一般性规定。本款规定判处死刑必须同时具备数额特别巨大、犯罪情节特别严重、社会影响特别恶劣、给国家和人民利益造成特别重大损失的四个条件，以此对刑法规定的无期徒刑和死刑的适用标准作出进一步区分，体现严格控制死刑适用的政策精神，确保死刑立即执行仅适用于极个别罪行极其严重的贪污受贿犯罪分子。适用本款规定时要注意，这里规定的"特别重大损失"，包括但不限于物质损失。

第二款属于一般死缓规定。对于贪污、受贿犯罪判处死缓的，首先考虑适用的是一般死缓，而非终身监禁，以此避免实践中可能出现的、不加区分地一概适用终身监禁，从而加重原本就应当判处一般死缓的被告人刑罚的不当做法。为此，《解释》一方面通过第一、二款的衔接，强调符合死刑适用条件但同时具备从宽情节、不是必须立即执行的，可以判处一般死缓；另一方面，通过设定相对宽松的死缓适用条件，为一般死缓的实践适用提供必要的政策空间。

第三款属于终身监禁的规定。本款从实体和程序两个方面明确了终身监禁的具体适用：一是通过与第一款直接对接，强调终身监禁主要适用于原本可判处死刑立即执行的情形；二是明确在一、二审作出死缓裁判的同时应当一并作出终身监禁的决定，而不能等到死缓执行期间届满再视情而定，以此强调终身监禁不受执行期间重大立功等服刑表现的影响。适用终身监禁时需要注意把握两点：一是坚决，对于符合终身监禁适用条件的要坚决判处终身监禁，以此发挥终身监禁在填补死刑立即执行和一般死缓之间的空档、严肃惩治严重腐败犯罪中的特殊作用。二是慎重，切实防止适用一般死缓即可做到罪刑相当的案件被不当升格为终身监禁。

（四）关于挪用公款、行贿等其他职务犯罪的定罪量刑标准

贪污罪、受贿罪的定罪量刑标准调整后，为确保不同职务犯罪定罪量刑标准的内在协调性，避免其他职务犯罪的定罪量刑标准可能出现的"轻重倒挂"现象，《解释》第五条至第十一条对挪用公款罪、行贿罪的定罪量刑标准作了相应调整，同时对尚未明确定罪量刑标准的利用影响力受贿罪、对有影响力的人行贿罪，以及职务侵占罪、挪用资金罪、非国家工作人员受贿罪和非国家工作人员行贿罪等非国家工作人员职务犯罪的定罪量刑标准一并作出了规定。

1. 挪用公款罪定罪量刑标准的调整

1998年《最高人民法院关于审理挪用公款案件具体应用法律若干问题的解释》（以下称《挪用公款解释》）对挪用公款罪的定罪量刑标准已有规定。鉴于贪污罪的定罪量刑标准作了较大调整，加之《挪用公款解释》原有的一些规定不够明确，《解释》第五条、第六条对挪用公款罪定罪量刑标准进行了调整和完善，主要体现在以下三个方面：一是对原数额标准由数额幅度调整为具体数额，同时适度提高数额标准。《解释》参考贪污罪定罪量刑的数额标准并适当上浮，将挪用公款进行非法活动的起刑点数额由原五千元至一万元调整为三万元；挪用公款进行营利活动或者超过三个月未还的起刑点数额即数额较大的起点数额由原一万元至三万元调整为五万元，数额巨大的起点数额由十五万元

至二十万元调整为五百万元。二是完善"情节严重"的认定标准,并将情节严重的数额标准与"数额巨大"的标准相区分。《挪用公款解释》规定"情节严重"时,除单纯数额标准外,对于"多次挪用公款""因挪用公款严重影响生产、经营,造成严重损失"等情形未明确数额要求。为避免实践理解分歧,防止出现数额刚达到追诉标准但具有规定情形的即被认定为情节严重、就在五年以上有期徒刑判处刑罚的不当做法,《解释》对情节标准的认定明确了数额要求。同时,《挪用公款解释》将"数额巨大"的标准直接作为挪用公款进行营利活动或者超过三个月未归还情形下"情节严重"的认定标准,有可能出现相同数额量刑反差过大的不合理现象,《解释》在上提情节严重的数额认定标准的基础上,对严重情节中的数额标准与数额巨大的标准作出区别规定。其中,较大幅度上提情节严重的数额认定标准,比如将挪用公款进行经营活动数额在二百万元以上的确定为情节严重,主要是考虑到刑法对于挪用公款罪和贪污罪的法定刑配置存在差异:贪污罪的三个量刑档分别为三年有期徒刑以下、三年以上十年以下有期徒刑、十年以上有期徒刑或者无期徒刑、死刑,而挪用公款罪的三个量刑档却为五年有期徒刑以下、五年以上有期徒刑、十年以上有期徒刑或者无期徒刑,就前两个量刑档而言,挪用公款罪明显要重于贪污罪。三是明确挪用公款进行非法活动"数额巨大"的认定标准,即此种情形数额巨大的认定标准为三百万元以上。需要补充说明的是,实践中存在挪用公款部分进行非法活动,部分进行营利活动或者超过三个月未还,分别均未达到《解释》规定的相应入罪数额标准的情形。对此,可以按照"轻行为吸收重行为"的原则合并计算挪用数额,即将"进行非法活动"数额计入"进行营利活动或者超过三个月未还"的数额,如合并计算后达到后者入罪标准的,应当依法定罪处罚。

2. 行贿罪定罪量刑标准的调整

2012年《最高人民法院、最高人民检察院关于办理行贿刑事案件具体应用法律若干问题的解释》(以下简称《行贿解释》)对行贿罪的定罪量刑标准已有规定。鉴于受贿罪的定罪量刑标准作了较大调整,加之行贿罪的法定刑规定与受贿罪存在不同,《解释》第七条至第九条对行贿罪的定罪量刑标准进行了调整,集中体现在以下两个方面:一是提高了行贿罪的起刑点以及"情节严重""情节特别严重"中的数额标准。将行贿罪的起刑点由原先的一万元调整为三万元,与受贿罪保持一致,主要是出于行受贿打击并重,从源头上有效治理贿赂犯罪的政策考虑。将"情节严重"中单纯的数额标准由原先的二十万元以上不满一百万元调整为一百万元以上不满五百万元,"数额+情节"中的数额标准由原先的十万元以上不满二十万元调整为五十万元以上不满一百万元;"情节特别严重"中单纯的数额标准由原先的一百万元以上调整为五百万元以上,"数额+情节"中的数额标准由原先的五十万元以上不满一百万元调整为二百五十万元以上不满五百万元,则主要是出于行受贿平衡量刑的考虑。二是对起刑点增设了"数额+情节"的规定。即行贿数额在一万元以上不满三万元,同时具有《解释》规定的情形之一的,也应当追究刑事责任。其主要考虑是:一些行贿虽然数额不大,但情节严重,影响恶劣、损失重大,有必要予以刑事处罚。在加重情节的具体理解上,需要注意两点:一是对《解释》第七条第二款第四项"向负有食品、药品、安全生产、环境保护等监督管理职责的国家工作人员行贿,实施非法活动的"和第五项"向司法工作人员行贿,影响司法公正的"规定中的"实施非法活动"和"影响司法公正",应作客观化理解,只有客观实施了"非法活动"或者实际发生了"影响司法公正"的结果,才适用该两项规定。二是对《解释》第七条第二款第六项"造成经济损失数额在五十万元以上不满一百万元的"规定中的"经济损失",可以参考2012年"两高"《关于办理渎职刑事案件具体应用法律若干问题的解释(一)》第八条的规定精神进行理解,即:"经济损失"是指已经实际造成的财产损失,包括为挽回损失而支付的各种开支、费用等。

3. 明确影响力贿赂犯罪的定罪量刑标准

利用影响力受贿罪和对有影响力的人行贿罪这两种犯罪,由于受贿人非直接利用本人的职权为他人谋取不正当利益,被利用(或被企图利用)的国家工作人员主观上没有为他人谋取利益的故意,相对于受贿罪、行贿罪直接的权钱交易而言,其实际危害相对要轻一些。但是,考虑到刑法对利用影响力受贿罪和对有影响力的人行贿罪已经设置了轻于受贿罪和行贿罪的法定刑,而且这类行为间接侵犯了国家工作人员的职务廉洁性,与非国家工作人员受贿罪和对非国家工作人员行贿罪存在明显不同,为有效打击国家工作人员的"身边人"贿赂犯罪,《解释》第十条规定,该两个罪名与行贿罪、受贿罪适用相同的定罪量刑标准。同时考虑到该二罪与受贿罪、行贿罪在主体要件等方面存在不同,《解释》对受贿罪、行贿罪规定的定罪量刑情节不能完全适用,如受贿罪中的"曾因贪污、受贿、挪用公款受过党纪、行政处分的"情节等,故规定"参照"而非"按照"受贿罪、行贿罪的标准执行。

4. 明确非国家工作人员职务犯罪的定罪量刑标准

鉴于非国家工作人员受贿罪、职务侵占罪、挪用资金罪、对

司法文件选解读

非国家工作人员行贿罪这四个罪名的定罪量刑标准尚无明确的司法解释规定,实践中对于能否参照以及如何参照适用相对应的国家工作人员职务犯罪的定罪量刑标准较为困惑,各地司法机关具体标准掌握出入较大。为此,《解释》第十一条对这四个罪名的定罪量刑标准一并作出了规定。《解释》明确其定罪量刑标准按照相对应的国家工作人员职务犯罪定罪量刑数额标准的一定的倍数执行,主要是基于以下考虑:一是**体现从严治吏的政策精神**。非国家工作人员受贿罪、职务侵占罪、挪用资金罪、对非国家工作人员行贿罪均不涉及公共财物和国家工作人员的职务廉洁性,一般认为其危害性要低于相对应的职务犯罪案件,对其定罪量刑标准有必要适度上提,故《解释》作出了一般按照相对应国家工作人员职务犯罪数额标准两倍执行的原则性规定。二是兼顾轻重罪的平衡需要。非国家工作人员受贿罪、职务侵占罪的第一档量刑均为五年以下有期徒刑,而相对应的国家工作人员受贿罪、贪污罪的第一档量刑是三年以下有期徒刑,为避免出现"轻重倒挂"问题,故《解释》对非国家工作人员受贿罪、职务侵占罪中"数额巨大"的标准另行确定了更高倍数的起点数额,即按照受贿罪、贪污罪相对应的数额标准的五倍执行。

适用本条规定时需要注意以下几点:一是第一款规定的非国家工作人员受贿罪、职务侵占罪的"数额较大""数额巨大"的认定,严格以受贿罪、贪污罪中的"数额较大""数额巨大"的数额标准为基准,而不得考虑其中"数额+情节"的情形,即:"数额较大"为六万元(3万元×2);"数额巨大"为一百万元(20万元×5)。二是第二款规定的挪用资金罪第一个量刑档中的"数额较大",以挪用公款罪中"数额较大"的数额标准为认定基准,即十万元(5万元×2);挪用资金罪第二个量刑档中的

"数额巨大",以挪用公款罪第二个量刑档"情节严重"的数额标准为认定基准,即通常为四百万元(200万元×2);挪用资金罪第二个量刑档中"数额较大不退还"的"数额较大",以挪用公款罪第二个量刑档"情节严重"中"不退还"的数额标准为认定基准,即二百万元(100万元×2)。挪用资金进行非法活动的,第一个、第二个量刑档的数额标准分别以相对应的挪用公款罪第一个、第二个量刑档的数额标准的两倍执行,即入罪数额标准为六万元(3万元×2);数额巨大的标准通常为二百万元(100万元×2);"数额较大不退还"中"数额较大"的标准为一百万元(50万元×2)。三是第三款规定的对非国家工作人员行贿罪中"数额较大""数额巨大"的认定,应当同时以行贿罪第一个、第二个量刑档中的单纯数额标准和"数额+情节"的数额标准为基准。即:数额较大的标准为六万元(3万元×2)或者二万元(加重情节,1万元×2);数额巨大的标准为二百万元(100万元×2)或者一百万元(加重情节,50万元×2)。四是第三款规定对非国家工作人员行贿罪的数额认定标准时,未涉及单位犯对非国家工作人员行贿罪的情形,故单位犯对非国家工作人员行贿罪的定罪量刑标准,不适用本款规定。五是考虑到单位行贿罪、对单位行贿罪均只有一个量刑幅度,且相关追诉标准的规定可以继续适用、无需作出调整,故《解释》未再规定单位行贿罪、对单位行贿罪这两个行贿犯罪的定罪量刑标准。六是对于《解释》未明确定罪量刑标准的其他职务犯罪,实践中可参照《解释》规定的精神进行具体认定。

(五)关于贿赂犯罪对象"财物"范围的理解

《中共中央关于全面推进依法治国若干重大问题的决定》提出,"把贿赂犯罪对象由财物扩大为财物和其他财产性利益"。对于该项任务，早期有由立法机关在《刑法修正案（九）》或者制定立法解释予以落实的意见，但是考虑到2008年"两高"《关于办理商业贿赂刑事案件适用法律若干问题的意见》（以下简称《商业贿赂意见》）已经把财产性利益纳入贿赂对象范围，实践中的主要问题不再是财产性利益能否认定为贿赂对象的问题而是财产性利益如何认定的问题，司法解释可以对这一问题作出更为具体的规定，故后来明确该问题由"两高"在司法解释中予以明确。

《解释》第十二条的规定主要借鉴了《商业贿赂意见》第七条的规定，后者明确，"商业贿赂中的财物，既包括金钱和实物，也包括可以用金钱计算数额的财产性利益，如提供房屋装修、含有金额的会员卡、代币卡（券）、旅游费用等。具体数额以实际支付的资费为准。"除文字调整之外，《解释》将财产性利益作了进一步的归类细分，首次明确财产性利益包括可以折算为货币的物质利益和需要支付货币才能获得的其他利益两种。前者如房屋装修、债务免除等，其本质上是一种物质利益。后者如会员服务、旅游，就其性质而言不属于物质利益，但由于取得这种利益需要支付相应的货币对价，故应当在法律上视同为财产性利益。实践中提供或者接受后者利益主要有两种情形：一种是行贿人支付货币购买后转送给受贿人消费；二是行贿人将在社会上作为商品销售的自有利益免费提供给受贿人消费。两种情形实质相同，均应纳入贿赂犯罪处理，但因表现形式不同有可能导致第二种情形数额认定上的意见分歧，故《解释》同时明确，"后者的犯罪数额，以实际支付或者应当支付的数额计算"。

（六）关于受贿犯罪中"为他人谋取利益"要件的认定

"为他人谋取利益"条件的理解和认定，是长期困扰司法实践的一个难题。该要件为我国刑法所特有，在《联合国反腐败公约》和国外刑法当中均未见类似规定，考虑到贿赂犯罪的侵害本质在于公权力的不可收买性以及该要件规定在司法适用当中的诸多问题，理论界和实务界均有取消该要件规定的呼声。在立法仍保留该要件规定的情况下，根据相关规范性司法文件规定并结合多年来的实践做法，有必要进一步统一"为他人谋取利益"要件的理解，以适应惩治受贿犯罪的实践需要。

《解释》第十三条第一款列举了三种应当认定为"为他人谋取利益"的情形。

第一项规定明确，承诺为他人谋取利益即可认定为为他人谋取利益，是否着手为他人谋取利益以及为他人谋利事项是否既已完成均在所不问，既不影响定罪也不影响既遂的认定。本项内容来源于《全国法院审理经济犯罪案件工作座谈会纪要》（以下简称《纪要》）的规定，即"为他人谋取利益"包括"承诺、实施和实现三个阶段的行为"，只要实施其一即可认定。

第二项规定同样来源于《纪要》内容。《纪要》规定，"明知他人有具体请托事项而收受其财物的，视为承诺为他人谋取利益"。本项规定的要点在于"具体请托事项"，只要收受财物与职务相关的具体请托事项建立起关联，即应以受贿犯罪处理。具体包括两种情况：一是行贿人告知受贿人具体请托事项，或者受贿人基于客观情况能够判断出行贿人有请托事项，受贿人收受对方财物的，虽然尚未实施具体谋取利益行为，也应认定为受贿人"为他人谋取利益"；二是受贿人知道或应当知道行贿人的具体请托事项，但并不想具体实施为对方谋取利益的行为，此种情形同样属于基于具体职务行为的权钱交易行为，公职人员的职务廉洁性同样受到侵害，故也应认定为受贿人"为他人谋取利益"。

第三项是针对事后受贿作出的新规定。履行职责时没有受贿故意，双方亦未就请托事项进行意思沟通，但在履行职责后收取他人财物的，只要该收受财物与其先前职务行为存在关联，其收受财物的行为同样侵犯了国家工作人员的职务廉洁性。起草过程中有意见提出，本项规定突破了"为他人谋取利益"的字面含义。《解释》保留该项规定，其主要考虑是：事前受贿和事后受贿没有实质不同，关键在于收受财物与具体职务行为有无关联，而不在于何者为因何者为果，也不在于时间先后。适用本项规定时需要注意以下两点：一是根据此前司法解释等文件的规定，国家工作人员离职、退休后收受财物，认定受贿需以离职、退休之前即国家工作人员身份存续期间有事先约定为条件。本项规定同样受此约束，不能认为本项规定修改了此前文件的规定。二是"事后"的时间间隔没有限制，但收受财物与履职事项之间应存在实质关联。

第二款规定的是受贿犯罪与"感情投资"的界限划分问题。在刑法没有规定赠贿、收受礼金方面犯罪的情况下，受贿犯罪谋利要件的认定需要把握住一个底线，这个底线就是《纪要》确立的具体请托事项。鉴于此，纯粹的感情投资不能以受贿犯罪处理。同时，对于日常意义上的"感情投资"，又有必要在法律上作进一步区分：一种是与行为人的职务无关的感情投资；另一种是与行为人职务行为有着具体关联的所谓的"感情投资"。对于后者，由于双方在职务活动中日常而紧密的关系，谋利事项要么已经通过具体的职务行为得以实现，要么可以推断出给付金钱有对对方职务行为施加影响的意图，这种情况下只要能够排除正常人情往来的，同样应认定为受贿。基于这一理解，《解释》规定，"国家工作人员索取、收受具有上下级关系的下属或者具有行政管理关系的被管理人员的财物价值三万元以上,可能影响职权行使的,视为承诺为他人谋取利益。"其中,"价值三万元以上"是为了便于实践掌握而对非正常人情往来作出的量化规定。该款规定充分考虑了与《中国共产党纪律处分条例》关于违纪收受礼金规定的衔接,将收受财物的对象限制在具有上下级关系的下属或者行政管理关系的被管理人,并加以金额三万元以上、可能影响职权行使的限制,较好地区分了受贿犯罪与正常人情往来以及违纪行为的政策法律界限。具体适用本款规定时,要注意把"价值三万元以上"和"可能影响职权行使"结合起来作整体理解:一方面,"价值三万元以上"可以累计计算,而不以单笔为限;另一方面,对于确实属于正常人情往来、不影响职权行使的部分,不宜计入受贿数额。

(七)关于行贿罪从宽处罚适用条件的理解

对于行贿罪的从宽处罚,《刑法修正案(九)》将刑法第三百九十条第二款原规定的"行贿人在被追诉前主动交代行贿行为的,可以减轻或者免除处罚"修改为"行贿人在被追诉前主动交代行贿行为的,可以从轻或者减轻处罚。其中,犯罪较轻的,对侦破重大案件起关键作用的,或者有重大立功表现的,可以减轻或者免除处罚。"这是针对实践中"重打击受贿轻打击行贿"这一突出问题作出的重要调整,对行贿罪的从宽处罚予以区别对待,对行贿罪减轻或者免除处罚设定更为严格的适用条件,有利于加大对行贿罪的处罚力度,从源头上惩治和预防腐败犯罪。为便于实践统一掌握,《解释》第十四条对新规定的可以减免处罚情形的具体理解作了规定。

第一款将"犯罪较轻"明确为"可能判处三年有期徒刑以下刑罚"的犯罪。其主要考虑是:将三年有期徒刑以下刑罚作为犯罪较轻的认定标准，符合立法和司法的普遍认识。比如，刑法将缓刑的适用条件确定为判处三年有期徒刑以下刑罚。起草过程中有意见建议将行贿罪的第一个量刑档即五年刑期以下作为犯罪较轻的认定标准，以方便实践适用。经研究，判处五年刑期的通常即可认为是重罪，在重罪与较轻犯罪之间有必要留出一个中间地带，故未采纳。

第二款将判处十年刑期以上刑罚和省级影响性案件确定为"重大案件"。本款内容主要借鉴了《最高人民法院关于处理自首和立功具体应用法律若干问题的解释》（以下简称《自首和立功解释》）关于"重大案件"的规定，即可能判处无期徒刑以上刑罚的案件，以及在本省、自治区、直辖市或全国有较大影响的案件。之所以将《自首和立功解释》规定的无期徒刑以上调整为十年有期徒刑以上，主要有两方面的考虑：一是行贿人的配合对于受贿犯罪的查处具有难以替代的重要作用。行贿罪的从宽处罚规定，既有罪刑相适应的考虑，也有打击策略的考虑。适当调低重大案件的掌握标准，可以为该规定的实践适用提供必要的空间。二是受贿罪的罪重罪轻主要取决于数额大小。将重大案件的标准定得过高，将导致只有极少数犯罪数额极大的行贿犯罪分子才有"资格"适用本从宽规定的不合理现象，亦即，犯罪越严重越可以得到减免处理，这对于那些罪行更轻但又不属于前述犯罪较轻的行贿犯罪分子将是不公平的。

第三款从线索提供、证据收集、追逃追赃等方面列举了"对侦破重大案件起关键作用"的四种具体情形。行贿人主动交代行贿事实，对侦破重大案件所起作用主要体现在两个方面：一是提供案件线索，即司法机关不掌握某一行受贿案件的线索，由于行贿人主动交代，使得重大案件得以侦破。其中又分为两种情况：

行贿人主动交代的行贿行为相对应的受贿本身就构成重大案件，以及行贿人主动交代的行贿行为相对应的受贿不构成重大案件，但以此为线索另外查出受贿人其他重大受贿犯罪事实。二是对受贿案件的证据收集、事实认定、追逃追赃起关键作用，即司法机关虽掌握某行受贿案件的线索，但未掌握追究刑事责任的足够证据，行贿人主动交代的事实为司法机关收集、完善、固定证据起到关键作用，或者行贿人主动交待的事实涉及受贿犯罪分子的行踪或者赃款赃物的去向等，对于办案机关抓捕受贿犯罪分子，追缴赃款赃物起到关键作用的。

（八）关于多次受贿的数额计算

受贿案件往往涉及多笔受贿事实，受贿数额的认定特别是小额贿款、历史性收受的款物是否累计计算，实践中存在意见分歧。为此，《解释》第十五条对受贿犯罪的数额计算作出了规定。

第一款主要针对的是小额贿款的计算问题。《解释》明确多次受贿未经处理的，累计计算受贿数额，主要借鉴了刑法对于多次贪污的数额计算规定。这里的"未经处理"，既包括达到定罪标准未受处理，也包括未达到定罪标准未受处理。受贿人多次收受小额贿款，虽每次均未达到《解释》规定的定罪标准，但多次累计后达到定罪标准的，也应当依法定罪处罚。这里的"处理"包括刑事处罚和党纪、行政处分，已经受过处理的原则上不再累计。

第二款针对的是行贿人长期连续给予受贿人超出正常人情往来范围的财物，收受财物与具体请托事项不能一一对应情况下受贿数额如何计算的问题。我们认为，行贿人长期连续给予受贿人财物，且超出正常人情往来，期间只要发生过具体请托事项，则可以把这些连续收受的财物视为一个整体行为，全额认定受贿数额。适用本款规定时要注意多次收受财物之间应具有连续性，这是得以在法律上将收受财物与谋利事项建立联系进而将之作为整体受贿行为对待的事实基础。起草过程中有意见指出，规定中的"一万元以上"是否限于单笔收受在"一万元以上"需进一步明确。经研究，能否认定受贿的关键不在于单笔金额的大小，而在于收受时是否与具体职务行为相关，能够证明与具体请托或者谋利事项相关且数额超过一万元的，不管是单笔还是多笔累计，都应一并计入受贿数额。另有意见提出，受请托之前收受财物的数额累计不足一万元，但有其他受贿事实的，是否需要按照第一款的规定计入受贿数额？我们认为，第二款解决的是受贿事实的认定问题；第一款解决的是受贿数额的计算问题，以受贿事实业已确定为前提。未达到第二款规定的一万元数额标准的，意味着性质上不属于受贿，故不宜计入受贿数额。

（九）关于贪污、受贿犯罪故意的认定

《解释》第十六条明确了实践中较为常见的两个与贪污、受贿故意认定相关的问题的具体处理意见。

一是赃款赃物去向与贪污、受贿故意的认定关系问题。《解释》明确，只要基于个人非法所有为目的而实施贪污、受贿行为，不管事后赃款赃物的去向如何，均不影响贪污、受贿罪的认定。该规定的道理在于，贪污、受贿犯罪既已实施完毕，赃款赃物的事后处分不影响刑事定罪。适用本规定时需要注意以下两点：一是赃款赃物的具体去向，在一些情形下特别是用于公务支出的情形下与贪污、受贿故意的认定是存在关联的，这也是《解释》强调只有当贪污、受贿故意得以认定时，用于公务支出或者社会捐赠才不影响定罪的原因所在。对于行为时犯罪故意不明确或者不能证明存在贪污或者个人受贿故意的，则应根据案件事实并结合赃款赃物具体去向实事求是地加以认定。二是对于赃款赃物用于公务支出或者社会捐赠的，量刑时应予酌情考虑。

二是国家工作人员办事员、"身边人"收钱行为的刑事定罪问题。本着主客观相一致的定罪原则，此行为能否认定国家工作人员构成受贿犯罪，关键看其对收钱一事是否知情及知情后的态度。为此，《解释》明确，特定关系人索取、收受他人财物，国家工作人员知道后未退还或者上交的，应当认定国家工作人员具有受贿故意。适用本规定时需要注意以下三点：一是此情形以国家工作人员接受特定关系人转请托为前提，特定关系人未将转请托事项告知国家工作人员的不适用本规定。二是不同于刑法在影响力贿赂犯罪中规定的"关系密切的人"，对于"特定关系人"的认定范围要依照《最高人民法院、最高人民检察院关于办理受贿刑事案件适用法律若干问题的意见》的相关规定从严掌握，即"特定关系人"仅指"与国家工作人员有近亲属、情妇（夫）以及其他共同利益关系的人"。三是知道后未退还或者上交强调的是主观故意的判断，因赃款赃物被特定关系人挥霍等，知道时确实已经不具备退还或者上交的客观条件的，则应当有所区别慎重适用。四是影响力贿赂犯罪以国家工作人员不构成受贿罪为前提，在认定国家工作人员构成受贿罪的情况下，相关行受贿犯罪的罪名适用应当保持协调一致，对特定关系人不得另以利用影响力受贿罪处理，对行贿人也不得以对有影响力的人行贿罪处理。

（十）关于受贿犯罪同时构成渎职犯罪的处理

受贿犯罪当中，受贿人往往在为请托人谋取利益时存在渎职行为。在受贿行为和渎职行为均构成犯罪的情况下，是择一重罪处罚还是实行数罪并罚，理论上长期存在意见分歧。2012年《最高人民法院、最高人民检察院关于办理渎职刑事案件适用法律若干问题的解释（一）》规定，国家机关工作人员实施刑法分则第九章渎职犯罪并收受贿赂的，除刑法另外有规定外，应当实行数罪并罚。但是，此前于2010年发布的《最高人民法院、最高人民检察院关于办理国家出资企业中职务犯罪案件具体应用法律若干问题的意见》规定，国有公司、企业工作人员实施刑法分则第三章渎职犯罪并收受贿赂的，择一重罪处理。两者性质相同，但意见相左，影响到了司法处理的统一性和严肃性。为协调并整合两个司法文件规定，《解释》第十七条明确，不管是国家机关工作人员还是国有公司、企业的工作人员，同时构成受贿罪和刑法分则第三章第三节、第九章规定的渎职犯罪的，除刑法另有规定外，均应当以受贿罪和渎职犯罪实行数罪并罚。《解释》持并罚立场，主要有以下三点考虑：一是牵连犯择一重罪处理的理论观点，不具有普遍适用性，刑法和相关司法解释中不乏数罪并罚的规定；二是成立受贿犯罪不以实际为他人谋取利益、更不以渎职为他人谋取非法利益为条件，受贿与渎职相对独立，实行并罚不存在明显的重复评价问题；三是数罪并罚有利于从严惩处此类犯罪。

（十一）关于贪污贿赂犯罪的经济处罚

为进一步加大对贪污贿赂犯罪分子的经济剥夺和处罚力度，《解释》明确了赃款赃物追缴要求和罚金刑的判罚标准。

1. 赃款赃物的追缴

刑法第六十四条规定犯罪分子违法所得的一切财物，应当予以追缴或者责令退赔；被害人的合法财产，应当及时返还。为有效剥夺贪污贿赂犯罪分子的违法所得，尽可能挽回经济损失，《解释》第十八条强调，贪污贿赂犯罪分子违法所得的一切财物，应当依法予以追缴或者责令退赔；尚未追缴到案或者尚未足额退赔的违法所得，应当继续追缴或者责令退赔。据此，追缴赃款赃物不设时限，一追到底、永不清零，随时发现随时追缴。

2. 罚金刑的判罚标准

《刑法修正案（九）》增加了贪污罪和相关贿赂犯罪的罚金刑规定，为加大对腐败犯罪的经济处罚力度，提高腐败犯罪的经济成本，剥夺腐败分子再犯罪的物质基础，充分发挥刑事立法和司法的预防犯罪功能提供了重要的法律依据。罚金刑判罚标准的设定，既要体现立法意图，确保罚金刑充分有效，又要立足实际，避免无法执行而损及司法的严肃性。为确保罚金刑适用的有效性和严肃性，《解释》第十九条依托主刑的不同，分层次对贪污、受贿罪规定了较其他犯罪更重的罚金刑判罚标准：一是对贪污罪、受贿罪判处三年有期徒刑以下刑罚的，应当并处十万元以上五十万元以下的罚金；二是判处三年以上十年以下有期徒刑的，应当并处二十万元以上犯罪数额二倍以下的罚金或者没收财产；三是判处十年以上有期徒刑或者无期徒刑的，应当并处五十万元以上犯罪数额二倍以下的罚金或者没收财产。并明确，对刑法规定并处罚金的其他贪污贿赂犯罪，应当在十万元以上犯罪数额二倍以下判处罚金。适用本规定时需要注意两点：一是第二款规定中的"其他贪污贿赂犯罪"，应当理解为除贪污罪、受贿罪之外规定在刑法分则第八章中的其他贪污贿赂犯罪，而不包括非国家工作人员职务犯罪。二是贪污贿赂犯罪的罚金刑最低判罚标准为十万元，除适用刑法第三十七条的规定免予刑事处罚之外，不得减至十万元以下判处罚金。

最后，需要补充说明的是，《解释》对贪污贿赂犯罪的定罪量刑标准作了较大调整，在选择适用新旧法律、新旧司法解释时，要注意正确理解和执行从旧兼从轻的法律和司法解释适用原则。一是对于2015年10月31日以前实施的贪污罪、受贿罪，一般适用新法新解释。即适用《刑法修正案（九）》修正后规定将判处更轻自由刑的，适用修正后刑法和本《解释》规定。其中，修正前刑法未规定罚金刑但修正后刑法规定了罚金刑的，应当按照本《解释》确定的判罚标准一并适用修正后刑法有关罚金刑的规定；一审在《刑法修正案（九）》实施之前已经判处没收财产刑的，二审可以按照本《解释》确定的判罚标准改判罚金刑。二是对于2015年10月31日以前实施的行贿罪，一般适用旧法新解释。由于《刑法修正案（九）》对行贿罪增加规定了罚金刑并对行贿罪规定了更加严格的从宽处罚适用条件，故一般应当适用修正前刑法。同时，由于《刑法修正案（九）》未对行贿罪的基础法定刑作出修改，本《解释》有关行贿罪的主刑判罚标准可以溯及修正前的行贿罪刑法规定，较之于前述《行贿解释》，适用本《解释》对被告人有利的，适用本《解释》规定。

关于发布《最高人民法院、最高人民检察院关于办理贪污贿赂刑事案件适用法律若干问题的解释》的新闻发布稿

最高人民法院刑二庭庭长 裴显鼎

各位记者：

大家上午好！今天最高人民法院、最高人民检察院在这里共同召开新闻发布会，公布《最高人民法院、最高人民检察院关于办理贪污贿赂刑事案件适用法律若干问题的解释》（以下称《解释》）。现将人民法院审理职务犯罪的基本情况、《解释》的制定背景、原则、主要内容，以及下一步人民法院依法惩处贪污贿赂等职务犯罪说明如下：

一、人民法院审理职务犯罪案件的基本情况

司法审判是反腐败工作的重要组成部分，是依法惩治腐败的最后一道程序。对腐败分子，能不能定罪，判多重的刑罚，最终要由人民法院的裁判来一锤定音。中央惩治腐败的决心，人民群众惩治腐败的愿望，很大程度上要通过人民法院的定罪量刑来实现。近年来，全国各级人民法院充分发挥审判职能作用，审判了一大批贪污贿赂犯罪案件，依法惩治了包括周永康、薄熙来、刘志军、蒋洁敏等一大批贪污贿赂犯罪分子，有力推动和保障了反腐败工作的深入开展。据统计，2013年至2015年，全国法院一

审受理贪污贿赂案件 81805 件,审结 69017 件,生效判决人数 73158 人。人民法院对这些案件的依法审判,既彰显了中央惩治腐败犯罪的坚定决心,也增强了广大人民群众的信心。

二、《解释》的制定背景

党的十八大以来,党中央把从严惩治腐败放在突出位置,把坚决遏制腐败蔓延势头作为重要任务,坚持有腐必反、有贪必肃,坚持反腐败无禁区,"老虎""苍蝇"一起打,赢得了人民群众的衷心拥护和交口称赞。同时,我们注意到,由于贪污贿赂犯罪的刑事立法修订不久,贪污贿赂犯罪案件办理当中存在不少法律适用问题需要解决。这些问题集中体现在以下三个方面:

一是刑法对于贪污贿赂犯罪的认定标准亟需明确细化。《刑法修正案(九)》对贪污贿赂犯罪的定罪及量刑作了五方面的重大调整。一是取消贪污罪、受贿罪定罪及量刑的具体数额标准,突出数额之外其他情节在定罪量刑中的作用;二是对贪污罪、受贿罪增设死刑缓期二年执行减为无期徒刑后终身监禁;三是对贪污罪和贿赂犯罪增设罚金刑;四是增设对有影响力的人行贿罪;五是对行贿罪的从宽处罚设定更为严格的条件。《刑法修正案(九)》从 2015 年 11 月 1 日生效实施之后,这些新规定应该如何具体理解、把握和适用,亟需制定司法解释予以明确。

二是贪污贿赂犯罪出现的新情况亟需明确处理意见。随着经济社会的发展变化,贪污贿赂犯罪呈现出一些新情况、新特点,给司法实践带来了新的法律适用问题。比如,贿赂犯罪的对象过去主要是财物,现在出现了各种各样的财产性和非财产性利益,给予或者收受这些利益的行为能否以行受贿犯罪处理?又如,在受贿犯罪当中,过去主要表现为国家工作人员直接收受贿赂,现在一些案件当中国家工作人员本人没有收受贿赂,收受贿赂的是国家工作人员的近亲属或者与其有着特定关系的人，这种情况下能否以受贿罪追究国家工作人员的刑事责任？这些新情况、新问题给刑事法网的严密性和打击的针对性提出了更高的要求，亟需制定司法解释予以明确。

三是司法实践当中长期存在的一些争议问题亟需统一意见。贪污贿赂犯罪具有其特殊复杂性，理论上和实践中对于一些法律适用问题长期存在意见分歧。比如，作为受贿犯罪的法定要件，"为他人谋取利益"究竟应如何理解，正常履职后收受"感谢费"、上下级之间的"感情投资"等能否认定为"为他人谋取利益"？又如，司法实践当中经常遇见被告人辩称贪污贿赂款物用于公务支出等情形，这些情形对于定罪量刑究竟有没有影响？这些问题既关系到法律的统一适用，也关系到依法惩治腐败的实际效果，亟需制定司法解释予以明确。

鉴于上述情况，最高人民法院、最高人民检察院在深入细致的调研基础上，对当前办理贪污贿赂犯罪案件较为突出的法律适用问题进行了认真梳理和筛选研究，并广泛征求了国家立法机关、各级司法机关及各方面人士的意见，制定了本《解释》。

三、《解释》遵循的原则

《解释》制定过程中，始终坚持了以下几项原则：

一是突出依法从严。依法从严是惩治贪污贿赂犯罪的一贯原则，《解释》通篇"严"字当头。集中体现在：一是严厉追究贪污、受贿犯罪行为，明确贪污、受贿数额满一万元、具有一定较重情节的就应当追究刑事责任。二是赋予终身监禁的制度刚性，明确终身监禁的决定必须在裁判的同时就作出，终身监禁一经作出将无条件执行，不受服刑表现的影响，不得减刑、假释。三是加大经济处罚力度，规定远重于其他犯罪的罚金刑判罚标准。四是严密法网，结合当前贿赂犯罪的新情况、新特点，对"财物"和"为他人谋取的利益"等贿赂犯罪构成要件作出明确解释。五是受贿与行贿打击并重，对行贿犯罪从宽处罚的适用条件进行必要的限定。六是从重打击滥用职权损害国家、人民利益的受贿犯罪，明确国家工作人员收受贿赂、违反规定为他人谋取利益，同时构成受贿罪和渎职犯罪的实行数罪并罚。

二是注重统筹协调。综合考量各种因素确定不同职务犯罪的定罪量刑标准，统筹解决罪与非罪、罪轻与罪重的标准掌握，确保不同犯罪的罪刑关系协调一致。主要体现在：一是刑事犯罪与违纪行为的协调。为落实党纪严于国法，"把纪律挺在前面"的反腐要求，突出刑事打击重点，做到刑事处罚与党纪政纪处分衔接有序，《解释》在实证研究的基础上重新确定了各种贪污贿赂犯罪的定罪处罚标准。二是罪轻与罪重的协调。为解决实践当中长期存在的刑罚失衡问题，根据"数额+情节"的立法思路，《解释》结合犯罪情节进一步拉开了不同量刑档的数额级差，以此满足不同情节犯罪的量刑需要，尽可能实现罪刑均衡。三是不同主体身份职务犯罪的协调。刑法区分国家工作人员身份与非国家工作人员身份，规定了两类职务犯罪并配置了不同的刑罚。为确保两类职务犯罪处罚上的平衡协调，《解释》对非国家工作人员职务犯罪的定罪量刑标准一并作出了规定。

三是强调积极稳妥。坚持问题导向，对于司法实践中出现的新情况、新问题在刑法规定框架内积极予以回应，长期存在争议的问题认真研究形成共识。主要体现在：一是规定作为贿赂犯罪对象的"财物"包括财产性利益，并进一步明确，除物质利益之外，需要支付货币的其他利益也应当认定为财产性利益。二是对受贿犯罪中的"为他人谋取利益"要件作出界定，明确事后受贿符合为他人谋取利益要件的要求,收受下属或者行政被管理人超出人情往来范围财物的视为承诺为他人谋取利益。三是对特定关系人受贿作出规定,明确与国家工作人员有着特殊关系的人收受财物,国家工作人员知道后未退回或者上交的,应当对国家工作人员以受贿罪追究刑事责任。四是针对实践中常见的被告人辩解贪污贿赂款物用于公务支出的问题,明确根据在案证据可以认定存在贪污、受贿主观故意的,将不影响定罪。

四是体现便于操作。《解释》规定务求明确具体,可操作、可执行。主要体现在:一是对各种贪污贿赂犯罪的定罪量刑标准一一作出规定,常见贪污贿赂犯罪的定罪量刑均能做到有据可依。二是采取"数额+情节"的模式规定贪污罪、受贿罪的定罪量刑标准,在情节的设置上辅以不同的犯罪数额限制,以此增进司法的确定性,避免因情节难以量化而出现操作性问题。三是对直接决定定罪量刑的犯罪数额和量刑情节的具体认定作出规定,明确国家工作人员为他人谋取利益前后连续收受的财物均应计入受贿数额。四是采取绝对数和倍比数相结合的办法规定罚金刑的判罚标准,在兼顾被判刑人受罚能力的同时,确保判罚充分有效。

四、《解释》的主要内容

《解释》共二十条,主要规定了十一个方面的内容。

(一)明确贪污罪、受贿罪的定罪量刑标准

《解释》对贪污罪、受贿罪的定罪量刑标准作出规定。主要考虑有:一是《刑法修正案(九)》取消了贪污罪、受贿罪的定罪量刑的数额标准,代之以"数额较大""数额巨大""数额特别巨大",以及"较重情节""严重情节""特别严重情节",同时,全国人大常委会授权最高人民法院、最高人民检察院通过制定司法解释确定具体定罪量刑标准；二是随着经济社会的发展变化，1997年刑法所确定的定罪量刑标准已不适应这种发展变化；三是在近年来的实践中，由于受地域差距等因素的影响，各地对贪污受贿移送追究刑事责任和定罪量刑的标准不尽统一，需要统一规范，一体遵循；四是惩治腐败在刑罚之前还有党纪、行政处分，两者之间必须做到相互衔接、相互协调，为党纪、政纪发挥作用留有空间，体现"把党纪挺在前面"的精神。据此，《解释》对贪污罪、受贿罪的定罪量刑标准作出规定，包括将两罪"数额较大"的一般标准由1997年刑法确定的五千元调整至三万元，同时对其他档次的量刑标准也作出相应调整。

需要特别指出的是，将贪污罪、受贿罪起点数额提高到三万元，并不意味着低于三万元的贪污、受贿行为就一概不能作为犯罪处理。根据《刑法修正案（九）》关于数额与情节并重的立法精神，《解释》同时规定，贪污、受贿一万元以上不满三万元，具有其他较重情节的即应追究刑事责任；数额不满"数额巨大""数额特别巨大"，但达到起点一半，同时具有规定情节的，应当认定为"严重情节"或"特别严重情节"，依法从重处罚。

（二）明确贪污罪、受贿罪死刑、死缓及终身监禁的适用原则

刑法规定，贪污受贿数额特别巨大，并使国家和人民利益遭受特别重大损失的，处无期徒刑或者死刑。由于无期徒刑与死刑是两个不同刑种，为了更准确地适用死刑，《解释》明确规定，死刑立即执行只适用于犯罪数额特别巨大，犯罪情节特别严重，社会影响特别恶劣，造成损失特别重大的贪污、受贿犯罪分子。这就是说，司法机关在审判案件时，对于极少数罪行特别严重、依法应当适用死刑立即执行的犯罪分子，坚决判处死刑立即执

行。《解释》同时依法规定，对于符合死刑立即执行条件但同时具有法定从宽等处罚情节，不是必须立即执行的，可以判处死刑缓期二年执行。

《刑法修正案（九）》新增加了贪污罪、受贿罪判处死缓减为无期徒刑后终身监禁的规定。终身监禁是介于死刑立即执行与一般死缓之间的一种执行措施，但又比一般死缓更为严厉。《解释》对于终身监禁具体适用从实体和程序两个方面予以了明确：一是明确终身监禁适用的情形，即主要针对那些判处死刑立即执行过重，判处一般死缓又偏轻的重大贪污受贿罪犯，可以决定终身监禁；二是明确凡决定终身监禁的，在一、二审作出死缓裁判的同时应当一并作出终身监禁的决定，而不能等到死缓执行期间届满再视情而定，以此强调终身监禁一旦决定，不受执行期间服刑表现的影响。

（三）调整挪用公款、行贿等其他职务犯罪的定罪量刑标准

贪污罪、受贿罪的定罪量刑标准调整后，为确保不同职务犯罪定罪量刑标准的内在协调性，避免其他职务犯罪的定罪量刑标准出现"轻重倒挂"现象，《解释》第五条至第十一条对挪用公款罪、行贿罪的定罪量刑标准作了相应调整，同时对尚未明确定罪量刑标准的利用影响力受贿罪、对有影响力的人行贿罪以及职务侵占罪、挪用资金罪、非国家工作人员受贿罪和非国家工作人员行贿罪等非国家工作人员职务犯罪的定罪量刑标准一并作出规定。

为依法从严惩治国家工作人员"身边人"的贿赂犯罪，《解释》规定，利用影响力受贿罪、对有影响力的人行贿罪与受贿罪、行贿罪适用相同的定罪量刑标准。

（四）界定贿赂犯罪对象"财物"的范围

根据反腐败斗争形势的需要和司法实践经验的总结，为了更

有效地严惩腐败犯罪,《解释》对刑法规定的财物作出适度扩张解释,规定贿赂犯罪中的财物包括财产性利益,并进一步明确财产性利益包括可以折算为货币的物质利益和需要支付货币才能获得的其他利益两种。前者如房屋装修、债务免除等,其本质上是一种物质利益。后者如会员服务、旅游,由于取得这种利益需要支付相应的货币对价,故在法律上也应当视同为财产性利益。实践中提供或者接受后者利益主要有两种情况:一种是行贿人支付货币购买后转送给受贿人消费;二是行贿人在社会上作为商品销售的自有利益,免费提供给行为人消费。两种情况实质相同,均应纳入贿赂犯罪处理。

(五)细化受贿犯罪中"为他人谋取利益"要件的情形

为适应惩治受贿犯罪的实践需要,消除对"为他人谋取利益"要件的理解分歧,《解释》对受贿犯罪中"为他人谋取利益"要件的具体情形作出了规定。《解释》明确,承诺为他人谋取利益,明知他人有具体请托事项,以及履职时未被请托但事后基于该履职事由收受他人财物等情形,都属于"为他人谋取利益"具体表现形式。据此,不论是否实际为他人谋取了利益,不论事前收受还是事后收受,均不影响受贿犯罪的认定。

同时,为了净化政治生态,促进腐败犯罪的深层治理,《解释》对一些所谓的"感情投资"提出了明确的处理意见,即国家工作人员索取、收受具有上下级关系的下属或者具有行政管理关系的被管理人员的财物,价值三万元以上,可能影响职权行使的,视为承诺为他人谋取利益,应当以受贿犯罪定罪处罚。其中,规定"价值三万元以上"的限定,主要是出于区分违纪行为等方面的考虑。

(六) 明确行贿罪从宽处罚的适用条件

针对实践中存在的"重打击受贿轻打击行贿"这一突出问题,为进一步加大对行贿罪的处罚力度,从源头上惩治和预防腐败犯罪,《刑法修正案(九)》对行贿罪从宽处罚的条件和幅度作了重要调整,对行贿罪减轻或者免除处罚设定了更为严格的适用条件,明确行贿人在被追诉前主动交待行贿行为,只有在"犯罪较轻的,对侦破重大案件起关键作用的,或者有重大立功表现的"三种情况下才可以减轻或者免除处罚。为便于司法机关正确掌握、严格适用,《解释》对"犯罪较轻""对侦破重大案件起关键作用"以及"重大案件"等规定的具体理解作出了明确规定。明确只有可能判处三年有期徒刑以下刑罚的犯罪才属于较轻犯罪,可能判处十年有期徒刑以上刑罚的案件才属于重大案件。

(七) 明确多次受贿数额累计计算

《解释》从两方面对受贿犯罪数额的计算作出了规定。一是针对小额贿款的问题,明确多次受贿未经处理的,累计计算受贿数额。据此,受贿人多次收受小额贿款,虽每次均未达到《解释》规定的定罪标准,但多次累计后达到定罪标准的,应当依法追究刑事责任。二是针对收受财物与谋利事项不对应的问题,明确利用职务上的便利为请托人谋取利益前后多次收受请托人财物,受请托之前收受财物数额在一万元以上的,应当一并计入受贿数额。据此,对那些小额不断、多次收受的财物,符合条件的也应当一并追究刑事责任。

(八) 明确贪污、受贿犯罪故意的认定

《解释》对实践中较为普遍的两种贪污、受贿情形的犯罪故意的认定问题作出了规定。一是赃款赃物去向与贪污、受贿故意的认定关系问题。《解释》明确,只要是非法获取财物的贪污、受贿行为,不管事后赃款赃物的去向如何,即便用于公务支出或者社会捐赠,也不影响贪污、受贿罪的认定,以此堵住贪污、受贿犯罪分子试图逃避刑事追究的后门。二是国家工作人员利用职务便利为他人谋利,"身边人"收钱行为的刑事定罪问题。本着主客观相一致的定罪原则,该行为能否认定国家工作人员构成受贿犯罪,关键看其对收钱一事是否知情及知情后的态度。为此,《解释》明确,特定关系人索取、收受他人财物,国家工作人员知道后未退还或者上交的,应当认定国家工作人员具有受贿故意。对于这里的"特定关系人",根据《最高人民法院、最高人民检察院关于办理受贿刑事案件适用法律若干问题的意见》规定,指的是"与国家工作人员有近亲属、情妇(夫)以及其他共同利益关系的人"。

(九)明确受贿犯罪同时构成渎职犯罪的实行数罪并罚

受贿犯罪当中,受贿人往往在为请托人谋取利益时存在渎职行为。在受贿行为和渎职行为均构成犯罪的情况下,是择一重罪处罚还是实行数罪并罚,认识上长期存在分歧,实践中做法不一。为依法从严惩治此类犯罪行为,《解释》明确规定,国家工作人员利用职务上的便利,收受他人财物,为他人谋取利益,同时构成受贿罪和刑法分则第三章第三节、第九章规定的渎职犯罪的,除刑法另有规定外,以受贿罪和渎职犯罪数罪并罚。

(十)强化赃款赃物的追缴

刑法第六十四条规定犯罪分子违法所得的一切财物,应当予以追缴或者责令退赔;被害人的合法财产,应当及时返还。为有效剥夺贪污贿赂犯罪分子的违法所得,尽可能挽回经济损失,《解释》强调,贪污贿赂犯罪分子违法所得的一切财物,应当依法予以追缴或者责令退赔;尚未追缴到案或者尚未足额退赔的违法所得,应当继续追缴或者责令退赔。据此,追缴赃款赃物不设时限,一追到底、永不清零,随时发现将随时追缴。

(十一)明确罚金刑的判罚标准

《刑法修正案(九)》增加了贪污罪和相关贿赂犯罪的罚金刑规定,对于加大对腐败犯罪的经济处罚力度,提高腐败犯罪的经济成本,剥夺腐败分子再犯罪的物质基础,充分发挥刑事立法和司法的预防犯罪功能,具有重要的现实意义。为确保罚金刑适用的有效性和严肃性,《解释》依托主刑的不同,分层次对贪污贿赂犯罪规定了远重于其他犯罪的罚金刑判罚标准:一是对贪污罪、受贿罪判处三年有期徒刑以下刑罚的,应当并处十万元以上五十万元以下的罚金;二是判处三年以上十年以下有期徒刑的,应当并处二十万元以上犯罪数额二倍以下的罚金或者没收财产;三是判处十年以上有期徒刑或者无期徒刑的,应当并处五十万元以上犯罪数额二倍以下的罚金或者没收财产;四是对刑法规定并处罚金的其他贪污贿赂犯罪,应当在十万元以上犯罪数额二倍以下判处罚金。

五、下一步工作部署

习近平总书记指出,"反腐败斗争永远在路上"。我们清醒地认识到,随着反腐败斗争的深入推进,可以预见贪污贿赂犯罪案件在未来一段时期仍会保持高位态势。为充分发挥审判职能作用,规范有序、优质高效地审理好贪污贿赂犯罪案件,当前和今后一段时期,各级人民法院将着重做好以下工作:

一是认真学习,确保案件依法审理。各级人民法院要认真组织学习培训,确保《刑法修正案(九)》及《解释》全面贯彻、正确适用。要依法稳妥处理好新旧法律衔接工作。对贪污贿赂犯罪案件,要严把案件事实关、证据关和程序关,依法加大财产刑的处罚力度，严格缓免刑的适用，确保定罪准确、量刑适当、程序合法、效果良好。

二要深入调研，积极解决实际难题。《解释》是最高人民法院会同最高人民检察院经深入调研，总结司法实践经验的基础上形成的成果，为今后贪污贿赂犯罪案件的审判工作提供了明确、具体的执法依据。同时，司法实践中仍有一些疑难复杂问题尚未完全解决，新情况、新问题也会继续出现。对此，各级人民法院要继续加强调研工作，总结实践经验，为今后将形成共识的经验上升为司法解释打下基础。

三要司法公开，接受社会各界监督。各级人民法院将进一步做好贪污贿赂犯罪案件审判公开工作，通过庭审活动公开、裁判文书上网等增强人民群众对贿赂犯罪案件审判工作的了解。同时，人民法院还将通过公开审判，主动接受人大、政协、公众、媒体等社会各界对法院审判工作的监督。

谢谢大家！

《解释》条文对应刑法规定：

第一条至第四条对应刑法：

第三百八十二条 【贪污罪】国家工作人员利用职务上的便利，侵吞、窃取、骗取或者以其他手段非法占有公共财物的，是贪污罪。

受国家机关、国有公司、企业、事业单位、人民团体委托管理、经营国有财产的人员，利用职务上的便利，侵吞、窃取、骗取或者以其他手段非法占有国有财物的，以贪污论。

与前两款所列人员勾结，伙同贪污的，以共犯论处。

第三百八十三条 【对犯贪污罪的处罚规定】对犯贪污罪的，根据情节轻重，分别依照下列规定处罚：

（一）贪污数额较大或者有其他较重情节的，处三年以下有期徒刑或者拘役，并处罚金。

（二）贪污数额巨大或者有其他严重情节的，处三年以上十年以下有期徒刑，并处罚金或者没收财产。

（三）贪污数额特别巨大或者有其他特别严重情节的，处十年以上有期徒刑或者无期徒刑，并处罚金或者没收财产；数额特别巨大，并使国家和人民利益遭受特别重大损失的，处无期徒刑或者死刑，并处没收财产。

对多次贪污未经处理的，按照累计贪污数额处罚。

犯第一款罪，在提起公诉前如实供述自己罪行、真诚悔罪、积极退赃，避免、减少损害结果的发生，有第一项规定情形的，可以从轻、减轻或者免除处罚；有第二项、第三项规定情形的，可以从轻处罚。

犯第一款罪，有第三项规定情形被判处死刑缓期执行的，人民法院根据犯罪情节等情况可以同时决定在其死刑缓期执行二年期满依法减为无期徒刑后，终身监禁，不得减刑、假释。

第三百八十五条 【受贿罪】国家工作人员利用职务上的便利，索取他人财物的，或者非法收受他人财物，为他人谋取利益的，是受贿罪。

国家工作人员在经济往来中，违反国家规定，收受各种名义的回扣、手续费，归个人所有的，以受贿论处。

第三百八十六条 【对犯受贿罪的处罚规定】对犯受贿罪的，根据受贿所得数额及情节，依照本法第三百八十三条的规定处罚。索贿的从重处罚。

第五条、第六条对应刑法：

第三百八十四条 【挪用公款罪】国家工作人员利用职务上

的便利，挪用公款归个人使用，进行非法活动的，或者挪用公款数额较大、进行营利活动的，或者挪用公款数额较大、超过三个月未还的，是挪用公款罪，处五年以下有期徒刑或者拘役；情节严重的，处五年以上有期徒刑。挪用公款数额巨大不退还的，处十年以上有期徒刑或者无期徒刑。

挪用用于救灾、抢险、防汛、优抚、扶贫、移民、救济款物归个人使用的，从重处罚。

第七条至第九条对应刑法：

第三百八十九条 【行贿罪】为谋取不正当利益，给予国家工作人员以财物的，是行贿罪。

在经往来中，违反国家规定，给予国家工作人员以财物，数额较大的，或者违反国家规定，给予国家工作人员以各种名义的回扣、手续费的，以行贿论处。

因被勒索给予国家工作人员以财物，没有获得不正当利益的，不是行贿。

第三百九十条 【对犯行贿罪的处罚规定】对犯行贿罪的，处五年以下有期徒刑或者拘役，并处罚金；因行贿谋取不正当利益，情节严重的，或者使国家利益遭受重大损失的，处五年以上十年以下有期徒刑，并处罚金；情节特别严重的，或者使国家利益遭受特别重大损失的，处十年以上有期徒刑或者无期徒刑，并处罚金或者没收财产。

行贿人在被追诉前主动交待行贿行为的，可以从轻或者减轻处罚。其中，犯罪较轻的，对侦破重大案件起关键作用的，或者有重大立功表现的，可以减轻或者免除处罚。

第十条对应刑法：

第三百八十八条之一 【利用影响力受贿罪】国家工作人员

的近亲属或者其他与该国家工作人员关系密切的人，通过该国家工作人员职务上的行为，或者利用该国家工作人员职权或者地位形成的便利条件，通过其他国家工作人员职务上的行为，为请托人谋取不正当利益，索取请托人财物或者收受请托人财物，数额较大或者有其他较重情节的，处三年以下有期徒刑或者拘役，并处罚金；数额巨大或者有其他严重情节的，处三年以上七年以下有期徒刑，并处罚金；数额特别巨大或者有其他特别严重情节的，处七年以上有期徒刑，并处罚金或者没收财产。

离职的国家工作人员或者其近亲属以及其他与其关系密切的人，利用该离职的国家工作人员原职权或者地位形成的便利条件实施前款行为的，依照前款的规定定罪处罚。

第三百九十条之一 【为利用影响力行贿罪】为谋取不正当利益，向国家工作人员的近亲属或者其他与该国家工作人员关系密切的人，或者向离职的国家工作人员或者其近亲属以及其他与其关系密切的人行贿的，处三年以下有期徒刑或者拘役，并处罚金；情节严重的，或者使国家利益遭受重大损失的，处三年以上七年以下有期徒刑，并处罚金；情节特别严重的，或者使国家利益遭受特别重大损失的，处七年以上十年以下有期徒刑，并处罚金。

单位犯前款罪的，对单位判处罚金，并对其直接负责的主管人员和其他直接责任人员，处三年以下有期徒刑或者拘役，并处罚金。

第十一条对应刑法：

第一百六十三条 【非国家工作人员受贿罪】公司、企业或者其他单位的工作人员利用职务上的便利，索取他人财物或者非法收受他人财物，为他人谋取利益，数额较大的，处五年以下有期徒刑或者拘役；数额巨大的，处五年以上有期徒刑，可以并处没收财产。

公司、企业或者其他单位的工作人员在经济往来中，利用职务上的便利，违反国家规定，收受各种名义的回扣、手续费，归个人所有的，依照前款的规定处罚。

国有公司、企业或者其他国有单位中从事公务的人员和国有公司、企业或者其他国有单位委派到非国有公司、企业以及其他单位从事公务的人员有前两款行为的，依照本法第三百八十五条、第三百八十六条的规定定罪处罚。"

第一百六十四条 【对非国家工作人员行贿罪】为谋取不正当利益，给予公司、企业或者其他单位的工作人员以财物，数额较大的，处三年以下有期徒刑或者拘役；数额巨大的，处三年以上十年以下有期徒刑，并处罚金。

为谋取不正当商业利益，给予外国公职人员或者国际公共组织官员以财物的，依照前款的规定处罚。

单位犯前两款罪的，对单位判处罚金，并对其直接负责的主管人员和其他直接责任人员，依照第一款的规定处罚。

行贿人在被追诉前主动交待行贿行为的，可以减轻处罚或者免除处罚。

第二百七十一条 【职务侵占罪；贪污罪】公司、企业或者其他单位的人员，利用职务上的便利，将本单位财物非法占为己有，数额较大的，处五年以下有期徒刑或者拘役；数额巨大的，处五年以上有期徒刑，可以并处没收财产。

国有公司、企业或者其他国有单位中从事公务的人员和国有公司、企业或者其他国有单位委派到非国有公司、企业以及其他单位从事公务的人员有前款行为的，依照本法第三百八十二条、

第三百八十三条的规定定罪处罚。

第二百七十二条 【挪用资金罪】公司、企业或者其他单位的工作人员,利用职务上的便利,挪用本单位资金归个人使用或者借贷给他人,数额较大、超过三个月未还的,或者虽未超过三个月,但数额较大、进行营利活动的,或者进行非法活动的,处三年以下有期徒刑或者拘役;挪用本单位资金数额巨大的,或者数额较大不退还的,处三年以上十年以下有期徒刑。

第十四条对应刑法:

第三百九十条第二款 行贿人在被追诉前主动交待行贿行为的,可以从轻或者减轻处罚。其中,犯罪较轻的,对侦破重大案件起关键作用的,或者有重大立功表现的,可以减轻或者免除处罚。

第三十七条【非刑罚性处置措施】对于犯罪情节轻微不需要判处刑罚的,可以免予刑事处罚,但是可以根据案件的不同情况,予以训诫或者责令具结悔过、赔礼道歉、赔偿损失,或者由主管部门予以行政处罚或者行政处分。

第十五条对应刑法:

第三百八十三条第二款 对多次贪污未经处理的,按照累计贪污数额处罚。

第十八条对应刑法:

第六十四条 【犯罪物品的处理】犯罪分子违法所得的一切财物,应当予以追缴或者责令退赔;对被害人的合法财产,应当及时返还;违禁品和供犯罪所用的本人财物,应当予以没收。没收的财物和罚金,一律上缴国库,不得挪用和自行处理。

解读《最高人民法院关于审理抢劫刑事案件适用法律若干问题的指导意见》

陆建红 杨 华 潘 洁*

一、关于审理抢劫刑事案件的基本要求

《最高人民法院关于审理抢劫刑事案件适用法律若干问题的指导意见》(以下简称《指导意见》)根据刑法的基本原则和我国基本刑事政策,在总结司法实践的基础上,首次在司法文件的层面对审理抢劫刑事案件提出了几点宏观上的政策性要求。主要体现在:

1. 坚持贯彻宽严相济刑事政策。《指导意见》没有泛泛而谈宽严相济刑事政策,而是具体地提出了几条操作性极强的要求。(1)从严方面:对于多次结伙抢劫,针对农村留守妇女、儿童及老人等弱势群体实施抢劫,在抢劫中实施强奸等暴力犯罪的,要在法律规定的量刑幅度内从重判处。(2)从宽方面:对为家庭成员就医等特定原因初次实施抢劫,主观恶性和犯罪情节相对较轻的,要与多次抢劫以及为了挥霍、赌博、吸毒等实施抢劫的案件在量刑上有所区分。对于犯罪情节较轻,或者具有法定、酌定从轻、减轻处罚情节的,坚持依法从宽处理。

---

* 作者单位:最高人民法院刑事审判第四庭。

2. 确保案件审判质量。《指导意见》重申了证据裁判原则，要求审理抢劫刑事案件，特别是因抢劫可能判处死刑的案件，要切实贯彻执行刑事诉讼法及相关司法解释、司法文件，严格依法审查判断和运用证据，坚决防止冤错案件的发生。

3. 继续坚持"保留死刑，严格控制和慎重适用死刑"的刑事政策。《指导意见》要求，审理抢劫刑事案件，应当以最严格的标准和最审慎的态度，确保死刑只适用于极少数罪行极其严重的抢劫犯罪分子。对被判处死刑缓期二年执行的抢劫犯罪分子，根据犯罪情节等情况，可以同时决定对其限制减刑。

二、关于抢劫犯罪部分加重处罚情节的认定

（一）关于入户抢劫

关于入户中"户"的概念，早在1999年10月27日的《全国法院维护农村稳定刑事审判工作座谈会纪要》中就有规定。该《纪要》称，入户盗窃中的"户"，是指家庭及其成员与外界相对隔离的生活场所，包括封闭的院落、为家庭生活租用的房屋、牧民的帐篷以及渔民作为家庭生活场所的渔船等。集生活、经营于一体的处所，在经营时间内一般不视为户。在有关审理抢劫刑事案件的司法解释和规范性文件中，《最高人民法院关于审理抢劫案件具体应用法律若干问题的解释》（以下简称《抢劫解释》）和《最高人民法院关于审理抢劫、抢夺刑事案件适用法律若干问题的意见》（以下简称《两抢意见》）均对入户抢劫有过规定。其中，《抢劫解释》第一条规定，"入户抢劫"，是指为实施抢劫行为而进入他人生活的与外界相对隔离的住所，包括封闭的院落、牧民的帐篷、渔民作为家庭生活场所的渔船、为生活租用的房屋等进行抢劫的行为。司法实践中，在户的范围、入户目的与入户抢劫的关系以及入户盗窃后转化为"入户抢劫"的认定等方面，遇到了新情况、新问题，且存在争议。《两抢意见》基于这些情况，明确了认定入户抢劫应当注意的三个问题：一是户的范围。户在这里是指住所，其特征表现为供他人家庭生活和与外界相对隔离两个方面，前者为功能特征，后者为场所特征。一般情况下，集体宿舍、旅店宾馆、临时搭建的工棚等不应认定为户，但在特定情况下，如果确实具有上述两个特征的，也可以认定为户。二是入户目的的非法性。进入他人住所须以实施抢劫等犯罪为目的。抢劫行为虽然发生在户内，但行为人不以实施抢劫等犯罪为目的进入他人住所，而是在户内临时起意实施抢劫的，不属于入户抢劫。三是暴力或者暴力胁迫行为必须发生在户内。入户实施盗窃被发现，行为人为窝藏赃物、抗拒抓捕或者毁灭罪证而当场使用暴力或者以暴力相威胁的，如果暴力或者暴力胁迫行为发生在户内，可以认定为入户抢劫；如果发生在户外，不能认定为入户抢劫。

经过多年的司法实践，围绕入户抢劫有两个问题比较突出，一是对于入户目的的非法性存有争议，即入户抢劫中的入户如何理解？是否一定要以抢劫等犯罪为目的入户？二是对于"前店后宅"或者"店宅共用"等营业外时间用于家居生活的场所可否认定为户？

针对第一个问题，《指导意见》规定，认定入户抢劫，要注重审查行为人入户的目的，将入户抢劫与在户内抢劫区别开来。以侵害户内人员的人身、财产为目的，入户后实施抢劫，包括入户实施盗窃、诈骗等犯罪而转化为抢劫的，应当认定为入户抢劫。因访友办事等原因经户内人员允许入户后，临时起意实施抢劫，或者临时起意实施盗窃、诈骗等犯罪而转化为抢劫的，不应认定为入户抢劫。这一规定，改变了《两抢意见》将入户抢劫中的入户限定于抢劫等犯罪目的的规定,扩大为"以侵害户内人员的人身、财产为目的"。换言之,即使不以犯罪为目的,而只是出于一般违法目的,只要是"以侵害户内人员的人身、财产为目的"而入户,而后实施抢劫的,均可认定为入户抢劫。这样规定,有利于更有力地保护公民的住宅安全,更严厉地打击入户抢劫犯罪。

针对第二个问题,即"前店后宅"或者"店宅共用"的情况下,如何认定户的问题。《指导意见》规定,对于部分时间从事经营、部分时间用于生活起居的场所,行为人在非营业时间强行入内抢劫或者以购物等为名骗开房门入内抢劫的,应认定为入户抢劫。对于部分用于经营、部分用于生活且之间有明确隔离的场所,行为人进入生活场所实施抢劫的,应认定为入户抢劫;如场所之间没有明确隔离,行为人在营业时间入内实施抢劫的,不认定为入户抢劫,但在非营业时间入内实施抢劫的,应认定为入户抢劫。司法实践中,各地法院基本上是按照这一原则认定"前店后宅"或者"店宅共用"是否属于户的性质的。《指导意见》只是在总结司法实践经验的基础上,以规范性文件的形式确认,以便各级法院审理此类案件时有据可依。

(二)关于在公共交通工具上抢劫

《抢劫解释》和《两抢意见》均对在公共交通工具上抢劫有过规定。其中,《抢劫解释》第二条规定,"在公共交通工具上抢劫",既包括在从事旅客运输的各种公共汽车,大、中型出租车,火车,船只,飞机等正在运营中的机动公共交通工具上对旅客、司售、乘务人员实施的抢劫,也包括对运行途中的机动公共交通工具加以拦截后,对公共交通工具上的人员实施的抢劫。《两抢意见》明确了公共交通工具的最基本特征,即"公共交通

司法文件选解读

工具承载的旅客具有不特定多数人的特点，"并补充规定，在未运营中的大、中型公共交通工具上针对司售、乘务人员抢劫的，或者在小型出租车上抢劫的，不属于在公共交通工具上抢劫。

《指导意见》在梳理《抢劫解释》和《两抢意见》的基础上，将两类情形下的大、中型交通工具纳入到公共交通工具范围，以更大程度地保护不特定多数人乘车时的人身财产安全。一是对于虽不具有商业营运执照，但实际从事旅客运输的大、中型交通工具，可认定为公共交通工具。这样规定，主要考虑运输运营者的无证运营行为虽然违法，但乘客的人身财产安全仍然应该受到充分保护，针对不特定多数人的抢劫犯罪行为仍然应该依法受到惩罚。二是接送职工的单位班车、接送师生的校车等大、中型交通工具，视为公共交通工具。司法实践中，对此类交通工具是否属于公共交通工具存在争议，主要原因是这些班车、校车不具有营业特征。经研究认为，这些班车、校车虽然不向社会开放，但车上人员仍然属于乘客的性质，车辆仍然属于运送旅客的车辆；乘坐人员虽然相对固定，但仍然具有不特定多数人的特征。特别是接送师生的校车，车上人身财产安全必须得到最大程度保护的观念，已经广泛地被全社会认同。

《指导意见》还特别规定，以暴力、胁迫或者麻醉等手段对公共交通工具上的特定人员实施抢劫的，一般应认定为在公共交通工具上抢劫。这样规定主要是考虑到，虽然其抢劫的具体对象是特定的，但抢劫的地点位于公共交通工具上，其对不特定多数人的人身、财产的危害性依然存在，并且该抢劫犯罪行为对处于运输状态的公共交通工具带来的危害是现实的，极易危害到公共安全。

(三) 关于抢劫数额的认定

关于抢劫数额巨大的认定问题,《抢劫解释》第四条规定,抢劫数额巨大的认定标准,参照各地确定的盗窃罪数额巨大的认定标准执行。《指导意见》在此基础上,又补充规定:抢劫数额以实际抢劫到的财物数额为依据。对以数额巨大的财物为明确目标,由于意志以外的原因,未能抢到财物或实际抢得的财物数额不大的,应同时认定抢劫数额巨大和犯罪未遂的情节,根据刑法有关规定,结合未遂犯的处理原则量刑。这样规定,既体现了抢劫数额是重要量刑情节,但不是唯一情节的原则,又体现了定罪量刑必须主客观相结合的原则,从而解决了司法解释中出现的以数额巨大的财物为抢劫目标但实际未能抢劫到巨大数额财物的抢劫案件,一律以实际抢劫到的财物为数额依据可能轻纵犯罪的做法。

关于抢劫信用卡的犯罪数额计算,《两抢意见》针对抢劫信用卡如何计算抢劫数额问题,专门作了规定,即:抢劫信用卡后使用、消费的,其实际使用、消费的数额为抢劫数额;抢劫信用卡后未实际使用、消费的,不计数额,根据情节轻重量刑。《指导意见》补充规定,由于行为人意志以外的原因无法实际使用、消费的部分,虽不计入抢劫数额,但应作为量刑情节考虑。这一规定,使得抢劫信用卡犯罪的惩处体系更加完备,即根据三种不同情况分别作不同的处理。一是卡内余额全部被消费、使用的,以其消费、使用金额为抢劫数额;二是卡内余额部分消费和使用的,对未消费、使用部分不计入抢劫数额,作为量刑情节考虑;三是抢劫信用卡后未消费和使用的,不计数额,根据情节轻重量刑。

由于银行业的繁荣、快速发展以及互联网的普及,银行转账或者电子支付、手机银行等支付平台完全可能成为抢劫犯罪分子获取抢劫财物的手段。针对这一新情况，《指导意见》规定：通过银行转账或者电子支付、手机银行等支付平台获取抢劫财物的，以行为人实际获取的财物为抢劫数额。

（四）关于冒充军警人员抢劫

《抢劫解释》和《两抢意见》均未对冒充军警人员抢劫作出过规定。司法实践中，冒充军警人员抢劫的案件却时有发生，如何认定行为人的行为是否属于冒充军警人员抢劫，各地做法不统一，理论界也未能达成一致。有的采取严格说，即只要行为人宣称自己是军警人员而实施抢劫的，一律认定为冒充军警人员抢劫。有的采取被害人感受说，即是否认定为冒充军警人员抢劫，以被害人是否充分地感受到行为人实施抢劫时的身份是军警人员为标准。经过充分调研和讨论，《指导意见》规定了一个比较客观、操作性较强的综合判断标准、常人判断标准。即认定冒充军警人员抢劫，要注重对行为人是否穿着军警制服、携带枪支、是否出示军警证件等情节进行综合审查，判断是否足以使他人误以为是军警人员。对于行为人仅穿着类似军警的服装或仅以言语宣称系军警人员但未携带枪支、也未出示军警证件而实施抢劫的，要结合抢劫地点、时间、暴力或威胁的具体情形，依照常人判断标准，确定是否认定为冒充军警人员抢劫。

一些学者提出，既然冒充军警人员抢劫作为法定加重处罚情节，真正的军警人员实施抢劫更要作为法定加重处罚情节。针对这一争议，《指导意见》依照刑法条文的本质含义，规定：军警人员利用自身的真实身份实施抢劫的，不认定为冒充军警人员抢劫，应依法从重处罚。

三、关于转化型抢劫犯罪的认定

刑法第二百六十九条规定,"犯盗窃、诈骗、抢夺罪,为窝藏赃物、抗拒抓捕或者毁灭罪证而当场使用暴力或者以暴力相威胁的",依照抢劫罪定罪处罚。但是,理论界和司法实务部门对如何认定转化型抢劫存在一定争议和不同做法。为此,《两抢意见》第五条规定,行为人实施盗窃、诈骗、抢夺行为,未达到数额较大,为窝藏赃物、抗拒抓捕或者毁灭罪证当场使用暴力或者以暴力相威胁,情节较轻、危害不大的,一般不以犯罪论处;但具有下列情节之一的,可依照刑法第二百六十九条的规定,以抢劫罪定罪处罚;(1)盗窃、诈骗、抢夺接近数额较大标准的;(2)入户或在公共交通工具上盗窃、诈骗、抢夺后在户外或交通工具外实施上述行为的;(3)使用暴力致人轻微伤以上后果的;(4)使用凶器或以凶器相威胁的;(5)具有其他严重情节的。

《指导意见》总结《两抢意见》实施多年来的经验,在《两抢意见》规定犯盗窃、诈骗、抢夺罪一般应达到数额较大的基础上,又从四个方面作了补充规定。

1. 犯盗窃、诈骗、抢夺罪是否必须既遂?《指导意见》规定:"犯盗窃、诈骗、抢夺罪",主要是指行为人已经着手实施盗窃、诈骗、抢夺行为,一般不考察盗窃、诈骗、抢夺行为是否既遂。但是所涉财物数额明显低于数额较大的标准,又不具有《两抢意见》第五条所列五种情节之一的,不构成抢劫罪。"当场"是指在盗窃、诈骗、抢夺的现场以及行为人刚离开现场即被他人发现并抓捕的情形。

2. 犯盗窃、诈骗、抢夺罪后,暴力程度不明显的摆脱行为如何处理?比较一致的意见是,不能一律认定为转化抢劫,而应该以行为人摆脱时是否造成伤害后果为认定依据。但依照何种伤害后果为依据，存在争论。第一种意见认为，只要造成轻微伤以上后果，就应认定为构成转化型抢劫。第二种意见认为，暴力程度不明显的摆脱行为，不是典型的使用暴力或者以暴力相威胁行为，典型的暴力或者以暴力相威胁行为是指，行为人对被害人或者抓捕人故意实施殴打、伤害等危及人体健康或者生命安全的行为，或者以实施这种暴力相威胁。《指导意见》采纳了第二种意见，以将摆脱行为与主动采取暴力或暴力相威胁的行为区别开来，并对暴力程度不明显的摆脱行为提高入罪门槛，即以造成轻伤以上后果为依据。据此，《指导意见》规定，对于以摆脱的方式逃脱抓捕，暴力强度较小，未造成轻伤以上后果的，可不认定为使用暴力，不以抢劫罪论处。

3. 入户或者在公共交通工具上犯盗窃、诈骗、抢夺罪的转化条件。《指导意见》规定，入户或者在公共交通工具上盗窃、诈骗、抢夺后，为了窝藏赃物、抗拒抓捕或者毁灭罪证，在户内或者公共交通工具上当场使用暴力或者以暴力相威胁的，构成入户抢劫或者在公共交通工具上抢劫。这一规定，突出了暴力行为的当场性。也就是说，即使在户内或者在公共交通工具上犯盗窃、诈骗、抢夺罪，但是如果已经离开户内或在公共交通工具的情况下实施暴力，就不能认定为入户抢劫或者在公共交通工具上抢劫。

4. 两人以上共同实施盗窃、诈骗、抢夺犯罪的转化条件。《指导意见》规定，两人以上共同实施盗窃、诈骗、抢夺犯罪，其中部分行为人为窝藏赃物、抗拒抓捕或者毁灭罪证而当场使用暴力或者以暴力相威胁的，对于其余行为人是否以抢劫罪共犯论处，主要看其对实施暴力或者以暴力相威胁的行为人是否形成共同犯意、提供帮助。基于一定意思联络，对实施暴力或者以暴力相威胁的行为人提供帮助或实际成为帮凶的，可以抢劫共犯论处。这样规定，一是强调共同犯罪转化的，须以行为人的共同转化意愿为前提，二是避免了客观归罪，即一人使用暴力，其他共同盗窃、诈骗、抢夺行为人未必一律转化为抢劫。

四、具有法定八种加重处罚情节的刑罚适用

根据刑法第二百六十三条的规定，具有抢劫致人重伤、死亡等八种法定加重处罚情节的，处十年以上有期徒刑、无期徒刑或者死刑，并处罚金或者没收财产。该条规定的量刑幅度非常大，如何把握，特别是如何把握无期徒刑和死刑的适用条件，实践中存在一定的困惑，而且法官的自由裁量权较大，缺少一定的制约性规定。为此，《指导意见》规定了适用无期徒刑和死刑的条件，可操作性非常强。至于不符合判处无期徒刑以上刑罚的案件，则由法官根据量刑规范性的有关规定依法判处即可。据此，《指导意见》从量刑原则、无期徒刑以上刑罚的适用条件、死刑适用等三个方面作了详细而又严格的规定。

1. 此类案件的量刑原则。《指导意见》要求，对具有抢劫致人重伤、死亡等八种法定加重处罚情节的，应当根据抢劫的次数及数额、抢劫对人身的损害、对社会治安的危害等情况，结合被告人的主观恶性及人身危险程度，并根据量刑规范化的有关规定，确定具体的刑罚。判处无期徒刑以上刑罚的，一般应并处没收财产。

2. 判处无期徒刑以上刑罚的适用条件。《指导意见》依照罪责刑相适应的原则，在刑法规定的量刑框架内，参照量刑规范化的方法，根据"严格控制仅具有一种法定加重处罚情节的适用无期徒刑以上刑罚"的思路，细化了判处无期徒刑以上刑罚的适用条件，从而防止了量刑上的随意性。《指导意见》规定：具有下

列情形之一的,可以判处无期徒刑以上刑罚:(1)抢劫致三人以上重伤,或者致人重伤造成严重残疾的;(2)在抢劫过程中故意杀害他人,或者故意伤害他人,致人死亡的;(3)具有除抢劫致人重伤、死亡外的两种以上加重处罚情节,或者抢劫次数特别多、抢劫数额特别巨大的。需要说明的是,刑法条文和以往的司法解释、规范性司法文件均未出现过"抢劫次数特别多""抢劫数额特别巨大"的用词。我们认为,抢劫数额特别巨大,可以参考盗窃罪数额巨大的认定标准来确定。而抢劫次数特别多则没有参考依据,可根据具体案件的具体情况确定。但是,有一点是明确的:次数特别多,指的是非常多而不是一般多,比如几十次。各地在如何认定抢劫数额特别巨大、抢劫次数特别多的问题上,可加强总结,待条件成熟时,可由最高人民法院统一规定具体认定标准。

3. 适用死刑的条件。抢劫罪如何适用死刑,一直是有争议的。但是,司法实践中已经比较成熟的做法是,在一般情况下,"没有人命就不判死刑"。我们认为,这一经验值得总结,但是不能反过来说,有人命就必须判处死刑。在广泛征求意见、充分总结经验的基础上,《指导意见》对抢劫案件的死刑适用提出了非常严格的标准。其内容主要体现在三个方面:(1)具有抢劫致人死亡情节为抢劫案件适用死刑的重点,但并非凡是具有致人死亡情节的一律判处死刑。《指导意见》规定,为劫取财物而预谋故意杀人,或者在劫取财物过程中为制服被害人反抗、抗拒抓捕而杀害被害人,且被告人无法定从宽处罚情节的,可依法判处死刑立即执行。对具有自首、立功等法定从轻处罚情节的,判处死刑立即执行应当慎重。对于采取故意杀人以外的其他手段实施抢劫并致人死亡的案件,要从犯罪的动机、预谋、实行行为等方面分析被告人主观恶性的大小，并从有无前科及平时表现、认罪悔罪情况等方面判断被告人的人身危险程度，不能不加区别，仅以出现被害人死亡的后果，一律判处死刑立即执行。(2) 对具有抢劫致人重伤情节的案件适用死刑，除非有特殊情节，否则一般不适用死刑。《指导意见》规定，抢劫致人重伤案件适用死刑，应当更加慎重、更加严格，除非具有采取极其残忍的手段造成被害人严重残疾等特别恶劣的情节或者造成特别严重后果的，一般不判处死刑立即执行。司法实务中，要避免简单以重伤人数决定是否适用死刑的做法，坚持以"具有采取极其残忍的手段造成被害人严重残疾等特别恶劣的情节或者造成特别严重后果"为抢劫致人重伤案件适用死刑的条件。(3) 对不具有抢劫致人重伤、死亡情节的抢劫案件，一般排除死刑适用。不能简单以法定加重处罚情节的种数或者抢劫数额、抢劫次数作为适用死刑的条件。据此，《指导意见》规定，具有刑法第二百六十三条规定的抢劫致人重伤、死亡以外其他七种加重处罚情节，且犯罪情节特别恶劣、危害后果特别严重的，可依法判处死刑立即执行。认定情节特别恶劣、危害后果特别严重，应当从严掌握，适用死刑必须非常慎重、非常严格。

五、关于抢劫共同犯罪的刑罚适用

《抢劫解释》和《两抢意见》均未对抢劫共同犯罪如何适用刑罚作出规定。考虑到司法实践中，共同抢劫犯罪的案件数量非常多，新情况、新问题也不少，为进一步加强对这方面的审判指导，同时也可供审理其他共同犯罪案件借鉴，《指导意见》根据刑法关于共同犯罪的有关规定，结合司法实践经验，对主从犯的区分，对同是主犯及同是从犯的罪责区分、刑罚适用以及共同抢劫只致一人死亡的死刑适用作了详细的规定。

1. 主从犯的区分。《指导意见》指出，审理抢劫共同犯罪案件，应当充分考虑共同犯罪的情节及后果、共同犯罪人在抢劫中的作用以及被告人的主观恶性、人身危险性等情节，做到准确认定主从犯，分清罪责，以责定刑，罚当其罪。实务中，审判人员要依照刑法关于主从犯的规定，依照《指导意见》提供的方法论，准确区分主从犯。

另外，《指导意见》还对共同犯罪中有同案被告人未到案的，如何区分罪责及如何量刑作了规定，指出：应当根据现有证据尽量分清在押犯与在逃犯的罪责，对在押犯应按其罪责处刑。罪责确实难以分清，或者不排除在押犯的罪责可能轻于在逃犯的，对在押犯适用刑罚应当留有余地，判处死刑立即执行要格外慎重。

2. 对同是主犯及同是从犯的罪责区分、刑罚适用。《指导意见》针对抢劫案件常常出现一案有两名以上主犯或者从犯，而实务中不太注意对罪责再作细分的实际情况，规定了如何更加细分罪责的内容。一案中有两名以上主犯的，要从犯罪提意、预谋、准备、行为实施、赃物处理等方面区分出罪责最大者和较大者。对于一案有两名以上从犯的，要在从犯中区分出罪责相对更轻者和较轻者。

对于从犯的处罚，刑法第二十七条规定，应当从轻、减轻或者免除处罚，《指导意见》根据抢劫犯罪同时侵犯公民人身、财产权益，社会危害性相对其他侵财型案件更大的实际，要求根据案件的具体事实、从犯的罪责，确定从轻还是减轻处罚。也就是说，对抢劫案件的从犯，一般情况下不适用免除处罚。只有具有自首、立功或者未成年人且初次抢劫等情节的从犯，才可以依法免除处罚。这样规定，更加限缩了法官自由裁量权的空间，特别是避免了法官随意对抢劫犯罪从犯适用免除处罚的可能性。

3. 共同致一人死亡案件如何适用死刑？《指导意见》确立了一般只判处一名主犯死刑的原则，即除犯罪手段特别残忍、情节及后果特别严重、社会影响特别恶劣、严重危害社会治安的外，一般只对共同抢劫犯罪中作用最突出、罪行最严重的那名主犯判处死刑立即执行。罪行最严重的主犯如因系未成年人而不适用死刑，或者因具有自首、立功等法定从宽处罚情节而不判处死刑立即执行的，不能不加区别地对其他主犯判处死刑立即执行。

六、关于累犯等情节的适用

根据刑法第六十五条第一款的规定，对累犯应当从重处罚。但是，如何从重，从重的力度如何掌握，在实务中，有时有一定的随意性。针对抢劫犯罪的具体情况，《指导意见》对累犯的从重处罚，制定了三个适用原则。

1. 综合考虑原则。抢劫犯罪被告人具有累犯情节的，适用刑罚时要综合考虑犯罪的情节和后果，所犯前后罪的性质、间隔时间及判刑轻重等情况，决定从重处罚的力度。

2. 考察前罪犯罪性质原则。对于前罪系抢劫等严重暴力犯罪的累犯，应当依法加大从重处罚的力度。对于虽不构成累犯，但具有抢劫犯罪前科的，一般不适用减轻处罚和缓刑。

3. 累犯对死刑适用的作用有限原则。对于可能判处死刑的罪犯具有累犯情节的也应慎重，不能只要是累犯就一律判处死刑立即执行；被告人同时具有累犯和法定从宽处罚情节的，判处死刑立即执行应当综合考虑，从严掌握。

七、关于抢劫案件附带民事赔偿的处理原则

抢劫案件的被告人积极赔偿并获被害人或家属谅解的，能否在量刑上有所体现，这是司法实践中争议比较多的一个问题。对此，主要从三个方面考虑。（1）坚持将抢劫犯罪的民事赔偿区别于其他刑事案件民事赔偿的原则。抢劫犯罪一般是对社会上不特定人员的犯罪，犯罪性质严重，社会危害性大，民事赔偿对于量刑所起的作用应当有别于其他刑事案件，尤其应当有别于因民间纠纷引发的刑事案件。（2）坚持人民法院一般不主动做调解工作原则。这是由抢劫犯罪的性质和社会危害性所决定的，也体现法院审理抢劫案件始终保持严厉打击的高压态势。当然，也不反对被告人与被害方自动达成民事赔偿协议。（3）坚持民事赔偿对量刑的影响有限原则。由于每个具体的抢劫案件仍然有特定的被害人，对这些具体案件的特定被害人，能否及时进行救治、经济损失能否得到必要补偿、精神伤害能否得到抚慰，都是有意义的。而被告人的民事赔偿情况，确实也能反映出被告人主观恶性和人身危险程度的高低，体现出其认罪、悔罪态度，故在特定条件下，亦可作为量刑考虑情节。但是，在最终决定从轻与否以及从轻处罚的力度时，不能脱离被告人的犯罪事实、犯罪性质、犯罪情节、犯罪后果以及对裁判的预判和评价。特别是对罪行极其严重、社会危害极大的案件，不能简单地依据被告人的民事赔偿情况或者被害人及其亲属对被告人的谅解决定量刑的轻重，更不能因此而决定是否判处死刑，要绝对杜绝"花钱买命"的现象。根据以上理由，《指导意见》规定：要妥善处理抢劫案件附带民事赔偿工作。审理抢劫刑事案件，一般情况下人民法院不主动开展附带民事调解工作。但是，对于犯罪情节不是特别恶劣或者被害方生活、医疗陷入困境，被告人与被害方自行达成民事赔偿和解协议的，民事赔偿情况可作为评价被告人悔罪态度的依据之一，在量刑上酌情予以考虑。

解读《人民检察院强制医疗执行检察办法（试行）》

最高人民检察院刑事执行检察厅有关负责人

2016年6月，最高人民检察院正式印发《人民检察院强制医疗执行检察办法（试行）》（以下简称《办法》）。刑罚执行监督、刑事强制措施执行监督、强制医疗执行监督构成刑事执行监督的三大组成部分。刑罚执行监督工作的主要规范性文件是《人民检察院监狱检察办法》和《人民检察院监外执行检察办法》，刑事强制措施执行监督工作的主要规范性文件是《人民检察院看守所检察办法》。《办法》是强制医疗执行监督工作的主要规范性文件，自此，刑事执行检察三大监督职责都实现了有章可循。为了便于正确理解和适用《办法》，现将《办法》的起草背景与过程、有关问题和主要内容说明如下：

一、《办法》的制定背景与过程

2012年修改后刑事诉讼法赋予检察机关对强制医疗执行实行监督的职能，《人民检察院刑事诉讼规则（试行）》（以下简称《规则》）规定强制医疗执行监督职能由刑事执行检察部门承担。实践中，精神病人肇事肇祸多发，有的甚至多次肇事肇祸，严重危害社会公共安全，特别是严重危害人民群众生命财产安全，而目前对于这类特殊人群的管理相对薄弱。司法实践中，有的精神病人虽然被法院依法决定强制医疗,但是因为法院、公安机关交付执行不到位或者该地区没有专门的强制医疗机构,导致有的被决定强制医疗的人没有被送到强制医疗机构执行强制医疗,成为社会治安的重大隐患。因此,检察机关应当加强对强制医疗执行活动的监督,保证国家法律在强制医疗执行活动中正确实施,维护被强制医疗人的合法权利,保障强制医疗执行活动依法进行。同时,各地检察机关也反映,在检察监督工作中,由于法律法规不够完善,对强制医疗执行监督的规定还比较原则、抽象,影响和制约了强制医疗执行检察监督工作的有效开展,呼吁最高人民检察院尽快制定相关规范性文件,加强和规范强制医疗执行检察工作。鉴于此,最高人民检察院制定出台关于强制医疗执行检察的规范性文件,变得十分必要。

根据《最高人民检察院关于深化检察改革的意见(2013—2017年工作规划)》及工作方案,最高人民检察院将"完善对强制医疗执行的监督机制"作为一项检察改革任务,确定由刑事执行检察厅作为牵头部门。2014年初,最高人民检察院刑事执行检察厅在深入调研的基础上,根据刑事诉讼法和《规则》等有关规定,起草了《办法》初稿。随后,刑事执行检察厅就《办法》初稿分别征求了全国32个省级检察院刑事执行检察部门的意见,再次修改后,又两次征求了最高人民法院研究室、公安部法制局以及最高人民检察院有关内设机构的意见,并经三次厅务会研究讨论,反复修改完善,形成了《办法》审议稿。2016年5月13日,最高人民检察院检察委员会审议通过《办法》,并于6月正式印发各地。

二、《办法》中需要说明的几个问题

(一) 关于强制医疗执行检察监督的对象和监督方式

目前,法律、法规尚未对强制医疗机构的名称、设置和管理体制作出明确规定。2013年,公安部发文要求各地将原来收治被强制医疗的精神病人的"安康医院"统一更名为"强制医疗所"。当年7月,国务院办公厅转发了中央综治办、公安部、卫生计生委等11个部门《关于加强肇事肇祸等严重精神障碍患者救治救助工作的意见》(国办〔2013〕68号),要求被法院决定强制医疗的精神病人应在公安机关强制医疗所或指定的精神卫生医疗机构执行强制医疗,尚未建立强制医疗所的省(区、市)地方政府要抓紧指定至少一所精神卫生医疗机构履行强制医疗职能,并要求地方政府加强强制医疗所建设。目前,全国仅有19个省(区、市)设有属于公安机关管辖的26家强制医疗所(或者安康医院),其中部分还是地市级政府设置的,其他12个省(区、市)均没有专门的强制医疗机构。有的地方只好由政府临时指定普通的精神卫生医疗机构执行。同时,这也导致检察机关强制医疗执行监督的对象不明确。鉴于此,《办法》第六条对强制医疗执行监督的对象和监督方式作了相对灵活的规定,明确将强制医疗所和受政府指定临时履行强制医疗职能的精神卫生医疗机构纳入监督范围,因此,《办法》中的"强制医疗机构"包括强制医疗所和受政府指定临时履行强制医疗职能的精神卫生医疗机构。考虑到不同地区强制医疗机构收治被强制医疗人的人数、设施条件和检察人员力量不一的实际情况,《办法》第六条规定检察院对强制医疗所可以实行派驻检察或者巡回检察,对受政府指定临时履行强制医疗职能的精神卫生医疗机构应当实行巡回检察。

(二)关于如何防止和纠正"被精神病"和"假精神病"的问题

根据刑事诉讼法第二百八十五条的规定,强制医疗一般由公安机关提出意见,检察机关向法院提出强制医疗的申请,法院经审理作出是否强制医疗的决定。但在实践中,会出现"被精神病"和"假精神病"的问题:一是对于没有精神病的正常公民,有关机关以其有精神病为名,通过非法程序或者"法定"的强制医疗程序,将其送到强制医疗机构进行强制医疗。二是对于实施暴力行为危害公共安全或者严重危害公民人身安全构成犯罪,且具有刑事责任能力或者限制刑事责任能力的人,其亲友通过非法途径或者司法工作人员徇私枉法,将其鉴定为不具有刑事责任能力的精神病人,然后被法院决定强制医疗。为了保护公民的合法权益,维护司法公正,检察机关对这两种问题都应当进行监督。因此,为了防止和纠正正常公民"被精神病"和依法应当被追究刑事责任的人成为"假精神病"的问题,《办法》第九条规定,检察院发现强制医疗机构收治未被法院决定强制医疗的人的,应当依法及时提出纠正意见;第二十二条规定,检察院发现被强制医疗人不符合强制医疗条件,法院作出的强制医疗决定可能错误的,应当将有关材料转交作出强制医疗决定的法院的同级检察院,收到材料的检察院公诉部门应当限期审查,并将审查情况和处理意见书面反馈负责强制医疗执行监督的检察院。

(三)关于对强制医疗机构对被强制医疗人使用约束措施的监督问题

对强制医疗机构对被强制医疗人使用约束措施,要不要监督,存在争议。精神卫生法第四十条规定:"精神障碍患者在医疗机构内发生或者将要发生伤害自身、危害他人安全、扰乱医疗秩序的行为,医疗机构及其医务人员在没有其他可替代措施的情况下,可以实施约束、隔离等保护性医疗措施。实施保护性医疗措施应当遵循诊断标准和治疗规范,并在实施后告知患者的监护人。禁止利用约束、隔离等保护性医疗措施惩罚精神障碍患者。"根据这一规定,对被强制医疗人使用约束措施是有明确法律规定的,因此,《办法》第十二条明确规定强制医疗机构"违反规定对被强制医疗人使用约束措施"是检察院应当提出纠正意见的违法情形之一。

(四)关于检察人员应否与被强制医疗人谈话的问题

考虑到实践中有的被强制医疗人无民事行为能力,其谈话没有法律效力,但有的被强制医疗人经过一段时间治疗后能够恢复部分民事行为能力或者完全民事行为能力,从强制医疗执行检察的工作实际出发,检察人员与被强制医疗人谈话,可以了解强制医疗机构及其工作人员是否有违法情形,可以受理其控告、举报和申诉等。因此,《办法》第八条、第十一条等将检察人员与被强制医疗人谈话作为强制医疗交付执行、医疗、监管活动检察的方法之一。此外,对于被强制医疗人主动约见检察官或者向检察人员提出控告、举报、申诉的,《办法》第二十条规定,检察人员应当及时与要求约见的被强制医疗人谈话,听取情况反映,受理其控告、举报、申诉。

(五)关于对 2012 年底前强制医疗决定执行的监督问题

2012 年底以前被公安机关依据刑法第十八条第一款的规定决定强制医疗的精神病人,目前还有很多人在强制医疗机构内继续被执行强制医疗。检察机关对这一部分精神病人被执行强制医疗的活动是否要监督,存在两种不同意见。第一种意见认为,强制医疗是 1997 年刑法规定的刑事措施,为保护这部分被强制医疗人的合法权益,根据刑法和刑事诉讼法的立法规定精神,检察机关应当对其被执行强制医疗的活动实行监督。第二种意见认为,强制医疗执行监督是修改后刑事诉讼法赋予检察机关的职责,对于 2012 年底以前强制医疗决定的执行,检察机关监督缺乏法律依据,因此不应当监督。《办法》采纳了第一种意见,在第二十八条规定,对 2012 年 12 月 31 日以前公安机关依据刑法第十八条的规定决定强制医疗且 2013 年 1 月 1 日以后仍在强制医疗机构被执行强制医疗的精神病人,检察院应当对其被执行强制医疗的活动实行监督。

三、《办法》的主要内容

《办法》共计 31 条,分为八章,包括:总则,交付执行检察,医疗、监管活动检察,解除强制医疗活动检察,事故、死亡检察,受理控告、举报和申诉,纠正违法和检察建议,附则。各章的主要内容是:

第一章为"总则"。主要规定了《办法》的制定目的与依据,强制医疗执行检察的任务、职责,强制医疗执行检察的监督主体与职责分工,检察机关内部各部门间信息通报、协调配合机制,以及检察方式等。《办法》第三条规定强制医疗执行检察的职责包括:对法院、公安机关的交付执行活动以及强制医疗机构的收治、医疗、监管等活动是否合法实行监督,对强制医疗执行活动中发生的职务犯罪案件进行侦查等。因为强制医疗机构的工作人员行使法定的强制医疗执行职权,属于国家工作人员,在强制医疗实践中会发生虐待被监管人(即被强制医疗人)、玩忽职守、滥用职权以及贪污贿赂等职务犯罪,所以检察院刑事执行检察部门应当依法对这些职务犯罪进行立案侦查,追究有关人员的刑事责任。《办法》第四条规定,对强制医疗执行活动的监督职责由检察院刑事执行检察部门负责,同时明确了对法院和公安机关强制医疗交付执行活动的监督由同级检察院负责,以体现同级对等监督原则,交付执行监督职责具体也应当由刑事执行检察部门承担。

第二章为"交付执行活动检察"。强制医疗交付执行活动是强制医疗的起始阶段,分为"交、送、收"三个环节,即交付法律文书、送交执行和收治活动,分别由法院、公安机关和强制医疗机构负责。法院作出强制医疗决定后应将有关法律文书交付公安机关,公安机关应将被决定强制医疗的人送交强制医疗机构执行,强制医疗机构应依法收治被决定强制医疗的人。因此,本章规定了检察机关对交付法律文书、送交执行和收治活动检察的内容、方法和应当纠正的违法情形。

第三章为"医疗、监管活动检察"。本章规定了检察机关对强制医疗机构的医疗、监管活动检察的内容、方法和应当纠正的违法情形。强制医疗主要包括两个方面内容:一是对被强制医疗人进行医疗,二是对被强制医疗人进行监管,防止其再次发生危害社会、他人的行为。因此,对被强制医疗人进行医疗和监管既是强制医疗执行的内容,也是强制医疗执行检察监督的主要内容。为保障被强制医疗人的合法权利,维护强制医疗机构的监管安全,《办法》第十二条规定,检察院发现强制医疗机构有殴打、体罚、虐待或者变相体罚、虐待被强制医疗人,违反规定对被强制医疗人使用约束措施,没有依照规定保障被强制医疗人生活标准,没有定期对被强制医疗人进行诊断评估,强制医疗工作人员的配备以及医疗、监管安全设施、设备不符合有关规定等违法情形的,应当依法及时提出纠正意见。

第四章为"解除强制医疗活动检察"。根据强制医疗执行的工作流程,强制医疗执行分为交付执行、执行(即医疗与监管被强制医疗人)和解除执行三个环节。本章主要规定对强制医疗机构的解除执行强制医疗活动进行检察的内容、方法以及解除环节容易出现的应当纠正的违法情形,包括:强制医疗机构对不需要继续强制医疗的被强制医疗人没有及时向决定强制医疗的法院提出解除意见或者对需要继续强制医疗的被强制医疗人不应当提出解除意见而向法院提出解除意见，收到法院作出的解除强制医疗决定书后不立即解除强制医疗等。需要特别说明的是，检察院对于法院解除强制医疗的活动应当进行监督，但是考虑到法院审理解除强制医疗案件的活动属于审判活动，不属于强制医疗执行活动，因此本《办法》没有规定检察院对法院解除强制医疗活动进行监督的内容。

第五章为"事故、死亡检察"。本章参照《人民检察院监狱检察办法》《人民检察院看守所检察办法》，规定了检察机关对强制医疗机构中被强制医疗人脱逃、群体性病疫、伤残、非正常死亡等事故检察的内容和检察方法。考虑到强制医疗所是一种特殊的监管场所，被强制医疗人也是一种特殊的被监管人，因此，《办法》第十八条明确规定"被强制医疗人在强制医疗期间死亡的，依照最高人民检察院关于监管场所被监管人死亡检察程序的规定进行检察"。

第六章为"受理控告、举报和申诉"。本章主要规定了检察机关如何办理被强制医疗人及其法定代理人、近亲属向检察机关提出的控告、举报和申诉，以及对强制医疗决定可能错误的处理程序。在强制医疗执行监督工作中，会出现刑事执行检察部门发现法院的强制医疗决定可能错误或者收到被强制医疗人及其法定代理人、近亲属不服强制医疗决定的申诉的情形，这两种情形不属于强制医疗执行监督的内容，而是属于检察院公诉部门具体负责的强制医疗决定监督的内容。为了体现检察机关内部各业务部门之间的协调配合，《办法》第十九条和第二十二条规定，刑事执行检察部门应当将不服强制医疗决定的申诉和强制医疗决定可能错误的有关材料转交作出强制医疗决定的法院的同级检察院公诉部门审查处理，并及时将办理情况反馈申诉人。为拓宽强制医疗执行监督信息的来源渠道，方便当事人控告、举报和申诉，《办法》第二十条规定了检察官信箱与谈话制度，即检察院应当在强制医疗机构设立检察官信箱，接收控告、举报、申诉等有关信件，检察人员应当定期开启检察官信箱，应当及时与要求约见的被强制医疗人及其法定代理人、近亲属等谈话。

第七章为"纠正违法和检察建议"。本章规定了检察机关发现强制医疗机构、公安机关、法院等被监督单位在强制医疗活动中的违法情形后提出纠正意见的程序制度，被监督单位对纠正违法意见书面异议的复议和复核制度，检察机关发现强制医疗执行活动中执法不规范、安全隐患等问题的检察建议制度等。为了体现监督制约关系，解决监督争议，《办法》第二十四条规定：被监督单位对检察院的纠正违法意见书面提出异议的，检察院应当及时复议。被监督单位对于复议结论仍有异议的，可以向上一级检察院申请复核。上一级检察院应当及时作出复核决定，并通知被监督单位和下一级检察院。

第八章为"附则"。本章主要规定了强制医疗执行检察有关工作制度和其他不便于放入其他章的内容，包括：被强制医疗人的定义；对2012年底前强制医疗决定执行的监督；对公安机关临时保护性约束措施的监督；检察人员违纪违法的责任追究制度等。《办法》第三十条规定了强制医疗执行监督责任制，有利于规范检察人员的监督行为，防止检察人员不履行或者不认真履行监督职责等问题的发生。

最高人民法院、最高人民检察院、公安部、司法部有关负责人就《关于推进以审判为中心的刑事诉讼制度改革的意见》答记者问

最高人民法院、最高人民检察院、公安部、国家安全部、司法部近日联合印发《关于推进以审判为中心的刑事诉讼制度改革的意见》（以下简称改革意见）。这一改革意见是怎样出台的？主要亮点是什么？对于防范冤假错案、维护司法公正有着怎样的意义？对此，记者采访了最高人民法院、最高人民检察院、公安部、司法部有关负责人。

问：改革意见有哪些特点？

答：推进以审判为中心的诉讼制度改革，是党的十八届四中全会部署的重大改革任务。今年6月27日，中央全面深化改革领导小组第25次会议审议通过《关于推进以审判为中心的刑事诉讼制度改革的意见》。

改革意见有四大特点：一是牢牢把握改革的正确方向，立足我国国情和司法实际，坚持公检法三机关分工负责、互相配合、互相制约的宪法原则不动摇，在我国社会主义司法制度和刑事诉讼制度自我完善的基本框架内进行制度机制的完善。二是涵盖内容十分丰富，涉及侦查、起诉、审判、辩护、法律援助、司法鉴

定等多个领域、多个环节。三是始终坚持问题导向，围绕冤假错案暴露出的有罪推定等错误司法理念不同程度存在，关键性诉讼制度未能真正落到实处，侦查、起诉、审判等职能作用未能得到充分发挥等问题，有针对性地从贯彻证据裁判要求、规范侦查取证、完善公诉机制、发挥庭审关键作用、尊重和保障辩护权和当事人诉讼权利义务等方面提出改革举措。四是注重统筹兼顾，坚持惩治犯罪与保障人权、司法公正与司法效率、实体公正与程序公正、司法文明进步与维护社会大局稳定相统一，既充分考虑现实条件，又遵循诉讼原理和司法规律，力争各项改革措施切实可行。

问：就侦查环节而言，改革意见提出了哪些要求？

答：建立以审判为中心的诉讼制度改革，不仅对庭审提出了要求，同时强调从刑事诉讼的源头开始，就必须按照裁判要求和标准，全面、规范地收集、固定、审查、运用证据，确保案件裁判公平正义。

一是依法全面客观及时收集证据。改革意见要求，侦查机关应当全面、客观、及时收集与案件有关的证据，严格排除非法证据，并强调所有证据应当妥善保管，随案移送，为公正裁判奠定坚实基础。为进一步规范侦查机关取证行为，保证取证合法性，改革意见提出探索建立命案等重大案件检查、搜查、辨认、指认等过程录音录像制度。通过对有关侦查活动过程录音录像，有效固定和还原侦查机关侦办重大案件时收集、提取证据的过程，进一步增强相关证据的证明力和说服力，促使办案人员规范取证。此外，改革意见对建立健全符合裁判要求、适应各类案件特点的证据收集指引，完善技术侦查证据的移送、审查、法庭调查和使用规则，统一司法鉴定标准和程序以及完善见证人制度等提出了要求。

二是完善讯问制度。改革意见要求，严格按照有关规定要求，在规范的讯问场所讯问犯罪嫌疑人。严格依照法律规定对讯问过程全程同步录音录像，逐步实行对所有案件的讯问过程全程同步录音录像。为严防刑讯逼供，改革意见还提出探索建立重大案件侦查终结前对讯问合法性进行核查制度。

三是保障当事人、辩护人的诉讼权利。改革意见强调，要健全当事人、辩护人和其他诉讼参与人的权利保障制度；在案件侦查终结前，犯罪嫌疑人提出的无罪或者罪轻的辩解，辩护律师提出的犯罪嫌疑人无罪或者依法不应追究刑事责任的意见，侦查机关应当依法予以核实。

问：从检察职能角度来看，改革意见有何亮点举措？

答：第一，着眼于规范侦查取证行为，改革意见提出一系列防范刑讯逼供制度机制。一是针对实践中对证明标准把握不统一的问题，要求建立健全符合裁判要求、适应各类案件特点的证据收集指引。二是为确保讯问合法进行，要求完善讯问制度。三是首次提出探索建立重大案件侦查终结前讯问合法性核查制度，对公安机关、国家安全机关和人民检察院侦查的重大案件，由人民检察院驻看守所检察人员讯问犯罪嫌疑人，核查是否存在刑讯逼供、非法取证情形，并同步录音录像。

第二，着眼于防止案件"带病"进入审判程序，提出一系列加强检察机关审前把关和发挥过滤功能的制度机制。一是完善补充侦查制度，进一步明确退回补充侦查的条件，建立人民检察院退回补充侦查引导和说理机制；规范补充侦查行为，对于确实无法查明的事项，公安机关、国家安全机关应当书面向人民检察院说明理由。二是完善不起诉制度，规定对未达到法定证明标准的案件，人民检察院应当依法作出不起诉决定，防止事实不清、证据不足的案件进入审判程序。三是完善撤回起诉制度，规范撤回起诉的条件和程序。

第三，着眼于推进案件繁简分流，提出进一步完善公诉机制、优化司法资源配置的制度机制。为完善刑事案件认罪认罚从宽制度，有必要探索被告人认罪与不认罪案件相区别的出庭公诉模式。意见强调，进一步完善公诉机制，对被告人不认罪的，人民检察院应当强化庭前准备和当庭讯问、举证、质证；完善刑事案件速裁程序和认罪认罚从宽制度。

第四，着眼于发挥检察机关法律监督的职能作用，提出完善人民检察院对侦查活动和刑事审判活动的监督机制。

问：立足法院审判工作，改革意见如何推进以审判为中心的刑事诉讼制度改革？

答：根据改革意见，法院审判工作要重点抓好四方面：第一，严格贯彻证据裁判原则的要求。首先，严格执行法定的证据采纳标准，把好证据审查判断关。其次，严格执行法定的证明标准，依法准确认定案件事实。再次，严格落实疑罪从无原则，切实防范冤假错案发生。人民法院应当坚持严格依法裁判，杜绝疑罪从有、从轻、从挂等错误做法，真正做到有罪则判，无罪放人，不得违心下判或作出留有余地的判决。

第二，着力提高人权司法保障水平。首先，严格实行非法证据排除规则，切实防止刑讯逼供、非法取证。改革意见重申法律规定的非法证据排除规则，并对完善讯问程序提出明确要求。法院应当严格落实法律规定，对各类非法证据依法认定、严格排除，促使办案人员严格执行法定取证程序。同时要立足司法实践，进一步明确非法证据的范围和认定标准，减少非法证据排除规则适用中的法律争议。其次,完善值班律师制度,依法维护被告人的合法权益。重视发挥值班律师的职能作用,有效减少审判过程中的程序性争议。再次,完善法律援助制度,依法保障被告人的辩护权。健全依申请法律援助工作机制和办案机关通知辩护工作机制,依法保障辩护人在庭审中发问、质证、辩论辩护等权利,完善便利辩护人参与诉讼的工作机制。

第三,充分发挥庭审在查明事实、认定证据、保护诉权、公正裁判中的决定性作用。首先,要完善证人、鉴定人、侦查人员出庭作证制度,积极推进庭审实质化。要积极推动关键证人出庭作证,落实强制证人到庭制度,完善出庭作证保障机制,有效解决证人出庭率等问题。其次,要规范法庭审理程序,落实公正审判的内在要求。根据改革意见,要规范法庭调查程序,证明被告人有罪或者无罪、罪轻或者罪重的证据,都应当在法庭上出示,依法保障控辩双方质证权利;要完善法庭辩论规则,依法保障被告人及其辩护人的辩护辩论权,有效解决争议问题;要完善当庭宣判和定期宣判制度,真正做到"诉讼证据出示在法庭""案件事实查明在法庭""控辩意见发表在法庭""裁判结果形成在法庭"。

第四,完善审判程序繁简分流机制。充分发挥庭前会议功能,有效解决程序性争议。完善刑事案件速裁程序和认罪认罚从宽制度。积极总结试点经验,完善认罪认罚从宽制度的实施机制。

问:改革意见对于发挥司法行政职能作用、切实维护司法公正有何重要意义?

答:立足司法行政机关职责,推进以审判为中心的刑事诉讼制度改革主要涉及律师辩护、法律援助和司法鉴定三方面。

第一,进一步强化律师在刑事诉讼中的职能作用。

强化律师在侦查阶段的辩护职责。改革意见突出了律师辩护意见的重要性,明确了侦查机关对律师意见"应当依法予以核实"的要求,将为律师在侦查阶段发挥有效作用创造积极条件。

强化辩护律师在法庭调查中质证权。改革意见对于有效解决当前律师辩护中存在的"发问难"和"质证难"问题,促进庭审实质化具有重要作用。

强化辩护律师在庭审中的辩论权。改革意见对增强律师辩护的有效性、维护当事人合法权益产生积极影响。

强化辩护律师诉讼权利保障。改革意见提出要依法保障辩护人会见、阅卷、收集证据和发问、质证、辩论辩护等权利,完善便利律师参与诉讼的工作机制。

强化律师的行为规范。改革意见规定,辩护人不得帮助犯罪嫌疑人、被告人隐匿、毁灭、伪造证据或者串供,不得威胁引诱证人作伪证以及进行其他干扰司法机关诉讼活动的行为。对于实施上述行为的,应当依法追究法律责任。

第二,进一步强化法律援助的职能作用。

在推进以审判为中心的诉讼制度改革中,刑事辩护率低,部分犯罪嫌疑人、被告人无法及时获得法律帮助等问题依然比较突出。为此,改革意见提出建立法律援助值班律师制度,完善法律援助制度。这一规定将对充分保证犯罪嫌疑人、被告人依法及时获得法律帮助发挥重要作用。

第三,进一步强化司法鉴定的职能作用。

长期以来,刑事诉讼中存在不同鉴定机构在程序、标准上不统一的问题,一定程度上影响了诉讼效率和司法公信力。为此,改革意见提出要统一司法鉴定程序,落实鉴定人出庭作证制度,提高出庭作证率。这对于进一步规范司法鉴定活动、统一证据裁判规则、防止因鉴定问题导致冤假错案、有效维护被告人的辩护权具有重要作用。

同时，改革意见提出建立证人、鉴定人等作证补助专项经费划拨机制，弥补了鉴定人在刑事审判中出庭作证费用有关法律规定和制度规范的不足，有利于调动鉴定人出庭积极性，提高鉴定人出庭作证率和审判效率。

【民事】

解读《最高人民法院关于认可和执行台湾地区法院民事判决的规定》

邰中林 李赛敏[*]

《最高人民法院关于认可和执行台湾地区法院民事判决的规定》（法释〔2015〕13号，以下简称本解释）于2015年6月30日发布，同年7月1日起施行。为正确理解和准确适用好这一司法解释，现对有关问题说明如下。

一、关于制定背景

两岸间民事裁判的相互认可和执行，对于保障两岸民众权益和增进两岸互信合作，意义重大。1998年以来，就认可和执行台湾地区民事裁判问题，最高人民法院先后发布了《最高人民法院关于人民法院认可台湾地区有关法院民事判决的规定》（法释〔1998〕11号，以下简称《1998年规定》）、《最高人民法院关于当事人持台湾地区有关法院民事调解书或者有关机构出具或确认的调解协议书向人民法院申请认可人民法院应否受理的批复》（法释〔1999〕10号）、《最高人民法院关于当事人持台湾地区有关法院支付命令向人民法院申请认可人民法院应否受理的批复》

---

[*] 作者单位：最高人民法院港澳台办。

(法释〔2001〕13号)和《最高人民法院关于人民法院认可台湾地区有关法院民事判决的补充规定》(法释〔2009〕4号,以下简称《补充规定》)四个司法解释。上述司法解释较为全面、系统地规定了台湾地区有关法院民事判决及仲裁裁决在大陆的认可和执行问题,有效减轻了两岸当事人诉累,也为两岸经贸发展和人员往来提供了法律制度保障。

近年来,随着两岸关系的和平发展和大陆有关民事诉讼法律制度的持续完善,前述四个司法解释在对于可申请认可和执行的台湾裁判范围、申请认可与执行案件管辖连结点、与修订后的民事诉讼法衔接等方面,已不能充分满足两岸交流交往和审判实践的需要。为全面总结有关涉台裁判认可的审判经验,更好地解决审判实践中遇到的有关法律适用问题,使有关司法解释更加系统化、清晰化,最高人民法院决定在整合并修订前述四个司法解释的基础上,针对台湾地区法院判决与仲裁裁决在申请认可与执行条件等方面的差异,分别制定新的司法解释,即本解释和《最高人民法院关于认可和执行台湾地区仲裁裁决的规定》(以下简称《认可台湾仲裁裁决规定》)。

二、关于认可范围

关于可向人民法院申请认可与执行的台湾地区民事判决的范围,是本解释所作重要修改之一。与原有规定相比,在关于可申请认可与执行的台湾地区判决的范围方面,本解释第二条主要作了三处调整:

1. 适度拓宽了可向人民法院申请认可与执行的台湾地区法院民事判决的范围,将台湾地区法院在刑事附带民事诉讼中作出的民事损害赔偿裁判包括和解笔录和由台湾地区乡镇市调解委员会等出具并经台湾地区法院核定的与台湾地区生效民事判决具有同等效力的调解文书,一并纳入可申请认可与执行的范围。这样就将在台湾地区具有民事裁判性质和效力的几乎所有法律文书均纳入了认可和执行的范围。

在不同法域间裁判认可与执行中,判决(judgment)指法院就诉讼各方权利义务或他们所提出的诉讼请求作出的最后决定,也称法律决定。由于各国各地区法律制度不同,在司法实践中,"判决"往往以不同的名目出现,只要其本质上是具有审判权的司法机关通过特定民事诉讼程序,赋予当事人诉讼权利和实体权利的裁决,都是"判决",其称谓并无关紧要。① 换言之,在两岸民商事裁判的认可与执行实践中,最关键、也最为核心的问题是裁判本身的效力。在过去几年的人民法院司法实践中,已经出现当事人申请认可台湾地区法院所作出的刑事附带民事和解笔录和由台湾地区乡镇市调解委员会出具并经台湾地区法院核定的调解书的案件,② 且根据台湾地区有关规定,这些文书均与台湾地区民事确定判决有同一之效力。③ 此外,除乡镇市调解委员会出具的调解文书外,台湾地区至少还有四类调解文书经台湾地区有

---

① 钱锋:《外国法院民商事判决承认与执行研究》,中国民主法制出版社2008年版,第5页。

② 如福建省厦门市中级人民法院(2005)厦民认字第74号请求认可和执行台湾地区法院刑事附带民事和解笔录案、福建省龙岩市中级人民法院(2011)年岩民他字第7号请求认可和执行台湾地区乡镇市调解委员会调解书案。

③ 参见台湾地区"乡镇市调解条例"第27条第(2)项。

关法院核定后也与民事确定判决有同一之效力,① 为避免将来出现当事人持这类调解文书向人民法院申请认可和执行而人民法院无受理依据的情况,本解释第二条第三款中加了"等"字,以使该款在一定程度上具有兜底条款的性质。

在具体适用本解释第二条第三款时应注意两点:第一,鉴于本款所列调解文书均非台湾地区法院所作出,依台湾地区有关规定,只有在经台湾地区法院核定后方具有与台湾地区生效民事判决同一之效力,故在审查过程中必须审核此类调解文书是否已经台湾地区法院核定。② 第二,为稳妥起见,如出现当事人申请认可台湾地区乡镇市调解委员会以外其他调解组织出具的调解文书之情形,受案人民法院应及时逐级层报最高人民法院台湾司法事务办公室掌握情况,以便及时对各地人民法院作出审判指导。

2. 对台湾地区部分法律文书的称谓作出文字修改,将"调解书"改为"调解笔录、和解笔录",将"支付令"改为"支付

---

① 这四类调解文书是:(1)依据台湾地区"著作权法"第82条规定,由著作权审议及调解委员会就著作权中介团体与利用人间,对使用著作标的报酬争议或著作权、制版权争议之调解;(2)依据台湾地区"证券投资人及期货交易人保护法"第22条规定,由证券投资人及期货交易人保护机构(为财团法人组织)所设之调处委员会,就证券投资人或期货交易人与发行人、证券商、交易所、柜台买卖中心、结算机构或其他关系人间,因有价证券之募集、发行、买卖或期货交易及其他相关事宜所生民事争议进行之调处;(3)依据台湾地区"公害纠纷处理法"第14条第1款规定,由"直辖市"、县(市)政府设置之公害纠纷调处委员会所进行之公害纠纷调处;(4)依据台湾地区"消费者保护法"及"消费争议调解办法",由"直辖市"或县(市)消费争议调解委员会就消费争议事件作出的调解。

② 实践中,此类调解文书最后一栏标注有"上调解书业经本院依法审核,准予核定"字样,其后为"某某年度核字第某某号"及核定法官签字或盖章,并加盖法院印章。

命令"。根据台湾地区民事诉讼相关规定和台湾地区法院的司法实践,与大陆民事诉讼法中"调解书"相对应的概念为"和解笔录""调解笔录",且和解笔录、调解笔录均与生效判决具有相同的效力;与大陆"支付令"对应的概念在台湾称为"支付命令"。根据台湾地区有关民事诉讼的规定,台湾有诉讼上和解和诉前调解程序两种制度。诉讼上和解,是指法院在诉讼中随时可以试行让当事人和解,试行和解成立者作成和解笔录,和解笔录与确定判决有同一效力。诉前调解程序包括强制调解(即具有特定情形的案件于起诉前应经法院调解)和任意调解(即不具有特定情形的案件也可在起诉前申请法院调解)两种,一般在法官主持下进行,调解经当事人合意成立,调解成立者作成调解程序笔录,与诉讼上和解有同一效力。

3. 将对台湾地区仲裁的认可与执行排除于本规定适用范围之外。就具体审查条件而言,仲裁裁决与法院判决在申请认可与执行方面存在一定差异,部分审查条件甚至可能相互冲突。在认可与执行程序中,对仲裁裁决简单套用对法院判决的审查条件显有不妥。因此,本解释将台湾地区仲裁排除在适用范围之外,本解释施行以后,有关台湾地区仲裁裁决的认可与执行,应当适用《关于认可台湾仲裁裁决的规定》。

三、关于案件管辖

"原告就被告"是民事诉讼法确定地域管辖的一项基本原则,但《1998年规定》第三条却规定此类案件由申请人住所地、经常居住地或者被执行财产所在地中级人民法院受理。之所以作此规定,很大程度上是因为在当时的时代背景下,此类案件的申请人一般为大陆居民、被申请人一般为台湾地区居民。

随着两岸经贸关系日益密切、人员往来日益频繁,台湾地区居民申请人民法院认可与执行台湾地区法院民事判决的案件近年来也频频出现,但这些案件却因为《1998年规定》对管辖连结点的限定性规定而难以为人民法院所受理。为更好保护两岸当事人合法权益,参照《最高人民法院关于内地与香港特别行政区法院相互认可和执行当事人协议管辖的民商事案件判决的安排》(以下简称《涉港判决安排》)第四条和《最高人民法院关于内地与澳门特别行政区相互认可和执行民商事判决的安排》(以下简称《涉澳判决安排》)第四条,本解释第四条第一款扩大了此类案件的管辖连结点,明确被申请人住所地、经常居住地中级人民法院也可受理此类案件。同时,该款还明确有关专门人民法院也可以管辖此类案件,这主要是指有关海事法院、知识产权法院等专门人民法院。

四、关于受理条件

与2015年5月1日起实行的立案登记制改革的精神一致,本解释第六条和第七条对此类案件中申请人应提交的申请材料与人民法院的受理条件等方面作了相应调整,简化了申请人应提交的申请材料,放宽了此类案件的受理条件,以更方便当事人行使诉权。具体体现为:(1) 与《最高人民法院关于适用〈中华人民共和国民事诉讼法〉的解释》(以下简称《民事诉讼法解释》)第五百二十五条、第五百二十六条[①]之精神保持一致,本解释第六条明确在人民法院法官的见证下签署或者经中国大陆公证机关

---

① 《民事诉讼法解释》第五百二十五条规定:"外国人、外国企业或者组织的代表人在人民法院法官的见证下签署授权委托书,委托代理人进行民事诉讼的,人民法院应予认可。"第五百二十六条规定:"外国人、外国企业或者组织的代表人在中华人民共和国境内签署授权委托书,委托代理人进行民事诉讼,经中华人民共和国公证机构公证的,人民法院予以认可。"

公证证明是在中国大陆签署的授权委托书,可免于办理相关的公证、认证或者其他证明手续。(2)不再在立案阶段强制要求申请人提交有关证明文件以证明台湾地区法律文书的真实性及已经生效,适当减轻申请人的立案负担。同时,通过第9条第2款之规定,指引申请人可以申请人民法院或者人民法院在必要时依职权通过两岸司法互助途径查明相关法律文书的真实性、是否生效及当事人是否得到合法传唤,这进一步体现人民法院司法为民、便民之精神。(3)明确台湾地区法律文书是否违反一个中国原则并非立案审查条件,而作为认可审查条件。《1998年规定》第四条规定,申请人提出申请时应当提交不违反一个中国原则的台湾地区民事判决。实践中,是否违反一个中国原则的审查判断较为敏感而复杂,在立案阶段仅通过形式审查往往难以做出准确判断,需要在全面审查文书内容表述的基础上综合作出判断。故,本解释将此改为在第十五条第二款有关不予认可的情形中加以规定。

还需说明的是,尽管本解释第七条第二款第(一)项规定此类案件的申请书应当记明申请人和被申请人性别、年龄、职业、身份证件号码、住址和通讯方式等身份信息,但此为倡导性规范而非强制性要求,如申请人提供的信息不全,也不应影响人民法院受理案件。

五、关于程序权利保障

为更好地保障当事人的程序性权利,本解释对原有司法解释作了两个方面的重要修改:

1. 明确此类案件中应列明被申请人,并明确规定应向被申请人送达相关司法文书。《1998年规定》未出现"被申请人"这一用语(但使用被告或当事人的概念),《最高人民法院关于认真贯彻执行〈关于人民法院认可台湾地区有关法院民事判决的规定〉的通知》及其所附文书样式中亦未列明被申请人的地位。对于此类案件是否应列明被申请人，实践中各地人民法院、甚至同一法院不同合议庭都存在不同认识。此类案件与被申请人利益密切相关，如不通知其参加到此类案件的审查程序中来，则其根本无提出异议的机会，显然不利于保护其合法权益，也不符合所谓正当程序要求，况且《涉港判决安排》与《涉澳判决安排》均使用了"被申请人"这一用语。此外，《民事诉讼法解释》第五百四十八条第二款关于外国法院判决及仲裁裁决的承认与执行程序之规定中也明确规定"人民法院应当将申请书送达被申请人。被申请人可以陈述意见"。因此，本解释也使用了"被申请人"一词，并在第八条规定决定立案应通知被申请人，同时将申请书送达被申请人；在第二十一条规定案件法律文书应当依法送达案件当事人，这当然也包括被申请人。

2. 增加程序救济途径，明确当事人对人民法院作出的裁定不服的可以上诉或申请复议。首先，《1998年规定》第六条对于不符合受理条件的，仅规定要通知申请人；依据2012年修订后民事诉讼法有关案件受理规定的精神，本解释第八条明确规定，对于不予受理要以裁定形式作出，并且申请人对裁定不服的可以提起上诉。其次，关于人民法院经审查后就是否认可台湾地区民事判决作出的裁定的效力，原有的四个司法解释及民事诉讼法中虽无明确规定，但司法实践中并无太大争议，《民事诉讼法解释》第五百四十八条第三款对此也予以了确认，明确此类裁定一经送达即发生法律效力。鉴于《涉港判决安排》第十二条与《涉澳判决安排》第十二条第二款均规定，当事人对于此类裁定可以向上一级人民法院申请复议，为彰显对台湾同胞的同等保护，本解释第十八条第二款也作出了基本相同的规定，并进一步明确申请复议期限为自裁定送达之日起 10 日内。

六、关于平行诉讼

两岸平行诉讼是两岸司法管辖积极冲突的必然结果。由于两岸并无协调管辖积极冲突的协议或规则，实践中两岸法院也通常不因对方法院可以管辖该案件而拒绝受理，两岸平行诉讼或者重复诉讼在所难免。然而，如一方当事人向大陆人民法院起诉，而另一方当事人申请大陆人民法院认可台湾地区法院就同一争议作出的判决时，人民法院必须确定一个处理规则。

依《1998 年规定》第十二条和第十六条之规定，当两岸出现平行诉讼时，只要台湾地区法院先行作出判决并且当事人向大陆人民法院申请认可该判决，人民法院就必须中止审理，转而审查认可台湾地区判决的申请，这实际上意味着大陆人民法院通过在一定程度上主动放弃管辖来解决因管辖积极冲突而产生的两岸平行诉讼问题，优先考虑对方判决作出日期，明显有过度扩张台湾地区民事判决效力之嫌。相比较而言，《涉港判决安排》与《涉澳判决安排》均无类似规定；中国法院处理国际平行诉讼时也不采取这种做法；台湾地区对大陆民事判决也未采取这种做法。

综合考虑两岸相互认可与执行民事判决现状，参考内地与港澳以及国际上处理平行诉讼的一般做法，本解释在两岸平行诉讼处理规则方面作了适度调整。根据该解释第十一条，只要人民法院已经受理认可申请，就不再受理就同一争议提起的诉讼；反之亦然。即不论是当事人起诉或申请认可，人民法院只进行其在先启动的程序，这样更便于人民法院的操作和当事人的运用。

七、关于审查结果

人民法院依据何种标准来审查决定是否对台湾地区民事判决

予以认可，与此类案件中当事人的利益休戚相关，也是本司法解释需要重点解决的问题。本解释在第十五条、第十六条对此作出了具体规定。与原规定相比，主要作了以下五方面的调整：

1. 区分裁定不予认可与裁定驳回申请，审查结果设置更为科学。对于相关台湾地区民事判决是否予以裁定认可，是人民法院进行审查后的处理结果，人民法院作出的此种裁定具有终局性，一经送达即生效。《1998年规定》第九条第（一）项将"申请认可的民事判决的效力未确定的"作为裁定不予认可的情形之一，这意味着即便日后该判决生效后，当事人亦无法再次向人民法院申请认可，只能在大陆另行起诉，这显然不利于保护当事人合法权益。因此，本解释将其作为裁定驳回申请的情形，在第十六条第一款中单独加以规定，同时在本条第二款明确在此情形下，待条件成就后申请人可再次申请认可。

2. 尊重当事人意思自治，被告作为申请人时不再审查台湾地区法院审判程序的正当性。为保护被告的正当程序权利，避免被告受其在被不当剥夺了应诉答辩之权利的情形下作出的裁判的羁束，《1998年规定》第九条第（二）项规定，对于在被告缺席又未经合法传唤或者在被告无诉讼行为能力又未得到适当代理的情况下作出的台湾地区民事判决，人民法院应裁定不予认可。然而，实践中，向人民法院申请认可的台湾地区民事判决中，有相当一部分是在被告缺席的情况下作出的，而此类案件中又很少有被告能提供台湾地区法院通知其参加诉讼的相关材料以证明自己受到合法传唤，故被告是否经合法传唤成为人民法院审查此类案件的难点。鉴于对台湾地区法院民事判决的认可与执行本质上仍属于区际私法协助范畴，根据民事诉讼中的处分原则，在被告作为申请人向人民法院申请认可台湾地区法院有关判决的情形下，

司法解释及司法文件解读

已无必要再审查其是否得到合法传唤或适当代理,故本解释第十五条第一款第(一)项作上述调整,将《1998年规定》第九条第(二)项中的"被告"修改为"被申请人"。

3. 调整《1998年规定》第九条第(四)项,在"仲裁协议"前加"有效"二字作限定,同时增加"且无放弃仲裁管辖情形"这一条件,使因存在仲裁管辖而不予认可的情形更加周延。当事人之间存在仲裁协议并且该仲裁协议合法有效是排斥法院管辖权的前提条件,如仅存在仲裁协议但该协议未生效或者无效,自然不能排斥法院管辖权。此外,即便存在有效仲裁协议,但当事人放弃仲裁管辖的,法院也可行使管辖权。① 因此,本解释第十五条第一款第(三)项将因存在仲裁管辖而裁定不予认可的情形限定为"案件双方当事人订有有效仲裁协议,且无放弃仲裁管辖情形的"。

4. 将《1998年规定》第九条第(五)项分拆为本解释第十五条第一款第(四)、(五)、(六)三项,并在具体表述上作文字调整,使其更为明确。

(1) 本解释第十五条第一款第(四)项"案件系人民法院已作出判决或者中国大陆的仲裁庭已作出仲裁裁决的"表述源于《1998年规定》第九条第(五)项前半句"案件系人民法院已作出判决",与原有规定相比增加了"中国大陆的仲裁庭已作出仲裁裁决的"这一情形。之所以作此修改,是因为如大陆有关仲裁机构就同一争议作出仲裁裁决,人民法院亦不应裁定认可台湾地区法院就同一争议作出的民事判决,而原有司法解释的规定未能

---

① 根据台湾地区"仲裁法"第4条第(1)项,如当事人之间存在有效仲裁协议,一方向法院起诉而另一方应诉答辩的,台湾地区法院仍可行使管辖权。

涵盖这一情形。需要特别说明的是，本解释此处使用了"仲裁庭"而非"仲裁机构"的概念，主要是为将来大陆仲裁法律认可临时仲裁庭作出的裁决预留空间。

（2）本解释第十五条第一款第（五）项"香港特别行政区、澳门特别行政区或者外国的法院已就同一争议作出判决且已为人民法院所认可或者承认的"表述源于《1998年规定》第九条第（五）项中"外国、境外地区法院作出判决……已为人民法院所承认的"。与原有规定相比有两处变化：一是明确"外国、境外地区法院"为港澳特区及外国法院，并无实质性修改；二是限定该判决为"就同一争议作出"的。

（3）本解释第十五条第一款第（六）项"台湾地区、香港特别行政区、澳门特别行政区或者外国的仲裁庭已就同一争议作出仲裁裁决且已为人民法院所认可或者承认的"表述源于《1998年规定》第九条第（五）项中"境外仲裁机构作出仲裁裁决已为人民法院所承认的"。与原有规定相比有两处变化：一是明确"境外"仲裁机构为台湾、香港、澳门及外国的仲裁庭，并无实质性修改；二是基于如上相同之考虑，将原解释中的"仲裁机构"改为"仲裁庭"。

5. 将《1998年规定》第九条第（六）项所规定的公共秩序保留原则调整为本解释第十五条第二款，同时明确了在判断有关台湾地区法院民事判决是否违反一个中国等国家法律的基本原则或者损害社会公共利益时，应采用"结果说"，即只有在认可该判决的客观结果将导致危及国家法律基本原则或社会公共利益时方可适用。认可台湾地区法院民事判决是否"违反一个中国等国家法律的基本原则或者损害社会公共利益"，属于人民法院应当依职权查明的事项，故本解释将其单列为一款，以强调人民法院的依职权审查义务。

八、关于申请期限

对于此类案件的申请认可与执行期限，本解释根据 2012 年修订后民事诉讼法及其司法解释作了较大修改：

1. 直接援引民事诉讼法关于执行期间的规定来确定申请认可和执行台湾地区民事判决的期间。《1998 年规定》第十七条规定"申请认可台湾地区有关法院民事判决的，应当在该判决发生效力后一年内提出"；2009 年《补充规定》第九条第一款又将申请认可的期间改为"二年"，并于该条第二款规定该期间可以顺延。原有司法解释中"一年"或"二年"的期间规定均源于当时的民事诉讼法对于执行期间的规定。[①] 然而，这一期间规定又不同于民事诉讼法对于执行期间的规定——执行期间是可以中止、中断的可变期间，而原司法解释中申请认可与执行的期间为不变期间。将申请认可与执行台湾地区民事判决的期间规定为不变期间显然有所不妥，不利于保护当事人的合法权益。鉴于《民事诉讼法解释》第五百四十七条第一款规定申请承认和执行外国法院判决或外国仲裁裁决均适用民事诉讼法第二百三十九条关于执行期间的规定，本解释第二十条第一款也与之保持一致。

2. 明确申请认可台湾地区法院有关身份关系的判决的不受前述期间限制。对于有关身份关系的判决，仅需人民法院的确认而不需要执行，因而无必要规定申请认可和执行的期间。《最高人民法院关于外国法院的离婚判决未经我人民法院确认，当事人能否向我婚姻登记机关登记结婚的复函》[②] 曾明确规定"申请承认

[①] 参见张进先：《〈最高人民法院《关于人民法院认可台湾地区有关法院民事判决的补充规定》〉的理解与适用》，载《人民司法》2009 年第 13 期。

[②] 最高人民法院（93）法民字第 2 号。

外国法院离婚判决，没有时间限制"。目前已经出现申请人在台湾地区法院民事判决生效2年后而向大陆人民法院申请认可台湾地区法院有关婚姻、监护关系判决的案件，实践中一般也不以超过申请期间为由不予受理或认可，故本解释第二十条第一款增加但书对此予以明确规定。

3. 进一步明确申请人仅申请认可而未同时申请执行时申请执行的期间计算。鉴于经人民法院裁定认可是申请执行台湾地区有关法院民事判决的前提条件，参照《民事诉讼法解释》第五百四十七条第二款，本解释第二十条第二款规定，如申请人分别申请认可和执行，申请执行的期间从人民法院对认可申请作出的裁定生效之日起重新计算。换句话说，对于申请人同时申请认可和执行的，等于申请人从一开始就已提出申请执行，不存在申请执行期间的重新计算问题，应当依据本解释第三条的规定，在作出认可裁定后直接移交人民法院执行机构执行；而对于申请人仅申请认可而未同时申请执行的，其申请执行的期间计算并不能从申请认可时开始计算，而应自人民法院对认可申请作出的裁定生效之日起重新计算，这也符合一般案件先行裁判再行申请执行的基本逻辑与运行规律。

九、关于其他问题

本解释对于审判组织、保全措施、撤回申请的处理、审查期限、台湾民事判决被裁定认可后的效力等问题，基本保留了原有司法解释的规定，并根据最新法律和司法解释的相关规定作了一定的完善和调整。此外，在以下几个具体问题上作出了进一步的明确规定：

1. 进一步明确裁定认可是申请执行的前提条件。本解释第三条明确规定，"申请人同时提出认可和执行台湾地区法院民事判决申请的,人民法院先按照认可程序进行审查,裁定认可后,由人民法院执行机构执行。申请人直接申请执行的,人民法院应当告知其一并提交认可申请;坚持不申请认可的,裁定驳回其申请。"这与《民事诉讼法解释》第五百四十六条的规定精神是一致的,但相对更加清楚。

2. 审查期限的计算更为科学合理。本解释第十四条第二款规定:"通过海峡两岸司法互助途径送达文书和调查取证的期间,不计入审查期限。"这既符合案件审查时间的客观需要,也鼓励当事人和人民法院尽可能利用两岸司法互助途径,以确保程序的正当性和结果的公正性。

3. 明确申请认可和执行台湾地区法院民事判决案件收费问题。1998年6月17日《最高人民法院关于认真贯彻执行〈关于人民法院认可台湾地区有关法院民事判决的规定〉的通知》第五条规定此类案件不收取案件受理费,但之后的《诉讼费用交纳办法》又规定了此类案件的收费标准,实践中各地法院做法不一。本解释第二十二条对此加以统一和明确,即应当参照《诉讼费用交纳办法》的规定,交纳相关费用。

4. 关于新旧司法解释的衔接。本解释第二十三条规定本解释自2015年7月1日起施行,原有四个相关司法解释同时废止。这意味着,自2015年7月1日起,新受理的和已经受理尚未审结的申请认可执行台湾地区法院民事判决案件,均应当适用本解释。

解读《最高人民法院关于修改〈最高人民法院关于限制被执行人高消费的若干规定〉的决定》

刘贵祥 林 莹[*]

为了进一步加大执行力度,依法对失信被执行人进行信用惩戒,推动社会信用体系建设,最高人民法院审判委员会于2015年7月6日第1657次会议通过了《最高人民法院关于修改〈最高人民法院关于限制被执行人高消费的若干规定〉的决定》(以下简称《决定》),并于2015年7月22日起施行。本文拟对《决定》起草的相关背景、主要内容及适用中应注意进行简要说明,希望有助于各级人民法院的正确理解和适用:

一、《决定》的起草背景

一直以来,"执行难"是困扰人民法院的一大难题,是人民群众反映最为强烈的问题之一。特别是有的被执行人一方面隐匿财产、拒不履行生效法律文书确定的义务,另一方面又通过从事各种高消费行为大肆挥霍,既侵害了申请执行人的合法权益,又对法律的严肃性、权威性构成了严重挑战。在我国征信体系尚不健全的社会背景下,为遏制这一现象,最高人民法院于2010年

---

[*] 作者单位:最高人民法院执行局。

出台了《关于限制被执行人高消费的若干规定》(以下简称《限制高消费规定》),明确人民法院可以对被执行人发出限制高消费令,限制其不得乘坐飞机、列车软卧出行,不得在星级以上宾馆酒店住宿,不得旅游、度假等多达九种类型的高消费行为。《限制高消费规定》首次尝试以法律手段对拒不履行法律文书确定义务的被执行人进行信用惩戒,目的就是要通过限制被执行人高消费,迫使其主动履行义务,最大限度保护申请执行人的合法权益,同时有效维护司法尊严与权威。该司法解释实施五年来以来,取得了积极、明显的效果,特别是最高人民法院近两年大力推动人民法院与协助执行部门建立信息联网,利用信息化手段提前向有关职能部门推送应当进行限制的被执行人名单,限制其高消费行为,改事后追究为提前禁止,更好地落实了《限制高消费规定》中的限制惩戒措施。

2014年初,由中央文明办和最高人民法院牵头,八部委共同签署了《"构建诚信 惩戒失信"合作备忘录》,对失信被执行人进行联合信用惩戒迈出了有力的一步。2014年6月、7月,中国铁路总公司、中国民航信息网络股份有限公司限制失信被执行人购买列车软卧车票和飞机票系统全面运行。截至2015年6月底,火车售票系统拦截失信被执行人购买列车软卧车票42654人、71941次、航空售票系统拦截失信被执行人购买机票114535人、2284779次。以信息化方式联网限制失信被执行人乘坐飞机、列车软卧,对其社会活动产生了重要影响,让被执行人切实感受到出行的极大不便,并对其产生心理压力,威慑效果明显,被执行人自动履行比例明显上升。

在关注限制措施实施成效的同时,我们也注意到,随着客观形势的变化,《限制高消费规定》中的部分规定已与客观实际的发展不相适应。举例来说，原《限制高消费规定》第三条第一款第（一）项对被执行人出行方式的限制中，仅规定禁止乘坐"列车软卧"，没有将高速铁路等其他铁路类型一并纳入限制之列。而近几年，我国高速铁路建设发展迅速，已经成为普通消费者便捷出行的重要选择。原司法解释的规定已与现有铁路运输服务行业的发展以及随之而来的消费水平的提高不相适应。客观情况的变化，使原司法解释规定在适用中出现漏洞，失信被执行人被限制购买列车软卧车票后，可立即转购同等价位甚至更高价位的动车、高铁车票出行。八部委《"构建诚信 惩戒失信"合作备忘录》签订时，最高人民法院曾希望将高铁等高速列车的高价座位一并纳入限制范围，但因为缺少相应的法律依据，这一限制措施最终未能写入备忘录。此外，对于单位被执行人及其负责人，因单位财产与负责人个人财产混同消费的现象大量存在，缺乏有效的限制手段，各级法院普遍反映应加大对单位被执行人相关责任人员的限制措施，促进单位被执行人案件的执行。

在此背景下，有必要对《限制高消费规定》中的部分内容进行及时修改，建立健全信用惩戒制度，加大对恶意逃债被执行人的限制力度，解决执行实践中面临的突出问题，切实维护当事人的合法权益。最高人民法院执行局通过对各级法院和社会舆论提出的意见认真研判，对此次司法解释修改的必要性有了整体把握，于2014年下半年启动了此次司法解释的修改工作。经过充分的调研、酝酿，形成了《决定》初稿。之后，多次征求了全国人大常务委员会法制工作委员会、中国铁路总公司等多部门意见，在公开、广泛征求社会意见的基础上慎重研究、数易其稿，最终由最高人民法院审判委员会讨论通过本《决定》。

二、《决定》的主要内容

《决定》对《限制高消费规定》的名称及全文十二条规定进行了修改，主要涉及以下几方面内容：

（一）将限制消费措施的范围拓宽至限制高消费及非生活或者经营必需的有关消费

一般来说，消费不仅包括生活消费，也包括经营消费。原《限制高消费规定》中的"高消费行为"本意指超出被执行人及其所扶养家属的生活或者经营必需费用的消费，而对于生活或者经营必需费用，一般由人民法院参照当地最低收入水平和被执行人的情况确定。《限制高消费规定》列举了八种具体的高消费行为，同时设定了兜底条款，即"其他非生活和工作必需的高消费行为"一律应予限制，以防止被执行人财产的不当减少。但实践中出现的问题是，一方面，司法解释列举的限制被执行人进行的高消费行为，侧重于对各种大肆挥霍、奢侈消费行为的限制；另一方面，因不同地区收入水平及被执行人情况的不同致使"高消费"的标准难以统一界定，"高消费"一词容易引起歧义，不便于当事人、执行人员乃至全社会统一理解与把握，导致《限制高消费规定》的限制范围在理解与适用中被缩小。

根据民事诉讼法第二百四十四条第一款的规定："被执行人未按执行通知履行法律文书确定的义务，人民法院有权查封、扣押、冻结、拍卖、变卖被执行人应当履行义务部分的财产。但应当保留被执行人及其所扶养家属的生活必需品"。据此，除被执行人及其所扶养家属生活必需品以外的财产，人民法院均有权采取执行措施，对被执行人及其所扶养家属生活必需费用以外的消费进行限制，本就是法律的应有之义。作为信用惩戒的重要手段，为了加大惩戒力度，进一步压缩被执行人的生产生活空间，对被执行人一些"非高消费行为"依法也应当予以限制。据此，此次修改首先将《限制高消费规定》的名称修改为《最高人民法院关于限制被执行人高消费及有关消费的若干规定》，从文字表述上破除歧义，明确拓宽限制消费措施的范围。其次，对主文中涉及"高消费"的内容全部作相应修改，在第一条中明确规定，对于未按执行通知书指定的期间履行生效法律文书确定的给付义务的被执行人，人民法院可以采取限制消费措施，限制其高消费以及非生活或者经营必需的一般消费。

明确拓宽限制消费的范围，客观上可以更有效防止被执行人财产不当减少，具有保全债权人财产的作用；主观上可以使债务人感到更为"不便"进而形成巨大的心理压力，促使有履行能力的债务人主动履行生效法律文书确定的义务。需要注意的是，这里的"消费"应取广义的理解，也就是说，除维持被执行人及其所扶养家属基本生活或者被执行人经营必需之外的其他一切可能造成责任财产变化的行为，即使是转换财产形式的行为，包括购买不动产、股权等具有投资性质的行为也可在受限制之列。

在限制措施的具体规定上，因为司法解释规定不可能穷尽列举所有的消费行为，故《决定》保留了《限制高消费规定》列举条款与兜底条款相结合的方式，兼顾原则性和可操作性，避免规定得过于原则，在实践中会不易操作；规定得过于具体，又可能会发生遗漏。

（二）明确对失信被执行人应当采取限制消费措施

原《限制高消费规定》第一条是规定了限制对象的范围，其内容为："被执行人未按执行通知书指定的期间履行生效法律文书确定的给付义务的，人民法院可以限制其高消费。"根据《最高人民法院关于公布失信被执行人名单信息的若干规定》（以下简称《失信被执行人名单规定》）第六条的规定，应当对失信被执行人予以各种方式的信用惩戒。目前，人民法院通过与协助执行单位联网以信息化手段限制被执行人高消费已经成为对失信被执行人进行信用惩戒最直接最有效的方式之一。应该说，采取限制消费措施和将被执行人纳入失信被执行人名单是人民法院对具有不同拒不履行情节的被执行人依法可以采取的两种不同制裁手段，二者相互配合、互为补充。对被执行人采取限制消费措施时，不仅应当考虑被执行人的履行能力，还应当考虑被执行人履行义务的态度。失信被执行人拒不履行法律义务的恶意更高，因此，对失信被执行人全面采取限制消费措施，也是限制消费制度的题中应有之义。司法解释修改前，因两个制度未作衔接，实践中可能存在执行法院将被执行人纳入失信被执行人名单，但未对其发出限制高消费令的情况，在此种情况下，限制失信被执行人进行相关消费就缺少法律依据。为解决这一问题，最高人民法院对全国范围内纳入失信被执行人名单的所有被执行人统一发出限制高消费令，联合有关部门对其信用惩戒。这一做法取得了很好的社会效果，得到普遍认可。此次修改就是要将执行实践中的有效做法通过司法解释进一步明确。《决定》将《限制高消费规定》第一条增加第二款，规定："纳入失信被执行人名单的被执行人，人民法院应当对其采取限制消费措施。"禁止失信被执行人实施高消费及有关消费有了明确的法律依据。

此条修改过程中，有一种意见认为，根据《失信被执行人名单规定》第一条第一款第（四）项的规定，被执行人具有履行能力而不履行生效法律文书确定的义务，并且违反限制高消费令的，人民法院应当将其纳入失信被执行人名单，即违反限制高消费令是纳入失信名单的前提。而根据本条款规定，纳入失信名单是采取限制消费措施的前提，两个司法解释对限制消费与纳入失信名单的关系处理不一致。我们认为，《限制高消费规定》实施几年的实践证明，要使限制消费措施真正发挥作用，需要相关协助执行部门的配合及社会公众的监督，只有这样才能从各个方面有效限制被执行人的相关消费行为。2013年7月，《失信被执行人名单规定》的出台，恰恰契合了这种需求，通过将失信被执行人名单信息向社会公布，让全社会对失信被执行人的相关消费行为进行监督和举报；同时，通报给政府相关部门、金融监管机构、金融机构、行业协会等，有关职能部门就可以对失信被执行人事先预设限制措施，在相关消费行为尚未发生时提前禁止。可以说，《失信被执行人名单规定》既是《限制高消费规定》在新的时代背景和技术条件下的具体落实，更是被执行人失信惩戒制度的进一步完善，不仅限制其消费，还在政府采购、招标投标、行政审批、政府扶持、融资信贷、市场准入、资质认定等方面对失信被执行人予以全面信用惩戒，它的内容更丰富、范围更广泛、措施更多样。《失信被执行人名单规定》第一条第一款第（四）项的规定更为有力、更高效地落实《限制高消费规定》提供了信息化条件。而本次司法解释修改增加的第一条第二款的规定，旨在明确对具有多种失信情形的失信被执行人应当依法采取限制消费措施。

需要特别注意的是，违反限制消费令并不是纳入失信被执行人名单的唯一前提条件，只是可以纳入的六种失信情形之一；纳入失信被执行人名单更不是采取限制消费措施的必要前提条件，只要被执行人未按执行通知书指定的期间履行生效法律文书确定的给付义务，人民法院就可以对其采取限制消费措施。但是，对于纳入失信被执行人名单的被执行人，执行法院应当同时对其采取限制消费措施。因为《限制高消费规定》与《失信被执行人名单规定》出台于不同时期，二者存在部分重叠的地方，但并不矛盾，而是互相补充、互相配合、互相推进的关系。此次修改《限制高消费规定》，有利于两个司法解释在适用上的衔接，也有利于堵塞限制消费制度与失信被执行人名单制度适用中可能出现的法律疏漏。

（三）在对被执行人采取限制消费措施时，取消"以其财产支付费用"的限制条件

原《限制高消费规定》第三条第一款规定："被执行人为自然人的，被限制高消费后，不得有以下以其财产支付费用的行为。"该规定适用中把握的一项基本原则为被执行人不得"以其财产支付费用"。制度设计初衷是为防止被执行人规避限制高消费令，不论被执行人自己高消费，还是以他人名义高消费，或者他人以被执行人的财产高消费，只要是以被执行人的财产支付费用导致其财产减少的高消费行为，都在禁止之列。但执行实践中，有的法院反映，出现了另一种更为常见的规避方式，即被执行人虽以自己名义消费但难以查证是以其个人财产支付费用，或者虽以自己名义消费但不以自己的财产支付，费用由他人代为支付，事后再予偿还，以此规避前述司法解释的禁止性规定。

目前，最高人民法院与民航、铁路部门联网限制失信被执行人乘坐飞机、列车软卧的措施中对只要以被执行人的名义进行的购票行为一律予以限制，对其生活产生了直接影响，限制与惩戒效果非常显著。许多被执行人通过利益选择，主动履行生效法律文书确定的义务。为将实践经验吸收至司法解释规定之中，防止被执行人规避限制消费规定，《决定》将《限制高消费规定》第三条第一款中自然人被执行人被限制消费后"不得有以下以其财

产支付费用的行为"修改为"不得有以下高消费及非生活和工作必需的消费行为"。取消"以其财产支付费用"的限制条件,以被执行人的名义作为限制消费措施的唯一连结点,扩大该款规定的内涵,被执行人既不得以其财产进行消费,也不得以其名义实施高消费行为,可以有效防止前述规避限制消费措施的各种情形。

(四)增加对被执行人乘坐高铁等动车组列车的限制

增加限制消费措施的内容,加大执行威慑力度,是此次司法解释修改的核心任务。在出行选择方面,最高人民法院与民航、铁路部门联网限制被执行人乘坐飞机、列车软卧以来,对被执行人生活和工作出行产生了直接影响,使其明显感受到了不履行法律义务所付出的代价,社会舆论反响积极、热烈,普遍呼吁应当继续加大惩戒力度,将高铁等列车类型也纳入失信惩戒的限制之列。我们经过调研发现,自2011年我国第一条长里程高速铁路京沪高铁建成通车,高速铁路飞速发展。据中国铁路总公司介绍,截至2014年底,高铁线路发送旅客超过6亿人次,比重超过所有铁路运送旅客的30%,以京沪线为例,目前每日发车42车次,其中普通列车1车次,T字头普快列车1车次,D字头动车列车2车次,G字头高铁列车38车次,动车及高铁列车占全部列车车次的95.2%。可见,高铁已经成为便捷出行的主要选择,未来其在各类铁路线路中的比重还将逐年上升。在票价方面,京沪线D字头动车列车分二等座、一等座、软卧;G字头高铁列车分二等座、一等座、特等座和商务座。上述座位类型根据硬件设施及服务的不同价格逐级提升。票价如下表所示:

表 京沪线路不同交通工具票价对比

座位类型	T普快			D动车			G高铁				飞机
	硬座	硬卧	软卧	二等座	一等座	软卧	二等座	一等座	特等座	商务座	经济舱
票价	177.5	304.5	476.5	309	648	615	553	933	1053	1748	1245

经比较可以看出，D字头动车列车一等座位、G字头高铁列车全系列座位票价普遍高于已经限制乘坐的普通列车软卧票价。其中G字头高铁列车特等座、商务座等高端座位票价与同旅程飞机票经济舱票价基本相当。

原《限制高消费规定》第三条第一款第（一）项仅禁止被执行人乘坐"列车软卧"，而没有将高铁等其他铁路类型的高价座位纳入限制之列。正如前面所述，客观情况的变化使原有的司法解释规定在适用中出现漏洞，被执行人被限制购买列车软卧车票后，可立即转购同等价位甚至更高价位的动车、高铁车票出行，满足其便捷出行的需求。《北京青年报》曾经在报道"'老赖'乘坐火车将受到限制"的相关内容时，就提到这一问题。文章报道，记者使用一名北京籍"失信被执行人"资料体验购买软卧车票，系统自动识别"老赖"提示"订票失败"，但是购买和软卧票价相当，甚至更为昂贵的动车、高铁一等座、商务座却畅通无阻。因此，亟需对司法解释的原有规定作出修改，增加限制内容。

本条修改时，曾有意见认为，应仅将G字头、D字头等动车组列车一等以上高端座位纳入限制乘坐范围，允许被执行人乘坐二等座位出行。理由为有少部分短途线路仅开通了G字头高铁列车，如对高铁全部座位都限制乘坐，被执行人没有其他列车可以选择。此外，将高铁列车全面限制，容易将其定义为高消费引起争议。经过广泛征求意见，社会公众普遍反映应当加大限制力度，应将动车组列车全部座位纳入限制范围。我们经研究认为，首先，虽然高铁列车在各种列车类型中所占比重逐年增大，但乘坐高铁列车出行尚不是生活或者经营必需的消费选择。比如远途出行均有普通列车可以选择，少数没有开设其他列车线路的短途出行还有长途汽车或者自驾车等交通工具可以替代。当然，这些选择就没有乘坐高铁快速、便捷，但执行惩戒的目的就是要使不履行法律义务的被执行人处处受限，处处感受到"不便"，只有提高其失信成本，才能促使被执行人通过利益选择主动履行法律义务。其次，如果仅限制乘坐"动车组列车一等以上座位"，限制范围过小，惩戒力度偏弱，高铁二等座位完全可以满足被执行人便捷、舒适的出行需求，起不到应有的惩戒与威慑作用；最后，此次司法解释修改明确对被执行人高消费及非生活或者经营必需的有关消费一律可以限制，司法解释并未将乘坐高铁出行定义为高消费行为，不存在引起争议的问题。

因此，结合反馈意见，《决定》将《限制高消费规定》第一款第（九）项进行修改，以列举方式将"乘坐 G 字头动车组列车全部座位、其他动车组列车一等以上座位"纳入限制范围，同时保留原司法解释的兜底条款，明确其他非生活和工作必需的消费行为也在限制之列。其中"动车组列车"的表述为铁路行业对列车类型划分的专业用语，能够涵盖 D 字头动车、G 字头高铁、C 字头城际列车等所有高速列车类型。"一等以上座位"中"以上"包括本数，即一等座也在限制之列。本条款的修改是广泛征求、吸收社会各界意见的结果，既能够满足被执行人必需的出行需求，又不至于对其限制力度偏弱而失去惩戒的意义。

(五)增加对单位被执行人法定代表人等四类责任人员的限制

原《限制高消费规定》第三条第二款规定:"被执行人为单位的,被限制高消费后,禁止被执行人及其法定代表人、主要负责人、影响债务履行的直接责任人员以单位财产实施本条第一款规定的行为"。根据该规定,对单位被执行人的相关责任人员进行限制时必须证明其以单位财产实施相关消费行为,这又产生了消费财产与消费名义分离的问题,执行实践中难操作难度大,不足以对相关责任人员产生足够的限制与惩戒作用,一定程度上出现了对单位被执行人及其负责人的限制真空。

调研中,各级法院普遍希望加强对单位被执行人相关责任人员的限制措施,以促进单位被执行人案件的执行。我院联合八部委签署的《"构建诚信 惩戒失信"合作备忘录》中已将单位失信被执行人的法定代表人、主要负责人、影响债务履行的直接责任人列为失信惩戒的对象限制其进行相关行为。此款修改的目的,主要是在原司法解释规定的限制基础上,增加对单位被执行人的惩戒手段。《决定》将《限制高消费规定》第三条第二款修改为:"被执行人为单位的,被采取限制消费措施后,被执行人及其法定代表人、主要负责人、影响债务履行的直接责任人员、实际控制人不得实施前款规定的行为。因私消费以个人财产实施前款规定行为的,可以向执行法院提出申请。执行法院审查属实的,应予准许。"

第一,在原限制规定基础上,加大对法定代表人等责任人员的限制。《中华人民共和国民法通则》第四十三条规定:"企业法人对它的法定代表人和其他工作人员的经营活动,承担民事责任。"《中华人民共和国民事诉讼法》第四十八条规定:"法人由其法定代表人进行诉讼。其他组织由其主要负责人进行诉讼。"法定代表人、主要负责人在担任单位被执行人负责人期间,依法代表单位被执行人行使民事权利,履行民事义务,其行为可以视为代表单位被执行人的行为,法律后果由单位被执行人承担。根据法律及司法解释的有关规定,在单位被执行人案件的执行中,推定法定代表人、主要负责人等主要责任人员的消费行为与单位公务消费有关。单位被执行人被采取限制消费措施后,同时限制四类责任人员的相关消费行为,防止其以个人名义使用单位财产消费,或者先以个人财产消费事后公款报销规避司法解释的禁止性规定。对单位被执行人的主要责任人员同时采取限制消费措施将使其直接感受到生产生活上的压力,可以有效解决对单位被执行人难以惩戒的问题,有助于促进单位被执行人案件的执行。第二,在原《限制高消费规定》限制的三类责任主体的基础上,增加对"实际控制人"的限制。2015年2月实施的《最高人民法院关于适用〈中华人民共和国民事诉讼法〉的解释》第四百八十四条关于对被执行人及其相关责任人员询问与拘传的规定中,将被执行人的"实际控制人"增加为拘传对象。参照该规定,此次修改增加了单位被执行人的"实际控制人"为限制对象,扩大限制对象至四类责任人员,以适应执行的实际需要。第三,在严格限制的基础上,设置了权利救济程序。起草过程中,有一种意见认为,同时禁止单位被执行人的法定代表人等责任人员实施相关消费,虽有助于促进单位被执行人案件的执行,但通过司法解释直接否定其利用自己财产实施相关消费行为的权利,需进一步研究。我们采纳了这一意见,增设了权利救济程序条款,明确对相关责任人员因私以个人财产实施的消费行为不予限制,其可向执行法院提出申请,执行法院有权对其申请进行审查,查证属实的，应予准许。

这样的制度设计，一方面，增加了对单位被执行人的限制手段与力度，通过对单位四类责任人员个人的直接限制，使其直接承受生产生活上的压力，解决以往对单位被执行人难以限制的问题，促进单位被执行人主动履行法律义务。另一方面，在严格限制的基础上，明确对相关责任人员因私以个人财产进行的相关消费不予限制，不损害其合法权益。当然，为防止其滥用救济程序，增设了一定条件，以避免救济程序再度成为其规避执行的手段，也为查找拒不配合法院执行、长期下落不明的单位被执行人的相关责任人员提供了一定途径。

三、新修订的司法解释适用中应注意的问题

"限制消费"不同于查封、扣押、拍卖等直接执行措施，作为一种间接执行措施，其目的是对被执行人产生心理压力，使其感受到因不履行生效法律文书确定的义务而导致的生产生活空间的挤压，促使其主动履行义务，本质是一种执行威慑机制。要充分发挥其执行威慑的功能，就必须使各项规定得到充分、有效的落实。各级法院在适用过程中，要注意以下三个方面的问题。

一是要严格实施第三条第一款规定的九项限制消费措施。实践经验证明，信息化手段为更好地落实限制消费措施提供了有利条件，与传统的事后追究方式相比，通过与有关部门联网推送失信被执行人名单信息等方式事先禁止消费，能够取得事半功倍的效果。《决定》施行后，最高人民法院立即与中国铁路总公司协商，于2015年8月25日零时起在铁路订票系统实施新规，限制被执行人购买G字头动车组列车全部座位、其他动车组列车一等座以上座位车票。近期，最高人民法院已与阿里巴巴旗下的芝麻信用、支付宝开展合作，推动利用信息化手段限制失信被执行人通过淘宝、天猫网络平台购买机票,购买列车软卧、G字头动车组列车全部座位、其他动车组列车一等座以上座位车票,预定三星级以上宾馆、酒店,购买旅游、度假产品,支付高额保费等消费。各地法院可以因地制宜,充分利用司法解释赋予的执行权力,对相关内容进行细化。对于目前尚不具备全国联网限制条件的各项限制消费措施,及时通过与各地有关职能部门、行业机构开展有效合作,全面限制被执行人高消费及非生活或者经营必需的有关消费。对符合限制条件的被执行人,特别是单位被执行人的"四类责任人员严格予以限制。凡是纳入失信被执行人名单的被执行人,应当同时对其采取限制消费措施。

二是要充分利用第三条第一款第(九)项的兜底条款。对于司法解释没有罗列的各类消费行为,执行法院可以根据兜底条款,结合执行案件的具体情况,在实践中积极探索限制消费的内容与形式。人民法院依法限制被执行人高消费及非生活或者经营必需的有关消费,有关部门有义务协助执行。对于司法解释不能穷尽的各种消费行为,只要不是生活或者经营必需的消费,都在限制之列,只要人民法院依法向被执行人发出了限制消费令,向有关单位送达了协助执行通知书,被执行人就应当禁止相关消费活动,有关单位也有义务协助执行。否则,人民法院可以依照民事诉讼法第一百一十一条、第一百一十四条的规定,追究被执行人及协助执行单位的法律责任。

三是要注意采取限制消费措施的程序要求。《决定》将《限制高消费规定》中"限制高消费"的内容作了全文修改,将"限制高消费措施"修改为"限制消费措施","限制高消费令"修改为"限制消费令"等等。《最高人民法院关于适用〈中华人民共和国民事诉讼法〉的解释》中规定了"违反人民法院限制高消费令进行消费"应予追究相应责任的内容。在《限制高消费规定》已经修改的情况下,此部分内容应以最新修订的司法解释规定为准。《决定》于 2015 年 7 月 22 日施行后,人民法院在签发限制消费命令时应当严格依照最新规定的程序要求,修改相应的法律文书样式。为便于监督被执行人的行为,增强实际操作性,限制消费令应载明限制消费的期间、项目和法律后果等内容。此外,限制消费作为对被执行人采取的一项惩戒措施,应当严格依照司法解释规定的程序实施,并依法保障被执行人及单位被执行人相关责任人员申请准许消费的权利,这是执行工作规范化的必然要求。执行法院对消费申请查证属实并准许进行的,应当明确准许消费的期间、项目等内容,未获准许的其他消费行为仍应禁止。

解读《最高人民法院关于适用〈中华人民共和国保险法〉若干问题的解释(三)》

杨临萍　刘竹梅　林海权[*]

《最高人民法院关于适用〈中华人民共和国保险法〉若干问题的解释(三)》(以下简称《解释三》)已于2015年11月26日公布,并于2015年12月1日起施行。《解释三》是对保险法保险合同章人身保险部分有关法律适用问题的解释,共26条。为正确理解和适用该司法解释,现对其制定背景和主要内容予以说明。

一、起草背景和经过

保险是现代经济的重要产业和风险管理的基本手段。改革开放以来,我国保险业快速发展,服务领域不断拓宽。2014年,我国保险业保费收入突破2万亿元,保费规模跃居全球第三,保险业总资产突破10万亿元,为全社会提供风险保障1114万亿元,保险业赔款与给付7216.2亿元,为促进经济社会发展和保障人民群众生产生活作出了重要贡献。2014年8月,国务院出台了《关于加快发展现代保险服务业的若干意见》,要求加快发展现代

---

[*] 作者单位:最高人民法院民事审判第二庭。

保险服务业,保险行业发展迎来良好机遇。

社会主义市场经济是法治经济,实现保险行业的又好又快发展,离不开良好的法治环境。1995年,我国第一部保险法实施,采用保险合同法与保险业法统一规范的立法模式,确立了保险合同法和保险监管法的基本框架,为保险市场健康发展起到重要作用。2002年以后,保险法经历多次修订,其中2009年对保险法保险合同章作了较大改动,推动了保险合同法律制度的完善。受制于各方面原因,保险法保险合同章所占的比重轻,条文少,相关规定较为原则,未能满足保险市场发展的需要,保险合同纠纷不断发生,人民法院受理的保险合同纠纷案件逐年上升。据统计,2009年全国保险合同纠纷一审案41752件,2010年59767件,2011年73206件,2013年76430件,2014年94957件,2015年前10个月为91555件。

为更好地指导各级人民法院审理保险合同纠纷案件,最高人民法院民二庭积极开展保险审判调研,抓紧司法解释的起草制定工作。2009年10月,为了解决修订前后的保险法适用衔接的问题,最高人民法院适时出台了《关于适用〈中华人民共和国保险法〉若干问题的解释(一)》,与修订后的保险法同步施行,取得了较好的效果。2013年6月,为解决保险法保险合同章一般规定部分适用中存在的问题,最高人民法院出台了《关于适用〈中华人民共和国保险法〉若干问题的解释(二)》(以下简称《解释二》),为各级人民法院正确审理保险合同纠纷案件起到积极作用。《解释二》出台实施后,最高人民法院又及时启动了《解释三》)的起草工作,以解决保险法保险合同章人身保险部分在适用中存在的争议。

为确保司法解释更符合保险审判实践的需要,更好地服务保险市场发展，最高人民法院民二庭进行了深入调研和充分论证。在起草过程中，我们广泛征求了各级人民法院、全国人大法工委、国务院法制办、保监会以及保险行业协会的意见，听取了保险以及保险法专家、学者的意见。为了更好地听取社会各界的意见，我们还通过最高人民法院网站向社会公开征求意见。毫无疑问，这些意见使得这部司法解释更加具有针对性、科学性和合理性。2015年9月21日，最高人民法院审判委员会第1661此会议讨论通过了《解释三》。《解释三》全文26条，适用于人身保险合同纠纷案件的审理。

二、制定《解释三》的指导思想

人身保险合同的投保人通常是个人，存在保险合同存续期间较长、法律关系较为复杂等特征，保险市场创新活跃，道德风险防范、保险消费者保护、鼓励保险创新、明晰法律关系等需求更为突出。因此，我们在司法解释起草中，坚持以下指导原则：

一是注重防范道德风险。人身保险以人的寿命和身体为保险标的，道德风险的发生意味着被保险人的生命健康受到侵害。人身保险不适用损害填补原则，保险金额不受限制，相关利益主体更可能存在实施道德风险骗取保险金的意图。因此，防范道德风险在人身保险合同中的责任更加重大。

二是注重保护保险消费者。保险合同的一方主体为专门经营风险的保险公司，另一方是普通投保人，双方的经济实力和专业知识存在明显不对等，因此，加强保险消费者保护，是各国保险合同立法的基本原则，我国保险法也不例外。保险消费者保护一直是历次保险法修订的基本理念，也是近年来保险监管部门监管工作的重要内容。《解释三》也延续了这一原则。

三是支持保险创新。随着保险市场的发展，人身保险产品不再局限于传统的人寿保险、医疗保险、意外伤害保险,而是发展出具有投资功能的万能险、分红险、投资连接险等保险产品。这些保险产品兼具保障与投资功能,且投资性内容所占比例逐步增大,市场上围绕这些保险产品发展出了新的交易模式。对于这些新类型保险产品及其交易模式,因相关法律规则不明确,实践中存在不少争议,亟需规范。《解释三》一方面确立规则,为新型保险产品的发展创造条件,另一方面适当留白,为新型保险产品的不断创新留下空间。

四是厘清保险合同法律关系。人身保险合同的主体,除保险人与投保人外,还有被保险人和受益人,理论界与实务界对被保险人与受益人的法律地位存在不同认识。尽管保险法明确投保人是保险合同当事人,但仍有观点认为,被保险人也是保险合同当事人。《解释三》遵循合同相对性基本原理,以投保人作为保险合同当事人来构建保险合同法律关系,同时注重维护被保险人的合法权益。

三、对《解释三》主要内容的说明

(一)关于《解释三》的适用范围

保险合同根据保障对象的不同可分为人身保险合同与财产保险合同,不同的保险合同基于各自的特点适用不同的法律规则。我国保险法保险合同章分为一般规定、人身保险合同、财产保险合同三个部分,一般规定部分的内容同时适用于人身保险合同与财产保险合同,人身保险合同部分与财产保险合同部分的内容则分别适用于人身保险合同与财产保险合同。《解释三》是对人身保险合同部分的解释,相关条文仅适用于人身保险合同,不能简单将《解释三》的条文直接适用于财产保险合同中。例如,医保标准条款不仅存在于人身保险的医疗保险合同中,也可能存在于财产保险的第三者责任险，《解释三》第十九条关于医保标准条款的规则仅适用于人身保险的医疗保险，能否适用于财产保险的第三者责任险还有待研究。

（二）关于以死亡为给付保险金条件的保险合同

以死亡为给付保险金条件的保险合同，关系被保险人的生命安全，防范道德风险的责任重大。为防止他人为谋取保险金杀害被保险人，保险法第三十四条规定，以死亡为给付保险金条件的合同，未经被保险人同意并认可保险金额的，合同无效。该规定要求投保人为他人订立死亡险时，必须经过被保险人同意并认可保险金额，这是对投保人和保险人的共同要求。实践中，该要求并没有得到很好落实，很多附带死亡险的保险产品并没有得到被保险人的同意并认可保险金额，保险合同效力认定存在隐患，给投保人和保险人的逆向选择留下空间，投保人以及保险人均可根据保险事故是否发生作出对自己有利的选择。尤其是有些保险人为展业需要，在订立死亡险合同时不主动审查死亡险是否经过被保险人同意并认可保险金额，甚至明知死亡险合同未经被保险人同意且未认可保险金额仍然承保，收取保险费，但在保险事故发生后，却以死亡险合同未经被保险人同意为由主张合同无效，拒绝给付保险金。针对该问题，《解释三》第一条规定："当事人订立以死亡为给付保险金条件的合同，根据保险法第三十四条的规定，'被保险人同意并认可保险金额'可以采取书面形式、口头形式或者其他形式；可以在合同订立时作出，也可以在合同订立后追认。""有下列情形之一的，应认定为被保险人同意投保人为其订立保险合同并认可保险金额：（一）被保险人明知他人代其签名同意而未表示异议的；（二）被保险人同意投保人指定的受益人的；（三）有证据足以认定被保险人同意投保人为其投保的其他情形。"

对该规定的适用，应注意以下几个问题：第一，以死亡为给付保险金条件的合同，需要经过被保险人同意并认可保险金额，适用于投保人与被保险人为不同主体的情形。投保人为自己订立死亡险，不需要通过被保险人同意并认可保险金额来判断合同效力。第二，以死亡为给付保险金条件的合同，被保险人的同意包括两个层次：一是同意投保人以其为被保险人订立死亡险；二是同意保险合同约定的保险金额。第三，被保险人的同意可以采取书面形式、口头形式和其他形式。被保险人的同意在实践中主要以书面形式作出，最为常见的是被保险人在投保单上对死亡险保险合同的订立签名同意。当然，这种签名如果是他人代签的，则不能认为被保险人已经表示同意，除非有证据证明被保险人明知他人代其签名同意而未表示异议的。口头形式证据难以保存，但如确有证据证明被保险人以口头方式表示同意的，也应予认可。例如，保险人对被保险人本人进行电话回访，被保险人在电话回访中对保险合同表示同意。其他形式主要是指网销中，被保险人通过网络平台同意的情形。第四，被保险人同意可以在保险合同订立时作出，也可以在保险合同订立后追认。此处的保险合同订立后，包括保险事故发生后。有观点认为，允许被保险人在保险事故发生后进行追认，会给保险人的逆向选择留下空间，被保险人可以根据保险事故是否发生决定追认与否。我们认为，死亡险以被保险人死亡为保险事故，保险事故的发生意味着被保险人死亡，故实际上不存在保险事故发生后追认的问题。当然，死亡险可能同时附带其他险种，如医疗险，医疗险保险事故发生的，被保险人如仍然生存，允许其进行追认不存在道德风险的问题，没有必要进行限制。同时，允许被保险人事后追认其实也是对保险人的一种督促，可以促使保险人在核保死亡险时，切实按照保险法的要求，征求被保险人的意见。

以死亡为给付保险金条件的合同，需要经过被保险人同意并认可保险金额，立法目的在于防范道德风险，同时也体现对被保险人自主决定权的尊重。人身保险合同存续期间长，被保险人虽在订立保险合同时同意投保人为其订立死亡险，但合同存续期间，二者之间的关系可能发生变化甚至恶化，被保险人不愿意投保人继续为其投保死亡险的，此时应允许被保险人撤销之前作出的同意的意思表示，尊重被保险人的意愿，故《解释三》规定："被保险人以书面形式通知保险人和投保人撤销其依据保险法第三十四条第一款规定所作出的同意意思表示的，可认定为保险合同解除。"对于该规定的适用，应注意以下几个方面：第一，被保险人撤销同意仅适用于以死亡为给付保险条件中的被保险人同意，不适用于人身保险利益中的被保险人同意。第二，被保险人撤销同意，应采用书面形式作出，并且需要同时通知保险人和投保人。第三，被保险人撤销同意的法律后果，视为投保人解除保险合同，保险人应向投保人返回保险单现金价值。第四，被保险人同意的撤销属于被保险人的自主决定权，被保险人可以选择放弃该权利，故应允许投保人、保险人与被保险人通过约定的方式对被保险人撤销的权利进行限制，只是这种限制不能违反公序良俗。

无民事行为能力人自我保护能力低，容易受到伤害，故应对以无民事行为能力人为被保险人订立死亡险给予限制。保险法第三十一条规定，投保人不得为无民事行为能力人投保以死亡为给付保险金条件的人身保险，保险人也不得承保；父母为其未成年子女投保的人身保险，不受前款规定限制。这种仅允许未成年人父母为未成年人投保死亡险的做法，虽能很好地保护未成年人免于被他人作为骗保的对象，但也带来新的问题。实践中，未成年人父母之外的其他人也可能为未成年人子女投保死亡险，一律不承认这类保险合同的效力并不尽合理。例如，有些未成年人所在的幼儿园、学校可能为未成年人投保附带死亡险的保险；有些未成年人外出旅游期间，负责看护未成年人的人员也可能为未成年人投保附带死亡险的意外险；还有的未成年人并不与父母一起生活，而是与祖父母、外祖父母等亲属生活在一起，这些人也可能为未成年人投保死亡险。对于以上这些保险合同，保险人通常都同意承保，收取保费并签发保险单，但当保险事故发生后可能以父母之外的其他人不得为未成年人投保死亡险为由主张合同无效，并拒绝给付保险金，引起纠纷。诉讼中，如果一律认定这类保险合同无效，纵容了保险人的不诚信行为，不利于保护未成年人家属的合理期待。

鉴于此，《解释三》第六条规定："未成年人父母之外的其他履行监护职责的人为未成年人订立以死亡为给付保险金条件的合同，当事人主张参照保险法第三十三条第二款、第三十四条第三款的规定认定该合同有效的，人民法院不予支持，但经未成年人父母同意的除外。"该规定的适用，应注意以下几个方面：第一，原则上父母之外的任何人不得为未成年人订立死亡险，经父母同意的其他履行监护职责的人除外。此处的父母应是有监护能力的父母，其他经父母同意可以为未成年人订立死亡险的人也仅限于其他履行监护职责的人。第二，未成年人父母的同意可以在保险合同订立时作出，也可以在保险合同订立后追认。是否允许父母在保险事故发生后追认，还应根据审判实践进行探索。父母的同意可以通过明示的方式，也可能是通过可推断的行为进行判断,实践中应结合具体案件进行判断,一方面防止增加未成年人可能遭受的风险,另一方面防止保险人不诚信拒赔。第三,未成年人父母死亡的,父母之外的其他法定监护人或者其他履行监护职责的人不得为未成年人订立死亡险。

(三)关于人身保险的保险利益

根据保险法第三十一条,保险合同订立时,投保人需对被保险人具有保险利益,否则保险合同无效。人身保险合同期限较长,投保人与被保险人的关系可能在合同存续期间发生变化,从而使在保险合同订立时对被保险人有保险利益的投保人丧失了保险利益,此时保险合同效力是否受到影响,存在不同认识。例如,夫妻一方在婚姻存续期间为另一方投保人身险,后双方离婚,此时保险合同效力是否受到影响,存在有效与无效两种观点。鉴于此,《解释三》依据立法原意,明确保险合同的效力不因投保人在合同存续期间丧失保险利益受到影响。实践中,投保人丧失被保险人的保险利益,可能是基于投保人与被保险人之间的身份关系发生变化,也可能是因保单转让或者继承导致投保人与被保险人身份关系发生变化。不管何种原因导致投保人丧失对被保险人的保险利益,保险合同效力均不应受到影响。

人身保险利益以及死亡险中被保险人同意并认可保险金额,目的在于防止被保险人因他人为其投保而遭受伤害,其关系社会公共利益,故直接影响合同效力。根据民事诉讼的基本原理,此类影响合同效力、关系社会公共利益的事项,法院在审理案件时应主动审查,但这在实践中并没有得到贯彻执行,有的法院囿于可能增加的负担不愿主动审查,导致一些通过伤害被保险人骗取保险金的行为得逞。鉴于此,《解释三》明确规定,人民法院审理人身保险合同纠纷案件时,应主动审查投保人订立保险合同时是否具有保险利益，以及以死亡为给付保险金条件的合同是否经过被保险人同意并认可保险金额。

具体的审查时可以采取这样几个步骤：第一，确定人身保险合同是否属于以死亡为给付保险金条件的合同。不属于上述情形的人身保险，法院仅需要审查保险利益有无即可。反之，法院则需要就保险利益有无和被保险人是否同意进行双重审查。第二，就投保人有无保险利益，区分投保人与被保险人有无特定身份关系。对符合保险法第三十一条第一款所列情形的，查明投保时相关的身份证明资料；对不具有上述身份关系的，调查被保险人于投保时是否作出了同意。第三，在被保险人也是案件当事人的情形下，询问其是否于投保时同意他人投保，签名是否属实，对以死亡为给付条件的保险是否同意并认可其金额。第四，在被保险人不是案件当事人或已死亡时，应当要求案件当事人提交被保险人同意的相关证据。主张合同无效的当事人也可以提交证据证明签名虚假、形成时间虚假等。法院对上述证据进行审查，如发现疑点的，可以采取依据职权启动笔迹鉴定、走访调查被保险人等方式进行查证。第五，被保险人可以作为证人对上述事实问题进行证明，也可以作为无独立请求权的第三人介入诉讼。第六，在综合各方证据和调查取证后，法院审查认为已有证据可以证明保险利益、被保险人的同意具有高度可能性的，法院可以认定合同有效。

（四）关于体检与如实告知义务的关系

保险合同是最大诚信合同。为协助保险人准确评估风险，保险法第十六条规定，投保人在订立保险合同时应根据保险人的询问承担如实告知义务；投保人故意或者因重大过失未履行如实告知义务，足以影响保险人决定是否同意承保或者提高保险费率的，保险人有权解除合同。实践中，人身保险公司在承保特定险种时会安排被保险人进行体检，以更好地控制风险。被保险人根据保险公司的安排进行体检后，投保人是否仍需要如实告知，审判实践中存在不同观点。针对该问题，《解释三》第五条明确，被保险人在保险合同订立时根据保险人要求到指定医疗服务机构进行体检，投保人如实告知义务不能免除，鼓励最大诚信；保险人知道被保险人的体检结果仍同意订立保险合同，构成弃权，不得再以投保人未就相关情况履行如实告知义务为由要求解除合同。

对该规定的理解，应注意以下两个方面：第一，保险人知道被保险人的体检结果，应当包括保险人自身知道被保险人的体检结果以及医疗机构知道被保险人的体检结果这两种情形。医疗机构接受保险人的委托对被保险人进行体检，从而在医疗机构与保险人之间形成委托代理关系。医疗机构作为保险人的代理人，在保险人的授权范围内（即对被保险人进行体检），对外与投保人、被保险人发生法律关系，医疗机构所实施法律行为的后果由被代理人保险人承受。因此，医疗机构知道体检结果的，即视为保险人知道体检结果。因医疗机构的过错而产生的不利后果不应归属于投保人，保险人不能以其客观上确实不知体检结果为由行使保险合同解除权。第二，弃权的适用条件并不限于保险人明知投保人未如实告知的情形，还应包括其应当知道投保人未如实告知的情形。对于"应当知道"标准的把握，应以理性保险人因重大过失应知而不知作为判断标准。理性保险人标准是指，若一个理性的保险人在同等事实状态下能够知道投保人未如实告知的，即应认为应当知道。

（五）关于第三人代交保险费

保险合同的交费义务主体是投保人。人身保险合同中，投保人与被保险人、受益人经常为不同主体，作为交费义务主体的投保人可能因交费能力不足或者与被保险人、受益人关系恶化而没有继续交纳保险费，此时被保险人、受益人可能基于自身的利益代为交付保险费。这种行为从合同法角度来看属于第三人代为履行，应予准许。实践中，有些保险公司收取了他人代交的保险费，但却在保险事故发生时以投保人未交付保险费为由主张保险合同效力中止，甚至要求解除保险合同，并拒绝承担给付保险金的责任。针对这种不诚信行为，《解释三》第七条规定，当事人以被保险人、受益人或者他人已经代为支付保险费为由，主张投保人对应的交费义务已经履行的，人民法院应予支持。

对于第三人代为支付保险费的理解，应注意以下几个方面：第一，保险人不得随意拒绝第三人代为支付保险费。被保险人、受益人代为支付保险费的，投保人与保险人原则上不得拒绝。无利害关系人以自己名义代交保险费，且投保人拒绝代交的，保险人可以拒绝收取。第二，保险人收取第三人代为支付的保险费后，投保人交费义务因清偿而消灭，保险人不能再以投保人交费义务未履行主张保险合同效力中止或者解除保险合同。第三，第三人代为支付保险费后，可否向投保人进行追偿，要区分不同情况区别对待。在没有保险单现金价值的保险产品中，被保险人、受益人交付的保险费是保险人承保风险的对价，而保险事故发生时取得保险金的是受益人或者被保险人的继承人，投保人并未因被保险人、受益人交付保险费获得利益，故不应允许被保险人或者受益人向投保人进行追偿，防止强制投保人投保。存在保险单现金价值的保险产品中，被保险人、受益人交付的保险费如转化为投保人的保险单现金价值的,投保人因被保险人、受益人交付保险费的行为获得利益,应该允许被保险人、受益人向投保人进行追偿。保险事故发生前,投保人解除保险合同的,被保险人、受益人可向投保人进行追偿。投保人未解除保险合同的,被保险人、受益人如何追偿有待进一步研究。保险事故发生后,保险单现金价值转化为保险金,而受益人是保险金的真正受益人,此时不得再向投保人进行追偿。

(六)关于保险合同的复效

人身保险合同存续期间较长,为防止保险人仅因投保人未及时支付某期保险费解除保险合同,保险法确立了复效制度,允许投保人在逾期支付保险费之后的一定期限内补交保险费,恢复合同效力。保险法第三十七条规定,保险合同效力中止的,经保险人与投保人协商并达成协议,在投保人补交保险费后,合同效力恢复。该规定中的"保险人与投保人协商并达成协议",实际上剥夺了投保人申请复效的权利,使保险合同复效制度丧失了应有的功能。鉴于此,《解释三》第八条第一款规定,投保人提出恢复效力申请并同意补交保险费的,除被保险人的危险程度在中止期间显著增加外,保险人应予恢复效力。

对于该规定,应正确认识"危险程度在中止期间显著增加"。第一,危险程度显著增加,应以危险变化达到影响保险人决定是否同意承保或提高保险费率为标准。第二,危险程度显著增加的客观判断因素大致有两大类:一类是被保险人自身危险增加的情形,如被保险人的职业变更为危险职业、健康状况恶化、到国外旅行等;另一类是可能产生道德危险的情形,如财务状况欠佳却投保巨额保险者。第三,危险程度显著增加的判断,应采取理性保险人标准,即在同一事实状态下,处于同一地位的一般保险人对投保人提出可保证明的判断。如果一般保险人认为投保人提交的可保证明符合复效的标准，则保险合同可以复效，反之则不能复效。第四，判断被保险人的危险程度是否显著增加，应当限定在效力中止期间。如果被保险人的危险程度在合同效力中止之前即已显著增加，则其申请复效不会增加逆选择的风险，保险人拒绝恢复效力缺乏正当性。

关于保险合同复效的时点，《解释三》第八条第三款规定，保险合同自投保人补交保险费之日恢复效力。据此，投保人补交保险费后保险合同应即时生效，而不是次日生效。这也就意味着，保险人同意投保人的复效申请且投保人已经补交了保险费后，合同随即生效，不存在空挡期，发生保险事故的，保险人应承担保险责任。

（七）关于受益人的指定与变更

受益人是人身保险合同中特有的一类主体，是基于投保人或者被保险人的指定享有保险金请求权的人。实践中，受益人的指定一般都是由保险格式条款提前拟定，由投保人或者被保险人进行选择。由于保险格式条款不够明确以及被保险人身份关系的变化，受益人如何确定在实务中存在争议。针对实践中存在争议突出的情形，《解释三》第九条规定，当事人对保险合同约定的受益人存在争议，除投保人、被保险人在保险合同之外另有约定外，按照以下情形分别处理：受益人约定为法定或者法定继承人的，以继承法规定的法定继承人为受益人；受益人仅约定为身份关系，投保人与被保险人为同一主体的，根据保险事故发生时与被保险人的身份关系确定受益人，投保人与被保险人为不同主体的，根据保险合同成立时与被保险人的身份关系确定受益人；受益人的约定包括姓名和身份关系，保险事故发生时身份关系发生变化的，认定为未指定受益人。

对于该规定的适用，应注意以下几个方面的问题：第一，以继承法规定的法定继承人为受益人，不仅要考虑继承法规定的法定继承人范围，还应考虑继承法规定的法定继承人顺序，按照继承法规定的法定继承人顺序和范围确定受益人。有第一顺序继承人的，由第一顺序继承人作为受益人；没有第一顺序继承人的，才可由后顺序的继承人作为受益人。第二，受益人约定为身份关系的，应以被保险人的身份关系为依据来确定受益人，而不是以投保人的身份关系为依据确定受益人。第三，保险合同所约定受益人虽存在争议，但投保人或者被保险人在保险合同之外存在其他约定，而根据其他约定能够消除争议、准确确定受益人的，则不适用本规定。例如，投保人与被保险人在离婚协议中对受益人明确约定的，则应根据离婚协议的约定确定受益人。

保险法第四十一条规定，被保险人或者投保人变更受益人要书面通知保险人，保险人收到变更受益人的书面通知后，应当在保险单或者其他保险凭证上批注或者附贴批单。有观点认为，根据该规定，投保人或者被保险人变更受益人应当征得保险人同意，并且在保险人办理批注后才产生效力。这种观点不符合变更是单方法律行为的特征，不利于投保人或被保险人变更受益人，甚至将导致投保人和被保险人无法通过遗嘱变更受益人。鉴于此，《解释三》第十条规定："投保人或者被保险人变更受益人，当事人主张变更行为自变更意思表示发出时生效的，人民法院应予支持。投保人或者被保险人变更受益人未通知保险人，保险人主张变更对其不发生效力的，人民法院应予支持。投保人变更受益人未经被保险人同意的，人民法院应认定变更行为无效。"

对于该规定的适用，应注意以下几个方面：第一，变更受益人的意思表示无需保险人与原受益人同意，为无需受领的意思表示，故只要被保险人或投保人完成变更受益人的表示行为，变更行为即产生效力，无需到达保险人。第二，受益人变更的意思表示，原则上应以明示的方式作出，被保险人或投保人可以口头方式发出变更的意思表示，也可以书面形式发出变更的意思表示。以书面形式变更受益人的，因有书面证据材料，实践中争议较少。以口头形式变更受益人的，实践中容易产生争议，诉讼中认定口头方式变更受益人的，应有充分的证据予以支撑。变更受益人原则上应以明示方式，但并不排除在特殊情况下，可以从被保险人或投保人的行为中间接推知其有变更受益人的意思表示。对于默示方式进行的变更，实践中的认定应更为慎重，需要全面审查证据材料，结合相关案件事实综合进行判断。第三，投保人或被保险人可以遗嘱方式变更受益人。受益人指定和变更属于投保人和被保险人单方自主行为，投保人、被保险人可以选择指定或者变更的方式，可以在订立保险合同时，也可以在保险合同订立后变更；可以在生前进行指定或者变更并通知保险人，也可以通过遗嘱的方式进行指定或者变更，待遗嘱生效后由遗嘱继承人通知保险人。当然，以遗嘱方式变更受益人，需要遵循遗嘱生效规则，只有在遗嘱产生效力时受益人的指定和变更才发生效力。根据保险法第四十一条规定，投保人指定和变更受益人，需要经过被保险人同意。投保人遗嘱指定、变更如未得到被保险人同意，则指定和变更行为不产生效力。第四，投保人或被保险人变更受益人，虽然不需要保险人的同意，但需要通知保险人才能对抗保险人。对于通知的主体，只有有权变更受益人的主体作出的通知才是有效的。投保人变更受益人需要经过被保险人的同意，故投保人与被保险人作出的变更受益人的通知均有效，受益人的通知无效。投保人单方通知保险人变更受益人，保险人应当审查该变更是否取得被保险人同意。第五，受益人享有的受益权根据保险事故是否发生具有不同性质。保险事故发生前，受益权是从属于保险合同的期待利益，投保人或被保险人可以变更受益人；保险事故发生后，受益权则从期待权变为确定性的权利，投保人与被保险人均不得变更受益人。需要注意的是，保险事故发生后，不得变更的是该次业已发生的保险事故所生保险金请求权对应之受益权。如果存在数份保险合同，投保人或被保险人仍可以变更尚未发生保险事故的保险合同受益人。如果保险合同约定的保险事故发生后，保险合同并不终止的，保险人则仍可以就将来发生的事故变更受益人，只是此次事故对应的保险金仍归原受益人。

受益人与被保险人在同一事件中死亡且不能确定死亡先后顺序的，保险法第四十二条第二款规定，应推定受益人先死亡。相互有继承关系的几个人在同一事件中死亡且不能确定死亡先后时间的，《最高人民法院关于贯彻执行〈中华人民共和国继承法〉若干问题的意见》（以下简称《意见》）第二条规定，应推定没有继承人的人先死亡；死亡人各自都有继承人的，如几个死亡人辈分不同，推定长辈先死亡。人身保险中的受益人与被保险人通常都是近亲属，存在继承关系，如二人在同一事件中死亡，且不能确定死亡先后顺序的，根据保险法的规定与《意见》可能出现不同的结论。鉴于此，《解释三》明确，保险法第四十二条是为了解决被保险人与受益人均死亡时保险金归属的问题，《意见》第二条则是为了解决继承人与被继承人均死亡的情况下，被继承人的遗产如何分配的问题，两者各有适用范围和不同的立法宗旨。在确定保险金归属时应根据保险法第四十二条第二款推定受益人先死亡，并根据《解释三》第十二条来确定其受益份额归谁所有；如果没有其他受益人的，则保险金作为被保险人的遗产；在保险金作为被保险人遗产进行分配时，则需根据《意见》第二条进行推定。

（八）关于保险单的现金价值

关于保险单现金价值的归属，理论界有观点认为，人身保险合同的被保险人虽不是保险合同的当事人，但却是保险合同的保障对象，是保险事故的承载主体，故投保人与被保险人、受益人为不同主体时，保单现金价值应属于被保险人，而不属于投保人。这种观点在实务界也有一些支持者。我们认为，这种观点不符合保险精算原理与实务，也不符合保险合同的基本原理，应予纠正。故《解释三》第十六条第一款规定，保险合同解除时，投保人与被保险人、受益人为不同主体，被保险人或者受益人要求退还保险单的现金价值的，人民法院不予支持，但保险合同另有约定的除外。

该条规定的理由如下：第一，根据保险原理，保险单的现金价值来源于保险人在保险期间前期超收的保险费，具有储蓄性质，是投保人的财产，保险合同提前终止的，应当返还给投保人。第二，根据合同法原理，投保人是保险合同当事人，享有基于保险合同的现金价值请求权。保险合同的设立，依投保人与保险人的意志、意愿而定，投保人与保险人是合同的当事人，具有保险合同设立与否的决定权。保险合同解除时，无论退还的是保险费还是由保险费所形成的现金价值，均应归属于作为合同当事人的投保人。第三，投保人承担交纳保险费的义务，享有基于保险费产生的保险单现金价值。人身保险合同中，投保人是交费义务的主体。被保险人、受益人不是交纳保险费的义务主体，即使在某些情况下，保险费因故转由被保险人或受益人实际交纳，但此时的被保险人或受益人只是以投保人的名义履行交纳保险费义务。依据权利与义务对等的民法原则，理应由承担给付保险费义务的投保人享有对保险单现金价值的所有权。第四，域外相关立法和实践，均是将保险单现金价值支付给投保人。德国、日本、韩国以及我国台湾地区的保险合同立法，均明确规定保险单的现金价值归属于投保人，而不是被保险人和受益人。至于英美法系，一般认为保险单现金价值归属于保单持有人，但该保单持有人并不是被保险人，而更多是指投保人，除非被保险人实际持有保单。第五，从审判实践看，大部分法院在实践中判决保险单现金价值归属于投保人。

审判实践中，应当注意区分保险单现金价值与保险费。保险单现金价值虽然来源于保险费，但并不等同于保险费。根据保险精算原理，保险单的现金价值是投保人所交保险费，在扣除保险人各种经营费用后所剩余额，按照预定利率计算出的现值。保险单现金价值的计算，除了要考虑投保人交了多少保险费，还应考虑得到的保障成本、保险公司建立和处理保单中发生的费用等因素。从合同法角度来看，保险合同无效时，保险人返回的保险费，不是保险单现金价值；保险合同解除或者保险人依法不承担给付保险金责任时，保险人返回的是保险单现金价值，而不是退还保险费。保险合同纠纷案件审理中，一定要注意区分保险合同无效与保险合同解除，准确认定保险人应当返还的是保险费还是保险单现金价值。

审判实践中，还应注意区分保险单现金价值与保险金。现金价值是保险期间内保险合同提前终止或者保险人依法不承担给付保险责任时需要向投保人返回的责任准备金。保险金是保险事故发生时保险人根据保险合同应当向受益人支付的金额。现金价值与保险金均是保险人根据保险合同应当支付的款项,但其产生基础、给付条件、给付对象以及计算方法均不一致:现金价值源于投保人在保险期间早期多交付的保险费的积累,保险金是保险人基于保险合同产生的主给付义务,是其收取保险费的对价;现金价值以保险合同提前终止或者保险人依法不承担给付保险责任为给付条件,保险金则以保险事故发生为给付条件;现金价值归属于投保人,保险金则应支付给投保人或者被保险人指定的受益人;现金价值是为了保障保险人未来支付保险金的准备金,保险金的数额通常高于现金价值。一般而言,保险事故发生前,投保人有权解除保险合同取得现金价值,受益人无权取得保险金,但在保险事故发生后,投保人不得再解除合同取得现金价值,而受益人可以基于保险合同约定要求保险人给付保险金。实践中,有的投保人与受益人的利益不完全一致,在明知保险事故发生的情况下,未向保险人告知保险事故发生的事实,仍要求保险人解除保险合同并返回现金价值。此时如保险人可能因未审查到保险事故已经发生的事实,为投保人办理退保手续并返回现金价值,受益人如依据保险合同要求保险人给付保险金的,保险人仍需给付保险金,不能以保险合同已经解除为由作为抗辩。保险人因不当解除保险合同支出的现金价值,只能通过不当得利向投保人主张返还。在这类案件审理中,投保人解除保险合同的时点判断尤为重要。如解除保险合同是在保险事故发生前,投保人可取得现金价值,保险人不承担给付保险金责任;如解除保险合同是在保险事故发生后,保险合同因保险事故发生已经终止,投保人解除保险合同行为无效,不能取得现金价值,保险人承担给付保险金责任。

保险法第四十三条规定,投保人故意造成被保险人死亡、伤残或者疾病的，保险人不承担给付保险金的责任，应当按照合同约定向其他权利人（而不是投保人）退还保险单的现金价值。此处的"其他权利人"如何确定，存在被保险人与受益人两种观点。我们认为，在投保人指定受益人的情况下，受益人的指定体现了投保人的意志，如认为保险单现金价值仍由受益人享有，不能体现对投保人的惩罚，故由被保险人或者其继承人享有更为妥当。鉴于此，《解释三》第十六条第二款规定，投保人故意造成被保险人死亡、伤残或者疾病，保险人依照保险法第四十三条规定退还保险单的现金价值的，其他权利人按照被保险人、被保险人继承人的顺序确定。

（九）关于投保人的任意解除权

人身保险合同除了作为当事人的保险人与投保人外，还有作为保障对象的被保险人、享有保险金请求权的受益人。投保人与被保险人、受益人为不同主体时，投保人解除保险合同是否需要经过被保险人和受益人同意，理论界与实务界存在截然相反的观点。鉴于此，《解释三》第十七条规定："投保人解除保险合同，当事人以其解除合同未经被保险人或者受益人同意为由主张解除行为无效的，人民法院不予支持，但被保险人或者受益人已向投保人支付相当于保险单现金价值的款项并通知保险人的除外。"理由在于：一是从保险立法来看，保险法第十五条确立了投保人的任意解除权，并没有对其行使进行限制，如要求投保人解除合同需征得被保险人或受益人同意，不符合立法精神。二是从合同原理来看，保险合同的当事人是投保人与保险人，被保险人与受益人是保险合同的保障对象和保险金请求权的主体，不承担交费义务，从合同法角度来看属于受益第三人，其权利依附于投保人与保险人之间的合同，不享有影响保险合同存续的权利。三是从保险行业发展来看,保险单转让与质押是人身保险未来发展的方向之一,这些业务的开展是以投保人能够随时解除保险合同并取得保险单现金价值为条件的,如要求投保人解除合同需要经过被保险人和受益人同意,可能限制保险单转让与质押业务的开展。四是虽然投保人解除保险合同无需经过被保险人与受益人的同意,但是保险合同的存续确实对被保险人与受益人的利益有较大影响,故如果被保险人、受益人同意向投保人支付相当于保单现金价值的款项,可以承受投保人的合同地位,保险合同无需解除。这样做,一方面保护投保人对保险单现金价值的权利,另一方面,也照顾被保险人、受益人的合理期待。

需要注意的是,虽然投保人的任意解除权无需征得被保险人、受益人的同意,但不能因此认为,投保人行使解除权后一概无需对被保险人或者受益人进行补偿或赔偿。实务中,如被保险人、受益人以解除导致损失为由提起诉讼的,法院应当予以受理,并根据投保人与被保险人、受益人之间的基础关系确定案由和请求权基础,审查投保人解除有无违反约定或法律规定,判决投保人是否应当承担赔偿责任。比如,单位为企业高管投保人身保险,将保险费支付作为高管的福利待遇,而后又擅自退保的,就应当依据他们之间的劳动合同关系加以审查处理。

(十)关于医疗费用保险的相关条款

医疗保险是人身保险的重要类型。实践中,对医疗保险格式条款中关于商业医疗保险与社会医疗保险关系条款、按医保标准核定医疗费用条款、定点医院条款等内容的效力认定存在较大争议。鉴于此,《解释三》根据保险人承保风险与投保人支付保险费应当保持平衡的基本原理进行规定。

为协调商业医疗保险与公费医疗、社会医疗保险的关系,保监会《健康保险管理办法》要求,保险公司开发医疗保险应区分费用补偿型医疗保险与定额给付型医疗保险,前者不能在公费医疗、社会医疗保险之外重复给付,后者可以在公费医疗、社会医疗保险之外重复给付;保监会还要求,保险公司开发医疗费用补偿性医疗保险时,应区分被保险人是否存在公费医疗、社会医疗保险,有公费医疗或者社会医疗保险的被保险人因仅在公费医疗、社会医疗保险范围之外赔偿,保险费较低,没有公费医疗或者社会医疗保险的被保险人可以获得全部赔偿,保险费较高。保险公司如严格依据保监会的规则开发并销售医疗保险产品,不会产生争议,但有一些保险公司出于收取高额保险费的目的,明知被保险人有公费医疗或者社会医疗保险,仍然将其作为没有公费医疗和社会医疗保险的被保险人,并收取高额保费,但在保险事故发生时,却要求仅在公费医疗或者社会医疗保险范围之外给付保险金。为纠正这种不诚信行为,《解释三》第十八条规定:"保险人给付费用补偿型的医疗费用保险金时,主张扣减被保险人从公费医疗或者社会医疗保险取得的赔偿金额的,应当证明该保险产品在厘定医疗费用保险费率时已经将公费医疗或者社会医疗保险部分相应扣除,并按照扣减后的标准收取保险费。"保险人如能证明其厘定医疗费用保险费率时已将公费医疗或者社会医疗保险部分相应扣除,并按照扣减后的标准收取保险费,给付保险金时可以扣减被保险人从公费医疗或者社会医疗保险取得的赔偿金额;未能举证证明的,其要求扣减被保险人从公费医疗或者社会医疗保险取得的赔偿金额的主张不能得到支持。

为了控制经营风险,保险人开发的商业医疗保险产品往往会引入医保标准条款,即保险公司对被保险人支出的医疗费用,按照当地基本医疗保险的标准核定医疗费用。对于该类条款的效力，实践中曾存在两种截然相反的观点：一种认为，医保标准条款是保险公司厘定费率、控制风险的基础，应认可其效力，故同意保险公司拒赔；另一种则认为，保险公司拒赔不符合被保险人的合理期待，不应认可该条款的效力，保险公司应按照实际支出的费用进行赔付。经过多次论证，《解释三》第十九条规定："保险合同约定按照基本医疗保险的标准核定医疗费用，保险人以被保险人的医疗支出超出基本医疗保险范围为由拒绝给付保险金的，人民法院不予支持；保险人有证据证明被保险人支出的费用超过基本医疗保险同类医疗费用标准，要求对超出部分拒绝给付保险金的，人民法院应予支持。"

对于该规定的理解，应注意以下两个问题：第一，保险人需对医保标准条款进行提示和明确说明。医保标准条款虽非无效条款，但符合免责条款的特征。医保标准条款虽设置于保险合同的"理赔处理"章节，并没有放置于"除外或免责条款"章节中，但从其文义及作用来看，对保险公司在赔偿限额内的责任又进行了限定，即保险公司对国家基本医疗保险标准以外的医疗费用不予赔付，该条款应当属于限制保险公司赔偿责任的责任免除条款。既然属于责任免除条款，则根据保险法第十七条第二款的规定，保险人未对医保标准条款履行提示和明确说明义务的，该条款不产生法律效力。第二，正确理解超过基本医疗保险同类医疗费用标准。司法解释条文使用的表述是"医疗费用标准"，而非"医疗费用范围"，因此，不能将超过基本医疗保险同类医疗费用标准理解为超过基本医疗保险用药范围。对于基本医疗保险范围外的医疗项目支出，保险人应当按照基本医疗保险范围内的同类医疗费用标准赔付。比如，使用了医保范围外的药品，而医保范围中有同种类或者同功能可使用的药品，则应按医保范围内同种类或者同功能药品的标准予以赔付。第三,正确理解保险人有证据证明。本司法解释将举证责任分配给了保险人,诉讼中,保险人主张被保险人支出的费用超过基本医疗保险同类医疗费用标准,但不能提供相关证据证明的,由保险人承担不利的法律后果。

医疗保险中,保险公司为控制风险,通常在格式条款中约定,被保险人必须到定点医院就医,否则不予赔付。对于该条款是否应予认可,实践中存在肯定说与否定说两种相反观点。《解释三》采折中观点,其第二十条规定:"保险人以被保险人未在保险合同约定的医疗服务机构接受治疗为由拒绝给付保险金的,人民法院应予支持,但被保险人因情况紧急必须立即就医的除外。"理由在于:一是防范保险欺诈。被保险人与医院工作人员串通骗取保险金的情况在实践中时有发生,定点医院条款有助于保险公司控制风险,减少保险欺诈行为。二是保护被保险人的医疗需求。保险公司指定的定点医院涵盖大部分三级以上医院,基本上能够满足被保险人就医的需要,但考虑到被保险人在一些紧急情况下可能无法到指定医院就医,故增加例外条款,如被保险人因情况紧急必须立即就医的,则即使在定点医院之外就医,保险公司仍需赔付。

解读《最高人民法院关于审理侵犯专利权纠纷案件应用法律若干问题的解释（二）》

宋晓明 王闯 李剑[*]

2016年1月25日，最高人民法院审判委员会讨论通过《最高人民法院关于审理侵犯专利权纠纷案件应用法律若干问题的解释（二）》（以下简称《解释二》），该司法解释于2016年4月1日施行。《解释二》共31条，主要源于《最高人民法院公报》刊登的典型案例以及近年来对专利审判经验的总结，涉及权利要求解释、间接侵权、标准实施抗辩、合法来源抗辩、停止侵权行为、赔偿额计算、专利无效对侵权诉讼的影响等专利审判实践中的重点难点问题。本文拟就《解释二》起草的背景、指导思想和适用中应当注意的问题作一阐述，以便更为准确地理解条文原意，确保司法解释的正确适用。

一、起草司法解释的背景和过程

2009年12月，最高人民法院曾发布《关于审理侵犯专利权纠纷案件应用法律若干问题的解释》（以下简称2009年专利法司法解释）。该司法解释在依法保护专利权人利益、激励科技创新

---

[*] 作者单位：最高人民法院民事审判第三庭。

等方面发挥了重要作用。五年多以来,专利侵权案件稳步增长,所涉法律问题深度触及专利基本制度和基本理念,所涉技术事实愈加前沿和复杂,市场价值和利益更加巨大。北京、上海、江苏等地高级人民法院分别出台有关审理专利侵权纠纷案件的指导意见。特别是,《中共中央关于全面深化改革若干重大问题的决定》明确提出,加强知识产权运用和保护,健全技术创新激励机制,建设国家创新体系。全国人大常委会决定在北京、上海、广州设立知识产权法院,集中审理专利等专业技术性较强的案件。为确保专利法的正确实施,统一和细化专利侵权裁判标准,及时回应科技创新对专利审判的新期待,有必要继2009年专利法司法解释之后再次起草有关专利侵权判定标准的司法解释。

早在2011年底,最高人民法院民三庭即开始进行专利侵权判定标准的专项调研。2014年初,《解释二》列入最高人民法院司法解释立项计划。在向社会公开征求意见,并多次听取中央有关部门、专家学者、法院、律师、专利代理人、企业、行业协会等反馈意见的基础上,条文草案历经十六次修改形成送审稿,经最高人民法院审判委员会讨论,最终通过了该司法解释。

二、起草司法解释的指导思想

当前,全球新一轮科技革命和产业变革蓄势待发,我国经济发展方式加快转变,创新引领发展的趋势更加明显,知识产权制度激励创新的基本保障作用更加突出。十八届五中全会提出"创新、协调、绿色、开放、共享"的五大发展理念,排在首位的就是"创新",并强调创新是引领发展的第一动力,必须把创新摆在国家发展全局的核心位置,让创新贯穿党和国家一切工作,让创新在全社会蔚然成风。今年是"十三五"的开局之年,也是全面建成小康社会决胜阶段的开局之年。面对新形势新要求,充分发挥专利制度在激励创新、促进科技进步和经济社会发展方面的关键作用，着力构建公正、透明的法治环境，激发创新动力、创造潜力和创业活力，对于加快实施创新驱动发展战略具有十分重要的意义。

《解释二》的起草紧扣专利法鼓励发明创造、促进科技进步和经济社会发展的立法目的，立足专利审判实践，始终贯彻如下指导思想：一是坚持问题导向，加大专利权保护力度，尽可能地解决"周期长、举证难、赔偿低"等突出问题，确保专利权人利益的实现，从根本上激励创新；二是坚持折中解释原则，强化权利要求的公示作用，增强专利权保护范围的确定性，为社会公众提供明确的法律预期，促进专利文件撰写水平的提高；三是坚持利益平衡原则，厘清专利权与其他民事权利的法律边界，既保护权利人的正当权益，鼓励发明创造，又避免专利权不适当地扩张，防止压缩再创新空间和损害公共利益、他人合法权益。

《解释二》的出台，是最高人民法院积极营造有利于创新的法治环境的重要举措，丰富和完善了我国专利法律制度，将进一步遏制侵犯专利权的行为，进一步强化司法裁判对科技创新的导向作用，进一步有效激励自主创新和技术跨越，为大众创业万众创新提供有力的法律保障。

三、应当注意的问题

（一）关于原告对权利要求的选择

2009年专利法司法解释第一条规定，权利人有权选择一项或多项权利要求，据以提起专利侵权之诉。实践中，有部分原告并未在起诉状中明确记载据以起诉的权利要求。对此，人民法院应当通过释明要求原告明确。通常情况下，原告在法院释明后，就会作出明确的选择。极个别情况下，经释明，原告仍不明确其选择的权利要求,则属于起诉条件不成就,应当依法裁定驳回起诉,这是对民事诉讼法第一百一十九条第三项、第一百二十一条第三项规定的受理条件的细化,并不构成对原告诉权的限制。

起草中,曾有另一种观点认为,经释明,原告仍不明确其选择的权利要求的,人民法院应当推定其选择全部权利要求或者全部的独立权利要求。考虑到此观点不利于促使原告积极选择权利要求,《解释二》未予采纳。

关于原告在法院释明后明确其选择的权利要求的时间问题,按照民事诉讼的审理程序,法院通常在立案阶段以及证据交换、庭审阶段才有机会向原告释明权利要求选择的问题。相应地,原告在法院释明后对权利要求进行选择,可能发生在案件受理、审理前准备、法庭调查等三个时段。如果在案件受理阶段,权利人仍不予明确,人民法院应当裁定不予受理。但实践中,立案阶段通常难以在短时间内就权利要求的选择进行释明。根据民事诉讼法第一百三十三条及《最高人民法院关于适用〈中华人民共和国民事诉讼法〉的解释》(以下简称民事诉讼法司法解释)第二百二十四条、第二百二十五条的规定,原告应当在庭前会议明确其诉讼请求。如果不召集庭前会议,则原告也应当在法庭调查开始阶段明确其选择的权利要求。因为权利要求的确定是侵权对比的基础,如果原告不明确其据以起诉的权利要求,法庭调查实际上无法展开。

(二)关于民行交叉纠纷的实质性解决

专利侵权纠纷案件的审理周期较长,主要是由现行"民行二元分立"的诉讼架构造成的。权利人起诉被告侵犯其专利权,被告往往向专利复审委员会另行提起宣告专利权无效的请求,而审理侵犯专利权纠纷案件的法院又无权审查专利权的效力,通常中止民事诉讼,等待专利授权确权行政诉讼的结果。即使在有权审理专利侵权、专利无效诉讼的北京知识产权法院和北京市高级人民法院,民事、行政的诉讼程序仍是泾渭分明。而且,专利授权确权程序过于繁冗,循环诉讼和程序空转的情况较为突出,不利于纠纷的实质性解决。

为提高专利侵权诉讼的审理效率,尽可能缓解审理周期较长的影响,充分考虑专利授权确权行政诉讼改变专利复审委员会决定的比例较低的实际,《解释二》第二条设计了"先行裁驳、另行起诉"的制度,即在专利复审委员会作出宣告专利权无效的决定后,审理侵犯专利权纠纷案件的法院便可以裁定"驳回起诉",无需等待专利行政诉讼的最终结果,并通过"另行起诉"给权利人以司法救济途径。需要注意的是,如果原告起诉被诉侵权技术方案落入其多项权利要求,而其中部分权利要求被宣告无效,则仅驳回原告基于该被宣告无效的权利要求的起诉,对于未被宣告无效的权利要求,仍继续审理。之所以采用从程序上裁定驳回起诉,而非实体上判决驳回诉讼请求,主要是考虑若无效决定被行政裁判推翻,则权利人仍可另行起诉。需要指出的是,作出驳回起诉裁定的"审理侵犯专利权纠纷案件的人民法院"包括一审法院和二审法院。如果在二审阶段专利复审委员会作出宣告无效的决定,二审法院可以迳行裁定驳回起诉。由此引发的一个问题是,一审裁判文书已认定的证据,在另行提起的诉讼中是否具有当然的证明力。由于二审法院基于专利被宣告无效从程序上裁定驳回起诉,对于一审裁判文书并未回应,因此,一审文书已认定的证据不宜简单地认为被否定。特别是,对于庭审笔录中当事人确认的内容,在另行提起的诉讼中一般对于当事人具有拘束力。

在现行专利法司法解释中,将专利权人及被许可人等利害关系人统称为"权利人"。因专利侵权诉讼的原告可能仅为专利被许可人，如果其不参加专利无效程序，则不是行政判决书的被送达人，其另行起诉的时效计算适用民法通则关于诉讼时效的一般规定，即知道或应当知道专利权恢复有效的时间。为避免文字繁冗，《解释二》第二条第三款仅规定了专利权人另行起诉的时效计算。

虽然《解释二》第二条在提高诉讼效率方面进行了积极探索，但受现行法律规定的限制，并不能从根本上解决"民行二元分立"导致的周期长问题，仍有待立法层面的改造。比如，《解释二》第三条规定，对于专利存在明显违反专利法第二十六条第三款或第四款、应被宣告无效的情形，审理专利侵权案件的法院也只能先向当事人释明，告知其启动专利无效宣告程序，除非属于《解释二》第四条规定的情形。若无效程序被启动，则专利侵权诉讼一般应当中止。当然，若经对比，被诉侵权技术方案不落入专利权保护范围，则不需要中止诉讼，迳行判定被告不侵权即可。只有在合理期限内（专利复审委员会通常在7个工作日内完成对申请材料的审查），该专利权未被请求宣告无效的，人民法院才可以根据权利要求的记载确定专利权的保护范围。该条所称"明显违反"，是指权利要求与说明书"风马牛不相及"，构成技术方案实质上的矛盾，以至于无法运用说明书解释权利要求。对于权利要求得不到说明书支持的其他情形，不适用本条，旨在避免侵权程序过多地介入无效程序以及由此带来的裁判标准不一的问题。

（三）关于权利要求解释的尺度

作为划定专利权权利边界的标尺，权利要求是专利法的核心概念，专利制度中的许多规则都是围绕权利要求而展开。2009年专利法司法解释曾体现了强化权利要求公示性的导向,《解释二》继续贯彻了这一指导思想,旨在增强专利权保护范围的确定性,为社会公众提供明确的法律预期,促使专利文件撰写水平的提高。这也是充分考虑我国现阶段专利质量总体上还处在较低水平的现状以及创新驱动发展战略实施的需求。

《解释二》第五条、第九条、第十条和第十二条分别针对前序特征、使用环境特征、产品权利要求中的制备方法和数值特征中的强调用语,规定上述特征和用语对专利权保护范围具有限定作用,这充分体现了对权利要求公示性的尊重。至于上述特征和用语是否属于专利的必要技术特征,是专利授权确权阶段应当解决好的问题,审理侵犯专利权纠纷案件的人民法院对此不宜再作甄别。也就是说,专利文件撰写人在专利申请阶段对于上述特征和用语的表述应给予足够的注意。

需要指出的是,文字表达本身具有一定的局限性,权利要求书对专利技术方案的概括难以做到全面、精准。而且,专利文件撰写水平的提高需要一个过程,不可能一蹴而就。因此,在强调权利要求公示性这一基本导向的同时,权利要求的解释需要保有一定的弹性,避免"唯文字论",使真正有技术贡献的专利能获得比较周延的保护。比如,《解释二》第四条规定,对于专利文件中表达的歧义,只要本领域普通技术人员可以得出唯一理解的,人民法院应当按照此唯一理解予以矫正。再如,《解释二》第十一条规定,方法权利要求未明确记载的步骤顺序在满足一定条件时可以构成专利技术特征。该条与第四条均在一定程度上实质弥补了专利文件撰写的疏忽,为了避免适用的泛化,增加了"唯一""直接、明确地"等限定条件。

(四) 关于封闭式组合物权利要求解释

《解释二》第七条明确了实践中争议已久的封闭式组合物权利要求的解释规则，也凸显了对权利要求公示性的尊重以及维护社会公众对专利权保护范围的信赖。因为历次版本的《专利审查指南》对于封闭式组合物权利要求的规定是相同的，即不得含有该权利要求所述特征之外的其他组分，除非是无法避免的常量杂质。通过长期的专利实践，此撰写方式和解释规则已为业界普遍接受，《解释二》第七条第一款规定的解释规则与《专利审查指南》保持了一致。

起草中，曾有另一种观点认为，根据增加的技术特征是否产生实质性影响而判断是否构成侵权。虽然这一观点可以弥补专利文件撰写的疏漏，在个案中对当事人的利益给予比较公平的处理。但是，该观点导致专利权的权利边界更加模糊，包括其他创新主体在内的社会公众难以从公示的专利文件本身清楚地判断自己的创新活动是否落入专利权的保护范围，而只能不断通过个案诉讼进行试探，这等于本应由专利权人解决的问题转移给了社会公众，无疑增加了创新的成本，损害了规则的公平性。如果专利权人在专利授权程序中出于各种原因选择了保护范围相对较小的封闭式权利要求，从而导致其获得授权的权利要求没有其预想的保护范围大，那么，本来有机会主张更宽保护范围却未主张的专利权人应当对自己的这一选择承担相应的法律后果。也就是说，在专利侵权诉讼中，如果专利权人主张其封闭式权利要求并未排除其他未限定的组分，应当不予支持。上述解释规则看似严格，但专利权人在申请专利时可以在开放式、封闭式、活性成分封闭等多种方式中作出合理选择，从而获得恰当的保护范围。

第二款规定的中药组合物权利要求属于第一款的例外。中药领域的组合物在作用方式、制作工艺、理化参数等方面皆与化学药物存在根本区别，不宜简单地套用《解释二》第一款的解释规则。而且，我国在中药领域具有独特优势，采取与化学药物组合物不同的权利要求解释规则，符合中药产业发展实际，有利于保护中药领域的创新、推动行业的发展。因此，对于以"由……制成"等主要撰写方式的中药组合物权利要求的解释方法，原则上不适用第一款的规定，而应当审查被诉侵权产品增加的技术特征对于技术问题的解决是否产生实质性影响。如未产生实质性影响，则一般认为被诉侵权产品落入专利权的保护范围。

（五）关于功能性特征解释

2009年专利法司法解释第四条确立了功能性特征解释的基本原则，即"该功能或者效果的具体实施方式及其等同的实施方式"。《解释二》第八条进一步明确了功能性特征的定义以及"等同的实施方式"认定规则。

第八条第一款的但书将"仅通过阅读权利要求即可直接、明确地确定实现上述功能或者效果的具体实施方式"的技术特征排除在功能性特征之外，包括但不限于变压器、放大器等。对于但书所称技术特征的认定，应注意基于本领域普通技术人员的认识水平和能力，由当事人进行举证。如果构成但书所述情形，则不属于专利法司法解释所称的功能性特征，相应地，无需适用"实施例＋等同"的功能性特征的解释规则。

第八条第二款明确了"等同的实施方式"的认定规则。功能性特征与结构特征的"等同"认定有两点不同：一是对比基础不同，前者是说明书及附图记载的实现所述功能或效果不可缺少的结构特征，而后者是权利要求记载的特征本身；二是认定标准不同，前者要求功能、效果"相同"，而后者要求功能、效果"基本相同"。之所以如此规定,主要是考虑功能性特征本身是以功能或者效果表述的技术特征,其字面含义较为宽泛,加之大量的实用新型专利授权未经实质审查,如果对于功能、效果适用"基本相同",则会不适当地扩张了专利权的保护范围。因此,《解释二》未采纳"二次等同"理论。亦即,在以具体实施例为基点的"一次等同"之后,功能性特征的保护范围即已划定,不存在对于功能性特征所述功能或效果的"二次等同"问题。因此,第八条第二款采用了"相应技术特征与功能性特征相同或者等同"的表述。在等同认定尺度适当从严的同时,为了将专利申请日后新技术导致的等同替换手段涵盖进来,该条将侵权判断的时间点放宽至被诉侵权行为发生时。

(六)关于技术方案的放弃

2009年专利法司法解释规定,专利权人在专利授权确权程序中放弃的技术方案,不能在专利侵权程序中通过等同原则将其再纳入专利权的保护范围。但是,何谓"技术方案的放弃",实践中存在争议。理论上,"放弃"可以分为客观上的放弃与具有法律效果的放弃。严格地说,只有后者才能导致禁止反悔规则的适用。亦即,权利人为了应对专利授权确权程序中权利有效性受到的挑战而作出的放弃,且该放弃被采信,才导致禁止反悔规则的适用。因此,《解释二》第十三条将"被明确否定"作为"技术方案未放弃"的认定要件。因专利行政诉讼可能推翻审查员对有关修改或陈述的认定,故该条所称被明确否定,包含专利审查和行政诉讼两个阶段。为增强可操作性,规定专利权人应对其主张的"被明确否定"负有证明责任,若证明不能,则应认定构成导致禁止反悔规则适用的"放弃"。

（七）关于外观设计的设计空间

《解释二》第十四条所称的设计空间，是指设计者在创作特定产品外观设计时的自由度。设计者在特定产品领域中的设计自由度通常要受到现有设计、技术、法律以及观念等多种因素的制约和影响。特定产品的设计空间的大小与认定该外观设计产品的一般消费者对同类或者相近类产品外观设计的知识水平和认知能力具有密切关联。对于设计空间极大的产品领域而言，由于设计者的创作自由度较高，该产品领域内的外观设计必然形式多样，该外观设计产品的一般消费者就更不容易注意到比较细小的设计差别。相反，在设计空间受到很大限制的领域，由于创作自由度较小，该产品领域内的外观设计必然存在较多的相同或者相似之处，该外观设计产品的一般消费者通常会注意到不同设计之间的较小区别。

在考虑设计空间这一因素时，应该认识到，设计空间的大小是一个相对的概念。设计空间极大或者设计空间受到极大限制两种极端情形，设计空间对于外观设计近似性的判断的影响较为凸显，但在此外的大多数外观设计侵权案件中，设计空间的作用实际上相对地被弱化。因此，在外观设计专利与被诉侵权设计相同或者相近似的判断中，应当注意避免对设计空间适用的泛化。第八条之所以规定设计空间，目的在于更加准确地确定一般消费者的知识水平和认知能力。

（八）关于发明专利临时保护期

发明专利实行"早期公开、延迟审查"制度，因此存在专利申请公布日与授权公告日之间的临时保护期。专利法第十一条规定的侵权行为均存在于专利权被授予之后，在性质上临时保护期内实施发明不属于侵权行为，因此，《解释二》第十八条第一款规定临时保护期使用费可以参照专利许可使用费合理确定。

专利申请公布日与专利授权公告日两时间点的保护范围大多不一致：一是被诉技术方案落入申请公布的范围，但未落入授权公告的范围。因未落入授权公告的范围，则不构成专利侵权，故没有给予临时保护之必要；二是被诉技术方案未落入申请公布的范围，但落入授权公告的范围。因临时保护期内公开的技术方案只能是申请公布的技术方案，而被诉技术方案又未落入该范围，故不应认为在临时保护期内实施了该发明。临时保护的性质在于，基于专利被授权，对此前早期公开的技术方案给予延伸保护。若脱离专利被授权，仅仅根据专利申请被公开就赋予其使用费主张权，尤其是在专利最终未被授权时，对专利申请人权利不恰当的扩张，更为凸显。因此，《解释二》第十八条第二款规定，以均落入公布日、公告日两个保护范围作为在临时保护期内实施发明的构成要件。专利法实施细则第八十五条第二款以及《欧洲专利公约》第69.2条亦能佐证上述观点。

实践中争议较大的问题是，临时保护期内已制造、销售、进口的产品能否在专利授权公告日后使用、销售、许诺销售？对此，起草中曾有两种意见：第一种意见认为，临时保护期内制造、销售、进口的产品不是侵权产品，专利权人无权在授权公告日之后禁止非侵权产品的后续销售、使用等行为；第二种意见认为，依照专利法第十一条的规定，专利权被授予后，专利权人可以禁止他人未经其许可的任何实施行为。使用、许诺销售、销售临时保护期内已制造、销售、进口的产品，不属于专利法第六十九条规定的不视为侵权的情形，故应依法被禁止。如果采用第一种意见，就可能导致行为人在临时保护期内囤积产品、待授权公告日后再销售的情况。如果采用第二种意见，则与临时保护期内制造的产品不是侵权产品的定性不符,对于被告过于严苛。因此,《解释二》第十八条作了折中,即以是否支付专利法第十三条规定的适当费用作为侵权与否的分界线。实践中,权利人可能在起诉时将制造者、使用者、销售者均作为共同被告,也可能仅起诉销售者,当销售者提出制造者已书面承诺支付适当费用的抗辩时,权利人才申请将制造者追加进来。对此,应当依照民事诉讼法及其司法解释的相应规定处理,《解释二》未再赘述。之所以规定"书面承诺",一是为了增强操作性,二是为针对制造者、销售者、进口者可能提起的费用之诉提供依据。

(九) 关于销售

对于专利法第十一条规定的销售的界定,起草中曾有三种意见:合同成立说、合同生效说和标的物交付说。因许诺销售在性质上系销售者的单方意思表示,故当买卖双方达成合意时,即不再属于许诺销售的范畴。若采合同生效说,则生效前的合同订立行为仍被界定为许诺销售,这与许诺销售的性质不符。合同成立虽不当然生效,但买卖合同是否生效涉及的是买卖双方权利义务的拘束力问题,不等于专利法意义上的销售也必须严格地以此为标准。若合同成立后未交付产品,则不产生应予赔偿的损失,但不影响已构成销售的定性。《解释二》第十九条采用合同成立说,其意义在于厘清销售与许诺销售的法律界限。

(十) 关于教唆、帮助侵权

侵权责任法第八条规定,二人以上共同实施侵权行为,造成他人损害的,应当承担连带责任。第九条规定,教唆、帮助他人实施侵权行为的,应当与行为人承担连带责任。由此可见,上述两个法条所涉及的行为均应承担连带责任,但教唆、帮助行为并不以共同过错为构成要件。实践中的突出问题是,帮助者与最终实施发明的人之间没有意思联络，明知其提供的零部件等只能用于生产侵犯专利权的产品，而仍然提供给最终实施发明的人实施。鉴于帮助者主观上"明知"，恶意明显，且其提供的零部件等是发明创造最终实施的"专用品"，故《解释二》第二十一条第一款将其纳入侵权责任法第九条调整的范围。该条第二款针对的是教唆侵权，其构成要件除了"明知"，主要是"积极诱导"，该款所称产品不要求必须是"专用品"。实践中，需要注意积极诱导与正常传授技术的区别。将教唆、帮助他人实施侵犯专利权的行为予以规制，是侵权责任法适用的应有之义，并非在现行法律框架之外给予专利权人以额外的保护，符合我国加强专利权保护的客观实际。

需要强调的是，间接侵权应当以直接侵权为前提，故条文表述为"实施了"侵犯专利权的行为。但并不意味着，在提起间接侵权诉讼之前必须存在认定直接侵权成立的裁判。此时，则面临是否将间接侵权人和直接侵权人作为共同被告的问题，考虑到可能存在直接侵权人已经被在先裁判认定的情况，人民法院可以根据具体案情依法决定是否作为共同被告，《解释二》未再赘述。但是，从实际操作看，无论是查明案件事实，还是连带责任的确定，乃至判决的执行，将直接侵权人和间接侵权人作为共同被告，效果可能更好。

(十一) 关于现有技术(设计)的界定标准

专利权系依据修改前的专利法(以下简称旧法)被授予，被诉专利侵权行为发生在现行专利法(以下简称新法)施行之后，因新法将现有技术的范围扩大到域外使用公开，故如何界定该现有技术抗辩中的现有技术存在争议。一种意见认为，旧法采相对新颖性标准界定现有技术，但新法提高了授权标准，扩大了可以导致新颖性丧失的情形。有些依据旧法获得授权的专利，若适用新法是不能被授权的。实际上，专利权人已经获得了额外的法律保护。新法施行后，就不宜让这种额外的保护继续。针对新法施行后发生的被诉侵权行为，被告主张现有技术抗辩，应依据新法界定现有技术。另一种意见认为，依据旧法已经被授予的专利权，其获得的保护程度不能因专利法的事后修改而改变，否则，不符合"法不溯及既往"的基本法理。为保持专利权效力的一致性，《解释二》第二十二条采纳了第二种意见。需要指出的是，该条所称申请日包含优先权日，也就是说，有优先权日的，适用优先权日。

（十二）关于在后专利权抗辩

1993年8月16日，最高人民法院就北京市高级人民法院关于天津市东郊农牧场诉中国人民解放军某工厂专利侵权上诉案有关问题的请示作出（93）经他字第20号批复。该批复认为，人民法院不应当仅以被告拥有专利权为由，不进行是否构成专利侵权的分析判断即驳回原告的诉讼请求，而应当分析被告拥有专利权的具体情况以及与原告专利权的关系，从而判定是否构成侵权。为清理此仅存的批复类司法解释，《解释二》第二十三条将该批复精神予以吸收，并在表述上稍作调整。

（十三）关于标准实施抗辩

专利侵权诉讼中，被诉侵权人以实施标准为由主张不停止实施行为的法律问题较为典型。该抗辩是否成立，取决于标准实施人的主观状态，即其对标准所涉专利的知悉程度，而该知悉程度则是由标准对专利信息的披露情况决定的。因此，《解释二》第二十四条在专利信息披露背景下探究当事人的主观过错，进而确定是否判令停止标准实施行为以及民事责任的承担，这仍属于专利法和侵权责任法的视角,并不直接涉及竞争法的问题。

《解释二》第二十四条的第一款、第二款分别从被诉侵权人、权利人两个主体出发,根据其主观过错有无以及大小确定其主张是否成立,亦即标准实施行为是否应当被禁止的定性问题。需要说明的是,条文仅设定在"标准明示所涉必要专利"这个前提下,但不能据此反向推导"标准未明示所涉必要专利"的认定规则。其中,该条第二款将专利许可条件的谈判与侵权定性(禁令颁发)联系起来,并且根据标准必要专利的法律性质,视专利权人、被诉侵权人在专利许可谈判中各自不同的地位,对其过错程度进行了区分,即专利权人"故意违反""导致无法达成合同",而被诉侵权人"无明显过错",以使注意义务与法律责任基本对应,并与权利性质相匹配。需要注意的是,第二款所称"专利权人、被诉侵权人协商该专利的实施许可条件时",并未明确何人负有首先启动协商程序的义务,需要根据具体案情确定。

《解释二》第二十四条第三款规定的专利许可条件,是指对标准实施人在专利侵权诉讼中据此提出抗辩后承担的许可条件如何定量的问题,并不直接规制单纯的标准必要专利许可条件之诉。因此,该款中的实施许可条件增加了"本条第二款所称"的限定。但是,对于标准必要专利许可条件之诉中许可条件的确定具有重要的参考价值。

鉴于标准必要专利的问题较为复杂,《解释二》摒弃了此前"大而全"的起草思路,仅就各方能形成共识的典型问题予以明确,而对于争议较大的问题暂不涉及。特别是,2013年12月国家标准化管理委员会、国家知识产权局发布的《国家标准涉及专利的管理规定(暂行)》完善了专利信息披露程序,明确了国家标准中涉及的专利应当是必要专利。为保持与上述暂行规定的一致性,《解释二》仅规定推荐性标准(即非强制性标准)及其明示所涉专利的情形。对于上述暂行规定未涉及的标准未披露专利信息、强制性标准、国际标准等问题,将留给司法实践逐步解决。

(十四)关于合法来源抗辩

专利法第七十条规定,使用者、许诺销售者、销售者合法来源抗辩成立时,免除其赔偿责任。争议在于,善意的使用者在证明合法来源且已支付合理对价的情况下是否还应停止使用。实践中,侵权产品的使用者通常不知道也不应当知道其购买的是侵权产品,因使用者在侵权行为链条的末端,容易被权利人发现,故权利人往往选择起诉使用者。即使制造者、销售者和使用者均为共同被告,若依照专利法第七十条,使用者仅免除赔偿损失的责任,其仍应承担停止使用的侵权责任。若不停止使用,则需支付专利使用费,作为不停止使用的替代。然而,使用者在购买侵权产品时已经支付了对价,实际上等于使用者要支付双份的对价。调研发现,近年来以广大使用者为被告的关联案件明显增多,上述现象较为突出。为厘清专利权与其他民事权利的法律边界,根据利益平衡原则,《解释二》第二十五条通过但书将善意使用者予以排除。

在起草中,曾有一种意见认为,该条免除了使用者停止使用的责任,与专利法第七十条存在冲突;另一种意见认为:在制度本意上,设立合法来源抗辩制度是为了打击侵权源头,而制造者才是侵权的主要源头。Trips 协议亦未要求善意使用的行为应被禁止。使用者在主观上是善意的,在客观上提供了合法来源,且在获得该侵权产品时向销售者支付了合理对价,理应阻却专利权禁止力的延伸。专利权排他性强,但不等于可以无限扩张。专利法不仅仅是专利权人的法，一味地、过分地强调专利权人单方的利益，置善意使用者的正当利益于不顾，将侵占善意使用者的合理空间、妨碍交易安全，这并非专利法第七十条的原意，也有违利益平衡的法律基本精神。在征求有关立法部门意见的基础上，《解释二》采纳了第二种意见。

若权利人反证证明使用者未支付对价或对价明显不合理，则不符合免除停止侵权的构成要件，使用者仍应承担停止使用的民事责任，除非属于《解释二》第二十六条规定的损害"国家利益、公共利益"的除外情形。《解释二》第二十五条第一款所称合理对价，是指与专利产品基本相当或略低于专利产品的交易价格或交易条件。如果该对价明显低于专利产品的交易价格或条件，通常可以推定购买者应当知道所购产品并非专利产品。

《解释二》第二十五条第三款所称"符合交易习惯"，是指应根据交易的主体是自然人、个体户或公司，标的物价款的高低，行业或区域的普遍交易方式等认定诉争案件中的交易习惯，进而确定对合法来源的证据要求。实际操作中，应当注意既要避免一律要求合法来源抗辩人提供正规发票，也要防止对合法来源证据认定过宽，导致合法来源抗辩成为逃避侵权制裁的一个出口。

（十五）关于不判令停止被诉行为

通常情况下，侵权人应当承担停止侵权的法律责任。但是，如果侵权人停止行为将损害国家利益、公共利益，法院也可以不判令其停止被诉行为，而代之以支付合理的使用费，此为国内外司法实践的通例。关于侵权责任的承担方式，专利法没有明确规定，但侵权责任法第十五条规定承担侵权责任的方式，可以单独适用，也可以合并适用。《解释二》第二十六条属于在个案中对民事责任承担方式的确定,是侵权责任法等法律适用的应有之义。虽然专利法规定了专利强制许可制度,但《解释二》第二十六条与专利强制许可制度并行不悖。若将行政机关颁发强制许可作为民事侵权诉讼的前置程序,则将导致民事诉讼的中止,人为地将救济程序复杂化,不利于及时定纷止争。需要指出的是,只有在损害国家利益、公共利益等极特殊的例外情况下,法院才不判令被告停止被诉行为,停止侵权仍是专利侵权责任承担的基本方式。

(十六)关于侵权获利的举证

近年来,知识产权侵权案件的赔偿数额较低,备受社会各界关注,"赢了官司、丢了市场"的现象日益凸显。究其原因,赔偿低和举证难是紧密关联的两个问题,导致专利侵权纠纷案件赔偿数额较低的主要原因是有关损失或获利的证据不足,也就是举证难的问题。由于专利侵权的隐蔽性,很多侵权证据由侵权人掌握,而权利人难以取得,也就是说,权利人和侵权人对于侵权证据的举证难易存在较大差别。因此,"举证难、赔偿低"问题的根本解决,不在于替权利人举证或者简单地提高法定赔偿数额,而应当是制定一套符合知识产权诉讼特点的举证规则。

《解释二》第二十七条对专利侵权诉讼中有关赔偿数额的举证规则进行了一定程度的完善。专利法第六十五条明确了赔偿数额的计算顺序,即损失、获利、许可费、法定赔偿次第确定。实践中,权利人对其因被侵权所受到的实际损失通常难以举证。依照专利法第六十五条第一款,应当进而确定"侵权人因侵权所获得的利益"。对此,在参考商标法第六十三条第二款有关证据妨碍规定的基础上,根据专利权人的初步举证以及侵权人掌握相关证据的情况,将有关侵权人获利的举证义务分配给侵权人,并将此与专利法第六十五条规定的赔偿额计算顺序相衔接。需要指出的是，第一，该条所称"初步证据"可以包括侵权人自己对侵权获利乃至公司整体营利的宣传资料、网站介绍、公司年报等，对权利人的举证要求不宜过严；第二，该规则的适用需以满足两个条件为前提，即以权利人初步举证被告的获利情况，且与专利侵权行为相关的账簿、资料主要由侵权人掌握。若上述两条件均不满足，则无法进行证据妨碍推定，导致"侵权获利难以确定"。依照专利法第六十五条，进而需要确定是否可以参照专利许可费确定赔偿数额。

（十七）关于赔偿数额或计算方法的约定

实践中，侵权人在收到权利人的侵权指控后，往往为尽快平息纠纷，就赔偿问题自愿作出承诺，但又在此后的专利侵权诉讼中主张其承诺无效。对此，《解释二》第二十八条规定，约定赔偿可以作为确定赔偿数额的一种方式。该条在适用中，应当注意如下三个问题：

第一，约定赔偿在性质上不属于侵权责任与违约责任的竞合。合同法第一百二十二条所规定的违约责任与侵权责任发生竞合的前提是当事人双方之间存在基础交易合同关系，基于该交易合同关系，一方当事人的违约行为侵害了对方权益而产生侵权责任。因此，该规定中的违约行为是指对基础交易合同约定义务的违反，且该违约行为同时侵害了对方权益，而不是指对侵权行为发生前后当事人就如何承担赔偿责任所作约定的违反。侵权责任法、专利法等并未禁止权利人与侵权人就侵权责任的方式、侵权赔偿数额等作出约定。这种约定的实质是，双方就未来或已经发生的侵权赔偿达成的一种简便的确定方法。当事人基于举证困难、诉讼耗时费力等因素的考虑，自愿对侵权赔偿数额作出约定,这是意思自治的体现,并不违反法律、行政法规的强制性规定,应被认为构成专利法第六十五条规定的四种赔偿计算方式之外的另一种独立的赔偿确定方式。这种约定既包括侵权行为发生后的事后约定,也包括侵权行为发生前的事先约定。

第二,虽然《解释二》第二十八条所称约定赔偿在性质上不属于侵权责任与违约责任的竞合,但不意味着该条不涉及合同法的适用。该条所称"依法约定",主要是指合同法。亦即,人民法院应当依据合同法审查当事人的上述约定是否存在无效、可变更或撤销的情形。如约定违反合同法有关效力问题的规定,则不属于第二十八条所称的"依法约定",自然也不能成为确定赔偿数额的依据。但是,一旦上述约定符合合同法等法律的规定,就成为当事人确定赔偿数额的"法律",当事人不得以约定数额比实际损失或获利过高或过低反过来主张约定无效。

第三,权利人和侵权人均可以主张依据该约定确定赔偿数额。虽然实践中大多是权利人主张依据约定确定赔偿数额,而侵权人主张约定过分高于其实际获利。但是,如前所述,既然约定是平等市场主体自愿达成的合意,对于双方当事人而言,依据该约定确定赔偿数额的主张机会应当是均等的。亦即,如果侵权人主张依据约定确定赔偿数额,权利人同理不能以约定数额明显低于侵权人获利为由主张不依约确定赔偿数额,除非权利人证明该约定不符合法律规定。

(十八)关于专利无效决定对既判力的影响

根据专利法第四十七条第二款的规定,宣告专利权无效的决定,对在宣告专利权无效前人民法院作出并已执行的专利侵权的判决、调解书,不具有追溯力。此处的"宣告专利权无效的决定",应当理解为产生法律拘束力的专利无效决定。亦即,如当事人启动对无效决定司法审查的，需等待专利无效行政诉讼终审认定专利无效。但是，对于专利无效宣告与专利侵权判决孰前孰后的判断，仍应当以专利复审委员会作出专利无效宣告请求审查决定书之日为准。

《解释二》第二十九条是关于依据尚未被司法审查的无效决定申请再审的规定。实践中，专利复审委员会作出的宣告专利权无效的决定被人民法院裁判推翻的比例较低，即使无效决定尚未被司法审查，但为减少专利最终无效后因继续执行导致的执行回转，仍赋予该无效决定一定程度地对抗判决、调解书的效力，即该条第一款规定的"裁定中止审查，并中止原判决、调解书的执行"。又因该专利无效决定尚未被司法审查，故为平衡专利权人与侵权人的执行利益，避免"中止原判决、调解书执行"可能产生的副作用，参照《最高人民法院关于适用〈中华人民共和国民事诉讼法〉执行程序若干问题的解释》第十六条关于执行异议的规定，《解释二》第二十九条第二款规定，在人民法院已经裁定中止执行的情况下，专利权人可以在提供担保后请求继续执行。对此，侵权人则可通过反担保请求中止执行以制衡。当专利权被最终确定是否有效后，人民法院可执行担保或反担保财产，以避免执行利益落空。

《解释二》第三十条是关于依据未启动司法审查或经司法审查终结的专利无效决定申请再审或终结执行的规定。在认定专利侵权成立的裁判文书虽未被撤销，但该文书所涉专利权已被依法宣告无效的情况下，如果被告只能在通过审判监督程序撤销原侵权判决后，再申请终结执行，不仅浪费诉讼程序，还徒增当事人的诉讼成本，不利于及时定纷止争。因此，从及时给予当事人司法救济的角度出发，通过对民事诉讼法规定的终结执行适当解释，以便执行法院在当事人以专利权已全部无效为由申请终结执行时，直接裁定终结执行，不需等待原执行依据的撤销。同时，终结执行不影响原专利侵权判决的被告另行通过审判监督程序申请撤销原判决。

（十九）关于新旧司法解释的衔接

《解释二》系在2009年专利法司法解释的基础上，对专利侵权判定标准的进一步丰富和细化，故标题表述为"解释（二）"，旨在为将来的系列专利司法解释预留空间，以便专利侵权司法解释的体系化。因2001年、2009年发布的两个专利法司法解释与《解释二》不存在内容上的抵触，故不存在《解释二》取代上述两个司法解释的问题。

（二十）关于司法解释的溯及力

关于《解释二》施行后尚未审结的专利侵权纠纷案件是否适用该司法解释的问题，《解释二》未作规定，主要原因是：与一般民事权利不同的是，专利权基于行政授权而产生，其保护范围以权利要求的内容为准，然而，专利申请人在撰写权利要求时无法预见到专利申请日之后权利要求解释规则的变化。《解释二》涉及功能性特征、封闭式权利要求、数值特征特意排除等多个新的解释规则。若溯及既往，则对专利权人有失公允。若将溯及力的时间点设为申请日，因专利的保护期长达10年或20年，众多的专利侵权纠纷不能适用本解释，则会削弱司法解释的作用。鉴于可能遇到溯及力的案件并不多，在征求有关立法机关意见的基础上，《解释二》未再涉及此问题，留待将来在个案中研究解决。

除了前文所述的法律问题，在起草过程中，征求意见稿还对其他一些问题曾予规定。比如专利抵触申请抗辩、生产经营目的等，最终由于现行专利法的限制等原因，未能写入《解释二》，但并不意味着征求意见稿在某些问题上的观点是错误的。有些可能在今后的司法政策、典型案例中予以体现，有些可能需要进一步研究论证、统一认识，还有些是专利法本身的深层次问题，需要在本次或以后的专利法修订中予以重点关注。

司法解释来源于审判实践，来源于全国法院大量鲜活的案例。正是从这个意义上讲，司法解释是立法的先导。专利法司法解释不仅仅是法官审理专利案件适用的依据，更在填补法律漏洞、细化法律标准等方面发挥着重要作用，构成了我国专利法律制度的有机组成部分。专利法司法解释的施行，将进一步验证和完善有关法律规则，为专利法的修订奠定更为扎实的基础。

关于发布《最高人民法院关于审理侵犯专利权纠纷案件应用法律若干问题的解释（二）》的新闻发布稿

最高人民法院民三庭庭长　宋晓明

各位记者：

大家上午好！今天新闻发布会的主题是向大家通报《最高人民法院关于审理侵犯专利权纠纷案件应用法律若干问题的解释（二）》（以下简称《解释二》）的有关情况。

2016年1月25日，最高人民法院审判委员会第1676次会议讨论通过了《解释二》。本解释自2016年4月1日起施行。下面，我对《解释二》的制定背景以及主要内容作一简要的介绍。

一、制定背景

2009年12月，最高人民法院曾发布《关于审理侵犯专利权纠纷案件应用法律若干问题的解释》。该司法解释在依法保护专利权人利益、激励科技创新等方面发挥了重要作用。五年多以来，专利侵权案件稳步增长，所涉法律问题深度触及专利基本制度和基本理念，所涉技术事实愈加前沿和复杂，市场价值和利益更加巨大。北京、上海、江苏等地高级人民法院分别出台有关审理专利侵权纠纷案件的指导意见。特别是《中共中央关于全面深化改革若干重大问题的决定》提出，加强知识产权运用和保护，健全技术创新激励机制，建设国家创新体系。全国人大常委会决定在北京、上海、广州设立知识产权法院，集中审理专利等专业技术性较强的案件。为确保专利法的正确实施，统一和细化专利侵权裁判标准，及时回应科技创新对专利审判的新期待，有必要再次起草有关专利侵权判定标准的司法解释。

早在2011年底，最高人民法院知识产权审判庭即开始进行专利侵权判定标准的专项调研。2014年初列入司法解释立项计划后，又进行了深入调研和充分论证。在起草过程中，我们广泛征求了全国人大法工委、国务院法制办、国家知识产权局以及各高级人民法院的意见，听取了专家学者、律师、专利代理人、企业和行业协会的意见，还通过最高人民法院网站向社会公开征求意见。在梳理、归纳、吸收这些意见的基础上，条文草案历经十六次修改，经最高人民法院审判委员会讨论，最终通过了该司法解释。

二、主要内容

《解释二》共31条，主要涉及权利要求解释、间接侵权、标准实施抗辩、合法来源抗辩、停止侵权行为、赔偿额计算、专利无效对侵权诉讼的影响等专利审判实践中的重点难点问题。条文的主要内容可以归纳为以下三个方面：

1. 坚持问题导向，加大专利权司法保护力度，在现行法律框架下尽可能地解决专利诉讼中"周期长、举证难、赔偿低"等突出问题

例如，《解释二》第二十一条规定的专利间接侵权制度，进一步强化了对专利权人的保护，目前正在征求意见的专利法修订草案也有类似的条文。实践中，间接侵权人与最终实施发明创造的侵权人之间没有意思联络，并不构成共同过错。但是，间接侵

权人明知其提供的零部件等只能用于生产侵犯专利权的产品,而仍然提供给侵权人实施。鉴于间接侵权人明显的主观恶意,且其提供的零部件是直接侵权行为的专用品或者其积极诱导他人实施专利侵权行为,故将其纳入侵权责任法第九条规制的范围。这并不意味着在现行法律框架之外给予专利权人以额外的保护,而是侵权责任法适用的应有之义,符合加强专利权人保护的客观实际。

又如,针对"举证难、赔偿低"的问题,《解释二》第二十七条对专利侵权诉讼中有关赔偿数额的举证规则进行了一定程度的完善。在参考商标法第六十三条第二款有关证据妨碍规定的基础上,根据专利权人的初步举证以及侵权人掌握相关证据的情况,将有关侵权人获利的举证义务分配给侵权人,并将此与专利法第六十五条规定的赔偿额的计算顺序相衔接。

再如,针对案件审理周期较长的问题,《解释二》也作了针对性的规定。大家知道,在我国现行专利法律框架下,权利人起诉被告侵犯其专利权,也就是我们常说的民事侵权诉讼。此时,被告往往向专利复审委员会另行提起宣告专利权无效的请求,而审理专利侵权纠纷案件的法院又无权审查专利权的效力,这时通常是先中止民事诉讼,等待专利授权确权行政诉讼的结果。然而,专利授权确权程序过于繁冗,循环诉讼和程序空转的情况更为突出,不利于纠纷的实质性解决。为提高专利侵权诉讼的审理效率,尽可能缓解审理周期较长的影响,充分考虑专利授权确权行政诉讼改变专利复审委员会决定的比例较低的实际,《解释二》第二条设计了"先行裁驳、另行起诉"的制度,即在专利复审委员会作出宣告专利权无效的决定后,审理专利侵权纠纷案件的法院可以裁定"驳回起诉",无需等待行政诉讼的最终结果,并通过"另行起诉"给权利人以司法救济途径。之所以采用从程序上裁定驳回起诉，而非实体上判决驳回诉讼请求，主要是考虑若无效决定被行政裁判推翻，则权利人仍可另行起诉。

虽然上述两个条款在提高诉讼效率方面进行了积极探索，但受现行法律规定的限制，并不能从根本上解决"民行二元分立"导致专利案件审理周期较长的问题。这一问题的根本解决，还需要从立法层面进行改造。

2. 坚持折中解释原则，强化权利要求的公示和划界作用，增强专利权保护范围的确定性，为社会公众提供明确的法律预期，促使专利文件撰写水平的提高

作为划定专利权权利边界的标尺，权利要求是专利法的核心概念。2009年发布的专利法司法解释曾体现了强化权利要求公示性的导向，《解释二》继续贯彻了这一指导思想，旨在增强专利权保护范围的确定性，为社会公众提供明确的法律预期。这也是充分考虑中国现阶段专利质量总体上还处在较低水平的现状以及创新驱动发展战略实施的需求。

《解释二》第五条、第十条和第十二条分别针对的是前序特征、产品权利要求中的制备方法和数值特征中的强调用语，规定上述特征和用语对专利权保护范围具有限定作用。上述特征和用语是否作为专利的必要技术特征，属于专利授权确权阶段应当解决的问题，审理专利侵权纠纷案件的人民法院对此不宜再甄别，也就是说，专利文件撰写人应当在专利申请阶段对于上述特征的表述给予足够的注意。

《解释二》第七条明确了实践中争议已久的封闭式组合物权利要求的解释规则，也凸显了对权利要求公示性的尊重以及维护社会公众对专利权保护范围的信赖。因为历次版本的《专利审查

指南》对于封闭式组合物权利要求的规定是相同的，即不得含有该权利要求所述特征之外的其他组分，除非是无法避免的常量杂质。通过长期的专利实践，此撰写方式和解释规则已为业界普遍接受。《解释二》第七条第一款规定的解释规则与《专利审查指南》保持了一致。此外，中药组合物权利要求的解释方法，原则上不适用第一款的规定，而应当审查被诉侵权产品增加的技术特征对于技术问题的解决是否产生实质性影响。

需要指出的是，文字表达本身具有一定的局限性，权利要求书对专利技术方案的概括难以做到全面、精准。而且，专利文件撰写水平的提高需要一个过程，不可能一蹴而就。因此，在强调权利要求公示性这一基本导向的同时，权利要求的解释需要保有一定的弹性，避免"唯文字论"，使真正有技术贡献的专利能获得比较周延的保护。

3. 坚持利益平衡原则，厘清专利权与其他民事权利的法律边界，既保护权利人的正当权益，鼓励发明创造，又避免专利权不适当地扩张，防止压缩再创新空间和损害公共利益、他人合法权益

专利法第七十条规定，使用者、许诺销售者、销售者合法来源抗辩成立时，免除其赔偿责任。争议在于，善意的使用者在证明合法来源且已支付合理对价的情况下是否还应停止使用。实践中，侵权产品的使用者通常不知道也不应当知道其购买的是侵权产品，因使用者在侵权行为链条的末端，容易被权利人发现，故权利人往往选择起诉使用者。即使制造者、销售者和使用者均为共同被告，若依照专利法第七十条，使用者仅免除赔偿损失，其仍应承担停止使用的侵权责任。若不停止使用，则需支付专利使用费，作为不停止使用的替代。为厘清专利权与其他民事权利的

法律边界，根据利益平衡原则，《解释二》第二十五条通过但书将善意使用者予以排除。

在起草过程中，有一种意见认为：该条免除了善意使用者不停止使用的责任，与专利法第七十条存在冲突；另一种意见则认为：在制度本意上，设立合法来源抗辩制度是为了打击侵权源头，而制造者才是侵权的主要源头。Trips协议亦未要求善意使用的行为应被禁止。使用者在主观上是善意的，在客观上提供了合法来源，且在获得该侵权产品时向销售者支付了合理对价，理应阻却专利权禁止力的延伸。专利权排他性强，但不等于可以无限扩张。专利法不仅仅是专利权人的法，一味地强调专利权人单方的利益，置善意使用者的正当利益于不顾，将侵占善意使用者的合理空间、妨碍交易安全，这并非专利法第七十条的原意，也有违利益平衡的法律基本精神。我们在征求有关立法部门意见的基础上，《解释二》最终采纳了第二种意见。

有关判令停止侵权行为的问题，《解释二》第二十六条规定，通常情况下，侵权人一经侵权，应当承担停止侵权的法律责任，但如果侵权人停止被诉侵权行为将损害国家利益、公共利益时，法院也可以不判令其停止被诉侵权行为，而代之以支付合理的使用费。关于侵权责任的承担方式，专利法未作明确规定，但侵权责任法第十五条规定承担侵权责任的方式，可以单独适用，也可以合并适用。《解释二》第二十六条属于在个案中对民事责任承担方式的确定，是侵权责任法等法律适用的应有之义。虽然专利法规定了专利强制许可制度，但《解释二》第二十六条与专利强制许可制度并行不悖。若将行政机关颁发强制许可作为民事侵权诉讼的前置程序，则将导致民事诉讼的中止，人为地将救济程序复杂化，不利于及时定纷止争。需要指出的是，只有在损害国家利益、公共利益等极特殊的例外情况下,法院才不判令停止被诉行为,停止侵权仍是专利侵权责任的基本方式。

此外,《解释二》还对近年来备受关注的功能性特征、标准必要专利、禁止反悔规则、发明专利临时保护期等问题作了规定。

《解释二》的出台,是最高人民法院积极营造有利于创新的法治环境的重要举措,丰富和完善了我国专利法律制度,将进一步遏制侵犯专利权的行为,进一步强化司法裁判对科技创新的导向作用,进一步有效激励自主创新和技术跨越,为大众创业万众创新提供有力的法律保障。

谢谢大家!

解读《最高人民法院关于适用〈中华人民共和国物权法〉若干问题的解释(一)》

程新文* 辛正郁** 司 伟***

2016年2月23日,最高人民法院正式公布《关于适用〈中华人民共和国物权法〉若干问题的解释(一)》(法释〔2016〕5号,以下简称《解释》)。《解释》于2015年12月10日经最高人民法院审判委员会第1670次会议讨论通过,并于2016年3月1日起施行。为方便人民法院及社会各界正确理解和适用《解释》,现就其制定背景和相关重要问题介绍如下。

一、《解释》制定的背景

《中华人民共和国物权法》(以下简称《物权法》)是中国特色社会主义法律体系特别是民事法律体系中的重要支柱性法律,正确实施《物权法》对维护国家基本经济制度,维护市场经济秩序,明确物的归属,发挥物的效用,保护权利人的物权,具有重大意义。物权法理论艰深、逻辑复杂、体系严密、学说丰赡,正

---

* 最高人民法院民事审判第一庭庭长。
** 最高人民法院民事审判第一庭审判长。
*** 最高人民法院民事审判第一庭法官。

确理解和准确执行的难度很大。在为数庞大的婚姻家庭、损害赔偿、合同纠纷等民商事案件中,考验司法智慧的最终问题往往还是如何认识及保护物权。对《物权法》执行稍有不当,都有可能对经济社会生活的有序发展、良性互动构成冲击。适时妥当推出相关司法解释,不仅广大法官寄予厚望,更是推动《物权法》良法之治的重要途径。最高人民法院高度重视《物权法》的司法实践运用工作,确定了多维度、分步骤的司法解释工作规划。建筑物区分所有权司法解释已于2009年颁布,担保物权等司法解释正在紧锣密鼓修订,对尚未制定司法解释的《物权法》中相关重要问题的调研起草工作一刻也没有停止。在深入研判困扰司法实践疑难问题的基础上,历经六年多的分析论证,《解释》最终得以出台。

党的十八届四中全会作出《中共中央关于全面推进依法治国若干重大问题的决定》指出,要健全以公平为核心原则的产权保护制度,加强对各种所有制经济组织和自然人财产权的保护,实现权利保障法治化。这为我们在全面推进依法治国新时期进一步完善和加强财产权保障指明了方向。为真正执行好《物权法》,本《解释》严循立法精神和目的,主要针对不动产登记、按份共有、善意取得等问题作出相应解释,以期有效指导司法审判,推动《物权法》更好调整社会生活,切实提升保障财产权利及市场交易安全与效率的法治化程度。

二、《解释》中的几个主要问题

(一)关于不动产登记与物权确认或基础关系争议

《物权法》第九条规定,除法律另有规定,不动产物权的设立、变更、转让、消灭,经依法登记发生效力,未经登记不发生效力。实践中,有观点认为,除非法律另有规定,不动产物权之得丧变更只能看登记,未经登记就不能取得及享有物权,如果争议涉及登记就应当通过行政诉讼解决。该观点不仅为一些行政机关所坚持,司法实践中也受众颇广,这在一定程度上导致了互相推诿以及行政裁判与民事裁判相冲突的情形,对司法权威和公信力造成损害。同时,还造成当事人诉讼的盲目性,一案多诉时有发生,既增加了当事人的讼累,也浪费了司法资源。厘清民事诉讼与行政诉讼的审查范围与对象,对妥善化解涉不动产登记及权属纠纷、保护当事人的合法权利具有重要现实意义。

我们认为,不动产登记在性质上具有复合性,对相关争议的司法解决途径,不能在民事诉讼与行政诉讼中作简单的单项选择。前述观点并不符合《物权法》规定精神,有必要加以明确和澄清。从《物权法》的规定看,我国采纳的是以债权形式主义为主的物权变动模式,在基于法律行为发生的物权变动中,登记都是不动产物权变动生效的要件。但"要件"不同于"原因",不动产物权变动的原因或基础只能是买卖、赠与、抵押等当事人的单方或双方法律行为,这是私法自治的体现,而登记首先标志着转移不动产物权的权利义务关系画上句号,然后就是将发生的物权变动向社会公示。因此,登记是确认不动产物权变动并将其公之于众的手段,不动产物权不是登记的产物。认为不动产物权系由登记所赋予的观点,显然与登记的本质相悖。不动产物权变动原则上虽需经依法登记始生物权效力,但因物权归属或基础关系所生纠纷,是平等民事主体间之财产争议,理应通过民事诉讼对相应法律行为及其他法律事实进行判断。2014年11月新修订的《中华人民共和国行政诉讼法》(以下简称《行政诉讼法》)第六十一条规定,在涉及登记的行政诉讼中,如果当事人提出申请,人民法院可以一并审理解决相关民事争议。该规定是《行政诉讼法》基于诉讼便利的原则,给予当事人选择在行政诉讼程序中一并解决民事争议的程序权利,并未改变有关不动产物权归属及基础关系的争议属于民事诉讼受案范围这一本质。

《物权法》第十六条第一款规定,不动产登记簿是物权归属和内容的根据,旨在赋予不动产登记以推定力。但作为一种法律拟制事实,登记表彰的权利状态并不总能反映真实不动产物权关系,所谓的推定力并不具有绝对的效力。《物权法》第十七条规定:"除有证据证明不动产登记簿确有错误外,以不动产登记簿为准",也意在明确不动产登记可以通过证据推翻,这为人民法院在民事诉讼中把不动产登记作为证据进行审查提供了法律依据。当事人对不动产登记簿记载的权利状态提出异议,则应提出证据对其主张加以证明。如果当事人提出了能够充分证明真实权利状态与不动产登记簿的记载不一致的证据,人民法院可以依法采信该证据,进而对真正物权状态作出司法判断。由此,上述观点实属对法律的误读。当然,通过民事诉讼解决当事人之间的不动产物权权属争议并非对不动产登记行为合法性的审查。需要进一步明确的是,如果涉及外部关系,权属确认还需注意对交易安全的保护问题。

(二)关于异议登记与确权诉讼的关系

《物权法》第十九条规定,利害关系人认为不动产登记簿记载的事项错误的,可以申请更正登记,如果不动产登记簿记载的权利人不同意更正的,利害关系人可以申请异议登记。异议登记人在异议登记之日起十五日内不起诉的,异议登记失效。异议登记因法定期限内未提起诉讼而失效,是为避免不动产物权不稳定状态长期延续所作的限制,但异议登记失效与权属争议的消失并不等同。异议登记是真实权利人或利害关系人针对不动产登记簿的正确性提出异议而向登记机关申请的登记,异议登记的功能在于为非记载于登记簿的实体权利人或利害关系人提供一种阻却登记权利人行使物权处分权的临时性救济措施。异议登记本身并不表征权利,而只是一项临时性的救济措施,其效力主要是警示他人该物权存在产权不明的交易风险。物权归属争议最终只能通过人民法院来解决。由于异议登记与确权诉讼的功能、目的不同,相互之间并无逻辑顺序,故异议登记制度并非申请确认权利的前置程序,异议登记失效也不应该成为利害关系人维护不动产权利的障碍,当事人在异议登记因法定十五日期间经过而未提起诉讼失效后仍有权提起确权之诉,人民法院对此应依法予以受理。

(三)关于预告登记的效力

预告登记是为保全一项以将来发生不动产物权变动为目的的请求权的不动产登记,是相对于"本登记"或"终局登记"而言的登记制度。《物权法》第二十条第一款规定,预告登记后,未经预告登记的权利人同意,处分该不动产的,不发生物权效力。实践中,对于现实登记权利人针对不动产的何种处分会因违反法律规定而不发生物权效力,存在模糊认识,在一些案件中有不当扩大预告登记效力的倾向。我们认为,法律之所以对现实登记权利人的处分自由进行限制,其目的是对纳入预告登记的请求权加以保全,或者说,是为了保障登记权利人的请求权,以确保最终实现其物权。基于预告登记之制度目的,不应为保障登记权利人的请求权而不当限制登记义务人的处分权,对该种限制本身亦应作出一定限制,即只能限于保护登记请求权的范围内,否则即有矫枉过正乃至越位之嫌。纳入预告登记保全之债权具有一定物权效力,对违背预告登记内容的后发不动产物权处分行为具有排他效力,由此,于法律上危及抑或妨碍债权如期实现的处分行为，必须受制于预告登记权利人之同意。一般而言，建设用地使用权、不动产抵押权自登记时设立，由于存在预告登记，登记机关一般不会为其再办理相应权利登记，但即使因操作不规范或错误等原因办理了登记，也不发生相应的物权效力。此外，地役权自地役权合同生效时设立，登记并非其设立的要件，虽然现时登记权利人所设之负担行为原则上不受预告登记规制，但只要供役地上存在预告登记，未经预告登记的权利人同意，地役权也不因合同生效而设立。依通说，预告登记除具有保全效力外，还具备顺位效力及破产保护效力，全方位维护预告登记权利人之权利，还需要整合民法诸多规范进行通盘考虑。

（四）关于特殊动产转让中的"善意第三人"

《物权法》多处提及善意第三人，在解释时，应考量不同条文所规定的具体情形。由于上述不同物权设定所处场合、影响范围、第三人注意义务等因素的差异，使得作出一体解释努力的可能性和妥适性存在疑问。因此，比较稳妥的方法应属以具体物权性质及功能为切入点，具象分析善意第三人的构成要件，进而做出区别化的解释。《物权法》第二十四条规定，船舶、航空器和机动车等特殊动产物权的设立、变更、转让和消灭，未经登记，不得对抗善意第三人。准确界定该条所称善意第三人的范围，是适用该条规定的重点和难点。我们认为，通过转让人之交付（转移占有）取得特定动产物权的人虽未办理登记，但其物权人地位不容置疑，将转让人之债权人排除于善意第三人范围，是贯彻物权优先效力的逻辑必然。特定动产登记的对抗效力系在外部关系中发生，且原则上系向后发生，故从产生权利冲突的关系范围看，内部关系当事人、连环交易当事人应当绝对排除。具体言之，特定动产物权交易的转让方及其继承人，连环交易的前手或者后手当事人，均不得主张对抗利益。同时，侵权人等恶意第三人不得针对登记欠缺主张对抗利益，当属逻辑必然。

目前，实践中经常面临的一个重大问题是，仍登记在转让人名下的特殊动产，能否作为其责任财产。不得对抗善意第三人的原因既然是未经登记，则对善意第三人的保护亦应围绕其对未经登记是否享有主张登记欠缺的正当利益。我们认为，债之关系因交易产生时，债权人系对债务人清偿能力的信赖，但不获清偿之风险天然存在，如欲避免遭受不测损害，则应通过设定担保物权等方式增强债权保障能力。在其仅为一般债权人的情况下，不应认为其与未经登记之特殊动产所有权人之间存在竞争对抗关系。实际上，此中争议也并非广泛存在于所有债权人场合，而是能否认为破产债权人、强制执行债权人、参与分配债权人等特殊债权人也不享有对抗利益。认为该等债权人与不享有对抗力的特殊动产所有人之间存在一种竞争对抗关系虽并无不可，但若据此认为其可主张对抗利益，将与物权优先效力原则产生激烈冲突。毕竟，依法通过占有享有特定动产所有权的人，未经登记仅是欠缺对抗力，而不是不具有物权效力，否则，未经登记的特殊动产所有权人之权利性质将因是否登记出现是否属于物权的疑问，势必将导致权利体系的混淆和紊乱。在比较借鉴域外法治立场时，需对其制度背景、现实衡平的必要性、合理性予以认真研判。对人身损害债权人，我们会面临更多道德考量和价值取向的艰难选择，但善意第三人保护机制仅系协调民事权利冲突方法之一，无法冀望其完美化解所有问题。《物权法》立法者对善意第三人的解释是"不知道也不应知道物权发生变动的物权关系相对人"，其排除所有债权人的意图亦十分明显。借此，对《物权法》第二十四条所称善意第三人，可抽象解释为"不知道或者不应知道特定动产物权变动的事实，且对标的物享有正当物权利益的人"。除法律另有规定，排除转让人的债权人主张登记对抗利益的可能，更符合物权优先效力原则，更具妥当性。

（五）关于发生物权变动效力的人民法院、仲裁委员会的法律文书的范围

根据《物权法》第二十八条规定，人民法院、仲裁委员会的法律文书直接导致的物权变动，不以登记、交付为生效要件，法律文书一经生效，即发生物权效力。如何准确界定直接导致物权变动的人民法院、仲裁委员会作出的法律文书的范围，是正确适用该条规定的关键。这一问题自《物权法》施行后即争论不休。我们认为，基于维护物权变动模式体系安定之目的，应注意防止《物权法》第二十八条在实践中被不适当地扩大化适用，损害相关权利人的合法权益，需要对该条所称人民法院、仲裁委员会的生效法律文书进行目的性限缩解释。核心是把握住何谓"导致物权设立、变更、转让或者消灭的"情形。

基于《物权法》第二十八条的文义，人民法院、仲裁委员会的生效法律文书中，只有在实体法上具有在当事人之间形成或创设某种物权变动效果的法律文书才属于该条所称"导致物权设立、变更、转让或者消灭的"的法律文书。因此，针对诉讼、仲裁和执行中的程序性问题或者特定事项作出的裁定、决定、命令、通知书等，以及单纯解决身份关系的法律文书，原则上不涉及物权设立、转让、变更或者消灭，不会直接引起物权变动。确认法律文书，是对当事人之间民事实体法律关系或特定法律事实是否存在所作权威性判定的载体。就物权归属争议而言，确认法律文书只是判断当事人是否享有所争议的物权，并不改变既存物权关系，申言之，这类法律文书的生效并非"物权设立、变更、

转让或者消灭"的原因。给付法律文书是在认定当事人享有请求权的基础上，判令对方当事人履行原已存在的义务。就给付法律文书而言，当负有义务的一方当事人不履行生效法律文书确定的义务时，享有权利的一方当事人有权申请法院强制执行。可见，给付法律文书并没有改变既存的法律关系，而只是经由生效裁判实现当事人之间既存的法律关系，具有执行力而不具有形成力。目的在于改变原有物权关系的形成性法律文书在确定之时，无须强制执行就自动发生物权法律关系变动的效果，既存物权法律关系随之改变，故应属于"导致物权设立、变更、转让或者消灭的"法律文书。根据《最高人民法院关于适用〈中华人民共和国民事诉讼法〉的解释》第四百九十三条的规定精神，强制执行程序中拍卖成交确认裁定和以物抵债裁定书也属于形成性法律文书。对人民法院、仲裁委员会作出的调解书，在理论上和实践中均存在较大争议。主张排除调解书的观点认为，调解书往往是双方当事人意思自治的结果，对其中涉及的物权变动事项的准确性，没有充分的程序保障，极易损害真实物权人的利益，故不应认为其具有直接引起物权变动的效力。我们认为，虽然对法律规范可以有多种解释方法，但必须严格限制通过其他解释方法得出与文义解释相矛盾的现象发生。调解书属于人民法院、仲裁机构作出的法律文书有相关法律的明确规定。而从《物权法》第二十八条的文义看，立法者对法律文书的定义并未给解释者提供任何解释空间。调解书虽依赖于当事人的合意，但其制作主体是人民法院、仲裁委员会，与判决、裁定、裁决具有同等法律效力，同样可能具备导致物权变动的法律赋予的强制力。既然形成性质的判决、裁定、裁决具有导致物权变动的效力，那么具有形成力的调解书也应同等视之。至于反对观点所担忧的问题，不独存在于调解过程之中，以此将调解书排除在《物权法》第二十八条所称的法律文书之外无法律依据。《解释》第七条中"分割共有不动产或者动产"是对纠纷内容的不完全列举，"改变原有物权关系"系对"导致物权设立、变更、转让或者消灭"的对应抽象，应作为核心判断标尺。

（六）关于按份共有人优先购买权的司法保护

《物权法》第一百零一条确立了按份共有人优先购买权制度，但仅此一条表述较为简单的规定，远不能解决优先购买权行使的前提条件、方法及法律效果等实践中亟需明确的重要问题，这使得优先购买权的实践运用及司法判断标准不一、尺度各异，严重影响按份共有人优先购买权制度功能的发挥。《解释》根据《物权法》第一百零一条的立法精神和目的对按份共有人优先购买权制度进行了细化。

正确适用《物权法》第一百零一条，首先要准确理解该条所规定的按份共有人优先购买权行使的起始条件为何。对此，需根据优先购买权制度的特点予以具体分析。根据《物权法》第一百零一条的规定，判断按份共有人能否优先购买转让份额的关键条件，是其是否接受共有人以外的第三人（以下简称第三人）受让该份额的"同等条件"，这里的"同等条件"主要是指转让价格、支付方式等。如果是无对价转让，交易价格、支付方式等条件就无从谈起，进而无法对所谓同等条件加以客观判断。由此可见，无偿转让与优先购买权之间存在着不可调和的冲突关系，转让的无偿特点和价格因素的缺失使优先购买权的适用成为不可能。因此，应当对《物权法》第一百零一条所称的"转让"在适用按份共有人优先购买权制度时进行限缩解释，将无偿转让情形予以排除。当然，在按份共有人对此另有约定的情况下，应当按照意思自治的原则，只要该约定不违反法律、行政法规效力性强制性规定，就应从其约定，但这已非《物权法》第一百零一条所规定的法定优先购买权之范畴。

按份共有人优先购买权的行使建立在"同等条件"之上，故其欲行使优先购买权，应首先知悉转让人转让共有份额给第三人的"同等条件"为何。虽然《物权法》第一百零一条对转让人的告知义务未予明确规定，但就按份共有人优先购买权制度之功能而言，转让人负有告知义务实属应有之义。首先，转让人向其他按份共有人履行告知义务的时点，应于其与第三人之间就转让共有份额的条件达成合意之后。至于司法实践中应如何认定其告知的时点，可借鉴《德国民法典》第469条第1款之规定立场，即"义务人必须将与第三人订立的合同的内容不迟延地通知先买权人。"① 其次，由于其他按份购买人决定是否行使优先购买权的前提在于准确具体地知晓"同等条件"，故转让人向其他按份共有人履行告知义务时内容不能过于简单，应包含转让价格、支付方式、支付期限等主要交易条件，否则即应认定其未尽到告知义务。再次，其他按份共有人在知道或应当知道"同等条件"后，就具备了判断是否行使优先购买权的条件，此时，若对优先购买权的行使没有期限限制，将不利于财产关系的稳定，也将可能对转让人和第三人的合法权益造成损害。合理确定优先购买权行使期间，虽表现为一项技术性作业，但根本还在准确理解立法目的，以实现转让人权利行使自由与简化共有关系之间的协调与平衡。期间长短的取舍，应最大限度防止一方滥用权利损害对方合法权益。为更好落实立法目的，《解释》在差别化考虑各种情

---

① 参见《德国民法典》，陈卫佐译注，法律出版社2006年版，第161页。

形的基础上，对转让人告知义务的履行及按份共有人优先购买权行使期间作出了操作性很强的规定。总体而言，优先购买权行使期间分为三类：（1）当事人约定或者指定的期间。（2）一般行使期间，即十五日。该期间适用于两种场合：一是转让人向其他按份共有人发出的包含同等条件的通知载明的时间短于通知送达后十五日的以十五日为准，理由在于使该期间达到方便其他按份共有人作出决策之合理程度；二是转让人未履行通知义务，其他按份共有人知道或者应当知道最终确定之同等条件后的十五日。十五日之确定，系参考《最高人民法院关于审理城镇房屋租赁合同纠纷案件具体应用法律若干问题的解释》第二十四条对承租人优先购买权行使期间的规定。（3）最长行使期间，即六个月。该期间适用于转让人未履行通知义务，且没有证据证明其他按份共有人知道或者应当知道最终确定的同等条件的情形，六个月的起算点为共有份额权属移转之日。其目的在于避免导致财产权利状态长期处于不确定的状态，以实现《物权法》"明确物的归属，发挥物的效用"之立法目的。值得注意的是，《解释》所明确的不同情形下优先购买权行使期间的起算点，有效解决了"无起点即无期间"的实践难题。

对按份共有人优先购买权采取何种裁判保护方法的观点立场、实践把握极不统一。有观点认为，从意思自治和交易自由角度考虑，应保障转让人的交易自由，赋予其在其他按份共有人主张优先购买时不再出卖份额的权利即反悔的权利；还有观点认为，优先购买权的保护尺度应以撤销转让人与第三人签订的转让合同为限；等等。由此导致的直接后果是，转让人和优先购买人的权利都没有得到有效保护，制度功能几近萎缩，综合《物权法》《合同法》立法目的与规则设置，寻找和提供一条合法、有效的司法裁判解决方案已成当务之急。从合同成立的角度看，转让人将同等条件告知其他按份共有人的行为，包含了订立合同的意思，具备确定的标的、数量、履行方式和期限等基本要素，在性质上应为要约，其他按份共有人行使优先购买权的主张就是对该要约的承诺，转让合同在双方之间因此成立并生效，当事人据此即负有相关合同义务。另一方面，就按份共有人优先购买权的性质而言，其系附有条件的形成权。根据形成权的法律特点，按份共有人可以通过行使优先购买权这一单方法律行为，即与转让人形成以"同等条件"为主要内容的转让共有份额的合同法律关系，而无须转让人另为意思表示。因此，主张优先购买的按份共有人有权通过诉讼主张按照同等条件购买该共有财产份额。此外，建诸合同效力理论与实务发展，侵害优先购买权并不产生转让合同无效抑或应撤销的法律后果。

（七）关于善意取得制度的准确适用

《物权法》第一百零六条规定了善意取得制度。从司法实践中看，虽然独立的善意取得纠纷并不多见，但在为数众多的合同、侵权乃至婚姻家庭继承纠纷中，往往都会涉及善意取得制度的理解适用问题。很多时候，善意取得成就与否，还会在实质上决定着相关纠纷案件的实体处理结果。目前，《物权法》第一百零六条在理解上存在诸多争议之处，如何正确适用善意取得制度已经成为《物权法》适用中的一个重点、难点和热点。善意取得不仅涉及原权利人与取得人的利益平衡问题，更涉及交易安全的保护问题，不论在何种限度内对取得人的利益加以保护，均必然以牺牲原权利人的利益为代价，故对善意取得制度必须本着谨慎的态度，严循立法本意加以阐释。

"善意"是善意取得制度的核心要件。对于善意的判断标准，理论上及立法例中均存不同，主要有不知情说、不知情且无过失说和不知情且无重大过失说。① 我们认为，"善意"虽本身是一种主观心理状态，但法律把"善意"作为善意取得的一项构成要件，以行为人的主观心理状态来评判其是否具有主观可责难性，则体现了一种法律评判，反映了法律在伦理道德和价值取向上的选择，彰显了民法所倡导的"诚实守信，扬善抑恶"理念以及所追求的正义价值。如此，善意取得系法律对诚信之人的一种特殊保护，而法律上的诚信之人首先应当是一个尽到合理审慎义务之人，"不应允许某人因不知一个全城人都知道的事实而获利，尽管从他个人的角度言，他确实不知，但他的这种状态要归因于他的粗枝大叶，他应为此承担责任。"② 又如史尚宽先生所言，"此所谓知之与否，非绝对之真事实，乃为最可能之盖然性。其主张不知，有悖于诚信原则者，不得诿为不知。其不欲知之者，应视为已知。盖善意取得制度，在于保护交易之安全，如依周围之情

---

① 如王泽鉴认为：从善意的本意上来理解，它是不考虑有无过失的，但是，为了兼顾所有人利益和交易安全的立法目的，受让人对于出让人是否有受让权利，要负担一定的注意义务。（参见王泽鉴：《民法物权》，北京大学出版社2009年版，第88页。）谢在全认为：受让人不知出让人无处分权是否出于过失固非所问，但依据客观情势，在交易经验上，一般人皆可认定无权处分的，即应认定为恶意。（参见谢在全：《民法物权论》（上册），中国政法大学出版社1999年版，第229页。）叶金强认为：善意就其本意而言，应是指对特定事实的不知，至于不知是否有过失，则是另外一个问题。（参见叶金强：《论善意取得构成中的善意且无重大过失要件》，载《法律科学》2004年第5期。）在立法例上，《日本民法典》要求善意而且没有过失的情况下始得适用善意取得，《德国民法典》中只将重大过失排除在善意之外，《意大利民法典》则将善意定位于不知，同时规定因重大过失而不知的，不适用善意占有的规定。

② 徐国栋：《客观诚信与主观诚信的对立统一问题——以罗马法为中心》，载《中国社会科学》2001年第6期。

事,在交易经验上,应可知让与人之无让与权利之结论者,应认为恶意。"① 因此,不具有某种程度以上的过失应当成为认定善意的一个重要标准,不应把两者割裂开来。"重大过失等同于故意"这一原则自罗马法以来被广泛采用,而从善意取得制度目的看,其系为保护交易中受让人而设,如果要求受让人事事做到谨小慎微,不仅过于严苛,也将在很大程度上架空善意取得制度之适用,故仅将重大过失排除在善意之外符合立法精神。司法实践中,对善意的认定与证明责任的分配密切相关。由于受让人不知真实物权状况为一消极事实,故其对此原则上不负举证证明责任。善意取得制度重要目的在维护交易安全,权利外观系通过登记或者占有表彰,故依表彰效果之存在即可推定受让人为善意。原权利人如欲否定之,则需举证证明受让人知道或应当知道转让人无权处分。

以何时点判断善意在实践中意义重大,在很多案件中将直接决定相关权利人的权利保护顺位。就不动产而言,实践中有以申请登记时或登记完成时作为善意判断时点的不同观点。我们认为,基于法律行为的不动产物权变动,原则上采取登记生效要件主义,即只有经过登记,方发生物权变动效力。若在登记完成之前,受让人已经知悉转让人无权处分,或者对此因重大过失而不知,则显然已构成非善意。因此,以不动产登记完成之时作为判断不动产善意的时点,更为符合《物权法》的精神。就动产而言,现实交付适用善意取得,并且应当以交付之时作为动产善意取得的判断时点,不存在争议。但对于观念交付能否适用于善意取得,在观念交付中应如何把握善意的判断时点,则争议较大。

---

① 史尚宽:《物权法论》,中国政法大学出版社2000年版,第564页。

我们认为，善意取得制度旨在解决无权处分情形下真实权利人与受让人之间的利益冲突，构成善意取得的重要基础是受让人对转让人有处分权的合理信赖而为交易，此处的信赖是构成善意取得的根本，故在受让人在此基础上而为交易、以合理的对价受让并且依照法律规定的方式取得了物权时，即应保护受让人的物权取得，而不应因动产交付方式的不同而有所区别，因此，对《物权法》第一百零六条所称交付与《物权法》第二章第二节所称交付应作同一解释，排除某种观念交付方式在善意取得制度中的适用，缺乏依据。在此基础上，就观念交付中善意的判断时点，从参考立法例及学说看，《物权法》中善意取得的法定构成要件是最为严苛的，如果再作更进一步的严格限定，就有可能在相当大程度上关闭动产物权善意取得制度的适用空间。综合立法目的及动产对真实权利人的重要程度，我们认为，对简易交付下，善意的判断时点应严格执行《物权法》的规定，不应再作更严格的限制；对指示交付下，让与返还请求权虽为指示交付之方式，但在本质上属于债的范畴，故应依转让人与受让人之间有关让与返还原物请求权的协议生效之时确定动产交付以及判断善意的时间；对占有改定下，由于原来的权利外观在无处分权人转让给受让人之前与之没有发生丝毫变化，故应以何时点判断善意才能更好地平衡真实权利人与受让人之间的利益，殊值认真思量，鉴于当前理论上对此仍存有较大认识分歧和观点争议，目前作出解释规定的条件并不十分成熟，故《解释》对此未作明确规定，可在司法实践中基于个案的事实情况具体把握，并留待日后条件成熟时在总结理论研究成果和司法实践经验的基础上再行明确。

将"以合理的价格转让"作为善意取得构成要件，是我国善意取得制度的特色。但何为"合理的价格"，对价须否实际支付，理论界和实务界观点各异。我们认为,《物权法》将"以合理的价格转让"规定为善意取得构成要件,是为了在保护交易安全和交易效率与平衡原权利人和善意取得人两者的权利之间,架起一座桥梁。因此,在个案中,只有严循此立法目的与价值取向,立足个别交易的具体情况,深刻体察社会一般交易认知感受,才能准确判断价格是否合理。此外,合理与否,重点在于排除不合理低价,对个别交易中存在的高价,如不能否定受让人之善意,则不宜视为不合理。合理价格条件,意在强调货币抽象评价,而非限定对价的表现形式,且基于《物权法》第一百零六条的立法精神,对价支付与否非属必要。

关于善意取得特殊动产物权是否应同时满足"交付+登记"要件,实践中存在较大争议。根据《物权法》第二十三条的规定,动产物权的设立和转让,除法律另有规定外自交付时生效;《物权法》第二十四条则规定,特殊动产物权的设立、变更、转让和消灭,未登记,不得对抗善意第三人。依上述规定,特殊动产物权变动取决于交付,登记与否决定了对抗效力之有无。善意取得制度所要解决的是物权变动问题,因此《物权法》第一百零六条第一款第三项中"依照法律规定应当登记"的含义,应当解释为就物权变动发生物权效力而言应当依法登记,故特殊动产物权仍可依交付发生善意取得。

原因行为有效,是否为善意取得之要件,《物权法》制定过程中曾有争议,但就立法者最终选择看,可以明确原因行为有效非善意取得之法定要件。我们认为,善意取得虽因转让人处分权缺失而被纳入拟制的原始取得,但若该交易因危及公共利益、公序良俗等绝对不可受损之利益而无效,或者因受让人存在欺诈、胁迫、乘人之危等法定情形而被撤销场合,即便受让人善意信赖处分人享有处分权,亦应另作评价。从另一个角度看,善意取得制度乃法律(民法)制度之一种,当然也肩负正义维护的任务与使命,否则,善意取得制度之伦理基础将丧失殆尽。此时,尽管受让人业已取得物权之事实客观存在,尽管受让人之"非善意"并非针对知道或应知转让人无处分权,但依不当得利返还之复原性物权变动发生,自属必要。原因行为除上述情形外还可能存在诸多瑕疵情形,如若不加区分一概予以排除就会危及制度目的顺利实现。故本解释相关规定的目的在于夯实善意取得制度的法理根基,增进裁判的社会认同,简化裁判理据。绝非视原因行为无无权处分之外的瑕疵为善意取得制度适用前提抑或要件。至排除原因行为因可归责于转让人的事由被撤销之情形,概因善意取得之善意非指转让人亦需具备善良交易动机。另应注意的是,无权处分本身并非合同绝对无效之当然法定原因,否则将彻底封闭善意取得制度的适用空间。

关于发布《最高人民法院关于适用〈中华人民共和国物权法〉若干问题的解释（一）》的新闻发布稿

最高人民法院民一庭庭长　程新文

各位记者：

大家上午好！下面，我向各位通报《最高人民法院关于适用〈中华人民共和国物权法〉若干问题的解释（一）》（以下简称《解释》）的有关情况。

一、《解释》制定的背景

物权法是规范民事财产关系的基本法律，在法律体系中起着基础性作用，是中国特色社会主义法律体系中的重要支柱性法律。《中华人民共和国物权法》（以下简称《物权法》）自2007年10月1日起施行以来，对于维护国家基本经济制度，维护市场经济秩序，明确物的归属，发挥物的效用，保护权利人的物权，都发挥着举足轻重的作用。党的十八届四中全会通过的《中共中央关于全面推进依法治国若干重大问题的决定》指出，要依法保障公民人身权、财产权、基本政治权利等各项权利不受侵犯，实现公民权利保障法治化；健全以公平为核心原则的产权保护制度，加强对各种所有制经济组织和自然人财产权的保护。这为我们在全面推进依法治国新时期进一步完善和加强财产权保障指明了方向。产权本身是一个经济学概念,法律上与其大致对应的概念是财产权,而物权则与债权一起共同构成了近现代财产权的两大基石。正所谓"有恒产者有恒心",物权作为最为基础和重要的财产权,是社会每个人、每个团体乃至国家的基本权利,也是民事主体从事各种经济或社会活动、创造财富的基础。因此,通过适用法律,把法律和政策的精神加以贯彻和展开,依法全面、平等保护各种所有制经济组织和自然人享有的物权,从而为人民群众安定、幸福的生活,为经济社会有序、健康发展提供坚实的司法保障,人民法院责无旁贷。

最高人民法院一直非常重视《物权法》的司法实践运用工作。《物权法》实施后,就确定了多维度、分步骤的物权法司法解释工作规划,特别是在党的十八届四中全会之后,有关《物权法》各编(章)内容的司法解释进一步加快了修订或起草工作进度。为起草本《解释》,最高人民法院自 2009 年起,在总结审判实践经验的基础上,通过调研、召开各界人士参加的座谈会、书面征求意见等方式,听取了法院系统、立法机构、相关部委和专家学者的意见。《解释》严循立法精神和目的,结合审判实践中遇到的难点问题,对不动产物权与登记、按份共有人优先购买权、善意取得等问题作出相应规定,以期有效指导司法审判,推动《物权法》更好地调整社会生活,切实提升保障财产权利及市场交易安全与效率的法治化程度。《解释》于 2015 年 12 月 10 日经最高人民法院审判委员会第 1670 次会议讨论通过,并将于 2016 年 3 月 1 日起施行。

二、《解释》的主要内容

《解释》共 22 个条文,重点内容包括以下六个方面:

(一)关于不动产登记与物权确认或基础关系争议

《物权法》第十四条规定,不动产物权的设立、变更、转让和消灭,依照法律规定应当登记的,自记载于不动产登记簿时发生效力。实践中,有观点认为,除非法律另有规定,未经不动产登记机构登记就不能取得及享有不动产物权,不动产物权争议涉及到登记就应通过行政诉讼解决。这种观点受众颇广,在很大程度上导致实践中出现了民事、行政审判部门互相推诿以及民事裁判与行政裁判冲突的现象,这不仅徒增当事人讼累,也有损司法的权威和公信。针对这一情况,《解释》从两个方面作出规定:一是在案件的受理上,规定因不动产物权的归属,以及作为不动产物权登记基础的买卖、赠与、抵押等产生争议而提起诉讼的,属于人民法院民事诉讼受案范围,人民法院应依法予以受理,民事审判部门应依法予以审理。二是从诉讼中不动产登记簿证明力的角度,规定对发生争议的不动产物权归属的最终判断,应当依赖于对原因行为或基础关系的审查,故在当事人有证据证明不动产登记簿的记载与真实权利状态不符、其为该不动产物权的真实权利人的情况下,应当支持其诉讼请求。

(二)关于预告登记的效力

《物权法》第二十条第一款规定,预告登记后,未经预告登记的权利人同意,处分该不动产的,不发生物权效力。实践中,对于现实登记权利人针对不动产的何种处分,会因违反法律规定而不发生物权效力,存在模糊认识,一些案件中甚至出现不当扩大预告登记效力的倾向。基于预告登记制度的内涵,正确适用预告登记制度,必须注意坚持依法兼顾保障登记权利人的请求权与限制登记义务人的处分权的平衡原则,为此,《解释》第四条对《物权法》第二十一条所称的不发生物权效力的"处分行为"进行了限缩性解释,即将其限于未经预告登记的权利人同意而转移不动产所有权,或者设定建设用地使用权、地役权、抵押权等其他物权的在法律上危及或者妨碍债权如期实现的行为。

(三)关于特殊动产转让中的"善意第三人"

近年来,有关船舶、航空器和机动车等特殊动产引发的纠纷呈逐年上升趋势。尤其是随着人们物质生活水平的提高,机动车逐步走入普通百姓的日常生活,据统计,截至2015年5月,全国机动车总保有量达2.69亿辆。机动车的二手交易也大量增加,实践中机动车名实不符的情况也并不鲜见。加之因机动车抵押、交通事故引发损害赔偿、机动车所有权人破产等原因而形成的权利人,也会在诸多情形下与机动车买卖交易的双方当事人的权利产生交集,因此,如何处理好相关纠纷成为审判实践中的热点和难点。基于此,《解释》第六条以实践中经常发生的权利冲突类型为导向,遵循特殊动产物权变动的物权法规则,通过排除转让人的债权人作为物权法第二十四条所称"第三人"的角度进行了规定。

(四)关于发生物权变动效力的人民法院、仲裁委员会的法律文书的范围

根据《物权法》第二十八条规定,人民法院、仲裁委员会的法律文书直接导致的物权变动,不以登记、交付为生效要件,法律文书一经生效,即发生物权效力。对于直接导致物权变动的人民法院、仲裁委员会作出的法律文书的范围问题,一直是司法实践中争论不休的难题。我们认为,基于维护物权变动模式体系安定的目的,应当注意防止实践中不适当地扩大化适用《物权法》第二十八条,损害相关权利人的合法权益,故需要对该条所称人民法院、仲裁委员会的生效法律文书进行目的性限缩解释。基于

此,《解释》第七条规定:"人民法院、仲裁委员会在分割共有不动产或者动产等案件中作出并依法生效的改变原有物权关系的判决书、裁决书、调解书,以及人民法院在执行程序中作出的拍卖成交裁定书、以物抵债裁定书,应当认定为物权法第二十八条所称导致物权设立、变更、转让或者消灭的人民法院、仲裁委员会的法律文书。"

(五)关于按份共有人优先购买权的司法保护

《物权法》第一百零一条确立了按份共有人优先购买权制度,但该条表述较为简单,远远不能解决优先购买权行使的前提条件、方法及法律效果等实践中亟需明确的重要问题,这还导致按份共有人优先购买权的实践运用及司法判断标准不一、尺度各异,严重影响按份共有人优先购买权制度功能的发挥。《解释》根据《物权法》第一百零一条的立法精神和目的,对按份共有人优先购买权制度进行了细化,通过第九条至第十四条共计六个条文,分别从按份共有人优先购买权行使的起始条件、同等条件的认定、行使期间、主体范围以及裁判保护等方面进行了规定,极大地完善了按份共有人优先购买权行使的制度架构,使得这一制度从法律的原则规定成为走入现实的具有高度可操作性的鲜活制度。

(六)关于善意取得制度的适用

《物权法》第一百零六条规定了善意取得制度。从司法实践看,与善意取得相关的纠纷非常常见,它不仅存在于物权确认纠纷、执行异议之诉等纠纷中,而且更为广泛地遍布在为数众多的合同、侵权乃至婚姻家庭继承纠纷中。而《物权法》第一百零六条在理解上存在诸多争议之处,如何正确适用善意取得制度是《物权法》适用中的一个重点、难点和热点。对此,《解释》第十五条规定了"善意"认定的基本标准,即《物权法》第一百零六条规定的善意取得中的"善意"具体指什么,以及在诉讼中由谁承担举证责任;第十六条、第十七条则分别就不动产善意取得中受让人非善意的认定、动产善意取得中受让人重大过失的认定作出具体规定;这三条规定与第十八条关于善意的判断时间的规定,共同构成了对《物权法》第一百零六条第一款第一项"受让人受让该不动产或者动产时是善意的"的具体解释。第十九条则针对《物权法》第一百零六条第一款第二项"以合理的价格转让",指出应严循立法目的与价值取向,立足个别交易的具体情况,深刻体察社会一般交易认知感受,准确判断价格是否合理。第二十条对机动车等特殊动产如何适用《物权法》第一百零六条第一款第三项规定进行了明确。上述条文形成了对善意取得适用的较为完整的规则体系。此外,《解释》还基于增进司法裁判的社会认同,简化裁判理据的目的,立足于法律不保护非法交易的价值理念,对善意取得制度适用的排除情形进行了规定。

进一步提升保障财产权利及市场交易安全与效率的法治化程度

——最高人民法院民一庭负责人就《最高人民法院关于适用〈中华人民共和国物权法〉若干问题的解释（一）》答记者问

为贯彻党的十八届四中全会提出的全面推进依法治国的重大战略部署，切实加强社会主义法治建设，进一步提升保障财产权利及市场交易安全与效率的法治化程度，最高人民法院根据《中华人民共和国物权法》（以下简称物权法）的相关规定，结合审判实践，经审判委员会第1670次会议讨论，通过了《最高人民法院关于适用〈中华人民共和国物权法〉若干问题的解释（一）》（以下简称《解释》）。值此司法解释公布之际，最高人民法院民一庭负责人程新文就《解释》的有关问题接受了记者的采访。

问：请您具体谈一下最高人民法院为什么要出台该《解释》？

答：物权法是民事财产关系的基本法，在市场经济法制体系中处于基础地位。司法实践中，除物权权属纠纷外，在数量众多的婚姻家庭、损害赔偿、合同纠纷等民商事案件中，往往均需面对和回应物权主体为谁、物权内容为何、物权效力有无等前提或基础性问题，在相当大程度上而言，对物权法的理解和适用稍有不当，就有可能对民商事主体的各项权利，乃至经济社会生活的有序发展、良性互动造成冲击。而物权法本身理论性强、逻辑复杂、体系严密、学说丰赡，正确理解和准确执行的难度很大。因此，在中国特色社会主义法律体系基本形成后，适时妥当推出相关司法解释，不仅广大法官寄予厚望，更是推动物权法良法之治的重要途径。

物权法包括了总则、所有权、用益物权、担保物权和占有等五编。对于部分内容，最高人民法院已经在物权法实施前后分别出台了相关司法解释：如担保物权部分，最高人民法院在物权法实施之前就根据担保法的规定于2000年12月颁布了《最高人民法院关于适用〈中华人民共和国担保法〉若干问题的解释》，现在正在根据物权法的规定以及司法实践中的经验总结修订起草担保物权司法解释；对于所有权部分中的业主的建筑物区分所有权，最高人民法院在2009年5月颁布了《最高人民法院关于审理建筑物区分所有权纠纷案件具体应用法律若干问题的解释》；对于用益物权中的国有土地使用权部分，最高人民法院于2005年6月颁布了《最高人民法院关于审理涉及国有土地使用权合同纠纷案件适用法律问题的解释》，对于土地承包经营权则于2005年7月颁布了《最高人民法院关于审理涉及农村土地承包纠纷案件适用法律问题的解释》，并于2014年1月颁布了《最高人民法院关于审理涉及农村土地承包经营纠纷调解仲裁案件适用法律若干问题的解释》，从合同法的角度对这些物权在市场经济中的交易流转等问题进行了相应规定。除此之外，物权法中还有许多涉及物权法基本规则的重要内容，如"总则"编中关于物权变动和保护的制度，"所有权"编中关于相邻关系、共有、善意取得的规定等，对于正确适用物权法也至关重要，由于这些内容涉及物权法规则的根本、规范难度相对较大，故最高人民法院本着成熟一些、规范一些的原则，统一纳入物权法司法解释系列加以规定。本《解释》就是针对司法实践中适用物权法的若干热点难点问题，如不动产登记错误与民事诉讼的关系、异议登记与确权诉讼的关系、预告登记的效力、特殊动产转让中的"善意第三人"、发生物权变动效力的（人民法院、仲裁委员会的）法律文书的范围、按份共有人优先购买权的司法保护、善意取得的构成要件等，在认真总结审判经验的基础上，经过反复调研论证和广泛征求意见进行的规定。

问：党的十八届四中全会《决定》中指出，要健全以公平为核心原则的产权保护制度，加强对各种所有制经济组织和自然人财产权的保护。请您具体谈一谈这里所讲的产权保护、财产权保护与《解释》所针对的物权保护有什么关系？

答：党的十八届四中全会《决定》为我们在全面推进依法治国新时期进一步完善和加强财产权保障指明了方向。《决定》中提到的"产权"，是一个来源于经济学的概念，法律上与其大致对应的概念是财产权，是一种包含物权、债权以及由此衍生出的各种具体权利的复合财产权利。

任何人、任何团体、任何社会的存在和发展都离不开对财产的拥有和支配，对财产的控制而形成的社会关系是社会最基本的关系。人与人之间的其他社会关系，本质上都是财产支配关系直接或者间接的反映。而物权又是社会生活中最为基础、最为常见甚至最为重要的财产权。我国物权法规定的物权类型非常广泛，如房屋所有权、建筑物区分所有权、机动车等各种生活用品的所有权、农民个人或家庭的土地承包经营权、建设用地使用权、地役权、抵押权、质权、留置权等等，涉及经济社会生活的方方面面，关涉企业、个人的切身利益，是各类民事主体从事各种经济或社会活动、创造财富、谋求发展的基础。因此，通过司法活动适用好物权法，促进依法全面、平等保护各种所有制经济组织和自然人享有的物权，不仅对于每一个个体的安定、幸福生活，而且对于经济社会的有序、健康发展，都有着非同寻常的重要意义。

问：审判实践中存在许多因涉及不动产登记而产生民事与行政交叉的情形，如一方当事人认为登记的不动产权属错误，以登记行为违法为由提起行政诉讼，另一方当事人则针对导致不动产物权变动的原因行为的效力提起民事诉讼等。各地法院对于这些纠纷的审判程序、适用法律和裁判结果上均存在着许多差异。那么，在因确认房屋等不动产物权归属或就买卖房屋等法律关系发生争议，涉及对房屋等不动产登记的异议时，究竟应当通过民事诉讼还是行政诉讼程序解决呢？

答：造成你提到的现象的原因很多，但究其根本而言，是由于对不动产登记的性质及其在不动产物权变动中的作用认识不清所致。实际上，相当大一部分涉及不动产登记的案件中，当事人主要争议的是登记所涉及的民事法律关系，由于不动产物权基于登记而生效，导致登记行为被卷入诉讼，从而呈现出民事纠纷与行政纠纷交织的表象。当事人往往认为，不动产登记系国家机关作出的行政确认行为，是登记机构对不动产权属状况的最终有效确认，如果不动产登记上的记载及相应不动产权利证书不被撤销，则表明其记载的权属状况正确无误，因此，撤销最后的登记发证行为，是权属问题最终解决的最有效、最直接的途径。司法实践中，有些民事法官在遇到涉及登记问题的不动产权属案件时，也常以登记的公定力为由，要求当事人先提起行政诉讼，中止民事案件的审理,待行政诉讼对登记行为的审查结论作出后,再依据行政判决结果来作出民事判决。这些错误观点是造成涉不动产登记、不动产权属争议乱象的思想认识根源。因此,有必要明确不动产物权归属及其原因行为的争议属于民事争议的性质,区分民事诉讼与行政诉讼的审查范围与对象,理顺两种诉讼程序。《解释》第一条对此问题予以明确规定。

首先应当正确地认识到我国不动产登记性质的复合性。一方面,不动产登记是不动产物权的公示方式,是当事人不动产物权发生变动的意思表示推动的结果,不能把不动产物权登记理解为国家对不动产物权关系进行的干预,解释为行政权力对不动产物权的授权或确认。另一方面,根据《不动产登记暂行条例》的规定,我国承担不动产登记的机构在性质上是国家行政机关,就其履行不动产登记的法定职责及所遵循的程序而言,不动产登记又具有行政行为的特点。

不动产登记的复合性导致由此引发的诉讼就应当根据诉讼标的而区分民事或行政诉讼程序。涉不动产登记民事诉讼的诉讼标的应当是针对不动产物权的归属或原因行为(基础法律关系);涉不动产登记行政诉讼的诉讼标的针对的是登记行为本身,亦即在行政诉讼中人民法院审查的是登记行为的合法性。也就是说,当事人之间或第三人对被登记的不动产物权或原因行为等民事法律关系产生争议,此争议实质上存在于当事人之间,当事人与登记机构之间并无实质争议,故应当通过民事诉讼程序加以解决。因登记机构违反法律规定拒绝登记或登记程序不合法导致错误登记等违反法定程序,而在当事人与登记机构之间产生的纠纷,如果登记机构对应予登记的事项不予登记或对于错误的登记不予更正,当事人可以提起行政诉讼。

当然，根据行政诉讼法第六十一条的规定，在涉及登记的行政诉讼中，当事人申请一并解决相关民事争议的，人民法院可以一并审理。这一规定的目的是为了完善民事争议和行政争议交叉时的处理机制，便于纠纷的一次性解决，方便当事人诉讼，并未改变相关争议的民事纠纷性质，对此应当有正确的认识。

可见，民事诉讼与行政诉讼在关涉不动产物权权属及原因行为、不动产登记的争议中各行其道，各司其职，各级人民法院对此应当根据《解释》第一条规定的精神准确把握。

问：既然不动产登记在性质上存在您刚才讲到的复合性特点，那么在民事诉讼中针对有关不动产物权归属的问题上，不动产登记簿的证明力应当如何认识？

答： 根据物权法第十六条之规定，不动产登记簿是物权归属和内容的根据。这赋予了不动产登记簿权利推定效力，意味着不动产登记簿上记载的权利人一般会被推定为不动产物权的享有者。但同时，物权法第十七条、第十九条又分别规定了"不动产登记簿确有错误""不动产登记簿记载的事项错误"的情形。从上述三个条文体系解释角度而言，法律一方面认可了不动产登记簿在确认物权归属和内容方面具有极高的证明力，另一方面也承认现实中确实存在不动产登记簿记载的物权权属和内容与其真实情况不一致的情形，不能赋予不动产登记簿绝对的证明力。

从诉讼法角度而言，一方面，不动产登记簿属于公文书证，由于其对不动产物权归属的证明是通过法律上的权利推定这一方式完成的，故不动产登记簿上有关不动产物权记载事项，在确定不动产物权归属方面的证明力方面远高于其他证据的证明力。此消彼长，相应地，这也就加大了请求确权的一方当事人证明不动产登记簿的记载与真实权利状态不符、其为真实权利人的难度。

但另一方面，既然作为一种拟制事实，不动产登记簿登记表彰的权利状态并不总能必然反映真实不动产物权关系，那么就应允许当事人通过举证推翻不动产登记簿所表彰的物权状态。因此，在民事诉讼中，应当根据民事诉讼法及其司法解释对于证据规则及证明责任的规定，来综合认定不动产物权的归属。对此，广大从事民事审判工作的法官应当有全面的认识。

问：物权法第二十条第一款对预告登记后不动产物权人处分不动产物权的行为进行了限制，实践中应如何理解其所限制的处分行为的范围？

答：预告登记是为保全一项以将来发生不动产物权变动为目的的请求权的不动产登记，是相对于"本登记"或"终局登记"而言的登记制度。法律对不动产物权人的处分自由进行限制，目的是对纳入预告登记的请求权加以保全，或者说，是为了保障登记权利人的请求权，以确保最终实现其物权。基于预告登记的制度目的，不应为保障登记权利人的请求权而不当限制登记义务人（也就是不动产物权人）的处分权，对该种限制本身亦应作出一定限制，即只能限于保护登记请求权的范围内，否则即有矫枉过正乃至越位之嫌。纳入预告登记保全之债权具有一定物权效力，对违背预告登记内容的后发不动产物权处分行为具有排他效力，由此，法律上危及抑或妨碍债权如期实现的处分行为，必须受制于预告登记权利人的同意。一般而言，建设用地使用权、不动产抵押权自登记时设立，由于存在预告登记，登记机关一般不会为其再办理相应权利登记，但即使因操作不规范或错误等原因办理了登记，也不发生相应的物权效力。此外，地役权自地役权合同生效时设立，登记并非其设立的要件，虽然不动产物权人所设定的负担行为原则上不受预告登记规制，但只要供役地上存在预告登记，未经预告登记的权利人同意，地役权也不因合同生效而设立。

问：机动车等特殊动产物权转让中，未办理登记的受让人与转让人的债权人之间就机动车物权何者优先，在机动车等特殊动产交易日益频繁的今天，这一问题的实践意义重大，《解释》对此问题是如何规定的？

答：回答这一问题需要建立在对动产物权变动规则以及物权优先效力的准确理解和把握上。根据物权法第二十三条的规定，除法律另有规定的以外，动产物权的设立和转让，自交付时发生效力。物权法第二十四条进一步规定了机动车等特殊动产物权变动，未经登记，不得对抗善意第三人。也就是说，机动车等特殊动产物权变动，基于其动产的本质属性，亦应适用动产物权变动的一般规则，即交付即发生物权变动的效力，未经登记并非不发生物权效力，而是不得对抗第三人。这在学理上被称为登记对抗主义。在物权与债权的关系上，根据物权的排他性、优先性特征以及物权与债权的基本性质差异，在一物之上既有物权又有债权时，一般情况下，物权优先于债权。因此，在法律无明确排斥性规定的情况下，如果物权和债权发生冲突，则应当适用这一基本规则。

具体到机动车等特殊动产之上存在未办理登记的受让人与转让人的债权人的情况，通过转让人之交付取得特定动产物权的人虽未办理登记，但其已经依法享有物权，故从法律条文的本身涵义以及法律整体的逻辑体系看，其权利应优先于转让人的一般债权人。换而言之，就是转让人的一般债权人，包括破产债权人、人身损害债权人、强制执行债权人、参与分配债权人，均应排除于物权法第二十四条所称的"善意第三人"范畴之外。当然，这里所称的债权人自然不应包括针对该标的物享有担保物权的债权人,因为此时因其债权已设定担保,该债权人已经成为该物的担保物权人,就抵押或质押担保的财产享有优先受偿的权利。

另外需要特别说明的是,对于人身损害债权人,实践中往往会考量道德和价值取向等因素而使问题复杂化。但由于物权法第二十四条仅是解决机动车等特殊动产物权变动中的对抗问题,如果将该类特殊债权人作为绝对不可对抗的第三人,则不仅与该条的意旨大异其趣,而且破坏了物权优先于债权的基本原则,显然该问题并非物权法第二十四条所能以及所要解决的问题。善意第三人保护机制仅系协调民事权利冲突方法之一,显然不可能解决所有问题,对于此种情形下何者权利应予优先保护的问题,需要立法者基于价值理念判断通过法律规定加以回应。事实上,本条规定的"法律另有规定的除外"中所包含的权利中已经有一些含有了人身损害债权的内容,如海商法第二十二条规定的船舶优先权中就包含了在船舶营运中发生的人身伤亡的赔偿请求权,对法律已经特别规定享有法定优先权的债权人,不管物权变动登记与否,均应属于绝对不可对抗的善意第三人范畴。

问:物权法第二十八条规定,人民法院、仲裁委员会的法律文书,导致物权设立、变更、转让或者消灭的,自法律文书生效时直接发生物权变动的效力,司法实践中对于此处所指的法律文书的范围理解多有不同,《解释》对此是如何明确的?

答:从物权法第二十八条的文义看,并非人民法院、仲裁委员会作出的所有法律文书均可直接引起物权变动。究竟哪些法律文书能够引起物权变动呢,实践中存在一定争议。《解释》对此进行了限缩性解释,规定只有在实体法上具有在当事人之间形成或创设某种物权变动效果的法律文书才属于该条所称"导致物权设立、变更、转让或者消灭的"的法律文书。因此,针对诉讼、仲裁和执行中的程序性问题或者特定事项作出的裁定、决定、命令、通知书等,以及单纯解决身份关系的法律文书,原则上不涉及物权设立、转让、变更或者消灭,不会直接引起物权变动。确认法律文书只是确认当事人是否享有所争议的物权,并不改变原来已存在的物权,也不导致物权变动;给付法律文书并没有改变既存的法律关系,而只是经由生效裁判实现当事人之间既存的法律关系,故均不应属于物权法第二十八条所称的导致物权设立、变更、转让或者消灭的法律文书。而形成性法律文书在确定之时,无须强制执行就自动发生法律关系变动的效果,因此,形成性法律文书应当属于物权法第二十八条所称的导致物权设立、变更、转让或者消灭的法律文书。

在形成性法律文书中,主体是诉讼或仲裁程序中形成的形成性判决书、裁决书,这个自无疑问。争议较大的是形成性调解书,有观点认为,调解书往往是双方当事人意思自治的结果,对其中涉及的物权变动事项的准确性,没有充分的程序保障,极易损害真实物权人的利益,故不应认为其具有直接引起物权变动的效力。对此,我们认为,形成性调解书的属性应当定位于以当事人合意为基础的审判或仲裁行为,就此而言,形成性调解书与判决书或裁决书一样已经具备导致物权变动的基础,与判决、裁决具有同等法律效力,同样具备导致物权变动的法律赋予的强制力,因此,形成性调解书也应当与形成性判决书和裁决书同等视之。此外,人民法院在执行程序中作出的部分裁定书,如根据《最高人民法院关于适用〈中华人民共和国民事诉讼法〉的解释》第四百九十三条的规定精神,强制执行程序中拍卖成交确认裁定和以物抵债裁定也属于形成性法律文书。

这样，通过《解释》对物权法第二十八条的目的性限缩解释，该条所称人民法院、仲裁委员会的法律文书的范围就比较清晰了，可以较好地解决实践中物权法第二十八条所称的法律文书被不适当地扩大化适用，导致相关权利人合法权益受损的现象，也有利于物权变动体系的稳定与和谐。

问：物权法第一百零一条规定按份共有人可以转让自己享有的共有份额，并赋予其他按份共有人优先购买的权利。那么，在共有份额继承、遗赠时，按份共有人能否主张行使优先购买权？

答：一般而言，"转让"包括有偿转让和无偿转让。理论上，优先购买权是关于购买的一项特殊权利，自然应存在于以买卖为典型和主体的有偿转让交易中，对此并无重大争议。对于共有份额因继承、遗赠等情形发生变化的场合，是否发生优先购买权的行使问题，应当从按份共有人优先购买权的制度内涵进行目的解释。按份共有人优先购买权制度给转让人以外的按份共有人提供了以同等条件购买共有份额的机会，根据物权法第一百零一条的规定，判断按份共有人能否取得该转让份额的关键条件是其是否接受共有人以外的第三人受让该份额的"同等条件"，这里的"同等条件"主要是指数量、价格、支付方式等。在共有份额因继承、遗赠等情形发生变化的场合，根本不存在交易价格、支付方式，是否存在担保等条件更无从谈起，因此，无法对其行使优先购买权的"同等条件"加以客观判断。也就是说，这些情形与优先购买权之间存在着不可调和的冲突关系，其无偿性的特点和价格的缺乏使优先购买权的行使成为不可能，故《解释》对此明确规定予以排除。

问：主张优先购买的按份共有人通过诉讼请求按照同等条件购买该共有财产份额的，人民法院应当如何处理？

答：物权法第一百零一条的规定非常简单，对主张优先购买的按份共有人的诉讼请求应当如何作出裁判，这是司法实践中必须解决的问题，否则物权法第一百零一条将难以实施。为此，《解释》基于物权法第一百零一条的立法目的，并综合考虑各方当事人合法权益的平衡等情况，细化了裁判保护所应遵循的规则。

一方面，其他按份共有人在知道或应当知道"同等条件"后，就具备了判断是否行使优先购买权的条件，那么，其应当在合理期间行使该权利。期间长短的取舍，应最大限度防止一方滥用权利损害对方合法权益。《解释》在差别化考虑各种情形的基础上，对转让人告知义务的履行及按份共有人优先购买权行使期间作出了操作性很强的规定。总体而言，优先购买权行使期间分为三类：（1）当事人约定或者指定的期间。（2）一般行使期间，即十五日。该期间适用于两种场合，一是转让人向其他按份共有人发出的包含同等条件的通知载明的时间短于通知送达后十五日的以十五日为准，理由在于使该期间达到方便其他按份共有人作出决策之合理程度。二是转让人未履行通知义务，其他按份共有人知道或者应当知道最终确定之同等条件后的十五日。十五日之确定，系参考《最高人民法院关于审理城镇房屋租赁合同纠纷案件具体应用法律若干问题的解释》第二十四条对承租人优先购买权行使期间的规定。（3）最长行使期间，即六个月。该期间适用于转让人未履行通知义务，且没有证据证明其他按份共有人知道或者应当知道最终确定的同等条件的情形，六个月的起算点为共有份额权属移转之日。可以说，《解释》所明确的不同情形下优先购买权行使期间的起算点，有效解决了"无起点即无期间"的实践难题。

另一方面,基于合同成立的要件以及优先购买权的性质,其他按份共有人作出以符合法律规定的同等条件购买该共有财产份额的意思表示到达转让人时,在该按份共有人与转让人之间成立并生效转让合同。因此,主张优先购买的按份共有人当然有权提起诉讼,请求根据以同等条件为合同主要条款的转让合同优先购买拟转让份额,这在性质上就是请求转让人履行转让共有份额的合同义务,人民法院在认为符合约定条件时就应支持上述请求,据此作出的判决性质是给付判决,优先购买权人在转让人不履行生效判决确定的给付义务时,可向人民法院申请强制执行。这里特别需要注意的是,由于优先购买权人提起诉讼时合同尚处于履行阶段,其并未取得该共有财产份额的所有权,故其请求权基础是转让共有财产份额之债,而非物权,故如其直接请求确认对转让的共有财产份额享有物权,则人民法院应当予以释明,经释明仍不变更诉讼请求的,对该请求不予支持。

问:善意取得是物权法中的一个重要制度,在物权纠纷、合同纠纷、侵权纠纷以及婚姻家庭继承纠纷等许多类型的纠纷中,往往都会涉及如何适用善意取得制度判定财产权利的归属问题。对于实践中应当如何认定善意取得的核心构成要件中的"善意",《解释》是如何规定的?

答: "善意"是一个抽象概念,民法意义上的"善意",通常指行为人在从事民事行为时,认为其行为合法,或者认为相对方具有合法权利、行为合法的一种心理状态。法律把"善意"作为善意取得的一项构成要件,以行为人的主观心理状态来评判其是否具有主观可责难性,则体现了一种法律评判,反映了法律在伦理道德和价值取向上的选择,彰显了民法所倡导的"诚实守信,扬善抑恶"理念以及所追求的正义价值。因此,善意取得系法律对诚信之人的一种特殊保护，而法律上的诚信之人首先应当是一个尽到合理审慎义务之人，故不具有某种程度以上的过失应当成为认定善意的一个重要标准，不应把两者割裂开来。同时，由于善意系一种内在心理活动状况，它并不直接显露于外部，因而难以度测，但作为一个法律概念，在司法实践中，需要明确认定善意的裁量标准，从而准确地适用法律。故《解释》明确规定受让人不知道转让人无处分权，且无重大过失的，应当认定受让人为善意。

此外，对于认定受让人善意时，是否应区分动产和不动产受让人设定不同的标准，存在一定争议。有观点认为，不动产坚持的是权利外观原则，即知道权利瑕疵才构成恶意，而动产则是权利外观原则+诱因原则，即除去占有的外观，还应考虑对原权利人的可归责性，只在基于其意志丧失占有时需要适用善意取得制度，同时也要求动产受让人在受让动产时应当结合转让人的转让价款、转让环境等进行综合判断。我们认为这在解释论上并不成立。物权法第一百零六条所规定的善意取得，统一适用于动产和不动产，因而在认定受让人善意时，区分动产和不动产受让人设定不同标准的依据并不充分，动产与不动产的权利表彰方式虽然存在一定差别，但在我国物权法体系下，最主要的物权变动形式是一致的，也就是原因行为+权利外观，因此，在善意的认定上确立统一标准符合法律规定的基本原则。至于具体认定时所据以参考评判的因素在形式上因占有和登记方式的不同而当然有所不同，但这并不能导致在善意认定标准上的差异。因此，《解释》本着尊重立法原意的原则，对于动产与不动产，规定了统一的善意认定标准。

问：那么，在诉讼中，应当由哪一方当事人来证明"善意"？

答：按照物权法的规定和学理通说，不动产物权以登记、动产物权以占有为公示方式。因此，不动产登记簿所记载的权利状态和内容以及动产占有所公示的权利状态，具有初步的推定力，即按照法律规定的方式公示的物权一般应推定为真实物权。在此前提下，交易参加人只要相信权利公示的正确性，并根据公示状态进行交易，应直接推定其为善意，无需交易参加人就其进行该交易时的善意再行举证证明。因此，无论受让人在具体案件中的诉讼地位如何，都不应影响其举证责任的负担，对于其"善意"之主观状态，无须承担举证责任，而是应当由主张其为非善意的对方当事人，就受让人受让物权时，存在明知或因重大过失而未知转让人无处分权的主观恶意，承担举证责任。

在《解释》的起草过程中，曾有观点提出，受让人受让动产时"不构成善意"属于消极事实，因而难以由主张者予以证明。我们认为，这种观点实际上是混淆了"消极事实"和"消极评价"的概念。对于受让人"不构成善意"，是一种法律的消极评价，但要对此予以证明，则是可以通过积极事实的举证实现的，因而不应因此排除主张对方非善意者的举证证明责任。

问：受让人是否为善意对于其最终能否取得转让标的物物权至关重要，实践中应当以什么时间点来判断受让人是否构成善意呢？

答：这个问题在实践中意义非常重大，在很多纠纷中这将直接决定相关权利人的权利保护顺位。这是因为，"善意"作为一种主观状态，随着时间的发展常常会出现变化。比如在签订转让合同时，受让人确实不知道转让人不具有处分权，但签订合同后、完成交付或者不动产物权变动登记之前，受让人对于转让人无处分权已经明知，则其主张善意取得该转让物权能否成立，此

司法解释及司法文件解读

时就必须对物权法第一百零六条规定的"受让人受让该不动产或者动产时"作出合理解释。

对于动产,现实交付适用善意取得,并且应当以交付之时作为动产善意取得的判断时点,不存在争议。对于不动产,由于不动产交易中签订合同与办理物权变动登记之间往往有较明显的时间差,故在应将何时作为"受让不动产时",司法实践中存在不同观点,如以签订不动产转让合同之时、以当事人向不动产登记机构提出转移登记申请之时等。我们最终确定"依法完成不动产物权转移登记"之时,作为判断不动产善意取得中的善意时间点,也就是说,作为受让人想要取得善意取得制度的保护,实现从无处分权人处取得不动产物权,获得法律的认可,需要在完成不动产物权转移登记之前,始终保持善意,即不知道且不应当知道转让人无处分权的事实。《解释》作出如此规定,实际上是尽量后置了善意的判断时点,以最大可能抑制善意取得的负面效果。

问:无处分权人与受让人之间订立的转让合同的效力与善意取得制度的适用之间是否存在一定关联,司法实践中对此问题应如何认识?

答:对这一问题,在物权法起草过程中就存在很大争议,物权法实施至今在理论界和实务界仍然存在较大分歧。但我们认为,就法律性质而言,善意取得因转让人处分权缺失而应被纳入法律拟制的原始取得,故就理论而言认为转让合同效力影响善意取得的观点于法理不符,而且,从物权法第一百零六条的最终表述看,法律也并未将转让合同有效作为善意取得的法定要件。也就是说,善意取得的适用情形既可能存在于转让合同有效的场合,也可能存在于转让合同无效的场合。这一点必须首先明确。

但同时,由于合同效力问题可能会涉及国家、社会利益和公序良俗,我们也难以得出合同无效一概均不影响善意取得适用的结论。

根据合同法的规定及相关理论,合同效力包括了合同有效、绝对无效、可撤销、效力待定、未生效等形态。法律对于不同类别的情形规定了不同的法律后果。其中,对于绝对无效合同,因其与合同制度目的完全背道而驰,严重侵害国家利益、社会公共利益,其瑕疵不可治愈,法律作出完全否定性评价,令其绝对地当然地无效;对于可撤销合同,因其主要是在意思表示上存在瑕疵,主要影响合同利益在当事人之间的分配,故法律着眼于为意思表示瑕疵的一方当事人提供救济,由其根据自身利益的考量决定是否撤销合同;对于效力待定合同,因合同仅欠缺缔约能力要件,对社会公共利益的损害相对轻微,与合同制度的目的没有根本性抵触,故法律允许有权人通过追认消除瑕疵。可见,合同是否最终无效反映出法律对于法秩序和法价值的追求和评价的不同。对于合同绝对无效,因当事人之间的行为损害的是国家利益或社会公共利益,是社会的公序良俗,故法律对此效力予以绝对的否定,这体现了法律对于维护国家利益或社会公共利益,维护公序良俗的价值的绝对追求和坚定立场。而物权法第七条规定:"物权的取得和行使,应当遵守法律,尊重社会公德,不得损害公共利益和他人合法权益。"因此,善意取得作为物权的取得方式之一,也应当符合这一要求,《解释》明确规定排除合同绝对无效情形下善意取得的适用,符合法律的基本精神和价值追求,与物权法规定的善意取得制度、合同法规定的合同绝对无效制度的宗旨相吻合。

而在具有欺诈、胁迫的手段或者乘人之危,使对方在违背真实意思的情况下订立的转让合同，除以欺诈、胁迫手段订立合同损害国家利益应归于无效外，则属于合同法第五十四条第二款规定的可撤销情形。此时，应再进一步区分不同情形加以区别对待。如系受让人具有欺诈、胁迫的手段或者乘人之危的情形，在转让人行使撤销权撤销该转让合同时，则该行为表明转让人对其此前在受到欺诈、胁迫或乘人之危情形下而为的意思表示的否认，合同因欠缺有效要件而归于无效，此时，基于法律的规定，法律在尊重当事人自身选择的基础上亦应对此作出否定性评价，而且，从民法所追求的正义价值的角度视之，受让人为达到目的所实施的欺诈、胁迫或乘人之危的行为，是一种主观恶意较高的行为，转让人行使撤销权表明受让人所追求的不利益已经超出了转让人所能容忍和接受的程度，构成了对公序良俗的挑战，故其所应受到的法律的非难在程度上亦应相当于或者仅次于法律对合同绝对无效行为的评判，因此，《解释》对于此种情形也明确规定排除善意取得的适用。

《解释》对上述情形下排除善意取得适用的规定，将有利于夯实善意取得制度的法理根基，增进裁判的社会认同，并进一步简化裁判理据。

（原载《人民法院报》2016年2月24日）

解读《最高人民法院关于首先查封法院与优先债权执行法院处分查封财产有关问题的批复》

刘贵祥 赵晋山 葛洪涛[*]

《最高人民法院关于首先查封法院与优先债权执行法院处分查封财产有关问题的批复》（以下简称《批复》）已经最高人民法院审判委员会2015年12月16日第1672次会议通过，并于2016年4月14日起施行。本文拟对《批复》起草的相关背景、主要内容及适用中应当注意的问题作简要说明。

一、《批复》出台的背景

根据现行法律与司法解释的规定，执行程序中应当由首先查封法院处分查封财产。该规则符合查封制度的法理，有利于调动申请执行人的积极性，及时发现、控制财产并实现生效法律文书确定的债权，实践效果总体良好。但当查封财产上存在顺位在先的担保物权、优先权保障的债权（以下简称优先债权）时，如果首先查封法院迟延处分财产，优先债权将无法及时实现，从而损害优先债权人的利益。

实践中，导致首先查封法院迟延处分查封财产的主要原因有

---

[*] 作者单位：最高人民法院执行局。

以下几点：第一，首先查封是保全程序中的查封，处分财产要等到案件审理结束；第二，首先查封法院所涉案件复杂、当事人多、财产情况不清，或者存在暂缓执行、中止执行的情形；第三，查封财产的价值小于或相当于优先债权的数额，处分并清偿优先债权后，对于首先查封的普通债权意义不大，首先查封法院缺乏处分动力；第四，一些首封法院为保护作为被执行人的当地企业，拖延执行程序，甚至借机与优先债权人就财产分配讨价还价。总之，导致首先查封法院迟延处分查封财产的原因较为复杂，有制度不协调因素，也有地方保护主义因素。

由于该问题在实践中日益凸显，各地陆续出台相应文件予以规制。如上海高院出台了《关于在先查封法院与优先受偿债权执行法院处分查封财产有关问题的解答》，山东高院出台了《关于处理在先查封法院与优先受偿债权执行法院处分查封财产争议若干问题的规定（试行）》，江苏高院执行局出台了《关于首查封普通债权法院与轮候查封优先债权执行法院之间处分查封房地产等相关问题的答复》。从上述规范性文件看，各地处理该问题的规则基本一致：当首先查封法院与优先债权执行法院对查封财产发生处分权冲突时，由优先债权执行法院负责处分；具体解决途径则遵循《最高人民法院关于人民法院执行工作若干问题的规定（试行）》（以下简称《执行规定》）确立的执行争议协调解决的程序，先由两地法院协商，协商不成的，逐级层报共同上级法院协调解决。

但是，由于"首先查封法院负责处分财产"是司法解释层面确立的规则，各地规范性文件不能改变这一规则。因此上级法院在指定优先债权执行法院处分查封财产时，面临依据不足的困难。为回应司法实践的需求，最高人民法院审判委员会针对福建高院《关于解决法院首封处分权与债权人行使优先受偿权冲突问题的请示》,讨论通过了本《批复》,将实践经验上升为司法解释,以解决实践中存在的首先查封法院与优先债权执行法院财产处分权冲突这一普遍性问题。

二、《批复》的基本思路

《批复》的基本思路为:保障实体法上优先债权制度的实现,兼顾执行程序法上首先查封制度的价值,在协调实体法与程序法制度的基础上,以"批复"的形式,"短、平、快"地解决实践中的主要问题。

第一,保障优先债权及时实现,兼顾首先查封制度。从根本上讲,"首先查封法院负责处分查封财产"是执行制度中的程序性规则,解决的是由哪个法院处分财产的问题;优先债权制度是实体性制度,规定的是哪个债权应当就处分财产所得优先受偿的问题,两者在逻辑上并无冲突。但是如上所述,基于种种原因,"首先查封法院负责处分查封财产"规则的刚性适用,可能会导致优先债权制度的规范目的落空。权衡两种制度的价值及各自保护的利益,优先债权的实现应当处于更优越的地位。第二,以"批复"的形式解决主要问题。首先查封法院与优先债权执行法院财产处分权冲突涉及的问题很多,情形复杂,如果全部厘清后予以规定,尚需时日,不利于及时解决实践中的突出问题。为了及时指导实践,《批复》仅就处理该问题的一般规则、程序衔接及争议协调予以规定,以有限的条文,简单明快地解决实践中的主要问题。

三、《批复》的主要内容

《批复》共四个条文:第一条规定了优先债权执行法院要求首先查封法院将财产移送执行的条件;第二条规定了将财产移送

执行的程序性事项；第三条规定了优先债权执行法院对移送财产的处分与分配；第四条规定了法院之间争议的协调解决程序。分别说明以下：

（一）关于优先债权执行法院要求首先查封法院将财产移送执行的条件

1. "首先查封法院负责处分查封财产"的一般规则及其意义。我国现行司法解释中确立了"首先查封法院负责处分查封财产"的规则。首先，根据一般法理，查封是查封机关取得处分权的前提与依据，是划分国家公权力与个人私权利界限的标志。《最高人民法院关于适用〈中华人民共和国民事诉讼法〉的解释》（以下简称《民诉法解释》）第四百八十六条规定：对被执行的财产，人民法院非经查封、扣押、冻结不得处分。其次，我国民事诉讼法第一百零三条明确规定不得重复查封。为了解决实践中多个债权人对特定财产申请查封的问题，最高人民法院通过司法解释建立了轮候查封制度。但轮候查封并不产生查封的效力，只有在先查封被解除后，排列在先的轮候查封才能转为查封。① 即只有首先查封才是严格意义上的查封，只有首先查封法院才具有对查封财产的处分权。第三，该规则在我国司法解释中有具体体现。如《执行规定》第91条规定，参与分配程序由首先查封法院负责主持，如果首先查封系保全程序中作出，具体分

---

① 《最高人民法院、国土资源部、建设部关于依法规范人民法院执行和国土资源房地产管理部门协助执行若干问题的通知》第二十条第一款规定：轮候查封登记的顺序按照人民法院送达协助执行通知书的时间先后进行排列。查封法院依法解除查封的，排列在先的轮候查封自动转为查封；查封法院对查封的土地使用权、房屋全部处理的，排列在后的轮候查封自动失效；查封法院对查封的土地使用权、房屋部分处理的，对剩余部分，排列在后的轮候查封自动转为查封。

配则要在该案件审理终结后进行。虽然严格来说本条仅涉及参与分配程序，并未涵盖所有的执行案件，但是结合上述两个理由，可以得出我国实际实行的是"首先查封法院负责处分查封财产"的规则。

"首先查封法院负责处分查封财产"规则可以调动申请执行人的积极性，及时控制财产并实现生效法律文书确定的债权，有利于债权人权利的维护与执行程序的推进，是执行程序中一项重要制度。

2."首先查封法院负责处分查封财产"规则与优先债权制度的协调。如上所述，"首先查封法院负责处分查封财产"规则的刚性适用，会导致优先债权制度的规范目的落空。实践中大量的案件要求"首先查封法院负责处分查封财产"规则必须做出调整，以保证优先债权这一实体法制度的实现，这是本《批复》出台的主要目的。《批复》第一条的主要内容就是通过设定"首先查封法院向优先债权执行法院移送查封财产的条件"，来调整"首先查封法院负责处分查封财产"规则，或者说来协调"首先查封法院负责处分查封财产"规则与优先债权制度。

3.关于移送条件的两种主张及《批复》的选择。关于优先债权执行法院请求将财产移送执行的条件，存在两种不同观点。一种观点认为，移送应以首先查封法院迟延执行为前提，主要理由是：第一，只有首先查封法院过分迟延处分时，才会损害优先债权的实现；第二，地方保护普遍存在，首先查封法院处分财产可能损害优先债权人利益，优先债权执行法院处分财产也可能损害首先查封债权人的利益。比如，在财产足以清偿优先债权的情况下，优先债权执行法院迟延处分财产，就可能会导致普通债权的清偿比例降低。

第二种观点认为,应当确立无条件移送的一般规则,对于不应移送的特殊情形,通过上级法院的协调程序解决,主要理由是:第一,首先查封法院无条件移送有利于落实优先债权制度。从实体法的角度来看,优先债权比首先查封债权处于更优越的地位,由优先债权执行法院处分查封财产更有利于优先债权制度目的的实现。第二,"过分迟延"的条件不好判断,实践中不易操作,容易导致法院之间的扯皮现象。第三,对于某些特殊案件,如果由首先查封法院处分更为合理的,可以通过上级法院协调解决。

经过充分讨论,《批复》综合了上述两种观点,最终规定了"自首先查封之日起已超过60日,且首先查封法院就该查封财产尚未发布拍卖公告或者进入变卖程序"的移送条件。

4. 具体制度设计。《批复》第一条在重申"首先查封法院负责处分查封财产"原则的基础上,具体设定了优先债权执行法院请求移送财产的条件,该条确立了处理此类案件的一般规则,是《批复》的核心条款。

首先查封法院向优先债权执行法院移送财产处分的具体条件有四个:一是优先债权为生效法律文书所确认;二是优先债权在其他法院进入了执行程序;三是自首先查封之日起已经超过了60日;四是首先查封法院尚未就该查封财产发布拍卖公告或者进入变卖程序。需要注意的是,只有同时符合了上述四个条件,优先债权执行法院才能要求移送。

关于《批复》第一条,需要注意以下几个问题:第一,关于"首先查封法院"。首先查封法院并非指最早查封财产的法院,而是指优先债权执行法院准备处分该财产时处于第一顺位的查封法院。由于我国不承认重复查封,轮候查封不具有查封的效力,只有处于第一顺位的查封才是严格意义上的查封。因此严格来说,首先查封法院的概念并不准确，准确的表述应该是处于第一顺位的查封法院，或者直接表述为"查封法院"。《批复》之所以采用"首先查封法院"概念，是遵照了实践中的习惯表达，适用中应注意把握其准确含义。

第二，优先债权应当为生效法律文书所确认。执行程序中对于执行财产上的担保物权或者优先权采用涤除原则，为平衡相关担保物权人与优先权人的权益，同时规定担保物权与优先权保障的债权参与到执行程序，不以取得执行依据为前提。[①] 即，不仅经生效法律文书确认的优先债权可以申请执行或者加入执行程序，未经生效法律文书确定的优先债权，也能够经通知或直接申请加入到已经开始的执行程序。《批复》第一条"已经进入其他法院执行程序的优先债权"，仅指已经生效法律文书确认的优先债权。对于未经生效法律文书确认的优先债权，可以合理推断为尚未产生通过公权力实现的意图，不会因首先查封法院迟延处分查封财产的行为而受损。

第三，关于"自首先查封之日起已超过60日"。一般而言，60日不足以完成从查封到拍卖公告的整个程序，所以这里的60日并非要给首先查封法院留出足够的处分财产时间，而是要给首先查封法院一个缓冲期，避免某些很快就能进入拍卖或者变卖程序的财产变更处分法院。这一期限体现了保障优先债权人的意图。此外还应该注意，这里没有区分首先查封是保全程序中的查封还是执行程序中的查封。《批复》制定过程中曾考虑区分保全

[①] 《民诉法解释》第五百零八条第二款规定：对人民法院查封、扣押、冻结的财产有优先权、担保物权的债权人，可以直接申请参与分配，主张优先受偿权。《执行规定》93条规定：对人民法院查封、扣押或冻结的财产有优先权、担保物权的债权人，可以申请参加参与分配程序，主张优先受偿权。

查封与执行查封,即当优先债权执行法院商请移送时,如果首先查封为保全查封,首先查封法院应立即移送;如果首先查封是执行查封,则在满60日不处分时予以移送。当时考虑的是,保全查封一般会比执行查封在财产处分上更为迟延,更有移送的必要。后来考虑到这种区分的实践意义不大,为了简明规则,《批复》最终统一作了规定。

第四,关于"发布拍卖公告或者进入变卖程序"。《批复》最初条文表述为"变价程序",讨论中大家认为"变价程序"容易发生歧义,实践中具体时间点仍难以把握,比如评估是否为变价程序等。为了避免理解上的歧义,《批复》最终规定了"发布拍卖公告或者进入变卖程序"这一明确的时间节点。

5. 关于优先债权的概念与范围。在《批复》中,优先债权是关于"对查封财产有顺位在先的担保物权、优先权的债权"的简称。关于这一简称,开始曾考虑过"优先受偿权"、"优先受偿债权"等多个术语,后来参考《民诉法解释》第五百零八条第二款、《最高人民法院关于人民法院民事执行中拍卖、变卖财产的规定》第九条第一款及《执行规定》第93条的表述,采用了优先债权的概念。[1] 优先债权的主要类型以下:

---

[1] 《民诉法解释》第五百零八条第二款规定:对人民法院查封、扣押、冻结的财产有优先权、担保物权的债权人,可以直接申请参与分配,主张优先受偿权。《最高人民法院关于人民法院民事执行中拍卖、变卖财产的规定》第九条规定:保留价确定后,依据本次拍卖保留价计算,拍卖所得价款在清偿优先债权和强制执行费用后无剩余可能的,应当在实施拍卖前将有关情况通知申请执行人。申请执行人于收到通知后五日内申请继续拍卖的,人民法院应当准许,但应当重新确定保留价;重新确定的保留价应当大于该优先债权及强制执行费用的总额。《执行规定》第93条规定:对人民法院查封、扣押或冻结的财产有优先权、担保物权的债权人,可以申请参加参与分配程序,主张优先受偿权。

第一，抵押权担保的债权。实践中，最常见的是抵押权担保的债权。解决抵押权担保债权执行法院与首先查封债权执行法院之间处分权的冲突，是本《批复》的主要目的。

第二，合同法第二百八十六条规定的承包人关于建设工程价款优先受偿的权利。关于《批复》应否涵盖建设工程价款优先受偿权的问题，有意见认为，建设工程价款优先受偿权认定复杂，实践中不易判断，不宜纳入《批复》调整范围。《批复》最终将建设工程价款优先受偿权纳入了调整范围，主要是考虑到这类案件在实践中大量存在，亟需解决；而且，适用本《批复》以优先债权得到生效法律文书的确认为前提，不涉及在执行程序中判断的问题；加之有上级法院协调争议机制作保障，不必担心实践中出现混乱。

第三，其他担保物权担保的债权和其他优先权保障的债权。质权、留置权和船舶优先权所担保或保障的债权，符合《批复》关于优先债权的定义，虽然实践中此类优先债权与首先查封债权发生冲突的案例不多，但无疑属于《批复》调整的范围。

(二) 将财产移送执行的具体程序

《批复》第二条是关于优先债权执行法院与首先查封法院协商并办理查封财产移送事项的程序性规定。《批复》详细规定程序性事项是基于以下两点考虑：第一，从理论上说，处分权与查封密不可分，优先债权执行法院处分查封财产，涉及与首先查封法院处分权的衔接问题，需要具体的程序予以配合。第二，清晰明确的程序是制度实效的保障。在《批复》征求意见过程中，中基层法院强烈建议，条文要尽可能明确、具体，避免因缺乏操作性而引发相间的扯皮。

《批复》第二条针对"优先债权法院商请"与"首先查封法

院移送"两个环节,明确了各自需要注意的事项,同时设计了商请移送执行函与移送执行函的文书样式作为《批复》附件,基本的考虑就是尽量使程序设计更具可操作性。

在移送环节,需要重点注意以下几点:第一,商请移送执行函需要附有确认优先债权的生效法律文书,这是对第一条"已进入其他法院执行程序的优先债权"的补充,即优先债权必须为生效法律文书所确认;第二,在移送执行函中应当表明两项内容:"将查封财产移送执行"与"首先查封债权的相关情况"。第一项内容提供了优先债权执行法院处分财产的法理根据,也解决了实践中与协助登记机关的衔接问题。优先债权执行法院对查封财产采取续封、解封或处分措施时,可持移送执行函要求协助机关配合。第二项内容意在保护首先查封债权在随后执行程序中的合法利益。第三,关于首先查封法院对当事人的通知。执行程序中的管辖制度较为灵活,为解决地方保护问题,实践中采取委托执行、指定执行、交叉执行等方式变更执行法院。首先查封法院向优先债权执行法院移送财产处分,从管辖权转移角度看,类似于委托执行或者指定执行。这种行为无需征得债权人的同意,但是应当通知相关当事人,以保障当事人的知情权,并便于其参与到随后的执行程序中。

(三)优先债权执行法院对财产的处分与分配

《批复》第三条规定了优先债权执行法院对移送财产的处分及分配事项,具体应注意以下问题:

1. 关于优先债权执行法院的处分与续封的手续问题。实践中移送的财产多数为不动产或者不登记不具有对抗效力的特殊动产。执行法院对于此类财产的处分,需要登记机关的配合。为了解决优先债权执行法院与协助登记机关的衔接问题,《批复》第三条第一款明确规定：财产移送执行后，优先债权执行法院在处分或继续查封该财产时，可以持首先查封法院移送执行函办理相关手续。

2. 优先债权执行法院处分财产后清偿债权的范围。对此有四种观点：第一种观点主张只清偿受移送法院执行的优先债权，剩余款项交首先查封法院；第二种观点主张清偿所有优先债权，剩余款项交首先查封法院；第三种观点主张该财产上存在的各个债权，无论是优先债权还是普通债权，都应该予以清偿，但是如果首先查封法院还查封了被执行人的其他财产，则无需将其他查封财产及其整个执行案件移送；第四种观点主张首先查封法院在移送该查封财产的同时，应当将首先查封所涉案件及其他查封财产一并移送。综合考虑实现优先债权的目的、法院之间的程序衔接等因素，《批复》采纳了第三种观点，规定"应当按照法律规定的清偿顺序分配"。

3. 尚未被生效法律文书确认的首先查封债权的保护。基于保护首先查封债权的一贯思路，《批复》第三条第三款规定，如果首先查封债权尚未取得执行依据，执行法院分配时应按照其清偿顺位预留出相应份额，待首先查封债权的数额确定后，再作出相应处理。

4. 关于"分配"的理解。《批复》第三条中的"分配"是在广义上使用的，并非狭义的"参与分配"概念。具体讲，不仅包括狭义的参与分配情形，也涵盖多个债权人对于同一债务人申请执行而不符合参与分配条件的情形。比如在一个执行程序中同时实现一个优先债权与一个普通债权的情形，也属于该条所规定的"分配"。

(四）争议的协调处理

《批复》虽然确立了处理"首先查封法院与优先债权执行法院处分权争议"的规则，但是只要产生争议的原因没有消除，尤其是地方保护问题未得到解决，相关法院之间难免会出现争议。加之案件情况千差万别，在某些案件中，由首先查封法院处分财产更为妥当，《批复》第一条确立的"超过一定时间就一律移送"的原则也需要上级法院的协调机制予以平衡与缓和。因此《批复》第四条规定了争议协调解决的途径。对于该条规定，应注意以下问题：

1. 上级法院协调的制度基础与实践经验。《执行规定》第125条第1款规定：两个或两个以上人民法院在执行相关案件中发生争议的，应当协商解决。协商不成的，逐级报请上级法院，直至报请共同的上级法院协调处理。实践中，对于《批复》所涉事项的争议也多是通过报请上级法院协调的方式解决。

2. 上级法院协调时的原则。《批复》第一条所定规则不仅适用于首先查封法院与优先债权执行法院，也适用于处理争议的上级法院。即上级法院对于两个法院之间的处分权争议，原则上应按照《批复》第一条的规则处理。《批复》起草过程中，第四条曾表述为："共同的上级法院在指定执行法院时，应当按照本批复第一条的规定处理，……"，但在后来讨论中，大家一致认为第一条作为一般规则在逻辑上应适用于整个《批复》，上级法院在协调时当然应予以遵照执行，第四条对此无需重申，只需规定应考虑的例外因素即可。

3. 上级法院协调处理时应当考虑的例外因素。《批复》第四条列举了上级法院协调时应当考虑的因素，适用中应当综合考量，总体把握。具体说明以下：第一，"首先查封债权所处的诉讼阶段"大致能反映出将来处分财产的时间,及优先债权实现的迟延程度。第二,"查封财产的种类及所在地",主要是在不动产执行中要注意将不动产所在地作为确定执行法院的一个重要考虑因素。第三,关于"各债权数额与首先查封财产价值之间的关系",可以简单理解为:优先债权数额占查封财产价值的比例越高,则移送的必要性越强。如果比例极低,比如优先债权100万,查封财产5000万,则移送的必要性不大;只要比例相当,原则上就应予以移送;如果比例超过了100%,则除非案件极为特殊应一律移送。第四,由于案件情况千差万别,如果存在影响移送的其他因素,也应予以考虑,比如,查封财产涉及首先查封法院当地职工的大量劳动债权,即应作为一个重要的考虑因素。

4. 上级法院决定由首先查封法院继续执行时对优先债权的保护。《批复》第四条还同时规定,对于上级法院综合考虑全案因素,决定由首先查封法院继续执行的,应当督促其在指定期限内处分首先查封财产,以避免优先债权的实现过分迟延。

四、实践中应当注意的问题

(一)关于受移送法院继续查封后的查封顺位问题

《批复》第三条第一款规定,优先债权执行法院在处分或继续查封该财产时,可以持首先查封法院移送执行函办理相关手续,但是《批复》没有明确规定继续查封后的查封顺位问题。对于该问题,实践中应注意以下几点:

1. "查封财产"在相关法院间转移的情况在民事审判及执行程序中经常发生。第一,诉前保全的情况下,当事人向采取诉前保全措施以外的其他法院起诉的,保全手续应当移送给受理案件的法院;① 第二,执行程序中,债权人向两个以上具有管辖权的法院申请执行的,后立案的法院要撤销案件,并将控制的财产交先立案的法院处理。② 这里控制财产的移交,就包括查封财产的移交。第三,在委托执行的场合,执行案外的委托也必然带来查封财产在相关法院之间的转移。③

2. "查封财产"在相关法院间流转的基本规则。根据上述相关司法解释,"查封财产"在相关法院移转的规则是:前法院作出的查封裁定视为后法院作出的裁定,后法院续行查封后,仍为前法院的查封顺位。

3. 在《批复》所涉情况下,相关债权在移送财产上的既有查封顺位不变,受移送法院为首先查封债权所做的续封,仍为首位查封。为其他债权所做的轮候查封尚不具备查封效力,不存在查封期限问题,无需续封,仍为其原查封顺位。

这里需要特别注意,查封顺位对应的是债权,而非法院。财产移送执行后,优先债权执行法院执行中待实现的至少有两个债权,一是首先查封债权,一是优先债权。这两个债权的查封顺位

---

① 《民诉法解释》第一百六十条规定:当事人向采取诉前保全措施以外的其他有管辖权的人民法院起诉的,采取诉前保全措施的人民法院应当将保全手续移送受理案件的人民法院。诉前保全的裁定视为受移送人民法院作出的裁定。

② 《最高人民法院关于适用〈中华人民共和国民事诉讼法〉执行程序若干问题的解释》第二条第二款规定:立案后发现其他有管辖权的人民法院已经立案的,应当撤销案件;已经采取执行措施的,应当将控制的财产交先立案的执行法院处理。

③ 《最高人民法院关于委托执行若干问题的规定》第六条第二款规定:委托执行后,委托法院对被执行人财产已经采取查封、扣押、冻结等措施的,视为受托法院的查封、扣押、冻结措施。受托法院需要继续查封、扣押、冻结,持委托执行函和立案通知书办理相关手续。续封续冻时,仍为原委托法院的查封冻结顺序。

不因财产的移送而改变，以维护各自的查封顺位利益。

（二）关于首先查封法院与优先债权执行法院为直接上下级法院时如何处理

有意见认为，凡是首先查封法院与优先债权执行法院发生争议的，一律报请共同的上级法院协调解决，该规则在争议法院为直接上下级关系时，不具有可操作性。

我们认为，《批复》系针对实践中的主要问题作出，不可能面面俱到，对于未涉及的问题，应结合相关法律精神及《批复》的目的予以合理解释。就该问题而言，对于《批复》应作限缩解释：首先查封法院与优先债权法院为直接上下级法院的，不适用《批复》第二条、第三条规定的函商程序，应遵照通常上下级法院执行工作中的行文规则予以处理；具体执行法院的确定，应以直接上级法院的意见为准，无需报请共同的上级法院。这是因为，我国基本的执行工作体制，就是上级法院监督、指导、协调下级法院的执行工作，上级法院可以纠正下级法院的执行行为，处理下级法院之间的争议。① 就执行管辖来说，上级法院有权提级管辖，② 高级人民法院还有权指定管辖。③

---

① 参见《执行规定》第 14 部分"委托执行、协助执行和执行争议的协调"及第 15 部分"执行监督"。
② 民事诉讼法第三十八条规定，上级人民法院有权审理下级人民法院管辖的第一审民事案件；确有必要将本院管辖的第一审民事案件交下级人民法院审理的，应当报请其上级人民法院批准。处理执行案件的管辖可以参照适用该条文。
③ 《最高人民法院关于高级人民法院统一管理执行工作若干问题的规定》第八条规定：高级人民法院对本院及下级人民法院的执行案件，认为需要指定执行的，可以裁定指定执行。

(三)首先查封为保全查封,判决生效后未进入执行程序的,优先债权执行法院应通过首先查封法院的哪个部门进行协调

对于该问题,我们认为:第一,无论是审判阶段还是执行阶段,协商沟通的主体都是人民法院。第二,不同的诉讼阶段,人民法院内部具体承办的部门会有所不同,审判阶段归审判庭,执行阶段归执行局。第三,判决生效后未进入执行程序的,应当由审判部门负责协调,但是执行部门应予以协助配合。在首先查封裁定为审判部门作出的情况下,在进入执行程序前,执行部门虽然无权予以处理,① 但是相关法院协商的毕竟是执行程序中的问题,所以首先查封法院的执行部门也应予以相应的协助与配合,以共同实现执行制度的目的,确保债权及时得以实现。

---

① 《民诉法解释》第一百六十八条规定:保全裁定未经人民法院依法撤销或者解除,进入执行程序后,自动转为执行中的查封、扣押、冻结措施,期限连续计算,执行法院无需重新制作裁定书,但查封、扣押、冻结期限届满的除外。

最高人民法院执行局负责人就《最高人民法院关于首先查封法院与优先债权执行法院处分查封财产有关问题的批复》答记者问

4月12日,最高人民法院公布了《关于首先查封法院与优先债权执行法院处分查封财产有关问题的批复》(以下简称《批复》),最高人民法院执行局负责人就《批复》主要内容接受了记者采访。

问:请您介绍一下《批复》出台的背景。

答:根据现行法律与司法解释的规定,执行程序中应当由首先查封法院处分查封财产。这个规则符合查封制度的法理,也有利于调动申请执行人的积极性,及时发现、控制财产并实现生效法律文书确定的债权,实践效果总体是好的。但是当该查封财产上存在其他顺位在先的担保物权、优先权保障的债权(以下简称优先债权)时,如果首先查封法院迟延处分财产,就会损害到优先债权人的利益,优先债权制度的目的将会落空。

实践中,导致首先查封法院迟延处分查封财产的原因较为复杂,有制度不协调的因素,也有地方保护主义的因素。各地法院陆续制定了一些规范性文件来解决这个问题,但是由于司法解释层面的规则不清晰,地方法院的做法面临依据不足的困难。为回应司法实践的需求,最高人民法院审判委员会针对福建省高级人民法院的请示,讨论通过了本《批复》,希望将实践经验上升为统一规则,以解决这一较为普遍的问题。

问:《批复》的目的与基本思路是什么?

答:《批复》的目的就是解决实践中普遍存在的"首先查封法院与优先债权执行法院查封财产处分权冲突"的问题。

《批复》的基本思路为:保障实体法上优先债权制度的实现,兼顾执行程序法上首先查封制度的价值,在协调实体法与程序法制度的基础上,以"批复"的形式,"短、平、快"地解决实践中的主要问题。

《批复》共四个条文:第一条规定了优先债权执行法院要求首先查封法院将查封财产移送执行的条件,本条是《批复》的核心条款,确立了处理争议问题的一般规则;第二条规定了查封财产移送执行的程序性事项;第三条规定了优先债权执行法院对移送执行财产的处分与分配;第四条规定了法院之间争议的协调解决程序。

问:刚才您在《批复》基本思路中提到"协调优先债权制度与首先查封制度",请问《批复》是如何具体协调这两种制度的?

答:优先债权制度是实体法制度,首先查封制度是程序法制度。这两种制度在逻辑上并无冲突,但是如上所述,当首先查封法院迟延处分查封财产时,就会损害到优先债权的实现。正是在此意义上,产生了两个制度的协调问题。整个《批复》都贯彻了协调两种制度的思路,具体表现在如下几个方面:

首先,通过《批复》第一条设定"首先查封法院将查封财产向优先债权执行法院移送执行的条件",来调整"首先查封法院负责处分查封财产"规则。首先查封法院向优先债权执行法院移送财产处分的具体条件有四个:一是优先债权为生效法律文书所确认；二是在优先债权执行法院进入了执行程序；三是自首先查封之日起已经超过了60日；四是首先查封法院尚未就该查封财产发布拍卖公告或者进入变卖程序。需要注意的是，只有同时符合了上述四个条件，优先债权执行法院才能要求移送。

其次，《批复》第二条、第三条明确了具有操作性的程序，来保证《批复》第一条实体性规则的实现。《批复》第二条针对"优先债权法院商请"与"首先查封法院移送"两个环节，明确了各自需要注意的事项，同时设计了商请移送执行函与移送执行函的文书样式作为《批复》附件。《批复》第三条第一款规定"优先债权执行法院可以持首先查封法院移送执行函办理相关手续"，以解决优先债权执行法院与协助登记机关的程序衔接。《批复》第三条第三款还规定对于尚未经生效法律文书确认的首先查封债权，应按其清偿顺位，预留相应份额。这些规定增强了程序的可操作性，能够提高制度的实效。

最后，通过《批复》第四条的法院争议协调程序来进一步平衡两种制度。在协调程序中，可以解决两类案件的争议。一是应当移送执行而不移送的案件；二是虽然在形式上符合移送条件，但基于案件特殊情况可以不移送执行的案件。协调程序不仅能够保证《批复》第一条移送规则的实现，还能对某些特殊案件进行特殊处理，进一步实现了两种制度的协调。

问：我们注意到，《批复》并没有区分首先查封是保全程序中的查封还是执行程序中的查封，将保全阶段的查封财产移送给优先债权执行法院，是否会影响到正在进行的审理程序？

答：将保全阶段查封的财产移送执行不会影响到审理程序。理由在于，查封"负担优先债权的财产"，申请人的利益在逻辑上仅及于查封财产除去优先债权的余额。将查封财产移送优先债权法院处分并未损害查封债权人的利益,也未危及查封制度。

《批复》制定过程中曾考虑过区分保全查封与执行查封,但并不是担心影响审理程序。当时的具体想法是,当优先债权执行法院商请移送时,如果首先查封为保全查封,首先查封法院应立即移送;如果首先查封是执行查封,则在满60日不处分时予以移送。当时考虑的是,保全查封一般会比执行查封在财产处分上更为迟延,更有移送的必要。后来考虑到这种区分的实践意义不大,为了简明规则,《批复》最终统一作了规定。

问:《批复》中使用了"优先债权"的概念,能否介绍一下优先债权的具体含义与范围?

答: 在《批复》中,优先债权是关于"对查封财产有顺位在先的担保物权、优先权的债权"的简称。关于这一简称,我们曾考虑过"优先受偿权""优先受偿债权"等多个名词,后来参考相关司法解释的表述,采用了优先债权的概念。

优先债权具体包括各种担保物权担保的债权及各类型优先权担保的债权。具体主要包括如下几种:第一,抵押权担保的债权。解决抵押权担保债权执行法院与首先查封债权执行法院之间处分权的冲突,是本《批复》的主要目的。第二,合同法第二百八十六条规定的建设工程价款优先权。第三,其他担保物权担保的债权和其他优先权担保的债权。质押权、留置权和船舶优先权所担保的债权,符合《批复》关于优先债权的定义,虽然实践中此类优先债权与首先查封债权发生冲突的案例不多,但无疑属于《批复》调整的范围。

问:《批复》在移送的具体条件中,为何选择了60日的期限,并将"发布拍卖公告或者进入变卖程序"作为时间节点?

答: 一般而言,60日不足以完成从查封到拍卖公告的整个程序,所以这里的60日并非要给首先查封法院留出足够的处分财产时间,而是要给首先查封法院一个缓冲期,避免某些很快就能进入拍卖或者变卖程序的财产变更处分法院。这一期限体现了保障优先债权人的意图。

关于"发布拍卖公告或者进入变卖程序",《批复》最初条文表述为"变价程序",讨论中大家认为"变价程序"容易发生歧义,比如评估算不算变价程序等。为了避免理解上的歧义引发争议,《批复》最终采用了"发布拍卖公告或者进入变卖程序"这一明确的时间节点。

问:您能否具体讲一讲如何理解《批复》第三条中的"按照法律规定的清偿顺序分配"?

答:这涉及到优先债权执行法院处分财产后清偿债权的范围。对此有四种观点,第一种观点主张只清偿受移送法院执行的优先债权,剩余款项交首先查封法院。第二种观点主张清偿所有优先债权,剩余款项交首先查封法院。第三种观点主张该财产上存在的各个债权,无论是优先债权还是普通债权,都应该予以清偿。但是如果首先查封法院还查封了被执行人的其他财产,无需将其他查封财产及其整个执行案件移送。第四种观点主张首先查封法院在移送该查封财产的同时,应当将首先查封所涉案件及其他查封财产一并移送。

综合考虑实现优先债权的目的、法院之间的程序衔接等因素,《批复》采纳了第三种方案,规定"应当按照法律规定的清偿顺序分配"。讨论中有人提出,条文无法体现上述清偿范围。我们认为,在移送执行的财产范围内,按照法律规定的清偿顺序分配,除此之外未附加任何清偿范围的限制,应该能得出上述清偿范围的结论。

此外,这里的"分配"是在广义上使用的,并非狭义的"参与分配"概念。具体讲,不仅包括狭义的参与分配情形,也涵盖多个债权人对于同一债务人申请执行而不符合参与分配条件的情形。比如在一个执行程序中同时实现一个优先债权与一个普通债权的情形,也属于该条意义上的分配。

问:请问上级法院在协调法院之间关于查封财产处分权争议时,应该坚持什么原则,考虑什么因素?

答:上级法院协调相关争议时,原则上应按照《批复》第一条的规则处理。在《批复》制定过程中,第四条曾表述为:"共同的上级法院在指定执行法院时,应当按照本批复第一条的规定处理,……"但在后来的讨论中,大家一致认为第一条作为一般规则在逻辑上适用于整个《批复》,上级法院在协调时当然应予以遵照执行。第四条对此无需予以重申,只规定应考虑的例外因素即可。

《批复》第四条具体列举了上级法院协调时应当考虑的因素,对此应予以综合考量,总体把握。具体说明如下:第一,"首先查封债权所处的诉讼阶段"大致能反映出将来处分财产的时间,以及对优先债权实现的迟延程度。第二,"查封财产的种类及所在地",主要是不动产应优先考虑由不动产所在地法院执行。第三,关于"各债权数额与首先查封财产价值之间的关系",可以简单理解为:优先债权数额占查封财产价值的比例越高,则移送的必要性越大。如果比例极低,比如优先债权100万,查封财产价值5000万,则移送的必要性不大;只要比例相当,原则上就应予以移送;如果比例超过了100%,则除非案件极为特殊应一律移送。第四,案件情况千差万别,如果存在影响移送的其他因素的,也应予以考虑,比如,涉案财产涉及首先查封法院当地职工的大量劳动债权,就应予以考虑。

最高人民法院执行局负责人就《最高人民法院关于对人民法院终结执行行为提出执行异议期限问题的批复》答记者问

最高人民法院审判委员会第1668次会议于2015年11月30日通过了《最高人民法院关于对人民法院终结执行行为提出执行异议期限问题的批复》（以下简称《批复》），并于2016年2月15日起施行。为帮助大家对该司法解释正确理解和适用，记者就《批复》起草的相关背景、主要内容及适用中应注意的问题等对最高人民法院执行局负责人进行了专访。

问：您能否向大家介绍一下《批复》的起草背景？

答：民事诉讼法第二百二十五条赋予了当事人、利害关系人提出执行行为异议和申请复议的权利，《关于人民法院办理执行异议和复议案件若干问题的规定》（以下简称《异议复议规定》）第七条明确规定了对终结执行提出异议的，应当按照民事诉讼法第二百二十五条规定进行审查。

当事人提出执行异议，一般情况下应当在执行程序中提出。但终结执行行为一旦生效，执行程序即告终结，所以对执行法院终结执行行为有异议的，就不可能做到在执行程序中提出。而终结执行行为对当事人的权利影响重大，应当例外地允许当事人在程序终结后对其提出异议，因此司法解释明确规定了执行程序终结之后可以对终结执行提出异议。然而，时效性是程序公正的直接体现，是司法效率与秩序稳定的要求，任何诉讼程序都应有时效限制。因此为防止当事人利用异议权拖延执行，降低执行效率，损害他人合法利益，对终结执行行为提出异议应当有明确的期限限制，以督促权利人尽快行使权利，稳定社会经济秩序。当事人对人民法院终结执行行为不服提出执行异议的期限问题具有普遍性，需要以司法解释的形式统一法律适用。几经调研论证及多方征求意见，最终作出本《批复》，确立了当事人及其他利害关系人对人民法院终结执行行为提出执行异议的期限规则。《批复》与原有司法解释有效衔接，形成了一般执行行为异议在执行过程中提出，对终结执行行为的异议在执行程序终结之后的确定时间内提出的法律适用规则，构成统一完整的期限体系。

问：当事人对终结执行提出异议期限的法律性质？

答： 我国法律与司法解释中没有明确规定执行异议期限的法律性质。我们认为，终结执行行为异议期限的性质应为不变期间，而非诉讼时效。首先，执行异议期限与诉讼时效规范的行为性质不同。执行异议本质是对人民法院已经生效的执行行为违反法律规定的一种救济措施，与平等民事主体之间发生民事纠纷因而寻求司法救济有明显区别。其次，从规范目的来说，执行异议期限主要是为了解决异议能否按照民事诉讼法第二百二十五条规定的程序进行审查的问题，是对于案件受理标准的确定，应当由法院主动审查。而诉讼时效则作为抗辩事由提出，法院不能主动审查。因此，执行异议期限性质应为不变期间，作为执行异议案件受理条件之一，法院应当主动审查，且执行异议期限不存在中止、中断等情形。

问：该期间届满的法律后果是什么？

答：当事人超出执行异议期限的，其法律后果应为提出异议的权利消灭。因此，超过该期限所提出的执行异议，人民法院不予受理，已经受理的，应当裁定驳回异议申请。《批复》中明确规定了"超出该期限提出执行异议的，人民法院不予受理"。

问：超过期限提出的执行异议应当如何救济？

答：超过《批复》规定的提出执行异议的期限，并不代表当事人失去了对执行违法行为予以纠正的救济途径。如果人民法院终结执行行为确实存在错误需要以恢复执行程序进行救济的，尽管期限届满后所提执行行为异议法院不予受理，但当事人仍可以向执行法院或上一级人民法院进行申诉，通过执行监督程序处理。在审查判断是否启动执行监督程序时，只要确定如果该终结执行行为有错误，有可能需要恢复执行程序予以救济即可，至于是否恢复执行程序，则应在启动执行监督程序后最终审查确定。

问：《批复》中将当事人、利害关系人依照民事诉讼法第二百二十五条规定对终结执行行为提出异议的期限确定为六十日，这一具体期限是怎么确定的？

答：对人民法院其他执行行为提出执行异议的期限为执行程序终结前，而终结执行行为一旦生效，执行程序即告终结，因此必须在执行程序终结后另行确定一个时间段，作为对终结执行行为提出异议的期限。在具体确定该期限时，综合考虑了下列因素：执行需要迅速推进，且执行程序终结的结果往往伴随着对财产的处分，涉及第三人的利益，如规定过长的异议期限，异议结果的不确定，事实上会阻滞执行并导致社会关系长期不确定；同时该异议期限也不宜过短，应当给予当事人必要的准备时间，保障其有充分的机会维护自己的合法权益,也有利于提高申请质量。草拟稿中我们本将这一期限初步确定为六个月,但在征求意见过程中,大家普遍认为六个月的时间过长。综合衡量各种因素后,《批复》确定了六十日的期限,较好地平衡了执行效率与当事人权益保障的要求。

问:现在《批复》中根据不同的情况将对终结执行提出异议期限的起算点分别规定为自收到终结执行法律文书之日及自知道或者应当知道人民法院终结执行之日。该起算点是如何确定的?

答:对人民法院终结执行行为提出执行异议期限主要是解决终结执行行为异议不可能在执行程序终结前提出的问题,本应以执行程序终结作为期限起算点。但是执行程序终结本身就是一个较为复杂的问题,尚未形成统一的标准,以此为起算点适用中有可能产生较多争议,并不适合。实践中需要以一个更加确定的时间点作为起算点。相比之下,以当事人收到终结执行的法律文书作为期限的起算点具有确定性,更为适合。终结执行的法律文书有多种,一般说来,裁定终结执行程序的,终结裁定送达当事人后生效;而因执行完毕而终结执行程序的,需制作结案通知书并发送,不要求送达当事人,部分情况下甚至无需制作结案通知书。特别是涉及利害关系人,情况就更为复杂,执行实践中,一般都不会或不可能向利害关系人发送终结执行的法律文书。因此,《批复》最终根据当事人是否收到终结执行的法律文书为标准分别规定了不同的期限起算点:收到终结执行法律文书的,应当自收到法律文书之日起算;未收到法律文书的,包括无需制作法律文书和虽然发送却未送达等情形,应当自知道或者应当知道人民法院做出终结执行行为之日起算。该期限起算点兼顾了执行程序终结与保障当事人知情权的双重要求。

问:该《批复》对溯及力问题如何考虑的?

答:对终结执行行为提出异议的期限此前没有明确规定,理论上说来当事人在任何时间都有权提出此项异议。现在对该异议提出期限进行了明确限制,是在维护个体利益和社会整体利益之间寻求平衡的结果,牺牲了个案当事人的部分利益而维护了法律和社会的整体秩序。对于批复作出之前的行为,在给予个体充分机会维护自身权益的前提下,也应当统一适用批复的规定,以免因异议制度的存在而对法律关系的稳定长期构成威胁。因此,《批复》中规定,批复发布前终结执行的,自批复发布之日起六十日内提出。也即,《批复》发布前终结执行的,无论是剩余期限不足六十日的,还是六十日期限已经届满的,都可以自《批复》发布之日起六十日内提出执行异议。超过该期间再提出执行异议的,人民法院不予受理。

问:对终结执行行为提出执行异议进行期限限制,是否会影响执行债权的实现?

答:对终结执行行为提出执行异议进行期限限制,实际上不会影响真正具备执行条件的案件恢复执行,对债权受偿不产生实质影响。在执行领域中,存在着恢复执行制度,终结执行后,出现法定情形时可以恢复执行。如根据民事诉讼法第二百五十七条规定裁定终结执行后,又具备执行条件的,可以恢复执行。恢复执行不需要撤销此前的终结执行行为。事实上,由于这一制度的存在,可以解决当事人对于真正具备执行条件的案件回复到执行程序终结之前状态的诉求。而对于那些并不具备恢复执行的条件,但是认为终结本次执行程序本身不符合规定的,则可以依照民事诉讼法第二百二十五条的规定对终结执行行为提出异议。经审查后终结执行行为确有错误的,撤销终结执行行为,回复到原执行程序中。实践中应当注意引导当事人区别不同的情况适用正确的救济程序,保障执行程序顺利进行。

问:当事人对终结执行提出异议后,是否影响执行实施案件结案?

答:当事人对终结执行行为提出异议的,不影响执行实施案件结案。如果经执行异议或复议程序审查后,终结执行行为确有错误的,则应当根据案件具体情况,裁定撤销错误的执行行为。终结执行行为一旦被撤销,则原来的执行实施案件恢复执行,可以使用原案号继续执行。

解读《最高人民法院关于审理消费民事公益诉讼案件适用法律若干问题的解释》

程新文* 冯小光** 关 丽*** 李 琪****

《最高人民法院关于审理消费民事公益诉讼案件适用法律若干问题的解释》(以下简称《解释》)于2016年2月1日由最高人民法院审判委员会第1677次会议通过,自2016年5月1日起施行。该《解释》的实施对于推进公益诉讼制度、保护消费者合法权益、维护消费市场公平竞争秩序具有重要意义。笔者现根据该司法解释制定的背景、目的及主要条文的理解进行全面解读。

一、关于《解释》的制定背景

就经济社会发展层面而言,消费、投资与出口是拉动经济增长的"三驾马车"。当前,我国已进入消费需求持续增长、消费结构加快升级、消费拉动经济作用明显增强的重要阶段。2015年我国经济结构调整取得积极进展,服务业在国内生产总值中的比

---

* 最高人民法院民事审判第一庭庭长。
** 最高人民法院民事审判第一庭副庭长。
*** 最高人民法院民事审判第一庭审判长。
**** 最高人民法院民事审判第一庭法官。

重上升到50.5%，首次占据"半壁江山"。消费对经济增长的贡献率达到66.4%。《国民经济和社会发展第十三个五年规划纲要》明确提出，适应消费加快升级，以消费环境改善释放消费潜力，以供给改善和创新更好满足创造消费需求，不断增强消费拉动经济的基础作用。消费者权益保护法旨在保护消费者合法权益，维护公平竞争的社会经济秩序，促进社会主义市场经济健康发展，保护消费者权益是其核心和基础。最高人民法院立足我国经济社会发展现状以及消费群体纠纷特点，注重消费方式、消费结构和消费理念的发展变化，注重经营者与消费者信息不对称、地位不平等、维权成本高的实质救济，为发挥公益诉讼制度功能，保障消费维权、改善市场环境、提升消费信心、拉动经济增长，在充分调研论证基础上，出台了本《解释》。

就法律层面而言，2012年修订后民事诉讼法第五十五条规定，创设了具有中国特色的公益诉讼制度；2013年修订后的消费者权益保护法第四十七条增加了消费民事公益诉讼制度的规定。但上述法律均体现为一个条文，未明确消费民事公益诉讼制度内涵及适用规则。实践中，对如何适用仍存在分歧意见。2015年6月，第十二届全国人大常委会第十五次会议通过《关于授权最高人民检察院在部分地区开展公益诉讼试点工作的决定》，授权最高人民检察院在生态环境和资源保护、食品药品安全等领域开展提起公益诉讼试点。最高人民法院、最高人民检察院相继出台了实施办法。

就实践层面而言，人民法院至今共受理消费民事公益诉讼案件3件，包括上海市消费者权益保护委员会分别以天津三星通信技术有限公司、广东欧珀移动通信有限公司生产销售的手机预装应用软件情况不告知、无法卸载等损害消费者权益为由提起的诉讼，浙江省消费者权益保护委员会以上海铁路局强制实名制购票乘车后遗失车票的消费者另行购票损害消费者权益为由提起的诉讼。在法院协调下，上述案件当事人就争议问题充分沟通，最终达成和解，并以撤诉方式结案。案件处理实现了保护消费者权益和推动企业发展双赢的良好效果。2015年10月，全国人大常委会就消费者权益保护法专项执法检查后，建议最高人民法院尽快出台关于消费公益诉讼司法解释。

据此，消费公益诉讼法律制度日渐完善，也逐渐有消费民事公益诉讼案件进入诉讼程序。出台本《解释》适应了消费民事公益诉讼制度落地实施的迫切需求，必将推动这一制度的发展完善，为构建和谐公平诚信的消费市场秩序提供有力的司法保障。

二、关于《解释》的制定程序及遵循原则

为建立公开、透明、高效的审判工作机制，深化审判委员会体制机制改革，推进司法公开，回应社会关切，主动接受社会监督，增强司法解释工作透明度，2016年2月1日，最高人民法院审判委员会第1677次会议专题讨论《解释（稿）》。本次会议首次采用开放讨论形式，邀请部分全国人大代表、全国政协委员和专家学者等列席会议。列席会议人员献言献策，充分发表意见、建议，与审委会委员就《解释（稿）》进行了充分深入的交流讨论，提出了诸多有价值的建设性意见，被吸收采纳并写入《解释》。审判委员会采用开放形式讨论《解释》，使得社会各界代表有机会从多维角度就《解释（稿）》提出意见、建议，拓宽了民意表达渠道，体现了司法民主，一定程度上也弥补了因消费公益诉讼实务案例过少而给起草工作带来的困难，为彰显保护消费者权益与企业规范有序发展并存的价值理念奠定了基础。

《解释》起草过程中，坚持以下指导原则：一是严守立法本意。在现有法律制度框架内，遵循立法本意，确保解释内容符合立法宗旨和目的。二是坚持以问题为导向。发挥公益诉讼制度优势，着力解决消费领域突出问题，对商品、服务质量问题，食品、药品侵权行为，经营者利用优势地位制定不公平、不合理霸王条款等，予以规制。三是注重可行性及可操作性。紧密结合审判实践中的热点和难点问题，不贪大求全，解决实际问题，为审判实践提供统一的裁判依据。四是坚持正当程序的基本要求，保障消费民事公益诉讼双方当事人平等行使诉权。

三、《解释》的主要内容

（一）消费民事公益诉讼的适格原告

比较国外立法例，大多对于可提起消费公益诉讼的团体资格规定比较严格，比如日本消费者合同法明确规定有权提起诉讼的组织必须符合相应条件并经内阁总理大臣认可。我国传统民事诉讼理论，采取"直接利害关系规则"，诉讼当事人系民事权益被侵犯或者发生争议的利害关系人，即当事人应当具有诉的利益（也称当事人适格），民事诉讼法第一百一十九条第（一）项规定，原告必须是与本案有直接利害关系的公民、法人和其他组织。民事诉讼法第五十五条突破"直接利害关系规则"，规定"法律规定的机关和有关组织"可以提起公益诉讼，赋予不具有直接利害关系的机关和社会组织以提起公益诉讼的权利。通说认为该条规定实质为概括性、指引性条款，将公益诉讼的原告范围指向其他法律，确立我国民事公益诉讼采取"基本法（民事诉讼法）＋单行法（消费领域为消费者权益保护法第四十七条，环保生态领域为环境保护法第五十八条）"制度模式。本《解释》根据民事诉讼法第五十五条与消费者权益保护法第四十七条规定之结合，明确"中国消费者协会以及在省、自治区、直辖市设立的消费者协会"为提起消费民事公益诉讼的适格原告。

消费者权益保护法第三十六条规定:消费者协会和其他消费者组织是依法成立的对商品和服务进行社会监督的保护消费者合法权益的社会组织。第四十七条规定:对侵害众多消费者合法权益的行为,中国消费者协会以及在省、自治区、直辖市设立的消费者协会,可以向人民法院提起诉讼。实践中,省级消费者协会组织名称不一致,有的称为"消费者委员会",有的称为"保护消费者权益委员会"。笔者认为,名称不一致不影响该协会属于法律规定的保护消费者合法权益的社会组织性质,亦不影响该协会履行法定公益职能。《解释》采用"中国消费者协会以及在省、自治区、直辖市设立的消费者协会"的表述,与消费者权益保护法表述一致,在理解上与消费者权益保护法的解释原则亦一致,即在判断主体资格上,主要看该协会是否属于消费者权益保护法第三十六条规定的社会组织,不能因协会名称与《解释》不一致而否定适格诉讼主体的诉讼地位。

另外,《解释》遵循立法宗旨,保持原告主体资格的适度开放性,比如,根据全国人大常委会授权,检察机关可就食品、药品安全领域侵害众多消费者合法权益等损害社会公共利益行为向人民法院提起消费民事公益诉讼。《国务院关于积极发挥新消费引领作用加快培养形成新供给新动力的指导意见》规定,"健全公益诉讼制度,适当扩大公益诉讼主体范围"。就此,《解释》第一条第二款对原告主体资格作出适度开放式规定,即除中国消费者协会以及在省、自治区、直辖市设立的消费者协会外,法律规定或者全国人大及其常委会授权的机关和社会组织也具有起诉主体资格。

（二）消费民事公益诉讼的适用范围

民事诉讼法第五十五条规定可提起公益诉讼之范围为"侵害众多消费者合法权益等损害社会公共利益的行为"，消费者权益保护法第四十七条规定表述为"侵害众多消费者合法权益的行为"。依文字理解，上述法律对提起消费民事公益诉讼的条件表述不同。实践中，对于消费民事公益诉讼的提起是否需以损害社会公共利益为前提，存在不同理解。

一种观点认为，只要被侵害合法权益的消费者人数"众多"，即应纳入消费民事公益诉讼的适用范围。其理由是：首先，消费者权益保护法与民事诉讼法表述不一致，并未限定"损害社会公共利益"，且就内容而言，消费者权益保护法为实体法，民事诉讼法为程序法，适用范围属于实体范畴，应以消费者权益保护法为依据；就关系而言，民事诉讼法为一般法，消费者权益保护法为特别法，特别法优先于一般法适用；就时间而言，消费者权益保护法修订实施在后，后法优于前法。关于"众多"数量标准，有学者建议参照《最高人民法院关于适用〈中华人民共和国民事诉讼法〉的解释》（以下简称《民诉法司法解释》）第七十五条规定，一般指十人以上。还有研究课题从受侵害的消费者人数上区分，认为如达到200人以上就构成了侵害众多消费者合法权益，可以作为公益诉讼受理。①

我们认为，判断是否属于消费民事公益诉讼适用范围，不仅应以被侵害合法权益消费者是否"众多"作为形式标准，而应以"损害社会公共利益"作为实质标准。为严循立法本意，本《解

---

① （上海）消费公益诉讼程序研究课题组：《关于提起消费公益诉讼若干问题的意见》，系中消协消费维权公益诉讼及有关问题研讨会交流材料。

释》起草过程中,就上述问题专门征求立法机关意见。公益诉讼系为保护社会公共利益提起的诉讼,以维护健康有序的社会秩序为目的,最终促进全社会的和谐发展。依照公益诉讼制度安排的价值考量,社会公共利益受损当然为提起公益诉讼的必要条件。

首先,从目的解释角度。民事诉讼法第五十五条采取"具体列举+概括规定"立法模式,具体列举污染环境、侵害众多消费者合法权益行为,另加"损害社会公共利益"为界定。正如立法部门释义所言:鉴于公益诉讼尚处于初步建立阶段,其明确适用的范围不宜过宽。目前来看,环境保护、损害众多消费者合法权益的案件多发,损害社会公共利益的情况较为严重,对公益诉讼的要求较为迫切,理论界和实务界的认识也较为一致,可以作为建立公益诉讼的突破口[①]。因此,侵害众多消费者合法权益行为只有符合"损害社会公共利益"时才属于消费公益诉讼范围。

其次,从体系解释角度。消费者权益保护法第四十七条之表述,其目的为突出侵害众多消费者合法权益这一情形,消费公益诉讼主要是在受到侵害的消费者人数众多且不确定的情况下,保护消费者合法权益、维护社会公共利益的制度,是为了弥补司法救济和行政救济制度的不足而设立的,是加强消费者权益保护的一种补充手段,不是一种常态救济方式,更不宜取代其他救济方式。就法律体系解释角度而言,维护社会公共利益为公益诉讼本质。正如有学者所言,消费者团体提起公益诉讼目的本身就是为了维护社会公共利益,自然无需消费者权益保护法再作特别

---

① 王胜明主编:《中华人民共和国民事诉讼法释义》,法律出版社 2012 年版,第 115 页。

规定。①

再次,从司法实践角度而言。《民诉法司法解释》第二百八十四条规定了公益诉讼的起诉条件,其中第(三)项规定为"有社会公共利益受到损害的初步证据"。区分公益诉讼与私益诉讼的基本条件也是最核心的条件即为"社会公共利益受到损害"。目前司法实践中,相对成熟的民事公益诉讼主要体现为环境民事公益诉讼,该类诉讼起诉条件为"已经损害社会公共利益或者具有损害社会公共利益重大风险的污染环境、破坏生态行为",即也以损害社会公共利益作为环境公益诉讼条件。

综上,消费领域的社会公共利益一般为人数众多且不特定的消费者共同利益,且该利益具有社会公共利益属性。如果经营者虽然损害了众多消费者的合法权益,但损害体现为消费者个体损害上,并不必然侵害社会公共利益。如在一起客车事故中,乘客伤亡者众多,但伤亡的乘客是确定的,损害表现在每个乘客的人身、财产损失上。乘客的损害均为私人个体利益损害,可通过提起私益诉讼得到救济。但如果经营者侵害众多不特定消费者合法权益,则此时损害不仅表现为个体私利的损害,还往往体现对社会公共利益的侵害。如手机经营者在手机上预装不可卸载应用软件,造成手机网络流量消耗。经营者不仅造成已购买手机的消费者损失,还会对将来购买手机的不特定消费者造成损失。此种情形下,众多不特定消费者权益的受损,会产生对市场诚信经营秩序的破坏,导致社会公共利益受到损害。

《解释》第一条规定损害社会公共利益情形,既包括经营者

---

① 吴光荣、赵刚:《消费者团体提起公益诉讼基本问题研究》,载《法律适用》2015 年第 5 期。

侵害众多不特定消费者合法权益的实际损害，也包括具有危及消费者人身、财产安全危险。首先，从立法目的而言，公益诉讼以保护社会公共利益为其目的，基于预防原则，在经营者行为可能造成大规模侵权行为时，应当允许提起诉讼阻止正在进行的可能导致侵害消费者人身财产权益损害社会公共利益的行为；其次，侵权责任法与消费者权益保护法均规定，经营者负有保障消费者人身财产安全义务，经营者发现其提供的商品或者服务存在缺陷有危及人身、财产安全危险的，应当立即向有关行政部门报告和告知消费者，并采取停止销售、警示、召回、无害化处理、销毁、停止生产或者服务等措施，即经营者负有对其提供商品或者服务跟踪服务义务。基于上述法律规定，《解释》将"具有危及消费者人身、财产安全危险"侵害社会公共利益行为纳入可诉范围，并不以造成实际损害为前提。

（三）消费领域社会公共利益类型化

公共利益的界定，是消费民事公益诉讼制度设计既难以回答又无法回避的一个重要课题。有学者认为，公共利益特征为：（1）不确定性，表现在其利益内容的不确定性及受益对象的不确定性两个方面；（2）不可分性与非排他性、非竞争性；（3）价值选择性，公共利益既是价值选择的结果，又是价值选择的目标；（4）历史性，不同历史阶段有不同的内容和表现；（5）层次性。[1] 梳理我国现行法律对于"公共利益"界定，表述不一，有的规定于整部法律立法宗旨中，如招标投标法第一条规定，有的规定法律行为的法定条件限制，如物权法第四十二条规定，有

---

[1] 刘学在：《民事公益诉讼制度研究——以团体诉讼制度的构建为中心》，中国政法大学出版社2015年版，第48~54页。

的规定相应领域公共利益内涵,目前主要是公益事业捐赠法第三条、测绘法第十一条、信托法第六十条规定。最近一次立法乃至社会层面关于公共利益讨论源于物权法制定过程中。物权法第四十二条规定:为了公共利益的需要,依照法律规定的权限和程序可以征收集体所有的土地和单位、个人的房屋及其他不动产。对于"公共利益"如何界定,在物权法制定过程中争议很大,有的认为,应在物权法中明确界定公共利益的范围,以限制有的地方政府滥用征收权利,侵害群众利益。但有关部门和多数学者认为由于公共利益存在多样性和复杂性,难以作出概括性规定。且在不同领域内,不同情形下,公共利益是不同的,情况相当复杂,物权法难以对公共利益作出统一的具体界定,还是分别由单行法律规定较为切合实际。

正如美国分析法学家约翰·格雷说过:"分析法学的任务就是分类,包括定义,谁能够对法律进行完美的分类,谁就能获得关于法律的完美的知识。"① 从方法论角度来看,类型化是指通过对具有共同特征的案件事实进行抽象、归类,从而对于不确定概念和一般条款进行具体化的过程。本《解释》制定过程中,我们试图依据现行法律,将消费领域的社会公共利益予以类型化,使消费领域公共利益概念在司法操作层面具有可操作性,其目的一是为适格提起消费民事公益诉讼提供指引,二是对法官在此类案件中的自由裁量权予以限制。

《解释》第二条归纳了消费领域中"社会公共利益"的类型。结合《解释》第一条和第二条规定,更易于损害社会公共利

---

① 陈新民:《德国公法学基础理论》(上),山东人民出版社2001年版,第185页。

益判断。第一条界定消费领域侵害社会公共利益范围,既包括"经营者侵害众多不特定消费者合法权益",也包括"具有危及消费者人身、财产安全危险"的情形,该条为判断社会公共利益的总原则。第二条结合侵权责任法、产品质量法等法律规定,以消费者权益保护法第三章"经营者义务"为主要制定依据,对目前实践中多发的侵害消费者权益情形予以归纳,系认定损害社会公共利益的具体化。第(一)项针对提供商品或者服务存在缺陷且造成众多不特定消费者实际损害,所谓缺陷,即产品存在危及人身他人财产的不合理的危险,产品有保障人体健康和人身财产安全的国家标准、行业标准的,是指不符合该标准。产品缺陷实际损害需要符合产品责任构成要件,即产品有缺陷,缺陷产品造成受害人损害的事实,缺陷产品与损害事实之间有因果关系。严格而言,服务责任并不包括在产品责任中,亦与产品责任适用不同规则,《解释》采用此种表述方式,其一法律依据源于消费者权益保护法第四十条第三款规定,消费者在接受服务时,其合法权益受到损害的,可以向服务者要求赔偿;其二是随着服务在消费比重日益增加,服务提供者造成众多不特定消费者合法权益实际损害也会增加,并列两种方式力求保护范围完整。第(二)项基于预防原则规制损害危险,经营者提供商品或者服务负有保障人身和财产安全义务,应当向消费者作出真实说明和明确警示,比如儿童玩具"只适合三岁以上儿童"等文字说明和警示。对于可能危及人身、财产安全的商品和服务,经营者还应当说明和标明正确使用商品或者接受服务的方法,以及防止危害发生的方法;另外,对目前多发的虚假广告予以规制,对于宣传内容与商品或者服务内容的客观事实不符,或者可能使消费者对宣传或者服务的真实信息产生不正确认识、误导消费者的情形,不以实际损害发生为起诉前提。第（三）项规定经营场所经营者的安全保障义务，根据侵权责任法第三十七条及消费者权益保护法第十八条第二款规定，宾馆、商场、餐馆、银行、机场、车站、港口、影剧院、景区、娱乐场所等经营场所的经营者负有在合理限度范围内保护他人人身和财产安全的义务，本项规定的经营场所涉及众多行业和经营主体，不同义务人对保护对象所负有的安全保障义务不同，在法律无法列明前提下，可参考行业的通常情况、案件具体情况、活动规模、采取的防范措施等各种因素综合判断。第（四）项为消费合同中有关格式条款，俗称"霸王条款"的规制。与合同法比较，消费者权益保护法进一步加强化了格式条款提供方（经营者）的义务，在说明内容上进一步扩大，在提示说明义务履行方式上由"合理方式"标准提高至"显著方式"，且对此标准判断还要区分传统交易模式与新技术背景下的交易模式。对经营者以格式条款、通知、声明、店堂告示等方式作出排除或者限制消费者权利、减轻或者免除经营者责任、加重消费者责任等对消费者不公平、不合理的规定内容，应属自始无效。对此，适格公益诉讼原告可以请求人民法院依据本项规定确认该条款无效。

采取类型化列举方式难免挂一漏万，且消费领域公共利益随着社会发展仍会不断变化，本《解释》采取开放式列举方式，既列举问题比较突出、相对比较成熟的情形同时，又保持公共利益的开放性，设置第（五）项兜底条款，规定"其他侵害众多不特定消费者合法权益或者具有危及消费者人身、财产安全危险等损害社会公共利益的行为"，适格原告可以提起消费民事公益诉讼。

（四）消费民事公益诉讼是否设置前置程序

消费者权益保护法第三十七条规定消费者协会履行公益性职责，第（四）项规定"就有关消费者合法权益的问题，向有关部门反映、查询、提出建议"，第（五）项规定"受理消费者投诉，并对投诉事项进行调查、调解"。本《解释》第四条规定提起消费民事公益诉讼应当提交的材料包括消费者组织就涉诉事项已按照消费者权益保护法第三十七条第（四）项或者第（五）项的规定履行公益性职责的证明材料。这是基于我国消费者组织的现状、能力、职能作出的规定，也是消费者组织履行公益性职责的基本要求。

《解释》起草过程中，有意见认为：消费者组织在提起消费民事公益诉讼之前，应当督促经营者予以改正或者解决，经营者在合理期限内不予改正的方可提起诉讼。该观点有其道理，也是主要借鉴德国、日本立法及司法实践中的成功做法。比如日本消费者合同法第41条规定，在提起诉讼之前，适格消费者团体应当先向将成为被告的经营者提出书面的停止侵害请求。即在提起诉讼之前，合格的消费者组织一般先进行法院外交涉，通过书面形式要求经营者停止侵害。实践中，大部分经营者都会根据合格消费者组织的要求进行改善，真正进入诉讼程序的并不多。为防止经营者今后出现类似违法行为，合格消费者组织应将提出的建议、经营者的回应和处理结果，以及诉讼判决或者和解的概要等情况予以公布。其他经营者会根据公布的信息，确保自己合法经营。

在本《解释》制定过程中，我们最初借鉴此种模式，增设前置程序，消费者组织等在提起诉讼之前应当向经营者发出书面通知，要求停止侵害或予以整改，如经营者置之不理或者一周内没有改进的,消费者组织才能提起诉讼。讨论过程中,有意见认为在司法解释中增加原告起诉条件限制有所不妥,该问题宜通过立法解决。但笔者认为,在司法实践中,对于这一域外相对成熟、效果颇佳的制度,可以尝试探索,毕竟消费公益诉讼并非单纯以诉讼为目的,通过多种方式保障消费者合法权益、规范经营行为、维护诚信公平交易秩序才为最终目的。

(五)消费民事公益诉讼原告处分权的限制

处分原则为民事诉讼基本原则,是指在民事诉讼中,当事人有权按照自己意志支配、决定自己的实体权利和诉讼权利。处分原则的核心是处分权。处分原则包括三层含义:一是诉讼只能根据当事人申请开始,法院不能依职权启动民事诉讼程序;二是当事人决定审理对象的内容和范围,而且对于诉讼标的的变更、当事人也有决定权;三是诉讼可以基于当事人意思而终结。普通民事诉讼中,基于意思自治原则应充分尊重当事人的处分权,但囿于消费民事公益诉讼以维护社会公共利益为诉讼目的,其处分权是相对的、有限的,原告行使处分权不得违反法律规定、不得损害国家、社会和他人合法权益,处分权应予以限制。本《解释》多条规定体现这一原则。

《解释》第五条规定,"人民法院认为原告提出的诉讼请求不足以保护社会公共利益的,可以向其释明变更或者增加停止侵害等诉讼请求"。这一规定主要基于以下考虑:一是人对事物的认知能力是有限的,提起消费民事公益诉讼的机关和社会组织虽然具备一定的专业知识,但其并非法律专业人员,且公益诉讼属于新生事物,对于诉讼目的、诉讼程序、诉讼规则等的理解和把握尚处于摸索阶段,如果缺乏必要的引导和控制,有可能导致诉讼请求偏离保护消费公益诉讼的初衷;二是针对同一侵害消费者合法权益的行为，有权提起诉讼的主体会有多个，如果原告在本案中的诉讼请求不全面、不充分，将会导致其他机关和有关组织针对同一侵权行为重复起诉。这一方面浪费有限的司法资源，影响诉讼效率；另一方面也使被告始终处于责任不确定状态，影响其他民事活动的正常开展。

《解释》第十二条规定，"原告在诉讼中承认对己方不利的事实，人民法院认为损害社会公共利益的，不予确认"。自认是指在口头辩论或准备程序中，当事人作同对方当事人的主张相一致的、对自己不利的陈述，一般而言，诉讼中的自认一经作出，不仅对当事人产生拘束力，对法院的裁判行为也具有拘束力，原则上法院应当充分尊重当事人自己的意志，不应对当事人在诉讼阶段形成的自认进行干预，且不一般不能作出与之相反的事实认定。即自认作为一种有利于实现司法公正、提高诉讼效率和增加诉讼效益的法律制度，应予以尊重。但基于公益诉讼对于形成社会公共政策、维护社会公共利益的使命，有必要对其自认进行限制，对于损害社会公共利益的自认事实，人民法院不予确认并可依职权进行审查。该规定亦与《民诉法司法解释》第九十二条规定精神一致，"对于涉及身份关系、国家利益、社会公共利益等应当由人民法院依职权调查的事实"不适用自认的规定。"对己方不利事实的事实"，普通民事诉讼中易于判断，每个人都是自己利益最佳判断者，在消费民事公益诉讼中应为消费者共同利益、社会公共利益。

消费民事公益诉讼中当事人之间的和解与调解应当受到法院职权制约，当事人处分权予以限制。《解释》秉持消费公益诉讼公开透明原则，第六条规定，人民法院受理消费民事公益诉讼案件后，应当公告案件受理情况。消费民事公益诉讼案件，当事人可以和解，人民法院可以进行调解。当事人达成和解或者调解协议后，人民法院应当将和解或者调解协议进行公告，且公告期间不得少于30日。公告期满后，人民法院经审查，和解或者调解协议不违反社会公共利益的，应当出具调解书；和解或者调解协议违反社会公共利益的，不予出具调解书，继续对案件进行审理并依法作出裁判。

（六）消费民事公益诉讼责任承担方式

诉讼保护的利益由私人利益向公共利益扩张是现代诉讼发展方向。尤其在消费者保护问题上，传统私益诉讼向消费者提供的单个救济无法满足市场法治发展的需要。相比之下，消费公益诉讼能够修正经营者和消费者在市场地位上的失衡，更有效地约束经营者的经营行为，更广泛地实现对众多消费者的集体救济。

消费民事公益诉讼区别于传统民事诉讼，根本原因在于其保护的核心利益是社会公共利益。两者承担的功能和制度目的不同，首先，就保护和救济的利益而言，消费者提起的私益诉讼系为保护消费者私人利益，其功能旨在实现受害消费者的请求权或者叠加的个人利益，对个别消费者进行个体救济；而消费民事公益诉讼保护的是表现为众多不特定消费者利益的消费领域公共利益。消费民事公益诉讼维护的公共利益不是私益或者私益的简单相加，而是抽象化的"超个体利益"，其向不特定众多消费者提供集体救济。其次，就功能指向的时间点而言，私益诉讼时间点上面向过去，主要目的是针对过去已经发生的损害进行恢复和补偿；而消费民事公益诉讼在时间上面向将来，首要目的是为不特定众多消费者提供有效的预防性救济。再次，就实现功能的手段而言，传统消费者私益诉讼实现其功能的主要手段是要求经营者进行损害赔偿，而消费民事公益诉讼实现其功能的主要手段是制止经营者的不当行为。

快速及时地制止经营者的不正当经营行为，是消费民事公益诉讼的目的之一。《解释》立足于现行法律规定，为依法稳妥推进消费民事公益诉讼制度发展，规定违法经营者承担停止侵害、排除妨碍、消除危险、赔礼道歉等民事责任。停止侵害、排除妨碍、消除危险是为制止经营者不当经营行为而主张的请求权类型，时间点上面向起诉时和将来，具有禁止性和预防性，学理上也称为"禁止之诉"或者"不作为之诉"。赔礼道歉是人格性补偿责任，时间点上面向过去，具有恢复性。至于其他责任承担方式，本条在明确列举请求权类型后面以一个"等"字作为保留，为将来法律修订及司法实践进一步发展后，消费民事公益诉讼的请求权类型扩张预留空间。

不公平格式条款是侵害消费领域公共利益和消费者私人利益的重灾区。消费民事公益诉讼作为维护消费领域公共利益和实现对消费者集体救济的有效路径，是清理消费合同不公平格式条款的重要手段。在消费民事公益诉讼的请求权类型条款中，将确认消费合同不公平格式条款无效的诉讼请求单列出来，强调消费民事公益诉讼制度在这一领域的适用。消费民事公益诉讼原告起诉请求法院确认经营者使用的不公平格式条款无效，其目的不仅在于以判决来确认经营者和消费者之间基于消费合同的不公平条款而形成的法律关系，而且还有以判决来变更此种法律关系的目的，兼具确认之诉和形成之诉的特点。消费民事公益诉讼中法院确认不公平条款无效的判决，作为形成判决，其最终确定的法律关系和法律状态不仅约束当事人，还约束一般第三人。即案涉不公平格式条款自被确认无效之日起，对将来的消费者而言，均属无效。

(七) 消费民事公益诉讼与私益诉讼的关系

与私益民事诉讼相比,公益诉讼以维护公共利益为目的,私益诉讼旨在维护公民个体的民事权益;公益诉讼原告与讼争标的并无直接利害关系,私益诉讼原告与案件有法律上的直接利害关系;公益诉讼所涉及的损害具有广泛性、严重性和长期性,私益诉讼主要调整民事主体间利益冲突,损害范围一般较易确定。公益诉讼应为保护消费者合法权益的补充手段,属非常态的救济方式。对于消费民事公益诉讼与私益诉讼的协调问题,本《解释》确立了私益诉讼与公益诉讼区分原则,即区分公益诉讼与普通消费民事诉讼,通过不同的救济途径分别救济。

《解释》第九条规定:人民法院受理消费民事公益诉讼案件后,因同一侵权行为受到损害的消费者申请参加诉讼的,人民法院应当告知其根据民事诉讼法第一百一十九条规定主张权利。

对于同一侵权行为,法律规定的机关和有关组织提起公益诉讼,受害人提起私益诉讼,两个程序之间如何协调,主要有两种观点。一种观点认为,私益诉讼应当优先,理由是:第一,公益诉讼是在私益诉讼无法实现对权利救济时才适用的一种民事诉讼程序,如果能够通过私益诉讼进行救济,则应当适用私益保护程序;第二,私人利益受到损害时,应当优先保护私人权益,这是私益保护优先于公益原则要求;第三,公益诉讼往往费时耗力,如果公益诉讼优先,对私益保护往往不够及时充分。另一种观点认为,公益诉讼应当优先。理由是:第一,公益诉讼的主体为有权机关和社会组织,诉讼主体由专业人士组成,具备专业能力,能更好完成诉讼;第二,公益诉讼保护的是社会公共利益,而私益诉讼保护的公民个体利益,实现社会公共利益保护的同时,也救济公民个体权益;第三,涉及社会公共利益的案件,受害人人数众多，周期长，维权成本高，公益诉讼胜诉后，对受害人救济程序相对简单便捷。本《解释》从尊重当事人意思自治及处分原则出发，采取折中做法，第九条规定消费民事公益诉讼案件受理后，因同一侵权行为受到损害的消费者请求对其根据民事诉讼法第一百一十九条规定提起的诉讼予以中止，人民法院可以准许。即在消费普通诉讼中原告自愿前提下，人民法院可以裁定中止案件审理。

在对两种诉讼方式予以区分前提下，《解释》规定私益诉讼可搭公益诉讼的"便车"。消费民事公益诉讼案件中往往存在公益和私益的交叉。针对经营者的同一不当经营行为提起的消费民事公益诉讼和私益诉讼，在案件事实认定、争议焦点分析判断以及法律适用方面有共通性。为了统一裁判尺度，避免司法资源的浪费和提高诉讼效率，《解释》允许消费民事公益诉讼生效裁判的既判力向关联私益诉讼扩张。根据《解释》第十六条规定，消费民事公益诉讼生效裁判认定的事实，对于关联私益诉讼的原告和被告均具有免予举证的预决效力。消费民事公益诉讼生效裁判不仅在事实认定上对私益诉讼有预决力，而且其就诉讼标的以及主要争议焦点的判决理由对私益诉讼也产生拘束力，这些争议焦点主要指对经营者是否存在不法行为的认定。就既判力的主体范围而言，为弥补私益诉讼中消费者在举证能力上的不足，同时考虑到私益诉讼中的原告并非公益诉讼中的当事人，并未参与公益诉讼，公益诉讼案件对于事实的认定和裁判，是经营者参与并经充分辩论的，所以受侵害消费者援引生效裁判支持其损害赔偿请求并不损害被告权益。相反，由于消费者并未参加前诉案件审理，未对被告主张及证据行使诉权，对受害人已经构成显著的不利益，故消费民事公益诉讼生效裁判中判决理由部分的既判力扩张是单向的,仅向消费者作为私益诉讼原告方面作有利扩张,而不及于作为经营者的被告。即在案件主要的争议焦点问题上,消费民事公益诉讼生效裁判作出对消费者有利的认定,私益诉讼原告可以直接主张适用;而被告则不能主张直接适用,仍需就其主张承担举证证明责任。

(八)消费民事公益诉讼成本负担机制

《解释》第十七条、十八条分别规定了原告为停止侵害、排除妨碍、消除危险采取合理预防、处置措施而发生的费用和原告及其诉讼代理人对侵权行为进行调查、取证的合理费用、鉴定费用、合理的律师代理费用,人民法院可根据实际情况予以相应支持。

(九)司法权与行政权的衔接

我国现行法律制度为保护消费者权益提供了多元化救济手段,包括消费者协会调处等社会救济、行政救济、司法救济。实践中损害消费者公共利益的侵权行为,多为规模大、涉及面广、涉及消费者人数众多,当前普遍做法是行政手段维权,包括行政罚款、吊销营业执照等,行政救济的优势在于简便、快捷、成本低、维权力度大。《解释》亦注重与行政衔接。其中,第六条规定人民法院受理消费民事公益诉讼案件后,应当在立案之日起十日内书面告知相关行政主管部门。第十四条规定消费民事公益诉讼案件裁判生效后,人民法院应当在十日内书面告知相关行政主管部门,并可发出司法建议。通过上述规定,加强行政权与司法权的衔接,形成合力,共同维护消费市场公平竞争秩序。

积极稳妥推进消费民事公益诉讼 构建和谐公平诚信消费市场秩序

——最高人民法院民一庭负责人就《关于审理消费民事公益诉讼案件适用法律若干问题的解释》答记者问

为贯彻党的十八届四中全会提出的全面推进依法治国重大战略部署,切实推进消费民事公益诉讼制度,保护消费者合法权益,维护消费市场公平竞争秩序,最高人民法院根据《民事诉讼法》《消费者权益保护法》等相关法律规定,结合审判实践,经审判委员会第1677次会议讨论,通过了《关于审理消费民事公益诉讼案件适用法律若干问题的解释》(以下简称《解释》)。值此司法解释公布之际,最高人民法院民一庭负责人就《解释》的有关问题接受了记者采访。

问:请介绍一下《解释》出台的原因。

答: 众所周知,消费、投资与出口是拉动经济增长的"三驾马车"。当前,我国已进入消费需求持续增长、消费结构加快升级、消费拉动经济作用明显增强的重要阶段。2015年我国经济结构调整取得积极进展,服务业在国内生产总值中的比重上升到50.5%,首次占据"半壁江山"。消费对经济增长的贡献率达到66.4%。"十三五规划纲要"明确提出,适应消费加快升级,以消费环境改善释放消费潜力，以供给改善和创新更好满足创造消费需求，不断增强消费拉动经济的基础作用。《消费者权益保护法》旨在保护消费者合法权益，维护公平竞争的社会经济秩序，促进社会主义市场经济健康发展。保护消费者权益是其核心和基础。最高人民法院立足我国经济社会发展现状以及消费群体纠纷特点，注重经营者与消费者信息不对称、地位不平等、维权成本高的实质救济，为发挥消费民事公益诉讼制度功能，保障消费维权、改善市场环境、提升消费信心、拉动经济增长，在充分调研论证基础上，制定了本《解释》。

从法律层面看，2012年修订后《民事诉讼法》第五十五条规定创设了具有中国特色的公益诉讼制度；2013年修订后的《消费者权益保护法》也在第四十七条增加了消费民事公益诉讼制度的规定。但上述法律均仅用一个条文作出规定，未明确消费民事公益诉讼制度内涵及适用规则。实践中，对如何适用上述法律规定存在分歧意见。2015年6月，第十二届全国人民代表大会常务委员会第十五次会议通过《关于授权最高人民检察院在部分地区开展公益诉讼试点工作的决定》，授权最高人民检察院在生态环境和资源保护、食品药品安全等领域开展提起公益诉讼试点。最高人民法院、最高人民检察院相继制定并出台了实施办法。从实践层面看，人民法院至今共受理消费民事公益诉讼案件3件，包括上海市消费者权益保护委员会分别以天津三星通信技术有限公司、广东欧珀移动通信有限公司生产销售的手机预装应用软件情况不告知、无法卸载等损害消费者权益为由提起的诉讼，浙江省消费者权益保护委员会以上海铁路局强制实名制购票乘车后遗失车票的消费者另行购票损害消费者权益为由提起的诉讼。在法院协调下，上述案件当事人就争议问题充分沟通，最终达成和解,并以撤诉方式结案。案件处理实现了保护消费者权益和推动企业发展双赢的良好效果。2015年10月,全国人民代表大会常务委员会就消费者权益保护法专项执法检查后,建议最高人民法院尽快出台关于消费公益诉讼司法解释。

据此,消费公益诉讼法律制度日渐完善,也逐渐有消费民事公益诉讼案件进入诉讼程序。出台本《解释》适应了消费民事公益诉讼制度落地实施的迫切需求,必将推动这一制度的发展完善,为构建和谐公平诚信的消费市场秩序提供有力的司法保障。

问:请介绍一下《解释》制定的过程。

答:本《解释》事关社会公共利益,关涉消费者权益保护与企业的生存发展,《解释》制定中广泛征求意见,注重倾听各界呼声。《解释》立项调研形成初稿后,多次召开专家学者与消费者协会座谈会、部分法院征求意见座谈会,书面征求全国人大财经委、全国人大常委会法工委、国务院法制办、最高人民检察院、国家食品药品监督管理总局、国家工商总局、国家旅游局等单位意见。历时一年,完成上述工作后报送最高人民法院审判委员会讨论通过。

为建立公开、透明、高效的审判工作机制,深化审判委员会体制机制改革,推进司法公开,回应社会关切,主动接受社会监督,增强司法解释工作透明度,2016年2月1日,最高人民法院审判委员会第1677次会议专题讨论《解释(稿)》。本次会议首次采用开放讨论形式,邀请全国人大代表、全国政协委员和专家学者等列席会议。列席会议人员献言献策,充分发表意见、建议,与审委会委员就《解释》进行了充分深入的交流讨论,提出了诸多有价值的建设性意见,被吸收采纳并写入《解释》。审判委员会采用开放形式讨论《解释》,使得社会各界代表有机会从多维角度就《解释（稿）》提出意见、建议，拓宽了民意表达渠道，体现了司法民主，一定程度上也弥补了因消费公益诉讼实务案例过少而给起草工作带来的困难，为彰显保护消费者权益与企业规范有序发展并存的价值理念奠定了基础。

问：《解释》遵循的原则和主要内容是什么。

答：《解释》起草过程中，坚持以下指导原则：一是严守立法本意。在现有法律制度框架内，遵循立法本意，确保解释内容符合立法宗旨和目的。二是坚持以问题为导向。发挥公益诉讼制度优势，着力解决消费领域突出问题，像商品、服务质量问题，食品、药品侵权行为，经营者利用优势地位制定不公平、不合理霸王条款等，予以规制。三是注重可行性及可操作性。紧密结合审判实践中的热点和难点问题，不贪大求全，解决实际问题，为审判实践提供统一的裁判依据。四是坚持正当程序的基本要求，保障消费民事公益诉讼双方当事人平等行使诉权。

《解释》明确了消费民事公益诉讼原告资格、适用范围、消费领域社会公共利益类型化、管辖法院、原告处分权的限制、公益诉讼与私益诉讼的关系、请求权类型及责任承担方式、裁判既判力等问题。

问：我们注意到各省级消费者协会组织名称并不一致，有的称为"消费者委员会"，有的称为"保护消费者权益委员会"，是否会因与《解释》规定名称不一致而影响起诉主体资格。

答：2013年修订的《消费者权益保护法》第三十六条规定：消费者协会和其他消费者组织是依法成立的对商品和服务进行社会监督的保护消费者合法权益的社会组织。第四十七条规定：对侵害众多消费者合法权益的行为，中国消费者协会以及在省、自治区、直辖市设立的消费者协会，可以向人民法院提起诉讼。实践中，省级消费者协会组织名称不一致，有的称为"消费者委员会"，有的称为"保护消费者权益委员会"。名称不一致不影响该协会属于上述法律规定的保护消费者合法权益的社会组织性质，亦不影响该协会履行法定公益职能。《解释》采用"中国消费者协会以及在省、自治区、直辖市设立的消费者协会"的表述，与《消费者权益保护法》表述一致，在理解上与《消费者权益保护法》的解释原则亦一致，即在判断主体资格上，主要看该协会是否属于《消费者权益保护法》第三十六条规定的社会组织，不能因协会名称与《解释》不一致而否定适格诉讼主体的诉讼地位。

另外，《解释》遵循立法宗旨，保持原告主体资格的适度开放性，比如，根据全国人民代表大会常务委员会授权，检察机关可就食品、药品安全领域侵害众多消费者合法权益等损害社会公共利益行为向人民法院提起消费民事公益诉讼。《国务院关于积极发挥新消费引领作用加快培养形成新供给新动力的指导意见》规定，"健全公益诉讼制度，适当扩大公益诉讼主体范围"。就此，《解释》第一条第二款对原告主体资格作出适度开放式规定，即除中国消费者协会以及在省、自治区、直辖市设立的消费者协会外，法律规定或者全国人大及其常委会授权的机关和社会组织也具有起诉主体资格。

问：按照《解释》规定，在消费者产生何种损害时消费者协会可以提起消费民事公益诉讼。

答：《解释》规定的消费者合法权益损害，不仅指消费者的实际损害，还包括损害危险。《侵权责任法》《消费者权益保护法》规定，经营者负有保障消费者人身财产安全义务，经营者发现其提供的商品或者服务存在缺陷有危及人身、财产安全危险的，应当立即向有关行政部门报告和告知消费者，并采取停止销售、警示、召回、无害化处理、销毁、停止生产或者服务等措施，即经营者负有对其提供商品或者服务的跟踪服务义务。基于上述法律规定的预防原则，《解释》将以"具有危及消费者人身、财产安全危险"侵害社会公共利益行为纳入可诉范围，并不以造成实际损害为前提。

问：如何理解《解释》有关对经营者侵害社会公共利益可提起公益诉讼的规定。

答：《民事诉讼法》规定，"对侵害众多消费者合法权益等损害社会公共利益的行为"，可提起公益诉讼；《消费者权益保护法》规定，"对侵害众多消费者合法权益的行为"可提起消费公益诉讼。从文字上看，上述法律对提起消费民事公益诉讼的条件表述不同。因此，实践中，对于消费民事公益诉讼的提起是否需要以经营者损害社会公共利益为前提，存在不同看法。为严循立法本意，本《解释》起草过程中，就上述问题专门征求立法机关意见，形成的共识是，公益诉讼系为保护社会公共利益提起的诉讼，以维护健康有序的社会秩序为目的，最终促进全社会的和谐发展。依照公益诉讼制度安排的价值考量，社会公共利益受损当然为提起公益诉讼的必要条件。消费领域的社会公共利益一般为人数众多且不特定的消费者共同利益，且该利益具有社会公共利益属性。如果经营者虽然损害了众多消费者的合法权益，但损害体现为消费者个体损害上，并不必然侵害社会公共利益。如在一起客车事故中，乘客伤亡者众多，但伤亡的乘客是确定的，损害表现在每个乘客的人身、财产损失上。乘客的损害均为私人个体利益损害，可通过提起私益诉讼得到救济。但如果经营者不仅侵害众多消费者合法权益，还同时侵害不特定消费者合法权益，则此时损害不仅表现为个体私利的损害，还往往体现对社会公共利益的侵害。如手机经营者在手机上预装不可卸载应用软件，造成手机网络流量消耗。经营者不仅造成已购买手机的消费者损失，还会对将来购买手机的不特定消费者造成损失。此种情形下，众多不特定消费者权益的受损，会产生对市场诚信经营秩序的破坏，导致社会公共利益受到损害。需要注意的是，经营者虽然侵害众多不特定消费者合法权益，但该权益不具有社会公共利益属性的，此时，该权益仍属于消费者私人利益，不能通过提起消费民事公益诉讼予以救济。对于不特定消费者的救济，可根据《民事诉讼法》第五十三条规定，通过代表人诉讼方式予以救济。对于起诉时尚未确定的消费者，人民法院可以依照《民事诉讼法》第五十四条规定，采用公告方式通知权利人在一定期间内向人民法院登记参加诉讼。

问：《解释》规定损害社会公共利益的五种情形出于何种考虑。

答：对于"社会公共利益"的判断，法官具有一定的自由裁量权。为合理设计消费公益诉讼规则，规范自由裁量权，《解释》第二条归纳了消费领域中"社会公共利益"的类型。结合《解释》第一条和第二条规定，更易于判断何为社会公共利益。第一条界定消费领域侵害社会公共利益范围，既包括"经营者侵害众多不特定消费者合法权益"，也包括"具有危及消费者人身、财产安全危险"的情形，该条为认定社会公共利益的原则。第二条结合《产品质量法》等法律规定，以《消费者权益保护法》第三章"经营者义务"为主要制定依据，对目前实践中多发的侵害消费者权益情形予以归纳，系认定损害社会公共利益的具体化。第一项针对提供商品或者服务存在缺陷且造成众多不特定消费者实际损害；第二项基于预防原则规制损害危险，经营者提供商品或者服务负有保障人身和财产安全义务，应当向消费者作出真实说明和明确警示，比如儿童玩具"只适合三岁以上儿童"等文字说明和警示。对于可能危及人身、财产安全的商品和服务，经营者还应当说明和标明正确使用商品或者接受服务的方法，以及防止危害发生的方法；另外，对目前多发的虚假广告予以规制，对于宣传内容与商品或者服务内容的客观事实不符，或者可能使消费者对宣传或者服务的真实信息产生不正确认识、误导消费者的情形，不以实际损害发生为起诉前提。第三项规定经营场所经营者的安全保障义务，经营场所的经营者负有在合理限度范围内保护他人人身和财产安全的义务，本项规定的经营场所涉及众多行业和经营主体，不同义务人对保护对象所负有的安全保障义务不同，在法律无法列明前提下，可参考行业的通常情况、案件具体情况、活动规模、采取的防范措施等各种因素综合判断。第四项为消费合同中有关格式条款，俗称"霸王条款"的规制。第五项为兜底条款，以损害社会公共利益为其判断标准。

问：如何解读《解释》关于责任承担方式的规定。

答：快速及时地制止经营者的不正当经营行为，是消费民事公益诉讼的目的之一。《解释》立足于现行法律规定，为依法稳妥推进消费民事公益诉讼制度发展，规定违法经营者承担停止侵害、排除妨碍、消除危险、赔礼道歉等民事责任。停止侵害、排除妨碍、消除危险是为制止经营者不当经营行为而主张的请求权类型，时间点上面向起诉时和将来，具有禁止性和预防性，学理上也称为"禁止之诉"或者"不作为之诉"。赔礼道歉是人格性补偿责任，时间点上面向过去，具有恢复性。至于其他责任承担方式，本条在明确列举请求权类型后以一个"等"字作为保留，为将来法律修订及司法实践进一步发展后，消费民事公益诉讼的请求权类型扩张预留空间。

不公平格式条款是侵害消费领域公共利益和消费者私人利益的重灾区。消费民事公益诉讼作为维护消费领域公共利益和实现对消费者集体救济的有效路径，是清理消费合同不公平格式条款的重要手段。在消费民事公益诉讼的请求权类型条款中，将确认消费合同不公平格式条款无效的诉讼请求单列出来，强调消费民事公益诉讼制度在这一领域的适用。

问：《解释》如何协调消费公益诉讼与私益诉讼的关系。

答： 与私益民事诉讼相比，公益诉讼以维护公共利益为目的，私益诉讼旨在维护公民个体的民事权益；公益诉讼原告与讼争标的并无直接利害关系，私益诉讼原告与案件有法律上的直接利害关系；公益诉讼所涉及的损害具有广泛性、严重性和长期性，私益诉讼主要调整民事主体间利益冲突，损害范围一般较易确定。公益诉讼应为保护消费者合法权益的补充手段，属非常态的救济方式。对于消费民事公益诉讼与私益诉讼的协调问题，本《解释》确立了私益诉讼与公益诉讼区分原则，即区分公益诉讼与普通消费民事诉讼，通过不同的救济途径分别救济。《解释》第九条规定：人民法院受理消费民事公益诉讼案件后，因同一侵权行为受到损害的消费者申请参加诉讼的，人民法院应当告知其根据《民事诉讼法》第一百一十九条规定主张权利。

对于同一侵权行为，法律规定的机关和有关组织提起公益诉讼，受害人提起私益诉讼，两个程序之间如何协调，主要有两种观点。一种观点认为，私益诉讼应当优先，理由是：第一，公益诉讼是在私益诉讼无法实现对权利救济时才适用的一种民事诉讼程序，如果能够通过私益诉讼进行救济，则应当适用私益保护程序；第二，私人利益受到损害时，应当优先保护私人权益，这是私益保护优先于公益原则要求；第三，公益诉讼往往费时耗力，如果公益诉讼优先，对私益保护往往不够及时充分。另一种观点认为，公益诉讼应当优先。理由是：第一，公益诉讼的主体为有权机关和社会组织，诉讼主体由专业人士组成，具备专业能力，能更好完成诉讼；第二，公益诉讼保护的是社会公共利益，而私益诉讼保护的公民个体利益，实现社会公共利益保护的同时，也救济公民个体权益；第三，涉及社会公共利益的案件，受害人人数众多，周期长，维权成本高，公益诉讼胜诉后，对受害人救济程序相对简单便捷。本《解释》从尊重当事人意思自治及处分原则出发，采取折中做法，第十条规定消费民事公益诉讼案件受理后，因同一侵权行为受到损害的消费者请求对其根据《民事诉讼法》第一百一十九条规定提起的诉讼予以中止，人民法院可以准许。即在消费普通诉讼中原告自愿前提下，人民法院可以裁定中止案件审理。

在对两种诉讼方式予以区分前提下，《解释》规定私益诉讼可搭公益诉讼的"便车"。消费民事公益诉讼案件中往往存在公益和私益的交叉。针对经营者的同一不当经营行为提起的消费民事公益诉讼和私益诉讼，在案件事实认定、争议焦点分析判断以及法律适用方面有共通性。为了统一裁判尺度，避免司法资源的浪费和提高诉讼效率，《解释》允许消费民事公益诉讼生效裁判的既判力向关联私益诉讼扩张。根据《解释》第十六条规定，消费民事公益诉讼生效裁判认定的事实，对于关联私益诉讼的原告和被告均具有免予举证的预决效力。消费民事公益诉讼生效裁判不仅在事实认定上对私益诉讼有预决力，而且其就诉讼标的以及主要争议焦点的判决理由对私益诉讼也产生拘束力，这些争议焦点主要指对经营者是否存在不法行为的认定。就既判力的主体范围而言，为弥补私益诉讼中消费者在举证能力上的不足，同时考虑到私益诉讼中的原告并非公益诉讼中的当事人，并未参与公益诉讼，公益诉讼案件对于事实的认定和裁判，是经营者参与并经充分辩论的，所以受侵害消费者援引生效裁判支持其损害赔偿请求并不损害被告权益。相反，由于消费者并未参加前诉案件审理，未对被告主张及证据行使诉权，对受害人已经构成显著的不利益，故消费民事公益诉讼生效裁判中判决理由部分的既判力扩张是单向的，仅向消费者作为私益诉讼原告方面做有利扩张，而不及于作为经营者的被告。即，在案件主要的争议焦点问题上，消费民事公益诉讼生效裁判作出对消费者有利的认定，私益诉讼原告可以直接主张适用；而被告则不能主张直接适用，仍需就其主张承担举证证明责任。

问：本《解释》如何体现对于诉讼成本负担机制的合理设置。

答：本《解释》第十七条、十八条分别规定了原告为停止侵害、排除妨碍、消除危险采取合理预防、处置措施而发生的费用和原告及其诉讼代理人对侵权行为进行调查、取证的合理费用、鉴定费用、合理的律师代理费用，人民法院可根据实际情况予以相应支持。

问：本《解释》如何体现司法权与行政权的衔接。

答：我国现行法律制度为保护消费者权益提供了多元化救济手段，包括消费者协会调处等社会救济、行政救济、司法救济。实践中损害消费者公共利益的侵权行为，多为规模大，涉及面广、涉及消费者人数众多，当前普遍做法是行政手段维权，包括行政罚款、吊销营业执照等，行政救济的优势在于简便、快捷、成本低、维权力度大。《解释》亦注重与行政衔接。其中，第六条规定人民法院受理消费民事公益诉讼案件后，应当在立案之日起十日内书面告知相关行政主管部门。第十四条规定消费民事公益诉讼案件裁判生效后，人民法院应当在十日内书面告知相关行政主管部门，并可发出司法建议。通过上述规定，加强行政权与司法权的衔接，形成合力，共同维护消费市场公平竞争秩序。

网络司法拍卖司法解释"九大亮点"解读

何东宁*

《最高人民法院关于人民法院网络司法拍卖若干问题的规定》（以下简称《网拍规定》）已于2016年8月3日公布，现就《网拍规定》中一些有特色的内容进行解读。

亮点1：明确网络司法拍卖由人民法院自主进行

《网拍规定》第一条明确规定人民法院依法通过互联网拍卖平台，以网络电子竞价方式公开处置财产。

解读： 2012年8月31日，修订后的民事诉讼法第二百四十七条规定，"被执行人未在人民法院指定的期限内履行生效法律文书所确定义务的，人民法院应当拍卖被查封、扣押的财产"。这一规定将原民事诉讼法第二百二十三条中的"可以委托有关机构拍卖或变卖"，改为"人民法院应当拍卖"和"可以委托有关单位变卖或自行变卖"。"人民法院拍卖"究竟是由法院自己进行还是委托"有关机构"进行更为有利，司法实践中既有不同认识，也有不同做法。法院自行拍卖有成本低的特点，委托拍卖机构拍卖有专业化的优势。过去，法院自行拍卖容易产生违法违纪

---

* 最高人民法院执行局执行督导室主任。

问题，而且负担较重。由于网络司法拍卖具有公开性、公平性、广泛性、持续性和便捷性，法院自行拍卖变得日益阳光化，主要弊端得以消除。在这一背景下，为更加突显司法为民、司法便民，全面落实民事诉讼法第二百四十七条的规定，规范人民法院自行拍卖的行为，在总结司法实践经验的基础上，明确规定网络司法拍卖的主体是人民法院，网络司法拍卖通过互联网以电子竞价的形式开展。

亮点2：明确网络司法拍卖是人民法院处置财产应当优先采取的方式

《网拍规定》第二条明确规定人民法院以拍卖方式处置财产的，应当采取网络司法拍卖方式。

解读： 民事执行程序中的变价方式主要有拍卖和变卖两种。变价作为一种执行措施，其目的主要在于将查封、扣押、冻结的财产变换为价款，以卖得的价款清偿债务。变价所得的价款越高，就越有利于实现债权，同时也越有利于兼顾债务人的合法权益。因此，选择何种方式对查封、扣押、冻结的财产进行变价，是民事执行程序中的一个重要问题。由于互联网天生具有去中介的特性，使得法院可以通过互联网平台直接拍卖处置财产，既降低了拍卖成本，又减少了中间环节，还极大提高了拍卖成交率，与传统的现场拍卖方式相比优势十分明显，能充分实现执行财产中所蕴含的金钱价值，既有利于债权的实现，也有利于保护债务人的合法利益。

亮点3：明确网络司法拍卖全程向社会公开

《网拍规定》第三条明确规定网络司法拍卖应当在互联网拍卖平台上向社会全程公开，接受社会监督。

解读： 为了最大限度地打消竞买人的怀疑，保障竞买人的知情权,方便社会监督,减少权力寻租空间,《网拍规定》明确规定网络司法拍卖要全程公开。这里强调公开的平台是互联网,而不是局域网等封闭网络;公开的受众是全社会,而不仅是拍卖参与人;公开的阶段是从发布拍卖公告开始到拍卖结束的全过程,而不仅是竞价阶段;公开的目的是接受社会监督,实现透明拍卖。同时,还就如何公开拍卖信息、如何公开竞价过程等作了具体规定。

亮点4:明确规定建立全国统一的网络司法拍卖平台名单库供当事人选择

《网拍规定》第四条明确规定最高人民法院建立全国性网络服务提供者名单库。最高人民法院组成专门的评审委员会,负责网络服务提供者的选定、评审和除名。最高人民法院每年引入第三方评估机构对已纳入和新申请纳入名单库的网络服务提供者予以评审并公布结果。第五条规定网络服务提供者由申请执行人从名单库中选择;未选择或者多个申请执行人的选择不一致的,由人民法院指定。

解读:由于各地法院对于民事诉讼法第二百四十七条规定"人民法院应当拍卖被查封、扣押的财产"的理解不尽相同,实践中各自探索出了各种各样的网络司法拍卖模式,如浙江的淘宝网拍卖模式、重庆的联交所加拍卖公司合作拍卖模式、上海的现场拍卖加"公拍网"拍卖模式、广西的"高标准拍卖场所+现场网络同步拍卖"模式以及委托拍卖公司的拍卖方式,形成当前各地法院司法拍卖工作中传统拍卖方式和网络拍卖方式并存、网络拍卖方式模式不一、拍卖主体多样、拍卖规则混杂等一系列突出问题,急需确立全国统一的网络司法拍卖规范。同时,鉴于网络司法拍卖具有覆盖地域不受限制,应用范围越广泛成本越低廉，拍卖规则越统一透明监督管理越便捷高效等特征，《网拍规定》明确建立在全国有实力有影响的网络平台名单库供当事人选择，最高人民法院不仅成立专门的评审委员会负责该项工作，而且每年引入第三方评估机构对已纳入和新申请纳入名单库的网络平台予以评审并公布结果，以便保证司法拍卖工作稳定、有序、规范开展。同时，考虑到当事人，特别是债权人，对于财产变现的积极性最高，遂将平台的选择权赋予了当事人，由申请执行人向执行法院申请执行时在网络平台名单库中选择，对某一具体执行标的实施司法拍卖；若申请执行人没有选择或者多个申请执行人的选择不一致，则由执行法院确定。这样规定可以更好地尊重当事人在网络司法拍卖平台选择上的自主权，也可以充分发挥市场竞争的激励作用，督促网络服务提供者通过提高服务水平赢得市场，而不是通过公关活动牟取拍卖资格，可有效减少司法人员权力寻租的机会。

亮点5：明确网络司法拍卖的辅助工作可以委托社会机构或者组织承担

《网拍规定》第七条明确规定人民法院可以将网络司法拍卖财产的文字说明及视频或者照片等资料的制作，展示拍卖财产、接受咨询、引领查看、封存样品等以及拍卖财产的鉴定、检验、评估、审计、仓储、保管、运输等拍卖辅助工作委托社会机构或者组织承担。社会机构或者组织承担网络司法拍卖辅助工作所支出的必要费用由被执行人承担。

解读： 实行委托拍卖机构拍卖时期，拍卖公告、拍品展示、接受咨询等工作由拍卖公司承担。实行网络司法拍卖之后，上述工作由谁来承担成为新的问题。目前在开展网络司法拍卖的地区，在一些网络司法拍卖中，出现了"零佣金"的现象，当事人的成本负担明显降低。但必须注意的是,"零佣金"并不等于"零成本",认为交易"零成本"的观点是不符合经济规律的。在"零佣金"的背后,原来由受委托的拍卖机构承担的展示、推介、咨询等拍卖辅助工作主要由法院来承担,费用也由法院来负担。考虑到这部分工作属于服务性质的工作,工作量大,费时费人,制作视频等工作还需要一定的设备及技术,根据中央关于政府可向社会购买服务的精神,《网拍规定》明确网络司法拍卖的相关辅助工作可以委托社会机构或组织承担。这样既可以减轻法院的负担,同时也可以提高司法拍卖工作的效率和服务质量。因被执行人不自动履行生效法律文书确定的义务而导致的这部分费用,应当由被执行人承担。

亮点6:明确严禁后台操控和特定人员不得参拍

《网拍规定》第八条规定网络服务提供者不得在拍卖程序中设置阻碍适格竞买人报名、参拍、竞价以及监视竞买人信息等后台操控功能。第三十四条规定从事网络司法拍卖的机构和人员不得竞买并不得委托他人代为竞买与其行为相关的拍卖财产。

解读:网络司法拍卖与现场拍卖不同,网络拍卖平台的后台控制系统难以公开展现,难以接受社会监督,可能成为秘密操控拍卖的隐患,一旦出现漏洞,其危害比现场拍卖还要大。因此,《网拍规定》明确规定网络服务提供者可能存在的负面行为应当予以禁止。

在网络司法拍卖程序中,法院既是拍卖人,又是司法拍卖的监督者,为了防止"暗箱操作",必须加强对法院拍卖权力的监督。同时,因为网络服务提供者、从事评估、审计等辅助工作的机构和人员也可能了解和掌握相关信息,也可能产生权力寻租空间,因而执行法院、网络服务提供者、从事辅助工作的机构及其工作人员应当一并列入禁止参拍范围。由于禁止了相关工作人员而不禁止其近亲属，制度将会形同虚设，也会削弱网络司法拍卖的公信力，故相关工作人员的近亲属也明确列入禁止之列。

亮点7：明确网络司法拍卖不限制人数，允许一人竞拍

《网拍规定》第十一条网络司法拍卖不限制竞买人数量。一人参与竞拍的，出价不低于起拍价的成交。

解读： 实践中对一人竞拍，历来存在无效说与有效说两种认识。无效说认为，一个竞买人不能展开竞价，也无所谓最高应价者，只有两个或两个以上竞买人参与时，拍卖才可进行。我们赞同有效说，因为，竞买人之间的竞争从拍卖公告发出即开始，只要遵循公开、公平原则，严格按照拍卖规定程序完成了拍卖公告发布、拍卖标的展示、拍卖的实施等，就达到了公开竞价的要求。竞价体现为竞买人参与拍卖的整个过程，不仅限于现场竞价阶段，将拍卖理解为现场竞价属于狭义理解，是对拍卖的误读。特别是互联网具有开放性、信息公开性、覆盖广、参与度高等特点和优势，就网络司法拍卖而言，竞价在虚拟的网络平台上进行，存在海量潜在竞买人，竞买人之间相互不见面，只需在终端上使用代码和密码即可进行竞价，竞价结束前随时都可以参与拍卖，不存在现场拍卖中围标、串标和职业控场的可能。同时，如一人竞拍的价格高于起拍价却认定无效，一方面有损司法拍卖的公信力，另一方面流拍后第二次拍卖的起拍价降低，反而不利于财产变现和当事人的债权实现。因此，《网拍规定》作出了上述规定。

亮点8：网络司法拍卖随时参与和竞价时间不少于24小时

《网拍规定》第十八条第一款规定竞买人在竞价程序结束前交纳保证金经人民法院或者网络服务提供者确认后，取得竞买资格。第十四条第二项规定委托他人代为竞买的,应当在竞价程序开始前经人民法院确认。第二十条第二款规定网络司法拍卖的竞价时间应当不少于二十四小时。

解读:由于传统现场拍卖的潜在竞买人主要集中在拍卖场所附近,受到拍卖场所和时间的限制,而网络司法拍卖不受时间、地域、场地、身份等方面的限制,潜在竞买人范围也得到了极大扩展,一下扩展到了全国,甚至是全世界,只要有互联网覆盖的地方就可以参与。为了充分地满足潜在竞买人的要求,《网拍规定》规定只要在拍卖竞价程序结束前,竞买人随时可以报名参与、随时可以出价参拍。只是对委托他人参与竞拍的,作了特别规定,要求在竞价程序开始前应得到人民法院的确认后才能参与竞拍。由于网络拍卖的竞价时间可以克服现场拍卖占用场地等条件束缚,保证竞买人充分竞价,《网拍规定》规定竞价时间应当不少于二十四小时,这样可以涵盖各种人群参与竞价的时段,无论白天晚上、上班下班都有关注和参与拍卖的时间条件,更加有利于潜在竞买人参与,有助于提高拍卖的溢价率。

亮点9:明确撤销拍卖后不同主体可根据权利受损的不同原因而诉诸不同救济途径

《网拍规定》第三十二条规定网络司法拍卖被人民法院撤销,当事人、利害关系人、案外人认为人民法院的拍卖行为违法致使其合法权益遭受损害的,可以依法申请国家赔偿;认为其他主体的行为违法致使其合法权益遭受损害的,可以另行提起诉讼。

解读:司法拍卖是执行程序中的一项强制措施,基于强制执行中的查封、扣押、冻结行为已剥夺了财产所有权人的处分权,人民法院根据债权人的申请,运用国家公权力强制处置债务人财产,使其履行法律文书所确定的义务。网络司法拍卖时,需要各方主体参与，网络服务提供者的行为在一定意义上是协助人民法院的拍卖行为，应当在协助的范围内履行职责。但基于各种原因，拍卖被撤销后，可能造成不同主体的损失。在《网拍规定》起草中，多数地方提出以往的司法解释和文件对于撤销拍卖造成权利损害如何救济缺少相应规定，需要进一步予以明确。《网拍规定》作出了指引性规定，让相关权利主体根据不同的情形，既可以依法申请国家赔偿，也可以另行提起诉讼，以充分行使权利，获取救济。

关于发布《最高人民法院关于人民法院网络司法拍卖若干问题的规定》的新闻发布稿

最高人民法院执行局局长 孟 祥

各位记者,大家上午好!

今天,向各位通报《最高人民法院关于人民法院网络司法拍卖若干问题的规定》(以下简称《规定》)出台的相关情况,《规定》以司法拍卖的规范性和高效性为目标,对网络司法拍卖的平台准入规则、运行模式、各主体之间的权责划分、具体的竞拍规则进行了全面而系统的梳理和规范,该《规定》将于2017年1月1日正式施行。下面,我把此次司法解释制定出台的背景、过程及主要内容向各位作简要的介绍和说明。

一、《规定》的出台背景

今年3月,周强院长在十二届全国人大四次会议上明确提出"用两到三年时间基本解决执行难问题",这是人民法院回应群众呼声、向全社会作出的庄严承诺,是对人民法院执行工作的极大鞭策和鼓舞。

解决执行难是一项系统工程,推进信息化是为了解决被执行人难找、被执行财产难查、执行财产难变现的问题,财产变现是实现债权人利益的关键环节,其中司法拍卖是财产变现的最重要途径之一。《最高人民法院关于落实"用两到三年时间基本解决执行难问题"的工作纲要》指出,要针对当前经济形势,树立互联网思维,加大被执行财产的处置力度,网络司法拍卖作为强制执行程序中处置财产的一种新措施,对提高执行工作的质效,破解"执行难",及时、有效兑现债权人权益等方面有着重要作用。据统计,每年全国法院的执行财产价值约6000亿,其中有相当一部分要通过司法拍卖的途径予以变现。2012年修订后的《中华人民共和国民事诉讼法》第二百四十七条规定处置财产时"人民法院应当拍卖"和"可以委托有关单位变卖或自行变卖",改变了原民事诉讼法"可以委托有关机构拍卖或变卖"的规定,人民法院拍卖财产的方式有了导向性变化。

网络司法拍卖最早出现于2010年,自出现之日起,就体现出相对于传统拍卖模式的诸多特性:一是市场超地域化。有条件上网的人都可参与,均可能成为司法拍卖的买家,打破了传统拍卖中参拍人必须到场的规则。二是拍卖快捷化。计算机程序和网络技术能够自动处理网络拍卖中的信息传递,无需人为操作,加快了交易速度。三是拍卖虚拟化。参拍人观察拍品、参与竞拍过程、拍卖支付等,均无需当面进行,可通过互联网完成。四是交易成本低廉化。网络司法拍卖大大降低了拍卖中介服务成本、信息公开成本、参与竞拍成本及拍卖过程中的场地费等实际支出。五是拍卖信息透明化。拍品展示、竞拍过程均通过网络向社会做最大范围的公开,参拍人无需通过纸质媒体即可获知完全相同的信息,传统拍卖下参拍人信息不对称问题在网络拍卖中已迎刃而解。

上述特点使得司法拍卖变得更公开、更高效、更便捷。至今,网络司法拍卖已呈现出如火如荼的发展态势,全国已经有

1400余家法院自主开展网络拍卖,进行网拍超过25万次,成功处置标的物金额超过1500亿元;仅2015年一年,拍卖就达12.4万余次,处置标的物5.7万余件,成交率84%,平均溢价率36.7%。而个案中的一些实例也已经远远超过了预期,有拍卖成交价低至六元的茶叶罐,有高至4.64亿元的土地使用权,有的拍品经过1800余次竞价最终成交。浙江、江苏两省自从全省推行网络司法拍卖以来,拍卖工作实现"零投诉"。

网络司法拍卖作为一种新事物,实践中存在拍卖模式多样、拍卖主体多元、操作规程不一等问题。对此,最高人民法院从2013年初即着手起草本《规定》,其间,多次召开座谈会,广泛调研,征询全国各级法院、专家学者、相关行业协会、网络拍卖平台的建议,并征求全国人大常委会法制工作委员会意见,数易其稿。最高人民法院审判委员会经过两次讨论,于2016年5月30日第1685次会议审议通过。该《规定》于8月2日正式公布。

二、《规定》遵循的基本原则

(一)网拍优先原则

过去,人民法院根据执行工作的实际,委托拍卖机构现场拍卖,对保护当事人合法权益、缓解"执行难"起到了重要作用。但现场拍卖模式也部分存在信息封锁、串标、围标、职业控场等问题。在互联网+作为国家战略推进的时代背景下,法院的司法拍卖改革应当顺应信息化发展趋势,鼓励优先通过网络拍卖的方式处置财产。同时,考虑到我国各地互联网技术发展不平衡以及法院处置财产的多样性,不宜一刀切地规定所有财产都通过网络拍卖,而应将其作为法院处置财产的优先方式,与其他方式相协调,共同服务司法拍卖工作。

(二) 全面公开原则

为了最大限度地保障竞买人的知情权,方便社会监督,减少权力寻租空间,本司法解释明确规定网络司法拍卖应向社会全程、全面、全网络地公开。全程是以时间推移的角度,将公开贯穿于公告发布、出价竞卖、成交确认等全过程。全面是针对信息内容的广度,公开的对象包括拍卖财产状况、价格、保证金、竞买人条件等,只要对拍卖和权属转移有意义的信息,全部公开。全网络是针对公开的地域范围,网络司法拍卖的平台是互联网,而不是局域网等封闭网络,只要互联网能覆盖的范围都应公开。

(三) 市场选择原则

为建立公平竞争审查制度,在网络平台选择时应加快建设统一开放、竞争有序的市场体系,保障各类市场主体公平参与竞争、同等受到法律保护,激发市场活力,充分发挥不同的网络平台各自的优势。考虑到司法拍卖的严肃性和对网络平台软硬件的高需求,本司法解释规定由最高人民法院统一确定网络服务提供者名单库,网络服务提供者可自愿报名申请入库。为配合司法解释的实施,最高人民法院将制定网络司法拍卖平台管理规则,适时公布。在个案中,应将对网络拍卖平台的选择权优先赋予当事人,充分体现出严格规范司法拍卖准入门槛和尊重当事人意思自治选择相结合的原则。

三、《规定》的主要内容

《规定》全文共三十八条,主要涉及以下几方面的内容:

(一)《规定》明确了实施网络司法拍卖的主体为人民法院

人民法院自主拍卖在司法拍卖中有其天然的优势,自主拍卖使得环节更少、程序更便捷、成本更低廉,为当事人省去了委托拍卖机构的佣金成本,被称为是"零佣金"的拍卖方式,申请执行人能够更大程度地实现债权。而网络拍卖创造了摆脱空间和时间束缚的条件,提高了人民法院自主拍卖可行性。本《规定》重点规范人民法院通过网络电子竞价的方式开展自主拍卖的行为。

(二)《规定》明确最高人民法院统一建立全国性网络服务提供者名单库,具体个案中由申请执行人选择拍卖平台

为防止网络司法拍卖市场准入门槛过低影响了司法拍卖的规范性和公开性,本《规定》确定由最高人民法院建立一个全国性网络服务提供者名单库。网络服务提供者有意提供网络司法拍卖平台的,可申请纳入名单库,其提供的平台应当在全国具有较高知名度,保证信息公开充分、功能齐全完备、系统独立安全、程序运作规范。最高人民法院将组成专门的评审委员会,引入第三方评估机构,采取统一标准,依照严格程序,负责网络服务提供者的选定、评审、除名。

在具体个案中选择网络拍卖平台时,最高人民法院并不干预,而由执行法院征求申请执行人的意见,从名单库中选择一家实施拍卖。

(三)《规定》明确了网络司法拍卖中人民法院、网络服务提供者、辅助工作承担者各自的职责

人民法院在网络司法拍卖中扮演着主导者、决定者、拍卖确定者的重要角色,《规定》第六条用列举方式明确人民法院应承担发布公告、查明财产状况、确定保留价和保证金、制作拍卖裁定等基本职责,人民法院除应严格依法履职外,还应负责管理、监督、指导拍卖全程。

在人民法院自主拍卖模式下,原来由委托拍卖机构承担的展示、推介、咨询等拍卖辅助工作都由法院自行完成,使得法院的人力、物力成本增加。考虑到执行工作实际,《规定》第七条将

制作拍卖财产的说明、展示拍品等辅助工作从司法拍卖工作中分离出来,可委托社会机构或组织来完成,相关费用由被执行人承担。

为保障网络司法拍卖的正常运转,《规定》第八条对网络服务提供者需要承担的主要义务,如保证拍卖信息数据真实、准确、完整和提供电子支付对接系统等内容进行了明确。

(四)《规定》明确了一人竞拍有效的原则

传统拍卖理论认为拍卖应不少于两人参与。但网络司法拍卖具有全程、全面、全网络公开的特征,从拍卖开始直至竞价结束,竞买人随时都可以参与拍卖。因公开不充分、信息不对称导致不公平竞价的可能性已经降到最低。如果一人竞拍的价格高于起拍价被认定无效,一方面有损司法拍卖的公信力,另一方面流拍后第二次拍卖价格降低,反而不利于财产变现和当事人的债权实现。因此《规定》明确即使参与竞买人仅为一人,只要出价不低于起拍价的即成交。

(五)《规定》通过规则设计努力促成一拍成交,对同一拍卖标的只有无人出价时才再次拍卖

传统模式下不动产可能需经三次拍卖方能成交,竞买人往往希望流拍降价后以更低的价位竞买。网络司法拍卖的信息公开性,决定了实践中一次成交的概率远超过以往。《规定》通过一系列配套规则促成拍卖尽量一次成交,只有无人出价才再次拍卖。一是通过起拍价规则的修改,确定起拍价在原规定的基础上降低了十个百分点;二是保证金的收取和处置规则降低了拍得人悔拍的可能性;三是充分保证公告时间和竞拍时间,做到充分公开、充分竞价。《规定》确定动产拍卖的公告时间不少于十五日,不动产公告时间不少于三十日。

（六）《规定》结合网络拍卖的特点，改变了传统的拍卖竞价模式，充分保证竞买人和优先购买权人的权利

考虑到网络拍卖可以摆脱空间和时间条件的束缚，结合司法实践经验，《规定》第二十条统一将竞价时间确定为不少于24小时，24小时可以涵盖各种人群参与竞价的时段，方便潜在竞买人参与，有助于提高拍卖的成功率、溢价率。考虑到不同地区网络通讯情况相差较大，为了最大限度保证充分竞价，防止技术或者人为因素干扰出价，拍卖采取最后阶段延时五分钟规则，竞价程序结束前五分钟内无人出价的，最后出价方为成交价，网络拍卖的总时长可能因为不断的出价和时间顺延而高于24小时。

拍卖财产的优先购买权人需要经过法院确认。经确认后的优先购买权人可以在竞拍时做出与其他一般竞买人相同的报价，并自动获得竞买优势，若无更高出价，即竞拍成功；在不同顺位的优先购买权人出价相同时，系统会自动对其进行排序，确认拍得人。这充分利用了网络技术和计算机技术的优越性，彻底改变了传统拍卖中对优先购买权人的询价方式。

（七）《规定》确定了悔拍保证金的处置规则

参拍人交纳保证金是司法或商业拍卖中的惯例。《规定》一方面改变过去小额财产不交纳保证金的做法，明确一律交纳保证金，以降低悔拍的概率，另一方面为防止门槛过高而影响部分潜在竞拍人的参与，确定保证金金额最高不得超过起拍价的百分之二十。

关于悔拍后保证金的处理，本《规定》考虑到一般民事合同中保证金即具有的保证订约和履约的功能，当事人对于悔拍后保证金的处理有较明确的预期。同时司法拍卖应保证其严肃性，悔拍者应承担一定的后果，故对其所交纳的保证金不予退还。而悔

拍后的保证金依次用于支付拍卖产生的费用、弥补重新拍卖价款低于原价款的差价、冲抵本案被执行人的债务，客观上也可提高执行工作的效率。

（八）《规定》明确网络司法拍卖撤销的情形和责任承担

《规定》第三十一条对当事人、利害关系人提出异议请求撤销网络司法拍卖的情形作出规定，重点规定了网络拍卖中特殊情形：一是拍卖财产展示和瑕疵说明导致买受人重大误解等情况，该条款从另一角度规定了执行法院必须对拍卖财产做尽职调查和信息公示，否则可能导致拍卖被撤销。二是因为网络故障，如系统故障、病毒入侵、黑客攻击等原因导致拍卖结果错误的情形。

《规定》同时明确了拍卖撤销后的责任承担和当事人的救济渠道。拍卖被撤销后，当事人、利害关系人、案外人认为拍卖行为违法致使其合法权益遭受损害的，可以申请国家赔偿；认为其他主体的行为违法致使其合法权益遭受损害的，可以另行提起诉讼。特别规定若网络司法拍卖服务提供者的行为违法致使损害发生的，当事人可另行主张权利。

（九）《规定》明确了网络司法拍卖中各主体的相关责任，严禁网络服务提供者违规操作、后台操控的行为

为保证拍卖的公平、公正和司法廉洁，《规定》第三十四条明确除执行法院及其工作人员不得参与竞拍外，网络服务提供者、承担拍卖辅助工作的社会机构或者组织及其近亲属也不得参与。

由于网络拍卖平台的后台控制具有隐蔽性特点，一旦在拍卖程序中设置后台操纵功能，出现操纵拍卖行为，参与各方会对该平台进行的所有拍卖行为产生怀疑，可能会引发大量纠纷。因此，对于网络服务提供者的行为必须严格限制，《规定》第三十

五条明确存在操控拍卖程序、修改拍卖信息或恶意串通、弄虚作假、泄漏保密信息等行为的,最高人民法院有权将其从名单库中除名,并由其承担相应的法律责任。

以上只是对《规定》主要内容的简要介绍。《规定》的施行有其重要意义,一是通过将拍卖规则明确化、体系化,规范网络司法拍卖行为,为财产变现制度的改革提供了规则依据;二是通过对网络平台的高要求和市场准入准则的制定,推动网络拍卖市场走向标准化的良性发展轨道;三是通过信息全程公开、明确各主体权责,斩断利益链条,减少权力寻租空间,最大程度地保证司法廉洁;四是通过竞拍规则的创新,提高拍卖财产的一次成交率、溢价率、财产变现率,降低悔拍的可能性,全面提高执行工作的效率。相信《规定》的出台,将进一步促使网络司法拍卖行为这一新事物蓬勃健康地发展起来,使得人民法院执行工作更规范、更高效,为"彻底解决执行难"添砖加瓦。谢谢。

解读《最高人民法院关于印发〈人民法院民事裁判文书制作规范〉〈民事诉讼文书样式〉的通知》

最高人民法院修改后民事诉讼法贯彻实施工作领导小组

2012年8月31日第十一届全国人大常委会第二十八次会议审议通过《关于修改〈中华人民共和国民事诉讼法〉的决定》后,最高人民法院成立修改后民事诉讼法贯彻实施工作领导小组(以下简称领导小组),把制定司法解释和修订民事诉讼文书样式作为两项最重要的工作。2015年2月4日,《最高人民法院关于适用〈中华人民共和国民事诉讼法〉的解释》(以下简称民诉法司法解释)公布实施。紧接着,从2015年2月开始,领导小组认真部署、积极推进民事诉讼文书样式修订工作,经过一年的努力,2016年2月完成了《人民法院民事裁判文书制作规范(送审稿)》《民事诉讼文书样式(送审稿)》,并在2016年2月22日经最高人民法院审判委员会第1679次会议审议通过,于2016年7月5日发布,定于8月1日实施。

一、民事诉讼文书样式修订过程

民诉法司法解释发布后,2015年2月10日,沈德咏常务副院长主持召开领导小组会议,正式部署和启动民事诉讼文书样式修订工作。① 会议决定，修订工作由领导小组各成员单位分工负责。立案庭、民一庭、民二庭、民三庭、民四庭、环资庭、审监庭、执行局、司改办、研究室等相关部门根据民诉法司法解释原起草分工，分别承担相应文书样式修订工作。小组办公室（研究室）负责修订工作的统筹协调和汇总工作。

2015年4月，各成员单位根据分工任务，按照民诉法司法解释的22个章节拟定了相应的诉讼文书样式初稿，共373件。2015年5月，杜万华专委主持领导小组成员单位会议，就初稿进行讨论，形成了诉讼文书样式第二稿。会后，小组办公室对第二稿进行修订，形成第三稿，并于2015年6月30日发函征求全国法院意见。2015年7月15日~16日、7月30日~31日，杜万华专委分别在北京、哈尔滨主持召开座谈会，全国部分高院、中院、基层院法官代表以及有关专家学者参加会议，重点就诉讼文书样式第三稿中的第一审普通程序、简易程序、小额诉讼程序、第二审程序、审判监督程序中的判决书，以及民事诉讼法新增制度，如公益诉讼、第三人撤销之诉、执行异议之诉、实现担保物权案件以及确认调解协议案件等重点诉讼文书样式进行讨论。2015年8月，各小组成员单位根据全国法院反馈意见以及两次座谈会意见再次进行修改，办公室汇总形成第四稿，共有诉讼文书样式608件，计48万余字。

2015年11月至2016年1月，小组办公室和专门从地方法院借调的两位法官集中修改诉讼文书样式第四稿，根据裁判文书制作规范第二稿规定的有关原则进行增补、修改，形成第五稿，共

---

① 参加民事诉讼文书修订工作的领导小组成员：组长沈德咏；副组长江必新、贺荣、陶凯元、杜万华；成员姜启波、程新文、刘竹梅、姜伟、杨临萍、张根大、郭锋。办公室设在研究室，办公室主任：郭锋。

修订、起草诉讼文书样式568个，其中人民法院用文书样式463个，当事人参考文书样式105个。

在诉讼文书样式修订工作中，各方面普遍反映，为规范和统一民事裁判文书写作标准，确保裁判文书撰写做到要素齐全、结构完整、格式统一、逻辑严密、条理清晰、文字规范、繁简得当，有必要从总体上起草一个具有统领性、原则性的文件。该文件不但可以指导法官制作裁判文书，在客观上也有助于统一这次诉讼文书样式修订的标准。为此，经院领导决定，2015年9月，小组办公室起草了《人民法院民事裁判文书制作规范（初稿）》（以下简称裁判文书制作规范），作为民事诉讼文书样式的配套文件。2015年10月，送小组各成员单位征求意见后，小组办公室进行相应修改完善，形成裁判文书制作规范第二稿报小组领导。

2016年1月19日，杜万华专委主持召开会议，小组各成员单位负责人和承担人参加会议，对诉讼文书样式第五稿和裁判文书制作规范第二稿进行讨论。主要研究了争议较大的重点问题。会议决定，根据会议讨论情况进行修改后形成送审稿，报小组组长沈德咏副院长召集领导小组全体会议研究和审议。

2016年2月3日，沈德咏常务副院长主持召开领导小组全体会议，审议《人民法院民事裁判文书制作规范（送审稿）》《民事诉讼文书样式（送审稿）》。领导小组副组长贺荣、陶凯元、杜万华及有关成员出席会议。与会者对若干重大争议问题进行了研究讨论，提出了修改意见。沈德咏常务副院长要求诉讼文书样式修订要适应当前民事审判新形势新任务，以推进审判体系和审判能力现代化为目标，坚持以审判为中心，从优化司法资源配置、提高审判质效出发，区分审级特点和案件类型，推进繁简分流，满足当事人需求，努力以较小司法成本取得最大法律效果和社会效果；要把质量放在第一位，力争从源头上为裁判文书公开打下良好基础。会议同意将这两个送审稿进一步修改完善后提交审委会审议。

2016年2月22日，周强院长主持最高人民法院第1679次审判委员会会议，审议通过了《人民法院民事裁判文书制作规范》《民事诉讼文书样式》，并责成小组办公室根据委员的意见，对若干具体的技术性问题进一步完善后发布实施。

二、民事诉讼文书样式修订背景和主要内容

适应我国民事审判新形势新任务，总结全国四级法院裁判文书有益做法、近年来审判方式改革和裁判文书改革经验，根据修改后民事诉讼法及民诉法司法解释，及时修订、进一步完善人民法院诉讼文书样式十分必要。

1992年，我院办公厅印发了包括刑事、民事、行政诉讼文书在内的《法院诉讼文书样式（试行）》（以下简称92试行样式），实现了诉讼文书的规范化、统一化。此后，我院又相继出台证据诉讼文书样式、简易程序诉讼文书样式、申请再审诉讼文书样式、执行文书样式以及破产文书、涉外海事文书等其他民事类诉讼文书样式。从数量上看，92试行样式民事（含经济纠纷）案件裁判文书样式49件，其他民事类诉讼文书样式77件。迄今为止，92试行样式及其他民事类诉讼文书样式对规范人民法院裁判文书制作，促进公正司法，维护当事人权益发挥了重要作用。

但是，20多年来，适应经济社会的发展，民事审判工作出现了很多新情况新变化，92试行样式及其他民事类诉讼文书样式已经不能满足司法实践需要，全国四级法院裁判文书的制作也暴露出各种问题。主要表现在：一是各地区、各审级法院对裁判文书制作要求不同，导致裁判文书格式不规范、不统一，要素不齐全，质量良莠不齐。二是相当一部分以解决权利义务争议为目的的裁判文书缺乏对案件审理过程、争议焦点、裁判理由的充分说明或论证，没有很好地发挥使当事人"息诉服判"的作用。三是有的裁判文书逻辑、结构不清晰，不简明，重复内容多，证据罗列多，法条照搬多，导致裁判文书冗长。四是一部分裁判文书未能体现繁简分流，未能反映审级特点，法官制作裁判文书压力大。五是修改后民事诉讼法和相关法律、司法解释增加了新的诉讼制度和案件类型，92试行样式已经不能满足需要。六是全国法院裁判文书公开上网以后，裁判文书存在的上述问题完全公开化，如果不及时予以解决，将有损司法公信；而且，诉讼参与人、社会公众对裁判文书的质量有更高的期待，更高的要求。七是当事人使用诉讼文书类型较少，内容简单，不能满足人民群众日益增长的司法需求。因此，必须适时对92试行样式及其他民事类诉讼文书样式进行修改、补充、整合、规范。

这次民事诉讼文书样式修订工作，在指导思想上，是以明确制作民事裁判文书的功能和定位为原则和出发点。对当事人而言，裁判文书是人民法院对当事人诉讼请求的回应，对诉讼争议作出判断并对当事人实体权利义务进行分配，为当事人实现其实体利益提供依据。对人民法院而言，裁判文书是法官对于民事案件审判的最终结论。就裁判文书的社会功能而言，它通过分析说理，向当事人和社会展示裁判结论的合理性、合法性、公正性、终局性。在一定意义上可以说，裁判文书不是对诉讼全部活动的完整展现，而是司法过程的总结，是审判成果的结晶，是司法公正重要的载体和最终体现。

基于以上定位，针对审判实践中裁判文书现状和存在的问题，这次民事诉讼文书样式修订工作主要突出以下几方面的

司法文件选解读

内容：

第一，要求裁判文书体现以审判为中心，突出不同审级特点。诉讼文书样式修订，必须按照十八届三中、四中全会决定精神，体现推进以审判为中心的诉讼制度改革。为此，明确要求判决书应当根据当事人诉讼请求和争议焦点，说明法庭采信证据、认定事实的理由。强调裁判文书制作要从完善审级制度出发，明确一审判决书应当把重点放在认定案件事实和确定法律适用上，做到以事实为依据，以法律为准绳；二审判决书应当把重点放在解决事实和法律争议的说理上，努力做到胜败皆服，使大部分案件实现二审终审；再审判决书应当把重点放在依法纠错、保证国家法律统一适用上，实现审判的终局性，维护司法权威。

第二，提出对裁判文书说理的具体要求。裁判文书是人民法院行使国家审判权的体现，是司法公正的最终载体，它不仅应当在结论上体现法院裁判的公正，而且对案件事实认定、法律争议应当通过透彻的说理，使当事人明辨是非曲直。根据《人民法院四五改革纲要》第34条对推动裁判文书说理改革的规定："加强对当事人争议较大、法律关系复杂、社会关注度较高的一审案件，以及所有的二审案件、再审案件、审判委员会讨论决定案件裁判文书的说理性"，对裁判文书说理部分提出如下具体要求：一是根据不同审级功能确定裁判文书说理重点（如前所述）。二是裁判文书说理应当做到繁简得当。加强对复杂、疑难、新型、典型、有争议、有示范价值等案件的裁判文书说理，简化简易、小额、无争议案件裁判文书的制作，实现裁判文书繁简分流。三是细化裁判文书说理要求。裁判文书说理是法官对证据采信、事实认定内心确信的阐述，是对法律适用根据的公开展示。因此，裁判文书应当紧扣案件事实和法律争议，对证据审查认定理由、案件事实认定理由以及解释法律根据和案件事实具有法律上逻辑关系的理由等予以充分论述。

第三,明确裁判文书繁简分流标准。主要根据案件类型和不同审级的要求实行裁判文书繁简分流,以减轻办案法官制作裁判文书工作量,缓解案多人少压力。一是根据案件类型,分别制定了普通程序、简易程序、小额诉讼程序的裁判文书样式。对于普通程序中的复杂、疑难、新型、典型、有争议、有示范价值的案件,强调说理的详细、深入和透彻;对于适用简易程序和小额诉讼程序案件,设计了要素式、令状式和表格式的简单裁判文书样式。二是根据不同审级,对裁判文书提出不同要求。例如,二审裁判文书制作重点应当放在当事人争议的事实和法律上;再审裁判文书制作重点应当放在认定原生效判决错误的理由上;对于原审裁判中当事人的诉辩情况,当事人对原审中认定的没有争议的事实,应当予以简化。

第四,优化裁判文书的体例结构。裁判文书样式设计的基本体例结构为标题、正文、落款三部分。标题包括法院名称、文书名称和案号。正文包括首部、事实、理由、裁判依据、裁判主文、尾部。落款包括署名和日期。正文是裁判文书核心部分,其首部部分包括诉讼参加人及其基本情况、案件由来、审理经过等;事实部分包括当事人的诉讼请求、事实和理由,法院认定的证据及事实;理由部分包括裁判的理由和裁判的法律依据;裁判主文部分是对案件实体、程序问题作出的明确、具体、完整的处理决定;尾部包括诉讼费用负担和告知事项。

审判实践中,一些民事裁判文书正文部分内容重复、冗长,集中体现在两个方面:一是事实查明部分和本院认为部分内容重复;二是证据列举、质证和认证过程的表述篇幅过长。为此,这次修订采取了如下优化措施：一是明确事实查明部分为人民法院查明的事实，可重点围绕当事人争议的事实展开，要说明事实认定的结果、认定的理由以及审查判断证据的过程；本院认为部分关键是针对当事人的诉讼请求，根据查明的案件事实，依照法律规定，明确当事人争议的法律关系，阐述原告请求权是否成立，依法应当如何处理。二是明确对当事人有争议的或影响当事人权利义务的事实和证据，应当交待当事人举证、质证情况，以及法官审核认定证据的理由，展现其心理过程；对当事人没有争议的或不影响当事人权利义务的事实和证据，由法官根据案件具体情况灵活处理（详见后文）。

第五，规定裁判文书事实部分增加争议焦点的内容。民事诉讼法第一百三十三条第四项规定，需要开庭审理的，通过要求当事人交换证据等方式，明确争议焦点。裁判文书制作规范根据民事诉讼法的规定，明确要求裁判文书事实部分增加争议焦点的内容。从审判实践来看，争议焦点是法官归纳并经过当事人认可的关于证据、事实和法律适用争议的关键问题。争议焦点，既是庭审的主要内容，也是制作裁判文书的主线，方便组织证据认定、事实认定和说理部分的论述。同样，争议焦点的处理，也是当事人能否信服裁判结果的最重要方面。当然，有些案件事实清楚、当事人争议不大的，可以不列争议焦点。

第六，将诉讼文书区分为法院制作和当事人参考两大类。92试行样式根据诉讼文书的种类进行划分，整体分为两大类：法院制作的诉讼文书和当事人使用的诉讼文书。法院制作的诉讼文书包括：裁判文书类、决定命令类、报告批复类等，甚至包括卷宗样式的制作等。这次民事诉讼文书样式参照92试行样式区分为法院制作的诉讼文书样式和当事人参考的文书样式两类。法院制作的诉讼文书样式，按照民事诉讼法的章节顺序进行编排，同时在各章节之下根据文书的重要性、必要性原则，把实践中使用最多的文书，如民事判决书、调解书、裁定书尽量排在前面。这种体例安排的好处是法官和当事人可以随着诉讼进程查找适用的诉讼文书样式，方便使用。

第七，增加新诉讼文书样式，对裁判文书作规范和标准化处理。一是对民事诉讼法、民诉法司法解释中规定的新制度、新类型案件，如公益诉讼、第三人撤销之诉、小额诉讼、实现担保物权、执行异议之诉案件等，制定了相应诉讼文书样式。二是适应裁判文书改革要求，对裁判文书的基本格式和其中的一些表述作进一步规范和标准化处理。主要是对文书的要素、格式、表述以及标点符号、数字等按照国家标准和规范要求进行统一。

三、民事诉讼文书样式修订中的若干重点问题

在诉讼文书样式修订过程中，有以下几个重点问题，各方面存有争议，领导小组会议经过讨论形成倾向性意见，并经审委会审议同意。

（一）关于裁判文书中的争议焦点

1. 是否所有案件都要归纳争议焦点？有意见认为，有些事实清楚、案情简单的案件没有争议焦点的，裁判文书可以不写。我们认为，对于在庭审中事实清楚、案情简单未形成争议焦点的案件，裁判文书中可以不归纳争议焦点；对庭审前已经归纳争议焦点，在庭审中确实成为诉辩争议焦点的，应当将该争议焦点写进裁判文书。

2. 有意见认为，应当明确争议焦点按照惯例放在本院认为部分，而不应放在当事人诉辩意见之后、法院查明之前。我们认为，争议焦点摆放位置，原则上不强求一律，法官可以根据案件

具体情况处理。如果召开庭前会议明确争议焦点的,可以按照争议焦点的内容确定其位置;如果争议焦点是证据争议和事实争议的,可以放在事实查明之前;如果争议焦点是法律适用问题争议的,可以放在说理之前。

(二)庭审中当事人举证、质证以及法院审查认定情况在判决书中是否体现、如何体现

一审、二审案件判决书是否都应当写明当事人举证、质证以及人民法院审查认定情况?如果要求写明,应当如何在判决书中体现?我们认为,应当把握以下几点:

1. 民诉法司法解释规定,未经当事人质证的证据,不得作为认定案件事实的根据;法院要对证据进行审核、判断,并公开判断的理由和结果。因此,经过质证的证据,尽管当事人没有争议,应当在判决书中体现,以构成判决书应当载明的"判决认定的事实和理由"(民事诉讼法一百五十二条)。这是一个总原则。

2. 判决书不应当是庭审过程的全面记载,而应当重点体现法官对当事人之间有争议的事实、证据进行说理,阐明法官对证据采信、事实认定形成内心确信的理由和结论。至于庭审过程,可以通过庭审笔录、庭审录音录像的记载和公开查询,实现全程留痕和社会监督。

3. 实践中大量的证据罗列、举证质证过程描述给法官制作裁判文书造成较大压力,无助于提高法官审判能力和水平,且大量证据罗列造成判决书冗长,主次不明,公众观感不好,学者也多有诟病。因此,裁判文书制作规范倡导:可以简要写明证据质证、认证的一般情况;如果需要罗列的证据过多,可以作为判决书的附件;对诉辩各方提交的有争议的证据及其质证情况,法官可以在对证据采信的理由进行论述时进行交待;对经过当事人质

证、没有争议的证据,在判决书中可以灵活简略处理。

(三)二审、再审判决书是否需要完整复述前审裁判文书内容

从现有裁判文书来看,二审、再审判决书一般都将前审包括一审、二审甚至再审的裁判文书内容整体复述(有的甚至是全部原文复制),然后才是本案审理的请求、事实理由及裁判主文部分。这样导致的问题是:判决书过于冗长,有的多达几十页甚至上百页;判决书内容与本案审理情况无关的较多,重点不突出;在复制过程中给目前审理法官带来比较重的压力,有的因为复制不准确还易引起当事人的异议。

讨论中主要有两种意见。一种意见认为应当完整复述前审裁判文书内容。理由是,各审级裁判文书解决的重点不同;当前审判案件法官需要全面了解前审情况;判决书应当具有完整性;便于网上公开后公众全面了解案情。另一种意见认为不应当完整复述,而要进行提炼、概括、归纳。理由是,对当事人而言,前审裁判文书也都送达并知悉,内容不需要重复;法官应当具备概括、归纳能力,这是司法责任制、裁判文书改革对法官素质、能力的基本要求;概括归纳前审裁判文书,可以让法官全面梳理、吃透案件情况,有利于公正处理案件。

领导小组经讨论认为,鉴于裁判文书既有解决个案中的权利义务争议、实现定分止争、维护当事人权益功能,也有在公开后普及法律知识、弘扬公平正义、宣传核心价值观的功能,无论是完整复述前审裁判文书内容,还是要求法官进行提炼、概括、归纳,都具有合理性与积极意义。因此,建议在裁判文书制作规范和诉讼文书样式中不作一刀切的规定,但提倡和鼓励法官在制作二审、再审判决书时,采用概括归纳方法。

（四）裁定书是否列明当事人举证、质证情况以及人民法院审理查明和认为部分

主要有两个问题：一是民事诉讼法第一百五十四条规定适用裁定的若干（11种）情形中，有可能影响当事人实体权益的驳回起诉、不准撤诉以及管辖权异议等裁定，是否需要列明当事人举证质证情况？二是民事诉讼法第一百五十四条规定的终结诉讼裁定是否需要列明法院查明事实和认为部分？经过研究，我们认为，对于驳回起诉、不准撤诉以及管辖权异议等程序性事项的裁定，为了确保当事人诉权，对有争议的程序性事实，应当写明当事人举证、质证以及法院审理查明情况；对没有争议的程序性事项，只需写明驳回起诉的法律依据和理由即可。对于终结诉讼裁定，应当列明与直接涉及终结诉讼与否的事实、认定，其他事实不宜写明。

（五）裁判文书当事人基本信息部分是否需要注明自然人身份证号码、单位组织机构代码

民事诉讼文书样式在征求意见过程中，有地方法院建议将自然人居民身份证号码，法人或其他组织的组织机构代码写入当事人基本信息。对此存在两种意见：最高人民法院执行局、立案庭认为对执行、立案工作有好处，应当注明；最高人民法院民事审判业务各庭普遍反映没有必要注明，在事实上也没有这样做。领导小组经讨论认为，身份证号码和组织机构代码对于人民法院在立案、审判、执行工作中查明、核对当事人身份信息是必要的，但这主要是法院内部工作流程，而且随着全国法院信息联网，查明、核对工作将更为方便、快捷，为保护涉诉当事人隐私和安全，方便裁判文书上网，同意民事审判业务部门意见，不要求在裁判文书中注明自然人居民身份证号码、法人或其他组织的组织

机构代码。

(六) 裁判文书是否需要法官助理署名

有审判业务部门建议,法官助理应当在裁判文书上署名(放在书记员之上)。领导小组经讨论认为,这一问题主要涉及三个方面,一是民事诉讼法、人民法院组织法、法官法、民诉法司法解释均没有规定法官助理署名;二是司法改革中法官助理定位尚未完全明确;三是要充分考虑到部分试点法院的裁判文书中已经出现法官助理署名情况。因此,建议裁判文书样式中不作明确规定,但也不禁止,允许四级法院进行探索,待有关法律修改明确后再统一规定。

(七) 裁判文书是否需要增加二维条形码

为确保裁判文书唯一性,防止伪造、变造,有地方法院建议借鉴部分行政机关行政公文加条形码的经验。据了解,中央办公厅秘书局、国务院办公厅秘书局根据文件管理要求,制定了中央公文二维条码规范,在公文中增加二维条码。我们认为,有必要在裁判文书制作规范提出倡导性意见,明确有条件的法院可以在裁判文书中增加二维条形码,并逐步在全国法院推开,以增强裁判文书的可识别度,保证人民法院裁判文书的唯一性。

四、充分认识贯彻实施民事诉讼文书样式的重要意义,采取有效措施抓好落实工作

这次颁发的民事诉讼文书样式,是92试行样式实施以来的一次重大修订,在一定意义上甚至可以说是一次全新的制定。全国法院要充分认识全面实施民事诉讼文书新样式的重要意义,采取有效措施抓好落实工作。

(一)统一制作民事诉讼文书样式,有助于司法活动、司法行为规范化,促进司法公正

民事裁判文书是人民法院执行民事诉讼法、民诉法司法解释,统一法律适用,规范诉讼活动,分配当事人实体权利义务、反映诉讼结果的最重要载体;是法官公正审理案件、查清案件事实、准确适用法律、维护当事人合法权益的最终体现;是展示司法公正、提升司法公信、弘扬法治精神、宣传社会主义核心价值观的重要司法产品。最高人民法院统一制作裁判文书样式,为全国四级法院和广大法官提供一体遵行的标准化文本,既是严格公正司法的必然要求,也是司法活动、司法行为规范化、公开化的必然体现。当事人参考民事诉讼文书样式,是当事人在诉讼过程中依法行使或处分民事实体权利、程序权利以及认可、负担或履行民事义务的重要凭证。法院提供给当事人可参考的诉讼文书样式,不但帮助当事人解决了制作诉讼文书的困难,是司法为民、司法便民、司法利民的重要举措,而且通过引导当事人正确选择并适用诉讼过程中所需文书,客观上起到了释明的作用,有利于规范当事人的诉讼行为,反映当事人的实体权利和程序权利,为民事诉讼程序依法、有序、规范进行创造良好条件。

(二)通过民事诉讼文书样式的贯彻实施,促进人民法院审判体系和审判能力现代化

随着我国社会经济的快速发展,特别是经济发展进入新常态,人民法院的民事审判执行工作越来越繁重,面临的挑战越来越大。2015年,全国法院新收案件1689万件,其中民事案件1059万件,执行案件398万件,占全国法院各类案件总数的86%。2016年截至6月上旬,全国法院新收各类案件897万件,其中民事案件548万件,执行案件232万件,合计780万件,同

样占全国法院各类案件总数的86%。民事审判执行工作案件量最大、涉及面最广、化解社会矛盾压力前所未有。但是，目前的民事审判工作既面临着法院内部现有资源配置与案多人少不相适应的结构性矛盾，也面临着现有审判机制不合理、审判运行效率低、审判能力跟不上等突出问题。在"让审理者裁判，由裁判者负责"的审判制度改革背景下进行的民事诉讼文书样式修订工作，实际上是一项关系到人民法院裁判文书规范化建设的具有战略意义的系统工程，是人民法院审判体系、审判管理、审判能力现代化的重要标志。因此，实施民事诉讼文书新样式，要主动适应当前民事审判面临的新情况新形势，以推进审判体系、审判能力现代化为目标，坚持以审判为中心，充分利用裁判文书样式，优化司法资源配置、提高审判质效，区分审级特点，推进繁简分流，兼顾地区差异，满足当事人需求，努力以较小司法成本取得最大法律效果，实现公正与效率更高层次的平衡。

（三）通过实施民事诉讼文书样式，进一步提升裁判文书公开的质量，推进构建开放、动态、透明、便民的阳光司法机制

推进审判公开，依法及时公开生效法律文书，加强法律文书释法说理，建立生效法律文书统一上网和公开查询制度，是十八届四中全会决定对人民法院确保公正司法、提高司法公信力提出的明确要求。《人民法院四五改革纲要》对裁判文书改革和制作也有具体规定。自2014年1月1日全国各级法院裁判文书上网公开工作全面推开以来，裁判文书上网公开成绩显著。仅就民事裁判文书来看，据人民法院数据集中管理平台的最新统计，截至2016年6月上旬，上网公开的民事裁判文书达1127万个，知识产权裁判文书14万个，执行裁判文书287个，合计1428万个，占人民法院各类裁判文书总数1816万个的78%。近年来，裁判

文书成为社会传播热点,如"无锡冷冻胚胎案""惠州许霆案"等案的裁判文书被公众和媒体誉为"伟大的判决",很好地阐释了法治精神,弘扬了公序良俗,引领了社会风尚。但是,我们要清醒地看到,也有个别错漏较多的裁判文书经媒体曝光,引发社会公众负面评价;一些上网的裁判文书格式不规范、要素不齐全、质量有瑕疵,影响司法权威和公信。因此,这次民事诉讼文书样式修订,坚持把质量放在第一位,力争从源头上为裁判文书公开打好基础,把好关。

(四)要认真学习领会裁判文书制作规范

在这次修订工作中,我们专门制定了裁判文书制作规范,这对规范和统一民事裁判文书的写作标准,确保裁判文书要素齐全、结构完整、格式统一、逻辑严密、条理清晰、文字规范、繁简得当具有重要意义。全国广大法官要认真学习,全面领会,严格遵守。按照该制作规范要求,为确保裁判文书唯一性,防止伪造、变造,各级法院要逐步推行裁判文书增加二维条形码做法。

(五)要在严格遵循民事诉讼法、民诉法司法解释规定,尊重司法规律的前提下,从审判实际出发,在适用文书样式时坚持原则性与灵活性相结合

这次民事诉讼文书新样式在制定过程中,充分考虑了不同审级、不同类型、不同地区民事案件的不同特点,充分吸收了全国四级法院广大法官在长期审判实践中积累的制作裁判文书的经验,既提出了统一的、规范的要求,又给予一线办案法官根据案件具体情况一定的自由制作空间。比如,争议焦点放在裁判文书的具体位置,由法官根据案件具体情况处理,不作硬性的统一要求。对于当事人没有争议的事实及证据,当事人举证、质证过程可以不用在裁判文书中罗列和说明,而可以直接予以确认;要求

判决书应当集中体现法官对当事人之间有争议的事实、证据进行说理,阐明法官对证据采信、事实认定形成内心确信的理由和结论;对诉辩双方提交的有争议的证据及其质证情况,可以由法官在对证据采信的理由进行论述时进行交待。二审、再审裁判文书应当概括前审裁判认定事实、理由及结果,但要避免全文复述。在驳回起诉、不准撤诉以及管辖权异议裁定等程序性事项的裁定中,对当事人有争议的程序性事实,应当在裁判文书中写明当事人举证、质证以及法院认证情况;对没有争议的事实,只需写明驳回起诉的法律依据和理由;对于终结诉讼裁定,应当列明与直接涉及终结诉讼与否有关的事实、认定,其他事实不宜写明。此外,根据审委会要求,法官助理是否在裁判文书上署名,允许各级法院进行探索。

(六)要认真做好实施民事诉讼文书样式学习宣传培训等工作

民事诉讼文书样式两个文件自2016年7月5日发布,8月1日实施,有约1个月过渡期。全国法院要高度重视,采取有效措施做好学习、宣传、培训工作。各级法院可利用多种形式自行组织学习、业务培训,也可以委托法官学院进行分批轮训。最高人民法院参与诉讼文书样式修订的有关部门要加强对地方法院的指导,信息部门要积极推动诉讼文书样式电子模板化,争取尽快上网,切实方便法院、法官、律师和当事人检索、下载和使用。此外,在学习、培训和审判实践中如果发现诉讼文书样式存在不足与问题的,地方各级人民法院要及时向最高人民法院反映、报告。

解读《最高人民法院关于防范和制裁虚假诉讼的指导意见》

程新文*　冯小光**　王友祥***　王　丹****

为严厉打击虚假诉讼违法犯罪行为,保护案外人合法权益,维护社会诚信和诉讼秩序,提升司法权威和司法公信力,最高人民法院在广泛调研的基础上,根据刑法、侵权责任法、民事诉讼法等法律的相关规定,结合民商事审判实践中已经发现的虚假诉讼情况,经审判委员会民事行政审判专业委员会第234次会议讨论,通过了《最高人民法院关于防范和制裁虚假诉讼的指导意见》(以下简称《指导意见》)。《指导意见》于2016年6月20日公布并实施,共18条,主要对虚假诉讼的界定、虚假诉讼的表现特征、认定虚假诉讼的途径和方法、对参与虚假诉讼不同主体的制裁以及对虚假诉讼的防范等问题进行规定。现就《指导意见》所涉及的主要问题作出说明。

---

* 最高人民法院民事审判第一庭庭长。
** 最高人民法院民事审判第一庭副庭长。
*** 最高人民法院民事审判第一庭审判长。
**** 最高人民法院民事审判第一庭法官。

一、关于虚假诉讼的界定与识别问题

(一) 虚假诉讼的界定

严格来说,虚假诉讼并不是一个法律上的专门术语,只是近些年来理论和实践对类似现象的一个概括称呼,因此,"虚假诉讼"这一概念的内涵和外延并不准确和清晰。《指导意见》第一条对虚假诉讼的界定是制定过程中争议比较大的一个问题。一种意见认为,所谓"虚假诉讼"必须要求双方当事人之间存在恶意串通,也即在诉讼中不存在相互对抗的"两造",这是虚假诉讼的本质特征;另一种意见认为,"恶意串通"的范围太窄,实践中不仅存在双方当事人恶意串通的情形,也存在一方当事人单独捏造事实、提供虚假证据故意提起诉讼的情形,两者都应该属于"虚假诉讼"范畴。理由为:(1)司法实践中存在一方当事人通过捏造事实、提供虚假证据提起诉讼,企图骗取法院裁判文书非法获取对方当事人利益的情况。常见的诸如,民间借贷已经偿还情形下要求对方再次偿还、对通过暴力等非法手段取得的借条等主张债权或者在对方当事人出庭情况下难以胜诉的诉讼请求,在起诉时故意隐匿对方当事人居住地址,致使法院缺席判决使其不当胜诉等。(2)对于这类以诈骗为目的的欺诈型虚假诉讼,目前只可依据民事诉讼法第一百一十一条进行制裁,既不能以虚假诉讼名义进行制裁,又难以移送公安机关以涉嫌诈骗犯罪予以侦查,此类虚假诉讼行为在民事诉讼中被制裁处罚有缺失、不周全。(3)《刑法修正案(九)》对于虚假诉讼犯罪规定"以捏造的事实提起民事诉讼,妨害司法秩序或者严重侵害他人合法权益的……",该规定显然包含了"双方串通型"与"一方欺骗型"两种虚假诉讼情形。既然刑法对此已经有明文规定,为对应刑事处罚,在不需进行刑事追责时,需要有相应规格的妨碍民事诉讼程序司法制裁。我们经研究，倾向认为，对于一方存在虚假起诉或者恶意起诉情况的，可以通过举证、质证、对方抗辩等方式予以排除，这属于事实认定问题，现有的民事诉讼程序完全可以解决，不需要通过纳入虚假诉讼范畴进行规制。

对于第一条的表述，原来采用定义式结构，具体表述为"诉讼参加人恶意串通，捏造事实，经符合程序的诉讼形式，使法院作出错误裁判，妨害司法秩序或者侵害他人合法权益的违法行为，应当作为虚假诉讼处理"。在调研论证过程中，有意见认为，定义式的表述比较封闭，"虚假诉讼"本身就是对实践现象的一种模糊概括，不宜采用定义式的表述。《指导意见》采纳了上述意见，最后采用要素式结构表述，使得对虚假诉讼的防范和制裁更具开放性特征。

（二）虚假诉讼的特征

通过调研我们发现，民事虚假诉讼行为与其他正常的民事诉讼行为存在诸多不同之处，归纳起来，虚假诉讼主要有以下特征：（1）从当事人之间的关系看。虚假诉讼主体间多为夫妻、父母与子女等近亲属关系；或者是朋友、同学关系；或者是关联企业、上下级关系。（2）从当事人各自的经济状况看。原告诉讼请求的标的额可能与其自身经济状况不相符合，数额较大或不合常理；被告的经济状况通常不佳或者尚存在其他经济纠纷。（3）从当事人之间的诉讼行为和默契程度看。原告不主动参加诉讼活动，而被告积极应诉；被告对原告的诉讼请求往往不作抗辩或不进行实质抗辩，且主动自认的情况较多。（4）从个案证据链条的完整性看。原告提供的证据往往只能证明案件的主要事实，对于相关辅助事实的证明则缺乏证据且言词模糊，法庭询问容易紧张、闪烁其词、前后矛盾。如民间借贷案件的当事人往往对资金来源、用途及交款方式陈述存有漏洞,尤其在交款方式上,当事人一般都会称系现金支付。(5)从结案方式看。一般以调解方式结案,且调解协议的达成和履行异常顺利。据四川省高级人民法院统计,有超过四分之三的虚假诉讼案件是以调解方式结案的。但由于近年来虚假诉讼现象引起法院关注,当事人为了做到"效果逼真",在诉讼过程中注重了技巧,增加了"对抗性",让法院出具判决书的情况有所增多。《指导意见》通过对上述特征的进一步提炼,明确警示在实践中,要特别注意以下情形:(1)当事人为夫妻、朋友等亲近关系或者关联企业等共同利益关系;(2)原告诉请司法保护的标的额与其自身经济状况严重不符;(3)原告起诉所依据的事实和理由明显不符合常理;(4)当事人双方无实质性民事权益争议;(5)案件证据不足,但双方仍然主动迅速达成调解协议,并请求人民法院出具调解书。

(三)虚假诉讼频发的案件类型

实践中,以下案由的民商事案件属于虚假诉讼的高发领域:

1. 民间借贷案件。比较常见的表现有两种:一是因对抗已生效判决的债务履行或为在离婚纠纷诉讼中分得更多财产,通过虚构债务,利用民间借贷合同进行虚假诉讼,规避法律,逃避债务;二是当事人企图借助法院的裁判变非法财产为合法财产。这种行为在审判实践中最常见的是高利贷、赌债,以赠与、买卖或民间借贷的形式诉诸法院,意图将不受法律保护利益变为合法之债。如江苏省盐城市中级人民法院2012年至2014年发现的24件虚假诉讼案件中,有17件为民间借贷案件。

2. 离婚案件。在调研中发现,离婚纠纷案件是虚假诉讼行为的高发区。主要表现为:一是在离婚纠纷诉讼中伪造证据、虚构债务,导致法院将虚构的债务认定为共同债务,以达到多分财产、少担债务之目的;还有当事人与其父母串通,将父母赠与性质的财产说成是借贷性质,以达到多分财产的目的。二是利用离婚,转移夫妻共同财产,逃避一方个人债务;或者利用离婚规避国家限购、限贷政策;或者利用离婚获取更大的拆迁补偿或安置待遇。

3. 涉拆迁不动产的继承、析产纠纷案件。根据《城市房屋拆迁管理条例》规定,房产安置以"户"为单位,货币安置主要以实际安置面积为依据。部分当事人通过"假离婚"、虚假确权、虚假析产、分户等方式,恶意串通,进行虚假诉讼,试图利用法院出具的裁判文书来对抗拆迁政策,以期谋求更多拆迁利益。

4. 商品房买卖合同案件。主要表现为:(1)虚构商品房买卖关系,以支付了大部分房款的消费者身份来对抗建设工程优先受偿权和银行抵押权。(2)被执行人和案外人串通,虚构买卖事实,由案外人向法院提起执行异议之诉,达到解除对房屋的执行措施、逃避执行目的。

5. 以物抵债纠纷。主要是通过虚构债务关系并签订以房抵债协议的方式规避国家税收或商品房限购、限贷政策。

6. 劳动争议案件。此类案件虚假诉讼行为集中表现为在劳动报酬数额上动手脚。大致可以分为:一是虚构管理人员高额劳动报酬,在企业财产中优先支付,损害其他债权人利益。较为突出的是民营企业,由于较多采用家族经营方式,由家庭成员或者亲朋好友担任管理人员,更容易形成通谋。二是普通职工与企业恶意串通,虚报工资金额,导致调解或裁判存在"水分",最终实现"工资"回流目的。三是有的债权人在企业主配合下,将普通债权如加工费、借款等债务虚报混入职工工资,以期全额受偿。

四是管理人员与他人串通虚报工资。五是人身损害事故发生后，用人单位出具虚假证明，以实现工伤保险赔偿与第三人侵权赔偿"兼得"。如2013年，江苏省南通市一基层法院受理的原告翟某良等6人与被告温州联宇公司追索劳动报酬一案，翟某良等人利用其工程实际施工人身份，使用项目部公章伪造工资结算单，向被挂靠单位温州联宇公司主张劳动报酬。法院审理中及时发现，拟移送公安机关，后翟某良等人撤诉。

7. 涉建设工程优先权虚假诉讼。调研发现，业主与承包人串通倒签、制造优先权行使证据的情况时有发生。由于当前规定对优先权有6个月的行使期限要求，建设单位在自身资不抵债的情况下，与承包人串通，由承包人在建设工程案件中主张优先权，并对工程造价金额认定上予以配合。根据规定，银行抵押权次位于建设工程优先权，因此极易导致银行债权受偿困难。据浙江省法院反映，在民事诉讼中查明业主是否与承包人串通制造优先权行使证据，目前难度较大。如德清县人民法院2015年查实的案件，即是在公安机关介入调查后，当事人方才承认造假行为。

8. 虚构房屋租赁关系规避执行。法院在执行中拍卖被执行人的房屋包括已设定抵押的房屋时，时常有案外人以其对该房屋享有租赁权为由主张拍卖不破除租赁的情况发生。据浙江法院不完全统计，2013年1月至10月仅五大国有商业银行在浙分支机构，就遇到贷款时房屋抵押人承诺不存在租赁情况、但处置时案外人却出来主张租赁权的案件121件，标的额达177168.55万元。此外，还有诸如需公告的离婚案件、虚构住所地选择管辖法院以及债务人自行申请破产案件等等。考虑到虚假诉讼现象非常复杂，上述以案由划分的方式也存在挂一漏万的情况，因此，《指导意见》并未对每一类型的案件分别进行规范，而是在第4条采用列举式表述的方式作出一个提示。

二、关于虚假诉讼的认定问题

（一）虚假诉讼的认定方式

针对虚假诉讼的特点，《指导意见》对《最高人民法院关于适用〈中华人民共和国民事诉讼法〉的解释》（以下简称《民事诉讼法司法解释》）中有关证据采信和事实认定的规定进行了整合。具体有以下几个方面：

1. 关于依职权调查取证问题

根据通说，民事诉讼的基本模式分为当事人主义和职权主义两种。其中当事人主义的诉讼模式有两方面的基本含义，一是民事诉讼程序的启动、继续均依赖于当事人，法院不能主动依职权启动和推进民事诉讼程序。二是法院裁判所依赖的证据只能靠当事人提供。我国民事诉讼程序经历了从职权主义为主到当事人主义为主模式的转变，目前原则上采用当事人主义，但是并未否认职权主义的作用和功能发挥空间。民事诉讼法第六十四条第二款规定，当事人及其诉讼代理人因客观原因不能自行收集的证据，或者人民法院认为审理案件需要的证据，人民法院应当调查收集。根据《民事诉讼法司法解释》的规定，这些情况包括：（1）证据由国家有关部门保存，当事人及其诉讼代理人无权查阅调取的；（2）涉及国家秘密、商业秘密或者个人隐私的；（3）当事人及其诉讼代理人因客观原因不能自行收集的其他证据；（4）涉及可能损害国家利益、社会公共利益的；（5）涉及身份关系的；（6）涉及民事诉讼法第五十五条规定诉讼的；（7）当事人有恶意串通损害他人合法权益可能的；（8）涉及依职权追加当事人、中止诉讼、终结诉讼、回避等程序性事项的。其中，虚假诉讼符合"当事人有恶意串通损害他人合法权益可能的"以及"涉可能损害国家利益、社会公共利益的"情况。《指导意见》为此规定，在民间借贷、离婚析产、以物抵债、劳动争议、公司分立（合并）、企业破产等虚假诉讼高发领域的案件审理中，对可能存在虚假诉讼的，要适当加大依职权调查取证力度。

2. 关于自认制度的适用

一般认为，自认制度的理论基础在于：（1）意思自治原则。自认制度的建立是民事实体法领域平等自愿和意思自治原则的自然衍生。自认制度将当事人对于己不利事实的承认和表示作为裁判的依据，并免除对方当事人的举证责任，就是充分考虑到民事诉讼的平等性和私域性，对当事人的意思自治给予充分尊重，并使之产生法律效力。（2）处分原则。处分原则是指民事诉讼当事人有权在法律规定的范围内处分自己的民事实体权利和诉讼权利。自认制度表达了这样一种理念，即当事人已经自认的事实法院不管其真实性如何都将排除对自认事实真实性的怀疑。（3）辩论原则要求法院将当事人之间无争议的事实作为裁判的依据，构成了自认对法院产生拘束力的效力来源。辩论原则下的自认制度，其核心是以当事人的辩论内容制约法官的裁判，这体现了对当事人诉讼主体地位的尊重，也是程序正义在民事诉讼中的内在要求。实践中，很多虚假诉讼的当事人利用这一制度，避开法院对事实的审查，在有利害关系第三人未参与的情况下，制造虚假诉讼。比如，为了对小业主这一弱势群体作出倾斜保护，最高人民法院出台相关司法解释，规定支付了全款或大部分房款的小业主，可以对抗建设工程价款的优先受偿权，可以对抗在先的银行抵押权，也可以对抗法院的强制执行。但是，银行监管等配套政策措施的缺位，使得出卖人为了逃避支付建设工程款或银行贷款而虚构房屋买卖关系。因此，《指导意见》根据《民事诉讼法司法解释》规定,强调自认不符合常理的,要做进一步查明,不能简单地直接以当事人自认的事实作为裁判的依据。查明的事实与自认的事实不符的,不予确认。

3. 关于当事人及证人签署保证书制度

民事诉讼法第六十二条规定,离婚案件有诉讼代理人的,本人除不能表达意思的以外,仍应出庭;确因特殊情况无法出庭的,必须向人民法院提交书面意见。除此之外,民事诉讼法并未规定当事人本人必须到庭参加诉讼。实践中,虚假诉讼的当事人为了避免露出破绽,一般均委托代理人参加诉讼,本人并不参加。为此,《民事诉讼法司法解释》第一百一十条规定,人民法院认为有必要的,可以要求当事人本人到庭,就案件有关事实接受询问。在询问当事人之前,可以要求其签署保证书。保证书应当载明据实陈述、如有虚假陈述愿意接受处罚等内容。当事人应当在保证书上签名或者捺印。负有举证证明责任的当事人拒绝到庭、拒绝接受询问或者拒绝签署保证书,待证事实又欠缺其他证据证明的,人民法院对其主张的事实不予认定。从调研了解的情况看,在民间借贷纠纷中,要求当事人本人到庭并且签署保证书,对涉及虚假诉讼的当事人有很大的震慑作用,在实践中产生了比较好的效果。《指导意见》对此充分肯定,并专门要求充分发挥这一规定的作用,同时,要求进一步探索当事人宣誓制度,加大威慑力。根据民事诉讼法规定,除了因健康原因不能出庭的,或者因路途遥远、交通不便不能出庭的,或者因自然灾害等不可抗力不能出庭的等特殊原因不能出庭的外,证人都应当出庭作证。《指导意见》重申要严格证人出庭制度并探索证人的宣誓制度,进一步增强诉讼参与人的诚信意识,这对实践中证人随意作证、虚假作证的规制有较强的针对性。

4. 关于对调解协议加强审查的问题

调解的优点是"快、准、稳",这可谓是虚假诉讼的"温床"。很多虚假诉讼行为人都选择走调解这条路来实现自己的不正当目的。另一方面,在民商事审判领域,基于各种因素考虑,仍存在重调解、重结案率的情况,只要双方当事人达成调解协议,法院一般乐见其成,很少再去费时费力地审查是否存在真实的法律关系。这在客观上也为虚假诉讼当事人通过调解方式结案提供了可乘之机。而且,部分法官由于缺乏审判经验和技巧,责任心不强,总想着快结案多结案,怠于履行职责,对当事人的不正常言行警惕性不高,对证据的审查不细致,也使得虚假诉讼行为人蒙混过关。民事诉讼法第九条规定,人民法院审理民事案件,应当根据自愿和合法的原则进行调解;调解不成的,应当及时判决。在虚假诉讼的情况,调解协议因存在损害国家利益、社会公共利益和案外人合法权益的情形,违反了合法性原则,《指导意见》对此明确,对双方主动达成调解协议并申请人民法院出具调解书的,应当结合案件基础事实,注重审查调解协议是否损害国家利益、社会公共利益和案外人的合法权益。制造虚假诉讼的另外一个渠道是人民调解协议司法确认领域,在人民调解协议司法确认案件中,由于人民法院一般只对人民调解协议做形式审查,只要双方当事人共同到人民法院申请司法确认,法院一般不对基础事实再去查证,这又为某些恶意诉讼的当事人提供了一条便利的渠道。为此,《民事诉讼法司法解释》第三百五十八条规定,人民法院审查相关情况时,应当通知双方当事人共同到场对案件进行核实。人民法院经审查,认为当事人的陈述或者提供的证明材料不充分、不完备或者有疑义的,可以要求当事人限期补充陈述或者补充证明材料。必要时,人民法院可以向调解组织核实有关情况。《指导意见》重申要按照该条司法解释要求，尤其注重审查基础法律关系的真实性。

5. 关于执行其他法律文书过程中的问题

目前，有些当事人慑于人民法院从严惩治虚假诉讼的决心，开始对通过诉讼程序获取非法利益有所忌惮，转而通过公证程序或者仲裁程序获得不法利益确认，然后借由人民法院执行程序使得非法利益变现。所以，在执行中应该严格根据民事诉讼法第二百三十七条、第二百三十八条之规定，对被执行人反映的问题，如仲裁裁决所根据的证据是伪造的、对方当事人向仲裁机构隐瞒了足以影响公正裁决的证据的、公证债权文书确有错误等进行实质性审查，如有必要应该通知被申请人进行申辩或者组织听证。如存在仲裁裁决书与债权公证书是通过捏造事实、恶意串通获取的，人民法院应裁定不予执行，必要时可对仲裁机关或者公证机关提出司法建议。《指导意见》第8条对此进行了规定。

6. 关于通过案外人救济程序发现虚假诉讼问题

虚假诉讼一般会侵害案外人的合法权益，但现实情况是，案外人一般很难知悉他人的诉讼行为，在案外人没能参加到诉讼中来的情况下，很难揭露虚假诉讼行为人的阴谋。民事诉讼法第五十六条规定，对当事人双方的诉讼标的，第三人虽然没有独立请求权，但案件处理结果同他有法律上利害关系的，可以申请参加诉讼，或者由人民法院通知他参加诉讼。在虚假诉讼的情况下，当事人双方不会主动告知第三人存在该诉讼，在第三人无从知晓的情况下，则很难通过主动申请参加诉讼。为此，《指导意见》明确，要充分发挥人民法院依职权通知第三人参加诉讼的规定，以此防范虚假诉讼。此外，第三人撤销之诉、案外人申请再审和案外人执行异议之诉，均是发现虚假诉讼的有效途径。2012年民事诉讼法新规定了第三人撤销之诉制度,该制度实际上主要就是为了防止虚假诉讼行为。此外,案外人执行异议之诉和案外人申请再审制度,也能有效地防范虚假诉讼,当然,实践中,也存在已经终审判决确定承担义务的当事人或进入执行程序的被执行人和他人恶意串通,利用现有法律和司法解释的相关规定,提起虚假的第三人撤销之诉、案外人申请再审或者执行异议之诉的方式,以对抗原诉讼中债权人的合法权利,比如,房地产开发企业因民间借贷纠纷或建设工程合同纠纷判决以其开发的房产返还债务的情况下,其与第三人恶意串通,以双方已经签订买卖合同并支付了全部房款为由提起的执行异议之诉。《指导意见》对此也进行了明确。

(二)虚假诉讼的认定标准

防范和制裁虚假诉讼的瓶颈问题是如何认定某一个诉讼案件为虚假诉讼。由于虚假诉讼的当事人间往往具有较为密切的关系,而民事债权债务关系无须公示,第三人很难识别,往往需要采取侦查手段才能查处,但法院在民事诉讼中仅有一般的调查权而无侦查权,取证难度大;而且即便法官通过自由心证认为存在虚假诉讼的可能性,但在无比较确切的证据的情况下,法院仍要针对当事人的诉讼请求进行处理。在无法认定虚假诉讼的情况下,就谈不上对虚假诉讼的制裁。对虚假诉讼采取何种认定标准,实践中争议比较大,一种意见认为,可参照民事诉讼高度盖然性的证明标准,即只要人民法院经审查并结合相关事实,确信待证事实的存在具有高度可能性的,就可以认定虚假诉讼事实的存在。理由是,在双方当事人恶意串通的情况下,如果双方当事人不主动承认,一般很难认定某一诉讼为虚假诉讼,而如果采高度盖然性标准,则法官依据现有查明的事实,只要认定虚假诉讼的存在具有高度可能性,就可以直接认定,不要求当事人主动承认是虚假诉讼,这有助于对虚假诉讼的打击。另一种意见认为,应参照刑事诉讼排除合理怀疑的证明标准,理由是认定虚假诉讼后,当事人承担的责任较重,在虚假诉讼入刑的情况下尤是,因此,应采取比较严格的证明标准。而且,《民事诉讼法司法解释》第一百零九条有明确规定。第一百零九条规定,当事人对欺诈、胁迫、恶意串通事实的证明以及对口头遗嘱或者赠与事实的证明,人民法院确信该待证事实存在的可能性能够排除合理怀疑的,应当认定该事实存在。虚假诉讼的基本特征之一就是当事人恶意串通,根据上述规定,对此事实是采排除合理怀疑的证明标准。由于该问题争议较大,《指导意见》对此未予明确规定。我们倾向认为,实践中,可以参照《民事诉讼法司法解释》第一百零九条的规定认定。

三、关于虚假诉讼的制裁问题

严厉的制裁是防范虚假诉讼的重要途径。对虚假诉讼的制裁也是《指导意见》的重点和亮点,可以说,《指导意见》针对虚假诉讼初步构建起了一个多角度、全方位的制裁体系。

1. 在制裁方式上,《指导意见》整合现有的相关法律和司法解释规定,本着从轻到重原则,明确了对虚假诉讼的多层次、立体制裁体系。首先,是妨碍民事诉讼强制措施。民事诉讼法第一百一十二条规定,当事人之间恶意串通,企图通过诉讼、调解等方式侵害他人合法权益的,人民法院应当驳回其请求,并根据情节轻重予以罚款、拘留;构成犯罪的,依法追究刑事责任。第一百一十三条规定,被执行人与他人恶意串通,通过诉讼、仲裁、调解等方式逃避履行法律文书确定的义务的,人民法院应当根据情节轻重予以罚款、拘留;构成犯罪的,依法追究刑事责任。虽然法律对以虚假诉讼形式妨碍民事诉讼的行为规定了惩罚的强制措施,但由于目前司法环境等方面的局限,此类措施在实践中很难具体执行到位,《指导意见》通过明确重申的方式对虚假诉讼的后果进一步强调,以体现人民法院惩治虚假诉讼的决心,并对虚假诉讼行为人起到震慑作用。其次,是民事赔偿责任。对于虚假诉讼行为人侵害他人合法权益应该承担相应的民事赔偿责任,实践中的呼声一直比较高,对此,《指导意见》作出了原则性的规定,可以说是对虚假诉讼的惩罚更进了一步,明确虚假诉讼侵害他人合法权益的,应当承担民事赔偿责任。当然,对于该种侵权责任的构成要件以及具体责任范围等,由于理论界目前仍存在争议,可待理论和实践进一步探索,但此项原则性的规定可以在一定程度上加大虚假诉讼行为人的成本预期,对虚假诉讼起到更好的规制作用。再次,是刑事责任。《刑法修正案(九)》将虚假诉讼明文规定为虚假诉讼罪,可谓是对虚假诉讼最严厉的惩罚,对此,《指导意见》要求在民商事案件审理中,发现涉嫌虚假诉讼罪等犯罪行为的,应当依法将相关线索和有关案件材料移送侦查机关,以实现各部门的有效配合。

2. 在制裁对象上,由于虚假诉讼参与人除了原告、被告外,还可能涉及人民法院工作人员、律师、鉴定机构和鉴定人等,《指导意见》分别针对不同主体,规定了相应的惩罚手段,这应该说是首创的,这种精准的制裁威力也是比较大的。对于人民法院工作人员,有相应的法官法、法官职业道德基本准则和法官行为规范等相应规定,《指导意见》在此基础上,规定从严处理,表明人民法院从内部杜绝相关虚假诉讼利益关系纽带的决心。对于律师等其他诉讼代理人,《指导意见》原来的表述是,"禁止其于一定期限内在受诉法院司法管辖范围内代理诉讼案件,并应向司法行政部门、律师协会或者行业协会发出司法建议",后在讨论过程中,考虑到该种代理权利的限制没有法律依据,故最后对"禁止其于一定期限内在受诉法院司法管辖范围内代理诉讼案件"的表述予以删除。

3. 在制裁手段上,考虑到虚假诉讼禁而不止的一个重要原因是法院对虚假诉讼行为人的处罚,并不会影响其社会身份地位、名誉、信誉等社会评价,震慑力不足。更多情形下,即便案件存有疑点,也往往因为证据不足而无可奈何。因此,《指导意见》基于对虚假诉讼产生土壤、司法规制不足等因素考量,明确要求探索建立虚假诉讼失信人名单制度,依托现有的信息平台比如被执行人失信系统以及其他社会诚信体系建设,对虚假诉讼参与人进行全方位的限制措施,摆脱以往单打独斗的局面,使得惩罚更有威慑力。

最高人民法院民二庭负责人就设立清算与破产审判庭答记者问

2016年6月21日,最高人民法院印发《关于在中级人民法院设立清算与破产审判庭的工作方案》。最高人民法院民二庭负责人近日就有关问题接受了记者的采访。

依法审理破产案件和设立清算与破产审判庭的意义

问:依法审理破产案件对于推进供给侧结构性改革,依法处置"僵尸企业"、完善企业退出机制有哪些积极作用?为什么要设立专门的清算与破产审判庭?

答:党的十八届五中全会提出要"更加注重运用市场机制、经济手段、法治办法化解产能过剩,加大政策引导力度,完善企业退出机制"。中央经济工作会议进一步明确要加强供给侧结构性改革,抓好去产能、去库存、去杠杆、降成本、补短板五大任务,结构性改革的重点是化解过剩产能,当务之急是依法处置"僵尸企业"。推进供给侧结构性改革、化解产能过剩既是经济持续健康发展的必要步骤,也是当前中央的重大工作部署。破产审判工作是实现破产法律制度功能,运用法治办法化解产能过剩、淘汰"僵尸企业",完善企业退出机制的重要方式,对于促进供给侧结构性改革目标的实现有重要作用。为了贯彻落实党中央推进供给侧结构性改革的重大决策部署,适应我国经济发展的新常态,我们立足于破产案件审判工作的特点及其重要作用,决定在全国法院设立清算与破产审判庭,以确保破产审判工作的常态化、规范化、法治化。

首先,设立清算与破产审判庭是完善破产案件审理机制,落实中央推进供给侧改革、依法处置"僵尸企业"工作部署的重要举措。当前,增速回落是经济进入新常态的一个重要特征,经济下行压力加大仍是我国经济运行面临的最突出问题。较多企业生产经营面临较大困难,结构性矛盾突出,呈亏损状态。今后一段时间,这些企业将会作为"僵尸企业"进入重整或清算程序,这就对法院工作提出了严峻考验。为确保依法处置"僵尸企业"工作的顺利进行,人民法院必须未雨绸缪,设立专门的破产审判庭,配备足额、专业的审判人员,健全工作机制,为改革工作的顺利推进提供司法保障。

其次,设立专门审判庭是健全市场主体退出机制,为市场经济运行创造良好环境的必然要求。通过破产程序,可以实现债务的有序清偿,使符合条件的企业合法有序退出市场,使困境企业通过重整、和解等程序解困复兴,从而促进国家金融和社会秩序的稳定。近年来,我国破产案件受理数量一直在低位徘徊,大部分资不抵债企业本该适用破产程序退出市场,却因为种种原因并未启动。这种局面阻碍了企业破产法的贯彻实施,使破产制度未能发挥其应有作用,显然也不利于"僵尸企业"司法处置工作的开展。通过建立专门审判庭,充分发挥审判机构的职能作用,促使企业通过合法方式有序退出市场,即使只有三分之一的吊销、注销企业进入破产重整程序,全国破产案件收案数预计也将有大幅提高。对于保护债权人利益、确保市场主体有序退出等方面将发挥重要作用，从而实现破产法律制度维护良性市场环境和信用体系的制度功能。

此外，在法院设置专业的破产审判机构，也是破产法制发达国家的成功经验。在美国，破产法为联邦立法，设立有专门的破产法院。韩国在首尔中央地方法院设立专门的破产部，受理首尔及周边地区的破产案件。德国在地方法院也有专门的破产法庭负责破产程序。从国外经验来看，专门的破产审判机构因具有独立性、专业性和体系完备性等特点，使其处于破产程序的核心主导地位，并作为破产程序中的裁判者维护和平衡各方利益，对于提升破产审判效率、推动破产法律依法实施、维护市场经济健康运行起到重要作用。

设立清算与破产审判庭的总体思路

问：目前，全国法院破产审判机构的设立情况如何？请您介绍一下此次设立清算与破产审判庭的总体思路？

答：总体而言，目前全国法院设立专门破产审判机构的进展情况比较缓慢。近年来，普通民事商事诉讼案件数量激增，人民法院整体上面临"案多人少"困境。很多法院都将有限的审判力量全部投入到普通案件审判中，未建立专门的破产审判组织。从2014年底以来我们在部分法院开展破产审理方式改革试点工作的情况看，凡是设立专门清算与破产审判庭的法院，处理企业清算和破产事务的积极性高、效果好，对于提升破产审判队伍的专业化也有助益。

此次我们在总结改革试点经验、适应新形势的基础上推动在中级人民法院设立清算与破产审判庭，这项工作的总体思路是：一是落实党中央关于推进供给侧结构性改革的决策部署，健全公司强制清算与企业破产案件审判组织,配齐配强专业审判力量,加快公司强制清算与企业破产案件审理。二是提高公司强制清算与企业破产案件审理的专业化水平,统一裁判标准,提高案件审判质效。三是与司法责任制、人员分类管理、职业保障制度和内设机构改革有效衔接、同步推进。四是立足各地经济社会发展情况和法院实际,因地制宜,分类指导,稳步推进。

在具体工作开展上,清算与破产审判庭的设立将坚持审慎、有序、科学、务实原则,分批次、分阶段推进。根据各地经济发展水平、僵尸企业处置工作的实际需求、破产案件审判工作情况,首先在北京、上海、天津、重庆四个直辖市的一个中级人民法院以及河北、吉林、江苏、浙江、安徽、山东、河南、湖北、湖南、广东、四川等11个省的省会城市和副省级市中级人民法院设立清算与破产审判庭,设立工作将于近期完成。其余省(区)省会城市和副省级市中级人民法院将于2016年12月底前完成清算与破产审判庭设立工作。

与此同时,按照扁平化管理和司法责任制改革要求,根据案件数量和岗位需要合理核定人员编制和法官员额,并可根据案件数量适当调整。设立清算与破产审判庭所需人员编制在现有编制内调剂解决。原有机构总数限额内调剂不了的,可以先行设立清算与破产审判庭,在下一步法院内设机构改革过程中调整到位。在设立清算与破产审判庭过程中,各地法院还应当同步推进破产审判法官队伍和司法辅助人员的专业化建设。要加强法官和司法辅助人员的培训,进一步提升法官和司法辅助人员的业务素质;要将纪律意识强、业务素质好、综合能力强的同志向破产审判岗位适当倾斜;要结合破产审判工作特点,搭建成熟的破产审判团队。目前,尤其要督促尚无破产审判法官的法院,加紧发掘、培养专门人才,确保专门审判人员及时到位。

清算与破产审判庭的职能范围与管辖

问:清算与破产审判庭的职能范围是什么?对于破产案件的管辖有哪些影响?

答:清算与破产审判庭是指在法院内部为审理公司强制清算和企业破产案件而设立的专门的审判组织。其中"清算"二字特指我国现行公司法项下的强制清算案件,就破产案件的审理而言,主要包括:

第一,清算与破产审判庭应当依法受理和审理破产清算、重整及和解案件。清算与破产审判庭应充分发挥破产审判职能,推进企业破产法的实施,加快僵尸企业出清步伐,对虽然已经具备破产原因但仍可能适应市场需要、有挽救价值的企业,要充分利用破产重整和破产和解制度,对其进行积极有效的挽救,实现企业再生,促进社会资源充分利用以及多方主体利益共赢;对不具有挽救希望和价值、符合破产清算条件的企业,则应及时启动破产清算程序,促其快速、有序退出市场。通过依法审理各类破产案件,纠正信用定价体系扭曲、缓解汇市压力和防范系统性金融风险,从而为市场创造良好融资环境和创新创业条件,并进一步释放生产要素,更好地发挥市场机制的优胜劣汰功能,促进经济转型升级。

第二,清算与破产审判庭应当加强对破产审判业务的调研和指导,并积极开展破产案件内部协调等工作。破产案件审理具有较强的专业性,清算与破产审判庭应立足于专业审判庭的地位,积极开展对相关审判实务、案件监督管理、司法统计信息、典型案例、管理人队伍建设以及相关业界动态等方面的调研工作,不断提高破产审判工作的专业性水平。加强破产案件审理过程中财产查封、拍卖以及执行等工作的协调,积极推动与地方政府建立企业破产工作统一协调机制,保障处置工作有序开展、稳妥推进,实现法律效果与社会效果有机统一。

第三,依法审理破产衍生诉讼。衍生诉讼由破产案件审判部门集中审理,将减少不同审判部门分别审理的沟通成本,有利于审理破产案件的法官全面了解破产企业的情况,对破产清算工作更好监督指导。在衍生诉讼具体审理中,一是必须按照立案登记制的要求受理审理破产衍生诉讼案件;二是要依法做好破产衍生诉讼案件的管辖,防止滥用管辖来实施地方保护主义;三是要提高审判效率,不得拖延衍生诉讼的审理从而影响破产程序的进程。

就破产案件的管辖而言,主要是出于以下几方面的考虑:一是各地基层法院工作量不均衡,有的基层法院承担了大量清算及破产案件的审理工作,而且随着"僵尸企业"处置工作的推进,以及破产案件立案难问题的逐步解决,基层法院受案数还将上升,如果全部集中到中级法院审理,案多人少的矛盾将更为突出。二是从便利当事人诉讼、提高诉讼效率的角度考虑,对于地域辽阔、交通不便的省份,案件集中到中级法院管辖,将增加各方当事人诉讼成本。一些小微企业的破产案件地域性极强,债务人和财产多集中在基层法院辖区内,如果由中级法院管辖将给法院处置财产造成不便,从而影响办案效率。第三,不利于审判资源的优化配置。如果将管辖权统一上移,中级法院办案压力突增,对基层法院来说也是审判力量的浪费。基于上述考虑,我们对中级法院集中管辖的问题没有作出统一规定,而是建议由各高级法院综合辖区内经济状况、地理环境、审判力量等情况,自行考虑是否由中级法院集中管辖此类案件。

设立专业审判庭有利于加强破产案件的审理

问：据我们了解，企业破产法实施以来每年进入人民法院的破产案件数量很少，主要是什么原因？设立专业审判庭是否有助于解决上述问题？

答： 2007年企业破产法实施后，全国各级法院审理的各类破产案件结案数量呈明显下滑趋势，近几年来，随着最高人民法院破产法相关司法解释的相继出台，以及探索破产审判方式改革试点法院等工作的推动，各地法院主动适应经济发展新常态，积极宣传破产保护理念，破产案件数量有所上升，但上述破产案件数量与全国已吊销、无营业公司的数量并不匹配。与发达经济体相比，我国破产案件数量也明显偏低。上述局面形成的原因，除社会有关方面对破产制度认识不全面、企业破产的外部配套制度不健全之外，法院机构建设不足也是重要因素之一。很多法院缺乏专门审判机构和人才，破产审判经验不足，法院内部破产案件绩效考核机制不合理，进而导致法官不愿办理破产案件等，这都在相当程度上影响了破产案件的受理。解决破产程序"启动难"，就人民法院内部而言，主要就是从设立专门的破产审判机构着手，完善破产案件审理机制，打造专门破产审判队伍，并建立科学的破产审判绩效考核标准，逐步解决破产审判机构缺乏、破产审判能力不强、破产案件缺乏激励等基础性问题。

实践证明，审判机构的设置，不仅要考虑司法实践的现实需求，更要具有前瞻性和预判性，根据市场经济和社会发展趋势提前做好规划，才能主动应对形势变化，充分发挥司法审判职能作用。清算与破产审判庭的设立，不仅是当前处置僵尸企业，服务供给侧改革大局的需求，更是建立健全市场退出机制的必然要求，不能仅以现有的案件数量来考量审判庭设立的必要性。

问：破产案件的审理有哪些特殊性？人民法院如何通过设立专业审判庭来加强和加快破产案件的审理？

答：破产案件审理工作的确具有自身特点，其工作内容、流程、方式与普通案件都存在很大区别。从工作内容看，破产案件审理专业性强，且承担了大量法庭之外的工作；从案件主体上看，破产案件涉及债务人、债权人、职工、政府等多方主体；从法律关系上看，一个破产案件同时会涉及从物权到债权，从人身关系到财产关系，从劳动争议到合同争议的诸多法律关系；从审理周期上看，由于涉及诸多主体的利益，程序复杂，需要处理的事务多，造成破产案件审理周期较长；从社会影响的角度来说，企业进入破产程序后，各方矛盾较为集中，尤其是职工安置问题，处理稍有不当，就容易引发群体性、突发性事件。

破产案件司法实践现状要求法院主动应对形势变化，完善审判机构的规划和设置，促进审判职能的专业化和明晰化，充分发挥破产审判庭司法职能，实现破产案件的依法受理，从而缓解、消除企业破产可能引发的社会负面影响。因此，成立专门的破产审判庭，是破产案件自身特殊性对破产审判机制提出的特殊要求，通过加强破产审判机构和专业力量建设，建立科学的破产案件绩效考核机制，来调动审判部门和广大法官办理破产案件的积极性。专门审判庭的建立也有利于法院根据破产案件实际情况总结经验，提高破产案件的审理效率，通过审判队伍专业化建设提升破产案件审理水平，有效应对错综复杂的法律关系。

破产审判需要进一步完善专业化建设

问：破产管理人在破产程序中有重要作用，专业审判庭的设立对于完善法院对管理人的监督和指导、提升管理人队伍素质有哪些积极影响？

答：破产管理人队伍素质直接决定着企业破产工作的质效。专业破产审判机构的建立，在提升破产审判专业性的基础上，有助于加强对管理人队伍的监督和指导，通过强化和规范对破产管理人的行业管理，健全完善统一的业务操作指引，提高管理人队伍素质，确保管理人的职能作用得到充分适当的发挥。

清算和破产审判庭成立后，其重要职责之一就是负责管理人队伍的管理、培训等相关工作。具体而言：一是要强化破产管理人队伍建设。一方面，通过专业的破产审判庭引导担任破产管理人的传统中介机构吸收擅长企业管理、熟悉科学技术的专门人才，确保对企业破产重整、清算能作出准确有效评估。另一方面，加强对破产案件相关事项的指导和监督，推动破产管理人破产专业知识和执业能力的不断提高。二是要做好管理人分级管理工作。破产案件个案之间差异较大。上市公司等大型企业和金融机构破产的专业性、技术性较强，事务繁重，而有的小微企业破产则相对简单。根据案件复杂程度，针对不同类型的破产案件从不同级别、资质的管理人名册中指定管理人，既有利于确保破产案件质量的提高和破产程序顺利进行，又有利于管理人队伍的发展壮大和整体素质提升。三是要引入淘汰机制，加强对管理人队伍的监督。在实行管理人分级管理的基础上，可以适时引入淘汰机制，即淘汰、增补和升降级制度。根据管理人办理破产案件的业绩和水平，对管理人名册中的中介机构采取增补、除名、升降级措施,加强对破产管理人的有效监督,实现破产管理人自律性和专业性。

问:根据您前面的介绍,清算与破产审判庭还将审理公司强制清算类案件,为什么要将这类案件也一并纳入专业庭的审理范围?

答:将强制清算类案件纳入破产审判庭的管辖范围,主要是基于以下考虑:第一,根据《最高人民法院关于审理公司强制清算案件工作座谈会纪要》第6条之的规定,公司强制清算案件在案件性质上类似于企业破产案件,应当由负责审理企业破产案件的审判庭审理。有条件的人民法院,可由专门的审判庭或者指定专门的合议庭审理公司强制清算案件和企业破产案件。合伙企业和个人独资企业的强制清算案件,案件性质与公司强制清算近似,从司法实践来看,也应纳入清算与破产审判庭的审理范围。第二,在当前经济下行的趋势下,较多企业生产经营面临较大困难,结构性矛盾突出,呈亏损状态。在强制清算期间,出现资不抵债情形的公司,可以直接进入破产程序。因此,将强制清算案件纳入清算与破产审判庭的审理范围,将更有利于案件处理,提高审判质效。第三,从审判实践需求看,企业清算类案件案由规定不全面精确,部分法院以不存在该类案由为由不予立案,最终导致该类案件出现受理难等问题。因此,将这类企业的清算案件纳入清算与破产审判庭的管辖范围,有利于进一步规范受理程序,统一审判思路,从而解决审判实践中存在的问题。正是基于上述考虑,此次设立破产专门审判机构时,将公司强制清算类案件,也纳入该专门审判机构的案件审理范围。

问:您刚才谈到,此次设立清算与破产审判庭是完善破产案件审理机制的重要举措,下一步法院还将采取哪些配套措施来推

动破产审判的专业化建设？

答： 在全面设立清算与破产审判庭，完善破产案件审理机制的基础上，为全面推动破产审判的专业化建设，还需要从以下方面进一步完善相关配套措施。具体而言：

第一，督促各地法院同步推进破产审判法官队伍和司法辅助人员的专业化建设。要加强法官和司法辅助人员的培训，进一步提升法官和司法辅助人员的业务素质。

第二，完善公司强制清算与企业破产案件审判管理和考核办法。要加快制定和完善切实可行的破产审判庭审理强制清算案件相关审理流程、管理规程等，为破产审判工作提供指导规范，实现破产案件审理有规可依、有据可循。

第三，探索完善公司强制清算与企业破产案件快速审理机制。要积极探索破产案件审判工作的创新。如对于资产数额不大、经营地域不广或特定小微企业，可以适用简易破产程序，以提高企业破产案件审判效率。

第四，加强与地方各级政府的沟通、协调工作，积极争取党委、政府和有关部门的支持。对于改革中出现的重大问题，各地法院要及时向最高人民法院报告。

第五，加强与公安、财税等相关部门沟通，借力相关部门和管理人，统筹协调解决破产案件中的疑难问题。通过各方力量的团结协作，不断完善企业破产风险处置工作机制，实现破产案件审理专业化，维护经济有序健康发展。

第六，要加快协调完善破产外部配套机制。破产程序中的破产费用保障问题需要协调财政部门解决，破产企业税收优惠问题需要协调税务等部门解决，企业信用修复也需要工商机关、人民银行等部门解决，此类问题均需要积极协调有关部门予以解决。

最高人民法院民二庭负责人就《关于依法审理和执行民事商事案件,保障民间投资健康发展的通知》答记者问

为深入贯彻落实党中央关于促进非公有制经济和民间投资健康发展的重要指示精神,最高人民法院9月2日发布了《关于依法审理和执行民事商事案件,保障民间投资健康发展的通知》(以下简称《通知》)。

问:请您谈谈出台《关于依法审理和执行民事商事案件,保障民间投资健康发展的通知》的背景?

答:公有制经济和非公有制经济都是社会主义市场经济的重要组成部分,都是我国经济社会发展的重要基础。促进民间投资健康发展,既利当前又惠长远,对稳增长、保就业具有重要意义,也是推进供给侧结构性改革的重要内容。

最高人民法院充分认识到非公有制经济的重要地位,通过多种形式,要求各级人民法院提高认识,积极为非公有制经济和民间投资的健康发展提供司法保障。2014年11月27日,周强院长在最高人民法院召开的全国工商联及非公企业界代表座谈会上提出,各级人民法院要牢固树立平等保护理念,坚持公正司法,坚持依法独立公正行使审判权,坚持法律面前人人平等,依法平等保护非公有制经济主体的合法权益。2014年12月24日,最高人

民法院发布了《关于依法平等保护非公有制经济促进非公有制经济健康发展的意见》，要求各级人民法院充分发挥司法审判的职能作用，为非公有制经济健康发展提供有力司法保障。2015年12月23日，周强院长在第八次全国法院民事商事审判工作会议上，首次提出了审理民事商事案件的六大原则，其中特别提到坚持平等保护原则和依法保护产权原则，要求各级人民法院坚持不同市场主体法律地位平等、权利保护平等、发展机会平等的原则，依法保护产权，依法化解各类矛盾纠纷，促进社会主义市场经济健康发展。2016年4月8日，最高人民法院召开新闻通气会，发布了依法平等保护非公有制经济，促进非公有制经济健康发展十大民事商事典型案例，指导各级人民法院对公有制经济和非公有制经济实现平等保护。

为贯彻落实党中央关于促进非公有制经济和民间投资健康发展的精神，国务院办公厅于2016年7月1日针对近期民间投资增速有所回落的问题发布了《关于进一步做好民间投资有关工作的通知》。为保障党中央精神得到进一步落实，我们经过调研和论证，制定了本《通知》。

问：请问从司法审判角度如何促进民间投资健康发展？

答： 司法机关是审判机关，通过诉讼案件的审理服务经济社会发展。民间投资过程产生的纠纷，有相当部分通过诉讼程序进入人民法院。人民法院通过这些诉讼案件的审理，及时化解民间投资中的各类纠纷，维护各类投资主体的合法权益，保障民间投资的健康发展。

第一，统一严格执法，保障公平竞争。党的十八届三中全会提出，国家保护各种所有制经济产权和合法利益，保证各种所有制经济依法平等使用生产要素、公开公平公正参与市场竞争、同等受到法律保护。人民法院在审理各类案件时，坚持规则平等，依法认定市场主体的权利义务，依法追究违法主体的法律责任，推动建立公平、开放、统一的市场环境，保障各种所有制经济公平参与市场竞争。

第二，加强产权保护，增加投资主体财产财富安全感。有恒产者有恒心。各类投资主体的合法产权得到有效保障，才能增加财产财富安全感，增强社会信心和形成良好预期，增强各类市场主体创业创新活力。各级人民法院通过各类权属纠纷案件审理，准确界定产权关系，保护各类主体依法享有的物权、债权、股权、知识产权等各类财产权利，调动民间投资积极性。

第三，妥善化解纠纷，解决实际困难。民营企业尤其是中小微企业规模相对较小，在经营过程中存在融资难、融资贵等问题。各级人民法院要依法审理融资纠纷案件和劳动纠纷案件，缓解民营企业面临的融资难、融资贵问题，帮助民营企业降低用工成本。

第四，依法采取强制措施，保障正常生产经营。当被告不履行生效裁判时，民间投资主体的权利需要通过执行程序实现。人民法院应当及时受理并办理申请执行案件，帮助民间投资主体回收债权。民营企业被申请强制执行，人民法院在依法采取强制措施时，要尽量减少对企业正常生产经营活动可能造成的不当影响。

问：您刚才谈到加强产权保护，这是当前社会各界普遍关注的问题。请问人民法院是如何加强产权保护的？

答：产权制度是社会主义市场经济的基石，保护产权是坚持社会主义基本经济制度的必然要求。党的十八届三中、四中、五中全会明确提出，国家保护各种所有制经济产权和合法利益，强调要健全以公平为核心原则的产权保护制度,推进产权保护法治化。实现产权保护法治化,离不开民事商事审判工作的有力支撑。

关于产权保护,我国物权法、合同法、公司法、证券法、侵权责任法等法律从制度层面对各类产权进行了确认和保护,这些产权保护的法律只有在实践中得到严格落实,才能实现其立法目的。就人民法院审判工作而言,第一,人民法院通过物权、股权等权属纠纷案件的审理,依法化解市场主体在经营活动中与他人的产权争议,准确界定产权关系,明确和保障各类市场主体依法享有和行使各项合法权利。第二,人民法院通过侵权纠纷案件的审理,依法支持受害人排除妨碍、停止侵害、赔偿损失等请求,制裁各种侵害他人产权的行为,维护市场主体的合法权益。第三,人民法院通过各类合同纠纷案件的审理,准确认定合同效力,依法支持守约方要求继续履行合同、赔偿违约损失等请求,制裁违约行为,维护诚实守信,保护各类投资主体的合法交易。《通知》对涉及民间投资的民事商事案件的审理和执行进行全面规定,要求各级人民法院妥善审理和执行相关案件,为各类投资主体的物权、债权、股权以及知识产权等权利提供全面保护。

问:长期以来,民营企业尤其是中小微企业普遍存在着"融资难""融资贵"问题,制约了民间投资的增长。请问,在拓宽民营企业融资渠道方面,《通知》有哪些举措?

答:近年来,非公有制经济发展迅速,实力不断增强,成为稳定我国经济的重要基础。然而,融资难融资贵仍然是民营企业面临的突出问题,周转资金短缺、融资渠道不畅仍是制约民营企业尤其是中小微企业发展的瓶颈。2015年8月,最高人民法院颁布了《关于审理民间借贷案件适用法律若干问题的规定》,对于企业之间的民间借贷给予了有条件的认可,不仅有利于缓解企业"融资难""融资贵"等顽疾,而且有利于维护民营企业自主经营、保护企业法人人格完整,满足企业自身经营的需要。对于涉及民间投资民事商事案件的审理,《通知》要求,各级人民法院要依法审理金融借款、融资租赁、民间借贷等案件,保护合法金融创新,推动化解民营企业面临的融资难、融资贵问题。一方面,要正确认定新型担保合同的法律效力,助力提升民营企业的融资担保能力,依法支持民营企业多渠道融资,缓解中小微企业融资困难的问题;另一方面,要严格执行借贷利率的司法保护标准,不支持商业银行、典当公司、小额贷款公司等以利息以外的不合理收费变相收取高息,依法打击和处理非法集资犯罪,降低企业融资成本。

【行政与国家赔偿】

最高人民法院赔偿办、最高人民检察院刑申厅有关负责人就《关于办理刑事赔偿案件适用法律若干问题的解释》答记者问

为保障公民、法人和其他组织依法行使请求国家赔偿的权利,规范刑事赔偿案件的处理,最高人民法院、最高人民检察院2015年12月28日颁布了《最高人民法院、最高人民检察院关于办理刑事赔偿案件适用法律若干问题的解释》(以下简称《司法解释》)。最高人民法院赔偿办、最高人民检察院刑申厅负责人为此回答了记者的提问。

问:请介绍一下《司法解释》起草、制定的背景和主要内容。

答: 当前,我国已经进入全面建成小康社会、全面深化改革、全面推进依法治国、全面从严治党的新阶段。党中央高度重视法治建设,坚持法治国家、法治政府、法治社会一体建设,这对刑事赔偿工作提出了新的更高的要求。党的十八届三中、四中、五中全会对加强人权司法保障、强化权力运行的制约监督作出了全面部署;习近平总书记关于"受到侵害的权利一定会得到保护和救济"的重要指示,进一步明确了刑事赔偿工作的重要

使命。

刑事赔偿事关人权保障宪法原则的贯彻落实,事关受公权力机关侵害的权利获得有效救济,事关国家机关违法行权的及时纠正,事关人民群众对司法公信力信心的重塑,是"维护社会公平正义最后一道防线"中的重要环节。近年来,"浙江张氏叔侄案""萧山五青年案""王本余案""福清纪委爆炸案""呼格吉勒图案"等刑事赔偿案件,受到了社会舆论的广泛关注。刑事赔偿案件虽然整体数量不多,但社会影响和关注度极高,故司法机关在坚决防止和依法纠正冤错案的同时,应将处理好冤错案件的依法赔偿作为工作的重中之重。

2010年12月1日,《全国人民代表大会常务委员会关于修改〈中华人民共和国国家赔偿法〉的决定》施行,该决定对国家赔偿法进行了诸多修改。其中,刑事赔偿取消了确认前置程序和共同赔偿,确立了多元的归责原则,将错误刑事拘留赔偿修改为违法刑事拘留赔偿、错误逮捕赔偿修改为无罪逮捕赔偿,增加了精神损害赔偿和利息的赔偿,明确了违法不作为赔偿等。本次立法修改体现了扩大赔偿范围、提高赔偿标准、确立正当赔偿程序以保障赔偿请求人合法权益的立法精神。为了进一步贯彻立法修改的精神,形成统一和较为完善的国家赔偿法律体系、明确刑事赔偿的法律适用、规范刑事赔偿处理程序、统一刑事赔偿标准,最高人民法院、最高人民检察院在总结司法实践经验和整合个案答复的基础上,共同深入调研,广泛听取立法机关、相关国家机关、专家学者和社会各界意见,起草制定了《司法解释》。

《司法解释》一共23个条文,主要内容包括界定刑事赔偿内涵、明确属于终止追究刑事责任的情形、明确侵犯财产权的情形、明确特定情形下逾期申请赔偿的受理、明确违法刑事拘留和再审无罪赔偿的范围、明确免责条款适用、明确赔偿法律关系主体、合理确定赔偿标准、规范赔偿金计算的时间标准、明确赔偿决定效力等。

问：制定《司法解释》遵循的指导原则是什么？

答：在《司法解释》的起草过程中，我们主要坚持以下几项指导原则：

一是遵循依法解释原则。我们严格按照法律规定开展起草工作，确保《司法解释》的内容符合国家赔偿法的立法精神、修法宗旨和规范目的。

二是强调权利救济原则。《司法解释》注重落实宪法尊重和保障人权的庄严承诺，在诸多条款的设计上，突出保护赔偿请求人的权利，规范国家机关的职权行为，严格限制国家免责条款的适用。

三是坚持谦抑原则（权力尊重原则）。在起草过程中，我们坚持尊重其他国家机关的职权空间，注意吸收各机关相关规定、个案答复中的合理内容，并充分考虑各机关的意见和建议。

四是注重可行性和操作性原则。《司法解释》吸纳了既往刑事赔偿法律适用的成熟经验和做法，将合理的相关规定和个案答复上升为司法解释的具体条文。在条文设计上，考虑方便赔偿请求人、赔偿义务机关、复议机关、审判机关在司法实践中的适用。

五是坚持稳妥性原则。在起草过程中，我们对轻罪重判赔偿、超期羁押赔偿、共同侵权赔偿、多因一果的赔偿、指定居所监视居住的赔偿以及违法强制治疗赔偿等内容曾进行调研论证，最终因问题复杂尚需深入研究，删除了相关条文，以确保《司法解释》规定内容的稳妥性。

问：《司法解释》对侵犯人身权赔偿具体进行了哪些规定？

答：《司法解释》对侵犯人身权的规定主要有三个方面：

一是明确"终止追究刑事责任"的情形。根据国家赔偿法第十七条规定，公民申请赔偿应当以"撤销案件、不起诉或者判决宣告无罪终止追究刑事责任"为前提，在调研和就该《司法解释》召开的多次座谈会上，全国各地与会代表和专家都反映，刑事诉讼过程中久拖未决的案件在各地普遍存在，亟须对"终止追究刑事责任"的内涵与外延进行明确，对公民申请刑事赔偿的程序性权利予以保障。通过反复调研和征求意见，《司法解释》将七种特殊情形认定为刑事赔偿中的"终止追究刑事责任"。即办案机关决定对赔偿请求人终止侦查的；解除、撤销取保候审、监视居住、拘留、逮捕措施后，办案机关超过一年未移送起诉、作出不起诉决定或者撤销案件的；取保候审、监视居住法定期限届满后，办案机关超过一年未移送起诉、作出不起诉决定或者撤销案件的；人民检察院撤回起诉超过三十日未作出不起诉决定的；人民法院决定按撤诉处理后超过三十日，人民检察院未作出不起诉决定的；人民法院准许刑事自诉案件自诉人撤诉的，或者人民法院决定对刑事自诉案件按撤诉处理的。上述规定不仅对权利进行了保障，避免"救济无门"，而且较好地解决了刑事诉讼程序与刑事赔偿程序的衔接问题，能有效地规范刑事诉讼中公权力的使用，将在一定程度上减少"疑罪从挂"侵犯权利的情形。

二是厘清违法刑事拘留的赔偿范围和标准。在实践中，对违法刑事拘留赔偿中的"违法"存在不同的认识，《司法解释》明确对公民采取刑事拘留措施后终止追究刑事责任的，无论是违反刑事诉讼法规定的条件，还是违反刑事诉讼法规定的程序，抑或是拘留时间超过刑事诉讼法规定的时限，国家都要承担赔偿责任。这样的规定不仅进一步对"违法"进行了明确，如违反刑事诉讼法规定的条件是指违反刑事诉讼法第六十九条第四款、第七十五条第二款、第八十条、第一百六十三条的规定；而且确定了在处理赔偿案件时应当对刑事拘留的条件和程序进行实质审查，而非形式审查，以便确定是否违法。此外，对于"符合依照刑事诉讼法规定的条件和程序对公民采取拘留措施，但是拘留时间超过规定时限的"，规定刑事拘留的人身自由赔偿金自拘留之日起计算。

三是对无罪羁押赔偿进行合理解释。根据国家赔偿法的规定，再审改判无罪，原判刑罚已经执行的，国家承担赔偿责任。对于数罪并罚的案件经再审改判部分罪名不成立，实践中存在监禁期限超出再审判决确定刑期的情形。对此，有观点认为个罪改判无罪但非完全无罪，不属于无罪被羁押，不符合"无罪羁押赔偿"原则，不应予以赔偿。《司法解释》对此予以明确，即尽管被超期监禁的公民并非完全无罪，但由于其中的部分罪名已经不成立，针对这类具体个罪而言的超期羁押行为构成无罪羁押，应当予以赔偿。这一规定也是对刑事赔偿司法实践发展的回应，如"萧山五青年案"中的部分赔偿请求人就存在"再审改判部分罪名不成立，监禁期限超出再审判决确定的刑期"的情形。

问：《司法解释》对侵犯财产权赔偿主要进行了哪些规定？

答：司法实践中，对于两种侵犯财产权的情形存在较大争议：第一是在没有撤销案件、不起诉或判决无罪的情况下，哪些情形可以纳入国家赔偿法规定的侵犯财产权审查范围;第二是法院作出生效有罪裁决后,对裁决没有处理的财产,刑事赔偿程序中是否有权对相应涉财行为进行审查并作出赔偿决定。《司法解释》结合国家赔偿法的立法精神和赔偿工作的实践经验,对侵犯财产权的情形进行了明确的规定。根据2012年修正的刑事诉讼法,《司法解释》将七种侵犯财产权的情形纳入刑事赔偿审查范围,保证了财产受到侵害的受害人有权进入国家赔偿程序并依法取得国家赔偿。如"采取取保候审、监视居住、拘留或者逮捕措施,在解除、撤销强制措施或者强制措施法定期限届满后超过一年未移送起诉、作出不起诉决定或者撤销案件,办案机关未依法解除查封、扣押、冻结等措施或返还财产的","未采取取保候审、监视居住、拘留或者逮捕措施,立案后超过两年未移送起诉、作出不起诉决定或者撤销案件,办案机关未依法解除查封、扣押、冻结等措施或返还财产的",即属第一种情形;又如"对生效裁决没有处理的财产,办案机关未依法解除查封、扣押、冻结等措施或者返还财产的,或者违法进行其他处理的",即属于第二种情形。

问:《司法解释》对免责条款的适用进行了明确,在实践中能否减少援引免责条款来规避赔偿责任的情形发生?

答:国家赔偿法第十九条规定了国家不承担赔偿责任的情形,但该条规定较为原则,对于实践中如何正确适用存在不同认识,也有个别赔偿义务机关通过援引免责条款来规避赔偿责任。为防止对免责条款的不当适用,《司法解释》对免责条款的适用作了进一步规范。例如该解释第七条规定,依照刑法第十七条、第十八条规定不负刑事责任的人和依照刑事诉讼法第十五条、第一百七十三条第二款规定不追究刑事责任的人被羁押的，国家不承担赔偿责任。但是，对起诉后经人民法院错判拘役、有期徒刑、无期徒刑并已执行的，人民法院应当对该判决确定后继续监禁期间侵犯公民人身自由权的情形予以赔偿。该规定明确区分正当程序期间的羁押与错判导致的羁押，以但书形式宣示了免责条款不为刑事错判背书的立场。为严格规范免责条款的适用，《司法解释》第八条还明确规定了特定情形下免责条款适用的举证责任承担，即赔偿义务机关以公民存在故意虚伪供述、伪造其他有罪证据或自伤、自残等行为为由，主张免除赔偿责任的，应当就该免责事由的成立承担举证责任。上述规定均有助于正确理解和适用免责条款，防止不当适用免责条款规避赔偿责任的情形出现。

问：《司法解释》中的赔偿义务机关是如何遵循后置原则进行设定？

答：公安机关对公民采取拘留措施后，检察机关又采取逮捕措施的，或者对公民采取拘留和逮捕措施后，审判机关曾作出有罪判决的，在公民最终确定无罪的情形下，在实践中由谁作为赔偿义务机关存在不同认识。《司法解释》为了方便赔偿请求人申请刑事赔偿，规范刑事赔偿处理程序，采取赔偿义务机关后置设定方式，明确了由以有罪方式作出过最后处理的国家机关为赔偿义务机关，如对公民采取拘留措施后又采取逮捕措施，国家承担赔偿责任的，作出逮捕决定的机关为赔偿义务机关；又如对公民采取拘留和逮捕措施后，法院一审判决有罪，二审发回重审后作无罪处理的，作出一审有罪判决的人民法院为赔偿义务机关。

问：实践中，侵权既包括了民事侵权，也包括了国家机关侵权，《司法解释》对侵权损害的赔偿标准是否与民事侵权赔偿标准一致？

答：对合法权益进行救济是《司法解释》所持的基本立场。在确定赔偿标准方面，《司法解释》不仅借鉴了民事侵权的赔偿标准，而且还考虑到刑事赔偿的特殊情况，最大限度给予受害人以权利救济。具体而言，《司法解释》对侵犯人身权的医疗费、护理费、残疾生活辅助器具费、误工减少的收入、残疾赔偿金、被扶养人生活费等的赔偿标准，都不同程度借鉴了民事侵权的赔偿标准，对受害人的损失予以填补。其中残疾赔偿金的赔偿标准，按照国家赔偿法的规定，是以国家上年度职工的年平均工资作为计算标准，高于民事侵权人身损害赔偿的上一年度城镇居民人均可支配收入或农村居民人均纯收入标准；又如财产损害赔偿标准，《司法解释》借鉴侵权责任法第十九条"侵害他人财产的，财产损失按照损失发生时的市场价格或者其他方式计算"进行了相应的规定。此外，《司法解释》结合刑事赔偿案件的特点，基于对受害人最大限度给予权利救济的原则，也作出了一些特殊规定，如对于被扶养人生活费的赔偿标准，"能够确定扶养年限的，生活费可协商确定并一次性支付。不能确定扶养年限的，可按照二十年上限确定扶养年限并一次性支付生活费，被扶养人超过六十周岁的，年龄每增加一岁，扶养年限减少一年；被扶养人年龄超过确定扶养年限的，被扶养人可逐年领取生活费至死亡时止"；又如残疾赔偿金标准，"有扶养义务的公民部分丧失劳动能力的，残疾赔偿金可以根据伤残等级并参考被扶养人生活来源丧失的情况进行确定，最高不超过国家上年度职工年平均工资的二十倍"。

问：刚才介绍《司法解释》在加强人权的司法保障方面有很多实质性的进步，可以介绍一下最大的亮点是什么吗？

答：在司法解释的起草工作中，我们从国家赔偿法是宪法相关法、权利救济法和国家责任法的定位出发，强调刑事赔偿的"权利救济"理念，给刑事冤错案件的赔偿请求人获得国家赔偿提供了规范明确、救济充分的程序保障。其中，《司法解释》最大的亮点是明确了"疑罪从挂"案件的受害人有取得国家赔偿的权利。《司法解释》的第二条、第三条将一些特殊情形认定为"终止追究刑事责任"，并可据此启动国家赔偿程序，直接针对司法实践中长期存在的刑事办案环节挂案不作结论的"程序梗阻"现象，是贯彻实施国家赔偿法在司法理念和操作机制上的重大突破，改变了国家赔偿程序坐等原案件最终结论的被动局面，解开了受害人要结论得不到、要赔偿不受理的死结，从源头上畅通了国家赔偿程序，使国家赔偿法的权利救济保障功能得以发挥。司法解释的这一规定不仅保障了受害人取得国家赔偿的权利，而且能充分发挥刑事赔偿制度的倒逼功能，将有效防止权力的滥用，有力地促进法治国家建设。

问：《司法解释》正式实施的时间为 2016 年 1 月 1 日，这是出于什么考虑？

答：我国国家赔偿法于 1994 年 5 月 12 日第八届全国人民代表大会常务委员会第七次会议通过，1995 年 1 月 1 日施行。为贯彻实施国家赔偿法，最高人民法院分别于 1997 年和 2000 年出台了行政赔偿和非刑事司法赔偿的司法解释（法发〔1997〕10 号《最高人民法院关于审理行政赔偿案件若干问题的规定》，1997

年4月29日公布;法释〔2000〕27号《最高人民法院关于民事、行政诉讼中司法赔偿若干问题的解释》,2000年9月16日公布),并自1998年开始着手起草刑事赔偿司法解释。因各界对刑事拘留赔偿、违法侵犯财产赔偿等问题存在诸多争议,加之全国人大常委会又着手对国家赔偿法和刑事诉讼法进行修改,《司法解释》的起草制定工作几经中辍,历时18年才得以出台。《司法解释》于2015年12月14日经最高人民法院审判委员会第1671次会议原则通过,2015年12月21日经最高人民检察院第十二届检察委员会第四十六次会议讨论通过,并自2016年1月1日起施行。2016年1月1日是国家赔偿法施行21周年的纪念日,《司法解释》规定自这一天起施行,正是为了表达对国家赔偿法这部人权保障法的纪念和礼赞!并且,这也是继去年最高人民法院和最高人民检察院在北京人民大会堂联合举行国家赔偿法实施20周年座谈会后,再一次向被誉为"我国人权保障的里程碑"的国家赔偿法致敬。

解读《最高人民法院关于审理民事、行政诉讼中司法赔偿案件适用法律若干问题的解释》

刘合华　陈现杰　苏　戈　杨　磊　梁　清*

2016年9月7日，最高人民法院发布了法释〔2016〕20号《最高人民法院关于审理民事、行政诉讼中司法赔偿案件适用法律若干问题的解释》（以下简称《解释》）。该解释于2016年10月1日起施行，将对充分保障公民、法人和其他组织的权利救济，严格规范人民法院的民事、行政审判和执行行为，有效统一非刑事司法赔偿案件的裁量标准，起到积极的重要作用。为正确理解适用《解释》，现就有关问题阐述如下。

一、《解释》的出台背景

根据国家赔偿法第三十八条规定，人民法院在民事、行政诉讼过程中，违法采取对妨害诉讼的强制措施、保全措施或者对判决、裁定及其他生效法律文书执行错误，造成损害的，适用刑事赔偿程序的规定。除行政赔偿、刑事赔偿案件以外，国家赔偿案件还包括仅以人民法院作为赔偿义务机关的，与人民法院在民事、行政诉讼程序和执行程序中行使职权相关的赔偿案件，实践

---

* 作者单位：最高人民法院。

称之为"非刑事司法赔偿案件"。

依法审理非刑事司法赔偿案件,是国家赔偿工作的重要组成部分,也是让人民群众在每一个司法案件中感受到公平正义的必然要求。2000年9月,最高人民法院公布《最高人民法院关于民事、行政诉讼中司法赔偿若干问题的解释》(以下简称2000年《非刑事司法赔偿解释》),列举了违法采取司法强制措施、保全措施和错误执行的具体情形,确立了人身、财产损害赔偿的原则,明确了相关法律程序,成为审理此类案件最主要的规范依据。2004年8月,最高人民法院公布《最高人民法院关于审理人民法院国家赔偿确认案件若干问题的规定(试行)》(以下简称《确认司法解释》),新增了故意拖延执行或者不执行、应当恢复执行而不予恢复等违法行为,明确人民法院撤销原违法裁决的权力,对非刑事司法赔偿解释进行了有力的补充。以上两个司法解释施行多年,为人民法院正确审理非刑事司法赔偿案件,起到了积极的作用。

近年来,人民法院审理非刑事司法赔偿案件的数量不断增加,妥善处理相关矛盾纠纷的难度不断加大。2010年12月,全国人大常委会对国家赔偿法进行了重要修改,畅通了赔偿程序,细化了损害赔偿规则,明确了精神损害赔偿,加大了权利救济力度。地方各级人民法院向最高人民法院陆续反映非刑事司法赔偿审判中的新情况、新问题,亟待加以规范。此外,全国人大常委会于2012年8月对民事诉讼法进行了修订,增加了行为保全制度;于2014年11月对行政诉讼法进行了修订,增加了保全、先予执行等内容。2015年2月、5月,最高人民法院新的民事诉讼法司法解释和行政诉讼法司法解释也先后开始施行。以上审判工作和修法释法的情况,与非刑事司法赔偿审判密切相关,非刑事司法赔偿解释必须作出相应调整。

为进一步贯彻落实国家赔偿法及有关法律,进一步完善国家赔偿法律适用规范体系,进一步规范人民法院依法正确审理非刑事司法赔偿案件,转化前期调研和司法政策的成果,有必要制定新的非刑事司法赔偿解释,在责任构成、赔偿范围、责任份额划分和损害赔偿等方面,为各级法院提供更充足、更精确和更具可操作性的裁判依据。需要说明的是,《解释》不只是对2000年《非刑事司法赔偿解释》的修补,而是在原解释、已废止的《确认司法解释》和《关于国家赔偿法实施中若干问题的座谈会纪要(一)》《关于国家赔偿法实施中若干问题的座谈会纪要(二)》两个司法政策的基础上,重新制定的新的非刑事司法赔偿解释。

二、《解释》起草的指导原则

为确保内容合法、科学、合理并具备较强的可操作性,能够适应人民法院国家赔偿工作当前实践需要和今后形势发展,《解释》在起草过程中坚持了以下几项指导原则:

第一,遵循法律规定和修法精神的原则。立足于国家赔偿法、民事诉讼法、行政诉讼法和最高人民法院有关司法解释的内容,严格遵循2010年国家赔偿法的立法原意及修法精神,确保《解释》的内容符合国家赔偿法的立法宗旨,符合其他相关法律规定。

第二,整合原有司法解释和司法政策的原则。整合2000年《非刑事司法赔偿解释》、因"确赔合一"已废止的《确认司法解释》以及有关司法政策的规范内容,吸收近年来好的审判经验,确保《解释》与原有解释相关内容实现无缝对接,并有所优化提高。

第三,突出权利救济和实质公平的原则。突出权利救济和实质公平的理念，强调尽善补救人民群众的所受损害，进一步明确、细化财产损害赔偿规则，在非刑事司法赔偿中引入精神损害抚慰金条款，凸显非刑事司法赔偿审判的实质正义。

第四，突出规范审判执行权力运行的原则。强调规范人民法院民事、行政审判和执行行为，进一步丰富、体系化可赔偿的司法侵权行为范围，明确人民法院赔偿委员会对侵权行为的司法审查权力。

第五，明确、细化、统一裁量标准的原则。着眼提高非刑事司法赔偿审判工作的规范化、法治化水平，回应近年来实践中出现的新情况、新问题，对一些法律适用和司法裁量问题予以统一。

第六，注重吸收各方面意见的原则。注重听取国家赔偿审判一线法官的意见，注重听取相关领域专家学者的意见，在充分沟通、讨论的基础上，做到兼收并蓄。

三、《解释》的主要内容

《解释》共二十二个条文，分为七个部分，其法律依据和效力来源是国家赔偿法第三十八条，以及民事诉讼法、行政诉讼法及其相关司法解释，主要内容是人民法院审理非刑事司法赔偿案件的若干法律适用问题，多数条款为实体性规范，少数条款为程序性规范。

（一）非刑事司法赔偿的主体

1. 赔偿请求人。在非刑事司法赔偿中，因人民法院及其工作人员行使职权而遭受损害的公民、法人和其他组织，有取得国家赔偿的权利。赔偿请求人必须是作为人民法院职权行为相对一方，其合法权益受到侵害，以自己的名义请求赔偿的公民、法人和其他组织。通常只有作为人民法院职权行为直接实施对象的直接受害人才享有赔偿请求权,但在受害公民死亡、受害法人或者其他组织终止等特别情况下,赔偿请求人资格发生转移,间接受害人也可以成为请求权人。需要指出的是,《解释》第十七条还明确了用益物权人、担保物权人、承租人或者其他合法占有使用财产的人,可以依据国家赔偿法第三十八条规定申请赔偿。在非刑事赔偿司法实践中,除财产所有权人以外,财产的抵押权人、质权人、留置权人、使用人、承租人,以及其他合法占有财产的权利人的合法权益也可能因人民法院违法、错误行使职权等受到损害。对于上述主体能否成为赔偿请求人,以往法律、司法解释未有明确规定,实践中存在分歧。国家赔偿法第三十六条规定,侵犯公民、法人和其他组织的财产权造成损害的,应当予以赔偿。该财产权的涵义不仅指所有权,还包括他物权、债权、知识产权以及其他具有金钱价值的合法权益类型。因此,原则上无论公民、法人和其他组织是否为被侵犯财产的所有权人,凡因人民法院违法、错误行使职权侵害其合法财产权益的,国家应当承担相应的赔偿责任。

2. 赔偿义务机关。同为司法赔偿,刑事赔偿的赔偿义务机关包括公安机关、安全机关、检察机关、审判机关、监狱管理机关,而非刑事司法赔偿的赔偿义务机关仅限于审判机关。一般情况下,非刑事司法赔偿中的赔偿义务机关是实施司法行为的人民法院。但在实践中,人民法院司法行为经上级人民法院复议改变后给当事人造成损害的情形亦有发生,该类案件应以作出原司法行为的人民法院为赔偿义务机关,还是以复议机关作为赔偿义务机关,需要统一认识。民事诉讼法主要规定了四种复议,即司法强制措施复议、保全复议、先予执行复议和执行复议。上级人民法院未能正确查明事实,或者错误适用法律,作出的复议损害复议申请人、相对人或者其他利害关系人的合法权益的,如仍由实施司法行为的人民法院作为赔偿义务机关,与"权力与责任相一致"的法治原则、国家赔偿法规范公权行使的立法宗旨难以相洽。因此,《解释》第十八条规定,违法采取强制措施、保全措施、先予执行措施或者执行错误,系因上一级人民法院复议改变原裁决所致的,由该上一级人民法院作为赔偿义务机关。也就是说,司法行为经上级人民法院复议维持的,由作出原司法行为的人民法院为赔偿义务机关。如下级人民法院原司法行为正确,复议机关改变错误并导致损害的,复议机关应作为赔偿义务机关

(二)非刑事司法赔偿侵权行为的类型与范围

《解释》效仿国家赔偿法,采取"一般条款+具体列举"的总分体例。《解释》第一条规定了非刑事司法赔偿的一般条款,除对非刑事司法赔偿责任构成进行了共性抽象,确立了所有非刑事司法赔偿的责任构成基础和请求权规范基础,明确了非刑事司法赔偿适用违法归责、过错归责为主的多元归责原则以外,还涵括作为与不作为的行为形态,包括违法采取司法强制措施、保全措施、先予执行措施、错误执行等侵权类型,对《解释》全篇起到了提纲挈领的作用。《解释》第二条至第六条对非刑事司法赔偿侵权行为的类型与范围进行了具体列举,丰富并体系化了可赔偿的行为范围,为人民法院及其工作人员划下了不当为、不该做的红线。

1. 对违法采取先予执行措施予以单列。《解释》在2000年《非刑事司法赔偿解释》规定违法采取司法强制措施、违法保全、错误执行三类侵权行为类型的基础上,将违法先予执行予以单列,理由是:第一,先予执行的目的在于特定金钱义务的给付、特定行为的紧急制止和具体行政行为的实施,表现出保全和执行

的双重性质。在法律和司法解释上，先予执行有其独特的适用范围和法定条件，具有国家赔偿责任构成中违法性判断的独立性，不能简单地将其与保全、执行混为一谈。第二，先予执行在立法体例上与保全、执行分离并列。民事诉讼法将先予执行置于第九章"保全和先予执行"中，与保全并列，同时与执行明确区分；行政诉讼法亦将其与保全区隔开来，《解释》在体例安排上亦应相循，不应混同。第三，审判实践中，人民法院已经长期受理并审查违法先予执行的案件，既审查具体的先予执行措施，也审查裁量先予执行的职权行为。

2. 对错误执行和违法保全行为着重规范。《解释》在吸收2000年《非刑事司法赔偿解释》《确认司法解释》有关侵权行为范围规定的基础上，根据法律、司法解释和审判实践的发展作了更为丰富的规定。在非刑事司法赔偿审判实践中，被申请赔偿的司法行为主要是错误执行和违法保全，这两类案件分别占非刑事司法赔偿案件的60%和25%左右，合计占非刑事司法赔偿案件的80%以上。为此，《解释》以法律、司法解释、部门规章及实践情况为前提，着重对错误执行和违法保全这两类侵权行为进行了规范，将现有法律和司法解释中关于人民法院在保全、执行程序中应尽的法定义务予以囊括，更好地贯彻落实国家赔偿法救济权利、规范公权的立法宗旨。

3. 对侵权行为范围的列举予以丰富。《解释》对违法采取司法强制措施、违法采取保全措施、违法采取先予执行措施、错误执行这四类侵权行为的具体范围进行了细分和明确。第一，违法采取对妨害诉讼的强制措施。《解释》与2000年《非刑事司法赔偿解释》的规定内容基本一致，但对表述和项序进行了调整。第二，违法采取保全措施。与2000年《非刑事司法赔偿解释》相比,《解释》根据审判实践和新民事诉讼法及其司法解释的变化,增加了对不动产、特定动产、不宜长期保存的物品违法采取保全措施,以及违法采取行为保全措施的内容;并对原规定的内容、表述和语序进行了调整。需要注意的是,《解释》吸收了《确认司法解释》的规定,对违法采取保全措施并不仅限于2000年《非刑事司法赔偿解释》规定的依职权保全的情形,还包括人民法院在依申请保全过程中违法行使职权造成损害的情形。第三,违法采取先予执行措施。主要包括违反法定条件决定先予执行,以及超过诉讼请求的数额和范围执行两种情形。通过这一规定,以期防范个别法院滥用职权,不能公平对待当事人,违反法律规定的条件和范围裁定先予执行,以及极少数当事人与法院工作人员勾结,恶意申请先予执行后撤诉,损害另一方当事人利益等现象发生。第四,对判决、裁定及其他生效法律文书执行错误。在2000年《非刑事司法赔偿解释》的基础上,《解释》第五条第(三)项、第(四)项、第(六)项吸收了《确认司法解释》关于故意拖延执行、不执行,应当恢复执行而不恢复,违法将案件执行款物执行给其他当事人、案外人等三种情形的规定;第(七)项、第(八)项、第(九)项新增了违法对抵押物、质物、留置物采取执行措施,对执行中查封、扣押、冻结的财产不履行监管职责,对不宜长期保存的物品违法采取执行措施等三种情形的规定;第(十)项将违法拍卖、变卖、以物抵债的情形区分为两类,一类是违法拍卖,另一类是依法应当评估而未评估被变卖或者以物抵债。此外,《解释》还对人民法院工作人员在民事诉讼、行政过程中侵害公民人身权,造成公民身体伤害或者死亡的事实行为进行了规定。

(三) 侵犯财产权的损害赔偿

非刑事司法赔偿案件主要涉及财产的返还、修复和赔偿，财产损害赔偿的计算规则一直以来都是非刑事司法赔偿审判的热点和难点；特别是在财产不能恢复原状或者灭失的情形下，如何确定损失，在实践中有较大争议。对此，《解释》从以下几个方面进行了规范：

1. 明确了财产损害赔偿的一般原则和特殊规则。第一，《解释》规定凡涉及财产损害赔偿的，仍应以国家赔偿法第三十六条为一般原则，即能返还的返还、能恢复的恢复，不能返还或者恢复原状的予以赔偿。第二，财产不能恢复原状或者灭失的，原则上按照侵权行为发生时市场价格计算直接损失。《解释》沿用了2000年《非刑事司法赔偿解释》以侵权行为发生时作为计算时点的规定，而没有采用损失发生时的计算时点。理由是：在损害赔偿原理上，涉及侵犯财产权的损害时点计算，通说以侵权行为发生时的市场价格作为受损财产的原值，侵权行为发生时往往就是损失发生时，但前者较后者的时点更为确定，便于实务理解和操作，有利于司法裁量的统一。第三，对于一些特定财产如不动产、稀缺物品或者大宗商品等，受到侵权损害的时间较长且受损财产价值发生较大波动的，按照财产原值计算直接损失，显然有失公允。为此，《解释》进一步规定市场价格无法确定或者该市场价格不足以弥补受害人所受损失的，可以采取其他合理方式计算损失，以更加公允地计算财产损失，更加充分地救济权利。这里所说的其他方式可以是资产重置的方法，可以根据财产所在地价格统计数据来计算，还可以委托有关专业机构评估等，具体由人民法院结合案件实际情况决定。

2. 丰富了可赔偿的财产损害范围。在财产损害中，直接损失是现有财产的减少,间接损失是可得利益的丧失。在民事赔偿上,对财产损害适用全部赔偿和实际损害赔偿的原则,不仅要赔偿直接损失,对确定的间接损失也要予以赔偿。民法通则第一百一十七条第三款规定:"受害人因此遭受其他重大损失的,侵害人并应当赔偿损失。"在国家赔偿上,对于人身损害的赔偿,包括医疗费、护理费、残疾生活辅助具费、康复费、丧葬费等直接损失,也包括误工费、残疾赔偿金、死亡赔偿金、被扶养人生活费等间接损失;对于财产损害的赔偿,国家赔偿法2010年修改前仅限于直接损失,修法后增加了对利息的赔偿,从而扩及至间接损失。《解释》根据国家赔偿法的修法精神,在国家赔偿法第三十六条第(七)项规定返还执行的罚款或者罚金、追缴或者没收的金钱,解除冻结的存款或者汇款的,应当支付银行同期利息,以及2000年《非刑事司法赔偿解释》第十二条第(三)项规定对贷款在借贷状态下的贷款利息予以赔偿的基础上,进一步规定应当返还的财产属于现金的,应当支付利息。

此外,对于可赔偿的直接损失范围也进一步予以明确。比如,对于拍卖、变卖财产的损失,《解释》在国家赔偿法第三十六条第(五)项规定的基础上进一步区分和细化。如果应当返还的财产已经依照法定程序拍卖或者变卖的,视该依法拍卖或者变卖的价值为财产直接损失的体现,按照国家赔偿法第三十六条第(五)项的规定给付拍卖或者变卖款。如果人民法院违反法定程序拍卖的,或者变卖的价款明显低于财产价值的,支付相应的赔偿金。又如,对于停产停业期间必要的经常性费用开支,《解释》在2000年《非刑事司法赔偿解释》规定的基础上,除对留守职工工资、必须缴纳的税费、水电费予以列举并进一步明确之外,还增加了应当缴纳的房屋场地租金、针对租赁设备生产的设备租金和针对自有设备生产的设备折旧费等。

3. 确定了银行同期存款利息的计算基准。对于以何种利率计算银行同期存款利息,国家赔偿法未作规定,非刑事司法赔偿实践中做法不一。在比较法上,日本刑事补偿法第4条、第5条规定对侵害财产权的赔偿标准为"由于执行罚金或罚款而给予的补偿,应在已经征收罚金或罚款额的基础上,按照从征收的次日起至决定补偿之日止的日期,加上年息5厘(年利率5%)的数额交付补偿金";美国联邦侵权赔偿法第2411条规定为"依据1346条对美国联邦政府提起之民事诉讼所成立之终局判决,自判决之日起至为清偿判决而提出之拨款获得批准之日或不超过该日后三十日,其利息按年利率4%计算"。《解释》起草过程中经调研认为,如借鉴上述立法例的模式,以较为成熟、稳定的市场化利率即资本平均利润率来客观计算资金孳息的损失,能够做到赔偿数额合理、适当,计算方式简便。为此,《解释》明确以作出生效赔偿决定时中国人民银行公布一年期人民币整存整取定期存款基准利率作为银行同期存款利息的固定计算基准,不计算复利。如应当返还的财产属于金融机构合法存款的,在存款合同存续期间,按照合同约定利率计算利息。这意味着,对于应当返还的合法存款,其存款利率高于一年期人民币整存整取定期存款基准利率的,存款合同存续期间的利息赔偿是"就高不就低",以更好地保护存款人的合法权益。

(四)侵犯人身权的损害赔偿

非刑事司法赔偿以财产损害赔偿为主,但人民法院及其工作人员在民事、行政诉讼过程中侵犯公民人身权的,也应当对人身损害予以赔偿。人民法院及其工作人员在民事、行政诉讼过程中侵犯人身权的行为包括法律行为和事实行为。法律行为主要是指违法采取拘留措施等行为;事实行为包括作为和不作为行为,主要是指《解释》第六条规定的殴打、虐待或者唆使、放纵他人殴打、虐待,以及违法使用武器、警械等行为。无论是法律行为还是事实行为,作为还是不作为行为,如果侵犯了相对人的人身权,国家都应当承担赔偿责任。需要注意的是,人民法院工作人员的行为比如殴打、虐待等,不属于行使职权的行为,但只要与行使职权有关,或者是作为行使职权的一种手段,或者是假借行使职权之便实施的,或者是在行使职权的时间或场所实施的,国家应当对由此造成相对人的身体伤害或死亡的结果承担赔偿责任。即使人民法院工作人员因上述行为已被追究刑事责任,国家也应当承担赔偿责任。

对于精神损害赔偿,根据国家赔偿法第三十五条规定,适用于行政赔偿、刑事赔偿中侵犯人身权造成严重后果的情形,未明文规定适用于非刑事司法赔偿。人民法院及其工作人员在民事、行政诉讼过程中实施违法拘留、殴打、虐待等行为,侵犯公民人身权,造成的损害后果有可能不亚于行政赔偿、刑事赔偿中的损害后果。如将非刑事司法赔偿排除在精神损害赔偿条款的适用范围之外,就会背离国家赔偿法尊重和保障人权的立法初衷,故《解释》将精神损害赔偿首次引入非刑事司法赔偿领域,完善了国家赔偿法精神损害的适用范围。根据《解释》第十一条的规定,非刑事司法赔偿案件中,人民法院及其工作人员侵犯公民人身权造成精神损害的,应当依照国家赔偿法第三十五条的规定,在侵权行为影响的范围内,为受害人消除影响、恢复名誉、赔礼道歉;造成严重后果的,还应当支付相应的精神损害抚慰金。需要注意的是,在侵犯人身权致人精神损害造成严重后果的情形下,消除影响、恢复名誉、赔礼道歉与精神损害抚慰金者两种责任方式应当同时适用。

（五）国家不承担赔偿责任和减轻国家赔偿责任的情形

《解释》对申请保全错误，申请先予执行后败诉，错判执行回转，申请执行人提供执行标的物错误，保管人侵权，人民法院工作人员个人侵权，不可抗力、正当防卫和紧急避险致害等国家不承担赔偿责任的情形予以规定；并对数个原因造成同一损害、受害人与有过失、损失已获补救等应当减轻国家赔偿责任的情形中，如何确定国家赔偿责任范围予以明确。在审判实践中，正确适用国家不承担赔偿责任和减轻国家赔偿责任的条款，理顺关系、分清责任尤为必要。

1. 国家不承担赔偿责任的情形。正确适用国家不承担赔偿责任的条款，需要从两个方面把握：一方面防止以国家赔偿责任替代民事责任。人民法院在民事、行政诉讼过程中，处于居中裁判的地位，人民法院在行使职权过程中因违法侵权而产生的赔偿义务关系与当事人双方之间原有的债权债务关系是两种不同性质的法律关系，二者不能相互替代，不能因人民法院有违法侵权行为而使原债权债务关系归于无形，用全体纳税人的钱为个别民事主体"埋单"。另一方面防止以民事责任逃避国家赔偿责任。在申请保全错误、申请先予执行后败诉、申请执行人提供执行标的物错误、保管人侵权等情形中，同时还存在人民法院及其工作人员违法或者过错行使职权行为的，人民法院对自身的违法或者过错侵权行为承担相应的国家赔偿责任，不能因申请保全人、申请先予执行人、申请执行人、保管人等承担民事责任而逃避依法应当承担的国家赔偿责任。

2. 减轻国家赔偿责任的情形。正确适用减轻国家赔偿责任的条款，要准确把握非刑事司法赔偿中违法归责、过错归责为主的归责原则，穷尽其他救济途径的归责前提。因多个原因或与有过失造成的损害，国家赔偿限于人民法院自身违法侵权行为造成损害的部分，而不能替代当事人、第三人、案外人等其他责任人的民事责任。损失已经法定程序获得赔偿、补偿的，人民法院对该部分损失国家不承担赔偿责任。具体而言：第一，对于数个原因造成同一损害结果的非刑事司法赔偿案件，主要根据作用力来确定国家赔偿责任的份额。实践中，此类案件经常发生。比如，人民法院对公民违法采取拘留措施，在拘留期间，同仓人侵犯公民人身权，而人民法院工作人员未及时制止，导致公民人身伤害的。又如，人民法院工作人员在执行中存在违法情形，但第三人或者案外人也存在过错，甚至还有不可抗力等自然原因，共同导致损害结果发生的。对于此类情形，依照作用力来确定国家赔偿责任的份额。需要说明的是，《解释》中的"作用力"，系就原因力而言，具体指导致同一损害结果的数个原因中，各原因对于该损害后果的发生或者扩大所起的作用力。除原因力以外，还应当考虑过错程度等其他因素，采取原因力为主、过错程度等其他因素为辅的原则来确定国家赔偿责任的份额。第二，受害人对损害结果的发生或者扩大也有过错的，可以减轻赔偿义务机关的责任，这是与有过失情形中的过失相抵。实践中，此类案件较为常见。比如，人民法院违法保全财产并导致损害，但被保全人对属于自己所有且就地保全的财产不尽注意义务，放任财产被他人或者自然原因损害，甚至自己故意弃毁财产的，对于因自身过错导致损害的部分，可以减轻人民法院的责任。第三，损失已经法定程序获得赔偿、补偿的，人民法院对该部分损失不承担国家赔偿责任。在民事、行政诉讼过程中，当事人或者第三人主张人民法院的职权行为侵害其合法权益的，法律、司法解释提供了权利救济渠道。比如司法强制措施的复议、保全和先予执行的复议、执行程序中的复议和异议以及执行监督制度等。在诉讼程序或者执行程序尚未终结时,当事人或者第三人通过上述救济途径主张权利,人民法院查证属实并对其所遭受损害通过回转、返还、修复或者赔偿予以救济的,应视为损失已经获得弥补。对于该部分损害,当事人或者第三人在诉讼、执行程序终结后,又请求国家赔偿的,人民法院不应承担赔偿责任。

(六)国家赔偿程序与诉讼程序、执行程序的衔接

非刑事司法赔偿一般以穷尽其他救济途径作为国家赔偿责任发生的前提,即国家赔偿程序是最后的救济程序。通常只有诉讼程序或者执行程序终结,在此过程中采取的司法行为是否违法、是否造成损害结果等才能最终确定。如未终结即申请国家赔偿,会造成诉讼程序或者执行程序与国家赔偿程序并存的情况,人民法院赔偿委员会也无法进行终局性审查。因此,《解释》继受了《最高人民法院关于适用〈中华人民共和国国家赔偿法〉若干问题的解释(一)》第八条的规定,以民事、行政诉讼程序或者执行程序终结作为启动国家赔偿程序的一般原则。

非刑事司法赔偿实践中情况复杂多样,有些案件诉讼程序或者执行程序虽未终结,但司法行为已被确认违法、损害结果已无法补救。为及时救济受到侵害的权利,实现国家赔偿的实质正义,需要对诉讼程序或者执行程序终结原则的例外情形进行规定。《解释》第十九条按照"已确认违法或者撤销原措施""已确认合法权利""事实行为"和"相对独立性"等四类标准,主要归纳了五种可以在诉讼程序或者执行程序终结前启动赔偿程序的情形:一是人民法院已依法撤销对妨害诉讼的强制措施的,这是对《最高人民法院关于适用〈中华人民共和国国家赔偿法〉

若干问题的解释（一）》第八条规定的例外情形的继受。二是实施了侵犯公民人身权的事实行为的，无需等待诉讼程序或者执行程序终结。三是通过执行标的异议之诉或者民事诉讼审判监督程序已经确认财产权属的，与原诉讼程序或者执行程序显然区隔，具备启动赔偿程序的独立性。四是上级法院通过生效法律文书确认下级法院行使职权违法或者人民法院自己确认违法，且在诉讼程序或者执行程序内已无法予以补救的。五是赔偿请求人有证据证明其请求与诉讼程序或者执行程序无关的。

需要说明的是，司法实践中存在个别法院利用中止执行、终结本次执行程序等形式将执行案件长期挂案，以规避公民、法人或者其他组织申请国家赔偿的情形，这既不利于对受到公权侵害的赔偿请求人的权利救济，也不利于对依法保全、执行的人民法院的公信维护。对此，在掌握《解释》第十九条规定的以民事、行政诉讼程序或者执行程序终结作为启动国家赔偿程序的原则时，也不可一概而论，不能仅以未作出终结执行裁定，简单作为判定执行程序尚未终结的形式要件。有的案件虽未作出终结执行裁定，但裁定中止执行或者终结本次执行程序后已不具备恢复执行条件无法重新启动执行，或者对于不具有执行终结条件的案件裁定中止执行或者终结本次执行程序，致实际损害结果已经发生，且无法通过其他救济途径获得补救的，也应认为执行程序已经实际终结。

（七）非刑事司法赔偿中赔偿委员会的司法审查权

2010年国家赔偿法修改以前，包括非刑事司法赔偿案件在内的国家赔偿案件的处理适用"确赔分离"原则。根据1994年国家赔偿法的规定，赔偿请求人申请国家赔偿须先后经过确认、赔偿两道程序，未经确认违法的，不能进入国家赔偿程序。确认程序中，确认主体是赔偿义务机关或者复议机关；赔偿程序中，决定主体依次是赔偿义务机关、复议机关和人民法院赔偿委员会。单独的确认前置程序广受诟病的理由在于：一是赔偿义务机关自己确认自己违法，违反了"自然公正原则"。二是确认程序是获得国家赔偿的前置程序，成为阻碍赔偿请求人踏入国家赔偿的"门槛"。三是确认程序解决的违法确认问题，也可以在后续程序解决，确认程序属于程序上的重复设置。

2010年国家赔偿法修改后取消了单独的确认前置程序，否定了赔偿义务机关的终局确认权，明确了司法终局的原则，确立了人民法院赔偿委员会的终局司法审查权，实现了国家赔偿程序的"确赔合一"。这一修改，统一了确认违法与决定赔偿的裁决结果，防范了以内部监督阻隔外部监督，畅通了请求赔偿的渠道，体现了人权保障的法治进步。对于实行违法归责、过错归责，但又没有在既定程序中予以确认的致害行为，人民法院赔偿委员会在国家赔偿程序中一并判断其违法性或者过错以及造成损害的大小。但是，司法实践仍存在一些诸如"程序性违法是否要赔偿""违法但没有损失是否要赔偿"的疑惑，反映出未能摆脱以往陈旧思路，分裂、机械地看待职权行为的违法性与损害后果，不能从国家赔偿责任构成诸要素之间的联系来看待案件，缺乏对责任构成的整体把握的问题。特别是在非刑事司法赔偿案件中，因为天然地缺乏"不法先定"（比如在刑事赔偿中体现为撤销案件、不起诉、判决无罪等）的环节，使得这一问题尤为突出。为此，《解释》第二十一条规定，人民法院赔偿委员会审理非刑事司法赔偿案件，应当按照国家赔偿责任的构成要件，即对人民法院及其工作人员行使职权的行为是否符合法律规定，赔偿请求人主张的损害事实是否存在，以及该职权行为与损害事实之间是否存在因果关系等事项一并予以审查。具体而言，人民法院赔偿委员会审理非刑事司法赔偿案件过程中，按照责任构成要件进行损害赔偿要素审查，系判断国家赔偿责任是否成立的应有之义，而违法性审查系其中的主要环节，且为司法审查的重点之一。民事、行政诉讼有些情形亦视为有法定性（即视为确认），如果已通过执行异议、复议或者监督纠正错误执行行为，但未能在原执行程序中获得补救的，人民法院赔偿委员会在司法审查中即可省却违法性审查的环节。与刑事诉讼不同的是，民事、行政诉讼实践多数情况在程序终结后无法定性（即未确认违法），应当由人民法院赔偿委员会在审理非刑事司法赔偿案件过程中将违法性、损害后果以及因果关系合并审查，即"确赔合一"司法审查。

最高人民法院赔偿办负责人就《最高人民法院关于审理民事、行政诉讼中司法赔偿案件适用法律若干问题的解释》答记者问

为了进一步贯彻落实国家赔偿法的立法宗旨和修法精神,充分保障公民、法人和其他组织的权利救济,严格规范人民法院的民事、行政审判和执行行为,有效统一非刑事司法赔偿案件的裁量标准,最高人民法院9月7日颁布了《最高人民法院关于审理民事、行政诉讼中司法赔偿案件适用法律若干问题的解释》(以下简称《解释》)。最高人民法院赔偿办负责人为此回答了记者的提问。

问:《解释》的制定背景和主要内容是什么?

答:根据国家赔偿法第三十八条规定,人民法院在民事、行政诉讼过程中,违法采取对妨害诉讼的强制措施、保全措施或者对判决、裁定及其他生效法律文书执行错误,造成损害的,适用刑事赔偿程序的规定。除行政赔偿、刑事赔偿案件以外,国家赔偿案件还包括仅以人民法院作为赔偿义务机关的,与人民法院在民事、行政诉讼程序和执行程序中行使职权相关的赔偿案件,实践称之为"非刑事司法赔偿案件"。

司法文件选解读

依法审理非刑事司法赔偿案件,是国家赔偿工作的重要组成部分,也是让人民群众在每一个司法案件中感受到公平正义的必然要求。2000年9月,最高人民法院公布《最高人民法院关于民事、行政诉讼中司法赔偿若干问题的解释》(以下简称2000年《非刑事司法赔偿解释》),列举了违法采取司法强制措施、保全措施和错误执行的具体情形,确立了人身、财产损害赔偿的原则,明确了相关法律程序,成为审理此类案件最主要的规范依据。2004年8月,最高人民法院公布《最高人民法院关于审理人民法院国家赔偿确认案件若干问题的规定(试行)》(以下简称《确认司法解释》),新增了故意拖延执行或者不执行、应当恢复执行而不予恢复等违法行为,明确人民法院撤销原违法裁决的权力,对非刑事司法赔偿解释进行了有力的补充。以上两个司法解释施行多年,为人民法院正确审理非刑事司法赔偿案件,起到了积极的作用。

近年来,人民法院审理非刑事司法赔偿案件的数量不断增加,妥善处理相关矛盾纠纷的难度不断加大。2010年12月,全国人大常委会对国家赔偿法进行了重要修改,畅通了赔偿程序,细化了损害赔偿规则,明确了精神损害赔偿,加大了权利救济力度。地方各级人民法院向最高人民法院陆续反映非刑事司法赔偿审判中的新情况、新问题,亟待加以规范。此外,全国人大常委会于2012年8月对民事诉讼法进行了修订,增加了"行为保全"制度;于2014年11月对行政诉讼法进行了修订,增加了"保全""先予执行"等内容。2015年2月、5月,最高人民法院新的民事诉讼法司法解释和行政诉讼法司法解释也先后开始施行。以上审判工作和修法释法的情况,与非刑事司法赔偿审判密切相关,《非刑事司法赔偿解释》必须作出相应调整。

为进一步贯彻落实国家赔偿法及有关法律,进一步完善国家赔偿法律适用规范体系,进一步规范人民法院依法正确审理非刑事司法赔偿案件,转化前期调研和司法政策的成果,有必要制定新的非刑事司法赔偿解释,在责任构成、赔偿范围、责任份额划分和损害赔偿等方面,为各级法院提供更充足、更精确和更具可操作性的裁判依据。需要说明的是,《解释》不只是对原《非刑事司法赔偿解释》的修补,而是在原解释、已废止的《确认司法解释》和《关于国家赔偿法实施中若干问题的座谈会纪要》(一)、(二) 两个司法政策的基础上,重新制定的新的非刑事司法赔偿解释。

《解释》的法律依据和效力来源是国家赔偿法第三十八条,以及民事诉讼法、行政诉讼法及其相关司法解释,主要内容是人民法院审理非刑事司法赔偿案件的若干法律适用问题,多数条款为实体性规范,少数条款为程序性规范。《解释》共二十二个条文,分为七个部分,主要内容有:一是明确了非刑事司法赔偿责任构成的一般条款。对非刑事司法赔偿责任构成进行共性抽象,确立所有非刑事司法赔偿的责任构成基础和请求权规范基础。二是细化了非刑事司法赔偿中的侵权行为范围。细分列举违法采取对妨害诉讼的强制措施、违法保全、违法先予执行、错误执行等侵权行为的具体情形。三是明确了非刑事司法赔偿的免责情形与责任划分原则。对一方当事人、第三人、不可抗力等致害的免责情形进行规定,并对不同责任形态下国家赔偿责任份额的划分确定了基本规则。四是明确了非刑事司法赔偿损害赔偿的计算规则。分别规定侵犯人身权与财产权的损害赔偿,引入侵犯人身权的精神损害赔偿，明确财产损害赔偿的一般原则和例外规定。五是明确了特殊情形下赔偿请求人与赔偿义务机关的确定。规定所有权人以外的有关财产权益人申请赔偿的，人民法院应予受理。明确复议改变原裁决所致的违法侵权，以复议机关作为赔偿义务机关。六是明确了诉讼程序、执行程序与赔偿程序的衔接。确定民事、行政诉讼程序或者执行程序与国家赔偿程序的衔接关系，列举赔偿请求人可以在诉讼程序或者执行程序终结前申请赔偿的五种例外情形。七是明确了"确赔合一"模式下非刑事司法赔偿案件的审查要件。贯彻 2010 年国家赔偿法关于司法终局、国家赔偿程序"确赔合一"的规定，明确人民法院赔偿委员会对非刑事司法赔偿案件的审查要件。

问：制定《解释》遵循的指导原则是什么？

答：在《解释》起草过程中，我们主要坚持以下几项指导原则：

一是遵循法律规定和修法精神的原则。立足于国家赔偿法、民事诉讼法、行政诉讼法和最高人民法院有关司法解释的内容，严格遵循 2010 年国家赔偿法的立法原意及修法精神，确保《解释》的内容符合国家赔偿法的立法宗旨，符合其他相关法律规定。

二是整合原有司法解释和司法政策的原则。整合 2000 年《非刑事司法赔偿解释》、因"确赔合一"已废止的《确认司法解释》以及有关司法政策的规范内容，吸收近年来成熟的审判经验，确保《解释》与原有解释相关内容实现无缝对接，并有所优化提高。

三是突出权利救济和实质公平的原则。突出权利救济和实质公平的理念,强调尽善补救人民群众的所受损害,进一步明确、细化财产损害赔偿规则,在非刑事司法赔偿中引入精神损害抚慰金条款,凸显非刑事司法赔偿审判的实质正义。

四是突出规范审判、执行权力运行的原则。强调规范人民法院民事、行政审判和执行行为,进一步丰富并体系化可赔偿的司法侵权行为范围,明确人民法院赔偿委员会对侵权行为的司法审查权力。

五是明确、细化、统一裁量标准的原则。着眼提高非刑事司法赔偿审判工作的规范化、法治化水平,回应近年来实践中出现的新情况、新问题,对一些法律适用和司法裁量问题予以统一。

六是注重吸收各方面意见的原则。注重听取国家赔偿审判一线法官的意见,注重听取相关领域专家学者的意见,在充分沟通、讨论的基础上,做到兼收并蓄。

问:《解释》在体例的规定上有何特点?

答:《解释》采取"一般条款+具体列举"的总分体例。规定了非刑事司法赔偿责任构成的一般条款,对非刑事司法赔偿责任构成进行了共性抽象,确立了所有非刑事司法赔偿的责任构成基础和请求权规范基础。明确了非刑事司法赔偿适用违法归责、过错归责为主的多元归责原则,涵括作为与不作为的行为形态,包括违法采取司法强制措施、保全措施、先予执行措施、错误执行等侵权类型,对《解释》全篇起到了提纲挈领的作用。

对于具体侵权行为的列举,《解释》在2000年《非刑事司法赔偿解释》规定违法采取司法强制措施、违法保全、错误执行三类侵权行为类型的基础上,将违法先予执行予以单列,理由是:第一,先予执行的目的在于特定金钱义务的给付、特定行为的紧急制止和具体行政行为的实施,表现出保全和执行的双重性质。在法律和司法解释上,先予执行有其独特的适用范围和法定条件,具有国家赔偿责任构成中违法性判断的独立性,不能简单地将其与保全、执行混为一谈。第二,先予执行在立法体例上与保全、执行分离并列。民事诉讼法将先予执行置于第九章"保全和先予执行"中,与保全并列,同时与执行明确区分;行政诉讼法亦将其与保全区隔开来,《解释》在体例安排上亦应相循,不应混同。第三,审判实践中,人民法院已经长期受理并审查违法先予执行的案件,既审查具体的先予执行措施,也审查裁量先予执行的职权行为。

问:对于侵权行为范围的规定,《解释》与以往相关司法解释相比有何特点?

答:《解释》在吸收 2000 年《非刑事司法赔偿解释》《确认司法解释》有关侵权行为范围规定的基础上,根据法律、司法解释和审判实践的发展作了更为丰富的规定,将先予执行单列,将违法行为保全纳入可赔偿的行为范围,对违法采取司法强制措施、违法保全、错误执行等情形作了更为细致的划分。《解释》规定的侵权行为类型主要包括违法采取对妨害诉讼的强制措施,违法采取保全措施,违法采取先予执行措施,对判决、裁定及其他生效法律文书执行错误等四类。一是违法采取对妨害诉讼的强制措施。《解释》与 2000 年《非刑事司法赔偿解释》基本一致,但对表述和项序进行了调整。二是违法采取保全措施。与 2000 年《非刑事司法赔偿解释》相比,《解释》根据审判实践和新民事诉讼法及其司法解释的变化,增加了对不动产、特定动产、不宜长期保存的物品违法采取保全措施,以及违法采取行为保全措施的内容；并对原规定的内容、表述和语序进行了调整。需要注意的是，《解释》吸收了《确认司法解释》的规定，对违法采取保全措施并不仅限于2000年《非刑事司法赔偿解释》规定的依职权保全的情形，还包括人民法院在依申请保全过程中违法行使职权造成损害的情形。三是违法采取先予执行措施。主要包括违反法定条件决定先予执行，以及超过诉讼请求的数额和范围先予执行两种情形。通过这一规定，以期防范个别法院滥用职权，不能公平对待当事人，违反法律规定的条件和范围裁定先予执行，以及极少数当事人与法院工作人员勾结，恶意申请先予执行后撤诉，损害另一方当事人利益等现象发生。四是对判决、裁定及其他生效法律文书执行错误。在2000年《非刑事司法赔偿解释》的基础上，《解释》第五条第三项、第四项、第六项吸收了《确认司法解释》关于故意拖延执行、不执行，应当恢复执行而不恢复，违法将案件执行款物执行给其他当事人、案外人等三种情形的规定；第七项、第八项、第九项新增了违法对抵押物、质物、留置物采取执行措施，对执行中查封、扣押、冻结的财产不履行监管职责，对不宜长期保存的物品违法采取执行措施等三种情形的规定；第十项将违法拍卖、变卖、以物抵债的情形区分为两类，一类是违法拍卖，另一类是依法应当评估而未评估被变卖或者以物抵债。此外，《解释》还对人民法院工作人员在民事、行政诉讼过程中侵害公民人身权，造成公民身体伤害或者死亡的事实行为进行了规定。

需要指出的是，在非刑事司法赔偿审判实践中，被申请赔偿的司法行为主要是错误执行和违法保全，这两类案件分别占非刑事司法赔偿案件的60%和25%左右，合计占非刑事司法赔偿案件的80%以上。为此,《解释》以法律、司法解释、部门规章及实践情况为前提,着重对错误执行和违法保全这两类侵权行为进行了规范,将现有法律和司法解释中关于人民法院在保全、执行程序中应尽的法定义务予以囊括,更好地贯彻落实国家赔偿法救济权利、规范公权的立法宗旨。

问:《解释》规定了国家不承担赔偿责任和减轻国家赔偿责任的情形,在实践中应如何把握?

答:《解释》对申请保全错误,申请先予执行后申请人败诉,错判执行回转,申请执行人提供执行标的物错误,保管人侵权,人民法院工作人员个人侵权,不可抗力、正当防卫和紧急避险致害等国家不承担赔偿责任的情形予以规定;并对数个原因造成同一损害、受害人与有过失、损失已获补救等应当减轻国家赔偿责任的情形中,如何确定国家赔偿责任范围予以明确。在审判实践中,正确适用国家不承担赔偿责任和减轻国家赔偿责任的条款,理顺关系、分清责任尤为必要。

正确适用国家不承担赔偿责任的条款,需要从两个方面把握:一方面防止以国家赔偿责任替代民事责任。人民法院在民事、行政诉讼过程中,处于居中裁判的地位,人民法院在行使职权过程中因违法侵权而产生的赔偿义务关系与当事人双方之间原有的债权债务关系是两种不同性质的法律关系,二者不能相互替代,不能因人民法院有违法侵权行为而使原债权债务关系归于无形,以全体纳税人的钱为个别民事主体"埋单"。另一方面防止以民事责任逃避国家赔偿责任。在申请保全错误、申请先予执行后败诉、申请执行人提供执行标的物错误、保管人侵权等情形中,同时还存在人民法院及其工作人员违法或者过错行使职权行为的，人民法院对自身的违法或者过错侵权行为承担相应的国家赔偿责任，不能因申请保全人、申请先予执行人、申请执行人、保管人等承担民事责任而逃避依法应当承担的国家赔偿责任。

正确适用减轻国家赔偿责任的条款，要准确把握非刑事司法赔偿中违法归责、过错归责为主的归责原则，穷尽其他救济途径的归责前提。因多个原因或与有过失造成的损害，国家赔偿限于人民法院自身违法侵权行为造成损害的部分，而不能替代当事人、第三人、案外人等其他责任人的民事责任。损失已经法定程序获得赔偿、补偿的，人民法院对该部分损失不承担国家赔偿责任。具体而言：一是对于数个原因造成同一损害结果的非刑事司法赔偿案件，主要根据作用力来确定国家赔偿责任的份额。除作用力以外，还应当考虑过错程度等其他因素，采取作用力为主、过错程度等其他因素为辅的原则来确定国家赔偿责任的份额。二是受害人对损害结果的发生或者扩大也有过错的，可以减轻赔偿义务机关的责任，这是与有过失情形中的过失相抵。三是损失已经法定程序获得赔偿、补偿的，人民法院对该部分损失不承担国家赔偿责任。在诉讼程序或者执行程序尚未终结时，当事人或者第三人通过司法强制措施的复议，保全和先予执行的复议，执行复议、异议以及执行监督等救济途径主张权利，人民法院查证属实并对其所遭受的损害通过回转、返还、修复或者赔偿予以权利救济的，应视为损失已经获得弥补。

问：《解释》首次规定了非刑事司法赔偿中的精神损害赔偿，能否加以介绍？

答： 非刑事司法赔偿以财产损害赔偿为主，但人民法院及其工作人员在民事、行政诉讼过程中，侵犯公民人身权的，也应当对人身损害予以赔偿。根据国家赔偿法第三十五条规定，精神损害赔偿适用于行政赔偿、刑事赔偿中侵犯人身权造成严重后果的情形，未明文规定适用于非刑事司法赔偿。人民法院及其工作人员在民事、行政诉讼过程中实施违法拘留，殴打、虐待等行为，侵犯公民人身权，造成的损害后果有可能不亚于行政赔偿、刑事赔偿中的损害后果。如将非刑事司法赔偿排除在精神损害赔偿条款的适用范围之外，就会背离国家赔偿法尊重和保障人权的立法初衷，故《解释》将精神损害赔偿首次引入非刑事司法赔偿领域，完善了国家赔偿法精神损害的适用范围。根据《解释》的规定，非刑事司法赔偿案件中，人民法院及其工作人员侵犯公民人身权造成精神损害的，应当依照国家赔偿法第三十五条的规定，在侵权行为影响的范围内，为受害人消除影响、恢复名誉、赔礼道歉；造成严重后果的，还应当支付相应的精神损害抚慰金。

问：刚才介绍非刑事司法赔偿以财产损害赔偿为主，《解释》在这方面作出了哪些规定？

答：非刑事司法赔偿案件主要涉及财产的返还、修复和赔偿，财产损害赔偿的计算规则一直以来都是非刑事司法赔偿审判的热点和难点；特别是在财产不能恢复原状或者灭失的情形下，如何确定损失，在实践中有较大争议。对此，《解释》从以下几个方面进行了规范：一是财产损害赔偿的一般原则和特殊规则。《解释》规定凡涉及财产损害赔偿的，仍应以国家赔偿法第三十六条为一般原则，即能返还的返还、能恢复的恢复，不能返还或者恢复原状的予以赔偿。财产不能恢复原状或者灭失的，计算直接损失的标准是市场价格，计算时点是侵权行为发生时。市场价格无法确定或者该市场价格不足以弥补受害人所受损失的，可以采取其他合理方式计算损失。二是拍卖、变卖财产的赔偿。《解释》在国家赔偿法第三十六条第五项规定的基础上进一步丰富、细化和明确。应当返还的财产已经依照法定程序拍卖或者变卖的，视该依法拍卖或者变卖的价值为财产直接损失的体现，按照国家赔偿法第三十六条第五项的规定给付拍卖或者变卖款。如果人民法院违法拍卖或者变卖的价款明显低于财产价值的，支付相应的赔偿金。三是停产停业期间必要的经常性费用开支的赔偿。《解释》具体列举了五项，包括留守职工工资、必须缴纳的税费、水电费、应当缴纳的房屋场地租金、设备租金和设备折旧费等。四是利息赔偿。《解释》明确以一年期人民币整存整取定期存款基准利率作为银行同期存款利息的固定计算基准，并对应当返还的财产属于金融机构合法存款、国家批准的金融机构贷款、现金的，规定应当支付利息。五是申请财产损害赔偿的主体不限于所有权人。明确了申请财产损害赔偿的主体也可以是用益物权人、担保物权人、承租人或者其他合法占有使用财产的人。

问：国家赔偿程序与诉讼程序、执行程序的衔接问题一直是非刑事司法赔偿实践中的难点，《解释》对此是如何规定的？

答：非刑事司法赔偿一般以穷尽其他救济途径作为国家赔偿责任发生的前提，即国家赔偿程序是最后的救济程序。通常只有诉讼程序或者执行程序终结，在此过程中采取的司法行为是否违法、是否造成损害结果等才能最终确定。如未终结即申请国家赔偿，会造成诉讼程序或者执行程序与国家赔偿程序并存的情况，人民法院赔偿委员会也无法进行终局性审查。因此，《解释》规定以民事、行政诉讼程序或者执行程序终结作为启动国家赔偿程序的一般原则。

非刑事司法赔偿实践中情况复杂多样，有些案件诉讼程序或者执行程序虽未终结，但司法行为已被确认违法、损害结果已无法补救。为及时救济受到侵害的权利，实现国家赔偿的实质正义，需要对诉讼程序或者执行程序终结原则的例外情形进行规定。《解释》按照"已确认违法或者撤销原措施""已确认合法权利""事实行为"和"相对独立性"等四类标准，归纳了五种可以在诉讼程序或者执行程序终结前启动赔偿程序的情形：一是人民法院已依法撤销对妨害诉讼的强制措施的，这是对《最高人民法院关于适用〈中华人民共和国国家赔偿法〉若干问题的解释（一）》第八条规定的例外情形的继受。二是实施了侵犯公民人身权的事实行为的，无需等待诉讼程序或者执行程序终结。三是通过执行标的异议之诉或者民事诉讼审判监督程序已经确认财产权属的，与原诉讼程序或者执行程序显然区隔，具备启动赔偿程序的独立性。四是上级法院通过生效法律文书确认下级法院行使职权违法或者人民法院自己确认违法，且在诉讼程序或者执行程序内已无法予以补救的。五是赔偿请求人有证据证明其请求与诉讼程序或者执行程序无关的。

【其他】

解读《最高人民法院关于海事诉讼管辖问题的规定》

张勇健　王淑梅　傅晓强[*]

《最高人民法院关于海事诉讼管辖问题的规定》（以下简称《规定》）于2015年12月28日由最高人民法院审判委员会第1674次会议通过，自2016年3月1日起施行。该司法解释的实施对海事法院正确行使海事诉讼管辖权，依法审理各类海事案件，服务海洋经济，便利当事人诉讼，维护当事人合法权益具有重要意义。笔者现就该司法解释制定的背景、目的及主要条文的理解进行说明，以利于在司法实践中准确适用。

一、制定该司法解释的背景

1984年11月14日，第六届全国人大常委会第八次会议通过了《全国人民代表大会常务委员会关于在沿海港口城市设立海事法院的决定》，正式在立法上规定了海事法院的设立、监督、管辖、审判人员的任免等事项。该决定第三条规定，各海事法院管辖区域的划分，由最高人民法院规定。同年11月28日，最高人民法院作出《关于设立海事法院几个问题的决定》，具体规定了

---

[*] 作者单位：最高人民法院民事审判第四庭。

海事法院的机构设置、受案范围以及管辖的地域范围,确定了广州、大连、上海、青岛、天津海事法院的管辖区域,首次突破行政区划设定人民法院行使司法管辖权的区域。其后最高人民法院又陆续作出决定或通知,对武汉、海口、厦门、宁波、北海海事法院的管辖区域作出调整,确定十家海事法院当前的管辖水域范围,形成了专门的海事审判格局,其辐射范围涵盖北起黑龙江、南至南海诸岛以及横贯东西的长江水道在内的中华人民共和国管辖的全部水域和港口。此后,1999年颁布的《中华人民共和国海事诉讼特别程序法》对有关海事纠纷的地域管辖作出专门规定。相关海事诉讼管辖的法律及司法解释对各海事法院依法行使司法管辖权,避免管辖冲突,便利当事人诉讼,及时采取扣押船舶等保全措施,保护中外当事人合法权益,公正审理各类海事案件发挥了重要作用,有效地维护和彰显了我国海洋司法主权。

随着"一带一路"建设及海洋强国战略的实施,我国海上活动日益频繁,海洋经济迅猛发展,新类型海事海商纠纷不断增加,同时,为维护国家海洋主权,加强海洋事务综合治理,涉海行政部门的海上执法力度不断增强,海事行政诉讼案件随之呈现上升趋势。在此背景下,原有的海事诉讼管辖体系已不能完全适应国际、国内经济发展对海事审判工作的司法需求,需要进一步调整和完善。具体而言,制定本《规定》主要基于以下两个方面的考虑:一是调整海事法院管辖区域,顺应经济形势的发展要求,为海洋经济、长江经济带发展提供充分的司法保障。有关各海事法院管辖范围的规定基本形成于二三十年前,未实现对我国境内主要通海可航水域的全方位管辖,存在管辖缺位,如吉林省内松花江水域以及通往朝鲜和俄罗斯的图们江水域作为重要的水上通道,并未划入海事法院管辖范围,造成部分海事案件专门化审理的缺失。此外，国家长江经济带发展规划的全面实施极大推动了以长江黄金水道为主体的现代化综合交通运输体系的构建，加速沿江产业结构的优化升级，亟待健全的司法环境，在此背景下就需要对武汉海事法院的管辖范围作出相应调整，为内河航运业、船舶建造业、物流供应业等相关产业的发展提供充分的司法保障。二是依法审理海事行政案件，推进海事司法改革，逐步健全和完善海事审判体系。海洋强国战略对海上法治环境提出更高的要求。当前国家相关涉海行政部门在海洋及通海可航水域的执法力度进一步加强，由此引发的各类海事行政诉讼案件需要专门化的审判。海事行政诉讼案件的审理具有技术性、专业性强的特点，如船舶碰撞纠纷涉及海事事故调查、责任认定以及船舶检验等诸多专业技术问题，海事法院作为专门法院审理此类案件具有充分的人员优势和专业优势，可以进一步提升此类案件的审判质量，为海洋执法活动提供有力的司法支持和监督，维护行政相对人的合法权益。为服务和保障海洋经济的发展，顺应海事司法改革的需求，完善海事诉讼管辖制度，最高人民法院在充分调研和广泛征求意见的基础上，制定本司法解释。

二、《规定》主要内容的说明

（一）关于管辖区域的规定

自1984年设立海事法院以来，最高人民法院根据人大常委会的授权分别出台以下规定调整海事法院的管辖范围：1.1984年11月28日《最高人民法院关于设立海事法院几个问题的决定》确定广州、大连、上海、青岛、天津海事法院的管辖区域；2.1987年7月28日《最高人民法院关于调整武汉、上海海事法院管辖区域的通知》确定武汉、上海海事法院的管辖区域；3.1990年3月2日《最高人民法院关于设立海口、厦门海事法院的决定》确定海口、厦门海事法院的管辖区域；4.1992年12月4日《最高人民法院关于设立宁波海事法院的决定》确定宁波海事法院的管辖区域；5.1999年7月19日《最高人民法院关于北海海事法院正式对外受理案件问题的通知》确定北海海事法院的管辖区域；6.2002年12月10日《最高人民法院关于调整大连、武汉、北海海事法院管辖区域和案件范围的通知》对大连、武汉、北海海事法院的管辖区域进行调整；7.2006年6月20日《最高人民法院关于调整上海、宁波海事法院管辖区域的通知》对上海、宁波海事法院的管辖区域进行调整，确定洋山港及附近水域发生的海事案件由上海海事法院管辖。为适应当前国内经济对海事司法的需求，相关规定亟待修订和完善，本《规定》在对原有文件重新梳理的基础上，作出以下规定：1.扩大大连海事法院的管辖区域，对吉林省主要通海可航水域发生的海事案件实施专门管辖。此前，大连海事法院仅管辖发生于辽宁、黑龙江省通海可航水域的海事海商案件，吉林省干流水域松花江和图们江尚未纳入海事法院管辖范围，相关海事案件由地方法院审理。为更好发挥海事法院作为专门法院的审判优势，保证相关海事案件的专门化审判，《规定》对大连海事法院管辖范围进行调整，明确吉林省内相关通海可航水域发生的海事案件由大连海事法院审理，从而实现该院对东三省境内主要水域发生的海事案件的专门管辖。2.明确武汉海事法院对长江干线和支线水域及主要港口的司法管辖权。我国长江水域地域广阔，横跨中国东部、中部和西部共计19个省、市、自治区，水系庞杂，支流众多，其中支流面积1万平方公里以上的支流49条，主要有岷江、赤水、沱江、嘉陵江、乌江、汉江、雅砻江、湘江、沅江、赣江和清江，此外还包括我国第一大淡水湖鄱阳湖在内的众多湖泊。本《规定》明确武汉海事法院对长江干流及支流水域的管辖,对维护长江经济带海事司法统一,为长江经济带发展战略的实施提供优良的司法环境具有重要意义。

(二)关于海事行政案件的管辖

2001年最高人民法院颁布的《关于海事法院受理案件范围的若干规定》曾就海事法院对海事行政案件实施专门管辖作出规定,由于各种原因此项规定最终未全面落实。基于海事审判工作的需要,此后大连、天津、青岛、宁波、广州、海口海事法院经上诉审高院批准分别试点审理海事行政案件,取得较为良好的社会效果,得到海事行政机关及行政相对人的广泛认可。随着海洋经济的快速发展,非法从事渔业活动、污染海洋环境、违法勘探、开采海洋资源等海上违法犯罪活动呈上升趋势,海上行政部门的执法力度日益加强,海事行政案件专门化审判的司法需求更为迫切,海事法院全面管辖海事行政案件的时机已经成熟。经最高人民法院审判委员会讨论决定,本《规定》明确海事法院对海事行政案件具有管辖权。海事法院专门审理海事行政案件具有以下优势:首先,海事行政案件同海事海商案件一样,具有很强的专业性。海事行政案件的审理,实质上也就是处理海上运输、生产活动中产生的行政纠纷。如某船东不服海事局对船舶碰撞事故责任作出的处罚决定,其起诉海事局的行政案件,就涉及包括驾驶、避碰、船速、航向、气象等许多方面的海事专业知识,这些专业知识对地方法院而言可能比较陌生,但却是海事法院审理船舶碰撞海事案件的必备专业知识。因此,海事法院审理海事行政案件具有明显的专业优势。其次,海事法院具有涉外人才多的优势。海事行政案件涉外性强,如远洋运输关系中,外国船公司的船舶会频繁出入中国港口,容易形成相对人为外国船公司的涉外海事行政案件。全国海事法院自1984年设立以来涉外案件所占收案比例位居全国法院之首，海事法官熟练掌握使用外语水平的能力较地方法院高，在长期的海事审判工作中培养锻炼了一批从事涉外审判的人才，为审理涉外海事行政案件打下了良好的基础。再次，海事法院审理海事行政案件位置相对超脱。全国只设立了十家海事法院，海事法院的设置不受行政区域的限制，实行的是跨区域管辖制度。这样的设置使海事法院在审理海事行政案件时，能够排除地方的干扰，克服地方保护主义，从而保证案件审判的公正性。最后，随着立案登记制的实施，人民法院受理的各类案件，尤其是行政诉讼案件数量呈明显上升态势。从全国法院的审判力量和受理的案件数量看，地方法院基本上是案多人少，而海事法院尚有余力，将部分海事行政案件交由海事法院专门管辖，一方面有利于解决地方法院案件过多的矛盾，另一方面则有利于扩大海事法院的受案范围，促进海事法院的发展与壮大。

《规定》第二条第一款确定了海事法院有权审理海事行政案件，值得注意的是海事法院虽然据此享有海事行政案件管辖权，但并非所有的海事行政案件均由海事法院管辖。与《规定》同时实施的《最高人民法院关于海事法院受理案件范围的规定》对海事行政案件的范围作出界定。司法实践中当事人向海事法院提起海事行政诉讼，海事法院受理海事行政案件，应同时符合受案范围的规定。第二款明确规定，当事人不服海事法院一审行政裁判提起的上诉案件，由海事法院所在地的高级人民法院行政审判庭进行审理。该条款主要解决了上诉审高院内设审判庭的职能分工问题。在当前司法实践中，当事人不服海事法院针对海事海商纠纷案件作出的一审判决提起的上诉案件，由上诉审高院负责海事审判的业务部门审理。就海事行政纠纷案件而言，一方面涉及船舶建造、船舶避碰、海事事故调查等专业技术问题，应由海事法院专门管辖，同时又必然涉及行政处罚法、行政复议法、行政诉讼法等专门性法律的适用。为此，有意见认为，行政法律的适用有其专业性，为保证相关行政实体法和程序法的准确适用，建议海事行政上诉案件由高院行政庭审理。考虑到辽宁、天津、山东、浙江、广东、海南高院在试点海事法院审理海事行政案件的过程中，由高院行政庭审理海事行政上诉案件，《规定》采纳了这一建议。但鉴于海事行政案件的海事专业性更为突出，高院负责海事海商案件的审判庭审理海事行政案件亦有优势，故此问题有待在司法实践中进一步探讨和研究。

《规定》第二条第二款系关于海事行政诉讼地域管辖的规定。其中第一、第二项是依据行政诉讼法第十八条、第十九条关于普通行政诉讼案件地域管辖的规定作出的，对这两款的理解应参照行政诉讼法的相关解释。由于涉海行政部门的辖区与海事法院的管辖范围并非完全一致，海事法院应以行政机关所在地是否位于其管辖范围内作为行使海事行政案件管辖权的标准。以海事局为例，江苏海事局下设连云港、南京、镇江等多个海事局，对长江江苏段和江苏沿海行使水上安全和防止船舶污染的执法权。而就海事局所处的地理位置而言，连云港海事局所在地位于上海海事法院管辖区域，江苏海事局所在地在南京，属于武汉海事法院管辖范围。当事人不服连云港海事局作出的行政行为，依法直接提起行政诉讼的，应由上海海事法院管辖，不服一审判决提起的上诉案件由上海市高级人民法院审理。如果当事人不服连云港海事局作出的处罚决定依照法律规定向江苏海事局申请行政复议，对复议决定不服提起诉讼的，则应由复议机关所在地的武汉海事法院管辖,上诉案件由湖北省高级人民法院审理。

此外,值得注意的是《规定》第二条第二款第三项的规定,此条文系针对海事法院审理跨行政区划案件作出的特别规定。随着航运经济的发展,来自内陆地区的务工人员从事海上运输、渔业生产等海上服务工作的不在少数,因这部分人员的所在地不在海事法院的管辖范围内,如涉海行政部门对其违法行为采取限制人身自由等处罚措施,相对人不服提起行政诉讼的,按照原告所在地的诉讼连接点将无法确定由哪一家海事法院对案件行使管辖权。同时对行政机关而言,一般情况下涉海行政部门设立在沿海、沿江城市,但也有个别行政部门所在地位于内陆城市,亦无法依据住所地确定相应的海事法院。比如,济南海事局位于山东济南,其分别在潍坊、东营、滨州设立海事处,以济南海事局为被告提起的行政诉讼,由于被告所在地济南不在任何一家海事法院的管辖范围内,将无法确定受理案件的海事法院。鉴于上述可能出现的管辖争议,考虑到涉海行政执法行为一般发生于内河、沿海水域,为便于事实调查及案件的审理,故在行政机关所在地或原告所在地未设立海事法院的情形下,《规定》明确由行政执法行为实施地的海事法院管辖相关海事行政案件,保证海事行政诉讼案件专业化审理。

(三)关于海事海商纠纷管辖权异议案件的审理

管辖权异议制度的设立对于防止地方保护主义,落实民事诉讼法专属管辖和专门管辖规定,保证诉讼公平,维护当事人合法诉讼权益及实体利益具有重要意义。为充分保证海事案件专门管辖制度的实施,《规定》第三条针对海事海商纠纷管辖权异议案件作出专门规定。在此需要明确的是,本《规定》明确海事行政案件由海事法院专门管辖,海事法院的审判职能随之扩展,被赋予海事行政案件管辖权，由此形成海事法院更为全面、立体的管辖权体系。传统使用的"海事案件"一词的外延和内涵随之发生变化。依据《规定》及《关于海事法院受理案件范围的规定》，海事案件不仅包括传统的海事海商类民商纠纷，也包括海事行政类纠纷。《规定》第三条重在解决传统的海事海商类民事纠纷的管辖权异议，对于海事行政案件的管辖问题应适用第二条规定。

《规定》第三条第一款系关于海事法院上诉审高院内设庭室审理管辖权异议裁定上诉案件职能分工的规定。海事司法实践中当事人不服海事法院一审判决的上诉案件由上诉审高院负责海事海商案件的审判庭审理，但当事人不服海事法院作出的管辖权异议裁定提起上诉的案件由上诉审高院哪个庭室审理，各院做法并不一致。有的由立案庭负责，有的则由负责海事审判的审判庭审理，由此导致裁判尺度不尽一致。鉴于海事程序性案件亦具有专业性强的特点，2000年最高人民法院进行机构改革时，在内设部门职能分工的规定中明确海事实体性案件和程序性案件均由负责涉外商事和海事海商审判的民四庭进行审理。为此，《规定》以司法解释的形式将海事海商纠纷管辖权异议案件审理的职能分工统一到最高人民法院的做法上来。

《规定》第三条第二款系关于人民法院可依职权审理发生效力的管辖权异议裁定的规定。2012年修订的民事诉讼法第二百条删除了2007年民事诉讼法第一百七十九条关于"违反法律规定，管辖错误"的规定，《最高人民法院关于适用〈中华人民共和国民事诉讼法〉的解释》第三百八十一条进一步规定，当事人认为发生法律效力的不予受理和驳回起诉的裁定错误的，可以申请再审，据此明确排除了当事人因管辖权异议裁定错误申请再审的权利。但在海事司法实践中如果对于错误的管辖权异议裁定一律不予纠正,则不利于海事案件专门管辖制度的落实。随着立案登记制的全面实施,诉至法院的案件数量明显上升,因地方法院立案庭对海事法院受案范围及海事诉讼特别程序缺乏相应的了解,错误裁定地方法院受理海事案件的情形时有发生。此外,也不乏个别当事人故意采取变更案由,人为制造管辖连接点等手段规避海事法院专门管辖的情形。由于海事案件审理所涉及的实体法和程序法均不同于一般民事案件,如由地方法院适用普通民事诉讼程序并依据一般实体法律规定审理海事案件,必将出现适用法律错误,当事人合法权益难以依法保护的情形,由此损害人民法院司法权威。依照民事诉讼法的规定,除因当事人的再审申请符合法律规定的情形可以启动再审程序外,对确有错误的判决、裁定,人民法院可以依照职权主动审查,依法启动再审程序,这是法律赋予人民法院自身监督的职权。为保证海事诉讼特别程序法关于海事诉讼专门管辖制度的实施,《规定》明确规定人民法院可按照民事诉讼法第一百九十八条规定,依职权启动再审程序,对违反海事案件专门管辖的管辖权异议裁定予以纠正。

最高人民法院民事审判第四庭负责人就《关于最高人民法院海事诉讼管辖问题的规定》答记者问

2月24日，最高人民法院发布《关于海事诉讼管辖问题的规定》（以下简称《规定》），自2016年3月1日起正式施行。

问：制定该《规定》的目的和意义是什么？

答： 随着"一带一路"建设、海洋强国、京津冀一体化及长江经济带发展规划等重大国家战略的实施，我国海上活动日益频繁，海洋经济迅猛发展，由此引发的新类型涉海纠纷不断增加，对海事审判提出更为迫切的司法需求。为满足和适应当前海洋经济的发展形势，海事法院对发生于我国管辖的海域、通海可航水域的各类海事案件应积极行使司法管辖权，及时化解纠纷，保障航运经济的健康发展，保护海洋生态环境，坚决维护我国海洋司法主权。此次制定《规定》主要基于以下两个方面的原因：一是完善海事诉讼管辖，为海洋经济发展提供充分的司法保障。有关海事法院管辖范围的规定基本形成于二三十年前，已不能适应当前经济形势对海事司法的需求。如吉林省内松花江水域以及通往朝鲜和俄罗斯的图们江水域作为重要的水上通道，并未划入海事法院管辖范围，造成部分海事案件专门化审理的缺失。二是推进海事司法改革，依法审理海事行政案件。海洋强国战略对海上法治环境提出更高的要求。当前国家海洋局、海事局、海警局等相关涉海行政部门对海洋及通海水域活动的管控进一步加强，由此引发的各类海事行政诉讼案件需要专门化的审理。海事行政诉讼案件的审理具有技术性、专业性强的特点，如船舶碰撞纠纷涉及海事事故调查、责任认定以及船舶检验等诸多专业技术问题，海事法院作为专门法院审理此类案件可以进一步提升案件审判质量，为海洋执法活动提供有力的司法支持和监督。

问：此次《规定》的亮点之一是明确海事法院对海事行政案件行使管辖权，海事法院专门审理海事行政案件具有哪些方面的优势？

答：海事行政诉讼是指从事海洋运输、生产等活动的行政管理相对人不服海洋及通海水域行政管理机关的行政行为，或不服复议决定，在法定期限内向法院起诉，由法院根据法定程序对该海事行政争议进行审理和判决的司法活动。实践证明，海事法院专门审理特定的海事行政案件更具优势。首先，海事行政案件同海事海商案件一样，具有很强的专业性。海事行政案件的审理，实质上也就是处理海上运输、生产活动中产生的行政纠纷。如船东不服海事局对船舶碰撞事故作出的处罚决定，起诉海事局的行政案件，就涉及包括船舶驾驶、避碰、船速、航向、气象等许多方面的海事专业知识，这些专业知识对地方法院而言可能比较陌生，但却是海事法院审理船舶碰撞海事案件的必备专业知识。因此海事法院审理海事行政案件具有明显的专业优势。其次，海事法院具有涉外人才多的优势。海事行政案件涉外性强，如远洋运输关系中，外国船公司的船舶会频繁出入中国港口，容易形成相对人为外国船公司的涉外海事行政案件。全国海事法院自1984年设立以来涉外案件所占收案比例位居全国法院之首，海事法官熟练掌握使用外语水平的能力较高,在长期的海事审判工作中培养锻炼了一批从事涉外审判的人才,为审理涉外海事行政案件打下良好的基础。第三,海事法院审理海事行政案件位置相对超脱。全国只设立了十家海事法院,海事法院的设置不受行政区域的限制,实行的是跨区域管辖制度。这样的设置使海事法院在审理海事行政案件时,能够排除地方的干扰,克服地方保护主义,从而保证案件审判的公正性。最后,随着立案登记制的实施,人民法院受理的各类案件,尤其是行政诉讼案件数量呈明显上升态势。从全国法院的审判力量和受理的案件数量看,地方法院基本上是案多人少,而海事法院尚有余力,将海事行政案件交由海事法院专门管辖,一方面有利于解决地方法院案件过多的难题,另一方面则有利于扩大海事法院的受案范围,促进海事法院的发展与壮大。

问:《规定》第二部分规定由行政执法行为实施地海事法院管辖海事行政案件,是如何考虑的?

答: 随着航运经济的发展,越来越多的内地省份务工人员从事海上运输、渔业生产等海上服务工作。由于这些务工人员的家乡多位于内陆区域,不属于海事法院的管辖范围,如他们不服行政机关作出限制人身自由行政处罚措施而提起行政诉讼,按照原告所在地标准将无法确定由哪一家海事法院具体审理相关海事行政案件。同时行政复议机关所在地亦可能处于内陆城市,亦不能按照复议机关所在地确定相应的海事法院。鉴于海事行政执法行为通常发生于内河、沿海水域,处于相关海事法院的管辖区域,在依据行政机关所在地或原告所在地无法确定海事法院的情形下,可由行政执法行为实施地的海事法院管辖相关海事行政案件。

司法文件选解读

问:《规定》为何特别明确人民法院可以依职权对已发生法律效力的管辖权异议裁定案件进行再审?

答:2012年修订的民事诉讼法第二百条删除了2007年民事诉讼法第一百七十九条关于"违反法律规定,管辖错误"可以申请再审的规定。《最高人民法院关于适用〈中华人民共和国民事诉讼法〉的解释》第三百八十一条进一步明确,当事人可以对不予受理和驳回起诉的裁定申请再审,从而排除了当事人对管辖权异议裁定错误申请再审的权利。但在海事司法实践中如果对于错误的管辖权异议裁定一律不予纠正,则不利于海事案件专门管辖制度的落实。随着立案登记制的全面实施,人民法院受理的案件数量明显上升,因地方法院立案庭对海事法院受案范围及海事诉讼特别程序缺乏充分的了解,裁定地方法院受理海事案件的情形时有发生。此外,也不乏个别当事人故意采取变更案由,人为制造管辖连接点等手段规避海事法院专门管辖的情形。由于海事案件审理所涉及的实体法和程序法均不同于一般民事案件,如由普通法院适用普通民事诉讼程序及一般实体法规定审理海事案件,审判质量难以保证,可能损害人民法院司法权威。依照民事诉讼法的规定,除因当事人的再审申请符合法律规定的情形可以启动再审程序外,对确有错误的判决、裁定,人民法院可以依照职权主动审查,依法启动再审程序,这是法律赋予人民法院自身监督的职权。为保障海事案件得到公正及时的审理,《规定》明确人民法院可按照民事诉讼法第一百九十八条规定,对违反海事案件专门管辖的裁定,依职权启动再审程序予以纠正。

解读《最高人民法院关于海事法院受理案件范围的规定》

张勇健　王淑梅　余晓汉[*]

最高人民法院审判委员会第1674次会议通过的法释〔2016〕4号《最高人民法院关于海事法院受理案件范围的规定》（以下简称《规定》），已于2016年2月24日发布实施，自2016年3月1日起施行。现就《规定》的理解与适用作如下说明。

一、关于制定《规定》的背景依据

关于海事法院受理案件范围的规定，是开展海事专门审判、充分发挥海事审判职能作用的重要基础和必要依据，最高人民法院在1984年决定设立海事法院时即一并规定其受理案件的范围，之后根据形势发展和实践需要先后于1989年、2001年两次修改，重新制定颁布关于海事法院受理案件范围的规定。出台本《规定》主要是基于三个方面的客观需求：一是服务保障海洋强国战略和"一带一路"建设等国家战略的需要。党的十八大及十八届三中全会提出建设海洋强国的战略目标，十八届五中全会通过的"十三五"规划建议进一步提出拓展蓝色经济空间，但周边海洋形势正发生深刻复杂变化，我国海洋开发利用秩序亟待依法规

---

[*] 作者单位：最高人民法院民事审判第四庭。

范，海洋生态环境需要不断加强保护，海事法院过去以受理海上贸易航运相关商事纠纷为主的受案范围需要及时修改拓展，以积极行使国家海洋司法管辖权，依法规范海洋开发利用秩序，加强海洋环境司法保护；同时，随着"一带一路"建设的深入和国际航运中心继续向亚太地区和我国转移，我们需要与时俱进地扩大海事审判管辖案件范围，进一步增强中国海事司法的国际影响力和竞争力。二是规范统一全国海事案件受理标准的需要。最高人民法院自2001年9月11日颁布法释〔2001〕27号《关于海事法院受理案件范围的若干规定》（以下简称2001年《规定》）十四年来，其所规范的海上贸易航运领域在船舶工程、船舶经营、海上运输、港口经营、国际航运中心建设等方面出现诸多新的交易形式及新的案件类型，相当部分已为上述规定范围所不能涵盖。为充分发挥海事法院审判职能，服务保障海洋经济和海洋生态文明建设，部分高级人民法院专门发文指定海事法院受理本省（市）内海洋开发利用、海洋环境污染纠纷案件以及海事行政案件。在新的形势下，全国海事法院的受案范围应当尽快正式明确并规范统一。近十四年来，物权法、民事诉讼法、行政诉讼法、国际海运条例等相关法律法规和有关人民调解、域外司法协助等司法解释的修订与颁布实施，对海事法院受理案件均有不同程度的影响和要求，海事法院受理案件的范围也应适当调整。三是海事审判工作发展和改革的需要。全国海事审判工作的重心在海事法院。在新的历史条件下，海事法院必须重点朝着两个目标加快发展，即必须从"水上运输法院"角色转型为全面覆盖"蓝色国土"的法院；必须努力将我国建设成为具有较高国际影响力的国际海事司法中心。但是，海事法院发展的现实情况与上述目标要求有较大差距，主要表现为：受案范围过于狭窄，海事法院的司法能力没有得到充分发挥；各海事法院收案不平衡；随着武汉、大连等海事法院在沿江地区增设派出法庭，拓展其辐射范围，也需要逐步扩大其受理通海可航水域案件的范围。总之，要充分发挥海事法院职能作用，必须进一步拓展其受案范围。

二、关于《规定》相比 2001 年原受案范围所作的重大修订

《规定》实际上是在 2001 年原受案范围的基础上修订而成。

新受案范围对 2001 年的原受案范围的修订主要体现在司法解释架构与案件类型两大方面——微调架构、较大幅度地增加与细化海事案件类型。

司法解释架构调整体现为三点：一是将"海洋及通海可航水域开发利用与环境保护相关纠纷案件"从 2001 年《规定》中的"其他海事海商纠纷案件"部分单列出来作为一大类案件，以突出海事法院规范海洋及通海可航水域开发利用秩序和环境保护的职能；二是将"海事行政案件"从 2001 年《规定》中的"其他海事海商纠纷案件"部分和"海事执行案件"部分单列出来作为一大类案件，具体明确其类型；三是将 2001 年《规定》第四部分"海事执行案件"中第 59、61、62、63 项内容调整至第六部分"海事特别程序案件"中，不将海事执行案件作为一大类单列。新的司法解释架构为七个部分：一是海事侵权纠纷案件（第 1~10 项）；二是海商合同纠纷案件（第 11~52 项）；三是海洋及通海可航水域开发利用与环境保护相关纠纷案件（第 53~67 项）；四是其他海事海商纠纷案件（第 68~78 项）；五是海事行政案件（第 79~85 项）；六是海事特别程序案件（第 86~108 项）；七是其他规定（第 109~114 项）。其中，第一至第六部分具体规定案件类型；在第七部分"其他规定"中增加"船舶工程"等术语的解释，并对海事纠纷案件与其他纠纷案件的重叠交叉、诉由选择对管辖的影响等问题作出规定。

对于案件类型，新的受案范围对2001年《规定》作了两个方面的修改，一是对2001年《规定》的63项海事案件类型作少量适当调整；二是重点在原有规定63项海事案件类型基础上增加45项案件类型，将海事案件类型增加至108项。增加的案件类型主要是四类：一是传统航运贸易中新出现的民商事纠纷案件，具体增加为港口货物质押监管合同纠纷案件等28项；二是海洋开发利用和海洋生态环境保护类民商事纠纷案件，具体增加为污染海洋环境、破坏海洋生态责任纠纷案件等9项；三是民事诉讼法修订后和海事诉讼实践中新出现的程序性案件，具体增加为就海事纠纷申请司法确认调解协议案件等3项；四是具体细化海事行政案件类型，2001年《规定》仅在第40、41项与第60项笼统规定海事行政案件、海事行政赔偿案件和海洋、通海水域行政主管机关依法申请强制执行案件，新的受案范围具体细化为7项。

三、关于《规定》的主要内容

（一）关于海事侵权纠纷案件

海事有广义、狭义之分，广义的海事包括在海域及通海可航水域乃至向陆地延伸区域内发生的事件，包括物权法、合同法、侵权责任法等法律所规范的事件。狭义的海事，即为海上发生的损害事件。一般单独所述"海事案件""海事纠纷""海事诉讼""海事法院""海事行政机关"之类为广义概念，《规定》中的海事一词应当作广义理解，但在用于海事侵权纠纷案件词组时，不包括根据海商合同等纠纷提起的诉讼。

在传统海事审判概念中，海事侵权纠纷案件，泛指在海上或者通海可航水域发生的，涉及船舶的，或者在航运、生产、作业过程中发生的针对非合同关系的人身、财产权益损害所提起的民事诉讼。虽然《规定》已经将海事法院受案范围拓展至海洋及通海可航水域开发利用与环境保护领域，出于司法解释内部结构、规范目的、传统海事法律的特殊性等因素考虑，《规定》仍沿袭传统海事侵权纠纷案件的概念，没有在内涵上扩张，主要限于与船舶有关的侵权纠纷案件。关于海事侵权纠纷案件，2001年《规定》共罗列10项，《规定》也罗列10项，具体保留2001年《规定》中的9项。修订主要体现为：1.合并1项，即将2001年《规定》中的第5项"海上或者通海水域的航运、生产、作业或者船舶建造、修理、拆解或者港口作业、建设，造成水域污染、滩涂污染或者他船、货物及其他财产损失的损害赔偿纠纷案件"合并入《规定》第三条第65项"污染海洋环境、破坏海洋生态责任纠纷案件"和第66项"污染通海可航水域环境、破坏通海可航水域生态责任纠纷案件"。2.新增1项案件类型，即《规定》第9项"为船舶工程提供的船舶关键部件和专用物品存在缺陷而引起的产品质量责任纠纷案件"。新增船舶工程有关的责任纠纷，是适应我国船舶工业快速发展和大量分包定制的实际，其中关键部件和专用物品缺陷引起产品质量纠纷具有技术性和专业性，宁波、上海、武汉等海事法院多年来已经开始积极受理相关案件，已具有相当成熟的审判经验。为统一认识、规范受理标准，《规定》第109项专门明确其中"船舶工程""船舶关键部件和专用物品"的特定含义。3.文字性修改，根据侵权责任法和民事案件案由规定，相应将2001年《规定》所列海事侵权纠纷中关于"损害赔偿纠纷"统一修改为"损害责任纠纷"，将"通海水域"修改为"通海可航水域"等。

(三)关于第二条"海商合同纠纷案件"

海商合同泛指民事主体之间达成的在海上或者通海可航水域及港口进行民商事活动的权利义务关系的协议。基于海商合同法律关系发生争议提起的诉讼即为海商合同纠纷案件。

关于海商合同纠纷案件,2001年《规定》具体罗列22项;《规定》增加20项,共罗列42项。《规定》在保留2001年《规定》所列海商合同案件类型的基础上,进行合并和增加,主要体现为:1.新增23项,包括《规定》第13至16项,第20项,第28、29、31、33、34项,第36至39项,第41至48项,第51项。2.撤并6项2001年《规定》中的海商合同纠纷类型,将2001年《规定》第41项"船舶的建造、买卖、修理、改建和拆解合同纠纷案件"拆分为《规定》第11项"船舶买卖合同纠纷案件"与第12项"船舶工程合同纠纷案件";将2001年《规定》第13项"船舶经营管理合同纠纷案件"、第18项"沿海、通海水域的运输船舶的承包合同纠纷案件"、第19项"渔船承包合同纠纷案件"、第29项"海上、通海水域运输联营合同纠纷案件",统一并入《规定》第17项"船舶经营管理合同(含挂靠、合伙、承包等形式)、航线合作经营合同纠纷案件";将2001年《规定》第26项"海难救助、海上打捞合同纠纷案件"调整至《规定》第四条"其他海事海商纠纷案件"中列为第72项"海难救助纠纷案件"、第73项"海上、通海可航水域打捞清除纠纷案件"。由此,《规定》"海商合同纠纷案件"中减少3项案件类型。3.修改完善8项2001年《规定》中的海商合同纠纷类型,将2001年《规定》第11项进行文字性修改后作为《规定》第26项;同时,将2001年《规定》第13、20、24、25、30、31项,分别修改成《规定》第17、18、35、32、24、49、50项。

上述新增港口货物质押监管合同纠纷案件等23类海商合同纠纷案件，均是航运实践中长期存在或者新出现的纠纷；撤并6项案件类型，是从保持体例的逻辑性和文意的严谨性出发作出的调整；修改完善8项案件类型，主要是扩张、限缩其中的文意以充分维持海事法院管辖案件的专业性，并使海事法院受理相关案件的标准更加明晰。

其中值得特别注意的是，《规定》第18项"与特定船舶营运相关的物料、燃油、备品供应合同纠纷案件"、第49项"为购买、建造、经营特定船舶而发生的借款合同纠纷案件"，该两类案件均限定于特定船舶相关案件，如果相关供应合同或者借款合同的当事人没有明确合同系为具有特定名称或其他可特定因素的船舶所签订，而仅泛泛地约定供应或者借款的其他事项，则相关合同纠纷不能作为海商合同纠纷案件纳入海事法院受理案件范围，因为这类合同纠纷并无海事海商纠纷的实质特征，可以识别为普通借款、买卖等合同纠纷。第24项"船员劳动合同、劳务合同（含船员劳务派遣协议）项下与船员登船、在船服务与离船遣返相关的报酬给付及人身伤亡赔偿纠纷案件"，对海事法院受理该类案件的范围进行具体限制，排除海事法院受理船员因与上下船和在船服务无直接关系的纠纷，但是根据《规定》第110项的规定，如果当事人就船员上下船和在船服务相关纠纷与其他纠纷（如船员离船在岸期间与用人单位发生的工资、社会保险等纠纷）一并起诉的，则案件仍由海事法院受理。

（四）关于第三条"海洋及通海可航水域开发利用与环境保护相关纠纷案件"

海洋及通海可航水域开发利用与环境保护相关纠纷案件，是指除海上货物贸易、交通运输及相关的担保、金融等民商事（即传统海事海商纠纷案件）以外，所有海洋及通海可航水域开发利用活动所引起的其他合同、侵权等民商事纠纷案件。

关于此类案件，2001年《规定》仅在"其他海事海商纠纷案件"中第36项笼统规定为"海洋开发利用纠纷案件，其中包括对大陆架的开发和利用（如海洋石油、天然气的开采），海水淡化和综合利用、海洋水下工程、海洋科学考察等纠纷案件"。为适应海洋经济发展的需要，《规定》将该类案件单列为第三大海事案件类型，具体罗列15项案件类型，其中5项（第53至57项）系沿袭2001年《规定》第36项的规定具体分解细化而成；其他10项案件类型均是新增案件类型，新增部分主要是渔业经营、海域使用、环境生态保护以及相关金融、担保方面的纠纷案件类型。其中第65项和第66项规定的相关污染案件包括陆源污染等各种污染源引起的污染海洋及通海可航水域环境、破坏海洋及通海可航水域生态责任纠纷案件，但船舶排污造成的损害责任纠纷案件应作为《规定》第4项案件类型受理。

（五）关于第四条"其他海事海商纠纷案件"

其他海事海商纠纷案件是一些总体上不易简单地分别归类于海事侵权纠纷或者海商合同纠纷的案件，包括物权纠纷、无因管理纠纷、不当得利纠纷、相邻关系纠纷等。其中，有些案件需要结合当事人的具体请求，根据有关实体法和民事案由规定，定性为海事侵权或者海商合同等纠纷案件，如港口作业纠纷、海难救助纠纷、海运欺诈纠纷等。

关于其他海事海商纠纷案件，2001年《规定》共罗列26项，包括港口作业纠纷等6项典型海事海商实体纠纷案件、1项海洋开发利用（实体）纠纷案件、2项海事行政及行政赔偿案件、16项程序性案件和1项上级法院交办的其他案件。《规定》

将海洋开发利用（实体）纠纷案件和程序性案件单列出来，将"其他海事海商纠纷案件"限缩为实体纠纷案件，具体罗列11项案件类型，具体构成为：1.保留4项2001年《规定》中的案件类型，在《规定》列为第68、74、75、77项。其中第75项港口作业纠纷案件依法由港口所在地的海事法院专属管辖，具体包括在港区内进行的测量、勘探、建港、疏浚、爆破、打捞、救助、拖带、水上水下施工、港口装卸、驳运、保管和理货作业等纠纷案件。1989年《最高人民法院关于海事法院收案范围的规定》第三条第2项规定港口作业纠纷案件时具体列明港口作业所包括的上述各类具体作业类型，之后2001年《规定》及《规定》不再具体列明各类作业，但对港口作业内涵的认识并没有改变，今后还应保持这种认识的连续性。2.体例调整增加2项，将2001年《规定》规定在"海商合同纠纷案件"中第26项"海难救助、海上打捞合同纠纷案件"划入《规定》第72、73项。3.另行新增5项案件类型，具体规定为第69项"港口货物、海运集装箱、港航设备设施所有权、留置权、抵押权等物权纠纷案件"、第70项"海洋、通海可航水域开发利用设备设施等财产所有权、留置权、抵押权等物权纠纷案件"、第72项"提单转让、质押所引起的纠纷案件"、第76项"海上、通海可航水域财产无因管理纠纷案件"、第78项"航运经纪与航运衍生品交易相关纠纷案件"。新增上述5项案件类型，均是海洋经济发展和国际航运中心建设中出现的典型或者新型海事案件。

（六）关于第五条"海事行政案件"

从海事法院的管辖区域与海事行政管辖区域的一致性（均为跨行政区划管辖）、海事行政案件的专业性和国际性、适用法律的复杂性等因素考虑，海事行政案件确有必要由海事法院专门管辖。最高人民法院1984年《关于设立海事法院几个问题的决定》以及1989年、2001年关于海事法院受理案件的规定均明确海事行政案件由海事法院管辖。鉴于行政案件的受案范围和管辖问题十分复杂，《规定》在2001年《规定》基础上具体细化海事案件类型，明确规定为7项，指导全国海事法院准确受理海事行政案件。

（七）关于第六条"海事特别程序案件"

海事特别程序案件，泛指海事法院受理的除实体纠纷以外的所有保全、宣告失踪死亡、督促程序、公示催告、司法确认调解协议、实现担保物权、司法协助、执行等程序案件及其紧密相关的责任纠纷。

《规定》单列"海事特别程序案件"，集中规定2001年《规定》中的16项程序性案件和5项海事执行案件，同时新增3项程序性案件，并将2001年《规定》中5项海事执行案件中的一项"海洋、通海水域行政主管机关依法申请强制执行的案件"划入《规定》"海事行政案件"中，由此共罗列23项海事特别程序案件。新增3项程序性案件为：第102项"申请从油污损害赔偿责任限制基金中代位受偿案件"、第104项"就海事纠纷申请司法确认调解协议案件"、第105项"申请实现以船舶、船载货物、船用物料、海运集装箱、港航设备设施、海洋开发利用设备设施等财产为担保物的担保物权案件"。

新增3项程序性案件分别与我国加入的《1992年国际油污损害民事责任公约》以及《防治船舶污染海洋环境管理条例》《最高人民法院关于审理船舶油污损害赔偿纠纷案件若干问题的规定》关于船舶油污损害代位受偿的特别规定和2012年新民事诉讼法关于确认调解协议案件、实现担保物权案件的规定相配套的案件类型。其中第 102 项规定的案件，目前仅限于上述公约、行政法规和司法解释所规定的特定情形：油轮装载持久性油类（烃类矿物油及其残余物）造成油污损害，船舶所有人、船舶油污损害赔偿责任保险人或者财务保证人在海事法院设立油污损害赔偿责任限制基金，其在该基金分配前已先行赔付油污损害，可以申请从基金中代位受偿。

四、关于需要注意的其他问题

（一）受案范围规定与案由规定的关系

制定《规定》在理论上似乎面临这样一个问题——现行《民事案件案由规定》专门在海事海商纠纷（一级、二级案由）项下具体规定纠纷类型（第三级、第四级案由），可以依法据此确定海事法院受案标准，是否还有必要再制定海事法院的受案范围？受案范围规定与案由规定的关系怎样？实际上，受案范围规定与案由规定在背景依据、目标功能、适用阶段、编排逻辑与用语特点等方面均不同，各有侧重，现阶段不能相互替代。受案范围规定是自设立海事法院以来确定海事审判专门管辖范围的必要规范和重要制度，重点解决海事专门管辖的案件"入门"问题，适用于案件受理以前阶段；鉴于当事人起诉时法律关系的性质往往尚不能准确界定，受案范围需要根据纠纷相关的原因事实来确定；为兼顾海运与海洋等行业（专业）特点、人民群众的诉讼经验、实践认识的统一程度等实际情况，具体用语既有正规法律术语，也有大量的行业和生活语言，并且各项表述繁简不一，侧重实用性，目的在于明确因什么事由引起的纠纷属于海事法院管辖的问题，便于更加及时、准确地将规定海事案件纳入海事法院受案范围。案由规定是以民法理论对民事法律关系的分类为基础，结合现行立法及审判实践对民事纠纷进行分级分类，使用规范法律用语对各种诉讼争议所包含的法律关系进行简要概括，有较强的逻辑性和科学性，目的在于指引当事人准确选择诉由，规范人民法院立案、审判和司法统计等工作。简而言之，受案范围规定解决何类案件纳入海事法院审理，案由规定解决案件纳入法院后的规范审理问题（准确确定争点和正确适用法律）。因此，海事法院根据受案范围规定受理案件后，应当及时根据案由规定逐步规范审理工作。

（二）有关概念的理解

在《规定》研究制定过程中，有人建议对船舶、港口、海岸带等术语作出解释，便于实践掌握，但鉴于现行立法情况和《规定》本身的局限，《规定》没有规定其含义。对于船舶概念与港口区域范围，根据海商法、港口法等法律法规，结合审判实践情况，可以有一个相对准确的把握。《规定》所涉船舶基本上可以认为包括：海商法第三条规定的船舶、在海事法院实际管辖的通海内河可航水域内航行的内河船舶、拟具备前述两项船舶技术条件和用途的建造中船舶。《规定》所涉港口可以理解为纳入海事法院管辖地域（海域和通海可航水域）的商港、渔港等非军事用港口，港口区域一般根据有关行政主管部门依法审批的港口规划与建设范围认定。对于海岸带，我国尚无有关海岸带的专门立法，在法律和行政法规中也无相关定义，但有些沿海省份政府部门的规章或者规范文件中有所涉及，目前司法实践可根据国家和沿海各地政府部门规划的相关范围确定；没有规范范围的，一般可参考全国海岸带和海涂资源综合调查的范围，即海岸线（平均大潮高潮的痕迹线所形成的水陆分界线）向陆侧延伸10千米，向海到15米等深线止（河口地区向陆至潮界区，向海至淡水方锋缘），含近岸海域（包括水中的及水下的土地）和毗连的相关陆域（包括陆上水域及地下水）、范围内的岛屿。

（三）不同纠纷的重叠交叉与当事人诉由选择对管辖的影响

随着实践的发展，交易方式复杂多样，当事人之间签订一揽子或者综合性的保险合同、运输合同、服务合同等，既包含《规定》所涉合同，也包含其他民商事合同，反映至司法实践中相应出现有些纠纷案件中既有海事纠纷，又有非海事纠纷等多种争议事项或者数个诉讼标的，从尽可能发挥专门审判的专长和防止当事人以合并诉讼客体的方式变相规避海事案件专门管辖的目的出发，《规定》第110项规定："当事人提起的民商事诉讼、行政诉讼包含本规定所涉海事纠纷，由海事法院受理。"类似专门管辖优先的规定，可见于《最高人民法院关于审理技术合同纠纷案件适用法律若干问题的解释》[法释〔2004〕20号]第四十三条第四款关于"合同中既有技术合同内容，又有其他合同内容，当事人就技术合同内容和其他合同内容均发生争议的，由具有技术合同纠纷案件管辖权的人民法院受理"之规定。防止当事人选择案由规避海事专门管辖规定，《规定》第111条规定："对于本规定中有关合同所涉事由引起的纠纷，以侵权等非合同诉由提起诉讼的，仍由海事法院受理。"

同时，也应注意到，《规定》所列案件类型在内涵上不可避免地会存在重叠交叉情形，由此可能出现同一纠纷案件可以对应《规定》所列两项以上案件类型，实践中可以根据当事人的意愿，结合海事审判的专业性以及专属管辖、专门管辖的价值目标等因素，予以合理确定。

最高人民法院民事审判第四庭负责人就《关于海事法院受理案件范围的规定》答记者问

2016年2月24日,最高人民法院发布了《关于海事法院受理案件范围的规定》,其将于2016年3月1日起正式施行。《规定》发布后,最高人民法院民事审判第四庭负责人接受了记者采访,就有关问题回答了记者提问。

问:《规定》是对我国海事法院受案范围又一次调整充实,请问此次颁布新规有何背景?

答: 关于海事法院受理案件范围的规定是开展海事专门审判、充分发挥海事审判职能作用的重要基础和必要依据,最高人民法院在1984年决定设立海事法院时即一并规定其受理案件的范围,之后根据形势发展和实践需要先后于1989年、2001年两次充实修改,重新制定颁布关于海事法院受理案件范围的规定。出台本规定主要是基于三个方面的客观需求:一是服务保障海洋强国战略和"一带一路"建设等国家战略的需要。党的十八大及十八届三中全会提出建设海洋强国的战略目标,十八届五中全会通过的"十三五"规划建议进一步提出拓展蓝色经济空间,但周边海洋形势正发生深刻复杂变化,我国海洋开发利用秩序亟待依法规范,海洋生态环境需要不断加强保护,海事法院过去以受理海上贸易航运相关商事纠纷为主的受案范围需要及时修改拓展，以积极行使国家海洋司法管辖权，依法规范海洋开发利用秩序，加强海洋环境司法保护；同时，随着"一带一路"建设的深入和国际航运中心继续向亚太地区和我国转移，我们需要与时俱进地扩大海事审判管辖案件范围，进一步增强中国海事司法的国际影响力和竞争力。二是规范统一全国海事案件受理标准的需要。最高人民法院自2001年9月11日颁布法释〔2001〕27号《关于海事法院受理案件范围的若干规定》（以下简称《2001年规定》）十四年来，其所规范的海上贸易航运领域在船舶工程、船舶经营、海上运输、港口经营、国际航运中心建设等方面出现诸多新的交易形式及新的案件类型，相当部分已为上述规定范围所不能涵盖。为充分发挥海事法院审判职能，服务保障海洋经济和海洋生态文明建设，辽宁、天津、山东、浙江、广东、海南六省（市）高级法院专门发文指定海事法院受理本省（市）内海洋开发利用、海洋环境污染纠纷案件以及海事行政案件。在新的形势下，全国海事法院的受案范围应当尽快正式明确并规范统一。近十四年来，物权法、民事诉讼法、行政诉讼法、国际海运条例等相关法律法规和有关人民调解、域外司法协助等司法解释的修订与颁布实施，对海事法院受理案件均有不同程度的影响和要求，海事法院受理案件的范围也应适当调整。三是海事审判工作发展和改革的需要。全国海事审判工作的重心在海事法院。在新的历史条件下，海事法院必须重点朝着两个目标加快发展，即必须从"水上运输法院"角色转型为全面覆盖"蓝色国土"的法院；必须努力将我国建设成为具有较高国际影响力的国际海事司法中心。但是，海事法院发展的现实情况与上述目标要求有较大差距，主要表现为：受案范围过于狭窄，海事法院的司法能力没有得到充分发挥；各海事法院收案不平衡；随着武汉、大连等海事法院在沿江地区增设派出法庭，拓展其辐射范围，也需要逐步扩大其受理通海可航水域案件的范围。总之，要充分发挥海事法院职能作用，必须进一步拓展其受案范围。

问：新的受案范围相比2001年的原受案范围作了哪些重大修订？

答：新受案范围对原受案范围的修订主要体现在司法解释架构与案件类型两大方面——微调架构、较大幅度地增加与细化海事案件类型。

司法解释架构调整体现为三点：一是将"海洋及通海可航水域开发利用与环境保护相关纠纷案件"从《2001年规定》中的"其他海事海商纠纷案件"部分单列出来作为一大类案件，以突出海事法院规范海洋及通海可航水域开发利用秩序和环境保护的职能；二是将"海事行政案件"从《2001年规定》中的"其他海事海商纠纷案件"部分和"海事执行案件"部分单列出来作为一大类案件，具体明确其类型；三是将《2001年规定》第四部分"海事执行案件"中第59、61、62、63项内容调整至第六部分"海事特别程序案件"中，不将海事执行案件作为一大类单列。新的司法解释架构为七个部分：一、海事侵权纠纷案件（第1~10项）；二、海商合同纠纷案件（第11~52项）；三、海洋及通海可航水域开发利用与环境保护相关纠纷案件（第53~67项）；四、其他海事海商纠纷案件（第68~78项）；五、海事行政案件（第79~85项）；六、海事特别程序案件（第86~108项）；七、其他规定（第109~114项）。其中，第一至第六部分具体规定案件类型；在第七部分"其他规定"中增加"船舶工程"等术语的解释，并对海事纠纷案件与其他纠纷案件的重叠交叉、诉由选择对管辖的影响等问题作出规定。

对于案件类型，新的受案范围对《2001年规定》作了两个方面的修改，一是对《2001年规定》的63项海事案件类型作少量适当调整；二是重点在原有规定63项海事案件类型基础上增加45项案件类型，将海事案件类型增加至108项。增加的案件类型主要是四类：一是传统航运贸易中新出现的民商事纠纷案件，具体增加为港口货物质押监管合同纠纷等28项；二是海洋开发利用和海洋生态环境保护类民商事纠纷案件，具体增加为污染海洋环境、破坏海洋生态责任纠纷案件等9项；三是民事诉讼法修订后和海事诉讼实践中新出现的程序性案件，具体增加为就海事纠纷申请司法确认调解协议案件等3项；四是具体细化海事行政案件类型，《2001年规定》仅在第40、41项与第60项笼统规定海事行政案件、海事行政赔偿案件和海洋、通海水域行政主管机关依法申请强制执行案件，新的受案范围具体细化为7项。

问：新的海事法院受案范围公布后将如何贯彻实施？

答： 制定颁布新的海事法院受案范围是服务保障党和国家战略、落实人民法院"四五改革纲要"目标任务、进一步加强海事审判工作的一项重要措施。各级人民法院都要自觉站在战略和全局的高度贯彻落实新的受案范围。首先，各海事法院要认真组织学习，准确领会其内涵，明确自身职责，正确行使海事司法管辖权，有效维护国家主权，依法充分保护当事人的诉权。当事人起诉的案件属于新的受案范围并符合立案登记制的其他受理条件的，各海事法院应当及时立案受理。各海事法院要重点针对海事行政案件和新增加的海洋及通海可航水域开发利用与环境保护相关纠纷等案件类型，抓紧开展业务培训，确保公正高效审理，尽快发挥自身专业优势打开海事审判工作新局面。其次，地方各级人民法院要组织立案、审判、执行人员学习新的海事法院受理案件的范围和海事诉讼特别程序法，避免受理应由海事法院受理的案件。海事法院的上诉审高级人民法院要在组织学习的同时，加大监督指导力度，有效防止和纠正辖区内地方法院违规受理海事案件。第三，最高人民法院民四庭将会同国家法官学院举办专门培训班组织各级法院相关人员学习，适时组织抽查海事法院和地方法院实施情况，及时指导协调处理相关异议和争议，进一步规范统一受理标准。

关于发布《最高人民法院关于人民法院进一步深化多元化纠纷解决机制改革的意见》及《最高人民法院关于人民法院特邀调解规定》的新闻发布稿

最高人民法院司改办主任　胡仕浩

各位记者：

大家好！下面由我为大家介绍《最高人民法院关于人民法院进一步深化多元化纠纷解决机制改革的意见》（以下简称《意见》）和《最高人民法院关于人民法院特邀调解的规定》（以下简称《规定》）的有关情况。

《意见》是今后一个时期指导全国法院开展多元化纠纷解决机制改革的纲领性文件，目的在于进一步深化多元化纠纷解决机制改革、完善诉讼与非诉讼相衔接的纠纷解决机制，让十八届四中全会决定和中央关于矛盾纠纷多元化解的改革文件得到落实，特别是《规定》以司法解释的形式，对人民法院特邀调解制度进行了系统规范，拓展了纠纷解决渠道，就是要让改革举措落地生根、改革成果惠及群众。《意见》和《规定》起草论证工作历时1年多。期间，征求了中央有关部门、全国法院系统的意见，召开有关部委、行业协会、仲裁机构、调解组织等单位代表以及专家学者参加的座谈论证会。《规定》在提交最高人民法院审判委员会审议前和审议后，两次征求全国人大常委会法工委的意见。审委会在审议《规定》时，采取了"开门审委会"的形式，邀请了人大代表、政协委员、专家学者、基层调解员等参加讨论，广泛听取社会各界的意见和建议。可以说，《意见》和《规定》是在充分调研论证和广泛征求意见的基础上形成的改革共识和改革成果。

一、《意见》和《规则》出台的重大意义

（一）《意见》和《规定》是贯彻落实中央深化多元化纠纷解决机制改革精神的重要举措

党的十八届四中全会《关于全面推进依法治国若干重大问题的决定》提出："健全社会矛盾纠纷预防化解机制，完善调解、仲裁、行政裁决、行政复议、诉讼等有机衔接、相互协调的多元化纠纷解决机制"。2015年10月13日，中央全面深化改革领导小组第十七次会议审议通过《关于完善矛盾纠纷多元化解机制的意见》，并于同年12月6日由中共中央办公厅、国务院办公厅联合印发中办发〔2015〕60号文件（以下简称中办发〔2015〕60号文件），明确了完善矛盾纠纷多元化解机制的指导思想和基本原则，提出了健全工作格局、推进制度建设、搭建化解平台、促进各类非诉讼矛盾纠纷解决方式健康发展等工作任务。最高人民法院今天发布的《意见》和《规定》，就是贯彻落实四中全会改革要求，对人民法院进一步深化多元化纠纷解决机制改革进行顶层设计，为推动人民法院多元化纠纷解决机制建设提供指导，为特邀调解制度提供司法解释依据。

（二）《意见》和《规定》是完善国家治理体系建设的重要内容

习近平总书记指出，国家治理体系和治理能力现代化是一个国家的制度和制度执行能力的集中体现。包括多元化纠纷解决机制在内的社会治理是国家治理体系的重要组成部分。《意见》和《规定》致力于整合社会解纷资源，提升社会治理能力。在"党委领导、政府负责、社会协同、公众参与、法治保障"的社会治理格局中，各级人民法院要从战略部署、法治思维、社会视角和历史高度来理解多元化纠纷解决机制在法治体系中的重要地位，重新审视法院在社会多层次多领域依法治理中的功能和作用。《意见》和《规定》通过诉前导诉、案件分流、程序衔接，把纠纷有序分流至诉讼和非诉讼解纷渠道；通过建立特邀调解组织、特邀调解员名册制度，开展调解培训、业务指导等方式，促进人民群众参与司法，促进各类调解组织发挥解纷功能；通过司法确认，提高非诉讼纠纷解决方式的效力和权威性，为各类解纷组织依法调解提供有力司法保障。

（三）《意见》与《规定》致力于发挥司法在多元化纠纷解决机制中的引领、推动和保障作用

中共中央办公厅、国务院办公厅中办发〔2015〕60号文件对人民法院在多元化纠纷解决机制改革中的功能和作用给予了准确的定位，即"人民法院要发挥司法在矛盾纠纷多元化解机制中的引领、推动和保障作用，建立健全诉讼与非诉讼相衔接的矛盾纠纷解决机制。"《意见》全文充分体现了这三个作用。一是"引领"作用意味着人民法院要主动与诉讼外的纠纷解决机制建立对接关系。人民法院派员进驻各种调解站和联系点，指导这些纠纷解决机制发挥作用；调解组织进驻法院设立的调解室，处理法院立案前委派调解和立案后委托调解的案件；通过司法确认的强制力、法官的司法经验、司法能力等优势激活其他解纷资源、构建解纷体系，指导其他纠纷解决机制发挥有效作用。二是"推

动"作用主要体现在法院与其他非诉纠纷解决机制的关系方面。法院在处理每年数以千万计案件的同时，还通过诉调对接、业务指导、人员培训、参与立法等途径，让更多的矛盾纠纷通过规范、中立、有效的非诉解纷渠道解决。三是"保障"作用主要体现在对非诉纠纷解决方式的全方位、立体式的保障。包括对调解协议法律效力的依法确认，对特邀调解组织建设的完善，对特邀调解员行为规范的约束，更有对特邀调解员的技能培训和能力提高等，努力提高调解员的业务素质和调解的公信力。

（四）《意见》和《规定》致力于满足人民群众多元的解纷需求

当前，我国正处于社会转型期，特别是随着改革进入攻坚期和深水区，涉及深层次矛盾和重大利益调整，社会矛盾明显增多，各种利益冲突日益明显，纠纷日趋多样复杂。与诉讼相比，调解、仲裁、裁决等非诉解纷方式有着简便快捷、成本低、效果好等优势，人民群众对非诉讼纠纷解决方式的需求愈显迫切。近年来，我国已基本形成了人民调解、劳动仲裁、行政调解、行业调解、商事仲裁、商事调解等多种非诉讼纠纷解决机制共存的局面。各种非诉讼纠纷解决机制在化解纠纷方面共同发挥重要作用。《意见》指导各级人民法院建立和完善诉调对接平台，明确平台职责，促进诉讼与非诉讼纠纷解决方式的有效衔接，畅通人民群众选择多种非诉讼的解纷渠道。《规定》在规范人民法院特邀调解制度的同时，致力于发展法院附设调解，为当事人选择调解方式解决纠纷提供路径，从降低纠纷解决成本、满足当事人多元解纷需求等方面最大限度地保护当事人的合法权益。

二、《意见》的特色及亮点

（一）进一步明确了深化多元化纠纷解决机制改革的总体思路和主要目标

多元化纠纷解决机制改革的总体思路是：国家制定发展战略、司法发挥引领作用、推动国家立法进程。这个工作思路也是周强院长在去年眉山会议上提出的多元化纠纷解决机制改革的"三步走"战略。《意见》明确了今后一个时期人民法院进一步深化多元化纠纷解决机制改革的三大目标：一是建设功能完备、形式多样、运行规范的诉调对接平台，畅通纠纷解决渠道，引导当事人选择适当的纠纷解决方式；二是合理配置纠纷解决的社会资源，完善和解、调解、仲裁、公证、行政裁决、行政复议与诉讼有机衔接、相互协调的多元化纠纷解决机制；三是充分发挥司法在多元化纠纷解决机制建设中的引领、推动和保障作用，为促进经济社会持续发展、全面建成小康社会提供有力的司法保障，最终实现建立和完善具有中国特色的多元化纠纷解决体系。

（二）进一步明确了法院开展多元化纠纷解决机制改革的全面要求

一是内容涵盖全面。从加强平台建设、健全制度建设、完善程序安排、加强工作保障四个方面，对各级人民法院完善诉讼与非诉讼纠纷解决方式的有效衔接作出了具体要求。二是对接类型全面。要求各级人民法院完善与综治组织的对接，加强与行政机关、人民调解组织、商事调解组织、行业调解组织、仲裁机构、公证机构等的对接，支持工会、妇联、共青团、法学会等组织参与纠纷解决，强调发挥人大代表、政协委员、专家学者、律师、基层社区工作者，"五老人员"等参与纠纷解决的作用，动员全社会力量共同参与纠纷化解。三是各项制度总结全面。《意见》

对特邀调解制度、法院专职调解员制度、律师调解制度，以及刑事、民商事、行政诉讼中的各类调解制度的实践经验进行总结，使各类调解活动与诉讼的对接都有章可循。

（三）在制度建设和程序安排上体现改革创新

第一，探索建立调解前置程序。规定有条件的基层人民法院对家事纠纷、相邻关系、小额债务、消费者权益、交通事故、医疗纠纷、物业管理等适宜调解的纠纷，在征求当事人意愿的基础上，引导当事人在登记立案前由特邀调解组织或者特邀调解员先行调解。第二，推动律师调解制度建设。积极吸纳律师加入人民法院特邀调解员名册，支持律师加入各类调解组织担任调解员，探索建立律师调解工作室，鼓励律师充分发挥专业化、职业化优势，参与纠纷解决。第三，建立"一站式"纠纷解决平台。要求人民法院在道路交通、劳动争议、医疗卫生、物业管理、消费者权益保护、土地承办、环境保护以及其他纠纷多发领域，建立"一站式"纠纷解决平台，整合社会解纷资源，切实减轻群众负担。第四，推动在线纠纷解决方式创新。要求建立在线调解、在线立案、在线司法确认、在线审判、电子督促程序、电子送达等为一体的信息平台，促进多元化纠纷解决机制的信息化发展。第五，积极推动多元化纠纷解决机制的国际化发展。要求进一步加强我国与其他国家和地区司法机构、仲裁机构、调解组织的交流和合作，提升我国纠纷解决机制的国际竞争力和公信力，满足中外当事人纠纷解决的多元需求，为国家"一带一路"等重大战略的实施提供司法服务与保障。

三、《规定》的特色及亮点

《意见》从宏观上对法院开展多元化纠纷解决机制改革提供了指导意见，《规定》则以特邀调解制度作为切入点，促进法院附设调解在纠纷解决中发挥作用。

(一)《规定》填补了调解制度的空白

特邀调解是指人民法院吸纳符合条件的人民调解、行政调解、商事调解、行业调解等调解组织或者个人成为特邀调解组织或者特邀调解员,接受人民法院立案前委派或者立案后委托,依法进行调解,促使当事人在平等协商基础上达成调解协议、解决纠纷的一种调解活动。民事诉讼法及其司法解释主要集中于规范法院诉讼调解,人民调解法及相关司法解释主要集中于规范人民调解,都没有涉及到法院委派与委托调解的主体和处理程序问题,也没有涉及到其他调解类型。《规定》的出台,明确了特邀调解的法律定位,有利于调解制度体系的改革完善。

(二)《规定》规范了特邀调解程序

一是规范调解引导。法院要根据自愿调解原则引导当事人选择调解。二是确定调解规则。特邀调解要依据规则履行通知告知义务、确定合适的调解方法。三是明确诉调对接程序。委派调解达成调解协议,应将调解协议提交人民法院备案;当事人申请司法确认的,由人民法院依法受理。委托调解达成调解协议的,应由人民法院审查并制作调解书结案;或者当事人申请撤诉的,人民法院应当依法作出裁定。委派调解未达成协议的,调解员应当将当事人的起诉材料移送人民法院;当事人坚持诉讼的,人民法院应当依法登记立案。委托调解未达成协议的,人民法院应当将案件及时转入审判程序审理。

(三)《规定》注重维护当事人合法权益

一是选择特邀调解需要当事人自愿,法院不得强迫当事人选择特邀调解。对坚持诉讼的,法院应当及时登记立案或者开庭审理,保障当事人的诉权。二是调解员由当事人双方协商选定,协商不成，可以由人民法院或者调解组织指定。当事人双方还可以协商选择两名以上的调解员调解。三是赋予当事人自主的处分权。不仅调解员不得强迫当事人达成调解协议，《规定》还通过对调解员的禁止行为、后续角色冲突，在调解过程中应当履行通知告知义务等方面进行规定，确保调解的自愿合法。四是确立了调解协议的法律效力。无论是符合司法确认条件、当事人申请司法确认的，还是根据调解结果应当出具民事调解书、民事裁定书的，人民法院都应依法处理。

《意见》和《规定》6月28日发布后即将开始实施。最高人民法院将认真组织对《意见》和《规定》的学习宣传和贯彻，层层推进，抓好落实，特别是做好制度衔接和配套诉讼服务，尽力满足人民群众多元的司法需求，确保多元化纠纷解决机制改革红利惠及广大人民群众。

谢谢大家。

解读《中华人民共和国人民法院法庭规则》

胡仕浩[*]

2015年12月21日,最高人民法院审判委员会第1673次会议通过了《最高人民法院关于修改〈中华人民共和国人民法院法庭规则〉的决定》(以下简称《决定》)。根据该《决定》,对《中华人民共和国人民法院法庭规则》(以下简称《法庭规则》)作出修改并对条文顺序作出相应调整后,于2016年4月13日重新公布,自2016年5月1日起施行。《法庭规则》自1979年12月11日由最高人民法院审判委员会会议通过并发布,1993年11月26日最高人民法院审判委员会第617次会议作出修改,至本次再修改,走过了36年。这36年来,《法庭规则》伴随着不断变化的司法理念,围绕着权利保护和秩序保障两大主题,在精心取舍和平衡的基础上有过两次修改和完善。可以说,《法庭规则》不仅保障着每一次庭审活动的顺利进行,保障着人民法院依法独立公正行使审判权,保障着诉讼参与人在庭审活动中的诉讼权利,而且见证着立法的发展和诉讼制度的进步,展现着司法改革的成果,记录着中国法治建设的进程。

---

[*] 时任最高人民法院司法改革领导小组办公室主任。

司法文件选解读

一、《法庭规则》的制定——实现庭审活动秩序化，彰显法庭的神圣和庄严

以 1978 年 12 月党的十一届三中全会召开为标志，中国开始了改革开放的伟大征程，立法与司法也由此进入了一个恢复与重建的历史新时期。1979 年 7 月召开的五届全国人大二次会议通过了新中国历史上第一部刑法典和刑事诉讼法典，从实体和程序两个方面将刑事审判工作引入法治化的轨道。1979 年 9 月，中共中央向全党专门发出的《关于坚决保证刑法、刑事诉讼法切实实施的指示》强调指出：这两部法律能否得到严格执行，是衡量我国是否实行社会主义法治的重要标志，是一个直接关系到党和国家信誉的大问题，要求各级司法机关严格按照这两部法律办事。为了贯彻执行这两部法律，保障庭审的规范和秩序，1979 年 12 月 11 日，最高人民法院审判委员会依照《人民法院组织法》[①] 的有关规定，讨论通过了《中华人民共和国人民法院法庭规则（试行）》（以下简称"1979 年《法庭规则》"）。1979 年《法庭规则》原计划由全国人大常委会讨论通过或经最高人民法院审判委员会讨论后提请全国人大常委会批准，因此，当时在"人民法院法庭规则"的前面冠以"中华人民共和国"国名。后来因故虽未提交全国人大常委会讨论，但仍保留了"中华人民共和国"的冠名，成为目前最高人民法院发布的司法解释中唯一一件直接冠以"中华人民共和国"国名的文件。1979 年《法庭规则》的规定共计 10 条，主要对法庭纪律、旁听审判、新闻记者采访庭审进行了规定。依照该《法庭规则》的规定，出庭的审判人员、书

---

① 本书中法律名称使用简称，如《中华人民共和国人民法院组织法》简称为《人民法院组织法》。

记员、公诉人、律师和诉讼参与人都必须严格依照法律规定进行诉讼活动；审判人员应当保障诉讼参与人的诉讼权利；诉讼参与人应当遵守法庭秩序，不得喧哗、吵闹；发言、陈述和辩论，须经审判长许可。公开审判的案件，公民可以凭人民法院发出的旁听证进入法庭旁听；旁听人员不准录音、录像和摄影；不准进入审判区；不准鼓掌、喧哗、吵闹和实施其他妨害审判活动的行为；不准发言、提问；不准吸烟和随地吐痰。旁听人员对法庭的审判活动有意见，可以在闭庭以后以书面形式向人民法院提出。公开审判的案件，允许新闻记者采访；记者凭人民法院发出的采访证进入法庭，可以记录、录音、录像、摄影和转播。诉讼参与人违反法庭秩序的，审判长有权警告制止；情节严重的，可以责令退出法庭或者依法追究刑事责任。旁听人员违反法庭纪律不听劝告制止的，经审判长决定，可以没收胶卷、录音带，或者责令退出法庭，直至依法追究刑事责任。

1980年11月20日至12月29日，最高人民法院根据全国人大常委会的决定，成立特别法庭，公开审判了"林彪、江青反革命集团案"。在审理过程中，特别法庭严格依照《刑事诉讼法》和1979年《法庭规则》的规定进行诉讼。通过旁听，特别是新闻媒体的全面报道，刚刚经历了"文革"的人们，看到了法庭的神圣和庄严，进而对国家的法治化建设充满了信心和希望。

1979年《法庭规则》的发布和实施，正值我国社会主义司法制度恢复和重建之际，国家和社会亟待从混乱转入秩序，因此，《法庭规则》着重对庭审活动的行为和秩序进行规范，不仅强调诉讼参与人应当遵守法庭秩序，而且规定公民旁听庭审，需凭人民法院发出的旁听证，新闻记者采访庭审，需凭人民法院发出的采访证；同时还特别规定公开审判的涉外案件，外国人要求旁听的，或者外国新闻记者要求采访的，应向主管部门提出，经人民法院许可，凭人民法院发出的旁听证或者采访证进入法庭。1979年《法庭规则》通过对旁听或参与庭审的不同主体的行为的规范，保障审判活动的正常进行，保障诉讼参与人的诉讼权利，维护司法的尊严和权威，积极地推动了法制宣传和教育，强化了全民的法治观念。

二、《法庭规则》第一次修改——突出人民法院对庭审活动的主导地位，推进司法公开，彰显司法文明

随着国家法治进程的不断发展，《民事诉讼法》《行政诉讼法》的相继颁布，人民法院庭审活动大量增加，1979年《法庭规则》在许多方面越来越不能适应庭审活动的实际需要，庭审中出现的亟待规范和处理的新问题也随之增多。为了更好地贯彻《刑事诉讼法》《民事诉讼法》及《行政诉讼法》等法律，切实维护法庭秩序，保障庭审活动的顺利进行，适应法院审判方式规范化的要求，1979年《法庭规则》的修改被提到了议事日程。自1991年起，最高人民法院在起草《关于贯彻执行〈中华人民共和国民事诉讼法〉若干问题的意见》（以下简称《民事诉讼法意见》）的同时，着手对1979年《法庭规则》进行修改。1991年11月，修改小组提出草稿，送本院研究室、各业务庭、装备计财局等部门听取意见并进行修改，形成讨论稿。同年12月，最高人民法院组织了10个高级人民法院的代表到京讨论，同时邀请全国人大法工委相关同志参加讨论，广泛听取、吸收各方面的意见和建议。修改后，又多次听取院内各部门的意见并不断完善。1992年10月12日，江泽民同志在党的十四大报告中明确指出，要严格执行宪法和法律，加强执法监督；保障人民法院依法独立进行审判。因此，讨论稿突出了人民法院在庭审活动中的主导地位,保障人民法院依法独立进行审判;将推进庭审公开,确保人民群众了解司法、监督司法等内容写进了《法庭规则》。之后在经1992年12月21日至27日召开的第十六次全国法院工作会议充分讨论后,提交最高人民法院审判委员会讨论决定。经过两次讨论,1993年11月26日第617次会议讨论通过了新的《法庭规则》(以下简称"1993年《法庭规则》"),新的《法庭规则》自1994年1月1日起施行。

1993年《法庭规则》共计15条,对1979年《法庭规则》作出了以下主要修订:一是将"出庭的审判人员、书记员、公诉人、律师,应当遵守法律规定的诉讼程序。审判人员应当保障诉讼参与人的诉讼权利"的规定,修改为:"审判人员应当严格按照法律规定的诉讼程序进行审判活动,保障诉讼参与人的诉讼权利"。强调审判活动的开展以及诉讼权利的保障,均由审判人员严格依据法律规定的诉讼程序进行,突出了人民法院在庭审活动中的主导地位。二是将"公开审判的案件,允许公民旁听。公民凭人民法院发出的旁听证进入法庭"的规定,修改为:"公开审理的案件,公民可以旁听;根据法庭场所和参加旁听人数等情况,需要时,持人民法院发出的旁听证进入法庭。"改"授权旁听"为"自由旁听"。将"记者凭人民法院发出的采访证进入法庭"的规定,修改为:"新闻记者旁听应遵守本规则"。明确记者无需凭人民法院发出的采访证就可以进入法庭。变"供给式"公开为"需求式"公开,推进了司法公开的进程。三是增加了悬挂国徽和审判人员入席或宣判时,到庭人员起立的规定,并对到庭人员的着装作出明确要求。进一步体现了法庭严肃性、司法的权威性,彰显了司法文明。

1993年《法庭规则》的发布与实施,对推进庭审公开,保障诉讼参与人的诉讼权利,严肃法庭纪律,规范法庭秩序,特别是规范新闻记者报道庭审等方面具有重大意义。根据当时的媒体报道,就在1993年《法庭规则》实施的前两天,1993年12月29日上午,世人瞩目的"国贸中心诉剧作家吴祖光案"在北京市朝阳区人民法院公开审理。许多中外记者一大早就赶到法院,但其中大多数被法警拒之门外,理由是"没有事先与院方联系'挂一号'",在争执中,法警与部分记者发生摩擦。到底那天有多少记者未能进入法庭?一位在门前扫地的老太太说:"说不清门口有多少人是记者,我数了,拿照相机的人有12个。"但参加旁听的记者事后证实,能坐50人左右的法庭内,确实已座无虚席。该案经媒体报道后,一时在社会上引起了公众怎样进入法庭、权利何在、有无规则的大讨论。1993年《法庭规则》实施后,无需事先申领旁听证便可自由旁听,无需事先取得采访证便可以采访庭审成为现实。各级人民法院在充分利用有限旁听席位接纳公众自由旁听的同时,也不断为新闻媒体报道庭审提供便利,扩大庭审公开的受众范围。新闻媒体基于新闻报道的实效性,也开始尝试创新报道方式,由事后报道走向庭审直播。1998年7月11日,中央电视台全程直播了北京市第一中级人民法院开庭审理的"八一电影制片厂等十大电影制片厂诉北京某三家音像企业侵犯版权案",拉开了庭审直播的序幕,之后,直播庭审逐渐成为常态。2004年11月,北京市朝阳区人民法院首次网上直播了一起噪音污染案的庭审,又将庭审直播推进网络化时代。此后,全国很多法院开通了微博账户,直播庭审成为司法公开的一项重要举措,成为公众了解司法、监督司法、参与司法的一个重要渠道。

三、《法庭规则》再修改——围绕"权利与秩序",针对各类主体不同利益需求作出新规范

法院通过微博直播庭审活动,极大地拓宽了司法公开的渠道,得到了社会的广泛认可和好评。在此情况下,部分当事人和律师也开始尝试通过微博直播庭审活动。1993年《法庭规则》仅规定旁听人员不得在法庭上录音、录像和摄影,但未规定当事人和律师能否录音、录像和摄影。微博这种及时传播工具当时也尚未问世,更不可能先行规范。个别诉讼参与人不仅对庭审活动录音、录像和摄影,通过微博传播庭审活动情况,有的还通过筛选,传播片面化、碎片化的信息,以此来影响和引导舆论。基于相关规定的缺失,主持庭审的审判长或独任审判员发现当事人和律师对庭审录音、录像、摄影以及发布微博,明显影响了庭审秩序,干扰了审判活动,但却无依据进行有效制止。有观点认为,目前司法实践中,直播主体如果是没有规则的多样化,包括法院、律师、媒体以及旁听人员,将导致微博直播庭审严重冲击法庭秩序;基于法庭活动的严肃性,最高人民法院应当及时出台新的法庭规则来规范此类行为。

针对实践中出现的问题,部分地方高级人民法院向最高人民法院报送了《关于加强庭审过程中具有录音、录像、摄影功能电子设备管理的建议》,最高人民法院领导及时指示本院相关部门着手修订《法庭规则》,规范以上问题,同时强调在修订过程中要加强与全国律协等相关部门和机构的沟通,为2013年1月1日修订后的《刑事诉讼法》《民事诉讼法》的实施,提供良好条件。2012年下半年,《法庭规则》的修改意见稿重点拟对庭审秩序和电子设备在庭审活动中的管理和使用进行规范。

正在各方广泛关注当事人、律师微博直播庭审合法性的同

时，公众特别是律师、刑事案件当事人的近亲属以及学者又把目光投向了另外一个领域，认为法院庭审公开存在选择性公开的现象，特别是一些职务犯罪案件和其他一些敏感性案件，公众自由旁听难以实现。为此，2011年12月30日，最高人民法院司法公开工作领导小组召开全体会议，决定把"研究完善庭审旁听制度的主要内容、运行规则，建立公开透明、开放有序的旁听秩序"作为进一步细化和规范司法公开制度的一项重要内容，并要求按照《人民法院第三个五年改革纲要（2009—2013）》（以下简称《三五改革纲要》）中"加强和完善审判和执行公开制度，完善庭审旁听制度"的改革意见，进一步修改和完善《法庭规则》。

2013年1月，根据最高人民法院《关于贯彻落实〈人民法院第三个五年改革纲要（2009—2013）〉的实施意见》的安排，最高人民法院司法改革领导小组办公室（以下简称司改办）具体承担修改和完善《法庭规则》的任务。司改办及时成立修订小组，并将修订《法庭规则》的总体思路确定为：构建以审判为中心的诉讼制度，推进以庭审为中心的审判方式，完善法庭规则，切实维护法庭秩序和法庭安全，充分保障诉讼参与人依法行使诉讼权利，便利公众旁听，推进司法公开和司法民主，确保人民法院依法独立公正行使审判权，提升司法的公信和权威。同时坚持以下修订原则：以《人民法院组织法》和三大诉讼法的规定为依据，以原有规定为基础，以司法改革的要求和司法实践的需求为导向。《法庭规则》修改由当初的部分修改走向全面修改。

修订过程中，修订小组深入审判一线，广泛收集各级人民法院法官的意见；多次到全国律协座谈，听取律师的建议；反复与最高人民检察院进行沟通，了解检察机关对相关问题的认识和看法。在梳理各方意见的基础上，草拟了《法庭规则（修订稿·征求意见稿)》,征求全国各高级人民法院(含新疆高级人民法院建设兵团分院)及院内各部门的意见,形成《法庭规则(修订稿)》。基于《法庭规则(修订稿)》的诸多条款涉及检察人员、律师等依法出庭履行职务人员的相关权利保障和行为规范,同时为了全面实现《法庭规则(修订稿)》承载的多重价值,促进以审判为中心诉讼制度改革和以庭审为中心的审判方式改革,赢得社会广泛认可,根据最高人民法院党组会决定,又就《法庭规则(修订稿)》的内容分别与最高人民检察院、司法部及全国律协进行多次座谈沟通,不断完善,形成了共有27个条文的《法庭规则(修订稿·送审稿)》,报送审判委员会讨论。

2015年1月26日,最高人民法院审判委员会第一次审议《法庭规则(修订稿·送审稿)》,重点就法庭安检、法庭旁听、刑事在押被告人出庭受审时的着装和戒具使用、法庭纪律、诉讼参与人违反法庭纪律的责任承担以及对危害法庭安全和扰乱法庭秩序行为的处罚等条款进行讨论。经讨论,审判委员会原则通过了送审稿,但就出庭履行职务的检察人员、律师是否安检存在以下两种不同意见:一种意见认为,"进入法庭的人员应当出示有效身份证件,并接受人身及携带物品的安全检查",以便最大限度地保障法庭安全和秩序,充分体现控辩双方的平等地位。另一种种意见认为,"进入法庭的人员应当出示有效身份证件,并接受人身及携带物品的安全检查,但持有效工作证件和出庭通知出庭履行职务的检察人员、律师除外",给予出庭履行职务的检察人员、律师同等的礼遇,体现尊重和信任。因为,实践中,北京、上海、河南、四川、重庆、贵州等许多地方已免除对律师的安检,且社会效果总体良好。基于以上情况,审判委员会决定,就"安检问题",进一步征求司法部、全国律协和各高级人民法院尤其是已经不再对出庭律师进行安检的上述六省市高级人民法院的意见。

根据审判委员会的讨论意见,就法庭安检的规定再次征求了全国各高级人民法院、新疆高级人民法院建设兵团分院,司法部及全国律协的意见。各高级人民法院的意见依旧分为两种,一种意见认为,对所有进入法庭的人员一律安检。理由是,担心有人利用免予安检的便利条件,携带或代他人携带违禁物品,影响法庭安全和秩序。部分高级人民法院着重提出了法庭安检对于反恐维稳的重要意义。另一种意见认为,律师是法律职业共同体,理应给予信任,对其免予安检,既能体现人民法院对律师执业的尊重,也能充分展示司法的自信。为了确保法庭的秩序和安全,部分高级人民法院建议对特别重大、敏感的案件,以及具有法定不公开审理情形的案件,在对出庭履行职务的检察人员和律师同等对待的前提下,可以进行专门安全检查。司法部及全国律协原则上也同意一般情况下对出庭履行职务的律师免予安检,有条件对出庭履行职务的律师实施安检,即人民法院开庭审判危害国家安全罪、恐怖活动犯罪、黑社会性质的组织犯罪等特殊案件时,可以实施普遍安检,而且对出庭履行职务的检察人员和律师平等对待。修订小组根据上述征求意见的情况,对送审稿作了进一步修改。

2015年2月2日,最高人民法院审判委员会第二次审议《法庭规则(修订稿·送审稿)》。根据讨论情况,鉴于对"法庭安检问题"还存在不同意见,会议决定由最高人民法院政治部会同司改办制定试点方案,选定若干地区扩大试点,试行出庭检察人员、律师从法院工作人员通道进入法庭,均不安检的制度,试点半年后,再根据运行情况研究《法庭规则》对该问题如何规定。

同时要求《法庭规则》的修订要与司法部制定的保障律师权利和惩戒律师违规行为的相关改革意见同步推进。

根据审判委员会的以上决定,最高人民法院政治部会同司改办选定北京、内蒙古、河南等12个省(自治区、直辖市),进行对出庭检察人员、律师"只查验有效证件,不再进行人身和物品检查"的改革试点。试点工作从2015年2月开始到8月底结束,历时半年。从试点情况看,试点期间法庭安全及秩序总体平稳,试点的12个省(自治区、直辖市)大多同意或倾向于简化检察人员、律师安检方式。根据试点情况,结合《刑法修正案(九)》的相关规定和中央关于推进以审判为中心的诉讼制度改革、律师制度改革的相关意见,修订小组对《法庭规则(修订稿·送审稿)》作了进一步的修改和完善。除完善法庭安检的规定外,还完善了以下规定:1.关于人民法院居中审判,平等保障各方诉权的规定。明确"审判人员在庭审活动中应当平等对待诉讼各方",进一步体现人民法院居中审判,平等保障各方诉权的形象,减少当事人及律师对庭审程序公正性的质疑。2.增加关于法庭配置附属建筑及设施的规定。一是增加关于法庭配置附属建筑及残疾人无障碍设施的规定,进一步彰显司法为民的形象。二是增加关于刑事法庭配置同步视频作证室的规定,使证人、鉴定人、被害人在不暴露个人身份信息、面貌特征甚至声音的情况下,接受控、辩、审三方的询问、质证,履行出庭作证等义务,提高证人出庭作证率,推进庭审实质化。3.完善关于刑事被告人或上诉人庭审着装及戒具使用的规定。刑事在押被告人或上诉人出庭受审着正装或便装,不着监管机构的识别服;除非人民法院认为其人身危险性大,可能危害法庭安全,否则在庭审中不得对被告人或上诉人使用戒具。这些规定有助于加强对被告人人权保障,彰显现代刑事司法文明。4.完善关于危害法庭安全或扰乱法庭秩序行为的规定。根据《刑法修正案(九)》的规定,新增"毁坏法庭设施,抢夺、损毁诉讼文书、证据"为危害法庭安全或扰乱法庭秩序的行为之一,切实保障庭审的安全和秩序。

2015年12月21日,最高人民法院审判委员会第1673次会议第三次审议《法庭规则(修订稿·送审稿)》。在对送审稿的部分条文提出修改意见后,审判委员会通过了修订稿,并决定修订后的《法庭规则》(以下简称"2015年《法庭规则》")2016年公布,自5月1日起实施。

2015年《法庭规则》共计27条,比1993年《法庭规则》多12条。其中直接修改原条文11条,删除原条文,将其内容分解调整的1条,合并原条文3条,新增15条。其中通过对原有条文的修改,一是完善了公民旁听制度,二是完善关于人民法院居中审判,平等保障各方诉权的规定,三是完善了法庭纪律的规定。具体来说,其一,将原规定的"公开审理的案件,公民可以旁听",修改为:"公开的庭审活动,公民可以旁听。"同时将原规定的"根据法庭场所和参加旁听人数等情况,需要时,持人民法院发出的旁听证进入法庭",修改为:"旁听席位不能满足需要时,人民法院可以根据申请的先后顺序或者通过抽签、摇号等方式核发旁听证,但是应当优先安排当事人的近亲属或其他与案件有利害关系的人旁听。"通过对旁听证的使用条件和程序的进一步规范,避免不当使用旁听证限制公民自由旁听。其二,将原有的"审判人员应当严格按照法律规定的诉讼程序进行审判活动,保障诉讼参与人的诉讼权利"的原则性规定,修改为:"人民法院开庭审判案件应当严格按照法律规定的诉讼程序进行。审判人员在庭审活动中应当平等对待诉讼各方。"这进一步体现人民法院居中审判，平等保障各方诉权的形象，减少当事人及律师对庭审程序公正性的质疑。其三，将1993年《法庭规则》第七条关于诉讼参与人的纪律规定，第九条关于旁听人员纪律规定，第十条关于新闻记者旁听及采访的纪律规定，整合为一条，进行系统性规定。首先明确庭审过程中，全体人员应当服从审判长或独任审判员的指挥，尊重司法礼仪，遵守法庭纪律，不得鼓掌、喧哗、吸烟、进食、拨打或接听电话，不得对庭审活动进行录音、录像、拍照或使用移动通信工具等传播庭审活动和实施其他危害法庭安全或妨害法庭秩序的行为。同时专门规定，媒体记者经许可对庭审活动进行录音、录像、拍照或使用移动通信工具等传播庭审活动时，应当在指定的时间及区域进行，不得影响或干扰审判活动正常进行。修改后的条文对法庭纪律进行了全面规范，确保庭审活动依法有序进行。

除了进行以上条文修改外，为了贯彻落实党的十八届三中、四中全会相关司法改革的精神，推进以审判为中心诉讼制度改革和以庭审为中心审判方式改革，切实解决司法实践中的问题，2015年《法庭规则》又在以下方面作出了大量新的规定：1.在完善庭审公开方面。一是规定"有新闻媒体旁听或报道庭审活动时，旁听区可以设置专门的媒体记者席。"二是规定"人民法院应当通过官方网站、电子显示屏、公告栏等向公众公开各法庭的编号、具体位置以及旁听席位数量等信息。"三是规定对公众关注度较高、社会影响较大或法治宣传教育意义较强的依法公开进行的庭审活动，人民法院可以通过电视、互联网或其他公共媒体进行图文、音频、视频直播或录播。2.在诉讼参与人诉讼权利和人权保障方面。一是规定"审理未成年人案件的法庭应当根据未成年人身心发展特点设置区域和席位。"二是规定"刑事法庭可以配置同步视频作证室，供依法应当保护或其他确有保护必要的证人、鉴定人、被害人在庭审作证时使用。"三是规定"刑事在押被告人或上诉人出庭受审时，着正装或便装，不着监管机构的识别服。人民法院在庭审活动中不得对被告人或上诉人使用戒具，但是认为其人身危险性大，可能危害法庭安全的除外。"3. 在司法为民和司法礼仪方面。一是规定"法庭应当设置残疾人无障碍设施；根据需要配置合议庭合议室，检察人员、律师及其他诉讼参与人休息室，被告人羁押室等附属场所"，彰显司法为民的形象。二是规定"持有效工作证件和出庭通知履行职务的检察人员、律师可以通过专门通道进入法庭。需要安全检查的，人民法院对检察人员和律师平等对待"，这一方面表明了人民法院对司法职业共同体的充分尊重，体现司法礼仪；另一方面表明了人民法院对出庭履行职务的检察人员、律师的平等对待，体现控辩双方诉讼中的地位对等和人民法院的中立态度。4. 在强化法庭安检和保障法庭安全方面。一是规定除出庭履行职务的检察人员、律师外，"进入法庭的人员应当出示有效身份证件，并接受人身及携带物品的安全检查"；具有危险性的以下物品：枪支、弹药、管制刀具以及其他具有杀伤力的器具；易燃易爆物、疑似爆炸物；放射性、毒害性、腐蚀性、强气味性物质以及传染病病原体；液体及胶状、粉末状物品等不得携带进入法庭。二是规定非法携带枪支、弹药、管制刀具或者爆炸性、易燃性、放射性、毒害性、腐蚀性物品以及传染病病原体进入法庭，危及法庭安全或扰乱法庭秩序的，根据相关法律规定，予以罚款、拘留；构成犯罪的，依法追究其刑事责任。

《法庭规则》的修改全面贯彻了十八届四中全会提出的"保证公正司法，提高司法公信力"的要求。通过完善法庭规则，进一步规范司法行为,加强对司法活动的监督,努力让人民群众在每一个司法案件中感受到公平正义。

第一,通过第九条"公开的庭审活动,公民可以旁听",第十一条对公众关注度较高、社会影响较大或法治宣传教育意义较强的依法公开进行的庭审活动,人民法院可以通过电视、互联网或其他公共媒体进行图文、音频、视频直播或录播以及第十六条"审判人员在庭审活动中应当平等对待诉讼各方"等规定,实现诉讼证据质证在法庭、案件事实查明在法庭、诉辩意见发表在法庭、裁判理由形成在法庭。通过公开的庭审活动,司法的神秘主义被打破。众目睽睽之下,法官必须注意自己的行为举止,必须严格按照诉讼程序来审理,必须充分运用证据规则来判断,必须准确援引法律规定来裁决,确保司法行为更加规范,裁判结果更加公正。通过公开的庭审活动,公众能够直接更紧密地接近司法、了解司法,充分感受到司法的过程时时展示着法官的理性、智慧和良知,司法的结果处处彰显着法律的尊严、公正和权威,从而更深程度地信任司法,提升司法公信力。通过公开的庭审活动,是非曲直一目了然,正义和公道自在人心,更有效地抵御庭外因素对司法活动的干扰,确保人民法院依法独立公正行使审判权。

第二,通过第十七条"全体人员在庭审过程中应当服从审判长或独任审判员的指挥,尊重司法礼仪,遵守法庭纪律",第四条"刑事法庭可以配置同步视频作证室,供依法应当保护或其他确有保护必要的证人、鉴定人、被害人在庭审作证时使用"的规定,推进以审判为中心的诉讼制度改革,突出人民法院在审判中的主体地位,确保侦查、审查起诉的案件事实证据经得起法律的检验;全面贯彻证据裁判规则,完善证人、鉴定人出庭制度,保证庭审在查明事实、认定证据、保护诉权、公正裁判中发挥决定性作用。

第三,通过第八条"人民法院应当通过官方网站、电子显示屏、公告栏等向公众公开法庭的编号、具体位置以及旁听席位数量等信息",第十条"人民法院应当对庭审活动进行全程录像或录音"等,构建开放、动态、透明、便民的阳光司法机制,推进审判公开,保障人民群众参与司法、监督司法。

第四,通过第三条"审理未成年人案件的法庭应当根据未成年人的身心发展特点设置区域和席位",第十三条"刑事在押被告人或上诉人出庭受审时,着正装或便装,不着监管机构的识别服。人民法院在庭审中不得对被告人或上诉人使用戒具"等规定,有力地推进罪刑法定、疑罪从无的落实,加强人权司法保障。

第五,通过第二十二条"人民检察院认为审判人员违反本规则的,可以在庭审结束后向人民法院提出处理建议。诉讼参与人、旁听人员认为审判人员、书记员、司法警察违反本规则的,可以在庭审结束后向人民法院反映",第三条"有新闻媒体旁听或报道庭审活动时,旁听区可以设置专门的媒体记者席",第十七条媒体记者经许可,可以在指定的时间及区域对庭审活动进行录音、录像、拍照或使用移动通信工具等传播庭审活动的行为规定,规范了检察机关对庭审活动的监督,保障了公众对庭审活动的监督,为媒体对庭审活动实施监督提供了便利。

需要说明的是,1993年《法庭规则》是由最高人民法院审判委员会讨论通过的正式文件。根据2007年3月23日最高人民法院发布的《关于司法解释工作的规定》(法发〔2007〕12号),司法解释的形式仅有"解释""规定""批复"和"决定"四种形式。由于"规则"难以归类在前述司法解释形式之中。2015年《法庭规则》由最高人民法院审判委员会以《关于修改〈中华人民共和国人民法院法庭规则〉的决定》的形式,正式确定为司法解释,并根据该决定对《法庭规则》作相应修订后,重新予以公布实施,确保《法庭规则》的权威性。

《法庭规则》的修改适应了全面深化改革和全面依法治国时代背景的新要求,集中呈现了最新的司法改革成果。修改后的《法庭规则》更加注重权利保障,更加注重庭审规则公平,更加注重保障法庭安全,更加注重规范法庭秩序,更加注重庭审活动公开,更加注重司法礼仪,必将有力地促进"让人民群众在每个司法案件中感受到公平正义"司法目标的实现,确保公平正义的阳光普照每一个法庭,让法庭真正成为公平正义的殿堂。

关于发布《中华人民共和国人民法院法庭规则》的新闻发布稿

最高人民法院司改办主任　胡仕浩

（2016年4月14日）

各位记者：

大家上午好！下面我介绍一下《中华人民共和国人民法院法庭规则》（以下简称《法庭规则》）修改的相关情况。

为了保障庭审活动的规范和秩序，1979年12月，最高人民法院根据《中华人民共和国人民法院组织法》的有关规定，制定并发布了《中华人民共和国人民法院法庭规则（试行）》。1993年11月，最高人民法院对其进行了修改，修改后的《法庭规则》自1994年1月1日起施行，至今已22年。

近年来，随着我国法治化进程的快速推进和人民群众法治意识的日益提高，刑事、民事、行政三大诉讼法相继进行了全面修改，《刑法修正案（九）》进一步完善了扰乱法庭秩序罪的规定。在新一轮司法体制改革中，人民陪审员制度、律师制度等一系列改革举措已陆续出台，以审判为中心的诉讼制度改革稳步推进，司法改革受到了全社会的广泛关注，人民群众对公平正义充满了新期待。这些法律的新规定、改革的新举措和群众的新期待，为进一步修改完善《法庭规则》提供了新的依据和动力。

经过深入调研论证和广泛沟通协调,最高人民法院坚持问题导向,在尊重司法规律,立足中国国情的基础上,对《法庭规则》进行了新的修改和完善,及时回应人民群众的新要求、新期待,着力维护法庭的安全和秩序,切实保障诉讼参与人依法行使诉讼权利,方便公众旁听庭审活动,进一步促进司法公正,彰显司法权威。《关于修改〈中华人民共和国人民法院法庭规则〉的决定》已由最高人民法院审判委员会第1673次会议通过,自2016年5月1日起施行。

修改后的《法庭规则》共计27条,除对原有条文进行直接修改外,新增加的内容有15条。此次修改,体现了以下六大变化:

变化一:更加注重权利保障。一是充分保障诉讼参与人依法行使庭审活动中的各项诉讼权利。要求人民法院开庭审判案件严格按照法律规定的诉讼程序进行。二是对未成年人合法权益予以特别保护。规定审理未成年人案件的法庭应当根据未成年人身心发展特点进行特殊设置。三是切实尊重和保障人权。规定刑事在押被告人或上诉人出庭受审时,着正装或便装,不着监管机构的识别服;一般情况下,人民法院在庭审活动中不得对被告人或上诉人使用戒具。四是加强证人人身安全和个人信息安全的保护。规定刑事法庭可以配置同步视频作证室,供依法应当保护或其他确有保护必要的证人、鉴定人、被害人在庭审作证时使用。五是加强对特殊群体的关爱。要求法庭设置残疾人无障碍设施,为特殊群体参与庭审活动提供方便。

变化二:更加注重庭审规则公平。一是诉讼权利行使受到平等保护。要求审判人员在庭审活动中平等对待诉讼各方,不歧视或偏袒任何一方。二是庭审活动充分接受监督。人民检察院或诉讼参与人、旁听人员,认为审判人员违反法庭规则的,均可在庭审活动结束后向人民法院反映或直接提出处理建议。三是规则面前人人平等。规定全体人员在庭审活动中都应当服从审判长或独任审判员的指挥,遵守法庭纪律,尊重司法礼仪。任何人违反法庭规则,都应受到追究。

变化三:更加注重保障法庭安全。一是加强法庭安全检查。要求进入法庭的人员出示有效身份证件,并接受人身及携带物品的安全检查。二是密织法庭安全防护网。明确除经人民法院许可,需在法庭上出示的证据外,不得携带枪支、弹药、管制刀具等法律明确规定的违禁物品,以及性质不明的液体及胶状、粉末状物品进入法庭。三是严厉处罚危及法庭安全的行为。规定对危及法庭安全的行为,视情节分别予以罚款、拘留或者依法追究刑事责任,发挥法律的惩罚、威慑和预防功能。

变化四:更加注重规范法庭秩序。一是规定法庭内人员不得鼓掌、喧哗、吸烟、进食,拨打或接听电话,确保正常的庭审秩序。二是规定非经法院许可,不得对庭审活动进行录音、录像、拍照或使用移动通信工具等传播庭审活动,防止片面化、碎片化的信息误导舆论,干扰审判。三是规定检察人员、诉讼参与人发言或提问应当经审判长或独任审判员许可;旁听人员不得进入审判区,不得随意站立、走动,不得发言和提问。要求行使权利需依法、有序。四是规定诉讼参与人、旁听人员不得携带标语、条幅、传单进入法庭。要求当事人通过理性方式表达诉求。五是规定对哄闹、冲击法庭,侮辱、诽谤、威胁、殴打司法工作人员或诉讼参与人,毁坏法庭设施,抢夺、损毁诉讼文书、证据等严重扰乱法庭秩序的行为进行严厉处罚。

变化五:更加注重庭审活动公开。一是规定人民法院应当通过官方网站、电子显示屏、公告栏等向公众公开各法庭的编号、具体位置以及旁听席位数量等信息。要求法院在依法公开审理案件时,选择与旁听人数相适应的审判法庭,满足公众旁听需求。二是明确公众关注度较高,社会影响较大,法治宣传教育意义较强的依法公开进行的庭审活动,人民法院可以通过电视、互联网或者其他公共媒体进行图文、音频、视频直播或录播。让更多的人民群众通过便捷方式旁听庭审活动。三是规定旁听区可以设置专门的媒体记者席;媒体记者经许可,可以在指定的时间及区域,对庭审活动进行录音、录像、拍照或使用移动通信工具等传播庭审活动。通过允许媒体报道庭审活动,进一步拓宽人民群众了解司法、监督司法的渠道。

变化六:更加注重司法礼仪。一是规定全体人员在审判人员进入法庭以及审判长或独任审判员宣告判决、裁定、决定时应当起立,体现公众对法律的敬畏和对司法的尊重。二是要求出庭履行职务的人员按照职业着装规定着装,没有职业着装规定的,着正装,其他人员应当文明着装,彰显司法文明。三是明确审判长或独任审判员主持庭审活动时,要立场公正、平等对待,依照规定使用法槌,理性指挥司法警察维持秩序,确保庭审活动的权威、有序和文明。

下一步,最高人民法院将认真组织新规则的宣传和解读,同时也将要求地方各级人民法院组织相关人员认真学习和领会新规则的具体要求,在实践中准确把握和正确适用,确保法庭公正、文明、安全、有序,努力让人民群众在每一个司法案件中感受到公平正义。

依法积极行使海上司法管辖权
统一涉海案件裁判尺度
——最高人民法院有关负责人就《关于审理发生在我国管辖海域相关案件若干问题的规定》答记者问

8月1日,最高人民法院公布了《最高人民法院关于审理发生在我国管辖海域相关案件若干问题的规定(一)》和《最高人民法院关于审理发生在我国管辖海域相关案件若干问题的规定(二)》(以下简称涉海司法解释)。上述涉海司法解释发布后,最高人民法院有关负责人接受了记者采访,就有关问题回答了记者提问。

记者: 涉海司法解释于2016年8月2日起正式施行,请问该司法解释的起草背景是什么?

负责人: 我国是一个海洋大国,党和政府历来重视海洋管控和治理。长期以来,人民法院对东海、南海包括中沙、西沙等我国管辖海域行使司法管辖权。涉海行政部门也对我国管辖海域一直不间断地进行海上治安执法和渔业综合管理。党的十八大提出,要"提高海洋资源开发能力,发展海洋经济,保护海洋生态环境,坚决维护国家海洋权益,建设海洋强国"。"一带一路"战略特别是"海上丝绸之路经济带"建设,进一步凸显海洋在国家安全、国民经济中的重要地位。随着海洋资源开发与利用、海上航运、海上工程建设的蓬勃发展，涉海案件也随之增多，再加上涉海案件本身涉外性强的特点，对人民法院如何积极行使海上司法管辖以及有关法律的一般性规定在涉海案件中如何具体适用，提出了一些需要统一认识的新问题。渔政、海洋等行政主管部门，也多次就进一步提高海上执法规范化水平、证据审查认定标准等问题，建议通过司法解释进行明确。

因此，最高人民法院去年决定立项，制定有关审理涉海案件的司法解释。

记者：涉海司法解释对完善我国海洋法制、依法管海治海护海，具有哪些积极意义？

负责人：涉海司法解释的制定，一方面是根据全国人大常委会1984年《关于在沿海港口城市设立海事法院的决定》和相关法律规定，结合当前维护海洋权益的实际需要，进一步彰显我国海上司法主权，为人民法院充分发挥司法职能作用，坚决维护我国领土主权和海洋权益，提供制度支撑。另一方面也是结合当前海上综合管理的实际需要，为我国涉海行政管理部门对我国管辖海域实行综合管理，依法维护我国海上秩序、海洋安全和海洋权益提供明确法律依据。

涉海司法解释的颁布实施，有助于人民法院继续依法积极行使海上司法管辖权，准确理解与适用有关法律；有助于人民法院为我国行政管理部门开展海上渔业综合整治等各项管理提供司法保障，满足海上执法的实际需要；有助于明确法律适用标准，统一涉海案件裁判尺度，规范司法、执法行为，为平等保护中外当事人合法权益提供制度性保障。

记者：涉海司法解释有哪些突出特点？

负责人：涉海司法解释是最高人民法院针对涉海案件制定的

第一部综合性司法解释,分为一、二两个部分。第一部分主要针对海上司法管辖、刑法等国内法在我国管辖海域的适用等一般性问题。第二部分主要对涉海案件审理中存在的具体问题作出规定。从内容上来说,具有以下三个突出特点:

一是根据我国相关国内法,遵循《联合国海洋法公约》,结合司法实践,作出具体实施性规定。《联合国海洋法公约》在领海主权之外,还规定了毗连区管制权、专属经济区和大陆架的主权权利与管辖权、在他国管辖海域的航行权利、行使公海六大自由的权利以及分享国际海底区域人类共同继承财产利益等。我国《领海与毗连区法》《专属经济区和大陆架法》也在国内立法中作出了相应规定。根据上述规定,涉海司法解释进一步明确了我国海上司法管辖权,对于依法处理海上违法犯罪的具体执法,维护海洋生物资源与生态环境,具有重要意义。

二是内容涵盖了刑事、民事及行政诉讼三个领域,具有较强的综合性。根据《最高人民法院关于司法解释工作的规定》,人民法院在审判工作中具体应用法律的问题,由最高人民法院作出司法解释。其中,根据立法精神对审判工作中需要制定的规范、意见等司法解释,采用"规定"的形式。司法解释内容涵盖了刑事、民事及行政诉讼三个领域。这样安排一方面是因为在行政执法和司法审判中出现关于涉海案件法律适用的各类问题,这些问题涉及到行政和司法不同领域;另一方面涉海法律问题本身相互关联交叉,把涉海刑事、行政、民事规定在一个司法解释中,有助于综合理解与适用。专门就涉海案件的审理制定综合性司法解释,也体现了人民法院积极行使海上司法主权,坚决维护国家领土主权和海洋权益的决心。

三是根据涉海案件的特殊情况,规定了不同于陆地案件的处理规则。如针对当前水生野生动物种属鉴定机构少的实际，涉海司法解释明确案件涉及的珍贵、濒危水生野生动物的种属难以确定的，由司法鉴定机构出具鉴定意见，或者由国务院渔业行政主管部门指定的机构出具报告。再如，针对涉海违法犯罪多由涉渔"三无"船舶实施的情况，涉海司法解释规定，无船名、无船籍港、无渔业船舶证书的船舶从事非法捕捞，行政机关经审慎调查，在无相反证据的情况下，将现场负责人或者实际负责人认定为违法行为人的，人民法院应予支持。

记者：涉海司法解释规定不支持无证捕捞者的收入损失，同时又规定不影响其请求赔偿直接财产损失，请问应如何理解？

负责人：《渔业法》第二十三条规定："国家对捕捞业实行捕捞许可证制度"。第二十五条规定："从事捕捞作业的单位和个人，必须按照捕捞许可证关于作业类型、场所、时限、渔具数量和捕捞限额的规定进行作业"。但在实践中，无证捕捞现象仍然屡禁不止。为此，我们在第二部分的第一条规定，无证从事海上捕捞作业，因船舶碰撞、海洋污染等民事侵权纠纷，主张收入损失的，人民法院不予支持，以此引导从业者合法经营。这里的收入损失，是指受害人因海损事故无法正常经营，导致收入减少造成的损失。无证捕捞者本身就不具备捕捞作业的条件，因此不能主张其因无法正常作业产生的损失。鉴于无证捕捞者对渔船渔具享有物权等合法权利，对其受损渔船渔具的重置、修复费用等直接财产损失，受害人请求予以赔偿的，仍应按照导致事故发生的过失程度比例承担赔偿责任。

记者：涉海司法解释对偷越国边境罪、非法捕捞水产品罪等罪名的定罪量刑标准作出新的规定，我们注意到这几个罪名已经有规范性文件加以规定，为什么此次又作出新的规定？

负责人： 确实，对此次司法解释涉及罪名的定罪标准，此前已经有些规定，但以前的规定主要针对陆地或内陆地区的犯罪行为。比如关于偷越国边境罪，最高人民法院、最高人民检察院于2012年发布的《关于办理妨害国（边）境管理刑事案件应用法律若干问题的解释》明确了五种具体情形，主要是针对偷越陆地国（边）境行为作出的规定，难以适用于从海上出入我国领海的行为。对非法捕捞水产品罪，最高人民检察院、公安部2008年《关于公安机关管辖的刑事案件立案追诉标准的规定》第六十三条规定了启动刑事追责程序的具体标准。但海上捕捞作业一次捕捞量往往就很大，适用原有标准打击面过大，涉海司法解释针对海上与河流湖泊捕捞的不同特点，适当提高了涉海非法捕捞的定罪标准。

记者： 海上渔业管理特别是涉渔"三无"船舶的管理是难点之一，这次有哪些新的规定？

负责人： 海上涉渔违法行为主要表现在违反渔业法的规定无证捕捞，非法猎捕珍稀水生动物，违法作业船舶中有很大一部分属于无船名、船籍港和船舶证书的"三无"船舶。其中还有一部分非法进入邻国管辖海域盗采红珊瑚等珍稀濒危海洋生物，给我国国际形象和外交大局造成恶劣影响。有关行政主管部门依法严加整治这些违法行为，人民法院应当积极支持。涉海司法解释对《渔业法》第四十一条规定的无证捕捞"情节严重"司法审查标准作出规定。对尚未下水作业的涉渔"三无"船舶，涉海司法解释支持渔业执法部门采取禁止离港、指定地点停放等强制措施。对所有人不明的涉渔"三无"船舶，支持执法机关在无相反证据的情况下，将现场实际负责人或直接负责人认定为违法行为人。此外，还规定了域外证据的使用审查标准，促进海上渔业执法的国际合作。

记者：针对外国船舶、人员到我国管辖海域进行的非法侵渔、调查等行为，涉海司法解释作出了哪些针对性的规定？

负责人：海上航行自由是一项国际法原则，即便在一国领海，外国船只也可享有无害通过权。但航行自由与无害通过均应服从而不应违反沿海国的领海主权、毗连区管制权、专属经济区及大陆架主权权利及管辖权。近年来，外国人驾船从海上非法进入我国管辖海域进行捕捞、调查等非法活动的情形时有发生。此次司法解释对非法进入我国管辖海域的外国船只与人员，支持行政机关依据《出境入境管理法》《治安管理处罚法》采取相应的强制措施与行政处罚；对经驱赶拒不离开、被驱离后又非法进入我国领海，在我国管辖海域实施非法捕捞等行为，构成犯罪的，可以依据我国《刑法》有关偷越国（边）境罪、非法捕捞水产品罪的规定，追究其刑事责任。

关于发布《最高人民法院关于人民法院在互联网公布裁判文书的规定》(修订)的新闻发布稿

最高人民法院审判委员会副部级专职委员　刘学文

各位记者：

大家上午好！人民法院在互联网公布裁判文书，是落实司法为民，创新审判管理，保障人民群众参与司法的重要举措。党的十八届四中全会明确提出，保证公正司法，提高司法公信力，推进审判公开，建立生效法律文书统一上网和公开查询制度。

下面我就人民法院裁判文书上网工作的开展情况、《最高人民法院关于人民法院在互联网公布裁判文书的规定》的修订情况作一个简要介绍。

一、人民法院在互联网公布裁判文书的工作历程

（一）开通裁判文书网站，集中公布首批裁判文书

2013年7月1日，按照最高人民法院的工作部署，全国法院统一、权威的裁判文书公开平台——中国裁判文书网正式开通。同日，《最高人民法院裁判文书上网公布暂行办法》生效实施。按照该办法，除法律有特殊规定的以外，最高人民法院生效裁判文书全部在中国裁判文书网公布。同时，最高人民法院在该网站率先集中公布第一批裁判文书。这是最高人民法院贯彻落实习近

平总书记关于加大司法公开力度的重要论述,积极回应人民群众对司法公开的关注和期待,主动接受社会监督的重要举措,标志着人民法院裁判文书公开工作迈出了历史性的关键一步。

(二)出台"文书上网规定",全面及时公开裁判文书

2014年1月1日,《最高人民法院关于人民法院在互联网公布裁判文书的规定》生效实施(以下简称文书上网规定)。按照该规定,公开裁判文书应当贯彻"依法、及时、规范、真实"的原则,除四种特殊情形外,人民法院作出的生效裁判文书均应在中国裁判文书网公布。

2014年1月1日起,各级人民法院按照文书上网规定的要求,陆续将生效裁判文书在中国裁判文书网公布。同年第一季度起,最高人民法院建立了每季度通报全国法院裁判文书上网公开情况的制度,不断强化督促督查和调研指导,推动全国法院不断加大裁判文书公开力度,提升公开工作的常态化、规范化水平。同时,针对地方法院和社会各界的需求和意见建议,不断强化技术保障,升级完善中国裁判文书网,确保公开工作平稳推进。各高级人民法院均建立了裁判文书公开督促通报制度。经过全国四级法院的共同努力,截至2015年6月底,裁判文书公开工作实现了全国法院全覆盖、案件类型全覆盖和办案法官全覆盖。

(三)技术服务全面升级,建成全球最大文书公开平台

2015年12月15日,中国裁判文书网全新改版上线。新版中国裁判文书网围绕"内容权威、技术先进"两大重点,坚持需求和问题导向,提供主动式智能化检索服务,实现了少数民族语言文字裁判文书的公开,更好地满足了人民群众和专业用户对裁判文书的多样化需求。

2016年8月起,中国裁判文书网每日访问量均超过2000万

次，单日最高访问量高达5463万次，且访问量增长态势明显。截至8月16日，中国裁判文书网公开的裁判文书超过2000万篇，网站访问量突破20亿次，用户覆盖全球190多个国家和地区，超过5亿的访问量来自海外，其中北美地区的访问量超过1亿。

经过三年的不断努力，中国裁判文书网已经成为全球最大的裁判文书公开平台，人民法院裁判文书公开工作取得了显著成绩，积累了宝贵经验。同时，我们也坚持问题导向，依托信息技术进步，汇总分析了亟待解决的发展难题，修订了文书上网规定，明确了今后的工作重点。

今天，作为人民法院司法公开、司法便民的又一项重要举措，中国裁判文书网APP手机客户端正式上线。同时，最高人民法院正式发布了修订后的文书上网规定。

二、《最高人民法院关于人民法院在互联网公布裁判文书的规定》的修订情况

2016年7月25日最高人民法院审判委员会第1689次会议讨论通过了修订后的《最高人民法院关于人民法院在互联网公布裁判文书的规定》（以下简称修订后的文书上网规定）。下面，我对这次修订的背景、主要内容作简要介绍和说明。

（一）修订后的文书上网规定的背景与精神

随着裁判文书公开工作深入推进，社会各界对裁判文书公开的关注度不断提升，对公开的力度、范围提出了更高的要求，倒逼法官强化责任意识、提高审判质效的作用日益明显。为适应深化司法改革的新形势新要求，持续深入推进裁判文书公开工作，最高人民法院坚持问题导向，积极回应社会关切，全面启动了对文书上网规定的修订工作。

在修订过程中，最高人民法院坚持"高起点、高标准、高要求",多次组织理论界和实务界开展深入调研论证,广泛征求了中央政法委、全国人大内司委、全国人大常委会法工委等有关部门以及地方法院、专家学者等的意见建议。针对工作实践中出现的问题和各方面的现实需求,深入总结先进法院成熟的经验做法,力求从制度和工作机制层面上,促进各级法院积极主动将全面公开的工作要求和自动化、常态化的工作理念落到实处。

此次修订,本着"公开为原则,不公开为例外"的精神,确立了"依法、全面、及时、规范"的裁判文书公开原则。除确实不宜公开的内容外,人民法院作出的所有裁判文书均应在中国裁判文书网公开,这从制度层面确保了裁判文书公开工作不留死角。

(二)修订后的文书上网规定的主要内容

此次修订,在不断加大裁判文书公开力度的同时,围绕如何减轻各级法院裁判文书公开工作量、降低上网裁判文书出错风险、强化对此项工作的精细化管理等增设了一系列配套制度。具体来讲,主要有四项举措:

一是进一步扩大了应当公开的裁判文书范围。此次修订,详细列举了应当公开的裁判文书类型,包括各种判决书、裁定书、决定书、驳回申诉通知书,支付令,行政调解书、民事公益诉讼调解书,以及其他有中止、终结诉讼程序作用或者对当事人实体权益有影响、对当事人程序权益有重大影响的裁判文书。要求"涉及个人隐私"的裁判文书也应当在隐去"涉及个人隐私的内容"后上网公开。此外,已上诉、抗诉的一审裁判文书也纳入公开范围,同时与二审裁判文书建立有机关联,以完整展现案件审理和裁判的全貌,实现社会各界对人民法院审判工作的全方位、全过程的知情与监督。

二是进一步明确规范了裁判文书不公开的情形。此次修订，要求"以调解方式结案或者确认人民调解协议效力"的裁判文书原则上不上网公开，但为保护国家利益、社会公共利益、他人合法权益确有必要公开的应当公开；明确要求"离婚诉讼的裁判文书或者涉及未成年子女抚养、监护"的裁判文书不上网公开。

同时，对于不公开的裁判文书，除可能泄露国家秘密的以外，要求在中国裁判文书网公布案号、审理法院、裁判日期及不公开的理由，充分接受社会各界对裁判文书公开工作的监督，确保应当公开的裁判文书全部公开。

三是进一步健全裁判文书公开工作机制。此次修订，将裁判文书公开工作模式由传统的专门机构集中公布模式，转变为办案法官在办案平台一键点击自动公布模式。同时，要求各级法院依托信息技术将裁判文书公开纳入审判流程管理，减轻裁判文书公开的工作量，实现裁判文书及时、全面、便捷公布；要求各级法院审判管理部门加强对裁判文书公开工作的组织、指导、监督、协调，技术部门为裁判文书公开提供充分、可靠的技术支持和服务保障。

四是进一步强化社会各界外部监督。此次修订，要求各级人民法院建立裁判文书公开工作督导机制，由审判管理办公室等职能部门负责收集汇总、协调处理、研究分析社会公众对裁判文书公开的投诉、意见建议，确保外部监督渠道畅通。

修订后的文书上网规定自今年10月1日起施行。最高人民法院将组织全国法院认真学习，进一步统一思想认识、严格适用标准、狠抓贯彻落实，进一步加大裁判文书公开工作力度，同时努力提升裁判文书数据资源利用水平，全面发挥中国裁判文书网在统一裁判尺度、提升案件质效、服务社会治理、推动社会诚信体系建设等方面的重要作用。此外,我们正在加紧对中国裁判文书网进行配套升级改造,努力为社会各界提供更加人性化、智能化的用户体验,将司法公开和司法为民推向新的高度。人民法院将始终以开放的姿态、务实的作风,主动接受社会各界监督,以公开促公正、树公信,不断满足新时期人民群众对司法工作的新期待,努力让人民群众在每一个司法案件中感受到公平正义。

谢谢大家!

裁判文书公开：奏响司法公开的乐章
——最高人民法院审管办负责人就裁判文书公开工作答记者问

裁判文书超过2000万篇，网站访问量突破20亿次，用户覆盖全球190多个国家和地区，超过5亿的访问量来自海外……这一个个闪亮的数字就来自中国裁判文书网。最近，最高人民法院对在互联网公布裁判文书的规定又进行了修订，修订后的规定在裁判文书公开范围方面有哪些变化？修订后的规定对各级人民法院开展裁判文书上网工作的管理职责是如何规定的？就这一系列问题记者采访了最高人民法院审管办主任李亮。

记者：修订后的规定在裁判文书公开范围方面有哪些变化？

答： 2013年司法解释规定，"人民法院的生效裁判文书应当在互联网公布"，但是由于对"生效裁判文书"未明确列举，各地法院理解存在一定差异，具体执行也不平衡。关于应当公开的裁判文书范围，这次主要作了两点修订，一是以列举的方式明确了应公开的裁判文书种类，要求各类判决书、裁定书等原则上均上网公开，全面覆盖了人民法院各种裁判文书类型。二是将一审裁判文书全面纳入公开范围。按照法律规定，宣判一律公开进行，一审裁判文书依法也应向社会公开。为满足社会各界监督各审级法院、全面了解案情和裁判情况的现实需求，本次修订司法解释将公开的范围扩展到所有一审裁判文书。同时，为便利社会各界查阅裁判文书，修订后司法解释要求一审裁判文书在二审裁判文书生效后再上网公开，同时不同审级裁判文书间通过技术手段建立关联。

记者：修订后的规定在加强裁判文书公开工作中对诉讼参与人的权利保护方面，有哪些具体举措？

答：最高人民法院高度重视对各个诉讼参与人合法权益的保护，为有效实现公共利益与个人权益之间的平衡，本次修订在坚持裁判文书原则上均应公开的同时，设置了较为细致的技术处理规则。

第一，进一步完善了裁判文书不公开的情形。在继续坚持"涉及国家秘密、未成年人犯罪、以调解方式结案"的裁判文书不上网公布之外，增加了"确认人民调解协议效力"这一不公开的情形。为进一步保护未成年人合法权益和离婚案件诉讼当事人的正常生活，修订后的司法解释明确要求"离婚诉讼或者涉及未成年子女抚养、监护"的裁判文书不上网公布。

第二，进一步细化和明确了裁判文书公开的技术处理规则，确保此项工作更加规范，确保裁判文书公开过程严格保护当事人隐私权。一是明确规定了"隐名处理"的具体范围，同时司法解释还对隐名处理的具体规则进行了规定；二是明确规定了"删除信息"的具体内容。司法解释明确要求在互联网公布裁判文书时，要删除自然人的家庭住址、通讯方式、身份证号码、财产信息、健康状况等个人信息，要删除法人及其他组织的具体财产信息，要删除商业秘密、家事、人格权益等纠纷中涉及个人隐私信息等。

记者：修订后的规定对于已上诉、抗诉的一审法院裁判文书是否上网公布是如何规定的？

答： 为贯彻全面公开原则，修订后的司法解释规定，人民法院作出的，凡是有中止、终结诉讼程序作用，或者对当事人实体权益有影响、对当事人程序权益有重大影响的裁判文书，均应当上网公布，其中包括适用一审程序作出的裁判文书。

原来的规定没有明确已上诉、抗诉的一审裁判文书是否应当公开，从全国法院实践看，有相当一部分一审裁判文书已经上网公布，受到各方欢迎。因此，修订后的司法解释明确规定，依法提起抗诉或者上诉的一审判决书、裁定书，应当在二审裁判生效后七个工作日内在互联网公布。为便于社会公众查阅，中国裁判文书网采取技术手段，在不同审级裁判文书之间建立了关联。

记者：修订后的规定就各级人民法院开展裁判文书上网工作的管理职责是如何规定的？

答： 修订后的司法解释规定，最高人民法院监督指导全国法院在互联网公布裁判文书的工作。高级、中级人民法院监督指导辖区法院在互联网公布裁判文书的工作。

各级人民法院审判管理办公室或者承担审判管理职能的其他机构，负责本院在互联网公布裁判文书的管理工作、协调处理社会公众对裁判文书公开的投诉和意见等职能。

修订后的司法解释还要求人民法院裁判文书公开的工作模式，由传统的专门机构集中公布的模式，转变为办案法官在办案平台一键点击自动公布的模式，确保裁判文书及时、全面、便捷公布。

记者：如果人民法院或者当事人发现已经上网公布的裁判文书存在笔误、技术处理不当或者不应当上网公布等情形的，按照修订后的规定应当如何处理？

答：按照修订后的司法解释第十二条、第十五条、第十六条，区分以下不同情形处理：

根据有关法律规定，裁判文书中存在笔误的，人民法院应当裁定补正。补正笔误的裁定书，应当按照本司法解释的规定及时在互联网公布，并与原文书建立关联。

已在互联网公布的裁判文书与原本不一致或者技术处理不当的，人民法院应当及时撤回并在纠正后重新公布。

已在互联网公布的裁判文书，人民法院经审查存在本司法解释第四条列明的不予公开情形的，应当及时撤回，按照本司法解释第六条、第十二条规定进行内部审批并公布相关案件信息。

司法文件选解读

司法部负责人就《关于推进行业性、专业性人民调解工作的指导意见》答记者问

为贯彻落实党的十八届四中全会《关于全面推进依法治国若干重大问题的决定》关于"加强行业性、专业性人民调解组织建设"的要求,适应新形势下化解行业、专业领域矛盾纠纷的需要,维护社会和谐稳定,近日,司法部、中央综治办、最高人民法院、民政部制定印发了《关于推进行业性、专业性人民调解工作的指导意见》(以下简称《指导意见》)。

创新发展新时期人民调解

问:当前,四部门联合出台《指导意见》有何重要意义?

答:推进行业性、专业性人民调解工作,是适应经济社会发展、化解新型矛盾纠纷的迫切需要,是维护群众合法权益、促进社会公平正义的必然要求,是创新社会治理、完善矛盾纠纷多元化解机制的重要内容。近年来,各级司法行政机关围绕中心、服务大局,积极推进行业性、专业性人民调解工作,化解了大量矛盾纠纷,取得了明显成效。实践证明,开展行业性、专业性人民调解工作,充分发挥人民调解职能作用,是新时期人民调解工作的创新、发展,是人民调解制度的丰富、完善。

党的十八届四中全会从全面推进依法治国的高度,对加强行

业性、专业性人民调解工作作出部署,这既是对近年来开展行业性、专业性人民调解工作的肯定,也对新时期人民调解工作提出了新的更高的要求。《指导意见》的印发,对进一步加强和规范行业性、专业性人民调解工作,依法及时化解相关行业、专业领域矛盾纠纷,维护相关行业领域正常工作秩序,维护社会和谐稳定,保障公平正义,促进经济社会发展具有重要意义。

问:推进行业性、专业性人民调解工作的总体要求是什么?

答:《指导意见》要求,加强行业性、专业性人民调解工作必须认真贯彻落实党的十八大和十八届三中、四中、五中全会精神,以邓小平理论、"三个代表"重要思想和科学发展观为指导,深入贯彻落实习近平总书记系列重要讲话精神,按照协调推进"四个全面"战略布局的要求,全面贯彻落实人民调解法,进一步加强行业性、专业性人民调解组织队伍建设,健全部门间协调配合机制,完善工作制度,提升保障能力,有效预防化解矛盾纠纷,切实维护社会和谐稳定。同时要求,推进行业性、专业性人民调解工作必须遵循以下原则:坚持党委领导,政府主导,司法行政机关指导,相关部门密切配合,共同推进行业性、专业性人民调解工作;坚持以人为本,始终把维护双方当事人合法权益作为人民调解工作的出发点和落脚点,根据当事人需求,提供便捷服务,维护双方合法权益;坚持实事求是,因地制宜,不搞一刀切,从化解矛盾纠纷的实际需要出发,积极推动设立行业性、专业性人民调解组织;坚持尊重科学,根据矛盾纠纷的行业、专业特点和规律,运用专业知识,借助专业力量,提高调解的权威性和公信力;坚持工作创新,充分发挥人民调解工作优势,大力推进工作理念、制度机制和方式方法创新,努力实现人民调解工作新发展、新跨越。

人民调解员专业化职业化

问：《指导意见》对行业性、专业性人民调解组织建设提出了哪些具体要求？

答：组织建设是做好行业性、专业性人民调解工作的基础。根据人民调解法的规定，行业性、专业性人民调解委员会是在司法行政机关指导下，依法设立的调解特定行业、专业领域矛盾纠纷的群众性组织。《指导意见》要求，加强行业性、专业性人民调解组织建设，一是司法行政机关要加强与有关行业主管部门协调配合，根据相关行业、专业领域矛盾纠纷情况和特点，指导人民调解协会、相关行业协会等社会团体和其他组织，设立行业性、专业性人民调解委员会或依托现有的人民调解委员会设立人民调解工作室。对于本地相关行业、专业领域需要设立人民调解组织的，要主动向党委、政府汇报，总结借鉴医疗卫生、道路交通、劳动关系、家事关系等领域人民调解工作的经验，积极推动相关行业、专业领域人民调解组织建设。二是对已设立的行业性、专业性人民调解组织要进一步巩固提高，依法规范人民调解委员会的设立、人民调解员选聘等，健全各项工作制度，强化学习培训，提高工作能力，有效化解矛盾纠纷。三是行业性、专业性人民调解委员会要以方便群众调解为目的选择办公地点，办公场所应包括接待室、调解室、档案室等。行业性、专业性人民调解委员会应当自设立或变更之日起三十日内，将调委会名称、人员组成、工作地址、联系方式等情况报所在地县级司法行政机关，县级司法行政机关应及时通报所在地综治组织和基层人民法院。

问：为进一步加强行业性、专业性人民调解员队伍建设，

《指导意见》提出了哪些要求？

答：人民调解员队伍建设是做好行业性、专业性人民调解工作的根本。《指导意见》要求，一要充分利用社会资源，根据矛盾纠纷的行业、专业特点，选聘具有相关行业、专业背景和法学、心理学、社会工作等专业知识的人员担任专职人民调解员，聘请教学科研单位专家学者、行政事业单位专业技术人员作为兼职人民调解员参与调解，建设一支适应化解行业性、专业性矛盾纠纷需要，专兼结合、优势互补、结构合理的人民调解员队伍。二要根据化解行业性、专业性矛盾纠纷的实际需要，每个行业性、专业性人民调解委员会一般应配备3名以上专职人民调解员，人民调解工作室应当配备1名以上专职人民调解员。三是加强专家库建设，聘请具有法学、心理学、社会工作和相关行业、专业领域专家学者组建人民调解专家库，为人民调解组织化解矛盾纠纷提供专业咨询。四要加强培训和考核管理，通过举办培训班、现场观摩、案例研讨等形式，加强政策法规、业务知识、调解技能培训，切实提高人民调解员队伍的素质和能力；加强考核工作，及时了解掌握人民调解员的工作情况，对不称职的人民调解员应及时调整或解聘。新任人民调解员须经司法行政机关培训合格后上岗。五要按照《关于加强社会工作专业人才队伍建设的意见》要求，把人民调解员纳入社会工作专业人才培养、职业水平评价体系，积极探索人民调解员专业化、职业化发展的途径。

规范调委会名称标牌标识

问：《指导意见》对行业性、专业性人民调解工作制度化、规范化建设提出了哪些要求？

答：制度化、规范化建设是夯实工作基础，增强人民调解权威性和公信力的客观需要。《指导意见》提出,一要加强制度化建设,要建立健全纠纷受理、调解、履行、回访等工作制度,使调解工作各个环节都有章可循;建立健全矛盾纠纷分析研判制度,定期对矛盾纠纷进行分析研判,把握趋势、掌握规律;建立健全信息反馈制度,根据矛盾纠纷调解情况,分析行业、专业领域矛盾纠纷发生原因,提出对策建议,并及时向有关行业主管部门和单位反馈。要建立健全告知引导制度,对适宜通过人民调解方式化解的矛盾纠纷,应当告知人民调解的特点和优势,引导当事人优先选择人民调解;建立健全矛盾纠纷移交委托等衔接工作制度,明确移交委托范围,规范移交委托程序,健全完善人民调解与行政调解、司法调解联动工作机制。二要加强规范化建设,要依法规范行业性、专业性人民调解委员会设立及人员组成,规范人民调解员选聘、培训、考核,规范人民调解委员会名称、标牌、标识,规范文书和卷宗制作,规范人民调解统计报送等,不断提高行业性、专业性人民调解工作制度化、规范化水平。

问:《指导意见》对提高行业性、专业性人民调解工作保障能力和水平提出了哪些措施?

答:《指导意见》提出,一要按照人民调解法的规定,设立单位应当为人民调解委员会开展工作提供办公场所、办公设施和必要的工作经费。二要按照《财政部、司法部关于进一步加强人民调解工作经费保障的意见》要求,切实落实行业性、专业性人民调解工作指导经费、人民调解委员会补助经费、人民调解员补贴经费,并建立动态增长机制。要按照《财政部、民政部、工商总局关于印发政府购买服务管理办法(暂行)的通知》要求,把人民调解作为社会管理性服务内容纳入政府购买服务指导性目录,并按照规定的购买方式和程序积极组织实施,提高行业性、专业性人民调解工作经费保障水平。三要鼓励社会各界通过社会捐赠、公益赞助等方式,为行业性、专业性人民调解工作提供经费支持。

善用法理情做到案结事了

问:行业、专业领域矛盾纠纷不同于传统的民间纠纷,《指导意见》对化解行业性、专业性矛盾纠纷提出哪些要求?

答:化解矛盾纠纷是人民调解的根本任务。《指导意见》要求,一要及时受理矛盾纠纷,人民调解委员会对排查出来的矛盾纠纷,应及时引导双方当事人通过人民调解方式解决。二要善于运用法治思维和法治方式化解纠纷,对合法诉求,应依法予以支持;对不合法、不合理的诉求,要做好疏导工作,引导当事人放弃于法无据、于理不符的要求,说服当事人在平等协商、互谅互让的基础上自愿达成调解协议,做到案结事了。三要善于运用专业知识调解,注重发挥相关行业、专业领域专家学者的专业优势,根据调解纠纷的需要邀请相关专家参与调解工作;对复杂疑难案件应充分听取专家咨询意见,必要时可委托具有资质的鉴定机构进行鉴定,确保矛盾纠纷得到科学公正处理。四要善于运用法、理、情相结合的方式开展调解工作,既讲法律政策、也重情理疏导,既解法结、又解心结,不断提高调解成功率、协议履行率和人民群众满意度。

问:《指导意见》对相关各部门在推进行业性、专业性人民调解工作中提出了哪些要求?

答:充分发挥各有关部门职能优势,加强协调配合,形成工作合力,完善工作机制,是推进行业性、专业性人民调解工作健康发展必然要求。《指导意见》提出,各级司法行政机关、综治组织、人民法院、民政和相关行业主管部门要高度重视行业性、专业性人民调解工作,积极争取将其纳入党委政府提升社会治理能力、深入推进平安建设、法治建设的总体部署,为行业性、专业性人民调解工作顺利开展提供政策保障。要坚持问题导向,加强调查研究,定期沟通行业性、专业性人民调解工作情况,认真总结行业性、专业性人民调解工作的经验做法,及时解决工作中存在的困难和问题。要广泛宣传行业性、专业性人民调解工作典型经验做法、人民调解特点优势、工作成效等,大力表彰工作中涌现出的先进集体和先进个人,进一步扩大人民调解工作的社会影响,引导更多的纠纷当事人选择人民调解方式解决矛盾纠纷。

司法行政机关要切实履行指导人民调解组织设立、人民调解员选任培训等法定职责,认真研究新形势下加强和改进行业性、专业性人民调解工作的方法和措施,大力加强行业性、专业性人民调解工作制度化、规范化建设,及时了解掌握人民调解员需要救助和抚恤的情况,对符合相关条件的,协调落实生活救助或抚恤优待政策。综治组织要将行业性、专业性人民调解纳入综治工作(平安建设)考核评价体系。民政部门要鼓励引导行业协会商会等社会团体和其他社会组织设立行业性、专业性人民调解组织,支持把行业性、专业性人民调解纳入政府购买服务规划。人民法院要通过选任人民调解员担任人民陪审员、邀请人民调解员旁听民事案件审理等形式,对人民调解工作进行业务指导;要及时开展人民调解协议司法确认工作,并将司法确认情况告知人民调解委员会和同级司法行政机关。

关于发布《最高人民法院关于依法切实保障律师诉讼权利的规定》的新闻发布稿

最高人民法院研究室副主任 郭 锋

各位记者：

大家上午好！2015年12月21日，最高人民法院审判委员会通过了《关于依法切实保障律师诉讼权利的规定》（以下简称《规定》）。这是最高人民法院深入贯彻落实全面推进依法治国战略，充分发挥律师维护当事人合法权益、促进司法公正的积极作用，切实保障律师诉讼权利的新的重要举措。下面，我向大家介绍一下《规定》的制定背景、意义和重点内容：

一、制定《规定》的背景

党的十八大以来，党中央对全面推进依法治国作出部署，对加强公正司法、维护人民群众合法权益、完善中国特色社会主义律师制度提出明确要求。党的十八届三中、四中全会相继就完善律师执业权利保障机制作出决定。2015年8月20日，最高人民法院、最高人民检察院、公安部、司法部四部门在北京联合召开全国律师工作会议。2015年9月16日，最高法、最高检、公安部、国家安全部、司法部印发《关于依法保障律师执业权利的规定》。最高人民法院党组和周强院长高度重视发挥律师在严格公正司法中的积极作用。为履行好人民法院依法保障律师诉讼权利的重要职责，将保障律师诉讼权利的规定落实到位，切实解决好广大律师参与诉讼活动最为关切的现实问题，最高人民法院制定了本《规定》。

二、制定《规定》依法切实保障律师诉讼权利的意义

第一，依法切实保障律师诉讼权利，是进一步落实十八届四中全会决定的需要。十八届四中全会决定明确提出保证公正司法、推进严格司法，并要求"健全事实认定符合客观真相、办案结果符合实体公正、办案过程符合程序公正的法律制度"；"推进以审判为中心的诉讼制度改革，确保侦查、审查起诉的案件事实证据经得起法律的检验。"依法确保律师参与诉讼活动的各项权利，确保律师在诉讼活动的各个环节充分履行职责，是人民法院贯彻落实十八届四中全会决定要求，实现司法为民、公正司法，提高司法公信力的重要举措。

第二，依法切实保障律师诉讼权利，是国家法治文明的重要标志。律师制度是我国社会主义法律制度的重要组成部分。我国刑事诉讼法、民事诉讼法、行政诉讼法、律师法等法律均对律师诉讼权利作了明确规定。律师在诉讼活动中担负着维护当事人合法权益和促进司法公正的双重使命，对律师诉讼权利的保障，实质上是对当事人合法权益的保障。律师诉讼权利得到尊重和保障，反映了国家的法治进步、法治民主、法治文明。

第三，依法保障律师诉讼权利，是全国各级人民法院和广大法官的重要职责。周强院长明确要求全国法院必须不断增强保障律师依法履职的责任感和使命感。各级法院领导干部和广大法官，无论是依法履行审判职责，还是推进司法体制改革，都要从全面依法治国、维护社会公平正义的战略高度，充分认识律师参与诉讼活动的重要地位和作用，认真学习并贯彻执行好本《规定》，切实尊重和保障律师诉讼权利，积极为律师依法履职提供支持和便利。

三、《规定》的重点内容

本《规定》以三大诉讼法、律师法和相关司法解释为依据，就依法保障律师诉讼权利规定了更加具体的措施，进一步明确了人民法院对律师知情权、阅卷权、出庭权、辩护辩论权、有关申请权等诉讼权利以及人身安全的保障。

（一）不断完善信息公开平台，切实保障律师知情权。

构建开放、动态、透明、便民的阳光司法机制，是人民法院贯彻十八届四中全会精神的一项重要任务。近年来，最高人民法院依托现代信息技术，打造阳光司法工程，全面推进审判流程信息公开、裁判文书公开、执行信息公开三大平台建设。随着这三大平台软件硬件的不断完善，信息量的日益丰富，更加方便快捷地满足律师获取诉讼信息的需要。依托最高人民法院诉讼服务网建立的律师服务平台，已经为律师提供网上立案、网上阅卷、案件查询、电子送达、联系法官等服务。另外，《规定》中还强调，"对诉讼程序、诉权保障、调解和解、裁判文书等重要事项及相关进展情况，应当依法及时告知律师"。

（二）适应推进以审判为中心的诉讼制度改革，切实保障律师在庭审中的有关权利。

在以审判为中心的诉讼制度改革中，律师的作用至关重要。《规定》以五条内容（三至七条），强调要依法保障律师出庭权，庭审中的辩论、辩护权，申请排除非法证据的权利，申请调取证据的权利，以及律师在庭审中的人身安全。这些规定主要是针对审判实践中存在的律师出庭时间冲突、辩论辩护时间得不到保障、申请排除非法证据权利难以落实、调查取证难、人身安全威胁或隐患等问题而采取的对应性措施。通过这些措施的具体落实，确保律师在诉讼活动中的职能作用得到充分发挥，实现司法程序公正和实体公正。

（三）总结实践经验和做法，为律师依法履职创造条件。

尊重和保障律师诉讼权利，还体现在为律师依法履职创造良好条件。因此，《规定》要求，人民法院要进一步完善网上立案、缴费、查询、阅卷、申请保全、提交代理词、开庭排期、文书送达等功能。有条件的法院要为参加庭审的律师提供休息场所，配备桌椅、饮水及其他必要设施。这条规定总结了全国一些法院的实践经验和成熟做法。实际上，还有不少法院根据自身条件为律师依法履职提供了更多方便条件。例如，不少法院设立了律师参与诉讼专门通道，律师因出庭、阅卷、提交诉讼材料等需要进入法院的，凭律师执业证、当事人委托书、律师事务所函或人民法院允许的其他凭证免予安全检查。

加快建立司法人员与律师的良性互动关系

最高人民法院立案庭庭长 姜启波

(2016年1月12日)

依法治国不仅需要足量的律师,还需要为律师依法履职提供充分保障。中央政法委孟建柱书记在2015年9月16日召开的全国律师会议上指出,司法人员和律师的角色定位、职责分工虽然不同,但都是社会主义法治队伍的重要组成部分。要平等相待、相互尊重、相互支持,构建新型关系。构建两者之间新型关系的主动权在政法机关。

最高人民法院周强院长反复强调,充分尊重和保护律师的权利,实际上就是尊重和保护当事人的诉权。近年来,最高人民法院党组高度重视律师作用的发挥,积极推动构建司法人员和律师的新型关系。

一是为律师执业提供充分保障。充分保障律师知情权、阅卷权、申请调取证据权、发表意见权和人身安全权,认真对待律师提出的意见建议,为律师执业创造更好环境。

将立案大厅升级为诉讼服务中心,最高人民法院在安徽召开了全国法院诉讼服务中心建设推进会,部署全国法院打造诉讼服务升级版,各地法院普遍增设律师志愿者服务室、妇女儿童维权工作室、医务室、静心室、书写室、哺乳室、儿童活动室、包括打字、复印、刻录、扫描、手机加油站、自动售货机、取款机在内的生活服务中心、传真电话外网查询、图书室、会见代表与调解室等。2015年6月底至7月初,最高人民法院成立15个检查小组,分赴全国32个省市、自治区,对32个高级人民法院、65个中级人民法院、109个基层人民法院和人民法庭的诉讼服务中心进行明察暗访,发现125项有益做法,提出91项整改意见,要求下级法院更多地为律师提供便利。目前,全国法院诉讼服务大厅面积共计110.6万平方米,98.9%的法院建立诉讼服务大厅,2189家法院开通诉讼服务网,781家法院开通诉讼服务手机APP,1734家法院开通12368诉讼服务热线,为当事人及律师提供一站式、全天候、低成本的诉讼服务。北京、四川等地法院开辟了律师更衣室、休息室等,让律师更有尊荣感。

开辟律师通道、电子阅卷室,设立专门的律师通道和申诉窗口,通过手机推送立案和流程信息。最高人民法院在办公一、二区设立了律师会见室,方便律师办理相关诉讼事务。

开通12368服务热线,为包括律师在内的当事人提供自助或人工查询咨询。自开通以来,共接听来电76270件。

二是推出多种方便律师的立案方式。在立案工作中,大力倡导"绿色发展",运用互联网技术,让律师更加便捷地完成立案程序。

推行律师网上立案,让律师足不出户就可以完成立案等诉讼活动。上海、江苏等地已经全面开通律师网上立案平台。2015年1~10月,上海法院律师网上立案1.2万件。江苏法院网上立案9204件。我们起草了《人民法院网上立案规则》(征求意见稿),律师可凭有效执业证件登陆提交网上立案申请,人民法院对符合条件的予以登记立案。

推行现场自助立案,在案件数量多的地区,探索律师在诉讼服务中心自助立案,最大限度减少等待时间,提升立案效率,促进司法公开。如上海浦东新区法院设立自助立案室,律师可以自行登录自助立案系统,录入案件信息,在法官确认符合立案条件后,当场打印相关诉讼文书,律师自助立案约占20%。

推行异地法院协助律师立案,律师可以选择最近法院或法庭进行申请立案、转交材料、缴纳诉讼费,2015年下半年,泉州市通过异地法院协助立案1.4万件,减少了律师的奔波之苦。目前,福建全省法院已在全省范围内推行异地协助立案的做法。

三是为律师参与多元化解搭建平台。发挥律师在化解矛盾纠纷中的重要作用,积极引导律师参与多元化解工作,形成多方力量参与的矛盾化解工作机制。最高人民法院在去年设立了律师服务窗口,由中国法学会选聘250余名律师学者担任咨询监督员,无偿为来访群众提供咨询服务。自2015年8月至今,共提供咨询服务近3150人次,受到了信访群众和社会各界的高度肯定。全国法院普遍设立律师调解室,由律师开展调解工作。不少法院设立律师诉讼引导、法律援助、司法救助窗口,为律师提供法律援助、司法救助提供便利。如江西法院设立律师志愿者服务室,为当事人提供无偿法律咨询、文书代写2100余次。

四是为律师代理申诉创造条件。党的十八届四中全会《决议》提出:"对不服司法机关生效裁定、决定的申诉,逐步实行律师代理制度"。自2013年开始,最高人民法院积极开展律师参与涉诉信访化解工作的调研。2013年6月,立案庭发现吉林市修保信访法律服务中心律师参与化解与代理涉法涉诉信访案件的经验,效果良好,庭领导随即带队开展调研。认为,这一经验做法，能够很好地维护信访申诉群众的合法权益，有利于促进司法公信、维护司法权威，有利于解决信访矛盾、促进社会和谐稳定，有利于建立律师、法官职业共同体的互信关系，值得大力开展。2013年底，最高人民法院立案庭在吉林市召开现场会议，学习借鉴修保律师的经验做法，我们要求各省高级人民法院选择一两个地市中级法院开展试点工作，之后，将这项工作情况向中央政法委作了专门汇报。2014年6月，最高人民法院和地方法院组团赴英德两国开展关于律师参与申诉案件化解工作的调研，着重考察了英国刑事申诉复审委员会的做法。起草了《律师等社会第三方参与涉诉信访案件化解工作的指导意见》，被中央政法委在2015年6月出台的《关于建立律师参与化解和代理涉法涉诉信访案件制度的意见（试行）》吸收。最高人民法院又赴福建、山东、江苏等地开展律师代理申诉的调研。截至今年上半年，90%以上的省份已经不同程度地开展律师参与涉诉信访案件化解工作。其中，山东、海南、浙江三省已经全面展开。山东法院2015年下半年，律师接待申诉3000件，息诉1345件，进入再审程序67件，效果十分明显。中央政法委在2015年11月召开的"律师参与化解和代理涉法涉诉信访案件专题培训会"上，推广了法院系统的做法。

目前，我们已经起草了《关于实行律师代理申诉制度若干问题的规定》，吸收各方意见后尽快下发。

五是建成全国律师服务平台并上线服务。由于相关司法行政部门尚未建设完整的全国律师数据库，2015年6月，最高人民法院立案庭和有关部门依托各高级人民法院律师信息库，开发了面向全国的律师信息库，并于2015年11月16日开通了律师服务平台律师信息库，发布了公告，受到社会各界和广大律师的关注和支持。广大律师事务所和律师积极参与，配合补充完善各项信息，目前，共收录律所信息21707条，律师信息81476条。2015年12月30日，律师服务平台正式上线运行。周强院长出席开通仪式并作了重要讲话。该平台与司法行政管理机关律师管理职责不同，出发点和落脚点是通过提供精准的诉讼服务，为律师履职提供便利条件，从而更好地发挥律师促进公正司法的作用。

律师登录最高人民法院律师服务平台，根据提示录入完整的信息后，可以享受以下服务：一是网上立案，依法受理由最高人民法院审理的民事、行政申请再审和国家赔偿、执行案件的立案申请；二是网上阅卷，对于已经归档和正在审理的案件，经审核同意的，均可在律师服务平台进行查阅电子卷宗；三是案件查询，提供最高人民法院审理案件的立案、审判、执行阶段信息；四是电子送达，律师可以点击确认，接收电子法律文书；五是联系法官，通过给承办法官留言，提出提交证据材料等需求，承办法官在收到信息后作出答复。为提高办理效率，对于律师提交的各类申请，一般要在三日内进行审核、作出回应。该信息库在适当的时间，将为全国法院律师服务平台提供律师身份验证服务。

关于发布《最高人民法院关于为京津冀协同发展提供司法服务和保障的意见》的新闻发布稿

最高人民法院研究室主任　颜茂昆

各位记者：

大家好！《最高人民法院关于为京津冀协同发展提供司法服务和保障的意见》（以下简称《意见》）已经正式发布了。下面，我向大家介绍一下《意见》出台的背景意义、内容特点以及贯彻《意见》的具体要求。

一、关于《意见》出台的背景和意义

推动京津冀协同发展，是党中央、国务院在新的历史条件下做出的重大决策部署，是一项重大国家战略。2015年6月，中共中央国务院印发了《京津冀协同发展规划纲要》，提出要把京津冀地区打造成为"以首都为核心的世界级城市群、区域整体协同发展改革引领区、全国创新驱动经济增长新引擎、生态修复环境改善示范区"。正如纲要所言，京津冀协同发展对于协调推进"四个全面"战略布局，实现"两个一百年"奋斗目标和中华民族伟大复兴"中国梦"，具有重大现实意义和深远历史意义。

推动京津冀协同发展，任务十分繁重。《纲要》提出了有序疏解北京非首都功能，优化提升首都核心功能，推动交通一体化、生态环境保护和产业升级转移三大重点领域率先突破，大力促进创新驱动发展，持续深化体制机制改革等具体任务。去年10月，中共中央关于"十三五"规划的建议也提出了"十三五"期间推动京津冀协同发展的具体目标，即"优化城市空间布局和产业结构，有序疏解非首都功能，推进交通一体化，扩大环境容量和生态空间，探索人口密集地区优化开发新模式。"这些目标任务都意味着京津冀协同发展是一项长期、艰巨、复杂的系统工程，需要社会各方面长期不懈的艰苦努力。

在京津冀协同发展的过程中，由于利益格局、利益分配等的重大调整，不可避免地会产生大量的法律纠纷，特别是跨区域的法律纠纷。这些法律纠纷如果得不到及时有效的解决，必然严重影响京津冀协同发展的进程。在全面依法治国的新形势下，如何依法稳妥地解决这些法律纠纷，服务和保障京津冀协同发展，就成为当前京津冀三地法院面临的一个重大课题。作为国家的审判机关，人民法院担负着依法审判、定分止争、维护稳定、促进发展的重要职责，我们应当以强烈的责任感、使命感，充分发挥审判职能作用，为京津冀协同发展提供优质、高效的司法服务和保障。

去年以来，北京、天津、河北三地法院结合三地各自的功能定位和司法实际，以不同形式先后出台了有关意见或召开会议，对相关审判执行工作进行指导或部署。最高人民法院在此基础上，经过深入的调研论证，制定和出台了关于为京津冀协同发展提供司法服务和保障的意见，要求三地各级法院统一思想，提高认识，准确把握服务和保障京津冀协同发展的基本要求，依法妥善审理执行各类案件。我们相信，《意见》的出台必将对人民法院服务和保障京津冀协同发展起到重要的推动和促进作用，进而通过优质高效的审判执行工作为京津冀协同发展创造良好的司法环境。

二、关于《意见》的主要内容和特点

《意见》共分3个部分、18条。第一部分充分认识京津冀协同发展战略的重大意义，准确把握司法服务和保障的基本要求；第二部分依法履行人民法院审判职能，促进京津冀地区创新、协调、绿色、开放、共享发展；第三部分建立健全京津冀法院工作联络机制，提升司法服务保障的能力和水平。归纳起来，《意见》具有四个特点：

特点一：以发展理念为指导。十八届五中全会提出了"创新、协调、绿色、开放、共享"五大发展理念。这在京津冀协同发展中体现得尤为明显。比如，在三地定位中，北京是科技创新中心，着重创新发展，形成京津冀协同创新共同体；天津是北方国际航运核心区、改革开放先行区，着重开放发展；河北是京津冀生态环境支撑区，着重绿色发展。三地功能定位不同，实现错位、协调发展，最终实现共享发展。《意见》第二部分主要围绕五大发展理念展开：在服务和保障创新发展方面，人民法院要依法惩罚侵犯知识产权犯罪，进一步加大对知识产权司法保护的力度，依法审理涉及专利、商标和著作权等知识产权案件，保护创新成果，推动科技创新；在服务和保障绿色发展方面，人民法院要依法惩罚破坏资源、污染环境犯罪，依法审理环境资源类民商事案件和行政案件，大力推进环境公益诉讼，推动京津冀地区生态文明建设、低碳循环经济和资源节约高效利用，依法审理海洋环境污染案件，保护海洋生态环境；在服务和保障开放发展方面，人民法院要依法审理海事海商案件，促进京津冀地区对外开放、自贸区建设，推动海运、物流、仓储等行业发展；在服务和保障共享发展方面，人民法院要依法审理民间借贷、互联网金融等区域金融案件，保护金融债权和消费者权益，促进缓解中小企业融资难、融资贵问题，防范区域性、系统性金融风险，加大对涉民生案件的执行力度，推进实现共享发展。

特点二：以重点任务为抓手。京津冀协同发展的一个核心任务是疏解北京非首都功能，包括疏解一般性产业特别是高消耗产业，疏解区域性物流基地、区域性专业市场等部分第三产业，疏解部分教育、医疗、培训机构等社会公共服务功能，疏解部分行政性、事业性服务机构和企业总部。此外，在交通一体化、生态环境保护、产业升级转移等重点领域要率先取得突破。《意见》根据功能疏解、产业升级转移等要求，作出了具体的规定。如，依法惩罚阻挠破坏承接非首都功能重大项目建设的犯罪，确保重大建设项目的顺利开展；及时审理因部分企业搬迁和区域性物流基地、区域性专业市场外迁引发的租赁合同、补偿安置、劳动争议纠纷；依法审理因产业结构调整升级、淘汰落后产能引发的企业重组、破产、强制清算、股东权益纠纷等案件；围绕疏解公共服务功能，妥善审理京津冀公共服务领域的教育文化、医疗卫生、社会保障等民生案件。

特点三：以审判执行为重点。人民法院是国家的审判机关，审判是人民法院的天职。人民法院为京津冀协同发展提供司法服务和保障，唯一的渠道就是审理好、执行好涉及京津冀协同发展的各类案件。《意见》以9个条文对人民法院审理各类刑事案件、民商事案件、行政案件、执行案件等作了具体规定。如依法惩罚京津冀地区破坏社会稳定、经济发展、金融安全、生态保护的各种犯罪；依法审理各类民商事案件、知识产权案件、海事海商案件；依法审理京津冀协同发展中的工商、税务、城建、交通、环保、劳动保障等各类行政案件;依法执行涉及京津冀协同发展中的重点项目和重点工程案件,积极开展涉金融执行积案的清理,增强执行案件办理的法律效果和社会效果等。

特点四:以协同司法为保障。京津冀三地法院服务和保障京津冀协同发展,不能仍然抱着"一亩三分地"思维,各行其是,而应该加强协作,以"协同司法"保障"协同发展"。《意见》第三部分明确建立健全京津冀法院工作联络机制,以提升司法服务保障的能力和水平。具体而言,一是建立京津冀三地法院联席会议机制,重点研究京津冀协同发展中的重大司法事项、司法需求、司法政策和重大疑难法律适用问题;二是加强京津冀三地法院信息化建设方面的合作,实现三地平台共建、信息互通、资源共享、业务协同;三是推动完善京津冀法院执行联动协作,实现三地执行指挥中心和财产网络查控系统有效对接和三地法院执行办案"同城效应";四是充分发挥三地法院审判优势资源,推动专业化审判,积极探索知识产权案件、海事海商案件、生态环境保护案件集中管辖或专门管辖制度;五是建立健全京津冀三地法院人员培训、法官任职交流、调研协调机制等。

三、关于贯彻《意见》的工作要求

《意见》下发后,京津冀三地法院要认真贯彻落实,特别要在以下三个方面下功夫:

第一,努力增强服务和保障京津冀协同发展的大局意识,在大局中谋划法院工作,在案件处理中充分考虑对京津冀协同发展的影响。坚持依法审判,平等保护各类市场主体,发挥裁判的规范、引导作用,既促进协同发展国家战略在京津冀地区的实施,又保障市场在资源配置中起决定性作用。

第二,紧紧把握服务和保障京津冀协同发展的目标、方向和原则，增强前瞻性、预见性，围绕有序疏解北京非首都功能、优化提升首都核心功能，推进京津冀交通一体化、生态环境保护和产业升级转移，围绕创新驱动发展，认真研究分析可能进入诉讼程序的案件，依法妥善处理相关矛盾纠纷，促进政府引导、市场主导作用的发挥，推动形成京津冀协同发展新格局。

第三，充分运用多元化纠纷解决机制，积极运用诉前调解，促进纠纷解决。特别是对于政策性、敏感性强的案件，要紧紧依靠当地党委、政府及有关部门依法解决；要尊重当事人对纠纷解决方式的选择权，支持、引导、鼓励当事人通过调解、协调等方式解决纠纷；推动人民调解、行政调解、行业调解、诉讼调解联动工作体系，努力实现案结事了。

我向大家通报的情况就是这些。谢谢大家！

司法文件选解读

解读《人民法院审理人民检察院提起公益诉讼案件试点工作实施办法》

范明志[*]　韩建英[**]　黄　斌[***]

摘要　最高人民法院发布的《人民法院审理人民检察院提起公益诉讼案件试点工作实施办法》，对人民检察院提起的民事和行政公益诉讼案件的范围、管辖、当事人、调解、撤诉、审理规则等问题作出了明确规定。并要求在审理人民检察院提起的公益诉讼案件中，落实司法公开、人民陪审员制度等改革措施。试点地区的人民法院应依法审理人民检察院提起的公益诉讼案件，严格依法有序推进检察机关提起公益诉讼制度改革试点工作。

关键词　检察机关　公益诉讼　改革试点

为贯彻落实党的十八届四中全会精神，积极探索建立检察机关提起公益诉讼制度，依法审理人民检察院提起的公益诉讼案件，根据《全国人民代表大会常务委员会关于授权最高人民检察院在部分地区开展公益诉讼试点工作的决定》（以下简称《授权

---

[*]　中国应用法学研究所副所长，研究员，博士后导师。
[**]　中国应用法学研究所研究员。
[***]　中国应用法学研究所宪法行政法室主任。

决定》),最高人民法院于2016年2月26日发布了《人民法院审理人民检察院提起公益诉讼案件试点工作实施办法》(以下简称《实施办法》),对人民法院受理人民检察院提起民事和行政公益诉讼案件的范围、案件管辖、案件当事人、调解、撤诉、审理规则等方面进行了规定。为便于在改革试点工作中正确理解和适用,现就《实施办法》的制定背景、指导思想以及主要内容等介绍如下。

一、《实施办法》的起草背景与过程

探索建立检察机关提起公益诉讼制度是党的十八届四中全会提出的重要改革任务。根据《中央有关部门贯彻实施党的十八届四中全会决定重要举措分工方案》,探索建立检察机关提起公益诉讼制度任务由最高人民检察院与最高人民法院牵头,中央政法委、全国人大内司委、全国人大常委会法工委、国务院法制办等单位共同参与。中央全面深化改革领导小组通过的《贯彻实施党的十八届四中全会决定重要举措2015年工作要点》进一步部署了此项改革。2015年5月5日,中央全面深化改革领导小组第十二次会议审议通过了《检察机关提起公益诉讼试点方案》(以下简称《试点方案》)。2015年7月1日,十二届全国人大常委会第十五次会议作出《关于授权最高人民检察院在部分地区开展公益诉讼试点工作的决定》(以下简称《授权决定》),要求最高人民法院、最高人民检察院制定《授权决定》的实施办法,并报全国人民代表大会常务委员会备案。

为全面贯彻落实党的十八届四中全会精神,完成中央部署的探索检察机关提起公益诉讼的司法改革任务,保障人民检察院提起公益诉讼案件的正确审理,最高人民法院在充分调研论证、广泛征求意见的基础上,起草了《实施方案》,于2016年2月22

日由最高人民法院审判委员会第1679次会议审议通过，于2016年3月1日起施行。

二、《实施办法》起草的基本思路

（一）积极落实中央的改革部署

党的十八届四中全会提出探索建立检察机关提起公益诉讼制度。2015年5月中央深改组通过了《试点方案》，对检察机关提起公益诉讼的目标原则、试点案件范围、诉讼参加人、诉前程序、提起诉讼、诉讼请求等内容作了规定。2015年7月1日第十二届全国人民代表大会常务委员会第十五次会议通过了《授权决定》，授权最高人民检察院在生态环境和资源保护、国有资产保护、国有土地使用权出让、食品药品安全等领域开展提起公益诉讼试点。试点地区确定为北京等十三个省、自治区、直辖市，并要求最高人民法院、最高人民检察院制定本决定的实施办法。这两个文件是制定本《实施办法》的重要依据。

（二）遵循相关诉讼制度

按照《授权决定》的要求，人民法院应当依法审理人民检察院提起的公益诉讼案件。《试点方案》规定："严格依法有序推进。根据《民事诉讼法》、《行政诉讼法》等法律的有关规定和全国人大常委会的授权决定，确保改革试点在法律框架和授权范围内开展，维护法制的统一和权威。"《实施办法》遵循了人民法院依照《民事诉讼法》《行政诉讼法》的规定对人民检察院提起公益诉讼的案件进行审理的基本原则，只有涉及人民检察院提起公益诉讼的特有情况时，才作出新的规定。

（三）遵循公益诉讼的基本规律

公益诉讼在我国是一项新型诉讼制度。世界各国大都把公益诉讼作为一种例外性的、补充性的诉讼制度，由行政权先行处理公益诉讼涉及的有关事务，避免因为对经济社会权利的立法和行政决定进行实质性司法审查而对行政权造成不当干涉。只有当行政机关错误履行其职权或者不履行其法定职责，不能达到维护公共利益的目的时，司法机关才通过公益诉讼程序介入。[1] 在我国，社会公益组织提起公益诉讼处于起步阶段。检察机关提起公益诉讼的制度设计，主要是解决诉讼主体问题，将检察机关提起公益诉讼引入到现有公益诉讼法律制度之内，解决好与现有诉讼制度的协调问题，而非创设一套新的公益诉讼制度。

（四）与相关法律司法解释协调一致

在开展公益诉讼方面，最高人民法院已经制定了三部司法解释：一是《最高人民法院关于适用〈中华人民共和国民事诉讼法〉的解释》（以下简称《民诉法司法解释》），该解释中有专门一章规定了民事公益诉讼；二是2015年1月7日起施行的《最高人民法院关于审理环境民事公益诉讼案件适用法律若干问题的解释》；三是2016年5月1日起施行的《最高人民法院关于审理消费民事公益诉讼案件适用法律若干问题的解释》。本《实施办法》与前述司法解释在对象上是有交叉的，为避免内容上重复或者出现冲突，本《实施办法》重点规定了检察机关这一特殊诉讼主体提起公益诉讼的相关规则，在具体的诉讼环节等其他内容上基本没有作出新规定，并明确指出："本办法没有规定的，适用《中华人民共和国民事诉讼法》《中华人民共和国行政诉讼法》及相关司法解释的规定。"因此本《实施办法》与相关法律及其他司法解释保持了协调一致。

---

[1] 王明远：《论我国环境公益诉讼的发展方向：基于行政权与司法权关系理论的分析》，载《中国法学》2016年第1期。

三、人民检察院提起公益诉讼时的诉讼主体地位

《试点方案》规定："检察机关以公益诉讼人身份提起民事（行政）公益诉讼。"由于"公益诉讼人"在《民事诉讼法》和《行政诉讼法》上法律地位不明确，将其与原告的关系表述清楚才能确定检察机关在公益诉讼中的权利义务。检察机关在公益诉讼案件中不同于普通民事诉讼案件的原告，与其他公益诉讼原告一样，都是与案件没有直接利害关系、基于法律的授权提起公益诉讼的"当事人"。全国人大常委会对检察机关提起公益诉讼进行专门授权，说明检察机关提起公益诉讼所行使的不是传统意义上的法律监督权，而是以公益诉讼人身份提起民事（行政）公益诉讼。

在《实施办法》的起草过程中，有人提出将提起公益诉讼的社会组织也表述为公益诉讼人，以示所有的公益诉讼"原告"均处于相同的法律地位。将提起公益诉讼的社会组织表述为公益诉讼人，会与现有其他司法解释造成冲突，而且"公益诉讼人"也不是一个诉讼法上的概念，公益诉讼中的被告也是公益诉讼人。因此《实施办法》没有采纳这一建议。也有人建议表述为"人民检察院以公益诉讼人身份提起民事（行政）公益诉讼，参照民事（行政）诉讼原告的诉讼权利义务参加诉讼活动。"考虑到"参照"一词在具体操作上有一定的模糊性，可能引发歧义，因此，《实施办法》采用了更明确的表述方式：人民检察院以公益诉讼人身份提起民事（行政）公益诉讼，诉讼权利义务适用民事（行政）诉讼法关于原告诉讼权利义务的规定。这样规定使人民检察院在公益诉讼中有了明确的法律地位，也体现了依法改革的精神。

四、人民检察院提起公益诉讼的案件范围

《实施办法》第一条规定了人民法院受理人民检察院提起民事公益诉讼案件的范围，即人民检察院认为被告有污染环境、破坏生态、在食品药品安全领域侵害众多消费者合法权益等损害社会公共利益行为而提起诉讼的案件。第十一条规定了人民法院受理人民检察院提起行政公益诉讼案件的范围，即人民检察院认为在生态环境和资源保护、国有资产保护、国有土地使用权出让等领域负有监督管理职责的行政机关或者法律、法规、规章授权的组织违法行使职权或不履行法定职责，造成国家和社会公共利益受到侵害而提起诉讼的案件。《实施办法》作出上述案件范围规定的主要依据有：

第一，全国人大常委会的《授权决定》。关于检察机关提起公益诉讼的案件范围，《授权决定》明确为"在生态环境和资源保护、国有资产保护、国有土地使用权出让、食品药品安全等领域"。根据《环境保护法》第五十八条、《最高人民法院关于审理环境民事公益诉讼案件适用法律若干问题的解释》第一条的规定，"生态环境"案件应当包括污染环境和破坏生态的案件，《实施办法》与其保持了一致。关于行政公益诉讼的案件范围，目前我国《行政诉讼法》中并没有规定行政公益诉讼。《实施办法》规定人民法院审理人民检察院提起行政公益诉讼案件的依据来自于全国人大常委会的《授权决定》。

第二，中央全面深化改革领导小组审议通过的《试点方案》。《试点方案》明确民事公益诉讼试点的案件范围为：检察机关在履行职责中发现的污染环境、食品药品安全领域侵害众多消费者合法权益等损害社会公共利益行为的案件；提起行政公益诉讼试点案件包括检察机关在履行职责中发现的生态环境和资源保护、

国有资产保护、国有土地使用权出让等领域负有监督管理职责的行政机关违法行使职权或者不作为,造成国家和社会公共利益受到侵害的案件。

探索建立检察机关提起公益诉讼制度是中央作出的重要改革部署,各级人民法院要积极完成中央部署的改革任务,严格按照《实施办法》规定的案件范围受理检察机关提起的公益诉讼案件,不得以任何借口拒绝对符合规定的案件立案,积极推动人民法院审理人民检察院提起公益诉讼案件改革试点工作顺利开展。

五、人民检察院提起公益诉讼的诉前程序

《实施办法》第一条规定人民法院受理人民检察院提起民事公益诉讼案件应当符合"没有适格主体提起诉讼或者适格主体不提起诉讼"的条件;第二条第(三)项关于起诉材料的条款规定了人民检察院提交"人民检察院已经履行督促或者支持法律规定的机关或有关组织提起民事公益诉讼的诉前程序的证明材料"。《实施办法》第十二条第(三)项要求人民检察院提起行政公益诉讼时"应当提交已经履行向相关行政机关提出检察建议、督促其纠正违法行政行为或者依法履行职责的诉前程序的证明材料"。这些规定分别设置了人民检察院提起民事、行政公益诉讼的诉前程序,与《授权决定》的相关规定协调一致。

诉前程序是人民法院审理人民检察院提起公益诉讼案件改革试点工作的一大亮点,其意义在于体现司法权的谦抑性。对于国家和公共管理事务,一般应当首先由行政权处理,司法权则处于事后救济的功能地位。对于公益诉讼所涉公共事务的处理亦应如此。对于民事公益诉讼,作为司法机关的人民检察院应当将提起诉讼的原告资格在顺序上让位于"法律规定的机关或有关组织",只有在没有适格主体提起诉讼或者适格主体不提起诉讼的情况下，人民检察院才担负起提起诉讼的职责。对于行政公益诉讼，则要求检察机关向相关行政机关提出检察建议，督促其纠正违法行政行为或者依法履行职责，这样可以发挥行政机关本来的职能以维护公共利益，避免司法机关直接处理行政事务。同时，诉前程序会使大量的矛盾解决在诉讼程序之前，而不必全部进入法院审判，有利于节约司法资源。

诉前程序是起诉前必经的程序，人民检察院未履行该程序而提起公益诉讼的，人民法院应当不予立案。

六、民事公益诉讼"赔偿损失"诉讼请求的处理

《实施办法》第三条规定人民检察院提起民事公益诉讼，可以提出要求被告停止侵害、排除妨碍、消除危险、恢复原状、赔偿损失、赔礼道歉等诉讼请求。与《侵权责任法》规定的侵权责任方式相比，民事公益诉讼的责任方式少了"返还财产"和"消除影响、恢复名誉"，因为这两种责任方式在公益诉讼中不具有现实可能性。

在环境生态类案件中，赔偿性诉讼请求主要表现为恢复原状、赔偿损失。恢复原状是指在生态环境遭受实质性损害的情况下，被告采取有效措施进行修复，将生态环境恢复到损害发生之前的状态或功能。如果出现部分或全部无法原样恢复情形的，可以采取替代性修复方式恢复原状，由被告承担生态环境修复费用。在司法实践中，赔偿损失是更经常使用的环境侵权责任方式。在公共利益遭受侵害的公益诉讼案件中，除非能够恢复原状，也需要通过赔偿损失来弥补损害后果，实现公益诉讼保护社会公共利益的目的。由于检察机关与案件无利害关系，不是案件的受害人，而且法律明确规定提起公益诉讼的社会组织不得通过诉讼牟取经济利益，那么公益诉讼被告应当向谁赔偿损失就成为一个问题。在审判实践中,有地方探索建立"环境修复基金",接受公益诉讼被告的赔偿金;也有地方与当地财政部门、环保主管部门等协调设立财政专户,或者由相应领域的社会公益团体进行赔偿金管理等,都不失为有益的探索。在试点工作中,各地对于赔偿损失的适用可以进行探索,强化专款专用,加强监督,防止出现私分或截留挪用赔偿金的情况发生。

在食品药品安全消费类公益诉讼案件中,赔偿损失诉讼请求的处理,应当按照最高人民法院即将发布的《关于审理消费民事公益诉讼案件适用法律若干问题的解释》来进行理解和把握。

七、人民陪审制和司法公开原则在公益诉讼中的适用

(一)人民陪审制的适用

《实施办法》第七条和第十六条规定人民法院审理人民检察院提起的第一审民事、行政公益诉讼案件,原则上适用人民陪审制。这里的"原则上"应理解为总体上或基本上,换言之即一般情况下应当适用。

人民陪审员制度是中国特色社会主义司法制度的重要组成部分,在促进司法公正、保障司法民主等方面发挥了积极作用。完善人民陪审员制度也是最高人民法院近年积极推进的一项司法改革措施,旨在扩大人民陪审员参审范围,充分发扬司法民主,提高司法公信力,促进实现让人民群众在每一个司法案件中感受到公平正义的工作目标。《最高人民法院关于进一步加强和推进人民陪审工作的若干意见》(法发〔2010〕24号)规定社会影响较大的一审民事、行政案件,由人民陪审员和法官组成合议庭进行。《最高人民法院、司法部关于人民陪审员制度改革试点方案》(法〔2015〕100号)规定涉及群体利益、社会公共利益的,人民群众广泛关注或者其他社会影响较大的一审民事、行政案件,原则上实行人民陪审制审理。《人民陪审员制度改革试点工作实施办法》(法〔2015〕132号)规定涉及群体利益、社会公共利益、人民群众广泛关注或者其他社会影响较大的行政、民事案件,及环境保护、食品药品安全的重大案件,原则上实行人民陪审制审理。人民检察院提起的公益诉讼案件一般都是公众广泛关注或者社会影响较大的涉及公共利益的案件,故《实施办法》规定了一般适用陪审制的要求。当然,在公益诉讼中基于个人隐私、商业秘密或者其他正当原因,当事人申请不适用人民陪审制审理的,人民法院经审查可以决定不适用人民陪审制审理。

在陪审员的选取上,应当尽量选择具有相关领域专业知识的人民陪审员参加审判,以更好地发挥相关的专业特长,与法律判断形成互补,确保案件裁判公正。这也符合《最高人民法院关于进一步加强和推进人民陪审工作的若干意见》关于"如案件审理确有需要,可以在相关地域、行业、专业等类型的人民陪审员范围内随机抽取"的规定。

(二)司法公开原则的适用

在司法公开方面,人民法院审理人民检察院提起的公益诉讼案件,应当依法公开进行。公益诉讼所涉事项关系公共利益,相对于私益诉讼而言,更具有公开的必要性与正当性。尤其对于一些影响较广的公益诉讼案件,公开审判还可以起到弘扬法治、宣传教育的作用。在具体公开方式上,人民法院可以邀请人大代表、政协委员等旁听庭审,并可以通过庭审直播录播等方式满足公众和媒体了解庭审实况的需要。人民法院审理人民检察院提起公益诉讼案件的裁判文书,应当按照有关规定在互联网上公开发布。

八、公益诉讼中的调解与撤诉问题

(一) 民事公益诉讼中的调解

在民事公益诉讼中,人民检察院与被告和解或者调解,人民法院应按照《实施办法》第八条的规定履行相关程序。如此规定除依据《民诉法司法解释》第二百八十九条和《最高人民法院关于审理环境民事公益诉讼案件适用法律若干问题解释》第二百五十八条的规定外,还基于以下三方面的考虑:首先,民事公益诉讼仍属于民事诉讼,和解、调解是解决民事纠纷的重要方式。如果达成和解或调解能够让公共利益得以有效保护,能够达到与判决同样的保护社会公益的效果,有时甚至比判决更容易得到执行,当然就应当允许当事人进行和解或者调解。其次,以和解、调解方式解决纠纷,既节省了司法资源,也提高了司法效率。第三,国外司法实践中,调解可以作为公益诉讼的结案方式。如美国微软案件,美国总检察长在审理中提出了和解方案与被告协商,顺利解决了诉讼争议。

由于公益诉讼自身的公益性质,人民检察院与被告达成和解协议或者调解协议应当接受社会和公众的监督,人民法院应当将协议内容公告,公告期间不少于三十日,防止和避免发生有损社会公共利益的情形。人民法院还应当尽到合法性的审查职责,在确认不损害社会公共利益的情况下,应当对当事人的和解或调解协议出具调解书,以避免当事人签订和解协议并撤诉后,义务人反悔,公共利益得不到有效维护。

(二) 民事公益诉讼中的撤诉

《实施办法》规定:"人民检察院在法庭辩论终结前申请撤诉,或者在法庭辩论终结后,人民检察院的诉讼请求全部实现,申请撤诉的,应予准许。"该条文规定了两种撤诉情况的处理:

司法解释及司法文件解读

一是人民检察院在法庭辩论终结前申请撤诉的,不管人民检察院的诉讼请求是否得以实现,均应准许;二是在法庭辩论终结后,人民检察院的诉讼请求全部实现,申请撤诉的,也应予准许。

与我国《民事诉讼法》及其司法解释等相关规定相比,《实施办法》的规定既与其保持了一致,同时也反映了检察机关提起公益诉讼案件的特点。我国《民事诉讼法》规定:"宣判前,原告申请撤诉的,是否准许,由人民法院裁定。"《民诉法司法解释》规定:"公益诉讼案件的原告在法庭辩论终结后申请撤诉的,人民法院不予准许。"《最高人民法院关于审理环境民事公益诉讼案件适用法律若干问题的解释》规定,法庭辩论终结后,原告申请撤诉的,人民法院不予准许,但是符合"原告诉讼请求全部实现"的除外。在遵循上述规定的基础上,《实施办法》作出了更符合检察机关提起公益诉讼案件特点的规定。《实施办法》对于在法庭辩论终结前申请撤诉处理的规定,体现了尊重民事诉讼当事人意思自治的原则,也兼顾了检察机关的司法机关性质,人民法院只需要进行形式审查就可以作出准许撤诉的裁定。对于人民检察院在法庭辩论终结后申请撤诉处理的规定,则是在上述因素外,还考虑了案件的公共利益因素和人民法院的审查义务。对于涉及公共利益案件的撤诉,在完成了法庭辩论程序之后,人民法院应当对案件的事实认定和法律适用有了确定认识,人民法院对于撤诉是否损害公共利益也应当有了明确的判断,因此必须从实体上审查人民检察院的诉讼请求得以全部实现,才能作出准予撤诉的裁定。如果仅仅进行形式审查,那么可能难以保证公共利益得到了保护,公益诉讼的目的可能无法完全实现。这是对我国《民事诉讼法》及其司法解释等相关规定在检察机关提起民事公益诉讼案件中如何具体适用的细化规定。

(三) 行政公益诉讼中的调解

《实施办法》第十七条规定，人民法院审理人民检察院提起的行政公益诉讼案件，不适用调解。《行政诉讼法》第六十条规定，人民法院审理行政案件，不适用调解。但是，行政赔偿、补偿以及行政机关行使法律、法规规定的自由裁量权的案件可以调解。从《试点方案》规定的人民检察院提起行政公益诉讼的诉讼请求范围来看，"撤销或者部分撤销违法行政行为、在一定期限内履行法定职责、确认行政行为违法或者无效等诉讼请求"均不在《行政诉讼法》第六十条但书中规定的"行政赔偿""行政补偿"以及"行政机关行使法律、法规规定的自由裁量权的案件"范围之内。换言之，按照现有规定，对于可以适用调解的行政公益诉讼请求，不在人民法院受理的检察机关提起行政公益诉讼的范围之内，人民法院不应当立案受理。人民检察院提起行政公益诉讼案件涉及的往往是国家和社会公共公益，如果允许进行调解，势必意味着一方就要做出妥协和让步，可能出现损害国家和社会公共利益的结果，也不利于实现司法对行政权的有效监督。

虽然《授权决定》和《试点方案》都没有对人民检察院提起公益诉讼是否适用调解的问题作出规定，而仅仅是原则性地规定"试点工作应当稳妥有序，遵循相关诉讼制度的原则"，但是《实施办法》的规定在实质上符合《授权决定》和《试点方案》的要求。同时，《人民检察院提起公益诉讼试点工作实施办法》第四十八条也规定，"行政公益诉讼案件不适用调解。"因此，在人民法院审理人民检察院提起行政公益诉讼案件试点工作中，不必再探索适用调解结案的方式。

九、诉讼费用的交纳问题

人民法院审理人民检察院提起的民事、行政公益诉讼案件，人民检察院免交《诉讼费用交纳办法》第六条规定的诉讼费用。这与《试点方案》和《人民检察院提起公益诉讼试点工作实施办法》的规定是一致的。结合《诉讼费用交纳办法》第六条的规定,检察机关提起公益诉讼,免交以下诉讼费用:(1)案件受理费;(2)申请费;(3)证人、鉴定人、翻译人员、理算人员在人民法院指定日期出庭发生的交通费、住宿费、生活费和误工补贴。

作出以上规定,是因为人民检察院是国家司法机关,为公共利益提起诉讼,与案件无利害关系,其自身经费来自国家和地方财政,因此没有必要交纳案件受理费、申请费,况且这些费用本来也是要最终上缴财政的。证人、鉴定人、翻译人员、理算人员在人民法院指定日期出庭发生的交通费、住宿费、生活费和误工补贴等诉讼费用虽然与案件受理费和申请费在性质上有所不同,这是向有关人员支付的,人民法院只是按照国家规定标准代为收取,为积极推动改革,《实施办法》规定这些费用也属于免交的范围。

在诉讼实践中还可能发生一些费用,即《诉讼费用交纳办法》第十二条规定的费用,应当按照《诉讼费用交纳办法》的相关规定进行处理,即"诉讼过程中因鉴定、公告、勘验、翻译、评估、拍卖、变卖、仓储、保管、运输、船舶监管等发生的依法应当由当事人负担的费用,人民法院根据谁主张、谁负担的原则,决定由当事人直接支付给有关机构或者单位,人民法院不得代收代付。"由于这些费用不属于人民法院收取的费用,人民法院不应也无权决定"免交",甚至不得"代收代付"。

《实施办法》关于在公益诉讼中免交诉讼费用的规定仅适用于人民检察院,其他当事人仍应依法交纳相关诉讼费用。

十、《实施办法》未明确规定事项的处理

人民法院审理人民检察院提起公益诉讼案件是一项前所未有的改革探索。虽然《实施办法》作了一定的规定，但是对于这样一种较为复杂的诉讼活动而言，在试点工作中完全可能出现《实施办法》没有规定的情况。对此，《实施办法》第二十三条规定，人民法院审理人民检察院提起的公益诉讼案件，本办法没有规定的，适用《民事诉讼法》《行政诉讼法》及相关司法解释的规定。

对于试点工作中出现的新情况新问题，各试点地区人民法院应当秉持积极推动改革、依法推进改革的原则，既要大胆探索、勇于创新，又要坚持依法审理案件，确保改革试点在法律框架和授权范围内开展。对于试点中出现的《实施办法》没有规定，甚至我国民诉法、行诉法及相关司法解释也没有规定的新问题，应当区别情况作出处理。有的问题可以探索创新处理方式，比如民事公益诉讼中赔偿金的归属问题。但是，对于审判实践中出现的未有明确法律依据的重大事项，尤其是涉及司法体制或诉讼程序的事项，必须谨慎处理，避免因操作不当而影响试点工作的效果。必要时可以中止案件审理，将问题层报最高人民法院处理后再恢复诉讼程序，以确保人民法院审理人民检察院提起公益诉讼案件试点工作的顺利进行。

积极推进审理人民检察院提起的公益诉讼案件试点工作

——最高人民法院中国应用法学研究所负责人就《人民法院审理人民检察院提起公益诉讼案件试点工作实施办法》答记者问

2016年2月25日,最高人民法院发布了《人民法院审理人民检察院提起公益诉讼案件试点工作实施办法》(以下简称《实施办法》)。《实施办法》发布后,最高人民法院中国应用法学研究所负责人接受了记者的采访,就有关问题回答了记者提问。

记者:请介绍一下《实施办法》起草的背景、目的和过程。

答:探索建立检察机关提起公益诉讼制度是党的十八届四中全会提出的重要改革任务。根据《中央有关部门贯彻实施党的十八届四中全会决定重要举措分工方案》,探索建立检察机关提起公益诉讼制度任务由最高人民检察院与最高人民法院牵头,中央政法委、全国人大内司委、全国人大常委会法工委、国务院法制办等单位共同参与。中央全面深化改革领导小组通过的《贯彻实施党的十八届四中全会决定重要举措2015年工作要点》,进一步部署了此项改革。2015年5月5日,中央全面深化改革领导小组第十二次会议审议通过了《检察机关提起公益诉讼试点方案》(以下简称《试点方案》)。2015年7月1日,十二届全国人大常委会第十五次会议作出《关于授权最高人民检察院在部分地区开展公益诉讼试点工作的决定》(以下简称《授权决定》),要求最高人民法院、最高人民检察院制定《授权决定》的实施办法,报全国人民代表大会常务委员会备案。

为全面贯彻落实党的十八届四中全会精神,完成中央部署的探索检察机关提起公益诉讼的司法改革任务,保障人民检察院提起公益诉讼案件的正确审理,最高人民法院在充分调研论证、广泛征求意见的基础上,起草了《实施方案》,于2016年2月22日由最高人民法院审判委员会第1679次会议审议通过。

记者:请介绍一下起草《实施办法》遵循的原则和依据。

答:根据《授权决定》,"人民法院应当依法审理人民检察院提起的公益诉讼案件","试点工作应当稳妥有序,遵循相关诉讼制度的原则"。为此,在制定《实施办法》过程中,我们严格遵循了以下几项原则:一是认真落实中央的改革部署。将《试点方案》和《授权决定》作为制定本《实施办法》的重要依据。二是遵循相关诉讼制度。按照《授权决定》的要求,人民法院应当依法审理人民检察院提起的公益诉讼案件。《试点方案》规定:"严格依法有序推进。根据民事诉讼法、行政诉讼法等法律的有关规定和全国人大常委会的授权决定,确保改革试点在法律框架和授权范围内开展,维护法制的统一和权威。"《实施办法》严格遵循了这一规定。三是遵循公益诉讼的一般规律。检察机关提起公益诉讼在我国是一项新型诉讼制度。从世界各国的情况来看,大都把公益诉讼作为一种例外性的、补充性的诉讼制度,由行政权先行处理公共利益涉及的有关事务,只有当行政处理仍然不能达到维护公共利益的时候,才能通过公益诉讼进行解决。检察机关提起公益诉讼制度的设计,主要是如何将公益诉讼引入到现有法律制度之内,解决好与现有诉讼制度的协调问题,而不是另创一种全新的诉讼制度。

记者:我们注意到,在最高人民法院发布的相关司法解释中也涉及公益诉讼的内容,《实施办法》是如何与相关司法解释衔接的?

答:在公益诉讼方面,最高人民法院已经制定了三件司法解释,一是2015年2月4日发布的《关于适用〈中华人民共和国民事诉讼法〉的解释》,其中第十三章"公益诉讼"专门规定了民事公益诉讼制度的相关内容。2012年修改的民事诉讼法首次增加关于公益诉讼制度的条文后,为规范公益诉讼有序进行,民诉法司法解释按照立法原意,结合有关审判实践,细化规定了审理公益诉讼的有关内容;二是2015年1月7日起施行的《最高人民法院关于审理环境民事公益诉讼案件适用法律若干问题的解释》,对法律规定的机关和有关组织提起环境民事公益诉讼案件的审理作了规定;三是最高人民法院审判委员会已经审议通过、目前尚未正式发布的《最高人民法院关于审理消费民事公益诉讼案件适用法律若干问题的解释》,针对消费民事公益诉讼案件的审理作出了规定。本《实施办法》与上述司法解释在对象上是有交叉的。为避免内容上重复或者出现冲突,本《实施办法》重点规定了人民法院审理检察机关这一特定诉讼主体提起公益诉讼案件的相关规则,并明确规定"本办法没有规定的,适用《中华人民共和国民事诉讼法》《中华人民共和国行政诉讼法》及相关司法解释的规定"。这样与相关司法解释保持了协调一致。

记者:《实施办法》主要包括哪些内容?人民法院受理人民检察院提起公益诉讼的案件范围有哪些?

答:《实施办法》主要包括人民法院审理人民检察院提起公

益诉讼案件的受案范围、起诉材料、诉讼请求、诉讼地位、案件管辖、反诉、陪审制、调解、撤诉、二审和再审程序、司法公开、司法建议、诉讼费用等内容，共四部分二十五条规定。《试点方案》明确规定人民检察院提起民事公益诉讼的试点案件范围为"检察机关在履行职责中发现污染环境、食品药品安全领域侵害众多消费者合法权益等损害社会公共利益的行为"。《实施办法》与其保持了一致。关于人民检察院提起行政公益诉讼案件范围的规定也是如此，《实施办法》将人民检察院提起行政公益诉讼的案件范围明确规定为人民检察院认为在生态环境和资源保护、国有资产保护、国有土地使用权出让等领域负有监督管理职责的行政机关或者法律、法规、规章授权的组织违法行使职权或不履行法定职责，造成国家和社会公共利益受到侵害的行为。这与《人民检察院提起公益诉讼试点工作实施办法》第二十八条、第四十二条的规定也衔接一致。

记者：《实施办法》规定的人民检察院提起民事、行政公益诉讼的诉前程序有何意义？

答： 当前，关于有权提起民事公益诉讼的主体资格的法律规定比较复杂。民事诉讼法第五十五条规定，对污染环境、侵害众多消费者合法权益等损害社会公共利益的行为，法律规定的机关和有关组织可以向人民法院提起诉讼。2013年修订的消费者权益保护法授权消费者组织、2014年修订的环境保护法规定环境保护组织可以提起民事公益诉讼。海洋环境保护法规定行政机关可提起民事公益诉讼。《授权决定》明确检察机关可以提起公益诉讼。由此可见，当前可提起民事公益诉讼的主体可分为两类：法律规定的机关和有关组织，其中法律规定的机关包括了行政机关和检察机关。《试点方案》规定的诉前程序明确了人民检察院在提起民事公益诉讼之前，应当依法督促或者支持法律规定的机关或有关组织提起民事公益诉讼。经过诉前程序，法律规定的机关和有关组织没有提起民事公益诉讼，或者没有适格主体提起诉讼，社会公共利益仍处于受侵害状态的，检察院可以提起民事公益诉讼。这一规定使有关组织和检察机关提起民事公益诉讼的顺位更加清晰。

为了充分发挥有关组织提起公益诉讼的作用，督促行政机关依法履行职责，有效节约司法资源，《实施办法》对人民检察院提起行政公益诉讼的诉前程序作了规定，要求人民检察院起诉时应当提交已经履行向相关行政机关提出检察建议、督促其纠正违法行政行为或者依法履行职责的诉前程序的证明材料。

记者：与其他原告提起的公益诉讼案件相比，《实施办法》对人民检察院提起的公益诉讼案件作了哪些特殊规定？

答：检察机关提起的公益诉讼案件，与公众生活联系紧密、社会关注度高。为确保检察机关提起公益诉讼改革试点工作稳步推进，《实施办法》对人民检察院提起公益诉讼作了一些特殊的规定，如关于诉讼身份、诉前程序、诉讼费用等内容。例如，关于诉讼身份，人民检察院以公益诉讼人身份提起公益诉讼。由于民事、行政诉讼中不存在"公益诉讼人"这一诉讼主体概念，因此，《实施办法》规定了其诉讼权利义务参照民事诉讼法或者行政诉讼法关于原告诉讼权利义务的规定。第二十二条规定，"人民法院审理人民检察院提起的公益诉讼案件，人民检察院免交《诉讼费用交纳办法》第六条规定的诉讼费用"。这些规定符合检察机关提起公益诉讼的特点，也体现了最高人民法院积极推动检察机关提起公益诉讼制度改革的决心。最高人民法院将在试点地区人民法院审理人民检察院提起公益诉讼案件试点工作的基础上，不断总结经验，推动建立科学合理的检察机关提起公益诉讼制度。

关于发布《最高人民法院关于充分发挥审判职能作用为推进生态文明建设与绿色发展提供司法服务和保障的意见》的新闻发布稿

最高人民法院党组副书记、副院长 江必新

(2016年6月2日)

各位记者：

大家上午好！今天新闻发布会的主题是，发布《最高人民法院关于充分发挥审判职能作用为推进生态文明建设与绿色发展提供司法服务和保障的意见》（以下简称《意见》）。按照安排，由我向大家简要介绍一下《意见》的起草背景、主要内容和特点。

一、《意见》的起草背景

党的十八大以来，党中央把生态文明建设摆上更加重要的战略地位，作出一系列重大决策部署。2015年，中共中央、国务院先后出台《关于加快推进生态文明建设的意见》和《生态文明体制改革总体方案》两份纲领性文件。十八届五中全会提出创新、协调、绿色、开放、共享的新发展理念，明确了今后一个时期我国经济社会发展的指导思想、基本原则、目标要求和重大举措，勾画了未来五年我国国民经济和社会发展的宏伟蓝图。今年，第十二届全国人大第四次会议审议通过的"十三五"规划纲要，通篇贯穿绿色发展理念，提出了生态环境质量总体改善的奋斗目标，从加快建设主体功能区、推进资源节约集约利用、加大环境综合治理力度、加强生态保护修复、积极应对全球气候变化、健全生态安全保障机制、发展绿色产业等7个方面进行了安排部署。以上这些重要文件和会议精神，共同构成了深化生态文明体制改革的顶层制度架构，为解决我国生态环境问题指明了前进方向，提供了强大动力。人民法院要主动适应新形势新任务，努力提升能力水平，为加快推进生态文明建设与绿色发展提供公正、高效的司法服务和保障。

近年来，各级人民法院紧紧围绕党和国家工作大局，切实贯彻节约资源、保护环境的基本国策，积极推进环境资源体制机制改革，采取多种措施畅通环境资源案件受理渠道，落实司法便民和司法救助措施，不断加大司法公开力度，稳妥推进环境公益诉讼，依法审理了一批有影响的环境资源刑事、民事、行政案件，为维护人民群众环境权益，保障国家和社会公共利益，促进经济社会可持续发展作出了应有的贡献。

但与此同时，人民法院环境资源审判工作仍存在不少薄弱环节，面临一些困难和问题。比如，现有法官队伍环境司法理念亟待更新，能力素质尚不能完全适应审判工作需要，裁判尺度不够统一；环境公益诉讼等新型、疑难案件的诸多法律适用问题有待研究破解，审判体制机制改革有待深入推进，环境资源司法保护力度需进一步加大。以上这些问题和不足，制约着环境资源审判工作的持续健康发展，也制约着人民法院审判职能作用的进一步发挥，需要研究有效措施尽快加以解决。

为更好地发挥审判职能作用，提升生态环境治理法治化水平，切实维护人民群众环境权益和环境公共利益，保障国家自然资源和生态环境安全，最高人民法院以新发展理念为引领，围绕审判工作需要，针对实践中亟待解决的突出问题，经过认真调查研究，制定了本《意见》。

二、《意见》的主要内容和特点

《意见》共分为七个部分27条。第一部分强调要准确把握人民法院服务、保障生态文明建设与绿色发展的基本理念和总体要求。第二部分到第五部分明确了环境资源案件的基本类型和审理原则。第六部分提出构建协同审判机制，发挥环境资源审判整体合力。第七部分要求强化组织保障措施，提升人民法院司法公信力。《意见》主要围绕以下几个方面作了规定：

一是强调服务大局，进一步明确了人民法院服务、保障生态文明建设与绿色发展的总体要求和保障措施。《意见》强调要充分认识新形势下服务、保障生态文明建设与绿色发展的重要意义，深入学习贯彻中央和习近平总书记提出的新理念、新思路、新论断，准确把握服务和保障的目标任务，充分发挥审判职能作用，推动生态环境质量不断改善，维护环境正义和代际公平。《意见》明确，要紧紧围绕"努力让人民群众在每一个司法案件中感受到公平正义"工作目标，牢牢坚持司法为民、公正司法工作主线，切实贯彻节约资源和保护环境的基本国策，以现代环境司法理念为引领，按照审判专业化要求，探索建立专门机构，创新审判体制机制，研究特别审理规则，加强理论实证研究，建设专业审判团队，深化司法公开和国际交流，不断提升服务、保障生态文明建设与绿色发展的能力水平。

二是突出理念先行，明确提出现代环境司法理念。《意见》强调要以新发展理念为统筹，特别是将绿色发展理念作为环境资源审判的行动指南,牢固树立严格执法、维护权益、注重预防、修复为主、公众参与的现代环境司法理念。要严格执行环境资源法律制度,结合主体功能区制度分类施策,处理好保护环境与发展经济的关系。要依法保护人民群众环境权益,协调环境公共利益和个体利益,保障人民群众在健康、舒适、优美环境中生存和发展的权利。要加大预防原则的适用力度,依法及时采取行为保全、先予执行措施,预防环境损害的发生和扩大。要落实以生态环境修复为中心的损害救济制度,统筹适用刑事、民事、行政责任,最大限度修复生态环境。要坚持专业审判与公众参与相结合,全面推行人民陪审员参与案件审理,加大司法公开和宣传力度,引导公众有序参与环境治理。

三是坚持问题导向,强调对重点环境资源案件的审理。按照所涉环境要素和环境权益的不同,《意见》将环境资源案件分为涉环境污染防治和生态保护案件、涉自然资源开发利用案件、涉气候变化应对案件、生态环境损害赔偿诉讼案件等四大类,并明确了各类案件的审判重点、审理原则和司法政策。《意见》第二部分强调依法审理涉环境污染防治和生态保护案件,尤其是要加强对人民群众普遍关心的大气、水、土壤、海洋等环境污染案件,以及对京津冀、长江经济带和三江源等重点区域生态环境保护案件的审理,切实维护人民群众的环境权益。第三部分强调依法审理涉土地、矿产、林业等自然资源开发利用相关案件,注重保障自然资源合理开发利用与促进资源节约、环境保护相协调,维护市场交易秩序,保障自然资源和生态环境安全。第四部分围绕气候变化应对的需要,强调依法妥善审理好涉及碳排放、能源节约、绿色金融以及生物多样性保护等方面的纠纷案件,促进各项减缓和适应气候变化政策的落实。第五部分从有效维护环境公共利益和国家所有者权益出发,强调依法审理各类生态环境损害赔偿诉讼案件。要依法及时受理符合法定条件的环境民事公益诉讼案件,探索构建有利于社会组织提起诉讼的程序和配套机制;对于检察机关提起的环境公益诉讼案件,要遵循职权法定原则,以诉讼法律作为基本依据,坚持正当程序的基本规则,平等保护各方当事人合法权益;要适应生态环境损害赔偿制度改革试点的需要,积极探索省级政府提起生态环境损害赔偿诉讼案件的审理规则。

四是保持适度前瞻,探索完善新领域、新类型案件的审理规则。随着中国签署《巴黎协定》,气候变化的司法应对已经成为我国环境司法的重要内容。针对这一全新领域,《意见》规定依法审理碳排放、能源节约等与气候变化应对密切相关的环境资源案件,探索对涉及绿色金融、生物多样性保护,以及排污权、用能权、用水权等新类型案件的审理规则,深入研究环境资源审判在气候变化应对中的功能和作用,推动构建国家气候变化应对治理体系。针对省级政府依据《生态环境损害赔偿制度改革试点方案》提起的生态环境损害赔偿诉讼,《意见》提出要认真研究其特点和规律,探索符合需要的案件裁判和执行规则,并明确试点地方省级政府提起生态环境损害赔偿诉讼,不影响社会组织依法提起环境民事公益诉讼,也不影响人身、财产权利受到损害的自然人、法人和其他组织依法提起私益诉讼。

五是加强协同审判,充分发挥环境资源审判整体合力。环境资源审判面对环境和资源两类案件,跨越刑事、民事、行政三大诉讼门类,点多面广、类型多元、数量众多,无论是审理环境资源刑事、民事以及行政案件,还是在立案、执行环节,都需要以现代环境司法理念为引领,深入研究、充分契合环境资源纠纷的特点与生态环境保护的需要。这就对现有环境资源审判机制、审判能力和水平都提出了更高的要求。为此,《意见》规定要根据环境资源保护利用的现实需要和当地的案件特点,积极探索构建刑事、民事、行政审判和立案、执行等业务部门既分工负责又紧密配合的协同审判工作机制。要求各级人民法院科学确定相关审判业务部门审理环境资源案件的职责分工,妥当确定环境资源专门审判机构的职责范围,充分发挥其专门化研究、协调和指导作用;大力强化环境资源立案、审判和执行机构之间,刑事、民事和行政三大审判之间的相互配合,形成环境资源审判的整体合力,以更好地发挥审判职能作用,不断提升服务、保障生态文明建设与绿色发展的司法水平。

谢谢大家!

司法部司法鉴定管理局、最高人民法院司法行政装备管理局负责人就《人体损伤致残程度分级》答记者问

最高人民法院、最高人民检察院、公安部、国家安全部和司法部4月18日联合发布《人体损伤致残程度分级》（以下简称分级），进一步严格规范司法鉴定执业活动。

记者：请介绍一下《人体损伤致残程度分级》出台的主要背景？

答： 人体损伤致残程度鉴定标准是评定人身伤害导致的残疾程度，确定相应法律责任的重要依据，与公民切身利益密切相关。我国现行有效的人体损伤致残程度鉴定标准有多个，分别由劳动人事、卫生、交通、保险等部门依据职能制定，适用领域、对象和承担的社会功能不同，确定伤残等级的规则和尺度也不尽相同。实践中，同一个伤残事项由于鉴定标准不同而得出伤残等级不同的现象时有发生，有的还存在较大差距，不仅导致司法鉴定标准适用混乱，办案机关无所适从，而且也不利于保护当事人的合法权益，有的甚至会产生新的矛盾纠纷，对社会稳定和司法权威性产生负面影响。近年来"两会"代表和委员、司法机关以及社会各界对此反应强烈。

为切实改变这一状况，自2005年《全国人民代表大会常务

委员会关于司法鉴定管理问题的决定》颁布施行以来,司法部作为司法鉴定管理体制改革的牵头单位和司法鉴定主管部门,就开始推动统一人体损伤致残程度鉴定标准工作。2013年《人体损伤程度鉴定标准》(用于确定人体损伤程度,主要适用于刑事诉讼活动中)正式颁布施行,出台与其高度关联、相互配套的人体损伤致残程度鉴定标准日益迫切。

党的十八届四中全会提出了"健全统一司法鉴定管理体制"的改革要求,2016年中央政法工作会议进一步明确了统一鉴定标准的改革任务。司法部进一步加大工作力度,组织专家反复修改完善并广泛征求意见,最终形成了《人体损伤致残程度分级》。2016年4月18日,最高人民法院、最高人民检察院、公安部、国家安全部和司法部以公告形式发布《人体损伤致残程度分级》,自2017年1月1日起正式施行。

记者:分级的主要适用范围和适用对象是什么?

答:分级适用于人身损害致残程度等级鉴定。对于如何进一步处理好现行有效的其他同类鉴定标准与分级的关系,司法部将积极商有关部门加以解决。目前,有关部门表示,将按照《全国人民代表大会常务委员会关于司法鉴定管理问题的决定》《中华人民共和国道路交通安全法》和《中华人民共和国标准化法》的有关要求,适时启动《道路交通事故受伤人员伤残评定》的废止程序,这无疑将对进一步推动统一全国范围和各领域的人体损伤致残程度鉴定标准,具有积极的促进作用。

记者:分级的主要内容和特点有哪些?

答:分级制定工作前后历时十余年,经过反复修改、精心打磨,凝聚了一代法医临床司法鉴定理论界和实务界专家的心血,与现行其他同类鉴定标准相比,分级对残疾情形的覆盖更为全面、对残疾等级的划分相对合理,适用范围更加广泛,能够应对日益复杂的人体损伤情况,且更加细化、更具操作性。

分级分为正文与附录两部分。正文包括范围、规范性引用文件、术语和定义、总则、致残程度分级和附则,根据损伤后人体功能丧失比将伤残等级划分为一级至十级,一级为人体功能丧失100%,十级为10%,每级之间相差10%。附录主要是对致残程度等级划分依据、器官功能分级判定基准和常用鉴定技术和方法的说明。

分级主要体现了五个方面的原则和特点,即关联性,尽量保持与现行其他同类鉴定标准之间的平衡、关联和一致;规范性,充分吸收和借鉴现代临床医学和法医学的研究成果,确保司法鉴定意见的科学性、可靠性与规范性;科学性,客观评估残情对日常生活能力的影响,在肢体大关节以及手功能评价方面适当考虑其是否处于功能位的因素,有助于促进法医学界对该问题的深入思考和进一步研究;实用性,尽可能采用量化指标,明确分度、分级和分期,难以用数字作出规定,也不能用分度、分级或者分期来界定的,则加以适当的限制性条件;先进性,摒弃了一些现行鉴定标准中与临床医学发展显然不相适应的分级、分期以及诊断、评价方法,有助于对被鉴定人实施必要的临床医学检查以及检查结果的采用。

记者:如何贯彻执行好分级,确保其准确适用?

答: 为确保法医临床司法鉴定人、法院法官和司法技术辅助人员准确适用、严格执行分级,司法部司法鉴定管理局将会同最高人民法院司法行政装备管理局编写《〈人体损伤致残程度分级〉适用指南》,对分级具体条款进行权威解读,双方还将共同举办师资培训班,指导各地开展培训工作。近日,司法部专门印发通知,对法医临床司法鉴定人培训工作作出部署,要求各地在分级正式施行前,完成对现有法医临床司法鉴定人的全员培训和考核,对于考核不合格的司法鉴定人暂停执业资格,多次培训考核仍不合格的注销执业资格。自2017年1月1日起,省级司法行政机关将依据分级对申请从事法医临床司法鉴定的人员进行能力考评,具备相应能力的才能授予其执业资格。今后,司法行政机关将把分级作为法医临床司法鉴定人继续教育的重点内容,把分级执行与质量管理、监督处罚工作紧密结合,进一步加大管理力度,提高鉴定质量。最高人民法院也将对各级法院法官和司法技术辅助人员进行培训,确保其掌握分级内容,提高对鉴定意见判断和把握的能力水平,确保准确适用、依法审判。

统一鉴定标准是健全统一司法鉴定管理体制的重要内容,是规范鉴定活动、提高鉴定质量的重要手段。相信分级的颁布施行,将对进一步严格规范法医临床司法鉴定执业活动、有效遏制和减少重复鉴定发挥积极作用。

大力推进繁简分流　全面深化司法改革

最高人民法院副院长　李少平

(2016年9月13日)

党的十八届四中全会以来,中央强调,司法改革要着眼于解决影响司法公正、制约司法能力的深层次问题,着眼于破解影响法治社会建设的体制机制障碍。当前,人民法院的司法改革已经进入攻坚阶段,"案多人少"成为实施中的突出矛盾问题,影响法院整体工作发展,制约着司法改革目标实现。最高人民法院历来高度重视繁简分流工作,近年来更是反复倡导繁简分流,力求突破司法改革的"中梗阻"。

一、深刻认识繁简分流的重要意义

繁简分流并不是新事物,地方各级人民法院已经进行了许多积极探索,积累了不少宝贵经验。在全面深化司法体制改革的大背景下,繁简分流改革是顺应改革趋势、遵循司法规律的必然选择,对各级人民法院来讲,不是"要不要"的问题,而是"怎么办"的问题。

(一)繁简分流是缓解严峻审判压力的主要方式

改革开放以来,随着经济社会生活的发展,人民法院受理案件数量增长了30多倍,但法官人数仅增长了3倍,两者的增长幅度明显不成比例。随着立案登记制的实施和法官员额制的推进,"案多人少"矛盾有进一步加剧的倾向。2016年上半年,全国新收案件1002.9万,与2015年同期新收843.2万件相比增加159.7万件,上升18.94%。以近三年来受理案件数量最多的江苏为例,2015年江苏法院受理案件1633486件,与2012年相比增长62.98万件,增幅62.76%;而中央政法专项编制总数仅为18516名,与2012年相比仅增加477名,增幅2.64%。"案多人少"导致未结案件数量增加,截至今年6月30日,全国法院未结510.9万件,与2015年同期相比增加26.0万件,上升5.36%。其中,江苏法院未结案数量为429680件。可以预见的是,在今后的一段时间内,全国法院新收案件将继续呈增长态势,执法办案压力将不断增大。与此同时,全国法院的案件有80%以上受理在基层法院,而基层法院的案件大多适用简易程序。2013年至2015年,民事案件简易程序适用率分别为71.45%、67.98%、66.13%,刑事案件简易程序适用率分别为53.92%、52.12%、51.24%。繁简分流既有必要性,又有可行性,要根据案件的难易程度,实现简案快审、繁案精审。

(二)繁简分流是推进全面司法改革的重要切口

与美国、日本等国的法官同行年人均办案量数百件甚至上千件相比,我国法官的年人均办案量似乎并不算多;同时,从每10万人拥有法官的数量来看,我国法官的数量似乎并不算少,美国10.59个、德国24.46个、日本2.73个,我国是14.4个。因此,有人甚至质疑我国的案多人少是不是伪命题。对于这个问题,我们必须全面辩证的看待,不能只看表面的数据统计,因为案件的统计口径首先就不一样。例如,美国法院立案审理的案件有一半是交通违章案件,在我国属于公安机关处理的轻微治安案件,并不进入法院进行审理。当然,我们也要看到,我国法院的司法效率不高更与司法体制机制不健全之间存在对应关系，例如，非审判事务耗费了法官的大量时间精力、忙闲不均现象仍然普遍存在等，司法资源配置不合理、诉讼机制运行不科学等深层次问题依然制约着司法效率的有效提高。繁简分流是一个系统工程，涉及法院工作方方面面，许多具体举措都与法官员额制、司法责任制等司法改革举措紧密结合。繁简分流改革既是司法改革的重要组成部分，推进繁简分流改革的同时也是在推进司法改革，必须运用系统的方法，高度重视改革的整体性、协同性、关联性，力求以点带面，点面结合，以最小的成本解决最大的问题，促进诉讼制度和司法制度进一步走向规范化和科学化。

（三）繁简分流是提升国家治理水平的重要体现

当前，人民法院工作的主要矛盾仍是人民群众日益增长的多元司法需求与司法能力不足的矛盾，最突出的表现就在"案多人少"背景下如何在更高层次上实现司法公正与司法效率的平衡。案件数量持续增长是当今世界许多国家和地区所共同面临的问题，通过司法改革来提高司法效率是主要的解决之道。孟建柱书记强调，解决案多人少问题，不能简单寄希望于通过增加编制、人员来解决，而是要通过改革，从制度机制上研究采取措施。在司法实践中，一些法院为了应对完成结案任务，简单依靠层层加码、下指标、定任务，导致一线法官长期加班加点，不堪重负，时间长了将难以为继，甚至导致法官流失。繁简分流就是着眼于人民法院在推进国家治理体系和治理能力现代化中所扮演的角色，用改革的思维和方式研究破解执法办案工作面临的难题，完善诉讼程序机制、优化司法资源配置，在解决当前迫切问题的同时建立长效制度机制，不断提高司法效率。实际上，快速处理大批量、类型化的简单案件，也是为了腾出更多的司法资源投入到相对复杂案件的处理上。当然，在推进繁简分流的过程中，应当充分注意到公正与效率在司法领域的价值取向有别于经济领域，必须把"好"放在"快"前，在保证司法公正的前提下追求司法效率。

（四）繁简分流是满足人民司法需求的关键途径

努力让人民群众在每一个司法案件中都感受到公平正义是司法工作的目标。习近平总书记多次指出，要把是否促进经济社会发展、是否给人民群众带来实实在在的获得感，作为改革成效的评价标准。我国经济社会结构正在转型升级，利益诉求日趋多样化、复杂化，人民群众法治意识也不断增强，各类矛盾以案件形式涌入法院。不过，正如"小病门诊、大病住院"，不同案件的繁简程度不同，需要采取的处理方式也不同。这也符合人民群众对不同案件的不同司法需求，对于复杂案件，当事人可能愿意使用相对复杂的普通程序并为此支付较高的诉讼成本；而对于简单案件，当事人对诉讼程序的需求更偏重于及时、便捷、低成本、高效益，不希望因为程序复杂导致诉讼拖延。当前，一些法院的审判工作存在繁简不分、简案办不快、难案办不精等突出问题，就没有完全满足人民群众的不同司法需求。在推进繁简分流的过程中，应当充分关注有限司法资源与多元司法需求的冲突，根据案件的繁简程度配置不同的司法资源。既要避免过分突出"繁"，由于程序繁琐而导致资源浪费；又要防止片面理解"简"，由于单纯追求简化而不当牺牲当事人权益；而是要繁简互为支撑，同步进行，做到该繁则繁，当简则简，繁简得当。

二、准确把握繁简分流的合理层次

繁简分流是一个立体的、动态的过程，按照纠纷发生与案件审理的流程，可以进行多次分流，第一次通过纠纷诉前分流减少进入法院的案件数量,第二次通过审前程序分流减少需要审理的案件数量并减轻庭审负担,第三次通过审判程序分流选择合适的程序,第四次通过争议焦点分流解决审理重点。推进繁简分流要树立"大繁简、大分流"的理念,构建一个层层分流的"漏斗",通过逐步过滤,先解决多数简单案件,再处理少数复杂案件。

(一)促进纠纷诉前分流

孟建柱书记要求,坚持依法处理和多元化解相结合,强化诉前调解、诉调对接,让更多纠纷在诉讼渠道外得到解决,节约司法资源。人民法院要建立立案前的过滤、甄别、分流和引导机制,对当事人同意诉前调解的,引导当事人先行调解,对不同意诉前调解的立即登记立案,从而使大量矛盾纠纷在进入立案登记前就得到有效化解。纠纷大部分来自于基层群众间的日常生活,有必要推动综治组织、行政机关、人民调解组织、商事调解组织、行业调解组织、仲裁机构、公证机构等各类治理主体发挥预防与化解矛盾纠纷的作用,实现社会矛盾纠纷的就地解决。

今年6月份,最高人民法院出台了《关于人民法院进一步深化多元化纠纷解决机制改革的意见》,对诉前分流作出了详细规定:一是建立纠纷解决告知程序,人民法院应当在登记立案前告知并引导当事人选择适当的非诉讼方式解决纠纷;二是鼓励当事人先行协商和解,鼓励当事人及其律师就纠纷解决先行和解。三是健全委派调解,对当事人起诉到人民法院的适宜调解的案件,登记立案前,人民法院可以委派特邀调解组织、特邀调解员进行调解。四是探索建立调解前置程序,有条件的基层人民法院对家事纠纷、相邻关系、小额债务、消费者权益保护、交通事故、医疗纠纷、物业管理等适宜调解的纠纷,在征求当事人意愿的基础上,引导当事人在登记立案前由特邀调解组织或者特邀调解员先行调解。

从实际情况来看,诉前分流能够有效缓解"案多人少"矛盾,节约司法资源。上海法院自2009年建立诉调对接中心以来,受理纠纷呈现逐年递增的态势。2010年收案9.8万件,调解成功6.4万件;2014年收案17.8万件,调解成功8.2万件;2015年收案达到27.1万件,调解成功8万件;2016年上半年收案11.1万件,调解成功4.2万余件。七成以上的案件进入诉前程序,三分之一以上的案件在诉前得以有效化解。

(二)利用审前程序分流

我国的审前程序是审判程序的附属程序,其传统功能就是为审判程序做好准备,包括组织交换证据目录、启动非法证据排除等。近年来,一些地方法院纷纷将核对当事人身份、告知当事人诉讼权利义务等移至庭前进行,开庭时可以相应简化或者省略上述程序性事项,在一定程度上有效减轻了庭审负担。在推进以审判为中心的诉讼制度建设的背景下,庭审的中心地位进一步突出,鉴于当前不少案件存在证据突袭、庭审虚化、多次开庭、反复开庭等问题,有必要进一步充分发挥审前程序的功能,即通过庭前会议固定无争议事实和证据,归纳整理有争议的事实和证据。无争议事实和证据在庭审中作出说明后,可以简化庭审举证和质证;有争议的事实和证据则成为庭审重点,从而有效提高了庭审质量,促进了庭审实质化和庭审优质化。

实际上,审前程序还具有一定的独立功能,即通过当事人双方和解或法院调解,力求将有待庭审程序解决的实质性问题提前到审前程序中解决,以此完成诉讼任务并终结整个诉讼程序。正是基于此,《民事诉讼法》第一百三十三条第二项规定,开庭前可以调解的,采取调解方式及时解决纠纷。《关于人民法院进一步深化多元化纠纷解决机制改革的意见》也规定,登记立案后或者在审理过程中,人民法院认为适宜调解的案件,经当事人同意,可以委托给特邀调解组织、特邀调解员或者由人民法院专职调解员进行调解。

目前,庭前会议的整体适用率不高,而且主要适用于重大疑难复杂案件,但是,一些地方法院已经进行了积极探索。湖南省长沙县法院将庭前会议适用于简单案件,在举证期间届满后、开庭前一到两个小时之间召开。庭前会议召开后,法官可根据庭前会议成果对案件作出相应处理,完全解决争议的就不再开庭审理。改革后庭审效率大幅提高,案件平均庭审时间为45分钟,庭审时间较以往缩短了近2/3,当庭宣判比率能达到62.75%,当庭宣判案件的上诉比率仅为4.8%。

(三)选择审判程序分流

为了满足人民群众的多元司法需求,法律规定的诉讼程序既要有严格规范的普通程序,又要迅速经济的快速程序。人民法院在受理案件后,要根据案件事实、法律适用、社会影响等因素,选择适用适当的审理程序,使不同的案件都能得到妥善处理。

在民事诉讼中,与普通程序相对应的快速审判程序主要包括简易程序(包括小额诉讼程序)、督促程序,以及实现担保物权案件特别程序。目前,民事快速审判程序的优势尚未得以有效发挥,这与当事人对快速审判程序的理解度和认同感有一定关系,因而对当事人予以积极引导必不可少。除了依法适用实现担保物权案件特别程序以外,人民法院应当积极引导当事人双方约定适用简易程序审理民事案件,以及积极引导当事人将债权人请求债务人给付金钱、有价证券的案件转入督促程序。尤其值得一提的是，2012年民事诉讼法修改时新增了小额诉讼程序，但目前整体适用率不高，重要原因之一就是标的额太低。针对这一情况，在充分保障当事人选择权的前提下，浙江、上海等地提高了小额诉讼程序标的额。浙江法院规定，标的额在规定标准以上10万元以下的案件，当事人可以选择适用小额诉讼程序。上海法院规定，标的额超过当年度小额诉讼金额标准的案件，当事人双方协商一致要求适用小额诉讼的，如诉讼标的额低于当年小额诉讼金额标准两倍的（含两倍），人民法院可予准许。实践证明，提高标的额后效果良好，浙江法院近三年来审结小额诉讼案件数量均为3万件左右，上海法院今年上半年适用小额诉讼程序审结案件4.15万件，占基层法院民商事案件总数19.19%。上述地方探索具有充分法律依据，根据《民事诉讼法》第一百五十七条第二款的规定："基层人民法院和它派出的法庭审理前款规定以外的民事案件，当事人双方也可以约定适用简易程序。"小额诉讼程序是简易程序的特殊类型，当然也适用该款规定。

在刑事诉讼中，近年来有不断丰富快速审理程序的趋势。2012年刑事诉讼法修改将简易程序的适用范围扩展到基层法院所有的刑事案件，突破了原先仅对可能判处三年以下案件适用的限制。2014年6月开始，全国人大常委会授权最高人民法院、最高人民检察院在北京等18个城市开展刑事案件速裁程序试点工作，适用于一年有期徒刑以下刑罚的案件。今年7月，中央全面深化改革领导小组审议通过《关于认罪认罚从宽制度改革试点方案》，将选择部分地区依法有序稳步推进试点工作。从实际情况来看，扩大适用范围后的简易程序和正在试点的速裁程序运行良好。截至2015年12月31日，全国212个试点基层人民法院适用速裁程序审结刑事案件共31086件32188人，当庭宣判率达95.9%，附带民事诉讼原告人上诉率为0，被告人上诉率仅为2.13%。

在三大诉讼中，立案登记制实施以后行政案件的增长幅度最大，仅2015年同比增长就达到61.5%，有必要进行繁简分流。2015年行政诉讼法修改已经增加了简易程序，但适用率很低。2015年4月，最高人民法院发布《关于适用〈中华人民共和国行政诉讼法〉若干问题的解释》，其中第三条对裁定驳回起诉类案件审理程序进行了进一步的规范和要求。为了更好地应对不断增加的行政案件数量，各地法院可以借鉴民事简易程序的规定，依法适用行政简易程序；同时探索建立行政速裁工作机制，根据行政诉讼的特点简化审理程序，边摸索边总结，形成可推广、可复制的经验。

（四）围绕争议焦点分流

围绕争议焦点审理案件是当事人主义诉讼模式的必然要求。争议焦点既是庭审的主要内容，也是撰写裁判文书的主线。在庭前会议阶段固定有争议事实和证据后，庭审依次围绕有争议的证据、事实和法律适用等焦点问题进行，提高当庭认证水平和当庭宣判率；裁判文书的结构和说理重点也围绕争议焦点展开，无争议的事项不必说理，争议小的事项简洁说理，争议大的事项详尽说理。

近年来，一些地方法院围绕争议焦点推进民事庭审方式和裁判文书改革，积累了宝贵经验。深圳法院于2012年5月开始裁判文书简化改革，对一审法院适用简易程序审理的案情简单、事实争议不大的民商事案件，根据不同类型分别适用令状式、要素式、表格式裁判文书，并设计了与令状式裁判文书配套的"门诊式"庭审，以及与要素式裁判文书相结合的"要素式"庭审。对于适用小额诉讼程序审理的民事案件，法官像医生门诊看病一样集中时间对批量的简易案件快速审理，围绕诉讼请求直接进行实质性庭审，不拘泥于法庭调查和法庭辩论的顺序，庭审结束后原则上当庭宣判、当庭制作并送达判决书；令状式裁判文书只包含诉讼当事人基本情况、原告诉讼请求、案件基本事实和法院裁判主文，不详细记载被告抗辩主张和裁判理由的法律文书。对于案件要素相对集中的民事案件，法官像医生根据体检单所列项目逐项检查一样对案件要素表上的项目进行审理，围绕争议要素同步进行法庭调查和法庭辩论，避免了传统庭审"大撒网式"调查的繁琐；要素式裁判文书不再分开陈述原告诉称、被告辩称、本院查明和本院认为部分，而是围绕着各项要素陈述原、被告意见及证据和法院认定的理由和依据，对于双方一致认可的要素简单写明双方认可的内容，对于双方争议的要素则详细写明双方诉辩意见、证据和法院认证、认定事实情况和法律适用情况。今年8月1日开始实行的新的民事诉讼文书样式就列举了令状式、要素式、表格式裁判文书；同时，《人民法院民事裁判文书制作规范》还明确要求裁判文书事实部分增加争议焦点的内容。

围绕争议焦点分流也具有层次性。首先，推进以审判为中心的诉讼制度改革强调以庭审为中心，即以法庭审判为审判活动的中心和重心，保证庭审在查明事实、认定证据、保护诉权、公正裁判中发挥决定性作用。对于庭审已经解决的争议焦点，裁判文书没有必要进行重复。因此，当庭宣判的案件，裁判文书可以适当简化。当庭即时履行的民事案件，经征得各方当事人同意，可以在法庭笔录中记录相关情况后不再出具裁判文书。其次，四级法院在职能定位上存在差异，一审法院明断是非定分止争、二审法院案结事了、再审法院有错必究、最高人民法院保证法律统一正确实施。要强化一审化解争议，二审统一裁判尺度、明确裁判规则的功能。优化二审审理方式，围绕诉讼各方争议问题进行审理和说理，避免二审与一审在庭审和裁判文书方面的不必要重复。

三、切实完善繁简分流的保障机制

繁简分流改革既是司法改革的重要内容，又是推进司法改革的重要方式。繁简分流是一个系统工程，不仅需要通过构建多层次的诉讼制度体系来优化诉讼机制，而且需要结合其他司法改革举措来完善配套保障机制，实现人、案、程序的有机衔接，最大限度提高司法生产力。

（一）推进法官员额制改革

在司法实践中，"人少"并不完全是法官的总体数量少，而是在审判一线实际办案的法官数量少，尤其是在案件数量多的法院或部门实际办案的法官数量少。推进法官员额制改革首先要"盘活存量"，让优秀人才充实到审判一线，入额法官必须到审判一线办案。凡有审判职务的人员原则上均应参与办案。院庭长要带头办案，尤其是庭领导应当成为办案的中坚力量，带头承办重大敏感、疑难复杂和新类型案件，充分发挥示范引领和模范带头作用。上海法院配置到审判一线的法官人数比改革前增加了1.4%，主要办案部门法官实有人数比改革前增加了7.6%，法官人均结案数持续提高，今年上半年人均结案数108.25件，同比增长25.07件。其中，院、庭长办案6.55万余件，院长、副院长办案331件，同比分别上升22.6%和123%。

其次要"以案定员"，做好员额基数的测算工作，员额分配向基层法院倾斜，向办案任务重的部门倾斜，确保满足实际办案需要。员额比例和数量可以根据案件数量情况在不同审级和地域法院之间合理调控。各地高级法院对辖区内员额法官进行动态管理,必要时进行统一调配。例如,案件数量地区分布不均衡、忙闲不均的现象在广东法院客观存在,广东高院在全省不突破39%前提下统一调配员额,核定"案多人少"的珠三角地区员额为46%,"案少人少"或者"案少人多"的粤东、粤西、粤北地区员额低于30%。

（二）落实司法责任制改革

法官是办案主体,繁简分流需要落实法官办案主体责任,以"谁审理,谁裁判"提高审判效率,以"谁裁判,谁负责"倒逼审判质量。落实司法责任制改革首先要"放权",大力推进扁平化管理,进一步减少裁判文书审批环节,最大限度缩短办案周期。改革前,当庭宣判被多次反复强调,但整体效果不佳,重要原因之一就是裁判文书的层层签发机制导致法官无法在开庭结束后就自己签发判决书。改革后,由于裁判文书签署机制的改革,当庭宣判有了制度性保障。对于适用小额诉讼程序审理的民事案件、适用速裁程序审理的刑事案件,原则上应当当庭宣判;对于适用民事、刑事、行政简易程序审理的案件,一般应当当庭宣判;对于适用普通程序审理的民事、刑事、行政案件,逐步提高当庭宣判率。

其次要"放心",为了保证案件质量,各地法院采取了推进办案标准化建设、健全案例工作制度等措施。深圳中院实施"标准化"办案工程,针对法律没有规定、规定不明确、法律理解存在分歧等问题,累计发布裁判指引78个,典型案例115个,同案不同判现象很少出现。珠海横琴新区法院在庭审中引入类似案例辩论制度,引导当事人提出参考案例,纳入庭审辩论程序,以考察案件的相关类似性为重点,从类似案例中提炼出具有普适性的裁判要旨或裁判规则,从而推动疑难复杂案件裁判尺度的建立和统一。

(三) 有效减轻法官负担

推进法院人员分类管理改革的目标之一就是要构建"法官—法官助理—书记员"的审判团队,把法官从繁琐的程序性、事务性工作中解脱出来,专心于案件的审理和裁判,亲历完成主持开庭、合议庭评议、撰写裁判文书等审判核心事务。有效减轻法官负担首先要"理清关系",法官、法官助理、书记员协同办案,只有分工清晰彼此配合,才能真正形成合力。江苏法院将同一案件工作量细分为审判核心工作、审判重要工作和审判事务工作,分别对应到法官、法官助理和书记员的各自工作量,以此为基础测算法官与法官助理、书记员配比;增加审判辅助人员的配置,先后九次公开招录聘用制书记员2300余名,使法官、书记员配比达到1:1.1,有效减少员额法官40%的工作量。在此基础上,不少地方法院根据法官特长组建专业化审判团队。浙江台州路桥区法院按照1:1:1的比例组建15个民事审判团队,2015年以来,信用卡及金融借款审判团队5名法官共审结3914件案件,结案最多的法官审结1141件。

其次要"集中管理",安排专门的审判辅助人员集中负责送达、保全等审判辅助事务,从而加强审判辅助事务的集约化专业化。对于这些专门审判辅助人员,一是由诉讼服务中心进行管理,使诉讼服务中心能够"一体两用",对内接管审判辅助事务并保障审判,对外则为当事人和社会公众提供诉讼服务。河南洛阳中院大力加强诉讼服务中心建设,对审判辅助事务进行集中管理,卷宗及时归档率提高了31.7%,法律文书平均送达时间缩短了20%以上,案件平均审理期限缩短了11天,法官的人均结案数同比提高了30.7%。二是由审判业务部门等进行管理。例如,深圳福田区法院成立司法辅助中心,统一负责诉讼材料收转、邮件收寄、外出送达等工作。

(四) 强化办案激励措施

目前,法官办案缺乏足够的激励措施,办好案、多办案的动力不足。这就需要完善法院工作人员的业绩评价制度,全面、科学评价办案数量、质量、效率和效果,将审判效率、庭审和裁判文书质量等裁判相关事务作为法官业绩评价的重要内容,采取定性分析和定量测算相结合的方法综合衡量法官办案质效;同时,将参与审判辅助事务的案件数量作为审判辅助人员业绩评价的重要内容。切实采取激励措施首先要"精神鼓励",将办案任务完成情况作为表彰先进法院的基础性指标,作为评价法院领导、办案部门、办案团队和法官个人的关键性指标,并与晋职晋级、表彰奖励、培训交流等紧密挂钩。江苏高院每季度开展"办案标兵"和"书记员标兵"评选表彰活动,今年上半年结案数同比增长31%。

其次要"物质奖励",建立与工作职责、实绩和贡献紧密联系的工资分配机制,加大对一线办案人员的工资政策倾斜力度,鼓励优秀人员向一线办案岗位流动。贵州法院根据办案数量、难易程度、综合绩效测算办案补贴,体现"多办多得、优绩优酬"的激励性,形成了"争办案、多办案、快办案、办好案"的竞争机制。遵义汇川法院将办案补贴的20%设定为浮动区间,单独设定质量指标进行考评,案件质量高、效率好,可以多享受办案补贴。坚持办案补贴向办案人员倾斜,法官、法官助理、书记员按5:3:2比例发放,一线裁判法官人均每月提升2000元左右,司法辅助人员人均每月提升1000元左右,2015年,法官、法官助理和书记员领取的办案补贴最多分别可达3万、2万和1万余元。

四、科学把握繁简分流的发展方向

司法改革只有进行时，没有完成时。繁简分流是一项长期工作，必须在改革过程中不断发展完善，既要借鉴域外的一般规律，又要尊重我国的具体国情，既要采用信息手段加强技术支撑，又要通过立法修改完善制度建设。

（一）借鉴域外经验做法

为了应对不断增长的案件数量，世界各国根据各自情况，从"案"与"人"两个方面采取了不少措施，非常值得借鉴和学习。在"案"的方面主要有下列做法：首先是推行多元化纠纷解决机制。例如，美国许多法院设立法院附设仲裁制度，聘请一些精力充沛、经验丰富的律师作为无偿的临时法官（仲裁员），将一些标的额不大的案件交由其仲裁，大量诉讼案件通过法院附设的替代性纠纷解决机制予以化解。其次是适用非诉程序。例如，德国适用督促程序化解大量纠纷，2007－2009年，督促程序的收案数分别为730万、690万、674万，而同期一审民事案件的收案数仅为165万、162万、161万。再次是设置发达的审前程序。例如，英国通过促进当事人和解，将纠纷消化于开庭审理之前，80%以上民事案件都会以和解形式完结，根本不需要法官开庭或撰写详细的判决意见。最后是建立多层次诉讼制度体系。例如，英国将民事诉讼程序划分为小额程序（不超过5000英镑）、快速程序（5000英镑以上15000英镑以下）和多轨程序（15000英镑以上），不同审理程序的具体审理规则和审理周期也不相同。

在"人"的方面主要有下列做法：首先是利用非职业法官。2005年前后，法国共有非职业法官22000余名，负责审理专业性较强的案件，如劳资争议委员会有15000名左右非职业法官（2005年共审理201604件劳动案件），商事法院有3300名非职业法官（2005年共审理237770件商事案件），近民法院有800名左右非职业法官（2005年共审理52276件民事案件、319651件轻微刑事案件）。其次是设置流动法官制度。例如，奥地利的流动法官平时在上诉法院工作，当辖区内法院因工作量太大无法完成工作任务时，被作为机动人员派往地方。再次是扩大独任制范围。例如，意大利增加独任审判的数量，部分代替三人合议庭。最后是配备足够审判辅助人员。例如，日本的审判辅助人员不仅数量较多，而且类型十分丰富，大致可以划分为秘书官、调查官、书记官、速记官、执行官、庭吏、技术官、事务官等职员。

（二）鼓励地方探索创新

繁简分流是一个开放性课题，最高人民法院在加强顶层设计的条件下，仍然允许和鼓励地方各级人民法院积极发扬首创精神，紧密结合本地实际，强化规定举措的执行力，有针对性探索新的举措；同时，也要求基层法院防止不切实际、不符合司法规律的标新立异；既不能揠苗助长，也不能作壁上观。

地方探索创新主要体现在繁简分流的标准、规则、举措等方面。对于繁简分流的标准，三大诉讼法及其司法解释对简单案件的属性都有相关规定，但是，这些规定都比较抽象，在具体审判过程中，案件繁与简的判断需要综合考虑送达难易程度、案件类型、当地法治水平、法官办案能力、相似案件裁判规则完备程度等因素，根据具体情况进行具体判断。例如，地区性差异是客观存在的，某类案件在西部可能属于新类型复杂案件，在东部则是已经形成裁判规则的简单案件。这就需要地方各级人民法院依照法律规定并结合实际情况制定各类案件繁简分流的标准。

对于繁简分流的规则，一般来说，正如老百姓到医院看病一样，"小病门诊、大病住院"，属于简单案件的，移交简案审判组织快速审结；属于复杂案件的，移交难案审判组织精研细判。但是，简案与繁案的分流究竟是由立案庭来决定，或者由审判业务庭来决定，或者由合议庭来决定；简案审判组织究竟是人民法庭，或者速裁团队，或者专门合议庭；分流不当的案件是由原来审判组织继续审理，或者由其他审判组织转办，或者区分情形决定是否转办，则都需要地方各级人民法院根据具体情况自行决定。

对于繁简分流的举措，则更多地取决于地方法院的探索创新。例如，不少地方法院都推行集中时间审理简单案件的做法，即实行集中立案、移送、排期、开庭、宣判，由同一审判组织在同一时段内对多个案件连续审理。浙江杭州萧山法院则进一步采取了"多案连审""多案同审""一庭多审"等审理机制，对相同类型的简单民事案件或者刑事案件进行合并审理，简化了庭审环节，加快了庭审节奏，提高了诉讼效率。

(三) 加快智慧法院建设

周强院长多次强调，司法改革和信息化建设是人民司法事业发展的车之两轮、鸟之两翼。以信息化助推司法改革是当今世界的大势所趋，大力推进人民法院的信息化建设3.0版本是繁简分流的加速剂。

首先要实现智能化办案。引导当事人、律师等提交电子诉讼材料，实现案件办理全程网上流转。推进电子卷宗随案同步生成和深度应用，实现诉讼档案电子化。利用传真号、电子信箱、微信号等进行电子送达，通过中国审判流程信息公开网建立全国法院统一的电子送达平台。有效利用"法信"等审判辅助系统，实现典型案例、裁判文书、法律观点等审判信息的智能检索、推送，为法官提供智能化服务。

其次要推进科技法庭建设。健全远程审判系统,实现法院、检察院、看守所、狱内法庭等不同系统之间的互联互通,采用远程视频方式开庭。使用视听传输技术或者同步视频作证室,为证人出庭作证创造条件。积极开发利用智能语音识别技术,实现庭审语音同步转化为文字并生成法庭笔录。落实庭审活动全程录音录像的要求,探索使用庭审录音录像简化或者替代书记员法庭记录。

再次要积极探索在线纠纷解决机制。鼓励建立电子法院、网上法庭,在线进行立案、咨询、调解、仲裁,扩大适用电子督促程序,引领传统纠纷解决方式向现代纠纷解决方式的升级换代。2011年,浙江杭州西湖法院成立陈辽敏网上工作室,作为诉调对接工作的网上平台,向公众提供网站式便民诉讼服务。自运行以来效果良好,网站总访问量超过256万人次,通过网上、电话、邮件答复1345例。

最后要推进审判管理信息化建设。以信息化促进审判管理科学化,做到向科技要管理。深度挖掘和充分运用司法大数据,利用丰富的案件信息资源,不断深化对辖区法院不同审判业务类型的法官人数、人均结案数、结案方式及平均审理时间等数据变化的动态分析,准确把握审判工作运行态势,加强审判流程管理,合理分配审判资源,全面评价工作业绩。

(四)提出立法修改建议

从根本上说,繁简分流有赖于法律的修改和完善。推进繁简分流既要将繁简分流的改革成果以立法的形式巩固下来,又要将制约繁简分流的法律缺陷和不足通过修法的形式予以弥补。

近年来,繁简分流改革本身已经积累了不少经验,可以在适当的时候上升为立法规定。一是刑事案件速裁程序试点工作效果良好，多层次刑事诉讼制度体系逐渐形成，可以在未来刑事诉讼法修改时作出正式规定。二是家事审判方式和工作机制改革试点工作稳妥推进，未来民事诉讼法修改时可以设立专门的诉讼程序。三是示范诉讼制度的探索初见成效，可以考虑作为正式制度规定到民事诉讼法、行政诉讼法中。四是庭审方式（包括庭审记录方式）改革、裁判文书改革等形成的成熟做法可以体现到三大诉讼中。另外，与繁简分流改革相关的法官员额制、司法责任制等其他司法改革举措，应当为《法官法》《法院组织法》的修改所吸收。

对于制约繁简分流的现有法律缺陷和不足，则更有必要及时提出立法修改建议。一是修改《诉讼费用交纳办法》。诉讼费用对繁简分流具有杠杆作用，为了鼓励当事人诚信理性诉讼，有必要尽快修改《诉讼费用交纳办法》。对于社会力量参与非诉讼纠纷解决的案件，可以适当减免诉讼费并探索将诉讼费让渡予社会力量；对于调解的案件，可以减免诉讼费；对于滥用诉权、恶意诉讼的行为，可以视情采取罚款等制裁。二是在《民事诉讼法》中设立单独的非讼程序。对于民事权益不存在争议、不存在对立双方当事人的案件，域外各国一般大量适用非讼程序，采用独任制审理，实行一审终审。我国民事诉讼法只是在特别程序中对宣告失踪、宣告死亡案件等几种民事非讼案件进行了规定，范围非常有限，程序不够简化，有必要对非讼程序进行专门规定，扩大适用范围、简化办案程序。三是延长《行政诉讼法》中简易程序的审理期限。根据《行政诉讼法》第八十三条规定，适用简易程序审理的行政案件应当在立案之日起四十五日内审结，这是行政简易程序适用率低的重要原因。一般来说，行政案件涉及的关系较为复杂，四十五日内很难审结，有必要延长《行政诉讼法》中简易程序的审理期限。四是扩大独任制审理的适用范围。根据诉讼法的相关规定,独任制与简易程序存在简单对应关系。但是,适用普通程序审理的案件实际上并非都是复杂案件,可以探索采取独任制审理,有必要改变独任制与简易程序的简单对应关系,在诉讼法及其他相关法律中对审判组织形式进行修改。

正如习近平总书记所强调的,"要准确把握改革内在联系,提高改革系统集成能力"。《意见》的出台,为全面深入推进符合司法规律的繁简分流改革提供了政策依据,各地法院要认真贯彻,积极探索,系统推进,为人民群众的合法权益提供强有力的司法保障。

解读《最高人民法院关于进一步推进案件繁简分流优化司法资源配置的若干意见》

最高人民法院司法改革领导小组办公室

2016年9月12日,最高人民法院发布并施行《关于进一步推进案件繁简分流优化司法资源配置的意见》(以下简称《意见》),这是推进人民法院执法办案工作的关键举措,也是深化司法改革的重要内容。为便于审判实践中正确理解和把握,现就《意见》的起草背景、基本原则、主要内容进行说明。

一、《意见》的制定背景

改革开放以来,随着经济社会生活的发展变化,我国法院受理案件数量持续增长,由1978年的61万件增加到2015年的1952万件,增长30多倍。这种急剧增长被人们形象地称为"诉讼爆炸"。与此同时,我国法官人数从1978年的6万人增加到目前的20万人,增长仅3倍多,与案件增长幅度相比明显不成比例。

当前,人民法院的司法改革已经进入攻坚期。随着立案登记制的实施和法官员额制的推进,"案多人少"矛盾有进一步加剧的倾向。2016年上半年,全国新收案件1002.9万,与2015年同期新收843.2万件相比增加159.7万件,上升18.94%。未结案件数量也相应上升，截止2016年6月30日，全国法院未结510.9万件，与2015年同期相比，未结案件增加26.0万件，上升5.36%。以近三年来受理案件数量最多的江苏为例，2015年江苏法院受理案件1633486件，与2012年相比增长62.98万件，增幅62.76%；而中央政法专项编制总数仅为18516名，与2012年相比仅增加477名，增幅2.64%。截止2016年6月30日，江苏法院未结案件数量为429680件，仅次于广东法院的442717件。而且，可以预见的是，在今后的一段时间内，全国法院新收案件将继续呈增长态势，执法办案压力将不断增大。

十八大以来，习近平总书记多次强调，要努力让人民群众在每一个司法案件中感受到公平正义，所有司法机关都要紧紧围绕这个目标来改进工作，重点解决影响司法公正和制约司法能力的深层次问题。中央对如何破解"案多人少"难题高度重视，孟建柱书记在2016年3月的中央政法工作会议上要求，要坚持依法处理和多元化解相结合，强化诉前调解、诉调对接，推进繁简分流，构建普通程序、简易程序、速裁程序等相配套的多层次诉讼制度体系，努力以较小的司法成本取得较好的法律效果，有效化解"案多人少"矛盾。

为落实中央精神，切实缓解"案多人少"矛盾，最高人民法院在制定出台《最高人民法院关于人民法院进一步深化多元化纠纷解决机制改革的意见》和《最高人民法院关于人民法院特邀调解的规定》两个规范性文件的同时，制定了《意见》。

《意见》的起草坚持以问题为导向，主管院领导亲自带队深入湖南、浙江等地调研，充分听取一线法官的意见建议，多次召开人大代表、政协委员、法学专家、律师代表等参加的座谈论证会，同时，多次征求全国法院系统的意见，并征求了中央政法委、全国人大法工委、最高检察院、公安部、司法部、全国律协的意见。可以说,《意见》是在充分调研论证和广泛征求意见的基础上形成的政策性文件和改革成果。

二、《意见》的基本原则

《意见》作为未来一个时期指导全国法院深化繁简分流改革的规范性文件,既加强顶层设计,完善诉讼程序,优化司法资源配置,又鼓励地方探索,创新工作机制,推广经验做法。《意见》的制定主要遵循下列基本原则:

一是坚持依法改革。从根本上说,破解"案多人少"有赖于法律及其司法解释的修改和完善。例如,根据《行政诉讼法》第八十三条的规定,适用简易程序审理行政案件的审限为四十五日。因审限过短,简易程序在实践中适用很少。再如,根据《关于适用〈中华人民共和国民事诉讼法〉的解释》第四百三十二条第(二)项的规定,人民法院发出支付令之日起三十日内应当送达债务人;但《民事诉讼法》第九十二条规定,"公告送达的期限为六十日",导致督促程序无法适用公告送达。《意见》作为最高人民法院制定的规范性文件,只能对现有规定进行具体化和明确化,涉及到法律修改的,今后再适时提出建议。

二是坚持因地制宜。推进繁简分流要从实际出发,积极探索。对于中级、基层法院所关心的如何区分繁案与简案,如何确定分流规则等问题,考虑到审判实践惯例、法官水平差异、法院所处层级等原因,不同地区法院之间存在较大差别,不能搞"一刀切"。例如,在发达地区已经形成裁判规则的简单案件,在欠发达地区可能还属于新类型的复杂案件。《意见》对上述问题没有作出统一规定,而是授权地方各级人民法院根据实际情况自行制定实施细则。同时,《意见》的规定大多属于倡导性的,从而给今后的深化和创新提供依据、预留空间。

三是坚持问题导向。从法院层级来看,"案多人少"矛盾主要集中在基层法院。我国80%的法官在基层法院工作,80%的案件由基层法院受理。从案件类型来看,"案多人少"矛盾主要集中在民事审判。2016年上半年,全国新收案件中民事案件610.80万件,占61.1%;刑事案件86.44万件,占8.6%;行政案件26.96万件,占2.7%。未结案件中民事案件306.2万件,占60.27%;刑事案件21.5万件,占4.23%;行政案件10.6万,占2.09%。"案多人少"矛盾主要集中存在于基层法院的一审民事案件中,当然在中级以上法院的二审、再审案件中,以及刑事、行政案件中也同样存在。推进繁简分流,应当注意不同层级法院、不同案件类型繁简分流的相同点和不同点,既注意解决共性问题,又注意照顾个性差异。《意见》强调解决主要矛盾和问题,以一审民事案件的繁简分流为主线,以构建多层次诉讼体系为抓手,更加突出"简"的方面,着重解决送达难等制约审判效率的问题,从而在更高层次上实现司法公正和司法效率的平衡。

四是坚持多措并举。在本轮司法改革过程中,各项司法改革举措之间关联度高、耦合性强,必须统筹推进。我国法官总体数量不少,但应对迅速增加的案件仍捉襟见肘,主要原因就在于法院内部资源配置失衡,法院外部主体力量的作用没有得到最大程度地发挥。推进繁简分流必然涉及优化司法资源配置,要用改革的思维和改革的方式破解工作难题,创新管理机制,完善配套措施,实现案件负担均衡化、人员配比合理化。《意见》的规定不仅涉及诉讼程序机制的完善,而且涉及司法资源配置的优化。

三、《意见》的主要内容

（一）用好用足现有制度

三大诉讼法及其司法解释已经对诉讼制度进行了具体规定，并不断发展完善，从而形成了较为完备的诉讼制度体系。在民事诉讼方面，2012年新修订的民事诉讼法新增了小额诉讼程序、确认调解协议案件、实现担保物权案件特别程序。在刑事诉讼方面，2012年新修订的刑事诉讼法将简易程序的适用范围扩展到基层法院所有的刑事案件，突破了原先仅适用于可能判处三年以下有期徒刑案件的限制；2014年6月，刑事案件速裁程序试点开始，适用范围是一年有期徒刑以下刑罚的案件；2016年7月，中央全面深化改革领导小组审议通过了《关于认罪认罚从宽制度改革试点方案》，9月3日全国人大常委会审议通过《关于授权最高人民法院、最高人民检察院在部分地区开展刑事案件认罪认罚从宽制度试点工作的决定》，选择在18个城市依法有序稳步推进试点工作。在行政诉讼方面，2014年新修订的行政诉讼法新增了行政简易程序；2015年4月，最高人民法院发布《关于适用〈中华人民共和国行政诉讼法〉若干问题的解释》，对裁定驳回起诉类案件审理程序作出了进一步规范。

《意见》正是在上述诉讼制度与程序的基础上，重点着眼于激活和优化诉讼程序，构建分层递进、层层筛选的分流"漏斗"，进一步推进案件繁简分流。

一是在登记立案前，为当事人提供更多可供选择的纠纷解决方式，让更多纠纷在诉讼渠道外得到解决。《意见》第20条规定："完善多元化纠纷解决机制。推动综治组织、行政机关、人民调解组织、商事调解组织、行业调解组织、仲裁机构、公证机构等各类治理主体发挥预防与化解矛盾纠纷的作用，完善诉调对接工作平台建设，加强诉讼与非诉讼纠纷解决方式的有机衔接，促进纠纷的诉前分流。完善刑事诉讼中的和解、调解。促进行政调解、行政和解，积极支持行政机关依法裁决同行政管理活动密切相关的民事纠纷。"《最高人民法院关于人民法院进一步深化多元化纠纷解决机制改革的若干意见》及《最高人民法院关于人民法院特邀调解规定》已经对此进行了详细规定，各级人民法院应当遵照执行。

二是在登记立案后，对于适宜调解的案件，应当通过庭前会议等解决，减少需要开庭的案件数量。《意见》第9条规定："对于适宜调解的案件，积极通过庭前会议促成当事人和解或者达成调解协议。"

三是在登记立案后，对于不适宜调解而进入诉讼程序的案件，应当通过简易程序、督促程序、实现担保物权案件特别程序等快速审理。《意见》第4条规定："发挥民事案件快速审判程序的优势。根据民事诉讼法及其司法解释规定，积极引导当事人双方约定适用简易程序审理民事案件。对于标的额超过规定标准的简单民事案件，或者不属于民事诉讼法第一百五十七条第一款规定情形但标的额在规定标准以下的民事案件，当事人双方约定适用小额诉讼程序的，可以适用小额诉讼程序审理。依法适用实现担保物权案件特别程序。积极引导当事人将债权人请求债务人给付金钱、有价证券的案件转入督促程序，推广使用电子支付令。"

其中，该条提高了适用小额诉讼程序的标的额。目前，小额诉讼程序的适用率不高，很重要的原因就是标的限额太低。针对这一情况，在充分保障当事人选择权的前提下，浙江、上海等地提高了小额诉讼程序标的限额。例如，2013年《浙江省高级人民法院关于适用小额诉讼程序审理民事案件相关问题的意见》规定，符合适用小额诉讼程序其他条件，但案件标的额在规定标准以上、10万元以下的案件，当事人可以选择适用小额诉讼程序。2015年《上海市高级人民法院关于规范小额诉讼审判工作的实施细则》规定，对于符合本细则其他条件，仅是诉讼标的额超过当年度小额诉讼金额标准的案件，当事人双方协商一致要求适用小额诉讼的，如诉讼标的额低于当年小额诉讼金额标准两倍的（含两倍），人民法院可予准许，并制作笔录备案。小额诉讼程序属于简易程序，可以根据《民事诉讼法》第一百五十七条第二款的规定，由当事人双方约定适用。不过，考虑到各地情况不一，《意见》没有对标的限额作出统一规定。

四是经上述三个层次仍未解决的纠纷，再进入普通程序审理。原则上说，按照普通程序审理的案件，其程序应当是严格规范的，但仍然可以在一定程度上根据诉讼各方意见、有无争议等情况，对庭审和裁判文书进行适当简化，从而更好地体现繁简得当的要求。《意见》第15条规定："根据法院审级、案件类型、庭审情况等对裁判文书的体例结构及说理进行繁简分流。"

此外，《意见》第10条对远程视频开庭、证人隐蔽作证，第14条对当庭宣判作出了相关规定，进一步细化了诉讼法及其司法解释的相关规定。

（二）不断创新工作机制

繁简分流不仅要用好用足现有制度，而且要不断创新工作机制，从而强化诉讼制度落实的机制保障。《意见》既涉及分案机制、审理程序机制、审级衔接机制等一般机制，又涉及了刑事速裁工作机制等具体机制。

一是实现分案机制的科学性。《意见》第2条规定："采取随机分案为主、指定分案为辅的方式，确保简单案件由人民法庭、速裁团队及时审理，系列性、群体性或关联性案件原则上由同一审判组织审理。对于繁简程度难以及时准确判断的案件，立案、审判及审判管理部门应当及时会商沟通，实现分案工作的有序高效。"立案是诉讼程序的开端，科学的分案机制对繁简分流至关重要。综合各国及我国各地法院的情况，一般采取以下两种分案方式：一是根据收案依次轮流分配。这种方式不考虑承办法官目前的存案情况，对法院受理的案件根据案件类别进行轮流分配。二是根据存案来分配案件。这种方式意味着承办法官结案越快，存案数量越少，则将会被分配到更多的案件，有可能造成"鞭打快牛"。我们认为，各级人民法院一般应当采取收案与存案相结合的方式，在随机依次分案的基础上，注意存案因素，如果存案较多，可以采取自动轮空的方式。

对于简单案件，宜由人民法庭、速裁团队及时审理。考虑到具体分案方式涉及审判部门的工作内容、工作量等因素，《意见》没有作统一要求，而是赋予各级人民法院自主性，只是提出了要达到的分案效果。对于复杂案件，实行立案会商机制，根据立案、审判及审判管理部门的意见，解决案件甄别过程中的疑难复杂问题。对于系列性、群体性或关联性案件，原则上由同一审判组织审理，从而避免"人为"造成多头处理、一案多判，甚至导致法律适用的不统一。

二是推行集中时间审理案件的做法。《意见》第8条规定："对于适用简易程序审理的民事案件、适用速裁程序或者简易程序审理的轻微刑事案件，实行集中立案、移送、排期、开庭、宣判，由同一审判组织在同一时段内对多个案件连续审理。"对于简单案件，传统的"一案一审"模式由于诉讼程序的限制，在物质、时间和人力资源上造成了浪费。采用同一时段集中审理，适当简化庭审程序性事项是一种集约化审理模式。例如,在刑事审判中,一些法院采取了以集中开庭审理为核心的"三集中"方式,即集中提起公诉、集中分案与送达、集中开庭审理。检察机关对适用快速办理的案件实行批量"打包"移送至法院立案部门。立案部门在收到案件当日完成立案,并于立案当天移送刑事审判庭;审判辅助人员集中送达起诉文书,安排同一批案件在一个时间段开庭审理。法官在一个时间段内集中开庭审理,每个案件开庭时间较短,一般为几分钟或者十几分钟,半天时间即可完成多个案件的开庭审理。

三是完善二审案件衔接机制。《意见》第16条规定:"积极引导当事人、律师等提交电子诉讼材料,推进智慧法院建设和诉讼档案电子化,运用电子卷宗移送方式,加快案卷在上下级法院之间的移送。优化二审审理方式,围绕诉讼各方争议问题进行审理,避免二审与一审在庭审和裁判文书方面的不必要重复。强化二审统一裁判尺度、明确裁判规则等功能。"在审判实践中,卷宗移送缓慢的情况时有发生,且不同审级法院的职能定位尚未得到明显区分,制约了二审案件的审判效率。为了规范上(抗)诉案件的移送,各地法院对此作出了不少努力,通过制定二审案件移送流程管理规范、建立一、二审案卷交换平台、推行电子卷宗移送等有效方式顺畅一、二审衔接,取得了良好的效果。2016年7月,最高人民法院出台《关于全面推进人民法院电子卷宗随案同步生成和深度应用的指导意见》,要求全国各级法院在2017年底前,全面实现电子卷宗随案同步生成和深度应用,将助推一、二审衔接再次提速。

同时,一审法院的职能定位是查明事实、化解矛盾,二审法院更多侧重于法律适用。要将争议不大的案件尽可能解决在一审，二审法院的法官着重审理重大、疑难、复杂和新类型案件，确立裁判规则，指导类案审判，确保法律的统一适用。因此，有必要简化二审法官的工作，突出二审的法律审职能，从而倒逼一审的事实审功能。

四是创新刑事速裁工作机制。《意见》第5条规定："总结刑事速裁程序试点经验，加强侦查、起诉、审判程序的衔接配合。推广在看守所、执法办案单位等场所内建立速裁办公区，推动案件信息共享及案卷无纸化流转，促进案件办理的简化提速。"在刑事速裁程序的试点过程中，北京海淀区公检法三机关在看守所内建立"速裁办公区"就近集中办公，并通过网络视频提供法律帮助和远程开庭，实现案件信息共享及案卷无纸化流转。海淀速裁工作机制实现程序全程简化，特别是诉前、审前的很多不必要环节和手续简化了，诉讼互动方式更便捷；程序简化但职能不"简"，司法职责不减，被告人的诉讼权利不减，突出权利保障和法律帮助的全程化、普遍化。这不仅使审判活动提速，而且整个刑事诉讼流程都加快提速，判前候审时间大大缩短。当然，"集中办公"只是办公地点的集中，并非既往的"联合办案"，更不是司法职能的合并或联合。

（三）大力推广经验做法

各地法院采取的繁简分流举措，大多在送达、庭前、庭审、文书等关键审判环节方面进行了重点突破，并取得了许多宝贵经验。《意见》在加强顶层设计的条件下，对地方探索进行了总结提炼，并对可推广、可复制的经验予以介绍和推广。

一是采取多项措施破解"送达难"。《意见》第3条规定："完善送达程序与送达方式。当事人在纠纷发生之前约定送达地址的，人民法院可以将该地址作为送达诉讼文书的确认地址。当事人起诉或答辩时应当依照规定填写送达地址确认书。积极运用电子方式送达；当事人同意电子送达的，应当提供并确认传真号、电子信箱、微信号等电子送达地址。充分利用中国审判流程信息公开网，建立全国法院统一的电子送达平台。完善国家邮政机构以法院专递方式进行送达。"其中，电子送达是未来送达的主要方式，建立统一的电子送达平台意义重大。目前，一些地方法院已经开始设置平台，如浙江法院的12368短信平台。不过，开发全国性的电子送达平台能够实现跨区域使用，且更为规范。该平台应该实现以下功能：一是保存送达内容；二是不得任意修改和删除；三是系统提供短信提醒功能、邮件提醒功能；四是对传送的文件进行加密处理，并在文书签收时支持签收回执、认证签收行为。

另外，诉前送达地址确认是一项新的做法，实践效果较好，《意见》予以推广。诉前送达地址确认是指各方当事人在诉前约定明确地址作为诉讼文书送达地址，承诺如果因发生争议进入诉讼程序，该地址作为人民法院送达各类法律文书的确认地址，人民法院向该地址送达法律文书被拒收、退回的，视为送达，无需另行公告。

2007年，广东佛山南海区法院针对道路交通事故案件推出在诉讼之前预先确认送达地址的做法，即由法院制作《地址确认书》并交给交警部门，由交警部门在处理交通事故时要求每一位交通事故当事人填写地址确认书，一旦形成诉讼，当事人向交警部门确认的地址即被认定为是当事人自行确认的送达地址。2011年，上海高院出台《关于审理信用卡纠纷案件的若干指导意见》规定：如信用卡领用合约中明确约定诉讼期间送达地址，并约定受诉法院邮寄到该地址即视为送达的，该约定应属有效。2016

年，北京市四中院率先发出《关于有效维护金融债权解决"送达难"在合同中约定送达地址的司法建议》，建议银行、金融机构以合同约定送达地址、明确法律责任的方式解决"送达难"问题，同时该院制作规范化、模板化合同建议条款，促进合同当事人履行诚信义务。由此可见，诉前送达地址确认实际上是将送达地址确认时间从原来的诉讼发生后由当事人向法院确认，提前到双方当事人在形成诉讼之前自行确认或者向相关第三方作出确认。

二是发挥庭前会议繁简分流的功能。《意见》第9条规定："法官或受法官指导的法官助理主持召开庭前会议，解决核对当事人身份、组织交换证据目录、启动非法证据排除等相关程序性事项。""对于庭前会议已确认的无争议事实和证据，在庭审中作出说明后，可以简化庭审举证和质证；对于有争议的事实和证据，征求当事人意见后归纳争议焦点。"目前，庭前会议的整体适用率不高，而且主要适用于复杂案件，但是，一些地方法院进行了积极探索，提高审判质效和利用审判资源，值得推广。

例如，湖南长沙县法院由法官助理主持庭前会议，并将庭前会议适用于简单案件审理，尽量在庭前会议之后就开庭，大大减轻了法官的庭审负担。再如，辽宁沈阳中院率先在一审建筑工程案件中试行庭前会议，适用范围逐步扩大，民事庭前会议由法官或法官助理主持，将庭审中的权利义务告知、回避申请等程序性工作前置，明确诉辩意见，固定无争议事实，归纳争议焦点并促使当事人围绕焦点举证。对于案情简单清晰、争议不大的案件可提前实现调解结案，而对于案情疑难复杂、争议较大的案件来说，其有助于法官理清庭审思路，实现庭审提速。

三是推进民事庭审方式改革。《意见》第12条规定："对于适用小额诉讼程序审理的民事案件,可以直接围绕诉讼请求进行庭审,不受法庭调查、法庭辩论等庭审程序限制。对于案件要素与审理要点相对集中的民事案件,可以根据相关要素并结合诉讼请求确定庭审顺序,围绕有争议的要素同步进行法庭调查和法庭辩论。"这里主要是推广了广东深圳中院的"门诊式庭审"和"要素式庭审"。

"门诊式庭审"是指庭前由法官助理集中对一定数量当事人宣布法庭纪律、核对当事人、告知诉讼权利义务、征求回避意见等程序性工作,法官则围绕诉讼请求直接进行实质性庭审,不拘泥于法庭调查和法庭辩论的顺序,庭审结束后原则上当庭宣判、当庭制作令状式判决,当庭送达判决书。法官能够像医生门诊看病一样集中时间对批量的简易案件快速审理。为提高当庭宣判的效率和质量,统一设计常见案件规范化当庭宣判模板,法官只需针对个案对模板略作修改,便可当庭认定事实,快速高质出具裁判理由。

"要素式庭审"是指根据案件相关要素并结合诉讼请求确定庭审顺序,围绕争议要素同步进行调查和辩论的庭审模式。根据类型化案件的特点,设计了要素表,要求当事人庭前填写,庭审时法官则按照要素表的争议要素依次组织举证、质证和认证。当事人已于开庭审理前填写要素表的,法院在开庭审理时对双方无争议的要素予以确认并记入庭审笔录;对于双方有争议的要素应当重点审查,引导当事人举证和质证。当事人未在开庭审理前填写要素表的,法院开庭审理时可以要素表的基本要素为线索,逐项当庭征询各方当事人的意见,对双方无争议的要素予以确认并记入笔录,并引导当事人围绕争议要素进行举证和质证。

四是推行裁判文书繁简分流。《意见》第 15 条规定:"复杂案件的裁判文书应当围绕争议焦点进行有针对性的说理。新类型、具有指导意义的简单案件,加强说理;其他简单案件可以使用令状式、要素式、表格式等简式裁判文书,简化说理。当庭宣判的案件,裁判文书可以适当简化。"这里主要是推广了部分法院在裁判文书方面的经验做法,主要包括广东深圳中院的令状式、要素式、表格式裁判文书,刑事速裁程序试点的填充式、表格式裁判文书,湖南长沙县法院的分论式裁判文书,北京知识产权法院的省略式、要旨式、点论式等裁判文书,等等。

例如,2012年5月,深圳中院启动裁判文书简化改革,对一审法院适用简易程序审理的案情简单、事实争议不大的民商事案件,根据不同类型分别适用令状式、要素式、表格式裁判文书。以往传统文书从制作到送达通常需要10天左右,适用令状式裁判文书仅需30分钟就可制作完成,适用要素式、表格式裁判文书制作送达周期也不超过4天,破解了裁判文书"出口慢"的难题。浙江、河北、陕西等各地法院在此基础上也积极推广简化裁判文书。2016年,新的民事诉讼文书样式列举了民事判决书(小额诉讼程序令状式判决用)、民事判决书(被告对原告所主张的事实和诉讼请求无异议的小额诉讼程序表格式判决用)、民事判决书(简易程序和小额诉讼程序要素式判决用)。

再如,2013年10月,长沙县法院启动裁判文书改革工作,根据审理程序,探索试行速裁式简易裁判文书和分论式简易裁判文书。分论式裁判文书适用于除小额诉讼程序以外的其他简易程序、普通程序民事案件。分论式裁判文书是指在充分查明案件事实的基础上,准确把握案件争议焦点,对无争议部分简写,有争议部分详写的法律文书。

在此基础上,《意见》第12条还规定:"当庭即时履行的民事案件,经征得各方当事人同意,可以在法庭笔录中记录相关情况后不再出具裁判文书。"这实际上是鼓励各级人民法院进一步发挥庭审的中心作用,对庭审已经解决争议并实际履行的民事案件,实行口头裁判。

(四)积极开展探索试点

繁简分流需要不断发展完善,为了更好地引领繁简分流的未来发展方向,《意见》鼓励各级人民法院在法律允许范围内进行积极探索,同时根据中央授权进行试点。

一是探索建立行政速裁工作机制。《意见》第6条规定:"对于事实清楚、权利义务关系明确、争议不大的案件,探索建立行政速裁工作机制。"行政诉讼法修改扩大了行政案件的受理范围,加上立案登记制的实施,行政案件的增长幅度比较大,仅2015年同比增长就达到61.5%,截至2016年3月31日,全国法院受理一审行政案件达到220259件,同比上升59.23%。在行政案件中,政府信息公开案件占到了较大比例,且大都比较简单。因此,有必要借鉴民事速裁工作机制,建立行政速裁工作机制。个别法院已经进行了先行先试,山东黄岛法院制定《关于行政案件适用速裁程序的规定》,适用速裁程序审理的行政案件,应当在立案之日起25日内结案,统一使用格式化裁判文书,大大提高了审判效率。

二是探索实行示范诉讼方式。《意见》第7条规定:"对于系列性或群体性民事案件和行政案件,选取个别或少数案件先行示范诉讼,参照其裁判结果来处理其他同类案件,通过个案示范处理带动批量案件的高效解决。"近年来,涉及多数人利益的农民工工资拖欠、房屋拆迁安置、环境污染等群体性纠纷多发,而代表人诉讼制度由于程序设计粗糙等在解决群体性纠纷中的作用极其有限。有鉴于此，一些法院已探索示范诉讼方式，例如，从2013年开始，浙江台州三门县法院开始探索运用示范诉讼模式化解涉众型案件，寻求用个案的示范诉讼来带动同类批量案件的统一裁判或调解处理，以期涉众型案件取得最佳办案效果。

三是探索认罪认罚案件庭审方式改革。《意见》第13条规定："对于被告人认罪认罚的案件，探索简化庭审程序，但是应当听取被告人的最后陈述。适用刑事速裁程序审理的，可不再进行法庭调查、法庭辩论；适用刑事简易程序审理的，不受法庭调查、法庭辩论等庭审程序限制。"认罪认罚从宽制度是我国宽严相济刑事政策的制度化，也是对刑事诉讼程序的创新，既包括实体上从宽处理，也包括程序上从简处理。庭审程序简化是认罪认罚案件程序简化的重要内容，适用速裁程序或者简易程序审理的认罪认罚从宽案件，其庭审程序都可以简化，但都不能省略被告人最后陈述，从而保障被告人当面向法官陈述意见和要求的权利。

四是探索推行庭审记录方式改革。《意见》第12条规定："落实庭审活动全程录音录像的要求，探索使用庭审录音录像简化或者替代书记员法庭记录。"浙江法院从2014年8月开始试行庭审记录改革，采取"由易到难、由点到面"的方式，先选取案件事实相对简单、法律关系相对清楚的金融借款、民间借贷、危险驾驶及其他轻微刑事案件等试行。同时，根据案件繁简程度、争议大小及法官自身能力，合理确定书记员出庭模式：一是书记员完成开庭准备后退庭；二是书记员全程不出庭，由法官操作开庭准备工作；三是书记员全程出庭，但不制作传统意义上的庭审笔录，主要负责开庭准备、框架性记录等辅助工作。截至2016年5月底，浙江法院共试行249812件，其中基层法院是绝对主力，共试行 103623 件，其中有 19 家基层法院的试行率已超过 80%。

（五）合理利用人力资源

在各类审判资源中，人力资源是最宝贵的资源。繁简分流必须合理利用人力资源，充分做好内部挖潜工作。《意见》从法官、审判辅助人员、律师、当事人等不同主体入手，分别作出了相关规定。

一是充分发挥法官的主体作用。《意见》第 17 条规定："在精确测算人员、案件数量和工作量的基础上，动态调整不同法院、不同审判部门的审判力量。"在推进法官员额制改革的过程中，要做好员额基数的测算工作，员额分配向基层法院倾斜，向办案任务重的部门倾斜，确保满足实际办案需要。员额比例和数量可以根据案件数量情况在不同审级和地域法院之间合理调控。各地高级法院对辖区内员额法官进行动态管理，必要时进行统一调配。

《意见》第 18 条规定："推广专业化审判。在充分考虑法官办案能力、经验及特长等因素的基础上，根据案件的不同类型确定审理类型化案件的专业审判组织，根据案件的繁简程度确定专门审理简单案件与复杂案件的审判人员。推进办案标准化建设，健全案例工作制度。构建法官轮岗机制，完善业绩评价体系，激发和保持审判队伍的活力。"专业化审判能够让法官集中精力审理擅长领域的案件，做到专业对口，人尽其才，避免原本紧张的人力资源疲于应付各种类型的案件。《意见》明确了专业化审判的两个层次。第一个层次是将不同的类型案件交由不同的审判部门集约化审理，如不少地方法院成立金融案件审判合议庭等。第二个层次是将类型化案件中的复杂案件与简单案件分别确定不同的审理法官,如成立速裁合议庭或者速裁审判庭审理简单案件,强调速立、速裁、速结、速执。

二是充分发挥审判辅助人员的辅助作用。《意见》第17条规定:"根据法院审级、案件繁简等相关因素,合理确定法官、法官助理、书记员的配置比例,科学界定各自职能定位及其相互关系,最大程度地发挥审判团队优势。"审判辅助人员负责业务性、事务性工作,能够使法官集中精力专司审判。据江苏法院统计,增加审判辅助人员的配置,使法官、书记员配比达到1:1.1,可以有效减少员额法官40%的工作量。

《意见》第19条规定:"根据审判实际需要,在诉讼服务中心或审判业务等部门安排专门的审判辅助人员,集中负责送达、排期开庭、保全、鉴定评估、文书上网等审判辅助事务。"让专门的审判辅助人员集中办理程序性审判辅助事务,可以加强审判辅助事务的集约化和专业化,可以加快办理速度。河南洛阳中院大力加强诉讼服务中心建设,对审判辅助事务进行集中管理,卷宗及时归档率提高了31.7%,法律文书平均送达时间缩短了20%以上,案件平均审理期限缩短了11天,法官的人均结案数同比提高了30.7%。集中管理的部门除了诉讼服务中心以外,还可能包括审判业务部门、办公室等。例如,深圳福田区法院成立司法辅助中心,统一负责诉讼材料收转、邮件收寄、外出送达等工作。

三是发挥律师在诉讼中的作用。《意见》第21条规定:"积极支持律师依法执业,保障律师执业权利,重视律师对案件繁简分流和诉讼程序选择的意见,积极推动律师参与调解、代理申诉等工作。"除了作为代理人参与诉讼以外,律师还可能作为中立第三方参与调解,对此《最高人民法院关于人民法院进一步深化多元化纠纷解决机制改革的意见》第19条规定："推动律师调解制度建设。人民法院加强与司法行政部门、律师协会、律师事务所以及法律援助中心的沟通联系，吸纳律师加入人民法院特邀调解员名册，探索建立律师调解工作室，鼓励律师参与纠纷解决。支持律师加入各类调解组织担任调解员，或者在律师事务所设置律师调解员，充分发挥律师专业化、职业化优势。建立律师担任调解员的回避制度，担任调解员的律师不得担任同一案件的代理人。推动建立律师接受委托代理时告知当事人选择非诉讼方式解决纠纷的机制。"因此，对于律师作为中立第三方参与调解的，按照该条规定执行即可。

此外，一些地方法院都对律师调查令进行了探索，如北京四中法院在民事诉讼或案件执行阶段进一步落实委托调查令制度，重庆市在全市三级法院民事诉讼的案件审理阶段试行律师调查令。考虑到律师调查令制度还存在较大争议，《意见》暂未作出规定，待条件成熟后再由立法统一规定。

四是引导当事人诚信理性诉讼。《意见》第22条规定："加大对虚假诉讼、恶意诉讼等非诚信诉讼行为的打击力度，充分发挥诉讼费用、律师费用调节当事人诉讼行为的杠杆作用，促使当事人选择适当方式解决纠纷。当事人存在滥用诉讼权利、拖延承担诉讼义务等明显不当行为，造成诉讼对方或第三人直接损失的，人民法院可以根据具体情况对无过错方依法提出的赔偿合理的律师费用等正当要求予以支持。"打击虚假诉讼是人民法院的一贯立场，2015年11月，最高人民法院第二巡回法庭公开开庭审理一起借款纠纷上诉案，当庭认定上诉人上海欧宝生物科技有限公司、被上诉人辽宁特莱维置业发展有限公司构成虚假诉讼，驳回上诉人的上诉请求，同时对两当事人各罚款人民币50万元。

2016年6月，最高人民法院出台《关于防范和打击虚假诉讼的指导意见》，对所有虚假诉讼行为以"零容忍"的态度进行全面防范和制裁，引导当事人诚信诉讼。

同时，一方当事人滥诉不仅给对方或者第三方造成诉讼损失，而且严重影响审判效率。为此，有必要充分发挥诉讼费用、律师费用的调节与规制作用。中共中央办公厅、国务院办公厅印发《关于完善矛盾纠纷多元化解机制的意见》规定："完善诉讼费制度，引导当事人选择非诉讼纠纷解决机制，避免滥诉、恶意诉讼，发挥诉讼费的杠杆作用。"实践中也存在判决一方承担对方律师费用的案例，如"二十世纪福克斯公司诉北京文化艺术出版社音像大世界侵犯著作权纠纷案"的判决明确支持受理费2010元，审计费1万元，其他诉讼费用125元由被告承担；"南京电力自动化总厂诉南京天印电力设备厂不正当竞争纠纷案"的判决明确支持了原告聘请律师费用9106元由被告承担。

繁简分流是一个开放的、发展的课题，《意见》是对现有情况的阶段性总结，下一步，我们将抓好《意见》的贯彻落实工作，并结合司法改革进展不断推出繁简分流的新举措。

解读《最高人民法院关于人民法院办理执行信访案件若干问题的意见》

吴少军[*]　刘雅玲[**]　张　元[***]

《最高人民法院关于人民法院办理执行信访案件若干问题的意见》(以下简称《执行信访意见》)于2016年6月27日颁布施行。《执行信访意见》是最高法院关于人民法院办理执行信访案件所制定的首个专门规范性文件。《执行信访意见》制定过程中，充分征求了各方面意见：一是广泛征求了高级法院以及中基层法院意见；二是征求了部分民事诉讼专家学者意见；三是征求了最高人民法院立案庭、行政庭、赔偿办、审监庭及司改办等相关部门意见。该文件的颁布施行，对于解决执行信访多年以来积累的机制性难题，畅通信访渠道，加强化解力度，理顺执行信访工作流程，保障各方当事人合法权益，具有重要意义。

一、《执行信访意见》制定的背景与目的

自2009年清理执行积案活动以来，执行信访归口管理以及交办督办、排名通报等信访制度逐步建立，发挥出重要作用，不

---

[*] 最高人民法院执行局副局长。
[**] 最高人民法院执行局申诉审查室主任、审判长。
[***] 最高人民法院执行局申诉审查室副主任。

仅切实清理化解了一大批信访积案，并且以信访制度倒逼执行工作质效，群众满意度得到一定程度提升。肯定成绩的同时，我们必须承认，多年的执行信访工作实践已经积累了部分重点难题，大多是机制性问题，亟需着手解决，主要存在于三个方面：

（一）执行信访交办督办制度尚需进一步强化和完善

对于信访当事人请求督促执行的执行实施类信访案件，即使民事诉讼法已经规定了提级执行、指定执行制度，但是通过信访制度交办督办，对信访当事人尽快实现权益更为有效和便捷，因此，执行信访交办督办制度应当予以强化和完善。当前，该项制度存在如下问题：一是信访渠道不畅，信访当事人申诉无门以及信访后难以得悉处理结果；二是信访督办不力，部分法院对信访案件一转了之，仅交办而无督办，案件处理有头无尾、流于形式；三是信访化解标准掌握较为宽松，相当一部分案件并未有效化解、矛盾并未实际解决，上级法院即予以核销，不再督办。

因而，我们制定《执行信访意见》的第一个主要目的，就是进一步强化和完善执行信访交办督办制度，旨在通过信访制度督促执行实施类信访案件实现"执行到位、有效化解"，切实保障申请执行人合法权益，有效化解信访矛盾。

（二）执行信访"诉访不分"问题突出

执行异议与案外人异议是民事诉讼法及相关司法解释所确立的主要执行救济程序，对于当事人、利害关系人及案外人主张执行行为违反法律规定或对执行标的主张实体权利而提出执行异议，执行法院应当正式立案审查，严格依照法律程序处理。但是，对于该类执行争议案件，执行法院往往并不正式立案审查而作为信访事项处理，即"以信访接待替代正式立案、以内部研究替代依法审查、以口头答复替代裁定通知"，也就是所谓"诉访不分",或者说是执行异议立案难问题。这已经是一个普遍性问题,很多省份一年十几万件执行实施案件,执行异议案件仅一千余件,明显不符常理。目前,"诉访不分"问题已非常突出,导致当事人法定救济权利不能实现,诉求不能通过法律轨道得到处理,而只有转向上级法院申诉信访,由此引发的信访案件数量极多。以最高人民法院2015年登记的执行信访案件为例,执行来访约3800余件,执行来信及网络信访约5000件,其中约30%属于请求纠正执行错误的案件,这类案件绝大部分未纳入法律程序处理。

因而,我们制定《执行信访意见》第二个主要目的,就是根据中央关于涉诉信访纳入法治轨道解决及实行诉访分离的指导精神,通过相应的制度措施,落实信访当事人法律救济权利,解决执行信访"诉访不分"问题,切实将执行审查类信访案件纳入法律程序处理。

(三)执行信访终结制度尚未建立健全

最高人民法院已经出台过关于民事案件信访终结的相关文件,但是,执行信访在案件终结范围方面却难以适用。原因在于,信访终结只能由最高人民法院与高级法院决定,而信访终结的前提是最高人民法院与高级法院已作出驳回或维持原结论的终局法律文书。对于占执行信访绝对数量的实施类信访案件,因其案件特点,民事诉讼法及相应司法解释并未设定如同民事案件般的逐级审查救济制度,最高人民法院与高级法院也一般不作出驳回或维持原结论的法律文书,也就难以适用民事案件的信访终结制度。执行实践中,确实积累了一部分涉及执行的无理缠访案件,由于缺乏相应制度予以信访终结,唯有反复接待、反复审查,占用大量司法资源,各级法院对此反映强烈。

因而,我们制定《执行信访意见》第三个主要目的,就是根据中央关于信访终结的指导精神,建立健全符合执行案件特点的信访终结制度。

二、《执行信访意见》第一部分"关于办理执行信访案件的基本要求"

(一)关于执行信访案件的含义

信访当事人因执行案件向执行法院的上级法院来信来访,凡不属于行使法定救济权利,均属于执行信访案件。这里有几个问题需要明确:其一,"信访当事人"包括当事人、案外人及利害关系人三类,这三类主体向上级法院申诉信访,统称信访当事人。其二,执行信访案件特指信访当事人向上级法院申诉信访。执行案件当事人、案外人及利害关系人向执行法院申请执行、提出异议或申请参与分配等,均属于其法定权利,不应归类为执行信访;执行法院依法受理执行实施或执行异议案件后,当事人、案外人及利害关系人向执行法院催促办理,亦不能归类为执行信访。其三,当事人、案外人及利害关系人向上级法院行使申请复议等法定救济权利,亦不可归类为执行信访。其四,对各类执行信访案件分析归纳,信访诉求可以大致区分为两类:一是反映执行法院有财产而拖延查控、查控后不推进评估拍卖、拍卖后不发放款项等等此类消极执行问题,而请求上级法院督促执行。二是反映超标的查封、评估价过低、利息计算错误或者反映查封财产由其实际所有等等问题,认为执行行为违反法律规定或对执行标的主张实体权利,而请求上级法院纠正执行错误。请求督促执行类案件,主要诉求系推进执行实施,故归类为执行实施类信访案件。请求纠正执行错误类案件,应当依法纳入法律程序审查后作出结论,故归类为执行审查类信访案件;另有一类常见信访类型，虽已处于异议复议程序之中，但严重超审限，信访当事人请求尽快作出审查结论，也可归类为执行审查类信访案件。对执行信访案件进行分类的意义，旨在分流办理：实施类信访通过信访督办予以化解，审查类信访通过信访督办导入法律程序或加快审查进度。

(二) 关于执行信访统一归口管理

各级法院涉诉信访工作，一般由立案信访部门统一管理，但是，执行案件较之民事案件相对特殊，执行信访案件的督促办理必需依赖于上下级法院执行部门的统一指挥管理，因而，执行信访由执行部门归口管理更为妥当与合理。最高人民法院曾于2009年7月下发《关于进一步加强和规范执行工作的若干意见》，要求各级法院要设立专门的执行申诉处理机构，负责执行信访的审查和处理。《执行信访意见》对此进一步加以重申并细化：其一，各级法院执行部门应当设立执行信访专门机构。这里的专门机构，可以是专司执行信访的执行部门内设机构，如"申诉审查庭""执行监督处"等；执行信访案件较少的省份或地区，也可以由某内设机构兼负执行信访职能。至于"审执分离"改革后，执行信访职能设置于执行局或是执行裁判庭，则视最终的改革方案而定。其二，执行信访职能包括接待处理、交办督办以及信访终结的复查、报请、决定及备案等各项工作。目前，各级法院执行信访的接待处理、交办督办已基本实现归口管理；由于执行信访终结制度尚未建立健全，各级法院基本上还没有开展该项工作，今后也应当由执行部门归口管理。

(三) 关于渠道畅通、信访公开与及时处理

其一，各级法院应当设立执行来访窗口、公布执行来信地址，切实畅通信访渠道，避免信访当事人申诉无门，杜绝选择性

受理申诉问题。其二，对于执行申诉信访，应当及时向下级法院交办。至于交办方式，应当以网络系统为首选；对于重点案件，可以采取内部函文方式。其三，要以书面通知或其他适当方式，向信访当事人告知案件处理过程及结果。"其他适当方式"包括电话、谈话等方式，但需要作好笔录或工作记录。

（四）关于推行网络信访

建立网络系统，引导信访当事人通过网络反映问题，减少传统来人来信方式信访，这是目前和今后的努力方向。对此，各级法院应当采取行之有效的措施，例如加强新闻宣传、网络信访优先办理以及在信访接待窗口公告信访网址等等。

（五）关于信访督办的具体措施

《执行信访意见》关于执行信访案件的督办，分类提出若干措施，包括挂牌督办、巡回督导、领导包案、信访通报、绩效考核、综治考核、执行约谈等等。各级法院可以根据地方实际，采取行之有效的其他信访督办措施。这里需要对信访通报特别说明：其一，信访通报是强化信访督办最有效的措施之一。至于通报的具体内容，既可以按照《执行信访意见》将案访比、化解率作为主要指标，也可以根据各地实际自行设计指标。其二，关于通报是否排名的问题。有意见认为，排名通报可能会对部分法院造成心理负担，应当彻底取消排名通报。我们认为：对于不合理的、违反司法规律的排名排序，确实应当取消废止。但是，执行信访排名通报主旨在于解决人民群众反映强烈的消极执行以及执行异议立案难问题，对执行信访办理情况进行排名通报是合理的、有必要的。最高人民法院数年来一直坚持执行信访排名通报，取得了良好效果。最终，考虑到存在不同意见，《执行信访意见》对于信访通报并没有明确要求采取排名方式，各地可以根据实际，自行决定是否采取排名方式。

三、《执行信访意见》第二部分"关于执行实施类信访案件的办理"

（一）关于办理实施类信访的基本原则

执行实施类信访案件办理遵照的"执行到位、有效化解"原则，可以分三个层面理解：其一，对于具有可供执行财产案件，应当确保执行到位。执行到位，指生效法律文书所确定的债权已全部偿付申请执行人；既已"执行到位"，自然也就实现"有效化解"。其二，对于无财产可供执行案件，应当尽最大努力解释说明，争取"有效化解"。其三，经解释说明，仍然反复申诉、缠访闹访，可以依法终结信访。

（二）关于有效化解的界定

如前所述，部分省份、地区存在信访督办形式化问题，标准掌握宽松，一经报告即予以核销，信访化解率甚至高达百分之九十，明显与实际不符。《执行信访意见》对执行信访"有效化解"的标准加以严格限定，即只有案件确已执行到位、达成执行和解协议并已开始依协议实际履行、经解释或救助后书面承诺息诉罢访三种情形。凡不属于以上三类情形，应当继续督办，不能予以核销。例如执行法院报告执行存在障碍或表示将积极查询处分财产，而未向申请执行人解释说明或解释说明后未取得理解认可，不能认定为"有效化解"。这里需要重点说明几个问题：其一，案件确已执行到位的，下级法院应当提交收款凭证、结案文书等相关材料。其二，当事人达成执行和解的，应当提交执行和解协议以及依协议实际履行的书面材料。其三，书面息诉罢访承诺，可以是申请执行人出具的书面承诺，也可以在谈话笔录中承诺息诉罢访。其四，关于对信访当事人进行司法救助的"相关规定",参见中央六部委《关于建立完善国家司法救助制度的意见(试行)》及《最高人民法院关于加强和规范人民法院国家司法救助工作的意见》。"追索赡养费、扶养费、抚育费等,因被执行人没有履行能力,造成申请执行人生活困难""因道路交通事故等民事侵权行为造成人身伤害,无法经过诉讼获得赔偿,造成生活困难"以及"诉求具有一定合理性,但通过法律途径难以解决,且生活困难,愿意接受国家司法救助后息诉息访"等若干情形,可以予以司法救助。

(三)关于实施类非执行信访的认定

确有部分执行实施类信访案件,虽涉及执行问题但依法应予中止执行,或实际并非反映执行问题,经下级法院据实报告,上级法院不再作为执行信访案件交办督办:其一,企业破产法规定,人民法院受理破产申请后,有关债务人财产的保全措施应当解除,执行程序应当中止。因此,因受理破产申请而中止执行并告知申请执行人依法申报债权的,不再交办督办。其二,再审裁定中止执行并告知申请执行人依法应诉的,不再交办督办。其三,因牵涉犯罪,案件已根据相关规定中止执行并移送有关机关处理,不再交办督办。典型如牵涉非法集资犯罪的执行案件,按照《最高人民法院、最高人民检察院及公安部关于办理非法集资刑事案件适用法律若干问题的意见》的规定,人民法院在执行过程中,发现有非法集资犯罪嫌疑的,应当裁定中止执行,并及时将有关材料移送公安机关或者检察机关。其四,信访诉求系认为执行依据存在错误,不再交办督办。此外,另有一种情况,确属执行案件,但因涉及群体性纠纷而需通盘解决,故地方党委、政府以书面文件决定将该信访案件移交相关部门统筹解决,经下级法院据实报告并提交书面文件,《执行信访意见》虽并未作出规定，上级法院也可以不再交办督办。

（四）关于执行完毕信访与终本信访导入异议程序

执行实施类信访最为常见、最为典型的两类案件：一是有财产可供执行案件中，执行法院认为案件已经执行完毕，但是申请执行人并不认可，如认为本金计算错误、利息尚未偿付等等，持续申诉信访。二是无财产可供执行案件中，虽然执行法院认为确无财产可供执行，但是申请执行人并不认可，认为被执行人具有可供执行财产，持续申诉信访。我们经过反复研究认为，该两类案件或涉及债权是否全部偿付，或涉及是否确无可供执行财产，实践中均由执行法院单方审查决定，申请执行人对此无任何法律程序可供抗辩救济，有失公正合理，故而引发信访问题，必须纳入法律程序处理。

其一，关于执行完毕信访案件。执行完毕案件是否作出法律文书、作出何种法律文书，系重大程序问题，但是民事诉讼法及司法解释均未规定，确系漏失。长期以来，各级法院或以执行通知方式结案，或以执行裁定方式结案，或以申请执行人签署认可方式结案，或以承办法官自行注明"执行完毕"方式结案，极不规范。2014年，最高人民法院颁布《关于执行案件立案、结案若干问题的意见》（以下简称《立案结案意见》），规定执行完毕案件作出结案通知书，但是区分两类情况：一是经自动履行、强制执行或和解履行，应当制作结案通知书。此类情况往往针对债权全部偿付的案件。二是书面认可或口头认可执行完毕，无需制作结案通知书。此类情况往往针对债权部分偿付但申请执行人予以认可的案件。对于执行完毕案件，申请执行人仍然以案件尚未执行完毕为由申诉信访，应当按照以下方式处理：如已制作结案通知书，应当告知针对结案通知书提出执行异议；如因认可执行完毕而未制作结案通知书，应当补充制作结案通知书，告知针对结案通知书提出执行异议。

其二，关于终本信访案件。无财产可供执行案件的申请执行人申诉信访，系执行信访案件的主要类型。我们认为，对于该类案件的处理要坚持两个思路：一是要通过异议程序，严格审查是否确无财产可供执行。二是如确无财产可供执行，则终结本次执行程序，直至信访终结，依法有序退出。按照这一思路，对于无财产可供执行而引发的信访案件，应当按照以下方式处理：首先，执行法院应当根据司法解释规定，作出终结本次执行程序裁定。其次，告知申请执行人针对终结本次执行程序裁定提出执行异议，执行异议重点审查是否确无可供执行财产。这里还需要特别说明两个问题：第一，《立案结案意见》规定申请执行人提出异议应当在"裁定终结本次执行程序前"，而最高人民法院目前研究制定的终结本次执行程序司法解释，初步确立了"终本前征询意见、终本后告知异议权利"的思路，这也符合民事诉讼基本法理，故《执行信访意见》先行作出"先终本、后异议"的原则性规定。至于提出异议的期限、审查程序等，以终结本次执行程序司法解释正式条文为准。第二，最高人民法院2016年2月《关于对人民法院终结执行行为提出执行异议期限问题的批复》规定对终结执行（应当理解为包括终结本次执行程序）的异议应当在60日内提出。"终结本次执行程序"结案方式由中央政法委、最高人民法院2009年3月《关于规范集中清理执行积案结案标准的通知》所确立，至2015年2月《最高人民法院关于适用〈中华人民共和国民事诉讼法〉的解释》（以下简称《民事诉讼法司法解释》）正式规定，再至《执行信访意见》规定可以提出异议，已时隔数年。在此之前，各级法院根据相关规定作出的终结本次执行裁定，实际上早已超出 60 日异议期限，申请执行人对该类裁定提出异议，已不能作为执行异议立案受理。我们认为，对于该类不符合执行异议受理条件的案件，执行法院可以先做解释说明工作，如申请执行人仍持续申诉信访，可以作为执行监督案件立案审查并作出裁定，申请执行人不服该裁定，上级法院亦应当作为执行监督案件审查，将其纳入法律程序处理，进而与信访终结程序对接。

四、《执行信访意见》第三部分"关于执行审查类信访案件的办理"

（一）关于办理审查类信访的基本原则

执行审查类信访案件办理遵照"诉访分离"原则，分以下几个层面理解：其一，如果能够通过民事诉讼法及相关司法解释予以救济，必须通过法律程序审查。这里的法律程序，主要指执行异议、案外人异议程序。其二，如果前述法律程序已经穷尽，仍应当按照《执行信访意见》所规定的执行监督程序进行救济。其三，如果法律程序与执行监督程序均已穷尽，仍然反复申诉、缠访闹访，可以依法终结信访。其四，如果属于审判程序、国家赔偿程序处理范畴，告知通过相应程序寻求救济。

这里需要强调一个问题：执行实践中，部分法院严格限定执行异议的形式，只对那些明确提出《执行异议申请》的案件，才作为执行异议案件受理。究其本因，或许是对法条掌握过于严苛，但更多是为其不受理执行异议找合理托辞。针对于此，《执行信访意见》适当放宽了受理执行异议的形式要求：对于未提交《执行异议申请》，但以"申诉书""情况反映"等形式主张执行行为违反法律规定或对执行标的主张实体权利的，应当参照执行异议申请予以受理。

还需要说明一个问题：有意见认为，严格执行"诉访分离"，执行异议案件将大量增多，执行裁决部门工作负担将骤然加大。我们认为，严格执行"诉访分离"的意义在于，一是落实法律赋予当事人的执行救济权利，二是以执行裁决监督执行实施，从而逐步解决"执行滥"问题。目前看，"诉访不分"问题已非常突出，必须立即解决；如异议案件数量逐步增多，可考虑采取增加员额、限定异议条件、简化裁决方式等措施予以解决。

（二）关于以信访制度倒逼"诉访分离"

我们认为，虽然《最高人民法院关于人民法院办理执行异议和复议案件若干问题的规定》（以下简称《异议复议司法解释》）对于执行异议立案难问题，规定了上提一级异议制度，但是，不受理异议更多是内部管理问题，以信访制度督促下级法院受理异议，实际上更为有效和便捷。因此，《执行信访意见》要求各级法院建立以信访制度倒逼"诉访分离"机制：其一，信访当事人向上级法院申诉信访，如案件尚未经过异议程序或执行监督程序处理，上级法院一般不进行实质性审查，即不对执行是否存在错误作出明确结论。其二，上级法院应当告知信访当事人按照法律规定寻求救济。其三，通过信访制度交办督办，责令下级法院按照执行异议或执行监督程序审查。其四，下级法院正式立案审查后，上级法院不再作为信访案件交办督办，在信访案件基数中予以核销剔除，意为"已进入法律程序，则不属于信访案件"。近几年来，最高人民法院在到京执行信访案件交办督办工作中实行这一机制，取得了良好效果，大量审查类信访已纳入法律程序处理。

（三）关于执行监督程序

《执行信访意见》对执行监督程序进行一定程度的规范，目的在于：首先，解决对复议裁定的监督不统一及选择性监督问题。其次，解决未受理执行异议的补充救济问题。再次，最高人民法院或高级法院对案件作出终局审查结论，是信访终结的一般前提。如不统一设定对复议裁定的监督，就会有相当一部分案件不经最高人民法院或高级法院终局审查，难以与信访终结程序对接。针对以上问题，《执行信访意见》作出两项规定：

其一，对复议裁定的监督。民事诉讼法及司法解释并未赋予当事人、利害关系人对执行复议裁定向上一级法院寻求救济的法律渠道。当事人、利害关系人向上一级法院继续主张权利，实际上属于法律程序之外的申诉信访。对于该类申诉信访，如果再行立案审查，则定性为《最高人民法院关于人民法院执行工作若干问题的规定（试行）》（以下简称《执行规定》）所规定的执行监督程序。目前，对复议裁定是否一律立案监督、立案监督后作出何种法律文书，并不明确具体。执行实践中，部分法院一律不予立案监督，部分法院一律立案监督，另有部分法院则仅对人大代表、政协委员关注案件立案监督；该类案件立案监督后，部分法院作出执行裁定，部分法院作出通知书，另有部分法院则以内部函形式处理。我们认为：第一，异议复议程序系对执行实施行为的监督，当前执行不规范问题依然突出，理应增加、强化监督；第二，与其规则模糊而导致监督不统一及选择性监督，不如一律予以监督；第三，民事申请再审一律立案审查，执行程序应当予以参照；第四，通知书、内部函等处理方式，或效力欠缺，或有失公开，故对复议裁定的监督也应作出裁定。综上，《执行信访意见》规定：当事人、利害关系人不服执行复议裁定，向上一级法院申诉信访，上一级法院应当作为执行监督案件立案审查，以裁定方式作出结论。

需要说明的是,除执行复议裁定外,按照民事诉讼法及相关司法解释,另有部分执行终局法律文书,具体包括民事诉讼法第二百三十七条所规定不予执行仲裁裁决裁定以及驳回不予执行仲裁裁决申请裁定,民事诉讼法第二百三十八条所规定不予执行公证债权文书裁定以及《异议复议司法解释》第十条所规定驳回不予执行公证债权文书申请复议裁定,《民事诉讼法司法解释》第一百七十一条、第一百七十二条所规定保全、先予执行复议裁定,《民事诉讼法司法解释》第一百八十五条、第一百八十六条所规定罚款与拘留复议决定,《异议复议司法解释》第九条所规定限制出境复议决定。关于上述执行终局法律文书是否予以监督的问题,意见分歧较大。考虑到解决对复议裁定的监督系首要问题,《执行信访意见》对其他执行终局法律文书是否监督未作规定,留待今后解决。

其二,关于未受理执行异议的补充监督。《异议复议司法解释》将当事人、利害关系人提出执行异议的期限,限定在执行程序终结之前(对终结执行措施提出异议的除外)。如前所述,因部分法院对执行异议未予受理,执行程序终结后,当事人、利害关系人仍请求纠正执行错误,已不能按照执行异议立案审查,导致当事人、利害关系人丧失法律救济权利。因此,必须对该类案件给予补充救济,纳入法律程序处理。综上,《执行信访意见》规定:对于在异议期限之内已经提出异议,但是执行法院未予立案审查的案件,应当作为执行监督案件立案审查,以裁定方式作出结论;当事人、利害关系人不服执行监督裁定,向上一级法院继续申诉信访,上一级法院应当作为执行监督案件立案审查,以裁定方式作出结论。这里需要说明两个问题:第一,关于"异议期限"。按照《异议复议司法解释》,一般执行异议应当在执行程序终结之前提出；按照《关于对人民法院终结执行行为提出执行异议期限问题的批复》，终结执行异议应当在60日内提出。第二，由于该项执行监督系对未受理执行异议的补充救济，自然应当参照适用《执行信访意见》所确立的执行异议三级审查原则，当事人、利害关系人不服上一级法院作出的执行监督裁定，再上一级法院也应当立案监督。

实际上，对案外人异议未予受理问题同样存在。有一种意见认为：因执行法院未予立案审查，案外人在异议期限之后继续申诉信访，如执行标的裁定以物抵债的，作为执行监督案件立案审查；如执行标的拍卖或变卖成交的，告知案外人对申请执行人、被执行人提起不当得利之诉、损害赔偿之诉等予以救济。我们认为，这种意见具有一定合理性，但是其理论逻辑还不够成熟，反对意见较多，故《执行信访意见》并未采纳，亦留待今后解决。

（四）关于审查类非执行信访的认定

部分信访当事人名为请求纠正执行错误，实际上其诉求并非针对执行行为，上级法院不应作为执行信访案件交办督办：其一，信访诉求系针对人民法院根据行政机关申请所作出准予执行裁定。该类案件当事人往往主张纠正执行错误，究其实质，并非针对执行实施，而针对准予执行裁定。因而，不应作为执行信访要求执行部门加以解决。其二，信访诉求系认为执行依据存在错误。此外，地方党委、政府以书面文件决定将信访案件移交相关部门统筹解决的，经下级法院据实报告并提交书面文件的，上级法院也可以不再交办督办。

五、《执行信访意见》第四部分"关于执行信访案件的依法终结"

(一) 关于执行信访终结

信访终结的意义在于引导当事人依法维权,防止无限申诉,节约司法资源。执行信访终结的具体含义,应当从以下几方面理解:其一,执行信访终结具有两项前提:一是执行措施全部到位或法律程序全部穷尽;二是仍然反复申诉、缠访闹访。因此,并非所有措施到位或程序穷尽的执行信访案件都要予以终结,只有那一小部分干扰司法秩序、占用司法资源的案件,才有必要予以信访终结。其二,执行信访终结的主要效果有二:一是终结交办督办,上级法院不再将该类案件纳入基数进行通报;二是终结法律审查,各级法院无需对该类案件启动复查程序。其三,执行信访终结,意味着对信访当事人申诉权利进行一定程度的限制,因而决定机关只能为最高人民法院或高级法院,并应当经过严格的审核程序。其四,执行信访终结前提之"法律程序穷尽",系指法律及司法解释所设定的,经当事人申请而由人民法院启动的审查程序穷尽。但是,当事人并未丧失其他法律救济途径:民事诉讼法已规定执行检察监督的条款,最高人民法院也正与最高检察院联合制定关于执行检察监督的规定,人民法院对执行信访予以终结后,当事人仍可以向人民检察院申请检察监督。

(二) 关于实施类信访终结

其一,执行完毕信访与终本信访,系最主要的实施类信访类型,《执行信访意见》已将该两类信访纳入异议程序处理,故信访终结也将纳入审查类信访终结。其二,申请执行人书面承诺息诉罢访,又以相同事由持续反复申诉、缠访闹访,无需进入异议程序审查,由执行法院逐级报请高级法院决定终结信访。

(三) 关于审查类信访终结

其一,执行监督裁定由高级法院作出的,由高级法院决定终结信访。其二,执行复议、监督裁定由最高人民法院作出的,由最高人民法院决定终结信访或交高级法院终结信访。这里需要说明:最高人民法院维持高级法院审查结论的,可以交由高级法院终结信访;最高人民法院更改高级法院审查结论的,则由最高人民法院终结信访。

(四) 关于执行信访终结的程序

最高人民法院已经出台过民事信访终结的相关文件,关于材料样式等一般程序问题,执行信访终结均应依照执行。《执行信访意见》重点强调了两项内容:其一,高级法院决定终结信访之前,应当报请最高人民法院备案。其二,决定终结信访,应当书面告知信访当事人。

关于发布《关于在招标投标活动中对失信被执行人实施联合惩戒的通知》的新闻发布稿

最高人民法院执行局局长　孟　祥

为进一步落实今年初最高人民法院与中央44家单位联合签署的《关于对失信被执行人实施联合惩戒的合作备忘录》（以下简称《备忘录》）有关内容，最高人民法院与国家发展改革委、工业和信息化部、住房和城乡建设部、交通运输部、水利部、商务部、国家铁路局、中国民用航空局九部门于2016年8月30日联合会签了《关于在招标投标活动中对失信被执行人实施联合惩戒的通知》（以下简称《通知》），这是贯彻落实党中央、国务院推进社会诚信建设和切实解决执行难重要举措，是加快推进社会信用体系建设、建立健全跨部门失信联合惩戒机制的又一重大成果。

下面，我从四个方面向大家通报联合下发《通知》的有关情况。

一、下发《通知》的背景

（一）党中央、国务院高度重视社会诚信建设

党的十八大、十八届三中、四中、五中全会都对社会诚信建设提出了具体要求，指出要完善违法失信行为惩戒机制，褒扬诚

信,惩戒失信。国务院于2014年6月发布的《社会信用体系建设规划纲要(2014-2020)》,将构建守信激励和失信惩戒机制作为社会信用体系建设的三大基础性措施之一。国务院指定由国家发展改革委和中国人民银行牵头,建立了社会信用体系建设部际联席会议制度。要求各单位及时沟通情况、协调不同意见,推动守信激励和失信惩戒工作机制的落实,加快社会信用体系建设。

(二)人民法院破解执行难迫切需要构建联合惩戒机制

长期以来,对人民法院"执行难"问题社会高度关注,人民群众反映强烈。近几年,全国法院新收案件逐年增多,2016年截止到8月,新收案件340多万件,同比上升27.84%。在以往的执行案中60%以上有财产案件的债务人不主动履行,同时还大量存在暴力对抗执行、恶意逃避执行等现象。面对这种复杂情况,仅靠人民法院自身力量是远远不够的,各部门必须联合起来,加大信用惩戒力度,建立联合信用惩戒机制,推进社会信用体系建设,唯如此,才是治本之策。诚信缺失、社会信用体系不健全已经成为执行难不可忽视的深层原因。2010年,中央19家部委出台了《关于建立和完善执行联动机制若干问题的意见》,明确提出要形成党委领导、人大监督、政府支持、社会各界协作配合的执行工作新格局,建立健全解决执行难问题的长效机制。

(三)联合惩戒失信被执行人已经有了良好的基础

2013年,最高人民法院发布了《关于公布失信被执行人名单信息的若干规定》,建立了对失信被执行人的联合惩戒制度。与中央文明办等8部门及国家发展改革委、财政局等44家部委通过限制乘坐飞机、高铁,限制贷款、限制招投标、政府采购等,形成了多部门、多行业、多手段的联合惩戒网络。截至今年8月底,最高人民法院已向社会公众发布失信被执行人名单信息

499.2万例。取得了良好的法律效果与社会效果,为进一步拓展联合惩戒措施、限制失信被执行人招投标活动奠定了良好的工作基础。

二、《通知》的主要内容

《通知》进一步落实了《备忘录》中关于在招标投标领域联合限制失信被执行人、规范招投标活动的内容,共分为五个部分。

第一部分是重要性。在招标投标活动中对失信被执行人开展联合惩戒,是健全招标投标失信行为联合惩戒机制,推进社会信用体系建设的重要举措。有利于规范招标投标活动当事人行为,促进招标投标市场健康有序发展,有利于健全"一处失信,处处受限"的信用机制,在全社会形成尊重司法,诚实守信的良好氛围。

第二部分是联合惩戒对象。即在招标投标活动中被最高人民法院公布为失信被执行人的投标人、招标代理机构以及评标专家、招标从业人员。

第三部分是查询内容及方式。最高人民法院将失信被执行人名称(姓名)、法律义务履行情况、失信情形等信息推送到全国信用信息共享平台和"信用中国"网站,招标人、招标代理机构、相关行政监督部门则通过"信用中国"网站或各级信用信息共享平台进行查询。

第四部分是联合惩戒措施。该部分是《通知》的核心内容,共提出四项惩戒措施,一是限制失信被执行人的投标活动。对于依法必须进行招标的工程建设项目,招标人将在招标公告等招标文件中明确规定评标标准,在评标阶段对失信被执行人予以限制。对于两个以上的自然人、法人或者其他组织组成一个联合体，以一个投标人的身份共同参加投标活动的，应当对所有联合体成员进行查询，一旦联合体中有一个或一个以上成员属于失信被执行人的，则对联合体进行整体限制；二是限制失信被执行人的招标代理活动。招标人在委托招标代理机构开展招标事宜时，将优先选择无失信记录的招标代理机构，推动招标活动更加规范、高效；三是限制失信被执行人的评标活动。《通知》明确了相关单位不得聘用失信被执行人为评标专家，对聘用期间成为失信被执行人的评标专家，将及时清退；四是限制失信被执行人的招标从业活动。招标人、招标代理机构在聘用招标从业人员时，将对失信被执行人予以限制，对从业期间成为失信被执行人的招标从业人员予以处理。

最后一部分是工作要求，主要包括各单位共同开展联合惩戒，建立失信行为信用记录并予以公开，妥善保管失信被执行人信息，不得泄露企业经营秘密和个人隐私等。

《通知》主要有四个特点。一是惩戒部门全。此次参与部门，是在招投标领域实施监管的重点部门，包括国家发展改革委、工业和信息化部、住房和城乡建设部、交通运输部、水利部、商务部、国家铁路局、民航局等。二是惩戒力度大。在信用信息共享基础上，由原来一个部门在一个领域对失信当事人实施惩戒，现在变为由多个部门在同一领域对失信当事人实施联合惩戒。三是影响范围广。涉及投标人资格预审、招标代理机构资格审查、评标专家聘用和清退、招标从业限制等多个重点领域。四是双向共同惩戒。《通知》中各项惩戒措施的落实，都需要最高人民法院与相关部门密切配合，联合实施惩戒。

三、最高人民法院在信息共享和失信联合惩戒方面开展的工作

最高人民法院认真贯彻落实党的十八大和十八届三中、四中、五中全会提出的加强社会诚信建设的要求,以失信被执行人名单制度为载体,以国家社会信用体系建设部际联席会议为平台,积极参与国家发展改革牵头的"信用中国"网站建设和全国信用信息共享平台建设,主动向有关部门和协作单位推送失信被执行人名单信息。加强执行联动机制建设,形成对失信被执行人进行信用惩戒的合力。

(一)与铁路、民航部门联动。2014年6月18日、7月1日,中国铁路总公司、中国民航信息网络股份有限公司分别正式上线限制失信被执行人购买列车软卧车票和飞机票。2015年8月25日零时开始,中国铁路总公司增加限制乘坐高铁和其他动车一等以上座位。截至2016年8月31日,共限制失信被执行人乘坐列车155万人次;乘坐飞机470.5万人次。

(二)与中国人民银行征信中心联动。中国人民银行征信中心明确将失信被执行人名单信息纳入征信系统相关工作规程,在制作企业和个人信用报告时,将失信被执行人名单信息整合至被执行人信用档案中,并以信用报告的形式向金融机构等单位提供。

(三)与中国银监会、银行业金融机构联动。与中国银监会联合开展网络执行查控及信用惩戒工作,限制失信被执行人在全国金融机构贷款或办理信用卡。2013年至今,最高人民法院分别与21家全国性银行业金融机构就网络执行查控及信息共享分别签订合作备忘录,对失信被执行人在银行的重要业务申请进行严格审查并采取相应的控制和限制措施。

（四）与国家工商总局联动。国家工商总局限制失信被执行人在全国范围内担任任何公司的法定代表人、董事、监事和高级管理人员。截至今年8月31日，全国工商、市场监管部门共限制失信被执行人担任各类企业高管6.6万余人次。

（五）与互联网电商联动。与淘宝、京东等互联网电商开展合作，将失信被执行人名单信息作为重要评价指标纳入信用评价体系，利用信息技术手段，扩大失信数据的影响力。限制失信被执行人互联网上的高消费行为。

此外，最高人民法院还与农业部、交通运输部、中国证监会、公安部全国公民身份证号码查询中心、全国组织机构代码管理中心、中国银联、全国工商联、中国中小企业协会、人民网、百度、腾讯等开展合作，在相关领域对失信被执行人实施联合惩戒，有力促进了社会信用体系建设。

四、落实《通知》的主要计划

法律的生命在于实施，签署《通知》的意义在于落实。本次《通知》惩戒措施的落实，有赖于各签署单位在各自监管领域内，把失信被执行人名单信息作为重要参考依据，在招标投标方面予以信用惩戒。最高人民法院将进一步做好以下工作：一是对2013年出台《关于公布失信被执行人名单信息的若干规定》进行修改完善，并对各级法院提出明确要求，确保失信被执行人名单信息纳入准确、完整、及时；二是及时向全国信用信息共享平台和"信用中国"网站提供失信被执行人名单信息和更新信息，确保名单信息的准确性和及时性；三是积极配合各会签单位开展失信联合惩戒，做好服务工作。

同志们，各位新闻界的朋友们，《通知》作为对失信被执行人进行信用惩戒的重要文件，今天正式向社会发布。《通知》的起草和下发得到了中央和国务院有关部门的大力支持。国家发展改革委做了大量的协调工作。在征求意见过程中，有关部门提出了多条充实、完善意见建议，极大地丰富了《通知》的内容。

在座的新闻界的朋友们一直关注人民法院对失信被执行人实施信用惩戒的工作，并进行了广泛宣传报道，对《通知》的起草和下发更是给予了极大关注。在此，我代表最高人民法院执行局，对国家发展改革委、参与会签的各部门领导和同志们，以及新闻界的朋友们表示衷心的感谢和崇高的敬意！希望大家在今后一如既往地支持《通知》的贯彻实施，关心和关注人民法院执行工作。

解读《最高人民检察院关于充分发挥检察职能依法保障和促进科技创新的意见》

7月14日,最高人民检察院发布《关于充分发挥检察职能依法保障和促进科技创新的意见》(以下简称《意见》)。最高检新闻发言人肖玮介绍了《意见》的制定背景、基本思路和主要内容。

一、《意见》的制定背景

2016年5月30日,习近平总书记在全国科技创新大会、两院院士大会、中国科协第九次全国代表大会上发表了《为建设世界科技强国而奋斗》的重要讲话,对加快建设创新型国家和世界科技强国进行了总动员,对全面贯彻创新发展理念和实施创新驱动发展战略作出了总部署。6月8日上午,曹建明检察长主持召开最高检党组会,传达学习会议精神,强调各级检察机关要深入学习这次会议特别是习近平总书记重要讲话精神,善于运用法治思维和法治方式,综合发挥检察职能,为创新发展提供有力司法保障。

为了贯彻落实习近平总书记重要讲话精神,切实担负起检察机关在建设科技强国中的重大责任,综合发挥检察机关打击、预防、监督、教育、保护等职能,准确把握检察机关保障、促进和服务科技创新的定位和切入点，最高人民检察院在深刻领会科技创新的重要意义、尊重科技创新规律、维护科技创新主体合法权益、营造科技创新法治环境，结合检察工作实际，研究起草了《意见》。

在起草过程中，最高人民检察院还专门征求并吸收了教育部、科技部、国家知识产权局、中国科学院、中国工程院、中国科协等单位提出的相关意见建议。

二、《意见》的基本思路

在《意见》的研究起草过程中，我们始终注意把握"四个注重"。

（一）注重以党中央对实施创新驱动发展战略和科技创新的部署要求作为指导思想

党的十八大强调实施创新驱动发展战略，党的十八届五中全会提出创新发展理念，特别是习近平总书记在全国科技创新大会讲话中阐述的中国特色科技创新道路的丰富内涵、目标任务和总体要求，是贯穿《意见》全文的指导思想和总纲领。《意见》强调各级检察机关要把思想和行动统一到党中央关于实施创新驱动发展战略的决策部署上来，并从加强知识产权的司法保护等五个方面，对各级检察机关充分发挥检察职能依法保障和促进科技创新提出了明确具体的要求。

（二）注重突出检察机关保障和促进科技创新的主要职能

《意见》的内容全面体现了检察机关打击、预防、监督、教育、保护等主要职能，比如第一部分重点强调检察机关发挥惩治侵犯知识产权犯罪、对涉及知识产权案件的法律监督、推进行政执法与刑事司法衔接等职能，第二部分重点强调检察机关发挥查办和预防妨害科技创新发展的职务犯罪等职能，第四部分重点强调检察机关发挥司法救济、法律普及服务等职能。

（三）注重坚持法治思维和法治方式

从科技创新工作的体制机制和行业特点等实际情况出发，《意见》强调要准确把握法律政策界限，坚持罪刑法定原则和刑法谦抑性原则，正确区分罪与非罪界限；强调要切实贯彻宽严相济刑事政策，对在科研项目实施中突破现有制度，但有利于实现创新预期成果的，应当予以宽容；强调要注重改进司法办案方式方法，慎重选择办案时机和方式，注意听取有关部门、专家的意见，努力实现办案的最佳效果。

（四）注重强化可操作性和制度执行力

对于《意见》规定的各项措施，力求有可操作性，并对加强组织领导和业务指导、加强协作配合形成合力、加强宣传营造良好环境提出了具体工作要求，确保对科技创新的司法保障措施落到实处。

三、《意见》的主要内容

《意见》分五部分，共15条。

《意见》第一部分强调加强知识产权的司法保护，保障科技创新主体合法权益。第一条要求依法惩治侵犯商标权、侵犯著作权、假冒专利权、侵犯商业秘密的犯罪，加大对科技创新主体合法权益的法律保护，重点提出对于涉及高新技术、关键核心技术，事关国家和社会利益，直接关系人民群众生命安全和健康，以及网络侵权、跨地区跨国境有组织侵权等严重侵权假冒犯罪开展重点打击和专项整治。第二条要求强化对涉及知识产权案件的法律监督，重点突出对涉及知识产权案件的刑事立案、侦查、审判以及民事、行政审判和执行活动的法律监督。第三条要求推进知识产权领域行政执法与刑事司法衔接机制建设，重点提出推动实现涉嫌侵权假冒犯罪案件"网上移送、网上受理、网上监督",建立行政执法与司法优势互补、有机衔接的知识产权保护体系。

《意见》第二部分强调积极发挥查办和预防职务犯罪职能,为科技创新营造良好法治环境。第四条要求依法惩治国家工作人员利用审批、监管、执法司法等职权妨害科技创新发展的贪污、受贿、失职渎职犯罪,特别要重点查办创新驱动、转型发展中不作为、乱作为,特别是国家工作人员违反科研规律干预科研活动,导致重大科研项目流产,造成重大损失的失职渎职犯罪,以及泄露国家重大科技秘密的犯罪。第五条要求依法查办危害科技创新发展公平竞争环境的行贿犯罪,促进形成有利于激发科技创新活力的公平竞争环境。第六条要求积极做好相关职务犯罪预防工作,帮助科研单位建章立制、堵塞漏洞、完善内部监督制约和管理机制。

《意见》第三部分强调准确把握法律政策界限,改进司法办案方式方法。第七条要求准确把握法律政策界限,办案中正确区分罪与非罪的"五个界限",对于法律和司法解释规定不明确、法律政策界限不明、罪与非罪界限不清的,不作为犯罪处理。第八条要求切实贯彻宽严相济刑事政策,特别是对于锐意创新探索,但出现决策失误、偏差,造成一定损失的行为,要区分情况慎重对待。对于没有徇私舞弊、中饱私囊,或者没有造成严重后果的,不作为犯罪处理。第九条要求注重改进司法办案方式方法,特别提出慎重选择办案时机和方式,对于关键岗位的涉案科研人员,尽量不使用拘留、逮捕等强制措施;对于科研单位用于科技创新、产品研发的设备、资金和技术资料,一般不予以查封、扣押、冻结。

《意见》第四部分强调综合发挥检察职能,提高服务科技创新的能力水平。第十条要求拓展法律服务渠道，加强对科技创新主体合法权益的司法救济，特别提出运用视频接访系统、12309举报网络平台等开展法律咨询、司法救济，严格依法办理相关的控告、申诉和举报。第十一条要求落实普法责任制，主动开展普法活动，特别提出落实以案释法制度，采取多种形式，帮助和促进科技创新主体强化法律意识，提高依法维护自身权益的意识和能力。第十二条要求努力提高法律服务能力水平，特别提出探索建立专门的知识产权办案机构或者办案小组，有条件的地区试行知识产权案件集中管辖；推行对重大疑难复杂犯罪案件介入侦查引导取证机制；探索建立知识产权专家库，建立健全专家证人、专家咨询、技术鉴定等案件办理机制。

《意见》第五部分强调强化组织领导，确保对科技创新的司法保障落到实处。第十三条要求加强组织领导和业务指导，对于重大侵犯知识产权犯罪案件、重大妨害科技创新职务犯罪案件实行挂牌督办。第十四条要求加强与政府科技、教育等部门以及各级科协的协作配合，形成保障和促进科技创新发展的合力。第十五条要求加强检察宣传工作，推动全社会形成依法保障和促进科技创新发展的司法环境和社会氛围。

习近平总书记在全国科技创新大会讲话中深刻指出："科技兴则民族兴，科技强则国家强。"下一步，检察机关将坚持把服务创新发展摆在服务经济社会发展大局的核心位置，找准保障、促进和服务科技创新的定位和切入点，善于运用法治思维和法治方式，支持创新探索，宽容创新失误，保护创新成果，为科研机构、研究型大学、创新型企业和科技工作者营造良好创新环境，为保障和促进科技创新提供有力司法保障。

【指导案例解读】

指导案例 27 号《臧进泉等盗窃、诈骗案》的理解与参照

——利用信息网络进行盗窃与诈骗的区分

最高人民法院案例指导工作办公室

2014年6月23日,最高人民法院发布了指导案例27号《臧进泉等盗窃、诈骗案》。为了正确理解和准确参照适用该指导性案例,现对其推选经过、裁判要点、需要说明问题等有关情况予以解释、论证和说明。

一、推选经过及指导意义

2013年5月,浙江省杭州市中级人民法院将该案例作为参考性案例向浙江省高级人民法院报送。8月6日,经浙江省高院审委会讨论通过后作为指导性案例向最高人民法院推荐。8月29日,最高人民法院案例指导工作办公室送刑二庭审查和征求意见。9月4日,刑二庭审查认为该案例根据被害人处分意识差异,正确区分了盗窃与诈骗,具有较好法律效果和社会效果以及较强指导意义,同意作为指导性案例。12月4日,研究室室务会经审查认为该案例解决了利用网络盗窃与诈骗的界限划分,同意作为指导性案例报请院领导提交审判委员会讨论。2014年5月27日,

最高人民法院审判委员会经讨论认为，该案例具有指导意义，同意将其确定为指导案例发布。6 月 23 日，最高人民法院以法〔2014〕161 号文件将该案例作为第七批指导案例予以公开发布。

近年来，随着信息网络的迅速发展，利用信息网络实施的犯罪随之蔓延，"网络钓鱼"类案件呈现出多发态势，造成严重社会危害。网络犯罪是传统犯罪在信息网络上的新型表现形式，虽然二者没有本质上的差异，但是网络犯罪具有其自身的特点：一是跨地域针对不特定多数人实施诈骗、敲诈勒索等犯罪活动，以积少成多的方式牟取暴利；二是利用网络技术，借助网络隐蔽实施，技术性和隐蔽性较强；三是犯罪手段复杂多样，往往盗窃、诈骗等行为交织，给案件准确定性带来一定难度。该指导案例同时说明了两种典型的网络犯罪手段，应分别以盗窃罪和诈骗罪定罪处罚。这对于解决盗窃与诈骗行为交织案件的定性，统一裁判标准，依法惩治相关网络犯罪，具有较强指导意义。同时，发布该指导案例，对于网络购物有警示作用，能够提醒网民意识到网络交易和支付平台存在的安全威胁，在网络购物、网络支付中保持警觉，注意辨别，审慎付款，避免上当受骗，也有利于促使相关网络支付平台经营管理者加强技术监管，健全管理制度，防范和减少网络犯罪的发生。

二、裁判要点的理解与说明

指导案例 27 号旨在为准确划分网络条件下盗窃与诈骗的界限提供指导，其裁判要点确认：行为人利用信息网络，诱骗他人点击虚假链接而实际通过预先植入的计算机程序窃取财物构成犯罪的，以盗窃罪定罪处罚；虚构可供交易的商品或者服务，欺骗他人点击付款链接而骗取财物构成犯罪的，以诈骗罪定罪处罚。该指导案例主要依据我国刑法第二百六十四条、第二百六十六条、第二百八十七条的规定,同时结合刑法理论,从被害人有无处分财物意识和财物转移占有的主要手段的角度区分了盗窃罪和诈骗罪。下面围绕裁判要点有关盗窃与诈骗的区分问题进行论证和说明。

(一)盗窃与诈骗的理论区分

近年来,利用信息网络实施盗窃、诈骗等行为交织的侵犯财产犯罪比较突出,客观表现上行为人有的在实施诱骗过程中加入秘密窃取行为,有的在行窃后跟进实施骗取行为,有的交错实施窃取、骗取行为。对此是认定为盗窃还是诈骗,二者究竟应当如何区分呢?

对于这一问题,我国刑法和司法解释没有明确规定,司法实践中有时存在争议。从国外刑法理论来看,刑法理论的通说与审判实践都将处分行为作为诈骗罪的构成要件(以既遂为模式)要素。处分行为存在与否,成为区分诈骗罪与盗窃罪的关键。[1] 由于诈骗中转移财产占有的行为就是处分行为,是只要有客观的转移占有事实就够了(处分意识不要说),还是必须意识到转移占有(处分意识必要说)呢?对此有两种截然相反的观点。处分意识必要说认为,处分行为不仅要求受骗者客观上有处分财产的行为,而且要求主观上有处分财产的意识(意思)。例如,韩国大法院的判例指出:"诈骗罪是欺骗他人,使他人陷入错误,引起错误者的处分行为,以便取得财物或者财产上利益的犯罪。这里的处分行为意味着财产的处分行为,处分行为要求被害人主观上的处分意思和处分意思支配下的客观行为。"[2] 日本判例和刑法

---

[1] 张明楷:《外国刑法纲要》,清华大学出版社 2007 年版,第 582 页。
[2] [韩] 吴昌植编译:《韩国侵犯财产罪判例》,清华大学出版社 2004 年版,第 112 页。

理论通说也采取处分意识必要说。处分意识不要说认为，只要客观上有处分行为即可，不以处分意识为必要。这是德国的通说，日本也有不少学者主张该说。例如，平野龙一指出："诈骗罪以基于错误的'交付'即处分行为为必要。处分行为、交付行为不以意思表示为必要，事实行为即可。……而且也包含没有意识到交付的内容的情况（所谓无意识的交付）。"①

我国刑法理论主流观点认为，盗窃是指以非法占有为目的，秘密窃取公私财物的行为，是违背被害人意志取得财物；诈骗是指以非法占有为目的，采用虚构事实或者隐瞒真相的方法，骗取公私财物的行为，是基于被害人有瑕疵的意志而取得财物。诈骗（既遂）在客观上表现为一个特定行为发展过程，即行为人实施欺骗行为—被害人产生或者维持认识错误—被害人基于认识错误处分财物—行为人或者第三者获得财物。从被害人一方来看，盗窃与诈骗区分的关键在于被害人是否基于认识错误自愿处分（交付）财物。② 至于处分意思的内容，在德、日等大陆法系国家，有的学者主张严格限定，即处分者除了有把财产的占有转移给对方的认识之外，还必须对处分的内容（包括处分的对象、数量、价值等）有全面的认识。也有学者主张，处分意思的内容应放宽认定至少被骗者只是对处分财物的价值有误认时，应该认定为有处分意思，肯定处分行为成立。按照这种观点，只要被骗者对财物或利益的外形有转移的意思与认识，就认为具备了处分意思的内容。我国刑法学者认为，只要被骗者认识到自己的行为是把某种财产转移给对方占有，而根据自己的"自由"意思作出此种决

---

① ［日］平野龙一：《刑法概说》，东京大学出版社1977年版，第214页。
② 张明楷：《如何区分盗窃罪与诈骗罪》，载《人民法院报》2003年8月22日。

定，就应该认为具备了处分的意思内容。至于处分财产的性质、数量、质量、价值等，则不一定要求其有全面、正确的认识。①

我们认为，处分意识必要说值得肯定，它抓住了诈骗的本质特征，符合主客观相统一原则的要求，有利于把诈骗与其他侵犯财产犯罪区别开来，也是我国刑法理论界多数人的观点。诈骗罪中的处分意识与民法上的处分意识存在明显差别，只要对所要处分财物的外形和范围有概括认识，据此可以确定所要处分财物的范围并能排除其他财物即可。至于处分意识的有无，应当结合被骗者的年龄、精神状态、知识状况、处分权限以及被骗时的主客观情形，进行综合分析判断。对于行为人采用"调包"或其他隐蔽方法，被害人没有认识到交出的是自己控制下的财物，或者被害人虽然外形上将财物暂时转移给行为人，如允许试驾车辆、试穿衣服，但根据社会一般观念，该财物仍然由被害人占有时，行为人通过进一步的违法行为占有该财物的，均不能认定被害人有处分财物的意识。

(二) 区分盗窃与诈骗的具体标准

我们赞同我国刑法理论界前述通说观点，并认为对既采取秘密窃取又采取欺骗手段非法占有财物行为的定性，可以在被害人有无处分财物意识的基础上再从行为人占有财物时采取的主要手段上，区分盗窃与诈骗。如果行为人占有财物时起决定性作用的手段是秘密窃取，通过秘密窃取直接取得财物，诈骗行为只是为盗窃创造条件或作掩护，被害人也没有"自愿"交付财物的，就应当认定为盗窃；如果行为人占有财物时起决定性作用的手段是

---

① 高铭暄、马克昌主编：《中国刑法解释》（下卷），中国社会科学出版社2005年版，第1842页。

诈骗，被害人基于错误认识而"自愿"交付财物，通过被害人的交付间接取得财物，盗窃行为只是辅助手段的，就应当认定为诈骗。在信息网络情形下，行为人利用信息网络，诱骗他人点击虚假链接而实际上通过预先植入的计算机程序窃取他人财物构成犯罪的，应当以盗窃罪定罪处罚；行为人虚构可供交易的商品或者服务，欺骗他人为支付货款点击付款链接而获取财物构成犯罪的，应当以诈骗罪定罪处罚。其主要理由如下：

第一，符合刑法有关财产犯罪的规定精神。我国刑法第一百九十六条第三款规定，盗窃信用卡并使用的，以盗窃罪定罪处罚。这一规定说明，对于盗窃信用卡并冒用的行为，以占有财物的决定性手段即盗窃定罪，后续的冒用行为只是先行盗窃行为的延续，后续的骗取财物能否得逞，只是可能影响盗窃罪既未遂的认定。① 刑法第二百八十七条规定，利用计算机实施金融诈骗、盗窃、贪污、挪用公款、窃取国家秘密或者其他犯罪的，依照本法有关规定定罪处罚。这说明利用计算机信息网络手段，实施诈骗、盗窃犯罪的，应当以非法占有财物的决定性手段即盗窃、诈骗定罪。

第二，整合了我国刑法理论中的合理观点。处分财物意思的有无，是区分盗窃与诈骗的通说。还有观点认为，区分盗窃与诈骗的关键在于，行为人非法占有财物的起主要作用的手段是什么。如果起主要作用的手段是欺骗，就应定诈骗罪；如果起主要作用的手段是秘密窃取，就应定盗窃罪。② 以非法占有财物时起主要作用的手段定罪，符合我国刑法根据犯罪构成主要特征定罪

---

① 赵秉志：《刑法各论问题研究》，中国法制出版社1996年版，第504页。
② 高铭暄、马克昌主编：《刑法学》（下编），中国法制出版社1999年版，第908页。

的统一要求，因为被害人处分（交付）财物意识的有无，实际上也从另一方面说明了财物转移占有时的手段。

第三，符合矛盾特殊性原理要求。唯物辩证法认为，矛盾有主要方面和次要方面，矛盾的主要方面对事物的发展起支配和决定性作用，事物的性质主要是由矛盾的主要方面决定的。对既采取秘密窃取又采取欺骗手段非法占有财物的，以行为人占有财物时采取的主要手段定性，符合事物性质由矛盾的主要方面决定的唯物辩证法原理。

具体本指导案例而言，尽管被告人臧进泉及其辩护人提出非法获取被害人金某的网上银行账户内305000元的行为，不构成盗窃罪而是诈骗罪的辩解与辩护意见，但是经审理查明，臧进泉和同案被告人郑必玲在得知金某网银账户内有款后，即产生了通过植入计算机程序秘密占有目的；随后在网络聊天中诱导金某同意支付1元钱，而实际上制作了一个表面付款"1元"却实际支付305000元的假淘宝网链接，致使金某点击后，其网银账户内305000元即被非法转移到臧进泉的注册账户中。对此被害人金某根本不知情，更谈不上自愿。可见，臧进泉、郑必玲获取财物时起决定性作用的手段是秘密窃取，诱骗被害人点击"1元"的虚假链接系实施盗窃的辅助手段，只是为盗窃创造条件和作掩护，被害人也没有自愿交付巨额财物的意思，获取银行存款实际上是通过隐藏的事先植入的计算机程序来秘密窃取的，这符合盗窃罪的犯罪构成要件，依照刑法第二百六十四条、第二百八十七条的规定，应当以盗窃罪定罪处罚。故臧进泉及其辩护人所提上述辩解和辩护意见与事实和法律规定不符，不予采纳。此外，臧进泉、郑必玲和同案被告人刘涛以非法占有为目的，通过开设虚假的网络店铺和利用伪造的购物链接，骗取他人支付数额较大的货款，其行为均已构成诈骗罪。对臧进泉、郑必玲所犯数罪，应依法并罚。

三、需要说明问题

（一）关于网络犯罪数额的认定问题

为了进一步规范网络犯罪案件刑事诉讼程序，有效惩治网络犯罪，最高人民法院、最高人民检察院、公安部于2014年5月联合发布了《关于办理网络犯罪案件适用刑事诉讼程序若干问题的意见》。该意见对网络犯罪案件的范围、管辖、初查、跨地域取证、电子数据的取证与审查以及涉众型网络犯罪案件的证明规则等进行了规定。对于涉众型网络犯罪案件的证明规则，该意见指出："对针对或者组织、教唆、帮助不特定多数人实施的网络犯罪案件，确因客观条件限制无法逐一收集相关言词证据的，可以根据记录被害人数、被侵害的计算机信息系统数量、涉案资金数额等犯罪事实的电子数据、书证等证据材料，在慎重审查被告人及其辩护人所提辩解、辩护意见的基础上，综合全案证据材料，对相关犯罪事实作出认定。"适用这一特殊证明规则，需要注意以下三点：（1）适用范围为针对或者组织、教唆、帮助不特定多数人实施的网络犯罪案件，即涉众型网络犯罪案件，对于一般的网络犯罪案件不能适用。（2）有电子数据、书证等证据材料记录被害人数、被侵害的计算机信息系统数量、涉案资金数额等犯罪事实，即对于基本犯罪事实已有证据证明，如通过诈骗网站后台获得被诈骗的受害人数，通过银行资金流水记录获取网络盗窃金额。然而，由于客观条件限制无法逐一收集相关的言词证据，如电信诈骗中犯罪嫌疑人的银行账号中往往有成千上万笔汇款记录，无法一一找到被害人并做笔录。（3）在慎重审查被告人及其辩护人所提辩解、辩护意见的基础上，综合全案证据材料，对相关犯罪事实作出认定。如果犯罪嫌疑人提出涉嫌诈骗的账户里有合法收入并提供证据,经查证属实或不能排除相关财产系合法收入的合理怀疑的,则不能认定该笔犯罪事实。①

尽管本指导案例中的案件诉讼时前述意见还没有出台,但是司法机关根据以往司法实践经验认定诈骗数额的方法,与前述意见是一致的。被告人臧进泉等人利用网络诈骗,由于被害人人数较多且在外地,每笔数额又不大,公安机关侦查时虽然没有对被害人逐一调查核实诈骗数额,但是认定的诈骗数额,有被告人同期银行账户出入款数额明细电子数据记录、淘宝网络公司和支付宝公司相关书证以及部分被害人陈述等证据,并与被告人及同案被告人的供述相互印证。

(二) 关于网络服务提供者责任问题

虽然本案例中没有涉及网络服务提供者责任,但是网络犯罪的实施离不开网络,网络服务提供者是否应当承担责任呢?根据法律和有关司法解释规定,只有网络服务提供者明知他人利用网络实施犯罪的,才承担刑事责任。根据最高人民法院、最高人民检察院《关于办理诈骗刑事案件具体应用法律若干问题的解释》第七条和《关于办理敲诈勒索刑事案件适用法律若干问题的解释》第七条的规定,明知他人实施诈骗或者敲诈勒索犯罪,为其提供信用卡、手机卡、通讯工具、通讯传输通道、网络技术支持、费用结算等帮助的,以共同犯罪论处。参照该司法解释和共同犯罪理论,明知他人实施盗窃犯罪,为其提供网络技术支持帮助的,也同样构成盗窃共同犯罪。网络服务提供者如果不明知他

---

① 参见喻海松:《〈关于办理网络犯罪案件适用刑事诉讼程序若干问题的意见〉的理解与适用》,载《人民司法·应用》2014年第17期。

人利用网络实施犯罪，则不构成共同犯罪。至于民事责任，根据我国侵权责任法第三十六条规定，网络用户、网络服务提供者利用网络侵害他人民事权益的，应当承担侵权责任。网络服务提供者知道网络用户利用其网络服务侵害他人民事权益，未采取必要措施的，与该网络用户承担连带责任。《最高人民法院关于审理利用信息网络侵害人身权益民事纠纷案件适用法律若干问题的规定》，对侵权责任法第三十六条中的"知道"的认定进行了明确。①

此外，需要说明的是，网络侵犯财产犯罪案件的定性并不局限于盗窃罪和诈骗罪，有的可能构成敲诈勒索或者其他金融诈骗罪等，故在参照适用该指导案例时应注意根据案件具体情况依法作出正确处理。

（执笔人：吴光侠）

---

① 详见《最高人民法院关于审理利用信息网络侵害人身权益民事纠纷案件适用法律若干问题的规定》，载《人民法院报》2014年10月10日。

指导案例 28 号《胡克金拒不支付劳动报酬案》的理解与参照

——"包工头"也属于拒不支付劳动报酬罪的主体

最高人民法院案例指导工作办公室

2014年6月23日,最高人民法院发布了指导案例第28号《胡克金拒不支付劳动报酬案》。为了正确理解和准确参照适用该指导案例,现对其推选经过、裁判要点、需要说明问题等情况予以解释、论证和说明。

一、推选过程及其意义

2012年底,最高人民法院向全国各高级人民法院下发明传通知,征集有关拒不支付劳动报酬的案例。成都市中级人民法院将《胡克金拒不支付劳动报酬案》向四川省高级人民法院推荐。2013年10月,四川省高级人民法院审判委员会经过讨论,决定向最高人民法院推荐该案例作为备选指导案例。最高人民法院案例指导工作办公室研究后,将该案例送研究室负责起草《关于审理拒不支付劳动报酬刑事案件适用法律若干问题的解释》(以下简称《解释》)的刑事处、刑三庭、民一庭审查和征求意见。刑事处、刑三庭和民一庭审查后均认为,该案例是典型的"以案释法"型案例,有利于指导解决实践中遇到的疑难问题,对类似案件审判有指导意义。2014年5月27日,最高人民法院审判委员会讨论研究认为，该案例符合《最高人民法院关于案例指导工作的规定》第二条的有关要求，具有指导意义，同意将该案例确定为指导案例。6月23日，最高人民法院以法〔2014〕161号文件，将该案例作为第七批指导案例予以发布。

该指导性案例涉及对《中华人民共和国刑法修正案（八）》（以下简称《刑法修正案（八）》）关于拒不支付劳动报酬罪规定和《解释》第七条规定的理解和执行，针对建筑工程施工中不具备用工主体资格、违法用工的承包人拒不支付民工报酬的，能否以拒不支付劳动报酬罪定罪处罚等问题，作出了示范性裁判，有利于指导审判实践正确适用法律，加强对民工等弱势群体合法权益的保护，维护社会主义市场经济秩序，促进社会和谐稳定。

二、裁判要点理解与说明

该指导案例的裁判要点确认：

1. 不具备用工主体资格的单位或个人（包工头）拒不支付民工报酬的，属于《最高人民法院关于审理拒不支付劳动报酬刑事案件适用法律若干问题的解释》第七条规定的"不具备用工主体资格的单位或者个人，违法用工且拒不支付劳动者的劳动报酬"的情形，如果数额较大，经政府有关部门责令支付仍不支付的，应当依照刑法第二百七十六条之一的规定，以拒不支付劳动报酬罪追究刑事责任。

2. 不具备用工主体资格的单位或个人（包工头）拒不支付劳动报酬，即使其他单位或者个人于刑事立案前为其垫付了劳动报酬的，不影响对该单位或个人（包工头）以拒不支付劳动报酬罪追究刑事责任。

现对上述裁判要点的相关问题做如下说明：

司法解释及司法文件解读

（一）关于裁判要点第1点的说明

该条涉及《解释》第七条的理解和适用。《解释》第七条规定："不具备用工主体资格的单位或者个人，违法用工且拒不支付劳动者的劳动报酬，数额较大，经政府有关部门责令支付仍不支付的，应当依照刑法第二百七十六条之一的规定，以拒不支付劳动报酬罪追究刑事责任。"这是《解释》在第一条规定的基础上，结合司法实践遇到的具体问题，对应当依照刑法第二百七十六条之一追究刑事责任的犯罪主体，作出的一个特别规定。从当前全国法院审判拒不支付劳动报酬罪案件的总体情况看，实践中对"用人单位"拒不支付与之建立劳动关系的劳动者劳动报酬的情形，应以拒不支付劳动报酬罪追究刑事责任问题，不存在异议。但对如何正确适用《解释》第七条，特别是对其中规定的"不具备用工主体资格的单位或者个人，违法用工"应当如何理解和把握方面，还不十分明确。

本案是《刑法修正案（八）》颁布实施以来，四川省法院判决的首个拒不支付劳动报酬罪案例。虽然该案例的裁判是在《解释》发布前作出的，但鉴于该案例对《解释》第七条规定的情形作了具体诠释，审判该案件的法官对"不具备用工主体资格的单位或者个人""违法用工"等问题依法作出了正确的司法认定。为此，最高人民法院将此案例作为指导案例予以公布，以指导类似案件的审判工作。

近年来，一些地方用工单位恶意拖欠劳动者工资的现象比较突出，大量务工人员工资被拖欠，严重侵犯了劳动者的合法权益，有的甚至引发群体性事件和诸多社会矛盾，成为影响社会稳定的重要隐患。特别是2008年以来，有的地方恶意欠薪案件呈上升趋势，占全部拖欠工资案件的 5%～10%①。当前处理恶意拖欠劳动者工资主要通过以下几种途径：一是与用人单位协商解决；二是由劳动争议处理机构调解；三是由劳动争议仲裁机构仲裁；四是向人民法院提起诉讼。以上四种处理途径虽然解决了部分的问题，但总的来看，还没完全遏制这种违法行为。鉴于上述情况，2011年2月25日，第十一届全国人大常委会第十九次会议审议通过了《刑法修正案（八）》，将一些社会危害严重、人民群众反映强烈、原来由行政管理手段或者民事手段调整的违法行为，规定为犯罪，增设了拒不支付劳动报酬罪，对"以转移财产、逃匿等方法逃避支付劳动者的劳动报酬或者有能力支付而不支付劳动者的劳动报酬，数额较大，经政府有关部门责令支付仍不支付的，处三年以下有期徒刑或者拘役，并处或者单处罚金；造成严重后果的，处三年以上七年以下有期徒刑，并处罚金。单位犯罪的，对单位判处罚金，并对其直接负责的主管人员和其他直接责任人员，依照前述规定处罚"。上述法律规定的出台，对依法打击恶意欠薪犯罪行为，加强民生保护、促进社会和谐稳定，发挥了积极作用。但在理解和执行刑法新增设的拒不支付劳动报酬罪过程中，理论界和司法实务部门对该罪所涵摄的犯罪主体范围问题产生了较大分歧意见。特别是对恶意欠薪案件高发的建筑工程施工领域，拒不支付劳动报酬的用工主体能否按照该罪追究刑事责任，存在不同认识。据调查，当前恶意拖欠劳动者工资的案件有以下特点：（1）多发于建筑施工、加工制造、住宿和餐饮等劳动密集型行业的个体或中小企业。（2）被拖欠工资的对

---

① 郎胜主编、全国人大常委会法制工作委员会编：《中华人民共和国刑法释义》，法律出版社2011年版。

象主要是进城务工的农民工,属于弱势群体。(3)实践中,合法用工情况下发生拒不支付劳动者劳动报酬的相对较少。大约95%的拖欠劳动报酬案件,都发生在建筑工程施工领域。工程总承包企业违法发包、分包给不具备用工主体资格、也不具备相应资质条件的单位或者个人(小包工头),这些小包工头拒不支付所招用民工工资的情况占相当比例。(4)恶意欠薪或欠薪逃匿案件情况复杂,处理难度大,一旦处理不当易引发群体性事件,影响地方稳定。在上述情况下,有关承包工程的包工头拒不支付所招用民工工资的能否入罪问题,已经成为困扰法律实施、切实有效打击恶意欠薪犯罪的一个难点。法学理论界和司法实务部门对相关问题主要有三种观点:

第一种观点认为,只有属于《中华人民共和国劳动法》(以下简称《劳动法》)和《中华人民共和国劳动合同法》(以下简称《劳动合同法》)所规定的"用人单位",拒不支付与之形成劳动关系的"劳动者"的"劳动报酬"的情形,才构成拒不支付劳动报酬罪。[①] 为此,建筑工程施工领域小包工头承包工程后,招用民工进行施工,小包工头与其所招用的民工之间,如果建立了劳动关系的,对恶意欠薪的小包工头可以拒不支付劳动报酬罪追究刑事责任。但如果小包工头与民工建立的是劳务关系的,对小包工头拒不支付民工工资的,就不应当依照刑法第二百七十六条之一的规定追究刑事责任。

第二种观点认为,除了劳动关系中的"用人单位"之外,拒不支付劳动报酬罪也应当同等地适用于其他劳动用工关系中雇主

---

① 黄太云:《〈中华人民共和国刑法修正案(八)〉的理解与适用》,载《公检法办案指南》2011年第3辑。"本条规定的'劳动报酬',是指劳动者依照《劳动法》和《劳动合同法》的规定应得的劳动收入。"

的恶意欠薪行为。① 不论建筑工程施工领域小包工头与其招用的工人之间建立的是何种性质劳动用工关系，均应当比照劳动关系中"用人单位"来承担法律责任，包括刑事责任。主要理由：（1）劳动报酬，顾名思义是劳动者付出体力或脑力劳动所得的对价。刑法第二百七十六条之一的规定并未明确拒不支付劳动报酬罪仅仅适用于《劳动法》《劳动合同法》规定的"用人单位"，拒不支付与之建立劳动关系的劳动者劳动报酬的情形。因此，不宜以《劳动法》和《劳动合同法》调整的范围来界定该条的"劳动者"和"劳动报酬"，从而推断出该条仅适用于双方建立了劳动关系情况下发生的恶意欠薪的结论。（2）劳动者基于劳动关系能够获得劳动报酬，但是不能反过来说劳动者的劳动报酬只能从属于劳动关系，因为劳动关系仅仅是劳动用工关系的一种情形。劳动者基于劳务关系获得的同样是劳动报酬。建筑工程施工领域小包工头招用的民工，按照包工头指令从事建筑工程施工，获得的工资也是劳动报酬。这与劳动关系中劳动者获得的劳动报酬之间不存在本质上差异。（3）虽然近年来，随着我国劳动用工制度的改革，在劳动关系领域里已实行全面的劳动合同制。但在《劳动法》和《劳动合同法》调整的劳动关系领域以外，也仍存在各种形式的劳动用工。不论是劳动合同形式的用工关系还是其他形式，都是通过使用他人劳动，扩大雇主事业范围或者活动范围，用人单位和雇主因此获得利益。雇主作为接受劳动的受益者，也应承担对劳动者依照合同约定按时支付劳动报酬的义务。实践中，雇主出于最大限度实现自身利益并尽可能减轻己方负

---

① 蒙娜：《拒不支付劳动报酬罪若干问题研究》，载《中国刑事法杂志》2013年第3期。

担、规避对劳动者责任的考虑，往往更多选择不与招用的劳动者建立正式劳动关系，而采用其他用工关系，比如雇佣关系、劳务关系等。建筑工程施工领域这种情况尤为突出。一方面，这是建筑工程施工活动用工的临时性、阶段性特点和实际需要所决定的；另一方面，也是用工者出于减轻对工人所负责任的一种现实考量。这种情况下如果仅仅用劳动关系来限定刑法第二百七十六条之一适用范围，会导致大量的在其他用工方式之下的劳动者合法权益无法得到法律所提供的充分保障和有效救济。（4）实践中，在劳动者与用人单位或雇主之间发生纠纷，究竟是劳动纠纷抑或劳务纠纷、雇佣合同纠纷，在目前法律制度不够健全的情况下所作的区分判定，往往具有相对性、随意性和不确定性。可能对相同案件，因所处地区不同、法院不同或者不同法官之间认识上的差异，而得出不尽相同的结论。因此，若对拒不支付劳动报酬罪适用主体进行极其严格的限缩解释，不仅不利于保护法益，并且也不利于拒不支付劳动报酬罪的司法统一适用，不利于维护法律的严肃性。（5）依据刑法第二百七十六条之一的规定，只有满足拒不支付劳动报酬"经政府有关部门责令支付仍不支付的"，该行为才可能入罪。由于目前主要是劳动行政部门依法对欠薪者履行"责令支付"职责，因此在实践中很可能出现这样的情形，即对于一起恶意欠薪案件，如果劳动行政部门认为是劳动纠纷，而采取了责令支付行政措施的，用人单位或雇主就有可能最终成立拒不支付劳动报酬罪；而如果劳动行政部门不认为是劳动纠纷，以属于劳务纠纷为由不予采取责令支付措施的，行为人就不可能成立拒不支付劳动报酬罪。很显然，将某种行为能否入罪问题，在法律理论和实务部门尚未厘清不同劳动用工的法律关系之间彼此界限的情况下，交由不属于法律专业机构的劳动行政主管部门判断,这种做法绝非妥当。① (6)受历史和传统因素的影响,我国立法和法学界人为地将劳动用工关系区分为劳务关系和劳动关系,并将其纳入不同部门法调整的范畴,这不仅不利于我国统一劳动力市场的形成及相应交易规则的建立与完善,不利于消解民法与劳动法之间的矛盾,造成执法中的混乱,更不利于实现对社会上劳动者的平等保护。无论是劳动关系中的劳动者,还是其他劳动用工关系中的工人,都应当平等地享有宪法赋予的劳动权利,亦应平等地得到法律的保护。② 如果对劳动关系中劳动者遭受恶意欠薪的,可以直至动用刑罚手段,追究用人单位的刑事责任,而对其他劳动用工关系中劳动者遭受恶意欠薪,却只能靠其自行提起民事诉讼追讨,势必造成我们国家对劳动者不予平等保护的局面,违背了在法律面前人人平等的宪法原则。综上六方面理由,主张把劳动关系之外的所有劳动用工关系当中的雇主恶意欠薪行为,都纳入刑法第二百七十六条之一适用范围。为此认为,建筑工程施工中小包工头,不论其与民工建立的是劳动关系,抑或劳务关系、雇佣关系,均得纳入刑法第二百七十六条之一适用范围之中。

第三种观点认为:(1)采取第一种观点界定该罪犯罪主体,固然有利于最大限度明确应予追诉犯罪的主体范围,便于司法实践操作,也符合刑法谦抑原则的要求;但该种意见对法律的理解失之过于机械,不能解决司法实践中遇到的复杂疑难情况。虽然立法机关对《刑法修正案(八)》条文内容的有关说明,比较明

---

① 黄继坤:《论拒不支付劳动报酬罪的几个重要问题——对〈刑法修正案(八)〉的解读》,载《当代法学》第2012年第3期。

② 高峰:《拒不支付劳动报酬刑法规制之价值与重构》,载《人民检察》第2013年第4期(下)。

确地反映了增设该罪名时立法者的一些考虑和倾向性意见,即《劳动法》和《劳动合同法》规定的"用人单位"拒不支付劳动者劳动报酬的情形,应当属于适用拒不支付劳动报酬罪应予追究刑事责任的主要情形①。但并不能由此推断出"只有在合法用工,且用人单位与劳动者建立了劳动关系的情况下,用人单位拒不支付劳动报酬的,才构成本罪"的结论。因为如果是属于形成了事实劳动关系,或者属于其他非法用工的,抑或是建立了其他类型劳动用工关系的情况,而一概将之排除在以拒不支付劳动报酬罪追究刑事责任之外,显然存在一个无法回避的法律逻辑悖论,"会形成合法用工拒不支付劳动报酬构成犯罪,而非法用工拒不支付劳动报酬不构成犯罪的不合理现象。"②

(2)如果采取第二种观点界定该罪的犯罪主体,能够使刑法该条规定在司法适用中更具灵活性,有利于应对当前我国劳动用工关系中客观存在的复杂局面,从而对劳动者合法权益保护面更宽、保护力度更大,实现公平正义。但该种意见对入罪范围界定失之过宽。毕竟当前我国劳动用工领域法律制度针对不同用工关系,在制度设计方面事实上存区别对待,不能抛开这种差别现状另搞一套,否则会导致以追究刑事责任方式替代民事法律责任的结果,有悖刑法谦抑性要求,也不符合立法本意。尽管当前法学界从学理角度对"劳务关系""雇佣关系"和"劳动关系"乃至彼此之间的区别、界限,已经开展了比较深入研究探讨,但鉴于理论研究和司法实务部门对上述各类型劳动用工法律关系彼此

---

① 郎胜主编、全国人大常委会法制工作委员会编:《中华人民共和国刑法释义》,法律出版社2011年版。

② 喻海松:《〈关于审理拒不支付劳动报酬刑事案件适用法律若干问题的解释〉的理解与适用》,载《人民司法·应用》2013年第7期。

界限,尚未达成比较一致看法。法律规则层面,目前除劳动关系外,法律尚缺乏对劳务、雇佣等民事法律关系比较系统、全面的规制。比如,《合同法》仅对承揽合同作了较详细规定,但并未对雇佣合同、劳务合同作出明确规定;《侵权责任法》使用了"个人劳务"概念,但未进一步对"劳务"定义进行界定。司法解释层面,《最高人民法院关于适用〈中华人民共和国民事诉讼法〉若干问题的意见》第45条,使用了"雇主责任"提法,虽然"从程序意义上为雇主责任采取严格责任提供了依据"[①],但并未对何谓雇佣关系等问题进行进一步阐释;在《关于审理人身损害赔偿案件适用法律若干问题的解释》中,最高人民法院对雇员"从事雇佣活动""为他人无偿提供劳务的帮工人"等概念进行了初步区分,但也未提出有关"雇佣""劳务"等概念之间界限的系统意见。

(3)有鉴于此,对拒不支付劳动报酬罪的犯罪主体,既不宜机械套用《劳动法》和《劳动合同法》调整的劳动关系范围,确定拒不支付劳动报酬罪追诉主体范围,亦应回避将目前认识及法律规定均不甚明确的其他类劳动用工关系纳入刑法规制可能带来的过度扩大犯罪主体范围、打击面过宽等问题。应当遵循立法者本意和立法目的,兼顾刑法谦抑性原则的要求,结合当前我国恶意欠薪犯罪领域突出特点和打击犯罪需要作出具体分析。根据以上考虑,持第三种观点的同志建议,将属于"非法用工"的用人单位或雇主拒不支付劳动报酬情形,纳入追究刑事责任的范

---

① 陈现杰:《解读〈最高人民法院关于审理人身损害赔偿案件适用法律若干问题的解释〉》,载《最新法律文件解读》编辑委员会编:《民事法官必备法律司法解释解读(修订版)》(上册),人民法院出版社2008年版,第108页。

畴，较为妥当。① 《解释》第七条的规定，基本采纳了第三种观点所提主张，将"不具备用工主体资格的单位或者个人""违法用工"又恶意欠薪的情形，明确纳入"应当依照刑法第二百七十六条之一规定追究拒不支付劳动报酬罪刑事责任"范围，回应了司法实践对此问题的争议和关切。

关于《解释》第七条规定的"违法用工"概念的内涵和外延。如果仅就字面含义理解和文义角度解释，"违法用工"可以包括当前所有劳动用工中含有违法因素的用工行为：比如可能涉及用工主体不"适格"的情况；也可能是所招用的工人不符合法定条件；或者招用工人程序上涉嫌违法等情形，较为复杂。但结合《解释》第七条规定作具体分析可以看出，该条的"违法用工"，应该主要指"不具备用工主体资格的单位或者个人"违反法律规定招用工人从事生产经营活动的情况，即用工主体违法、不适格的情况。从本案例的案情看，被告人胡克金作为自然人，先后共计招用上百名民工从事其所承包的建筑工程施工活动。鉴于建筑工程施工领域对有关建筑施工技术和安全方面的特殊要求，《中华人民共和国建筑法》（以下简称《建筑法》）对从事建筑活动的主体，作出了资质方面的明确规定和特别限定。比如第十二条规定，"从事建筑活动的建筑施工企业、勘察单位、设计单位和工程监理单位，应当具备下列条件：（一）有符合国家规定的注册资本；（二）有与其从事的建筑活动相适应的具有法定执业资格的专业技术人员；（三）有从事相关建筑活动所应有的

---

① 黄太云：《〈中华人民共和国刑法修正案（八）〉的理解与适用》，载《公检法办案指南》2011年第3辑。"本款（刑法第二百七十六条之一第二款）所说的'单位'，包括具备合法经营资格的用人单位和不具备合法经营资格的用人单位以及劳务派遣单位。"

技术装备；（四）法律、行政法规规定的其他条件。"第十三条规定，"从事建筑活动的建筑施工企业、勘察单位、设计单位和工程监理单位，按照其拥有的注册资本、专业技术人员、技术装备和已完成的建筑工程业绩等资质条件，划分为不同的资质等级，经资质审查合格，取得相应等级的资质证书后，方可在其资质等级许可的范围内从事建筑活动。"第二十六条规定，"承包建筑工程的单位应当持有依法取得的资质证书，并在其资质等级许可的业务范围内承揽工程。禁止建筑施工企业超越本企业资质等级许可的业务范围或者以任何形式用其他建筑施工企业的名义承揽工程。禁止建筑施工企业以任何形式允许其他单位或者个人使用本企业的资质证书、营业执照，以本企业的名义承揽工程。"第二十九条第一款、第三款分别规定，"建筑工程总承包单位可以将承包工程中的部分工程发包给具有相应资质条件的分包单位。""禁止总承包单位将工程分包给不具备相应资质条件的单位。"上述《建筑法》的规定可以看出，作为从事建筑活动的主体应当是具有经过法定认证"资质"，经过工商注册登记的"企业"或者"单位"，自然人个人不允许成为从事建筑活动承揽工程的主体。本案例中被告人胡克金作为个人，不属于经过工商注册登记的施工单位，也不具备有关行政部门认可的"相应资质"。因此，胡克金不具备招用工人进行建筑施工活动的"用工主体资格"，其招用工人进行施工，属于《解释》第七条规定的"不具备用工主体资格的单位或者个人""违法用工"。这是该案例的裁判要点第1点所要明确的"不具备用工主体资格的单位或者个人，违法用工"在司法实践中的典型情形。

（二）关于裁判要点第2点的说明

裁判要点第2点涉及对《解释》第六条的理解与适用。《解释》第六条规定,"拒不支付劳动者的劳动报酬,尚未造成严重后果,在刑事立案前支付劳动者的劳动报酬,并依法承担相应赔偿责任的,可以认定为情节显著轻微危害不大,不认为是犯罪;在提起公诉前支付劳动者的劳动报酬,并依法承担相应赔偿责任的,可以减轻或者免除刑事处罚;在一审宣判前支付劳动者的劳动报酬,并依法承担相应赔偿责任的,可以从轻处罚。"这是《解释》依据刑法第二百七十六条之一第三款规定的精神,为节约司法资源,最大限度地发挥刑法的威慑和教育功能,专门规定在公安机关刑事立案前、提起公诉前、一审宣判前支付劳动者的劳动报酬,并承担相应赔偿责任所能适用的从宽处罚情形。① 鉴于《国务院办公厅关于切实解决企业拖欠农民工工资问题的紧急通知》(国办发明电〔2010〕4号)规定:"因工程总承包企业违反规定发包、分包给不具备用工主体资格的组织或个人,由工程总承包企业承担清偿被拖欠农民工工资责任。"为此,实践中,建筑工程施工领域一旦发生拖欠工资的情况,工程总承包企业于"刑事立案前""提起公诉前"或者"一审宣判前"代承包人支付了劳动报酬的现象比较普遍,此种情况下如何对小包工头适用《解释》第六条,实践中亟待明确。对于工程总承包企业已经向分包人支付了民工工资,因而拒绝再次支付民工工资的,由于其已经履行过支付劳动报酬的义务(只是由于小包工头非法扣留、挪用,甚至卷款潜逃),故不宜追究其拒不支付劳动报酬罪的刑事责任。本案例的具体情况是,工程总承包企业在已经向分包人结清工程款的情况下,又于刑事立案前为胡克金垫付了劳动报

---

① 喻海松:《〈关于审理拒不支付劳动报酬刑事案件适用法律若干问题的解释〉的理解与适用》,载《人民司法·应用》2013年第7期。

酬。考虑到虽然本案例在刑事立案前已经解决了欠薪问题，但这种情况，不能改变被告人胡克金存在恶意欠薪的主观故意以及其恶意欠薪的犯罪事实，工程总承包企业再次支付民工工资的，其在性质上属于为胡克金垫付。因此，不应影响对胡克金本人以拒不支付劳动报酬罪追究刑事责任。裁判要点2明确了此种情况下对恶意欠薪包工头仍应当坚持刑事追诉的意见。

三、需要说明问题

依据刑法第二百七十六条之一的规定，恶意欠薪行为必须经过"政府有关部门责令支付仍不支付"的，方可入罪。对此问题，《解释》第四条规定，"经人力资源社会保障部门或者政府其他有关部门依法以限期整改指令书、行政处理决定书等文书责令支付劳动者的劳动报酬后，在指定的期限内仍不支付的，应当认定为刑法第二百七十六条之一第一款规定的'经政府有关部门责令支付仍不支付'"。实践中对本案例的具体情形中，劳动保障监察部门责令胡克金支付工人工资的做法，有不同意见。有一种意见认为，胡克金是小包工头，非属于"用人单位"，劳动保障监察部门无权责令其支付工资，小包工头不在其行政执行权限范围之内。鉴于《劳动保障监察条例》第三十三条规定："对无营业执照或者已被依法吊销营业执照，有劳动用工行为的，由劳动保障行政部门依照本条例实施劳动保障监察，并及时通报工商行政管理部门予以查处取缔。"劳动和社会保障部《关于实施〈劳动保障监察条例〉若干规定》第四十七条也规定，"对无营业执照或者已被依法吊销营业执照，有劳动用工行为的，由劳动保障行政部门依照本规定实施劳动保障监察。"根据上述规定，对胡克金这类建筑工程施工中不具备用工主体资格的小包工头违法用工行为，可以认定属于"无营业执照""有劳动用工行为"的一种情形,人力资源和社会保障部门可以而且应当进行劳动保障监察,对未支付劳动报酬的应当责令其支付劳动报酬。因此,将本案例中胡克金这类建筑工程施工中小包工头恶意欠薪情形纳入拒不支付劳动报酬罪的调整范围,在司法实践中具有可操作性,能够满足刑法第二百七十六条之一设定的恶意欠薪行为入罪应具备的这一条件。

(执笔人:李兵)

司法文件选读解读

指导案例 29 号《天津中国青年旅行社诉天津国青国际旅行社擅自使用他人企业名称纠纷案》的理解与参照
——有商号作用的企业名称简称应视为企业名称

最高人民法院案例指导工作办公室

2014 年 6 月 26 日,最高人民法院发布了指导案例 29 号《天津中国青年旅行社诉天津国青国际旅行社擅自使用他人企业名称纠纷案》。为了正确理解和准确参照适用该指导案例,现对其推选经过、裁判要点等有关情况予以解释、论证和说明。

一、推选经过及指导意义

本案例由天津市第二中级人民法院一审,天津市高级人民法院于 2012 年 3 月二审结案,经天津高院审委会审查通过后报送。最高人民法院案例指导工作办公室初步审查后,送民事审判第三庭审查和征求意见。2013 年 9 月 24 日,民三庭审查认为,该案例新颖之处在于擅自使用他人企业名称简称的行为与互联网搜索引擎服务结合。这种依靠网络用户的初始混淆抢夺潜在客户的行为构成不正当竞争。该案例具有一定典型意义,同意作为备选指导案例。2014 年 3 月 5 日,研究室室务会经讨论认为,案例中的不正当竞争新手段和将具有商号作用的企业名称简称予以保护,有新颖性和典型性,同意将此案例作为指导案例报院领导审核后提请审委会讨论。6月17日,最高人民法院审判委员会经讨论一致同意将该案例确定为指导案例。6月26日,最高人民法院以法〔2014〕161号文件将该案例作为第七批指导案例予以公开发布。

该指导案例旨在明确具有商号作用的企业名称的简称,可以作为企业名称保护;擅自在商业活动中使用他人具有商号作用的企业名称的简称,属于不正当竞争。这明确和适当扩展了企业名称的保护范围,有利于更好地保护企业的名称权,依法制止利用他人的知名度和商誉的不正当竞争行为,从而维护诚实守信、公平竞争市场秩序。

二、裁判要点的理解与说明

指导案例29号裁判要点确认:1. 对于企业长期、广泛对外使用,具有一定市场知名度、为相关公众所知悉,已实际具有商号作用的企业名称简称,可以视为企业名称予以保护。2. 擅自将他人已实际具有商号作用的企业名称简称作为商业活动中互联网竞价排名关键词,使相关公众产生混淆误认的,属于不正当竞争行为。该裁判要点依据《中华人民共和国民法通则》(以下简称《民法通则》)第一百二十条第二款、《中华人民共和国反不正当竞争法》(以下简称反不正当竞争法)第五条和《最高人民法院关于审理不正当竞争民事案件应用法律若干问题的解释》(以下简称不正当竞争解释)第六条的规定,明确解决了法律和司法解释没有具体规定的企业名称简称的法律保护问题。下面结合有关法律和司法解释规定,围绕裁判要点中有关问题予以论证和说明。

(一)关于企业名称简称问题

企业名称又叫厂商名称,是指企业在营业活动中使用的特有标志,是企业人格权、企业商誉和企业正当竞争权的载体。它一般由企业的注册地或营业地、字号(或者商号)、行业或经营特征、组织形式等组成,字号是区别同类行业不同企业的关键要素。依照我国民法通则的规定,个体工商户、个人合伙企业和企业法人,都可以起字号,获得企业名称。

国外对于企业名称专用权的保护,主要体现在法律普遍禁止企业名称的混同,在一定范围里不得登记与其他企业相同或相似的名称、企业不得以不正当目的使用使人误认为是其他企业的名称。在英国,根据1985年公司法第26条的规定,一个申请注册的公司名称如果与公司名称索引中的公司名称相同,将不予被注册;如果相类似但还可以区分,则有可能被注册;如果已经注册的名称被发现模仿了其他先注册的公司名称,而且该先注册公司确认了此点,商业部长可以要求该公司在12个月内更改其名称,但过了12个月该公司没有更改其名称的,先注册公司可以按照普通法提起一个"passing off"的侵权诉讼,由法院判决让该公司改名或终止营业。[①] 在日本,在同一市、镇、村内,不得因经营同一营业,而登记他人已登记的商号(日本商法典第19条);前述行为被推定为以不正当竞争目的使用,先登记商号者可以要求其停止使用该商号并可要求损害赔偿(日本商法典第20条);任何人不得以不正当目的,使用使人误认为是他人营业的商号,任何因此受损之人都可以要求其停止使用并赔偿损失(日本商法典第21条)。违反以上规定还会导致行政责任。

我国《企业名称登记管理规定》第六条规定,企业只准用一

[①] Denis Keenan and Sarah Riches, Business Law (Second Edition), (Pitman), P107-108.

个名称，在登记主管机关辖区内不得与已登记注册的同行业企业名称相同或者近似；第二十七条规定，擅自使用他人已经登记注册的企业名称或者有其他侵犯他人企业名称专用权行为的，登记主管机关有权责令侵权人停止侵权行为，赔偿被侵权人因该侵权行为所遭受的损失，没收非法所得并处以五千元以上、五万元以下罚款。根据民法通则和《企业名称登记管理规定》的前述规定，为了避免混淆和防止不正当竞争行为的发生，经登记注册的企业名称在同一登记主管辖区内具有专用权，可以排斥他人使用相同或者近似的企业名称。侵犯企业名称权的，要承担停止侵害、赔偿损失等民事责任。不正当竞争解释第六条第一款规定："企业登记主管机关依法登记注册的企业名称，以及在中国境内进行商业使用的外国（地区）企业名称，应当认定为反不正当竞争法第五条第（三）项规定的'企业名称'。具有一定的市场知名度、为相关公众所知悉的企业名称中的字号，可以认定为反不正当竞争法第五条第（三）项规定的'企业名称'。"由此可见，我国法律规定了企业名称权，司法解释将企业名称扩展到公众知悉的字号。但是，对于企业名称的简称如何进行保护，没有作出明确规定。本指导案例指出，对于企业长期、广泛对外使用，具有一定市场知名度、为相关公众所知悉，已实际具有商号作用的企业名称简称，也应当视为企业名称予以保护。这不仅符合防止混淆，制止不正当竞争的现实需要，而且符合保护企业名称权（名称的含义包括全称和简称）的立法精神，也与有关司法解释保护公众知悉字号的规定协调一致。需要注意的是，只有实际具有商号作用的企业名称简称，才能视为企业名称，而没有市场知名度、相关公众并不知悉，没有商号作用的企业名称简称，则不能视为企业名称进行保护。

本指导案例中,"天津中国青年旅行社"(简称天津青旅)是原告1986年成立以来一直使用的企业名称,原告享有企业名称专用权。"天津青旅"作为其企业名称的简称,于2007年就已在经营活动中被广泛使用,相关宣传报道和客户也以"天津青旅"指代天津中国青年旅行社,经过多年在经营活动中使用和宣传,已享有一定市场知名度,为相关公众所知悉,已与天津中国青年旅行社之间建立起稳定的关联关系,具有可以识别经营主体的商业标识作用。所以,可以将"天津青旅"视为企业名称与"天津中国青年旅行社"共同加以保护。至于被告天津国青国际旅行社(简称天津国青)在网站网页顶端显示的"青年旅行社青旅"字样,不是原告具有商号作用的企业名称简称,并非原告企业名称的保护范围。

(二)关于擅自使用他人企业名称问题

本案例是一起擅自使用他人企业名称的不正当竞争纠纷案件。与一般不正当竞争纠纷相比,新颖之处在于被告擅自使用他人企业名称的行为与互联网搜索引擎服务的结合。我国反不正当竞争法第五条第(三)项规定,经营者不得采用擅自使用他人的企业名称,引人误认为是他人的商品等不正当手段,从事市场交易,损害竞争对手,扰乱市场秩序。因此,经营者有擅自将他人的企业名称或简称作为互联网竞价排名关键词的行为,使公众产生混淆误认的,应当认定为不正当竞争。下面,予以说明:

1. 关于竞价排名中擅自使用他人企业名称

搜索引擎是一种互联网检索定位服务,当网络用户在搜索框中输入关键词后,搜索引擎将包含该关键词的网页,按预设规则排列出来,得到搜索结果。网络用户检索关键词,会出现两类搜索结果。一类是普通搜索结果,其排列方式是按照相关性规则,根据搜索结果页面包含的关键词数量、相关性、页面点击量等因素排列,排名越靠前的网页,其与关键词的相关性越高。另一类是竞价排名的搜索结果,其排列方式与推广用户对关键词的出价高低直接相关。所谓竞价排名,是搜索引擎服务商提供的一种按效果付费的网络推广方式。推广用户选择一定的关键词,为每个关键词设定单价。对于同一关键词,设定单价越高的推广用户,其搜索结果的排名越靠前。搜索引擎服务商根据因特网用户点击投放的推广链接次数进行计费。根据竞价排名的规则,推广用户的网站内容与关键词是否有关、关联性大小、页面点击量高低等因素,不再影响竞价排名的搜索结果。搜索引擎服务商为达到商业推广的目的,往往将竞价排名搜索结果置于普通搜索结果之前或其他较明显的页面位置。这实际上是利用了网络用户对搜索结果自然排名的使用习惯——网络用户倾向于首先点击排名靠前的网页链接。因此,竞价排名是一种人工干预的商业推广模式,具有一定的广告推介性质。

本指导案例中,被告在百度和谷歌网站上均投放了竞价排名广告,其投放的推广信息为"天津中国青年旅行社网上营业厅www.lechuyou.com 天津国青网上在线营业厅,是您理想选择,出行提供优质、贴心、舒心的服务"或"天津青旅网上营业厅www.lechuyou.com 天津国青网上在线营业厅,是您理想选择,出行提供优质、贴心、舒心的服务"。被告的推广信息不仅包含原告的企业名称和简称,而且自称是"天津中国青年旅行社网上营业厅"及"天津青旅网上营业厅"。被告擅自将"天津中国青年旅行社"以及"天津青旅"设定为推广链接关键词,当网络用户想要检索与原告相关的信息时,在搜索框中无论输入全称"天津中国青年旅行社",还是简称"天津青旅",被告网站的推广信息就会先出现在搜索结果页面顶部的"推广链接"位置。

2. 关于商业使用中的混淆误认

根据前述反不正当竞争法第五条和不正当竞争解释第六条规定,擅自使用他人企业名称或者公众知悉的企业名称中的字号,引人误认为是他人的商品或者服务的,构成不正当竞争。本指导案例指出,擅自在商业活动中使用他人企业名称简称,使相关公众产生混淆误认的,也属于不正当竞争。对于商业使用,不正当竞争解释第七条规定明确指出,在中国境内进行商业使用,包括将知名商品特有的名称、包装、装潢或者企业名称、姓名用于商品、商品包装以及商品交易文书上,或者用于广告宣传、展览以及其他商业活动中,应当认定为反不正当竞争法第五条第(二)项、第(三)项规定的"使用"。对于误认,该司法解释第四条第一款规定,足以使相关公众对商品的来源产生误认,包括误认为与知名商品的经营者具有许可使用、关联企业关系等特定联系的,应当认定为反不正当竞争法第五条第(二)项规定的"造成和他人的知名商品相混淆,使购买者误认为是该知名商品"。

本指导案例中,原、被告均为提供旅游服务的企业,原告天津青旅成立于1986年,在其经营地域范围内享有较高的知名度和较好的商誉,被告天津国青旅成立于2010年,与原告无特定联系。被告作为从事旅游服务的经营者,未经原告许可,通过在相关搜索引擎中设置与天津青旅企业名称有关的关键词并在网站源代码中使用等手段,使相关公众在搜索"天津中国青年旅行社"或"天津青旅"关键词时,直接显示天津国青旅的网站链接,从而进入天津国青旅的网站联系旅游业务。虽然在被告推广链接指向的网站页面上,并未使用原告的企业名称或简称,但是搜索链接作为进入网站的重要指示标志及入口,对网站的产品、服务等内容起到重要的广告宣传、提示和推介作用。被告在网上擅自使用"天津中国青年旅行社网上营业厅"及"天津青旅网上营业厅",足以使相关公众产生混淆误认。即使网络用户进入被告网站后发现并非是想要检索的原告网站,但被告也是旅游企业,会使网络用户产生既然进入就不妨浏览的想法,从而可能最终选择被告网站中介绍的旅游服务,客观上达到利用网络用户的初始混淆争夺潜在客户的效果。因此,被告在网络上擅自使用他人的"天津中国青年旅行社"及"天津青旅",引人误认为与知名旅游服务的经营者具有许可使用、关联企业关系等特定联系,损害了天津青旅的合法权益,其行为属于不正当竞争行为。天津国青旅作为与天津青旅同业的竞争者,在明知天津青旅企业名称及简称享有较高知名度的情况下,仍擅自使用,有借他人之名谋取商业利益的意图,主观上有恶意。故依照民法通则第一百二十条规定,天津国青旅应当承担停止侵害、消除影响、赔偿损失的民事责任。

三、需要说明问题

关于网络服务提供者民事责任问题。网络侵权的实施离不开网络,网络服务提供者是否承担侵权责任呢?根据我国侵权责任法第三十六条规定,网络用户、网络服务提供者利用网络侵害他人民事权益的,应当承担侵权责任。网络用户利用网络服务实施侵权行为的,被侵权人有权通知网络服务提供者采取删除、屏蔽、断开链接等必要措施。网络服务提供者接到通知后未及时采取必要措施的,对损害的扩大部分与该网络用户承担连带责任。网络服务提供者知道网络用户利用其网络服务侵害他人民事权益,未采取必要措施的,与该网络用户承担连带责任。自 2014 年 10 月 10 日起施行的《最高人民法院关于审理利用信息网络侵害人身权益民事纠纷案件适用法律若干问题的规定》，对侵权责任法第三十六条中的"通知""及时"和"知道"的认定，进行了明确。① 自2013年1月1日起施行的《最高人民法院关于审理侵害信息网络传播权民事纠纷案件适用法律若干问题的规定》第六条规定，原告有初步证据证明网络服务提供者提供了相关作品等，但网络服务提供者能够证明仅提供网络服务，且无过错的，不构成侵权。

根据前述规定，过错是网络服务提供者侵权成立的要件，没有过错的，不承担侵权责任。判断网络服务提供者是否具有过错，要看其是否违反了注意义务，违反了注意义务就具有过错。网络服务提供者注意义务包括采取预防侵权的合理措施、在知道网络用户侵权情况下及时删除侵权作品、对权利人的通知及时采取必要措施。② 这在理论上有"红旗原则"，即如果侵权的事实显而易见，就像是"红旗"一样飘扬，网络服务提供者就不能以不知道侵权的理由来推脱法律责任。"红旗原则"要求网络服务提供者尽到合理注意义务，不能对非常明显的侵权内容或链接不闻不问。否则，就可以认定其主观上有过错，不再享受"避风港原则"所谓"通知加删除"免责条款的庇护，而应当对用户或第三方的直接侵权承担共同侵权责任。由此可见，如果网络服务提供者不知道网络用户利用其网络侵权，或者接到被侵权人的通知后及时采取删除、屏蔽、断开链接等必要措施的，则不承担侵权责任。

---

① 详见《最高人民法院关于审理利用信息网络侵害人身权益民事纠纷案件适用法律若干问题的规定》，载《人民法院报》2014年10月10日。

② 参见赵克：《网络服务提供者的责任承担》，载《人民司法·应用》2014年第19期。

司法解释及司法文件解读

本指导案例中,被告擅自使用他人的企业名称或者简称,争夺潜在客户的不正当行为,是在网络上实施的。网络服务提供者百度公司与谷歌公司在被告实施不正当竞争行为过程中,即百度与谷歌公司在"推广链接"中的行为是否构成帮助侵权,需要结合有关证据做出妥当判断。由于本案原告没有起诉网络服务提供者,根据不告不理原则,法院对此没有审理。如果被侵权人起诉网络服务提供者,并能够提供其侵权证据的,网络服务提供者与该网络用户要承担连带责任。由此也警示网络服务提供者,要依法提供网络服务,认真履行《互联网电子公告服务管理规定》所规定的事前提示和事后监督义务,在"推广链接"业务中认真审查网络用户的企业营业执照等相关文件材料,不能放任网络用户随意设置关键词,更不能把与网络用户无关的其他企业的名称、字号、商标等作为关键词,从而避免侵害他人民事权益。

(执笔人:吴光侠)

指导案例 30 号《兰建军、杭州小拇指汽车维修科技股份有限公司诉天津市小拇指汽车维修服务有限公司等侵害商标权及不正当竞争纠纷案》的理解与参照

——反不正当竞争法中的竞争不限于直接的竞争关系

最高人民法院案例指导工作办公室

2014年6月26日,最高人民法院发布了指导案例30号《兰建军、杭州小拇指汽车维修科技股份有限公司诉天津市小拇指汽车维修服务有限公司等侵害商标权及不正当竞争纠纷案》。为了正确理解和准确参照适用该指导案例,现对该指导案例的推选经过、裁判要点等有关情况予以解释、论证和说明。

一、推选过程及指导意义

2013年9月,天津高院审判委员会审查同意后向最高人民法院案例指导工作办公室推荐该案例作为备选指导性案例。最高人民法院案例指导工作办公室经集体讨论,并征求了民三庭的意见。9月29日,民三庭审查认为:本案例的典型意义在于明确了经营者是否存在非法经营行为与其民事权益能否得到保护的关系,以及不正当竞争纠纷中竞争关系的认定,具有指导价值。2014年3月18日,研究室室务会讨论通过本案例,同意报主管

院领导审核后提交审委会审议。6月17日，最高人民法院审委会讨论通过了本案例。6月26日，最高人民法院以法〔2014〕161号文件将该案例列在第七批指导案例予以发布。

该指导案例旨在明确经营者是否具有超越法定经营范围的违反行政许可法律法规的行为，不影响其依法行使制止商标侵权和不正当竞争的民事权利，以及经营者之间具有间接竞争关系，行为人违背反不正当竞争法的规定，损害其他经营者合法权益的，也应当认定为不正当竞争行为。该指导案例的发布，对同类案件的审理具有较强的借鉴意义，对于依法保护知识产权权利人的合法权利，消除司法实践中的困惑和疑问，统一认识和裁判标准，正确把握反不正当竞争法所调整的竞争关系具有较强的指导意义。

二、裁判要点的理解与说明

该指导案例的裁判要点确认：1.经营者是否具有超越法定经营范围而违反行政许可法律法规的行为，不影响其依法行使制止商标侵权和不正当竞争的民事权利。2.反不正当竞争法并未限制经营者之间必须具有直接的竞争关系，也没有要求其从事相同行业。经营者之间具有间接竞争关系，行为人违背反不正当竞争法的规定，损害其他经营者合法权益的，也应当认定为不正当竞争行为。现围绕与该裁判要点相关的问题逐一论证和说明如下：

本案涉及两个层面的争议，一是原告杭州小拇指公司是否具有超越法定经营范围而违反行政许可法律法规的行为，以及是否影响其行使制止商标侵权和不正当竞争的民事权利；二是被告天津小拇指公司、天津华商公司的被诉行为是否侵害了原告兰建军、杭州小拇指公司的注册商标专用权，以及是否构成对杭州小拇指公司的不正当竞争。第二个层面的争议中，关于被告的被诉行为是否侵害了原告的注册商标专用权比较明确。本案生效判决认为，原告兰建军、杭州小拇指公司是第6573881号、第6573882号"小拇指"文字注册商标的权利人，天津小拇指公司、天津华商公司在从事汽车维修及通过网站进行招商加盟过程中，多处使用了"小拇指"标识，且存在单独或突出使用"小拇指"的情形，相关公众施以一般注意力，足以对服务的来源产生混淆，属于《中华人民共和国商标法》（以下简称商标法）第五十二条第（一）项规定的商标侵权行为。需要说明的是，根据2013年8月30日修改后的商标法，这种情形下认定商标侵权行为的依据为新商标法第五十七条第（二）项，即未经商标注册人的许可，在同一种商品上使用与其注册商标近似的商标，或者在类似商品上使用与其注册商标相同或者近似的商标，容易导致混淆的，属侵犯注册商标专用权的行为。关于被告的被诉行为是否构成不正当竞争行为，是本案争议的焦点问题之一，其关键点在于如何认定反不正当竞争法所调整的竞争关系。因此，围绕本指导案例的裁判要点，本文需要重点说明的是以下两个问题。

（一）经营者是否存在超越经营范围的违反行政许可法律法规等的行为与其民事权益能否得到保护的关系

本案例中，天津小拇指公司、天津华商公司认为其行为不构成商标侵权及不正当竞争的一个主要理由在于，杭州小拇指公司未依法取得机动车维修的相关许可，超越法定经营范围从事特许经营且不符合法定条件，属于非法经营行为，故杭州小拇指公司主张的民事权益不应得到保护。故本案例中要明确天津小拇指公司、天津华商公司所指称杭州小拇指公司的非法经营行为是否成立，及其相应民事权益能否受到保护的问题。

首先,对于超越经营范围、违反有关行政许可法律法规等的非法经营行为,应当依法由相应的行政主管部门进行认定,主张对方有非法经营行为的一方,应自行承担相应的举证责任。本案例中,对于杭州小拇指公司是否存在非法从事机动车维修及特许经营业务的行为,从现有证据和事实看,难以得出肯定性的结论。经营汽车维修属于依法许可经营的项目,但杭州小拇指公司并未从事汽车维修业务,其实际从事的是许可他人在车辆清洁、保养和维修等服务使用其商标,或以商业特许经营的方式许可其直营店、加盟商在经营活动中使用其"小拇指"品牌、专利技术等,并不以其自身取得经营机动车维修业务的行政许可为前提条件。此外,杭州小拇指公司已取得商务部商业特许经营备案,在天津华商公司表示其已向商务部等行政主管部门反映杭州小拇指公司违法经营问题情况下,二审法院经向有关行政机关了解调查处理情况,进一步印证了杭州小拇指公司特许经营备案时已具备"两店一年"条件,及其主要负责"小拇指"品牌管理,不直接从事机动车维修业务,并且拥有自己的商标、专利、经营模式等经营资源,可以开展特许经营业务的结论。故本案依据现有证据,并不能认定杭州小拇指公司存在超越经营范围从事机动车维修或特许经营业务的行为。

其次,退一步讲,假设有关行为构成违反行政许可法律、法规的超越经营范围行为,一般应由行政主管部门依法查处,而不必然影响有关民事权益受到侵害的主体提起民事诉讼的资格,亦不能以此作为不侵权的抗辩。本案例中,即便杭州小拇指公司可能因其经营范围中有关项目的记载构成违反行政法规和规章,这属于行政责任范畴,该行为并不影响其依法制止商标侵权和不正当竞争行为的民事权利,也不影响人民法院依法保护其民事权益。本案例最初概括的裁判要点为"经营者是否存在非法经营行为不影响其民事权益得到法律保护"。在讨论过程中,有的认为这种限定过于宽泛,有的非法经营行为可能影响当事人民事权益是否能受到法律保护,且本案争议的事实围绕着当事人是否有超越经营范围的非法经营行为。故在修改裁判要点时对此予以明确,强调当事人是否具有超越经营范围而违反有关行政许可法律法规等的非法经营行为,不影响其依法行使制止商标侵权和不正当竞争的民事权利。这样表述更为严谨,也符合本案例有关事实。

(二)如何认定反不正当竞争法所调整的竞争关系

我国反不正当竞争法所调整的是具有竞争关系的平等市场主体之间的法律关系,因此,是否存在竞争关系是认定构成不正当竞争的首要条件。如何理解反不正当竞争法所调整的"竞争关系",一直是司法实践中一个颇具争议的问题。传统上,不正当竞争行为的认定通常以市场经营者从事相同或类似商品的经营,存在直接竞争关系为前提。但随着实践的发展,现代反不正当竞争法理念对竞争关系有了更为广泛的认识。一、二审法院对此的不同认识,即是对不正当竞争行为认定结果发生改变的根本原因。

反不正当竞争法所规制的不正当竞争行为,是指损害其他经营者合法权益、扰乱经济秩序的行为,从直接损害对象看,受损害的是其他经营者的市场利益。据此,反不正当竞争法所调整的竞争关系的主体应为市场经营者之间,而市场主体之间竞争关系的存在,并非仅以从事相同行业为限。也就是说,认定不正当竞争行为并不以经营者之间存在直接的竞争关系或处于同一行业为条件。从反不正当竞争法第二条的规定看,也并未要求经营者之间具有直接的竞争关系。

反不正当竞争法以保护市场经营者、消费者和社会公众的利益为目标。如果以直接的竞争关系为前提认定不正当竞争行为,可能导致不正当竞争行为侵害其他市场经营者的合法利益而法律不能提供保护。因此,"竞争关系"不能狭隘地去理解。反不正当竞争法不仅应当将违反禁止性竞争性条款的直接竞争关系纳入调整的范围,而且还应当将违反诚实信用原则的恶意争夺交易机会、阻碍市场竞争或侵害消费者或社会公众利益的间接竞争关系也纳入调整范围。

本案例中,被诉存在不正当竞争行为的天津小拇指公司与天津华商公司均从事汽车维修行业,故首先应确定的问题是,杭州小拇指公司是否为汽车维修相关市场的经营者。本案天津小拇指公司与天津华商公司均从事汽车维修行业,而杭州小拇指公司的经营范围不包含汽车维修类,其本身不具备从事机动车维修的资质,也并未实际从事汽车维修业务,但从其所从事的汽车玻璃修补、汽车油漆快速修复等技术开发活动,以及经授权许可使用的注册商标核定服务项目所包含的车辆保养和维修等可以认定,杭州小拇指公司通过将其拥有的企业标识、注册商标、专利、专有技术等经营资源许可其直营店或加盟店使用,使其成为"小拇指"品牌的运营商,以商业特许经营的方式从事与汽车维修相关的经营活动。因此,二审生效裁判认定,杭州小拇指公司是汽车维修市场的相关经营者,其与天津小拇指公司及天津华商公司之间存在竞争关系,这种竞争关系具有一定的间接性。生效判决在此前提下,对于天津小拇指公司注册使用"小拇指"字号是否构成擅自使用杭州小拇指公司企业名称的不正当竞争,以及天津小拇指公司、天津华商公司在各自网站的有关宣传是否构成虚假宣传的不正当竞争，依法进行了详尽分析，并最终认定天津小拇指公司对杭州小拇指公司构成擅自使用他人企业名称的不正当竞争。

审判实践中，对竞争关系的把握应当相对宽泛，特别对间接竞争关系或潜在竞争关系的理解不能过于狭窄。因此，对竞争关系的认定，不应仅以二者属于同一行业或服务类别为限，如果经营者之间在市场竞争中存在一定联系，或一方的不当行为损害了另一方的正当经营的合法权益，一般则应肯定二者之间存在竞争关系，这也符合反不正当竞争法制止不公平竞争以保护经营者、消费者和公众合法权益的宗旨所在。本案例原审法院以杭州小拇指公司无证据证明其为合法的汽车维修行业的经营者为由，认定其与天津小拇指公司、天津华商公司在汽车维修行业并不存在具体的竞争关系，进而驳回其有关不正当竞争的诉讼请求，对"竞争关系"的条件把握，显然过于严格，故二审法院对此予以纠正。

三、需要说明问题

需要说明的是，本案例第二个裁判要点主要集中于反不正当竞争法范畴内的竞争关系如何认定，以及经营者之间具有间接竞争关系，行为人违背反不正当竞争法的规定，损害其他经营者合法权益的，也应当认定为不正当竞争行为。本案例中，在认定原被告双方存在间接竞争关系的基础上，还要再确定天津小拇指公司注册使用"小拇指"字号是否构成擅自使用他人企业名称的不正当竞争行为。根据反不正当竞争法第五条第（三）项规定，禁止经营者擅自使用他人企业名称，引人误认为是他人的商品，以损害竞争对手。在认定天津小拇指公司是否构成不正当竞争行为，应当考虑以下几个要素：一是杭州小拇指公司的企业字号是否具有一定的市场知名度；二是天津小拇指公司登记使用"小拇指"字号是否具有主观上的恶意;三是天津小拇指公司使用"小拇指"字号是否足以造成市场混淆。综合以上分析,天津小拇指公司登记使用该企业名称本身违反了诚实信用原则,具有不正当性,且无论是否突出使用均难以避免产生市场混淆,构成不正当竞争,故应对此承担停止使用"小拇指"字号及赔偿相应经济损失的民事责任。

(执笔人:石磊)

指导案例 31 号《江苏炜伦航运股份有限公司诉米拉达玫瑰公司船舶碰撞损害赔偿纠纷案》的理解与参照

——合意违反航行规则发生船舶碰撞事故仍应以航行规则认定责任

最高人民法院民事审判第四庭、案例指导工作办公室

2014 年 6 月 23 日,最高人民法院发布了指导案例 31 号《江苏炜伦航运股份有限公司诉米拉达玫瑰公司船舶碰撞损害赔偿纠纷案》。为了正确理解和准确参照适用该指导性案例,现对其推选经过、裁判要点、需要说明问题等情况予以解释、论证和说明。

一、推选过程及指导意义

该指导性案例由上海海事法院报送上海市高级人民法院,经上海市高级人民法院审判委员会讨论决定,将其向最高人民法院案例指导工作办公室推荐。案例指导工作办公室经研究讨论后将该案例送最高人民法院民四庭审查和征求意见。民四庭经审查认为,该案例适用法律正确,对审理同类案件具有指导作用,同意作为指导性案例。2014 年 6 月 17 日,最高人民法院审委会经讨论认为,该案例符合最高人民法院《关于案例指导工作的规定》

第2条的有关规定,同意将该案例确定为指导性案例。6月26日,最高人民法院以法〔2014〕161号文件将该案例作为第七批指导性案例予以发布。

该案例旨在明确,当事船舶在海上航行过程中,协议违反《1972年国际海上避碰规则》(以下简称《避碰规则》)确定的航行规则,发生船舶碰撞事故后应当如何正确认定当事船舶的责任。《避碰规则》作为防止船舶碰撞事故,保障海上交通安全的重要国际海事条约,规范了通航水域的海上交通规则,已经在国际海运界得到广泛适用,也是海事司法实践中判断船舶碰撞事故当事人责任的重要依据。但是,在航运实践中,有的船舶为了自己通行快速和便利,不顾《避碰规则》的规定,与其他船舶联系协商变更应当遵守的航行规则,导致船舶碰撞事故的发生。在此情形下,应当如何准确判定碰撞双方的责任,一直存在不同的观点。该案例确立了合意违反航行规则发生事故情况下责任认定的基本原则,对类似案件的审理具有示范意义,有利于引导船舶遵守正确的航行规则,保障海上航行的安全有序。

二、裁判要点理解与说明

该指导案例的裁判要点确认:航行过程中,当事船舶协商不以《避碰规则》确立的规则交会,发生碰撞事故后,双方约定的内容以及当事船舶在发生碰撞事故时违反约定的情形,不应作为人民法院判定双方责任的主要依据,仍应当以前述规则为准据,在综合分析紧迫局面形成原因、当事船舶双方过错程度及处置措施恰当与否的基础上,对事故责任作出认定。以下围绕与该裁判要点相关的问题逐一说明。

(一)《避碰规则》的理解与适用

海上交通与陆地交通一样,需要通过制定统一的规则来规范通行，以避免事故的发生。为了制定切实可行的海上避碰规则，国际海运界进行了不懈的努力。从早期英国的"海军黑皮书"，到英法两国协商制定的海上避碰规则，到《1910年国际海上避碰规则》的通过和修订，再到1972年签署、1977年7月15日生效的《1972年国际海上避碰规则公约》，直至国际海事组织进行的2007年修正案于2009年12月1日正式生效，经历了漫长的发展过程，国际海上航行规则已经逐渐确立、完善，并被国际海运界广泛接受和适用。

《避碰规则》的适用范围非常广泛，适用于在公海和连接公海可供海船航行的一切水域中的一切船舶。为了尊重各国政府对内陆水域的主权，《避碰规则》规定该规则并不妨碍各国有关主管机关为港口、内陆水道等制定特殊规则，但同时还规定特殊规则应当尽可能与该规则相符合，以便于遵守和管理，避免让船舶在不同水域航行时产生困惑与误解。《避碰规则》的内容非常详尽全面，包括了驾驶和航行规则、号灯和号型、声响和灯光信号等章节。一方面，这些来源于海运实践，特别是碰撞事故总结教训的条款，对指导船舶驾驶人员采取正确的航行规则和有效的避让行动，协调船舶间的冲突，预防和避免船舶相遇时碰撞事故的发生，具有积极的作用。另一方面，《避碰规则》通过制定航行规则规定了当事船舶的权利和义务，虽然条款不具体涉及船舶碰撞产生的法律责任，但对于判明碰撞船舶双方的责任，提供了详实充分的依据。兼具技术规范和法律规范双重性质的《避碰规则》，毫无疑问是海商法中海上碰撞法的核心部分，在国际上具有广泛的约束力。

我国政府于1980年1月5日向联合国政府间海事协商组织秘书长交存了认可文件，成为《1972年国际海上避碰规则公约》

的缔约国，但作出如下保留：属于中华人民共和国的非机动船舶不受海上避碰规则的约束。1981年，我国交通部下发《关于执行1972年国际海上避碰规则公约若干问题的通知》规定，一切船舶在海上和海港航行或停泊时，其操作和显示信号应执行《避碰规则》。自此，《避碰规则》已经适用于我国一切海域的一切船舶。在我国的海事司法实践中，虽然依照《中华人民共和国民法通则》第一百四十二条的规定，在涉外民事关系的法律适用中，我国缔结或参加的国际条约除声明保留条款外应当优先适用，但是由于航运实践中《避碰规则》在我国海域的广泛适用并未区分是否具有涉外因素，《避碰规则》所确立的航行规则已经与其他海上碰撞法律法规一起，成为法院查明案件事实，分清当事船舶责任，公正处理海上船舶碰撞纠纷的重要依据。

（二）当事船舶的合意对碰撞事故责任认定的影响

海上航行中，所有航行船舶都应当按照《避碰规则》的统一规定遵守驾驶和航行规则，正确使用号灯信号等，这样才能有效预防和避免船舶碰撞事故的发生，保证航运的安全。但是，在航运实践中，违反《避碰规则》进行航行的情况仍然时有发生。如果因一方船舶自己违反《避碰规则》造成与他船的碰撞事故，应当由该肇事船舶承担损害赔偿责任。如果航行过程中，双方船舶通过VHF等无线通讯手段自行协商，合意违反《避碰规则》的规定，重新达成一致的通行意见，付诸实施后发生碰撞事故，应当如何划分碰撞船舶的过错责任比例，在海事司法实践中存在不同的认识。一种意见认为，双方船舶已经通过协商一致的方式达成合意，是双方真实意思的表示，应当认定双方已经达成有效协议。双方应当按照协议约定规则航行，没有按照协议约定航行则构成违约，应当按照当事船舶的违约程度认定船舶碰撞事故的责任比例。另一种意见认为,《避碰规则》属于强制适用的规则,双方船舶达成的违反《避碰规则》的合意无效,对双方当事人没有法律约束力。碰撞事故责任比例应当按照《避碰规则》和其他法律法规的规定进行判定。

按照前述第一种意见,如果双方都按照合意的约定航行,可能会避免碰撞事故的发生,因此应当根据双方船舶违反约定的程度判定碰撞事故的责任比例。我们认为,一方面,遵守《避碰规则》是保障海上航行安全的前提和必要条件。航行船舶违反《避碰规则》的规定,不仅对合意船舶,而且对附近航行的其他船舶都造成潜在的威胁和隐患,严重影响海上航行的公共安全。背离《避碰规则》的合意可能造成极其严重的后果,这种行为不应当得到肯定和鼓励。另一方面,因海上航行环境因素的复杂性,双方合意违反《避碰规则》后,是否会发生航行事故,具有极大的不确定性。是否因一方或双方违约而导致航行事故的发生,并不能使当事船舶合意违反《避碰规则》的行为合理化,更不能成为一方减轻自己责任的正当理由。因此,为了保障海上航行的安全有序,任何类型的协商和约定都不能免除当事船舶遵守航行规则的责任和义务。一旦发生事故,双方是否违反合意约定不能成为判定当事船舶碰撞事故责任的主要依据。一方船舶也不能以另一方船舶没有遵守合意约定为由,要求对方承担主要碰撞责任,减轻己方的责任。

本案例中,在涉案"MIRANDA ROSE"轮和"炜伦06"轮协商之前,两轮处于交叉相遇的局面,"MIRANDA ROSE"轮应看到"炜伦06"轮红灯。按照《避碰规则》有关交叉相遇局面的规定,当两艘机动船交叉相遇致有构成碰撞危险时,有他船在本船右舷的船舶应给他船让路,如当时环境许可,还应避免横越他船的前方。因此，在交叉相遇的情况下，"MIRANDA ROSE"轮应为让路船，承担尽可能及早采取大幅度行动，宽裕让请他船的让路义务。但是"MIRANDA ROSE"轮为了自己进北槽航道出口的方便，首先提出了绿灯交会的提议，"炜伦06"轮亦同意该提议。但当"炜伦06"轮行至"MIRANDA ROSE"轮船艏偏左方向时，发现"MIRANDA ROSE"轮显示为红灯。后两轮因互相避让不及发生碰撞。因此本案例中，在当事船舶合意违反《避碰规则》的情况下，法院并未把"MIRANDA ROSE"轮和"炜伦06"轮是否存在违反合意约定绿灯交会的违约行为作为审理范围，更没有把当事船舶的违约行为作为划分碰撞责任的依据，判决没有支持"炜伦06"轮关于"MIRANDA ROSE"轮违反约定应承担主要碰撞责任的主张是非常正确的，充分体现了引导正规航行的司法价值取向。

（三）合意违反《避碰规则》情况下认定碰撞责任的依据

由于当事船舶在发生碰撞事故时违反约定的情形，不应作为法院判定双方责任的主要依据，那么应当如何划分当事船舶的碰撞责任，就成为审理此类案件必须解决的重要问题。

本案例中，在"炜伦06"轮和"MIRANDA ROSE"轮达成一致意见前，两轮处于交叉相遇局面。《避碰规则》第十五条对于两船交叉相遇局面下避免碰撞危险的航行规则已经做出了明确的规定。但是，两轮并未按照《避碰规则》中有关"让红不让绿"①的规定航行，而是合意约定绿灯交会，即双方同意在整个

---

① 舷灯是指船舶右舷的绿灯和左舷的红灯，各在112.5度的水平弧内显示不间断的灯光。当两船交叉相遇时，一船看到他船红色舷灯，则本船为让路船，应给他船让路；一船看到他船绿色舷灯，则本船为直航船。航运实践中把这种航行规则通常称为"让红不让绿"。

避让过程中，始终向对方显示本船的绿灯舷侧。这一约定完全改变了《避碰规则》规定的让路船应给直航船让路的基本航行规则，也完全变更了两船的航行态势，人为造成了新的航行状态。在此情况下，已经没有了《避碰规则》中规定的让路船和直航船。在两船按照绿灯交会进行航行时，由于《避碰规则》中并没有与绿灯交会相对应的具体行动规则，当两轮发生碰撞危险时，两轮应具有同等的避免碰撞的责任。两轮均应特别谨慎驾驶，严格遵守《避碰规则》第二章第一节有关船舶行动规则的规定，充分发挥良好船艺，都有仅凭自己单独的避让行为达到避免碰撞的责任和义务。由于两轮在航行中均违背了良好船艺的基本原则，导致了本次事故的发生，故法院判决两轮各自承担50%的责任。

由此可见，当事船舶合意背离《避碰规则》，并按照合意进行航行时，其原有的航行态势已经发生变化。当事船舶以合意的方式重新分配了各自的责任和义务，直航船按照《避碰规则》本应占有的优势地位也已不复存在。由于这种约定严重影响了海上航行的公共秩序，危及了海上航行的公共安全，不能成为判定当事船舶责任的主要依据。当事船舶近距离相遇发生碰撞危险时，两轮应当具有同等的避免碰撞的责任。如果没有积极履行《避碰规则》规定的避碰义务，就会导致碰撞事故的发生。因此，当事船舶在合意违反《避碰规则》的情况下发生碰撞事故，当事船舶是否按照合意进行航行并不影响碰撞责任的判定，是否符合《避碰规则》确定的航行规则才是判定碰撞事故责任的重要依据。

三、需要说明问题

本案的指导意义在于对合意违反航行规则的司法评价，以及判定事故责任的主要依据和标准，充分体现了司法实践对航行实践的积极引导作用。必须说明的是，本案判决两轮各承担50%的责任比例数额，对其他案件并不具有普遍性的指导意义，即并非合意违规就一律按照对半开的比例划分责任。本案例中，两轮均疏于瞭望、未使用安全航速、未能尽到特别谨慎驾驶的义务并尽早采取避免碰撞的行动，均违背了良好船艺的基本原则，是导致涉案事故的原因。因两轮对形成紧迫局面并导致碰撞的责任相当，故法院判定两轮各自承担50%的责任。需要注意的是，审理此类案件时，应当根据个案的具体情况，以《避碰规则》的规定为准则，在综合分析紧迫局面形成的原因、当事船舶双方的过错程度以及处置措施恰当与否的基础上，对事故责任作出准确认定。

（执笔人：胡方、李兵）

指导案例 32 号《张某某、金某危险驾驶案》的理解与参照

——危险驾驶罪中"追逐竞驶""情节恶劣"的认定

最高人民法院案例指导工作办公室

2014年12月18日,最高人民法院发布了指导性案例《张某某、金某危险驾驶案》(指导案例32号)。为了正确理解和准确参照适用该指导性案例,现对其推选经过、裁判要点、需要说明问题等情况予以解释、论证和说明。

一、推选过程及其指导意义

张某某、金某危险驾驶案,由上海市浦东新区人民法院向上海市高级人民法院报送。上海市高级人民法院审判委员会讨论认为,刑法新增的"追逐竞驶"型危险驾驶行为,目前理论和司法实践中研究不够,司法尺度把握方面存在困难。该案例的裁判涉及对"追逐竞驶"和"情节恶劣"的具体认定问题,具有典型性。因此将此案例作为备选指导性案例向最高人民法院案例指导工作办公室推荐。案例指导工作办公室经研究讨论后,将案例分别送最高人民法院刑一庭、刑五庭和公安部法制局、交管局征求了意见。刑一庭、刑五庭经审查认为,该案例适用法律正确,对审理同类案件具有指导作用,同意作为指导性案例。公安部法制局、交管局也赞同将该案例作为指导性案例。2014年11月25

日，最高人民法院审委会第228次会议讨论认为，该案例符合最高人民法院《关于案例指导工作的规定》第二条的有关规定，同意将该案例确定为指导性案例。同年12月18日，最高人民法院以法〔2014〕327号文件将该案例作为第八批指导性案例予以发布。

该案例旨在明确何种情形属于刑法第一百三十三条之一规定的"追逐竞驶"和"情节恶劣"。随着我国社会经济的发展和人们生活水平不断提高，汽车逐渐成为人们重要的代步工具，特别是在一些经济发达、人口密集的城市，汽车的保有量正在逐年提高，相伴而生的是违法驾驶行为及其所致的交通事故频发。特别是醉酒驾车和追逐竞驶的"飙车"行为，具有高度危险性，极易造成恶性事故，更是引起了社会广泛关注。虽然《刑法修正案（八）》将追逐竞驶的危险驾驶行为纳入刑法视野，但由于目前对"追逐竞驶"和"情节恶劣"尚无明确的司法界定标准，因此实践中这类案件入罪的较少，与实际生活中此类行为频发形成了鲜明对比，不利于打击这类犯罪。该指导性案例明确了"追逐竞驶"和"情节恶劣"认定标准，有利于遏制把道路作为游乐场、竞技场而置他人人身、财产安全于不顾的危险驾驶行为，倡导安全、文明驾驶车辆的良好风尚，保障正常的道路交通秩序和公众的人身财产安全。

二、裁判要点的理解与说明

该指导案例的裁判要点确认：1. 机动车驾驶人员出于竞技、追求刺激、斗气或者其他动机，在道路上曲折穿行、快速追赶行驶的，属于刑法第一百三十三条之一规定的"追逐竞驶"。

2. 追逐竞驶虽未造成人员伤亡或财产损失，但综合考虑超过限速、闯红灯、强行超车、抗拒交通执法等严重违反道路交通安全法的行为，足以威胁他人生命、财产安全的，属于危险驾驶罪中"情节恶劣"的情形。

下面结合案情对裁判要点进行逐一说明。

(一)"追逐竞驶"应当坚持主客观统一原则予以认定

"追逐竞驶"，从一般意义上理解，是对追赶行驶、比赛驾驶速度或者比拼驾驶技能的状态的描述。刑法第一百三十三条之一规定，"在道路上驾驶机动车追逐竞驶，情节恶劣的，或者在道路上醉酒驾驶机动车的，处拘役，并处罚金。"依据该规定，刑法危险驾驶罪中追逐竞驶的犯罪主体为一般主体，即在道路上行驶的机动车的驾驶人。犯罪人主观上为故意，并且从实践中的具体情况来看，较常见的是行为人为了比拼驾驶技术、追求"飙车"的刺激感、与其他行驶中的车辆斗气或出于其他动机而实施。本案例中结合行为人主观状态和客观行为，行为人构成了追逐竞驶：首先，从主观动机上看，本案中二被告人到案后先后供述"一起出去晃晃、兜兜、跑跑路"，后又先后具体分别供述"自己手痒，心里面想找点享乐和刺激""有段时间没开过了，手痒、心里要感受驾驶这种车辆的快感，所以就一起驾车去了""开这种世界顶级摩托车心里感到舒服、刺激、速度快""享受这种大功率世界顶级摩托车的刺激感"，可以印证二被告人出于追求刺激进行驾驶的主观意思联络。其次，从竞技心态上看，二被告人分别供述"只管发挥自己的驾车技能""在道路上穿插、超车、得到心理满足"、在面临红灯时"相信自己的操控车辆的技能闯过去不会出事""相信的自己的驾车技能""刹车不舒服、逢车必超"。这也得到相关证人证言、街面监控的印证，可以印证其相约竞技的驾驶心态。再次，从行驶路线上看，二被告人均供述行驶路线系一起自浦东新区乐园路99号出发，至陆家浜路、河南南路路口接人,"谁先到、谁就等谁",这也得到相关证人证言佐证,可以证明二被告人共同约定了驾驶路线的起点和终点,从而补强二被告人竞技驾驶心态。最后,从行驶状态上看,二被告人均系驾驶依据法律法规不能上牌的大功率摩托车,反复并线、随意曲折变道超车、绝大部分路段超速、高速行驶、逢车必超,在行驶途中还屡次闯红灯、相互超越,这也有街面监控视频、测速鉴定意见、二被告人多次及当庭供述等证据证实,从客观行为方面进一步印证二被告人在道路上驾驶机动车"追逐竞驶"的状态。结合在案证据,可以认定二被告人的行为构成了刑法所规定的追逐竞驶。

鉴于本案例中二行为人是属于同向行驶,且设定了一个共同驾驶目的地的情形,而实践中,在道路上驾驶机动车"追逐竞驶"的,可能还存在其他的行为表现形态。比如,有可能仅为一人在道路上"飙车",以特定的或不特定其他车辆作为追逐目标,且没有设定目的地的;有的是两名以上的多人实施的"追逐竞驶"行为;有的则可能是两人或两人以上人员非同向竞驶,而是反向行驶,但约定了一个共同驾驶目的地;等等。鉴于实践中情况比较复杂多样,不是仅限于案例中这一种情形。经征求刑一庭、刑五庭和公安部意见,裁判要点第一条立足案例的基本案情,但作了适度延展,将"追逐竞驶"行为表述为:"机动车驾驶人员出于竞技、追求刺激、斗气或者其他动机,在道路上曲折穿行、快速追赶行驶的,属于《中华人民共和国刑法》第一百三十三条之一规定的'追逐竞驶'"。也就是说,司法实践中认定"追逐竞驶",一方面要求符合机动车驾驶人员出于竞技、追求刺激、斗气或者其他动机的要件;另一方面,机动车驾驶人员不论有几人,不论是否设定了行驶的起点和终点,也不论是同向而行，抑或是反向行驶的，只要是具有驾驶机动车在道路上曲折穿行、快速追赶行驶情形的，就可以认定为"追逐竞驶"行为。

（二）"情节恶劣"应当从追逐竞驶行为的具体表现、造成危害的程度、危害后果等方面认定

危险驾驶罪是刑法分则第二章"危害公共安全罪"中的一个新增罪名，其侵害的客体主要是道路交通秩序，同时也威胁到不特定多数人的生命、财产安全。追逐竞驶型危险驾驶罪的"情节恶劣"，是评价追逐竞驶行为应否入罪的重要条件。一般需要结合追逐竞驶行为的具体表现及所造成危害的程度、后果等方面，分析其对道路交通秩序、不特定多人生命、财产安全威胁的程度是否达到"恶劣"来判定。

本案例中，二被告人虽然具有驾驶资格，但其行为被认定属于"情节恶劣"，是根据以下情形综合进行判定的：一是二被告人追逐竞驶行为严重违反了道路安全交通规定：驾驶无牌照改装的大功率摩托车，在密集车流中任意穿插变道，曲折变线，多次闯红灯，致使沿途正常行驶的车辆纷纷闪避；交管部门监测到二车至少在四个路段超速行驶，并且其中在三个路段超速接近限速的一倍，造成所经路段交通秩序混乱；二是案发时恰逢周五晚高峰，车流和人流均十分密集。二被告行驶路线长达28.5公里，沿途经过多个公交站点、居民小区、学校和大型超市，追逐竞驶行为足以对途经人员车辆的生命财产安全造成威胁；三是在交警对其拦查时，不仅不配合盘查，反而加速逃离，逃避执法。综合以上三方面情形，本案例在裁判中认定被告人行为属于"情节恶劣"。梳理本案法官判断"情节恶劣"的依据，可以提炼归纳为三点：一是追逐竞驶中严重违反道路交通安全规定；二是扰乱了沿途正常的道路交通秩序或居民生活秩序，引起人员、车辆恐

慌;三是足以威胁途经人员、车辆的生命财产安全。

裁判要点第二条主要根据本案例的情节,对"情节恶劣"判定标准进行了概括。征求意见中,对该标准的表述,主要有以下三种不同观点:第一种观点认为,行为人追逐竞驶,虽未造成人员伤亡或财产损失,但具有超过限速50%以上、闯红灯、强行超车或抗拒交通执法等严重违反道路交通安全规定行为之一的,即应当认定为"情节恶劣"。第二种观点认为,行为人追逐竞驶的,应当综合考虑超过限速、闯红灯、强行超车、抗拒交通执法等违反道路交通安全规定的情节,判断是否构成"情节恶劣"。第三种观点认为,宜表述为"行为人追逐竞驶,虽未造成人员伤亡或财产损失,但具有超过限速50%以上、闯红灯、强行超车或抗拒交通执法等严重违反道路交通安全规定行为,足以威胁途经人员生命、财产安全的,也属于危险驾驶罪中'情节恶劣'的情形"。考虑到如果按第一种观点界定"情节恶劣",可能导致该类危险驾驶罪的入罪门槛过低,打击面过宽,不符合刑法谦抑性原则的要求;而按第二种观点界定"情节恶劣"则过于原则,对"情节恶劣"的限定失之笼统,司法实践中不易把握,操作性不强;第三种观点则存在表述不明确、不清晰的问题,尤其是前面所罗列的几种具体情节是只需具备其一即可,还是需要同时具备才能认定,不清晰。综合考虑以上几种观点,经过研究,最终裁判要点第二条表述为:追逐竞驶虽未造成人员伤亡或财产损失,但综合考虑超过限速、闯红灯、强行超车、抗拒交通执法等严重违反道路交通安全法的行为,足以威胁他人生命、财产安全的,属于危险驾驶罪中"情节恶劣"的情形。也就是说,行为人追逐竞驶行为"超过限速、闯红灯、强行超车、抗拒交通执法等严重违反道路交通安全法的行为",不论被告人是实施了其中几种,还是只具有其中一种情形,只要其行为达到"足以威胁他人生命、财产安全"程度的,即可认定"情节恶劣"。这样表述明确了判断"情节恶劣"的底线标准,即必须达到"足以威胁他人生命、财产安全"的程度。

总之,追逐竞驶型危险驾驶犯罪与醉酒后在道路上驾驶机动车的犯罪行为相比,侦查比较困难、取证难度较大,但其社会危害性显而易见。在司法实践中认定该罪成立时应当从行为人主观故意和动机、客观驾驶行为、危险状态评估三个方面深入辨析,并严格依照证据裁判原则予以认定。

三、需要说明问题

(一)危险驾驶罪与交通肇事罪和以危险方法危害公共安全罪竞合的问题

刑法第一百三十三条之一第二款对此问题做了规定,即"有前款行为,同时构成其他犯罪的,依照处罚较重的规定定罪处罚。"根据该款规定,界定危险驾驶罪中追逐竞驶的"情节恶劣",还要注意同时考虑此种行为入危险驾驶罪的条件,与交通肇事罪和以危险方法危害公共安全罪的入罪条件要相衔接。只有在不构成交通肇事罪或者以危险方法危害公共安全罪的情况下,追逐竞驶行为,"情节恶劣"的,才有可能以危险驾驶罪定罪处罚。如果行为人追逐竞驶,造成人员伤亡或者公私财产重大损失的,符合刑法第一百三十三条交通肇事罪构成要件的,根据刑法第一百三十三条之一第二款规定的精神,应当依照刑法第一百三十三条的规定,以交通肇事罪定罪处罚,而行为人追逐竞驶的行为,可以作为处罚的量刑情节予以考虑。由于刑法第一百一十五条规定的以危险方法危害公共安全罪,最高可判处死刑,属于严重犯罪,对于因追逐竞驶的危险驾驶行为而应当定以危险方法危害公共安全罪的，必须注意严格把握入罪条件，同时还应当注意对这类情况予以适当量刑，罚当其罪。

(二) 防止打击面过宽问题

本案例涉及的追逐竞驶型危险驾驶犯罪，属于尚未造成任何人员伤亡和财产损失的情形，因此，在该类犯罪中也属于比较常见、犯罪危害结果在同类犯罪中相对较轻微的情况。将该案例作为指导性案例，也是希望通过该指导案例的示范性裁判，确立类似情形下"情节恶劣"的判定标准，作为该类犯罪入罪的"低限"标杆指导审判。司法实践中不宜再进一步放宽掌握该罪的入罪尺度，注意避免造成打击面过宽的问题。还需要说明的是，刑法第一百三十三条之一规定中的"机动车"和"道路"，应当依照道路交通安全法的相关规定予以认定。

(执笔人：张鹏飞、李兵)

指导案例33号《瑞士嘉吉国际公司诉福建金石制油有限公司等确认合同无效纠纷案》的理解与参照

——恶意串通逃债的行为无效

最高人民法院案例指导工作办公室、民事审判第四庭

2014年12月18日,最高人民法院发布了指导案例33号《瑞士嘉吉国际公司诉福建金石制油有限公司等确认合同无效纠纷案》。为了正确理解和准确参照适用该指导案例,现对其推选经过、裁判要点等有关情况予以解释、论证和说明。

一、推选经过及指导意义

本案由福建省高级人民法院一审,最高人民法院民四庭于2012年8月二审结案,判决已发生法律效力。2014年1月9日,最高人民法院民四庭审判长联席会讨论后,将该案例作为指导性案例推荐。最高人民法院案例指导工作办公室审查后,同意作为备选指导案例。8月4日,研究室室务会经讨论认为,案例中的有证据证明恶意串通损害债权人利益的行为以及合同被认定无效后法律后果的承担,有典型指导价值,同意将此案例作为指导案例报院领导审核后提请审委会讨论。11月28日,最高人民法院审判委员会经讨论一致同意将该案例确定为指导案例。12月18

日，最高人民法院以法〔2014〕327号文件将该案例作为第八批指导案例予以公开发布。

该指导案例旨在明确债务人与其关联公司恶意串通逃债的，债权人可以请求法院确认债务人转让财产的合同无效；同时划分了合同无效后返还财产适用合同法第五十八条与第五十九条的界限。这不仅明确了"恶意串通"的具体认定标准，解决了合同无效后如何返还财产问题，而且有利于有效惩治违背诚信、恶意逃债行为，维护债权人合法权益和公平安全的市场经济秩序。

二、裁判要点的理解与说明

指导案例33号裁判要点确认：1.债务人将主要财产以明显不合理低价转让给其关联公司，关联公司在明知债务人欠债的情况下，未实际支付对价的，可以认定债务人与其关联公司恶意串通、损害债权人利益，与此相关的财产转让合同应当认定为无效。2.合同法第五十九条规定适用于第三人为财产所有权人的情形，在债权人对债务人享有普通债权的情况下，应当根据合同法第五十八条的规定，判令因无效合同取得的财产返还给原财产所有人，而不能根据第五十九条规定直接判令债务人的关联公司因"恶意串通，损害第三人利益"的合同而取得的债务人的财产返还给债权人。下面结合有关法律和司法解释规定，围绕裁判要点中有关问题予以论证和说明。

（一）如何认定恶意串通、损害他人利益的无效合同

无效合同是指当事人虽然取得合意，但是因为违反法律规定而自始不具有法律约束力的合同。我国合同法第五十二条规定："有下列情形之一的，合同无效：（一）一方以欺诈、胁迫的手段订立合同，损害国家利益；（二）恶意串通，损害国家、集体

或者第三人利益;(三)以合法形式掩盖非法目的;(四)损害社会公共利益;(五)违反法律、行政法规的强制性规定。"可见,当事人恶意串通、损害他人利益的合同是无效合同的一种情形。所谓恶意串通,就是当事人为了谋取私利,相互勾结,采取不正当方式,共同实施损害他人的行为。当事人恶意串通订立损害国家、集体或者第三人利益的合同,违反了订立合同应当遵守法律、尊重公德、诚实信用的基本原则,内容严重违法,因而应当被确认为合同全部无效。

本案例源于债权人瑞士嘉吉国际公司(以下简称嘉吉公司)认为,债务人福建金石制油有限公司(以下简称金石公司)与关联公司中纺粮油(福建)有限公司(以下简称中纺福建公司,曾用名福建田源生物蛋白科技有限公司)、中纺福建公司与漳州开发区汇丰源贸易有限公司(以下简称汇丰源公司)之间,有关土地使用权以及地上建筑物、设备等资产的买卖合同因构成合同法第五十二条第(二)项"恶意串通,损害国家、集体或者第三人利益"的情形而应当被认定无效,并要求返还原物。下面,结合具体案情分析福建金石公司、中纺福建公司、汇丰源公司相互之间订立的合同是否构成"恶意串通、损害第三人利益"的合同。

首先,债务人与其关联公司明知债务人欠他人债务。福建金石公司、中纺福建公司在签订和履行《国有土地使用权及资产买卖合同》的过程中,其实际控制人之间系亲属关系,且柳锋、王晓琪夫妇分别作为两公司的法定代表人在合同上签署。因此,可以认定在签署以及履行转让福建金石公司国有土地使用权、房屋、设备的合同过程中,中纺福建公司对福建金石公司的状况是非常清楚的,对包括福建金石公司在内的金石集团因"红豆事件"被仲裁裁决确认对嘉吉公司形成1337万美元债务的事实是清楚的。

其次,债务人以明显不合理低价转让财产。最高人民法院《关于适用〈中华人民共和国合同法〉若干问题的解释(二)》第十九条第一款规定:"对于合同法第七十四条规定的'明显不合理的低价',人民法院应当以交易当地一般经营者的判断,并参考交易当时交易地的物价部门指导价或者市场交易价,结合其他相关因素综合考虑予以确认。"第二款规定:"转让价格达不到交易时交易地的指导价或者市场交易价百分之七十的,一般可以视为明显不合理的低价;对转让价格高于当地指导价或者市场交易价百分之三十的,一般可以视为明显不合理的高价。"该司法解释规定转让价格达不到交易时交易地的指导价或者市场交易价百分之七十的,"一般可以视为明显不合理的低价","一般"意味着排除特殊情形,如季节性产品和易腐烂变质的时令果蔬在临近换季或者保质期前回笼资金的甩卖;"可以"意味着应视具体情形而定,不作刚性约束;"视为"是立法和解释上使用的法律拟制用语,债务人、受让人可以提出相反事实和证据予以推翻。审判实务中,对"以明显不合理的低价转让财产",原则上应当按照该司法解释第19条规定的判断基准和基本方法综合进行分析,并予以个案确认。① 本案例中,《国有土地使用权及资产买卖合同》订立于2006年5月8日,其中约定中纺福建公司购买

---

① 沈德咏主编:《最高人民法院关于合同法司法解释(二)理解与适用》,人民法院出版社2009年版,第148页。

福建金石公司资产的价款为2569万元，国有土地使用权作价464万元、房屋及设备作价2105万元，并未根据相关会计师事务所的评估报告作价。一审法院根据福建金石公司2006年5月31日资产负债表，以其中载明固定资产原价44042705.75元、扣除折旧后固定资产净值为32354833.70元，而《国有土地使用权及资产买卖合同》中对房屋及设备作价仅2105万元，认定《国有土地使用权及资产买卖合同》中约定的购买福建金石公司资产价格为不合理低价是正确的。在明知债务人福建金石公司欠债权人嘉吉公司巨额债务的情况下，中纺福建公司以不合理低价购买福建金石公司的主要资产，足以证明其与福建金石公司在签订《国有土地使用权及资产买卖合同》时具有主观恶意，属恶意串通，该合同的履行足以损害债权人嘉吉公司的利益。

第三，关联公司未实际支付对价。《国有土地使用权及资产买卖合同》签订后，中纺福建公司虽然通过中国农业银行漳州支行向福建金石公司在同一银行的账户转账2500万元，但该转账并未注明款项用途，且福建金石公司于当日将2500万元分两笔汇入其关联企业大连金石制油有限公司账户，又根据福建金石公司和中纺福建公司当年的财务报表，并未体现该笔2500万元的入账或支出，而是体现出中纺福建公司尚欠福建金石公司"其他应付款"121224155.87元。一审法院据此认定中纺福建公司并未根据《国有土地使用权及资产买卖合同》向福建金石公司实际支付价款是合理的。

第四，关联公司明知转让的资产来源和债务人欠债情况。从公司注册登记资料看，汇丰源公司成立时股东构成似与福建金石公司无关，但在汇丰源公司股权变化的过程中可以看出，汇丰源公司在与中纺福建公司签订《买卖合同》时对转让的资产来源以及福建金石公司对嘉吉公司的债务是明知的。《买卖合同》约定的价款为2669万元,与中纺福建公司从福建金石公司购入该资产的约定价格相差不大。汇丰源公司除已向中纺福建公司支付569万元外,其余款项未付。一审法院据此认定汇丰源公司与中纺福建公司签订《买卖合同》时恶意串通并足以损害债权人嘉吉公司的利益,并无不当。

综上,通过综合分析,可以认定福建金石公司与中纺福建公司之间的《国有土地使用权及资产买卖合同》、中纺福建公司与汇丰源公司之间的《买卖合同》,属于恶意串通、损害嘉吉公司利益的合同。根据合同法第五十二条第(二)项的规定,均应当认定为无效。

(二)关于合同被认定无效后的法律后果

合同无效,意味着合同自始没有法律约束力,应将合同的财产后果恢复到合同订立以前的状态。对于无效合同的处理,根据合同法第五十八条的规定,合同无效后,因该合同取得的财产,应当予以返还;不能返还或者没有必要返还的,应当折价补偿。有过错的一方应当赔偿对方因此所受到的损失,双方都有过错的,应当各自承担相应的责任,判令取得财产的一方返还财产。

本案例涉及的两份合同均被认定无效,两份合同涉及的财产相同,其中国有土地使用权已经从福建金石公司经中纺福建公司变更至汇丰源公司名下,在没有证据证明本案所涉房屋已经由中纺福建公司过户至汇丰源公司名下、所涉设备已经由中纺福建公司交付汇丰源公司的情况下,一审法院直接判令取得国有土地使用权的汇丰源公司、取得房屋和设备的中纺福建公司分别就各自取得的财产返还给福建金石公司并无不妥。合同法第五十九条规定："当事人恶意串通，损害国家、集体或者第三人利益的，因此取得的财产收归国家所有或者返还集体、第三人。"该条应当适用于能够确定第三人为财产所有权人的情况。本案例中，嘉吉公司对福建金石公司享有普通债权，案涉财产系福建金石公司的财产，并非嘉吉公司的财产，因此，应当判令将系争财产返还给福建金石公司，不能直接判令返还给嘉吉公司。

三、需要说明问题

（一）关于债权人保护债权方式的选择权

根据我国合同法的有关规定，在债权人认为债务人的行为危害其债权的情况下，保护债权的方式和途径有两种：一是债权人根据合同法第七十四条第一款的规定，行使债权人的撤销权，请求人民法院撤销债务人订立的相关合同；二是债权人根据合同法第五十二条第（二）项的规定，请求人民法院确认债务人签订的相关合同无效。虽然两者的法律后果都是达到恢复原状的目的，但是二者在适用范围、期限和证明标准等方面存在区别。一是适用范围不同。根据合同法第七十四条规定，债权人行使撤销权限于债务人放弃其到期债权或者无偿转让财产，对债权人造成损害的，或者债务人以明显不合理的低价转让财产，对债权人造成损害，并且受让人知道该情形的，债权人可以请求人民法院撤销债务人的行为。《最高人民法院关于适用〈中华人民共和国合同法〉若干问题的解释（二）》第十八条补充了债务人放弃其未到期债权、放弃担保债权和恶意延长到期债权的履行期三种情形。而主张合同无效限于前述合同法第五十二条规定的五种情形之一。二是期限不同。合同法第七十五条规定："撤销权自债权人知道或者应当知道撤销事由之日起一年内行使。自债务人的行为发生之日起五年内没有行使撤销权的，该撤销权消灭。"可见行使撤销权会有除斥期间的限制，而请求确认合同无效则无此期限限制。三是证明标准不同。从司法实践来看，在行使撤销权的情况下，债权人只需要举证证明"债务人无偿转让财产"或者"债务人以明显不合理的低价转让财产对债权人造成损害，且受让人知道该情形"，其中只要债权人能够举证证明"受让人知道债务人的转让行为是以明显不合理的低价"，就足以认定受让人知道会因此对债权人造成损害。而债权人选择以债务人与他人恶意串通、损害其利益为由，主张合同无效会在举证方面面临更高的要求，具体要求在下面说明。可见，对债权人而言，两种保护债权实现的方式各有利弊，债权人可以在权衡利弊后做出选择。本案例中，债权人嘉吉公司选择的是请求确认相关转让财产的合同无效。

（二）关于恶意串通的证明标准问题

债权人在主张相关合同无效的情况下，债权人不仅要证明债务人有损害其利益的行为，而且要证明债务人与受让人"恶意串通"。恶意串通比行使撤销权的证明标准更高。恶意串通，是以损害他人利益为目的而相互通谋、相互勾结做出的意思表示。债权人要证明债务人与受让人主观上具有恶意，还要证明客观上具有串通损害其利益的行为。值得注意的是，自2015年2月4日起施行的《最高人民法院关于适用〈中华人民共和国民事诉讼法〉的解释》第一百零九条规定："当事人对于欺诈、胁迫、恶意串通事实的证明，以及对于口头遗嘱或者赠与事实的证明，人民法院确信该待证事实存在的可能性能够排除合理怀疑的，应当认定该事实存在。"该条解释对提高证明标准的特殊情形进行了明确规定,即欺诈、胁迫和恶意串通等事实,在实体法立法上使用"足以""显失公平"的表述的,均反映立法者有对此类待证事实拔高证明标准的意图,审判实践中对这些事实也应当适用高于高度盖然性的证明标准。[①] 可见,恶意串通等事实的证明标准,需要达到排除合理怀疑的程度,高于民事诉讼中的高度盖然性的一般证明标准。

(执笔人:吴光侠、高晓力)

[①] 沈德咏主编:《最高人民法院民事诉讼法司法解释理解与适用》,人民法院出版社2015年版,第362页。

指导案例34号《李晓玲、李鹏裕申请执行厦门海洋实业股份有限公司、厦门海洋实业总公司执行复议案》的理解与参照

——权利承受人可作为申请执行人直接申请执行

最高人民法院执行局、案例指导工作办公室

2014年12月18日,最高人民法院发布了指导案例34号《李晓玲、李鹏裕申请执行厦门海洋实业股份有限公司、厦门海洋实业总公司执行复议案》。为了深入理解和准确参照适用该指导案例,现对其推选经过、裁判要点等有关情况予以解释、论证和说明。

一、推选经过及指导意义

李晓玲、李鹏裕申请执行厦门海洋实业股份有限公司、厦门海洋实业总公司借款纠纷一案,由福建省高级人民法院(以下简称福建高院)立案执行。在执行过程中,厦门海洋实业股份有限公司向福建高院提出执行异议,福建高院审查后作出执行异议裁定,李晓玲、李鹏裕不服,向最高人民法院申请复议。最高人民法院执行局认为,该案例符合《关于案例指导工作的规定》第二条的有关规定条件,作为指导性案例予以推荐。最高人民法院案例指导工作办公室经研究、征求民二庭意见和修改完善,按照规

定程序报院领导同意提请最高人民法院审判委员会讨论。2014年11月28日，最高人民法院审委会经讨论同意将该案例确定为指导性案例。12月18日，最高人民法院以法〔2014〕327号文件将该案例作为第八批指导性案例予以发布。

该案例旨在明确，生效法律文书确定的权利人在进入执行程序前合法转让债权的，债权受让人即权利承受人可以作为申请执行人直接申请执行，无需法院作出变更申请执行人的裁定。该案例涉及执行程序开始之前，申请执行主体发生变更，由权利承受人申请执行时，以何种方式解决申请执行主体的变更问题，区分了民事诉讼不同时段申请执行主体变更的不同方式，对于解决司法实践中的认识争议，统一裁判标准，避免纠缠执行程序问题，提高执行效率，维护当事人合法权益，具有典型指导意义。

二、裁判要点的理解和说明

指导案例34号裁判要点确认：生效法律文书确定的权利人在进入执行程序前合法转让债权的，债权受让人即权利承受人可以作为申请执行人直接申请执行，无需执行法院作出变更申请执行人的裁定。下面结合有关法律和司法解释等规定，围绕裁判要点中有关问题予以论证和说明。

（一）关于变更申请执行主体的情形

在民事诉讼执行程序中，生效法律文书确定的原告和被告一般就是申请执行人和被执行人，申请执行人通常是指在被告在法律文书指定的期限内不履行或者不完全履行义务时，根据已经发生法律效力的判决书、裁定书及其他法律文书，向人民法院要求执行的人。变更申请执行主体一般是指在根据原申请执行人的申请已进入执行程序后，变更新的权利人为申请执行人。但是，在司法实践中，由于一些法定事由的出现，使得生效法律文书确定的权利或义务发生转移，表现在执行程序中，就是申请执行人的变更与被执行人的变更及追加。在《最高人民法院关于人民法院执行工作若干问题的规定（试行）》中，对被执行人的变更与追加作了较为详尽的规定，但对于申请执行人的变更及程序未作明确规定，仅在第18条第2款中规定，申请执行人是生效法律文书确定的权利人或其继承人、权利承受人。这条规定中的"继承人"和"权利承受人"即是申请执行权利主体的扩张，分别针对自然人和法人。司法实践中，申请执行人变更主要有以下情形：

1. 作为申请执行人的公民死亡，由其继承人继承其在执行程序中的权利（追索赡养费的案件除外）。

2. 作为申请执行人的法人或其他组织在执行程序中发生了合并或分立，合并或分立后的法人或其他组织为申请执行人。

3. 作为申请执行人的法人或其他组织被解散、撤销或宣告破产的，由主管机关和人民法院组织成立的清算组织为申请执行人。

4. 作为申请执行人的法人或其他组织名称变更的，由变更名称后的法人或其他组织为执行申请人。

5. 法律文书确定的债权合法转让的。合同法第八十条规定：债权人转让权利的，应当通知债务人，未经通知，该转让对债务人不发生效力。第八十一条规定：债权人转让权利的，受让人取得与债权有关的从权利，但该权利专属于债权人自身的除外。上述规定所指债权系指未经法院裁判所确认的债权，即自然债权。关于依据生效法律文书产生的胜诉债权的转让，在法学界和执行实践中存在着争论，认为胜诉债权不得转让的主要理由有：一是强制执行请求权是基于被执行人不履行生效法律文书，国家为维护公益而赋予法律文书所确定的债权人基本的请求保护的权利，属于国家公权利，不因当事人的约定而丧失。根据民事诉讼既判力原则，该权利在一定期限内专属于权利人所有，属于不可转让的权利。如果该权利可以转让，一份生效法律文书可能出现若干个申请执行人，有损于生效法律文书的确定力和公信力。二是执行主体的变更，是对执行依据所确定的权利义务关系的改变，不单纯是程序问题，更重要的是实体问题，属于民事审判程序，交由执行程序办理，有违程序法的规定，而且动摇了已生效的裁判文书的稳定性、确定性和权威性。我国对实体问题处理实行的是两审终审制，人民法院不能以剥夺一方当事人的诉讼权利为代价来保护另一方的利益，这可能使债务人丧失救济机会，有违公平公正原则。我们认为，根据合同法有关规定，经法院裁判所确认的胜诉债权，除专属于债权人人身的债权外，也可以依法转让；转让后，受让人取得债权人的地位，在义务人不履行义务的情况下，依法可以作为申请执行人向执行法院申请强制执行。

（二）关于金融不良债权转让案件变更申请执行主体的程序

根据大陆法系民事诉讼法学的既判力理论，执行根据的效力只能及于执行依据上的权利和义务主体。因此，申请执行人是依据所执行的有效法律文书来确定的。人民法院在受理执行案件时，首先应当对申请执行人是否适格进行形式审查，确认作为申请执行人的就是法律文书效力所及之人。只有在例外的情况下，生效法律文书的既判力扩张至当事人以外的人。

关于执行法院审查后采取何种方式变更申请执行主体，我国目前法律法规和有关司法解释无明确规定，仅有以下关于金融不良债权转让的特别规定涉及此内容：

1.《最高人民法院关于审理涉及金融不良债权转让案件工作座谈会纪要》第十条"关于诉讼或执行主体的变更"指出："金融资产管理公司转让已经涉及诉讼、执行或者破产等程序的不良债权的，人民法院应当根据债权转让合同以及受让人或者转让人的申请，裁定变更诉讼主体或者执行主体。"

2.《最高人民法院关于金融资产管理公司收购、处置银行不良资产有关问题的补充通知》第3条指出："金融资产管理公司转让、处置已经涉及诉讼、执行或者破产等程序的不良债权时，人民法院应当根据债权转让协议和转让人或者受让人的申请，裁定变更诉讼或者执行主体。"

3.〔2009〕执他字第1号《最高人民法院关于判决确定的金融不良债权多次转让人民法院能否裁定变更申请执行主体请示的答复》（以下简称〔2009〕执他字第1号答复）指出："《最高人民法院关于人民法院执行工作若干问题的规定（试行）》，已经对申请执行人的资格予以明确。其中第18条第1款规定：'人民法院受理执行案件应当符合下列条件：……（2）申请执行人是生效法律文书确定的权利人或其继承人、权利承受人。'该条中的'权利承受人'，包含通过债权转让的方式承受债权的人。依法从金融资产管理公司受让债权的受让人将债权再行转让给其他普通受让人的，执行法院可以依据上述规定，依债权转让协议以及受让人或者转让人的申请，裁定变更申请执行主体。"

根据以上规定，从执行实践看，一般第三人提出变更申请执行主体并提供证据的，由人民法院审查。如审查合格，则裁定变更第三人为申请执行主体；如审查不合格，则裁定驳回申请。因此，对于进入执行程序变更申请执行人的确认，通常采用作出裁定形式。但以上所指的变更一般是执行程序中的变更，没有涉及尚未进入执行程序而在立案阶段的变更。

（三）关于进入执行程序前申请执行主体的变更程序

由于民事诉讼法和司法解释缺乏关于变更申请执行主体的相

关规定，尤其是针对诉讼结束后执行立案前发生债权转让的，原债权人未加入到执行程序中，而是由权利承受人直接向法院申请执行的情形，司法实践中各地法院做法不一。有的法院进行形式审查后，直接将权利承受人作为申请执行人，不做变更申请执行人的裁定，只是按照一般程序向被执行人发出执行通知书；有的法院则要求，申请立案阶段，只能由裁判文书上载明的权利人申请，移交给执行部门后，再由执行部门裁定变更。

变更申请执行主体通常是指，在根据原申请执行人的申请已经开始了的执行程序中，变更新的权利人为申请执行人。从这个角度而言，执行立案前债权转让，且原债权人一直未参与执行程序，自始由权利承受人以自己名义申请执行的，虽然与严格意义上"变更申请执行主体"有着相同的法律基础，但并不完全符合"变更"的概念界定。本指导案例中，双方当事人争议的焦点程序问题是，债权转让后权利承受人直接申请执行的，执行法院未作出变更申请执行主体的裁定，仅发出执行通知书是否合法。

针对此争论，本指导案例统一了裁判方式，确认了权利承受人有权以自己的名义申请执行，只要向人民法院提交承受权利的证明文件，证明自己是生效法律文书确定的权利的承受人，符合受理执行案件条件的，法院经立案审查后，发出立案受理通知，表明法院确认了新的权利受让人可以作为申请执行人，无需再作出变更裁定。这样统一裁判方式后，可以简化程序，方便权利承受人申请执行，减轻人民法院工作量，也符合执行程序的效率追求。因为执行程序的主要目的是迅速实现债权人经过生效法律文书确定的债权，不同于审判程序，效率是执行程序基本价值取向。即使作为救济程序的执行异议和复议程序，其目的也是解决执行过程中衍生的程序和实体争议，所作的是非诉审查，其价值取向毫无疑问仍是效率。因此，效率原则贯穿于整个执行程序，如果经过立案登记审查后，还须执行部门作出变更主体的裁定，则显得多余，也有违执行程序的效率原则。

三、需要说明问题

（一）关于进入执行程序前变更申请执行人程序的适用范围

变更申请执行人是直接关系到案外人能否成为案件权利主体的重大问题，对充分保护权利人利益，维护法院裁判权威，建立与发展诚实守信的市场交易秩序具有重要意义。但是，在申请执行人变更问题上，由于法律没有明确将确定债权转让纳入申请执行人变更的范围内，确定债权转让后，申请执行人的变更问题变得更为突出。从目前的规定看，最高人民法院对于金融资产管理公司收购、处置国有银行不良资产的情形，明确表示金融资产管理公司、债权受让人可以成为申请执行主体。但这一情形是在特定情况和范围内实施的，是配合国家金融政策的执行而作出的，不具有普适性。因此，本指导案例作为变更申请执行人程序的有效补充，在司法实践中具有普遍指导意义，但同时也应当赋予债务人即被执行人对于变更申请主体的异议救济渠道。

本指导案例中涉及的债权转让合同，虽然属于金融资产管理公司转让不良债权的性质，但关于如何处理申请主体变更的结论，不仅适用于金融不良债权案件，而且普遍适用于普通执行案件。司法实践中，在进入执行程序前的立案阶段应当认真审查受让人提交相关权证证明材料是否符合形式要求。被执行人针对变更申请执行主体提出异议的，如果不涉及债权转让合同效力的，可以依照民事诉讼法第二百二十五条作为执行异议进行审查，并赋予当事人申请复议的权利。如果被执行人异议理由主要涉及债权转让合同效力的，应当提示被执行人提起诉讼。

（二）关于进入执行程序后变更申请执行人的程序

对进入执行程序后如何变更申请执行人问题，民事诉讼法和及其司法解释没有作出规定。《最高人民法院关于审理涉及金融不良债权转让案件工作座谈会纪要》第十部分"关于诉讼或执行主体的变更"中指出，金融资产管理公司转让已经涉及诉讼、执行或者破产等程序的不良债权的，人民法院应当根据债权转让合同以及受让人或者转让人的申请，裁定变更诉讼主体或者执行主体。如前所述，最高人民法院（2009）执他字第1号答复指出，依法从金融资产管理公司受让债权的受让人再行转让债权的，执行法院可以裁定变更执行主体。尽管这是针对金融债权转让的，但是对其他执行案件具有普遍参照意义。司法实践中，对于进入执行程序后变更权利人的，一般参照变更被申请执行人的有关司法解释规定，采取裁定方式来变更。

（三）关于债权转让合同效力争议问题

本指导性案例中，还涉及债权转让合同效力争议问题。对此，《最高人民法院关于审理涉及金融不良债权转让案件工作座谈会纪要》第五部分指出，在受让人向国有企业债务人主张债权的诉讼中，国有企业债务人提出不良债权转让合同无效抗辩的，人民法院应告知其向同一人民法院另行提起不良债权转让合同无效的诉讼。债务人不另行起诉的，人民法院对其抗辩不予支持。这是因为，合同是否有效属于审判程序解决的问题，执行程序不是审查判断合同效力的适当程序，被执行人主张债权转让合同无效的，应当另行提起诉讼。

（执笔人：马岚、吴光侠）

指导案例 35 号《广东龙正投资发展有限公司与广东景茂拍卖行有限公司委托拍卖执行复议案》的理解与参照
——恶意串通的拍卖无效

最高人民法院执行局、案例指导工作办公室

2014 年 12 月 18 日,最高人民法院发布了指导性案例《广东龙正投资发展有限公司与广东景茂拍卖行有限公司委托拍卖执行复议案》(指导案例 35)。为了正确理解和准确参照适用该指导性案例,现对其推选经过、裁判要点、需要说明问题等情况予以解释、论证和说明。

一、推选过程及其指导意义

广东龙正投资发展有限公司与广东景茂拍卖行有限公司委托拍卖执行复议案,由最高人民法院执行局向案例指导工作办公室推荐。执行局认为,该案例适用法律正确,对审理同类案件具有指导作用,可以作为指导性案例。案例指导工作办公室讨论后,同意该案例作为指导性案例。2014 年 10 月 21 日,最高人民法院审委会讨论认为,该案例符合最高人民法院《关于案例指导工作的规定》第二条的有关规定,同意将该案例确定为指导性案例。同年 12 月 18 日,最高人民法院以法〔2014〕327 号文件将该案例作为第八批指导性案例予以发布。

该案例旨在明确,受人民法院委托进行的强制拍卖,执行法院有权对拍卖的过程和结果进行监督,如果拍卖过程中发生恶意串通或有其他非法因素,即使已经成交,人民法院仍然可以依法宣布拍卖无效或撤销拍卖结果。该案例具体确定了恶意串通损害相关权利人权益的认定标准。

二、裁判要点的理解与说明

该指导案例的裁判要点确认:拍卖行与买受人有关联关系,拍卖行为存在以下情形,损害与标的物相关权利人合法权益的,人民法院可以视为拍卖行与买受人恶意串通,依法裁定该拍卖无效:(1)拍卖过程中没有其他无关联关系的竞买人参与竞买,或者虽有其他竞买人参与竞买,但未进行充分竞价的;(2)拍卖标的物的评估价明显低于实际价格,仍以该评估价成交的。以下围绕与该裁判要点相关的问题逐一说明。

(一)法院对其委托的司法拍卖监督问题

本案例隐含的一个前提是,人民法院对其委托进行的司法拍卖具有监督权,经审查拍卖存在宣布无效或可撤销情形的,人民法院有权直接宣布拍卖无效或裁定撤销拍卖结果。

人民法院在强制执行过程中委托拍卖机构实施的拍卖,即司法拍卖,与公民、法人和其他组织基于自主民事行为自行委托拍卖机构进行的任意拍卖不同,它是一种强制拍卖,是法院作为执行机关,基于国家强制力,将被执行人的财产按照拍卖的方式出卖给最高应价者,以取得价金用于向债权人清偿的执行措施。尽管法院对拍卖机构的授权是以委托的形式表现出来的,但实际上拍卖机构所实施的拍卖仍然是司法强制执行措施的延伸,本质上是司法行为的一部分,执行法院需要就拍卖的结果对当事人和利害关系人直接负责。拍卖行和竞买人除了应当遵守民事主体参加民事活动的基本法律原则和行业管理规范以外,还应当遵守法律和司法解释关于司法拍卖的专门规定,遵守执行法院就拍卖作出的特定指示。执行法院有权对拍卖程序、拍卖结果的合法性进行监督审查。因此,即便是已经履行完毕的司法拍卖,法院经司法审查后认为拍卖行为违法的,仍有权宣布该拍卖无效。

(二)认定拍卖无效的法律依据

本案例涉及认定拍卖无效这种法律后果的法律依据问题,确定可以将拍卖法的相关规定,作为审查认定司法拍卖无效的依据。

我国民法通则第五十八条规定:"下列民事行为无效:……(四)恶意串通,损害国家、集体或者第三人利益的;……"我国拍卖法第三十七条规定:"竞买人之间、竞买人与拍卖人之间不得恶意串通,损害他人利益。"第六十五条规定:"违反本法第三十七条的规定,竞买人之间、竞买人与拍卖人之间恶意串通,给他人造成损害的,拍卖无效,应当依法承担赔偿责任。"根据上述法律规定,在拍卖过程中恶意串通,导致拍卖不能公平竞价、损害其他人合法权益的,该拍卖行为无效。

对于在执行拍卖程序中能否引用拍卖法的规定撤销拍卖,实践中存在争议。有观点认为,拍卖法是调整市场主体自主交易中的拍卖行为的法律规范。而人民法院系依照民事诉讼法及有关强制执行的法律规定,进行强制拍卖。法院在强制拍卖关系中,并非普通的民事主体,而是以公法主体身份,履行公法行为。因此,拍卖法不是法院强制拍卖的法律依据,法院委托拍卖机构进行的拍卖行为不能直接适用拍卖法,而只能适用民事诉讼法及《最高人民法院关于人民法院民事执行中拍卖、变卖财产的规定》

(以下简称《拍卖规定》)。《拍卖规定》只规定在拍卖开始前，如果发生拍卖机构与竞买人恶意串通的情形，法院应当撤回拍卖委托。而对拍卖开始后发现的竞买人妨害拍卖的情况如何处理，司法解释没有规定，故不存在拍卖后宣布拍卖无效或撤销拍卖结果的问题。

本案例裁判要点认为，在执行案件审查过程中，对于程序法中尚无具体专门规定的事项，可以运用实体法的精神来处理执行程序中出现的问题。虽然执行中的委托拍卖应当主要遵守专门调整司法拍卖的法律规范（目前主要是最高人民法院制定的专门司法解释），但拍卖法作为规范拍卖机构拍卖行为的一般性法律，拍卖机构在受法院委托的拍卖活动中，也应当遵守。对于尚无司法解释专门规定的一些司法拍卖事项和问题，则应当适用普通拍卖的一般原则及具体规则。在这个意义上说，拍卖法的相关规定，在与有关执行程序的法律和司法解释规定的目的和原则不相冲突的前提下，也构成司法拍卖的补充性法律规范。对于宣布拍卖无效的问题，目前司法解释尚无具体规定，但不等于司法拍卖不存在无效的问题，对于确实具有无效因素的司法拍卖，应当引用民法通则和拍卖法的相关规定予以处理。拍卖法第六十五条关于"竞买人之间、竞买人与拍卖人之间恶意串通给他人造成损害的，拍卖无效"的规定，对于司法拍卖也同样适用。

（三）认定恶意串通损害相关权利人权益的具体情形或要件

本案例裁判意见是围绕拍卖法中"竞买人与拍卖人之间恶意串通，给他人造成损害"这一条件展开的。将本案例裁判要点进行分析，可以确定该裁判要点实际上涉及认定"竞买人与拍卖人之间恶意串通，给他人造成损害"的四个要件：（1）拍卖机构与买受人存在关联关系；（2）拍卖过程中无其他竞买人参与竞买或者没有充分竞价；（3）拍卖标的物的评估价明显低于实际价格，仍以该评估价成交；（4）损害与标的物相关权利人的合法权益。其中前两个要件结合在一起，构成认定竞买人与拍卖行之间的串通标准；后两个条件，是构成对相关权利人合法权益的恶意损害，其中第三个是损害及恶意的表现形式，即以过低的价格成交，第四个则是损害的后果。

1. 竞买人与拍卖机构存在关联关系。强制拍卖的过程是通过充分竞价的方式，确保标的物拍卖价格的最大化，因此需引入尽可能多的符合条件的主体参与竞价。故与拍卖人有利益关联的竞买人，如果符合法定条件参与拍卖，其参与拍卖的行为本身并不为现行法律所禁止。但此种关联关系的存在，为恶意串通提供了方便的条件，很容易导致对市场公平交易秩序的破坏，很难进行真实充分竞价。故买受人与拍卖机构之间存在关联关系，是一个重大瑕疵，可以作为认定恶意串通的要件之一，如果其他应当考虑的因素也同时具备，则可以认定恶意串通。

2. 无其他竞买人参与竞买或者没有充分竞价。拍卖过程中是否有其他无关联关系的竞买人参加以及是否进行了充分的竞价，是认定在拍卖过程中买受人是否与拍卖机构存在恶意串通的重要依据。拍卖的本质要求是充分的竞价，即通过各参与拍卖的主体之间公平的竞争，合理的竞价，实现拍卖价格最优。有关联关系的竞买人参与竞买虽不必禁止，但有一点必须明确，即这种情况下，对竞价过程的充分、透明和公开的要求应当更高。如果经过了充分竞价，则拍卖行与买受人之间存在关联关系的瑕疵可以得到弥补。而在拍卖机构与买受人存在关联关系的前提下，竞价充分的举证责任应由拍卖行和与其有关联关系的买受人承担。但是本案例中拍卖行和买受人并没有提供相关证据来证明拍卖过程中进行了充分竞价。2003年拍卖结束后,拍卖行给广东高院的拍卖报告中指出,还有另外两个自然人参加竞买,现场没有举牌竞价,拍卖是一次竞价,即以评估机构确定的市场价的70%即2412万元成交。但买受人和拍卖行不能提供其他两个竞买人的情况。经审核,其复议中提供的向工商管理部门备案的材料中,并无另外两个竞买人参加竞买的资料。因此,不能认定有其他竞买人参加了竞买,可以推定没有形成充分竞价。因此,结合拍卖行与买受人存在关联关系的因素考虑,可以认定双方存在串通行为。

3. 拍卖标的物的评估价明显低于实际价格,仍以该评估价成交,侵害标的物相关权利人的合法权益。在存在串通行为的前提下,该种串通对于相关权利人是否构成恶意,则要看串通形成的拍卖结果是否损害相关权利人的权益。拍卖标的物的评估价明显低于实际价格,仍以该评估价成交,是损害后果的表现形式。

认定拍卖价格是否合理,要审查最终成交价格与评估价格差价如何,以及评估价格是否显著低于正常的市场价格。受各种因素的影响,拍卖成交价格与市场价格或评估价格存在一定的差价是合理的。但如两者差距悬殊,不能排除合理的怀疑,则可认定成交价格明显过低。鉴于本案例拍卖系直接以评估机构确定的市场价的70%之保留价成交的,故评估价是否合理对于拍卖结果是否公正合理有直接关系。而在此之前对拍卖标的的一半房产进行评估,其价格已经逾一亿元,但是此次对全部的房产进行评估,价格却只有原来一半房产评估价格的35%,拍卖整个楼的价格与评估部分房产时的价格相差悬殊。即使考虑市场变化因素,其价格变化也明显不正常。对拍卖标的的两次评估价格相差悬殊的问题,复议申请人不能提供合理解释,故最高人民法院认可广东高院关于拍卖所依据的第二次评估结论明显过低的认定。

4. 侵害当事人和利害关系人合法权益。对执行标的物通过拍卖的形式进行变价，制度设计的目标应当达到充分实现财产价值，既有利于债权的实现，又兼顾债务人合法权益的目的。而本案例拍卖则背离这一目标。

首先，侵害执行案件当事人的合法权益。强制拍卖又必然意味着被执行人财产的减少，并耗费一定的司法资源。如果强制拍卖所得价款，在扣除拍卖费用及清偿优先债权之后不能有剩余，即对申请执行人债权的实现没有实益，这种对执行目的实现毫无实益的强制拍卖，已经为拍卖司法解释所禁止。本案例中，生效判决判令被执行人清偿申请执行人借款约1.61亿元及利息，同时，申报的与拍卖标的广丰大厦相关的权利高达15亿元，其中应优先受偿的债权数额很高，而广丰大厦的拍卖款仅为2412万元。因此，对于申请执行人来说，已构成无益拍卖，申请执行人实际上无法从中受偿。因财产被低价处分，对被执行人的损害自不待言。

其次，侵害利害关系人权益。本案例中，与拍卖标的广丰大厦相关的权利，有申请交付广丰大厦预售房屋、回迁房屋和申请返还购房款、工程款、银行借款等，总额达15亿多元，仅购房人登记所交购房款即超过2亿元。拍卖后，广东高院将与广丰大厦有关的所有权利负担一概除去，将广丰大厦整栋房产移转给买受人，导致与广丰大厦相关的权利无法得到依法有效保护，严重侵害了与广丰大厦相关的权利人的合法权益。

三、其他需要说明的问题

本案的指导意义在于明确了人民法院对强制拍卖的司法审查，以及确认拍卖无效或撤销拍卖的法律依据和法律适用标准。

需要注意的是，本案例认定恶意串通导致拍卖无效，是因为本案例的拍卖行为同时具备了以下几个要件：拍卖机构与买受人存在关联关系；无其他竞买人或竞价不充分；成交价格过低；损害标的物相关方的合法权益。因此，参照本案例处理案件，应当上述四个要件同时具备。当然，也不排除根据个案拍卖过程中存在的具体问题，对认定构成恶意串通的要件做出进一步分析，限缩构成要件的因素。同时，也不排除因拍卖存在其他问题，而以恶意串通以外的因素，而认定拍卖无效。至于单独具备某一项条件的情况下，是否也可能据以否定拍卖的效力，仍需进一步研究。如本案例并没有解决仅因一人竞买而成交是否无效的问题。

关于在竞买人为一人的情况下，执行标的物拍卖程序是否有效的问题，实践中一直存有争议。一种观点认为，根据拍卖的定义，拍卖就是以竞价的方法将财产或者财产权利卖给出价最高者，因此，只有两个以上的竞买人方能形成有效竞价，如果仅有一人参加竞买，则违反了拍卖法第三条关于拍卖应当公开竞价的规定，拍卖程序无效。另一种观点认为：（1）拍卖法并没有对竞买人的人数进行规定。（2）更为重要的是，拍卖作为一种典型的市场交易方式，其核心应该是"充分公开"，而不是完全依据参与竞争人数的多少来判断其市场配置的特性。信息充分公开后，所有市场主体都能根据公开信息做出合乎自身利益的市场行为，即使只有一个竞买人参加竞买，这种竞买行为也是充分市场化的。反之，如果出让信息不充分公开或设定了种种条件限制竞买人参加拍卖活动，即使一宗地或者其他物品有多个竞买人参加，也是非市场化的。（3）拍卖法第三条规定拍卖应公开竞价，但对竞价发生的时间段并没有具体的规定。竞价可以发生在拍卖会上，也可以发生在拍卖机构发布公告以后至交纳保证金期间。拍卖公告发布后,有的人觉得拍卖标的价格高而不交纳保证金,有的人觉得价格合适愿意购买因而缴纳保证金,这时实际上发生了竞价现象。(4)法院强制拍卖不同于一般的拍卖,强制拍卖的目的是变现被执行人的财产,实现债权人的债权,其立足点是保障债权人的利益。拍卖标的物向社会大众公开拍卖后,仅有一个人竞买,比没有人竞买更符合债权人的利益,更有利于执行工作的顺利进行。总之,目前实践中,多数人观点尚不支持一人竞买情况下认定拍卖无效。

(执笔人:黄金龙、杨春、李兵)

指导案例36号《中投信用担保有限公司与海通证券股份有限公司等证券权益纠纷执行复议案》的理解与参照

——到期债权包含生效法律文书确认的债权

最高人民法院执行局、案例指导工作办公室

2014年12月18日,最高人民法院发布了指导性案例《中投信用担保有限公司与海通证券股份有限公司等证券权益纠纷执行复议案》(指导案例36)。为了正确理解和准确参照适用该指导性案例,现对其推选经过、裁判要点、需要说明问题等情况予以解释、论证和说明。

一、推选过程及其意义

中投信用担保有限公司与海通证券股份有限公司等证券权益纠纷执行复议案,由最高人民法院执行局向案例指导工作办公室推荐。执行局认为,该案例进一步明确了《最高人民法院关于适用〈中华人民共和国民事诉讼法〉若干问题的意见》第300条

(以下简称《意见》第300条)① 适用中的有关问题，对类似案件的执行工作具有指导意义，建议作为指导性案例发布。案例指导工作办公室讨论后认为，该案例对于正确理解适用法律和司法解释的相关规定，提高执行效率，解决经济活动领域中涉及较普遍的"三角债"等问题都具有积极意义。2014年11月28日，最高人民法院审判委员会讨论认为，该案例符合最高人民法院《关于案例指导工作的规定》第二条的有关规定，同意将该案例确定为指导性案例。同年12月18日，最高人民法院以法〔2014〕327号文件将该案例作为第八批指导性案例予以发布。

该案例旨在明确，对经法院判决或者调解书确认的债权，也可以由非判决法院按照《意见》第300条关于到期债权的规定予以执行。对于《意见》第300条所规定的到期债权是否包含法院生效法律文书确认的债权的问题，执行实践中一直存在不同的观点和做法。本案例确立了经法院生效法律文书确认的到期债权也同样适用《意见》第300条规定的执行工作规则，并对何种情形下可以适用《意见》第300条的条件作了明确设定，有利于维护执行工作秩序的统一，最大限度发挥到期债权执行制度的功能。

二、裁判要点的理解与说明

该指导案例的裁判要点确认：被执行人在收到执行法院执行通知之前，收到另案执行法院要求其向申请执行人的债权人直接清偿已经法院生效法律文书确认的债务的通知，并清偿债务的，执行法院不能将该部分已清偿债务纳入执行范围。以下围绕与该

---

① 《最高人民法院关于适用〈中华人民共和国民事诉讼法〉若干问题的意见》第300条：被执行人不能清偿债务，但对第三人享有到期债权的，人民法院可依申请执行人的申请，通知该第三人向申请执行人履行债务。该第三人对债务没有异议但又在通知指定的期限内不履行的，人民法院可以强制执行。

裁判要点相关的问题进行具体说明。

（一）关于《意见》第300条是否适用于经生效裁判确认的到期债权之争

就被执行人对他人所享有的到期债权，作为一种财产进行执行，是《意见》第300条确立的制度，是建基于对民诉法中所说的作为强制执行对象的财产的有效解释。该条是以被执行人对他人所享有的债权未经生效裁判确认的情况为基础进行规定的。随着被执行人对他人所享有的债权经生效裁判确认的情况的增多，实践中产生了对这种债权进行执行的需求。但关于《意见》第300条所规定的到期债权是否包含生效法律文书所确认的债权，实践中一直存有争议。肯定观点认为，到期债权执行制度的基本价值取向是效率，从而赋予执行法院对执行依据所确定的当事人以外的第三人进行执行的权力。既然未经裁判的一般到期债权可以执行，经法律文书确认的债权自是题中应有之义。而反对观点则认为，《意见》第300条规定的到期债权是指未经裁判确认的自然债权，而经生效法律文书确认的债权不属于一般到期债权，不适用该条规定。如果把已由裁判确认的债权视为《意见》第300条规定的到期债权予以执行，就会使当事人所享有的申请执行权、执行和解权和法院的执行管辖权产生冲突。此外，还有一种观点认为，当申请执行人申请对被执行人的经裁判确定的债权执行后，该债权如已由另一有管辖权的法院据以立案执行，原则上另一法院应将执行案件移交给执行法院合并执行。当申请执行人的债权数额小于被执行人的债权数额而不便合并执行时，申请执行人可通过执行法院向另一法院提出申请，请求在其债权数额范围内，协助扣留执行所得财产，并转交给执行法院以便交付申请执行人，充分保护其债权的实现。当被执行人未就该法定债权向另一有管辖权的法院申请执行,申请执行人向执行法院提出执行被执行人到期债权的申请,如果尚在申请执行的法定期限内,该申请则具有申请执行人代位向其他法院申请执行的效力,执行法院和另一法院可以根据申请人的意愿互相移送案件合并执行。①

因法律和司法解释对此未作明确规定,基于不同的观点,法院在适用《意见》第300条时出现了不同的处理结论。此前,最高人民法院对个案所作的处理上也表现出了矛盾的态度。最高人民法院曾在(2000)执监字第304号复函(以下简称304号复函)中答复江苏省高级人民法院,认为法院判决的债权不适用《意见》第300条的规定,《意见》第300条规定的到期债权是指未经法院判决的自然债权。然而,在2001年6月19日作出的《关于北京华油石油公司申请执行辽宁营口华油实业公司对第三人沈阳龙源石油化工有限公司到期债权案的复函中》,最高人民法院又肯定了执行法院对于已经仲裁确认存在,并已曾在其他法院申请执行的债务人的债权,在其他法院不再继续执行的情况下享有直接执行的权力。为此,对上述问题亟待形成一致意见和操作程序,以更好地维护执行工作的秩序,充分保障申请执行人合法权益的实现。

考虑到经生效法律文书确认的债权可以被视为债务人所拥有的财产之一,如果债务人没有其他财产可供执行,债权人在该经裁判确认的债权上也应当享有受偿的实益。经过裁判确定的到期债权和未经裁判确定的到期债权,都是一种债权,申请执行的债权人对二者申请强制执行,在制度的进路上是完全一致的,而且

---

① 李军林:《代位执行的若干实务问题》,载《人民法院报》2005年7月20日。

经过裁判确定的到期债权，比仅仅因为第三债务人没有异议的情况下才可以执行的未判定债权，更具有合理性基础，更应该得到更有效执行。倘若将到期债权执行制度中的债权仅仅理解为一般债权，则不利于全面发挥到期债权执行制度的功能，影响强制执行的效率与经济，不利于保障债权人债权的实现。因此，该案例对《意见》第300条是否适用于经生效法律文书确认的债权之问题，给出了肯定性意见。至于前述的最高人民法院304号复函，仅是针对个案的答复，不具有普遍指导意义。随着民事诉讼法关于执行管辖权的调整，304号复函中基于执行只能由一审法院管辖，认为经法院判决确定的到期债权不适用《意见》第300条的观点已不再具有合理性。

需要注意的是，在其他法院可以将本案判决确定的债权作为到期债权执行的情况下，因有存在两个案件——确定所争议的债权债务关系的本案和将本案生效判决确定的债权作为到期债权执行的案件，涉及处理两个案件之间的关系，因而存在以不同案件为基础的不同表达方式，尤其在各方当事人的称谓表述上，需要注意其交错关系。在本案例中，当事人为申请执行人和被执行人；而在执行到期债权的其他法院之另案中，申请执行人是本案申请执行人的债权人，被执行人是本案的申请执行人，本案的被执行人（债务人）是另案的第三债务人或次债务人（合同法解释用语）。本案例的裁判要点是从确定债权债务关系的本案角度表述的，而作为其依据和论述基础的第300条规定等，则是从另案的角度表述的。

（二）《意见》第300条适用于生效法律文书确认债权的具体要件

为避免执行冲突以及可能产生的重复履行问题，该案例对

《意见》第 300 条适用的具体要件从程序上加以了梳理。

1. 另案执行法院适用《意见》第 300 条,要求被执行人向申请执行人的债权人(即另案申请执行人)履行经生效法律文书确认的债务,前提条件是该被执行人尚未收到其自身所涉案件执行法院的执行通知。在该前提条件下,被执行人才可向另案申请执行人作出履行行为,否则,其履行行为不能对抗执行法院的执行行为,视为被执行人违背法定义务擅自对债务进行清偿,并承担由此带来的风险及后果。在申请执行人已向法院申请执行,且执行法院已向被执行人送达执行通知的情况下,则应当由另案执行法院与执行法院进行协调,采取执行法院协助执行的方式,或者经执行法院同意,采取到期债权的方式予以执行。

2. 被执行人不能提出否认该到期债权的异议。依《意见》第 300 条,法院执行到期债权的,债务人有权就到期债权提出异议。《最高人民法院关于人民法院执行工作若干问题的规定(试行)》第 63 条进一步规定,第三人在履行通知指定的期间内提出异议的,人民法院不得对第三人强制执行,对提出的异议不进行审查。但是,上述规定所针对的到期债权一般是指未经裁判确认的普通债权,债权人与债务人之间可能对该到期债权是否存在、债权具体数额的多少以及是否已届履行期存有争议。因此,法律规定第三人对履行到期债权有异议的,法院不得采取强制措施,以维护当事人通过诉讼等途径对债权予以确认的合法诉权。而本案例中,该到期债权已经生效法律文书确认,并非一般债权,故本案被执行人作为另案被执行人(即本案申请执行人)的债务人(即第三或次债务人),不能再提出债权不存在的异议,以否认生效法律文书所作定论,并对抗另案执行法院的执行行为。需要注意的是,被执行人只是不能否认生效法律文书确定的债权,如果被执行人已经履行了清偿义务，则有权提出异议。

3. 被执行人向另案执行法院履行债务后，执行法院不能将该部分已清偿债务纳入执行范围。被执行人向另案执行法院作出履行行为后，其因另案生效法律文书而对申请执行人负有的该部分债务已经消灭，因此被执行人有权要求执行法院不得执行该部分已履行的债务。如被执行人已履行的债务数额已经达到或等于申请执行人对其享有的债权数额，执行法院则应终结执行。

三、其他需要说明问题

值得注意的是，2015年2月4日公布的《最高人民法院关于适用〈中华人民共和国民事诉讼法〉的解释》第五百零一条[①]已经对该指导案例所涉法律问题予以了明确。该条第一款规定："人民法院执行被执行人对他人的到期债权，可以作出冻结债权的裁定，并通知该他人向申请执行人履行。"第三款规定："对生效法律文书确定的到期债权，该他人予以否认的，人民法院不予支持"。根据上述规定，到期债权包含经生效法律文书确定的债权，且债务人不能对该到期债权予以否认。此外，该条款中用"该他人"取代了《意见》第300条中的"第三人"，避免与民事诉讼中的第三人制度发生混淆，更为严谨。

（执笔人：黄金龙、尹晓春、李兵）

[①] 《最高人民法院关于适用〈中华人民共和国民事诉讼法〉的解释》第五百零一条：人民法院执行被执行人对他人的到期债权，可以作出冻结债权的裁定，并通知该他人向申请执行人履行。该他人对到期债权有异议，申请执行人请求对异议部分强制执行的，人民法院不予支持。利害关系人对到期债权有异议的，人民法院应当按照民事诉讼法第二百二十七条规定处理。对生效法律文书确定的到期债权，该他人予以否认的，人民法院不予支持。

指导案例 37 号《上海金纬机械制造有限公司与瑞士瑞泰克公司仲裁裁决执行复议案》的理解与参照

——涉外仲裁裁决的执行管辖确定后才开始计算申请执行期间

最高人民法院执行局、案例指导工作办公室

2014年12月18日,最高人民法院发布了指导案例37号《上海金纬机械制造有限公司与瑞士瑞泰克公司仲裁裁决执行复议案》。为了正确理解和准确参照适用该指导案例,现对其推选经过、裁判要点等有关情况予以解释、论证和说明。

一、推选经过及指导意义

本案例由上海市第一中级人民法院执行管辖。执行过程中,瑞士瑞泰克公司提出书面异议,上海市第一中级人民法院依法受理并审查。执行异议裁定作出后,被执行人不服,向上一级人民法院申请复议。上海市高级人民法院复议审查中,经审判委员会讨论,决定就法律适用问题向最高人民法院请示。最高人民法院执行局在办理执行请示案件过程中,征求了民四庭、研究室意见,书面答复上海市高级人民法院。上海市高级人民法院遂依照民事诉讼法相关规定,作出裁定。执行争议解决后,本案执行终结。最高人民法院执行局认为本案在涉外执行领域确立了具有普遍指导意义的立案受理规则,遂向最高人民法院案例指导工作办公室推荐。案例指导工作办公室经审查,并再次征求民四庭意见后,按照规定程序报院领导同意提请审判委员会讨论。2014年11月28日,最高人民法院审判委员会经讨论一致同意将该案例确定为指导案例。12月18日,最高人民法院以法〔2014〕327号文件将该案例作为第八批指导案例予以公开发布。

该指导案例旨在明确涉外执行案件唯执行管辖确定后,始得计算申请执行人的申请执行期间。根据民事诉讼法,只有当被执行人住所地或者可供执行的财产在我国领域内,人民法院对案件的执行管辖权才能得以具体化;执行法院确定后,方可适用民事诉讼法关于申请执行期间的规定,计算债权人申请强制执行的时效期间。当法律文书规定履行期间的最后一日届期,因被执行人系外国法人或自然人,经调查未发现被执行人在我国领域内有住所地或可供执行财产的,我国法院不具有执行管辖权,人民法院不能在执行管辖尚未确定的情况下,就开始计算申请执行期间,并审查申请执行人是否积极主张权利的情况;更不能仅因申请执行人曾向域外法院申请强制执行,即认为我国法院不能受理当事人的强制执行申请。当申请执行人发现被执行人在我国领域内有可供执行财产时,我国法院始取得执行管辖权,自此时点申请执行期间开始计算,仲裁权利人可在民事诉讼法规定的期间内,向财产所在地的人民法院申请强制执行。这样不仅符合民事诉讼法立法目的和有关国际公约的规定精神,而且有利于维护胜诉当事人的合法权益。

二、裁判要点的理解与说明

指导案例37号裁判要点确认:当事人向我国法院申请执行

发生法律效力的涉外仲裁裁决，发现被申请执行人或者其财产在我国领域内的，我国法院即对该案具有执行管辖权。当事人申请法院强制执行的时效期间，应当自发现被申请执行人或者其财产在我国领域内之日起算。该裁判要点依据仲裁法第六十二条、民事诉讼法第二百三十九条、第二百七十三条、《最高人民法院关于适用〈中华人民共和国仲裁法〉若干问题的解释》第二十九条的规定，明确了民事诉讼法体系下执行管辖确定与申请执行期间计算之间的逻辑关系，解决了涉外仲裁裁决确定的履行期间届满后，仲裁义务人系外国法人或自然人且在我国领域内无住所地，也无可供执行财产，但后发现可供执行财产的情况下，如何计算申请执行期间的法律问题。下面结合有关法律和司法解释等规定，围绕裁判要点中有关问题予以论证和说明。

（一）关于执行管辖权确定的问题

民事诉讼法第二百五十七条规定："经中华人民共和国涉外仲裁机构裁决的，当事人不得向人民法院起诉。一方当事人不履行仲裁裁决的，对方当事人可以向被申请人住所地或者财产所在地的中级人民法院申请执行。"仲裁法第六十二条和《最高人民法院关于适用〈中华人民共和国仲裁法〉若干问题的解释》第二十九条将仲裁裁决的执行级别管辖确定为中级人民法院。因此，只要被执行人可供执行的财产在我国领域内，产生我国国内人民法院的管辖连接点，人民法院即对该纠纷享有执行管辖权。此外，民事诉讼法二百六十四条规定："中华人民共和国涉外仲裁机构作出的发生法律效力的仲裁裁决，当事人请求执行的，如果被执行人或者其财产不在中华人民共和国领域内，应当由当事人直接向有管辖权的外国法院申请承认和执行。"法条内容规范的是被执行人或其财产这两个管辖连接点在我国领域外时的管辖确定，属司法协助范畴。这样规定不影响当外国法人财产在我国领域内时，人民法院可以依法要求该外国法人履行我国仲裁机构作出的仲裁裁决确定的义务，这是司法管辖权作为一国司法制度重要组成部分在其本国领域内的体现，也是司法主权原则在执行工作中的体现。综上，根据相关法律和司法解释规定，仲裁权利人向域外法院申请对我国涉外仲裁机构仲裁裁决的承认与执行，并不排除我国法院的执行管辖；外国法人或自然人在我国领域内能够确定住所地或有可供执行财产的，住所地或财产所在地人民法院有执行管辖权。

（二）关于申请执行期间计算的问题

依照民事执行理论，债权人取得有给付内容的生效法律文书后，如债务人未履行生效文书所确定的义务，债权人即可申请法院行使强制执行权，实现其实体法上的请求权，此项权利即为民事强制执行请求权。民事强制执行请求权隶属于民事诉讼法体系，因而具有公法性质，其存在，依赖于实体权利；其取得，依赖于执行根据（即可申请强制执行的生效法律文书）；其行使，依赖于诉讼管辖权的确定。可以说，诉讼管辖权是民事强制执行请求权的基础和前提。在司法实践中，人民法院的诉讼管辖权与当事人民事强制执行请求权不能是抽象或不确定的，而应是具体且可操作的。

当仲裁裁决生效后，仲裁义务人未履行裁决所确定的义务时，仲裁权利人即拥有了民事强制执行请求权，但是，根据民事诉讼法，涉外仲裁机构作出的仲裁裁决申请执行，如果被执行人或者其财产不在中华人民共和国领域内，应当由当事人直接向有管辖权的外国法院申请承认和执行。此时，因没有发现被执行人在我国领域内有住所地或可供执行财产，人民法院对该案没有执行管辖权，申请执行人并非其主观上不愿或怠于行使诉讼权利，而是由于客观上没有发现被执行人及其财产在我国领域内，案件没有产生人民法院执行管辖连接点，导致其无法向人民法院申请执行。在这种情况下，人民法院不能计算当事人申请执行期间，否则，将产生"没有管辖权的人民法院在不能受理当事人的执行申请，更不能对被执行人采取强制执行措施的情况下，却计算在当事人申请执行期间"的悖论。从司法行为的严格性和规范性可知，人民法院具有执行管辖权，是当事人取得强制执行请求权的前提；执行管辖没有确定，当事人也就没有取得向我国法院申请强制执行的权利。因此，人民法院具有执行管辖权，受理强制执行申请后，亦应在当事人取得强制执行请求权后，审查其是否在法律规定的期间内提出；而不能计算不存在权利的行使期间。

申请执行期限制度的立法本意与制度目的是督促权利人关注并及时行使自己的权利，从而维护社会关系的确定性和稳定性。本案申请执行人一直积极主张权利，多次向外国法院申请执行，却都因翻译主体与《承认及执行外国仲裁裁决公约》（以下简称《纽约公约》）的要求不符而未得到承认，其不存在怠于行使自身权利的情况。事实上，申请执行人始终没有放弃要求外国法院对案涉仲裁裁决的承认与执行，三次提交由不同权威机构翻译（包括申请承认地本国翻译人员或机构）的仲裁裁决翻译件，但均被外国法院以相同理由驳回，体现出外国法院对其本国国民倾向性保护。基于司法对等原则，我国法院关于案件处理也应当考虑案件的执行现状，积极予以审查，依法立案受理。

（三）其他需要说明问题

本指导案例中，当事人还提出可能重复执行和向外国法院申请执行超过民事诉讼法规定期间的问题。针对以上问题，说明如下：

《纽约公约》解决的是"在一个国家的领土内作成的仲裁裁决，而在另一个国家请求承认和执行"的问题，原则上只要仲裁裁决符合公约约定的基本条件，都可以在任何缔约国得到承认和强制执行；且不禁止当事人向多个公约缔约国申请相关仲裁裁决的承认与执行。《中华人民共和国民事诉讼法》第四条规定："凡在中华人民共和国领域内进行民事诉讼，必须遵守本法。"因此，人民法院在执行实施与裁决程序中，适用我国国内法并无不当。《纽约公约》尊重当事人意思自治原则，被执行人可以通过的举证进行抗辩，向执行地法院提交已经清偿债务数额的证据，防止重复执行或超标的执行的问题。

瑞士作为《纽约公约》的缔约国，应当遵守条约。《纽约公约》第三条约定："在以下各条所规定的条件下，每一个缔约国应该承认仲裁裁决有约束力，并且依照裁决需其承认或执行的地方程序规则予以执行。"换言之，公约规定关于执行裁决的未尽事宜以及程序性问题，均由执行地的程序法进行规范。因此，本案在瑞士法院的承认与执行，包括申请执行期间在内的程序性法律问题，均应适用该国法律，而非我国民事诉讼法有关规定。

我们认为，根据民事诉讼法的相关规定，对于我国领域内涉外仲裁机构作出的仲裁裁决，人民法院有管辖权。不能认为，仲裁权利人向域外法院申请了对我国涉外仲裁机构仲裁裁决的承认与执行，就具有排除我国人民法院执行管辖的效力。当仲裁义务人的财产处于我国领域内时，仲裁权利人向人民法院申请强制执行，人民法院可以立案受理。

（执笔人：刘少阳、吴光侠）

司法解释及司法文件解读

最高人民检察院法律政策研究室负责人就发布第七批指导性案例答记者问

2016年5月31日,最高人民检察院发布第七批指导性案例。

问:请介绍一下最高人民检察院第七批指导性案例的主要特点和发布本批指导性案例的意义。

答:此次发布的最高人民检察院第七批指导性案例包括四个案例:马乐利用未公开信息交易案,于英生申诉案,陈满申诉案,王玉雷不批准逮捕案。这几个案例,都是近年来社会比较关注、有较大社会影响的案件,同时也是检察机关充分发挥法律监督职能,与其他司法机关共同维护司法公正、切实保障当事人合法权益的成功案例。从几个案例的内容看,有的涉及实体法方面的争议问题,如马乐利用未公开信息交易案,主要是针对刑法法条适用问题提出抗诉;有的则涉及程序法方面的一些重要问题,如于英生案、陈满案中的证据审查规则、有罪证明标准以及王玉雷案中的非法证据排除、审查逮捕标准等等。虽然每个案例的特点和指导意义不同,但都充分体现了检察机关在依法正确履行法律监督职能、维护司法公正和保障人权方面发挥的重要作用,同时也都具有良好的法律效果和社会效果。

加强对刑事判决、裁定和侦查活动的监督,是法律赋予人民检察院的重要职责,也是人民检察院履行法律监督职能的重要方式。党的十八届三中、四中全会对全面推进依法治国、维护司法公正提出了更高要求。习近平总书记提出"要让人民群众在每一个司法案件中感受到公平正义"。检察机关作为国家法律监督机关，要清醒认识自身在促进公正司法、提高司法公信力方面承担的职责使命，不断更新司法理念、增强监督能力，全面提升开展法律监督工作的水平。此次发布的四个指导性案例，涵盖了第二审刑事抗诉、审判监督程序抗诉和审查批捕等多个监督环节，既包括对人民法院刑事判决、裁定的监督，也包括对公安机关侦查活动的监督，通过全面阐述检察机关监督理由和人民法院、公安机关采纳监督意见情况，指导各级人民检察院在办理类似案件、处理类似问题时统一司法标准，提高办案质量。同时，通过发布本批指导性案例，也充分展现了各级司法机关在刑事诉讼中坚守防止冤假错案底线和勇于担当、有错必纠的司法理念，以及检察机关在诉讼过程中充分发挥法律监督职能、确保司法公正的独特价值，从而进一步增强人民群众对我国司法制度优越性的认同，增强对实现司法公正的信心。

问：请谈一下马乐利用未公开信息交易案作为指导性案例的意义和价值。

答：马乐利用未公开信息交易案是第一个由最高人民检察院向最高人民法院就刑法法条适用问题提出抗诉的案件，也是第一个由最高人民法院开庭审理，最高人民检察院派员出庭履行职务的刑事抗诉案件，因此可以说是一个非常具有标志性的案件。该案争议焦点是如何理解适用刑法第一百八十条第四款援引同条第一款法定刑的问题，即该条第四款利用未公开信息交易罪是否应当对第一款规定的法定刑进行全部援引。对这一刑法条文如何理解适用，将直接影响对被告人的量刑处罚问题。在该案一审、二审中，有关法院均以刑法第一百八十条第四款并未规定"情节特别严重"为由，认定马乐的行为属于"情节严重"，判处其有期徒刑三年，缓刑五年。对此深圳市人民检察院、广东省人民检察院、最高人民检察院先后提出抗诉，认为刑法第一百八十条第四款属于援引法定刑的情形，应当援引同条第一款的全部规定，对马乐的行为认定为犯罪情节特别严重，依照"情节特别严重"的量刑档次处罚。2015年12月11日，最高人民法院作出终审判决，采纳最高人民检察院的抗诉意见，改判马乐有期徒刑三年。从指导性案例的角度，马乐案的主要价值，在于进一步明确了我国刑法有关援引法定刑的基本原则，即援引法定刑应当是引用其他罪名或条文的全部量刑规定。而且，由于援引法定刑是刑法中经常使用的立法技术，关于援引法定刑的问题，除本案涉及的刑法第一百八十条外，在刑法其他条文或者案件中同样有可能出现。从这个意义上说，该案的抗诉和再审改判，对于统一法律适用标准、指导今后同类案件的依法正确处理必将产生重要影响。

问：您认为通过依法监督纠正于英生案和陈满案，检察机关自身应当吸取哪些经验或者教训。

答： 按照我国刑诉法规定，最高人民检察院对各级人民法院已经发生法律效力的判决和裁定，上级人民检察院对下级人民法院已经发生法律效力的判决和裁定，如果发现确有错误，有权按照审判监督程序向同级人民法院提出抗诉。于英生案和陈满案都是由最高人民检察院指导有关地方检察院，充分发挥法律监督职能，通过发出再审检察建议、提出抗诉等方式，成功纠正法院错误判决，使蒙冤被告人由死刑改判无罪、重获公正与自由的成功案例。在对这两个申诉案件进行监督的过程中，检察机关充分发挥职能作用，依法行使监督权力，在没有真凶出现的情况下，坚持疑罪从无原则，严格把握纠错标准，经过坚持不懈的努力，与人民法院共同纠正了已经生效的错误裁判，最终使错案得以昭雪，正义得以实现，对此应当给予充分肯定。当然，我们把这两个案例作为指导性案例，更重要的意义在于让各级检察机关深刻认识造成此类冤假错案的原因，研究思考如何从源头上防范和避免冤假错案的重复发生。曹建明检察长多次强调，对于发现的冤假错案我们要依法监督纠正，但更重要的是，在我们自身的司法办案活动中，从一开始就要坚决守住防止冤假错案的底线。检察机关作为法律监督机关，其办案活动贯穿刑事诉讼的全过程，因此无论在侦查监督、审查批捕还是审查起诉过程中，如果能够真正有效地发挥好监督制约作用，从一开始就严格把好事实关、证据关、程序关和适用法律关，防止案件"带病"进入审判程序，将对避免和减少冤假错案发挥重要作用。这是我们从于英生案、陈满案以及许多其他类似案件中得出的非常深刻的经验教训，值得各级检察机关在司法办案活动中认真反思和把握。

问：您认为检察机关能够依法监督纠正王玉雷故意杀人错案，其中最重要的因素是什么。

答： 审查逮捕环节是检察机关办理普通刑事案件的第一道关口，也是坚守防止冤假错案的第一道关口。因此，检察机关能否在审查逮捕环节发挥好监督制约作用，依法准确适用逮捕措施，对于正确打击犯罪、保障人权和防止冤假错案发生都有重要意义。王玉雷案是近年来检察机关在审查逮捕过程中，坚守正确司法理念，注重保障人权，有效避免冤错案件发生的一个典型案例。对于这个案件的成功办理，应当说有许多非常关键的因素，但我认为最重要的还是司法理念的问题。理念是行动的先导，很多冤假错案的发生，究其根源，首先是司法人员在司法理念上出现了偏差。检察机关一直强调要坚持惩罚犯罪与保障人权并重的司法理念，但在实际工作中，仍然存在对此理解不深刻、践行不到位的问题。对某些办案人员来说，片面追诉思想仍然根深蒂固，而保障人权观念相对淡薄，表现在审查逮捕工作中，主要是不愿或者不敢排除非法证据，不能依法严格把握逮捕标准，甚至对一些不符合逮捕条件的犯罪嫌疑人，由于某些压力和因素影响，也不敢依法作出不批准逮捕的决定，最终不仅侵害了公民的合法权利，也严重损害了司法公信力。但在王玉雷案中，我们看到的是另外一种情况，检察机关和办案人员自始至终秉持惩罚犯罪与保障人权并重的司法理念，并且在这种理念指引下，严把案件的事实关、证据关、程序关，多次当面讯问和听取犯罪嫌疑人陈述，注意发现并且坚决排除非法证据，在其他证据不能证明犯罪嫌疑人实施犯罪的情况下，能够顶住压力、依法办案，最终对王玉雷作出不批准逮捕的决定，不仅切实保证了无罪的人不受法律追究，而且避免了一起错案悲剧的发生。检察机关和办案人员在该案中展现出的正确司法理念和依法监督、敢于监督的精神，对于各级检察机关依法正确履行法律监督职能、全面提升法律监督工作水平具有重要的指导意义。

司法文件选解读 2016 年第 1～12 辑目录索引

第 1 辑

法律法规解读

国务院法制办负责人就《居住证暂行条例》
　　热点问题答记者问 ………………………………（1-1）
环保部有关负责人解读《生态环境损害赔偿
　　制度改革试点方案》 ………………………………（1-4）

司法解释及司法文件解读

最高人民法院民二庭负责人就《关于适用
　　〈中华人民共和国保险法〉若干问题的
　　解释（三）》答记者问 ……………………………（1-8）
指导案例32号《张某某、金某危险驾驶案》的
　　理解与参照 …………………………………………（1-20）
指导案例33号《瑞士嘉吉国际公司诉福建金石制油有限
　　公司等确认合同无效纠纷案》的理解与参照 ………（1-28）
指导案例34号《李晓玲、李鹏裕申请执行厦门
　　海洋实业股份有限公司、厦门海洋实业
　　总公司执行复议案》的理解与参照 ………………（1-36）
指导案例35号《广东龙正投资发展有限公司
　　与广东景茂拍卖行有限公司委托拍卖
　　执行复议案》的理解与参照 ………………………（1-44）

指导案例36号《中投信用担保有限公司与
　　海通证券股份有限公司等证券权益纠纷
　　执行复议案》的理解与参照 …………… (1-53)
指导案例37号《上海金纬机械制造有限公司
　　与瑞士瑞泰克公司仲裁裁决执行
　　复议案》的理解与参照 ………………… (1-60)

第2辑

司法解释及司法文件解读

解读《最高人民法院关于认可和执行台湾地区
　　法院民事判决的规定》 …………… 邵中林　李赛敏 (2-1)
解读《最高人民法院关于修改〈最高人民法院
　　关于限制被执行人高消费的若干
　　规定〉的决定》 ………………… 刘贵祥　林　莹 (2-16)
指导案例27号《臧进泉等盗窃、诈骗案》的理解与参照
　　——利用信息网络进行盗窃与诈骗的区分
　　………… 最高人民法院案例指导工作办公室 (2-32)
指导案例28号《胡克金拒不支付劳动报酬案》的理解与参照
　　——"包工头"也属于拒不支付劳动报酬罪的主体
　　………… 最高人民法院案例指导工作办公室 (2-42)
指导案例29号《天津中国青年旅行社诉天津国青国际旅行社
　　擅自使用他人企业名称纠纷案》的理解与参照
　　——有商号作用的企业名称简称应视为企业名称
　　………… 最高人民法院案例指导工作办公室 (2-56)

第3辑

法律法规解读

处置非法集资部际联席会议办公室负责人就
《国务院关于进一步做好防范和处置
非法集资工作的意见》答记者问 …………………（3-1）

司法解释及司法文件解读

解读《最高人民法院关于〈中华人民共和国刑法
修正案（九）〉时间效力问题的解释》……… 黄应生（3-7）

解读《最高人民法院、最高人民检察院关于执行
〈中华人民共和国刑法〉确定罪名的补充
规定（六）》 ………………………………… 周加海（3-20）

最高人民法院民事审判第四庭负责人就《关于
海事诉讼管辖问题的规定》答记者问 …………（3-29）

司法部负责人就《关于推进行业性、专业性
人民调解工作的指导意见》答记者问 …………（3-33）

最高人民法院赔偿办、最高人民检察院刑申厅
有关负责人就《关于办理刑事赔偿案件适用
法律若干问题的解释》答记者问 ………………（3-41）

关于发布《最高人民法院关于依法切实保障律师
诉讼权利的规定》的新闻发布稿 ………………（3-51）

加快建立司法人员与律师的良性互动关系………（3-55）

关于发布《最高人民法院关于为京津冀协同发展
提供司法服务和保障的意见》的新闻发布稿 ………（3-60）

第4辑

法律法规解读

规范深海资源勘探开发　维护全人类共同利益
　　——国家海洋局有关负责人就《深海海底
　　　区域资源勘探开发法》答记者问 ……………… (4-1)
关于《中华人民共和国慈善法（草案）》的说明
　　——2016年3月9日在第十二届全国人民
　　　代表大会第四次会议上 …………………………… (4-5)

司法解释及司法文件解读

解读《最高人民法院关于适用〈中华人民共和国保险法〉
若干问题的解释（三）》
　　……………………… 杨临萍　刘竹梅　林海权 (4-15)
关于发布《最高人民法院关于适用〈中华人民
共和国物权法〉若干问题的解释（一）》的
新闻发布稿 ………………………………………………… (4-42)
关于发布《最高人民法院关于审理侵犯专利权
纠纷案件应用法律若干问题的解释（二）》的
新闻发布稿 ………………………………………………… (4-48)
最高人民法院民事审判第四庭负责人就《关于
海事法院受理案件范围的规定》答记者问 ………… (4-55)
积极推进审理人民检察院提起的公益诉讼案件试点工作
　　——最高人民法院中国应用法学研究所负责人就
　　　《人民法院审理人民检察院提起公益诉讼案件
　　　试点工作实施办法》答记者问 ………………… (4-60)

第 5 辑

法律法规解读

擦亮文物的文化内涵与时代价值
——国家文物局局长刘玉珠就《国务院关于进一步
加强文物工作的指导意见》答记者问 ………………（5-1）

司法解释及司法文件解读

进一步提升保障财产权利及市场交易安全与
效率的法治化程度
——最高人民法院民一庭负责人就《最高人民法院
关于适用〈中华人民共和国物权法〉
若干问题的解释（一）》答记者问 …………（5-5）

最高人民法院执行局负责人就《最高人民法院
关于首先查封法院与优先债权执行法院处分
查封财产有关问题的批复》答记者问 ………（5-23）

解读《中华人民共和国人民法院法庭规则》 …………（5-29）

关于发布《中华人民共和国人民法院法庭
规则》的新闻发布稿
（2016年4月14日） ………………………………（5-45）

关于发布《最高人民法院、最高人民检察院
关于办理贪污贿赂刑事案件适用法律
若干问题的解释》的新闻发布稿 ………………（5-49）

第6辑

法律法规解读

保值增值·控制风险·强化监管

——国务院法制办负责人就《全国社会保障
基金条例》热点问题答记者问 …………… (6-1)

国务院法制办、食品药品监管总局、卫生计生委
负责人就《国务院关于修改〈疫苗流通和
预防接种管理条例〉的决定》答记者问 ………… (6-5)

司法解释及司法文件解读

解读《最高人民法院关于适用〈中华人民共和国
物权法〉若干问题的解释(一)》
………………… 程新文 辛正郁 司 伟 (6-10)

解读《关于审理抢劫刑事案件适用法律若干问题的
指导意见》 ………… 陆建红 杨 华 潘 洁 (6-28)

解读《人民法院审理人民检察院提起公益诉讼案件
试点工作实施办法》 …… 范明志 韩建英 黄 斌 (6-44)

关于发布《最高人民法院关于充分发挥审判职能
作用为推进生态文明建设与绿色发展提供
司法服务和保障的意见》的新闻发布稿 ………… (6-60)

第7辑

法律法规解读

推进农田水利建设 保障粮食安全

——国务院法制办负责人就《农田水利条例》
答记者问 …………………………………… (7-1)

司法解释及司法文件解读

解读《最高人民法院、最高人民检察院关于办理贪污贿赂
　刑事案件适用法律若干问题的解释》
　　　………………… 裴显鼎　苗有水　刘为波　王　珅（7-5）
最高人民法院执行局负责人就《最高人民法院
　关于对人民法院终结执行行为提出执行
　异议期限问题的批复》答记者问 ……………………（7-38）
积极稳妥推进消费民事公益诉讼　构建和谐公平
　诚信消费市场秩序
　　——最高人民法院民一庭负责人就《关于审理
　　　消费民事公益诉讼案件适用法律
　　　若干问题的解释》答记者问 …………………（7-44）
关于发布《最高人民法院关于审理毒品犯罪案件
　适用法律若干问题的解释》的新闻发布稿 …………（7-56）
司法部司法鉴定管理局、最高人民法院司法
　行政装备管理局负责人就《人体损伤
　致残程度分级》答记者问 ………………………（7-62）

第8辑

法律法规解读

建立从律师和法律专家中选拔立法司法人员
　常态化机制　推动法治专门队伍结构优化
　　——中央司法体制改革领导小组办公室负责人
　　　就《关于从律师和法学专家中公开选拔
　　　立法工作者、法官、检察官办法》
　　　答记者问 ……………………………………（8-1）

司法部有关负责人就《关于深化律师制度
  改革的意见》答记者问 …………………………（8－7）
国务院法制办负责人就《国务院办公厅关于加强和改进
  行政应诉工作的意见》答记者问 ……………（8－15）

司法解释及司法文件解读

关于发布《关于人民法院进一步深化多元化纠纷解决
  机制改革的意见》及《人民法院特邀调解
  规定》的新闻发布稿 ……………………………（8－20）
解读《最高人民法院关于印发〈人民法院民事裁判文书
  制作规范〉〈民事诉讼文书样式〉的通知》 ……（8－28）
规范强制医疗 执行监督的有力保障
  ——解读《人民检察院强制医疗执行检察办法
  （试行）》 ………………………………………（8－46）
最高人民检察院法律政策研究室负责人就
  发布第七批指导性案例答记者问 ……………（8－55）
解读《最高人民检察院关于充分发挥检察职能
  依法保障和促进科技创新的意见》 ……………（8－60）

第9辑

法律法规解读

加强司法人员履职保障 努力维护司法公正
  ——中央司法体制改革领导小组办公室负责人就
  《保护司法人员依法履行法定职责规定》
  答记者问 …………………………………………（9－1）

司法解释及司法文件解读

依法积极行使海上司法管辖权　统一涉海案件裁判尺度
　——最高人民法院有关负责人就《关于审理发生
　　在我国管辖海域相关案件若干问题的
　　规定》答记者问 ………………………………（9-6）
关于发布《最高人民法院关于人民法院网络司法
　拍卖若干问题的规定》的新闻发布稿 …………（9-12）
网络司法拍卖司法解释"九大亮点"解读 …… 何东宁（9-22）
关于发布《最高人民法院关于人民法院在互联网
　公布裁判文书的规定》（修订）的新闻发布稿 ……（9-30）
裁判文书公开：奏响司法公开的乐章
　——最高人民法院审管办负责人就裁判文书
　　公开工作答记者问……………………………（9-36）
最高人民法院赔偿办负责人就《最高人民法院
　关于审理民事、行政诉讼中司法赔偿案件
　适用法律若干问题的解释》答记者问 …………（9-40）
最高人民法院民二庭负责人就设立清算与
　破产审判庭答记者问……………………………（9-53）

第10辑

法律法规解读

解读《关于加快推进失信被执行人信用监督、
　警示和惩戒机制建设的意见》 …………………（10-1）

司法解释及司法文件解读

大力推进繁简分流　全面深化司法改革 ……………（10-12）

解读《最高人民法院关于进一步推进案件繁简
  分流优化司法资源配置的若干意见》 ………… (10-33)
最高人民法院、最高人民检察院、公安部、司法部有关
  负责人就《关于推进以审判为中心的刑事诉讼
  制度改革的意见》答记者问 ……………………… (10-54)
最高人民法院民二庭负责人就《关于依法审理和执行
  民事商事案件,保障民间投资健康发展的
  通知》答记者问 …………………………………… (10-61)

第11辑

法律法规解读

压实责任 细化考核 严肃追责
  ——国家信访局负责人解读《信访工作
  责任制实施办法》 ………………………………… (11-1)

司法解释及司法文件解读

解读《最高人民法院关于审理侵犯专利权纠纷
  案件应用法律若干问题的解释(二)》
  ………………………………… 宋晓明 王 闯 李 剑 (11-5)
解读《最高人民法院关于审理消费民事公益诉讼
  案件适用法律若干问题的解释》
  ………………… 程新文 冯小光 关 丽 李 琪 (11-28)
解读《最高人民法院关于审理民事、行政诉讼中
  司法赔偿案件适用法律若干问题的解释》
  ………… 刘合华 陈现杰 苏 戈 杨 磊 梁 清 (11-48)

第12辑

司法解释及司法文件解读

解读《最高人民法院关于首先查封法院与优先债权
执行法院处分查封财产有关问题的批复》
　　……………………… 刘贵祥　赵晋山　葛洪涛（12-1）
解读《最高人民法院关于防范和制裁虚假诉讼的
指导意见》…… 程新文　冯小光　王友祥　王　丹（12-17）
解读《最高人民法院关于人民法院办理执行信访案件
若干问题的意见》……… 吴少军　刘雅玲　张　元（12-32）
关于发布《关于在招标投标活动中对失信被执行人实施
联合惩戒的通知》的新闻发布稿…………… 孟　祥（12-48）